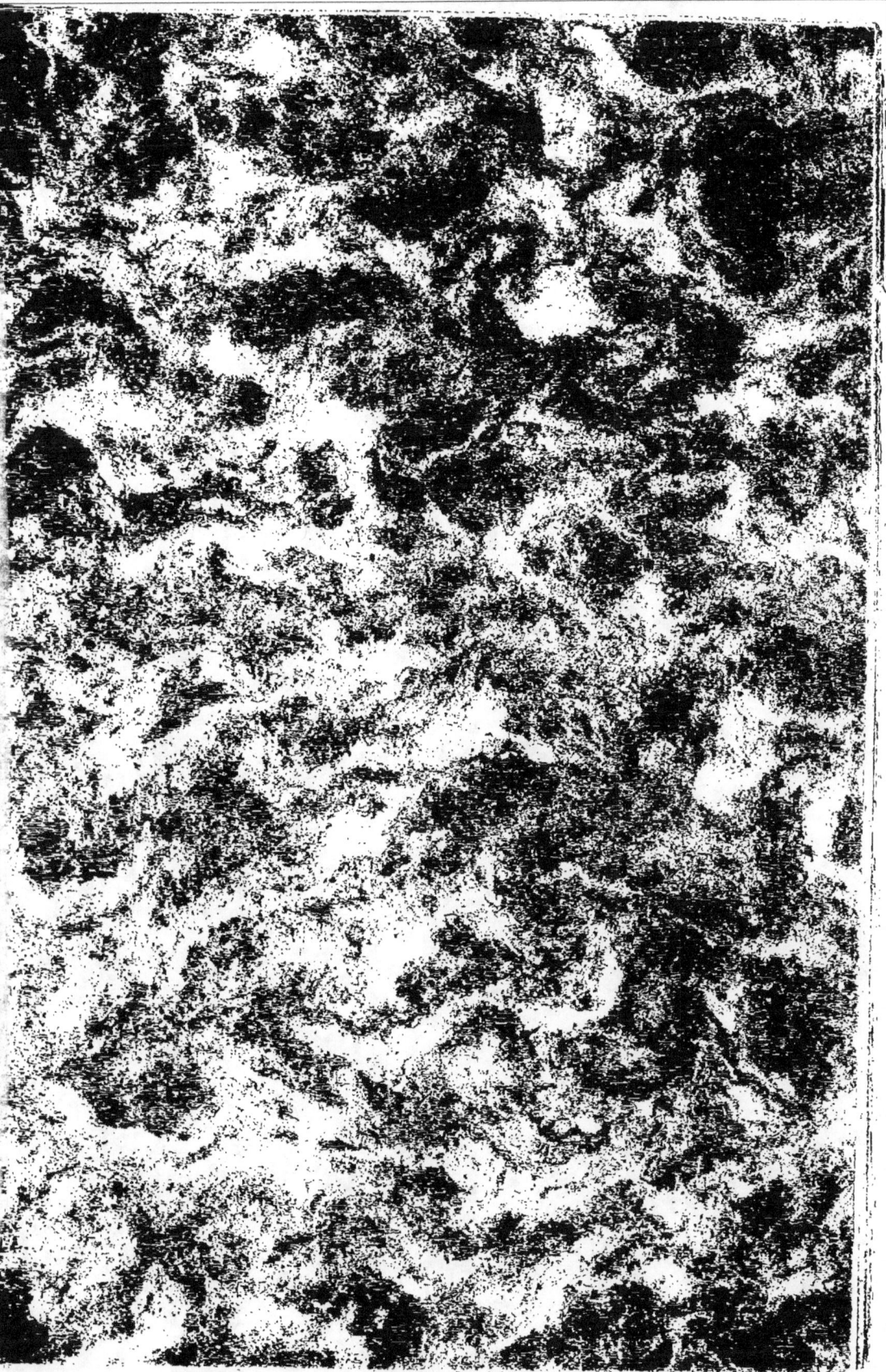

MIDI-SEIZURE 1979

G 1445.
  7#A2

à conserver

13049

TABLETTES
CHRONOLOGIQUES
DE
L'HISTOIRE UNIVERSELLE.

SECON VOLUME.

TABLETTES
CHRONOLOGIQUES
DE
L'HISTOIRE UNIVERSELLE,
SACRÉE ET PROFANE,
ECCLÉSIASTIQUE ET CIVILE,

Depuis la Création du Monde, jusqu'à
l'an M. DCC. XLIII.

AVEC

Des Réflexions sur l'Ordre qu'on doit tenir, & sur les
Ouvrages nécessaires pour l'Etude de l'Histoire.

PAR
M. L'Abbé LENGLET DUFRESNOY.
SECOND VOLUME,

Qui contient l'Histoire Moderne.

A LA HAYE,
Chez FREDERIC-HENRI SCHEURLEER.
M. DCC. XLV.

AVERTISSEMENT
SUR LE
SECOND VOLUME.

I.

SI le premier Volume de ces Tablettes Chronologiques est intéressant pour l'étude de l'Histoire Sainte, & utile pour accorder toutes les Histoires profanes, ce second Volume est non seulement nécessaire pour l'Histoire Ecclésiastique, qui est celle de la Religion; mais il est encore instructif pour réunir sous un même point de vûe toutes les Histoires modernes des différens Royaumes. Cet Ouvrage a été tenté par quelques Écrivains, mais avec beaucoup moins de précision, d'ordre & de détail que l'on a eu soin d'en apporter dans celui-ci. On a profité de leurs lumiéres; mais de nouvelles vûes nous ont fait porter le travail à une plus grande perfection. J'ai évité les défauts qu'on leur a reprochés, je n'ai pas cependant la vanité de m'en croire exempt; mais j'aurai soin de me corriger, dès qu'on daignera m'avertir.

II.

La Table des Articles, qui est à la suite de cet Avertissement, fait voir l'ordre que j'ai suivi; mais on remarquera, par la lecture de la Table Chronologique qui renferme les évenemens généraux, que

AVERTISSEMENT.

pour foulager la mémoire, j'ai divifé ce Volume en fix Epoques principales.

I. EPOQUE.

La premiére, qui commence à Jefus-Chrift, finit au Concile général de Nicée, affemblé l'an 325. ainfi cette premiére Epoque contient 325. ans, depuis la pag. 2. jufqu'à la 32e. Ce font-là les tems les plus édifians de l'Hiftoire de l'Eglife, & ce font ceux que l'on a fouvent à la bouche; mais rarement devant les yeux pour les imiter.

II. EPOQUE.

La deuxiéme Epoque comprend 475. ans, depuis le Concile de Nicée, jufqu'à la proclamation de Charlemagne comme Empereur des Romains; proclamation, non mandiée, qui fe fit à Rome fur la fin de l'an 800. Cet intervalle, qui eft intéreffant, à caufe de l'origine de toutes les Monarchies modernes, commence à la pag. 32. & finit avec la pag. 109e.

III. EPOQUE.

La troifiéme, qui commence l'an 801. finit à l'élevation de Hugues Capet fur le Trône des François, l'an 987. & contient 187. ans. Elle fait voir de grandes Révolutions, auffi-bien dans l'Eglife que dans les diverfes Monarchies de l'Europe. Cette Hiftoire s'étend depuis la pag. 110. de cet Ouvrage, jufqu'à la 129e.

IV. EPOQUE.

La quatriéme Epoque devient plus favorable à la Religion & aux différens Etats politiques. Elle commence au régne de Hugues Capet, & finit avec le grand interrégne, qui fit languir l'Empire d'Allemagne au XIIIe. Siécle, lorfque Rodolphe d'Habsbourg, Chef de la Maifon d'Autriche, monta fur le Trône Impérial en 1273. Tout cet intervalle, qui contient 286. ans, s'étend depuis la pag. 129. jufqu'à la 164e.

V. EPOQUE.

Suit une cinquiéme Epoque, qui comprend 316. ans, depuis 1273, jufqu'en 1589. que la Maifon de Bour-

Bourbon fut élevée en la perſonne de Henri IV. ſur le Trône des François. Les Révolutions, qui agitérent l'Egliſe, ne ſont pas moins grandes que celles qui éclatérent dans les divers Etats Politiques, ſoit en Orient, ſoit en Occident. Elle commence à la pag. 164. de cet Ouvrage, & finit à la pag. 189.

VI. EPOQUE.

Vient enfin une ſixiéme Epoque, où l'Egliſe, agitée juſques-là au-dedans & attaquée au-dehors, reſte toujours également inébranlable, & recouvre enfin ſa tranquillité. Elle commence à la pag. 189. de ce petit Ouvrage, & nous en avons déjà paſſé 153. ans, depuis l'an 1589. juſqu'en 1742. ſous vingt-&-un Papes, huit Empereurs & quatre Rois de France.

III.

Telle eſt la diviſion, que j'ai cru devoir donner au corps de l'Hiſtoire moderne, dont le fond eſt tiré du ſavant Pere Petau de la Compagnie de Jeſus. Mais à la pag. 209. commence le détail de l'Hiſtoire par celles de l'Egliſe, dont j'ai rangé ſur ſix colonnes les parties les plus intéreſſantes. Je ne parle point de la peine que j'ai euë à mettre l'ordre & la préciſion que l'on remarquera dans mon travail, pour que le coup d'œil fût également ſatisfait. Je ferai content, dès que je ſçaurai que mes ſoins ne ſeront pas déſapprouvés.

IV.

J'ai cru, pour les commencemens de l'Hiſtoire des PAPES, dont la Chronologie varie extrêmement dans les différens Auteurs, que je pouvois me fixer à ce que le ſavant Abbé *Bianchini* en a ſcrupuleuſement examiné dans ſa belle Edition d'Anaſtaſe le Bibliothéquaire, dont il a déjà paru quatre volumes. Cependant les illuſtres Bénédictins, qui continuent le *Gallia Chriſtiana*, m'ayant témoigné l'eſtime qu'ils faiſoient, & que l'on doit faire de la Chronologie des Souverains Pontifes, donnée par le P. François *Pagi* de l'Ordre de S. François, j'ai cru que par déference pour les avis de perſonnes auſſi intelligentes, je pouvois ajouter par addition la ſupputation de ce Pere. Par-là je ſatisfais de ſavans Hommes qui eſtiment la Chronologie du P. *Pagi*, & je me ſatisfais moi-même, en ſuivant celle de M. Bianchini. Ainſi je continue à tenir la conduite que j'ai toujours ſuivie, qui eſt de n'aſſujettir perſonne à mes idées, ni à mes ſentimens. Je propoſe ſeulement ce que j'ai lû en de graves Auteurs, beaucoup plus accrédités que moi. C'eſt au Lecteur à choiſir ce qui lui convient.

V.

J'ai tiré des Ecrivains les plus éxacts ce que j'ai dit des *Rits & Ordres Religieux*, des *grands Hommes* & des *Héréſies*. Ce ſont des noms & des évenemens. Je ne les ai pas inventés; je n'ai fait que les arranger, & les appliquer chacun aux années où ils peuvent convenir. S'il y a faute, ce n'eſt point à moi qu'il faut s'en prendre; c'eſt au P. *Bonnani* Jéſuite, au P. *Mabillon* Bénédictin, au Pere *Hellot*, aux Bollandiſtes, à M. *Baillet*, à M. *de Tillemont*, à M. l'Abbé *de Fleuri*, & à tout ce que nous avons d'Ecrivains éxacts & judicieux.

V I.

Il en eſt de même des *Conciles*, qui forment la cinquiéme colonne de cette partie de mon Ouvrage. Je les ai rapportés tels qu'ils ſont dans les trois grandes Collections que nous en avons; ſavoir, celle du *Louvre*, auſſi-bien que celles du P. *Labbe* & du P. *Hardoüin*. Mais comme tout ne s'y trouve pas, j'ai cherché, dans les Collections particuliéres de M. *Baluze* & du P. *Martene*, ce qui étoit échappé aux Editeurs des Conciles. J'ai même fait uſage de la Collection du Cardinal *d'Aguirre* pour l'Eſpagne, & de celle de M. *Wilkins* pour l'Angleterre. Je n'ai pas même négligé les Hiſtoriens de l'Egliſe: tous m'ont donné des indications, dont je me ſuis ſervi utilement; & pour m'autoriſer, je n'ai pas manqué de rapporter leurs témoignages. Mais

AVERTISSEMENT.

Mais les favans Religieux Bénédictins, qui travaillent à la nouvelle Edition du *Gallia Christiana*, m'ayant averti qu'ils avoient cité dans cet Ouvrage beaucoup de Conciles inconnus aux derniers Editeurs, j'ai compulfé leur Ouvrage, aussi-bien que les *Annales Ordinis S. Benedicti* du favant & vertueux Pere *Mabillon*. Ainsi, pour ne rien omettre, je donne à la tête de ce Volume ceux que je ne connoissois pas au temps de mon travail. Il est vrai cependant que nous n'avons aucuns actes de prefque tous ces Conciles, ce ne font que de fimples notions. Souvent même ce n'est qu'un changement de date; mais ce font toujours des Conciles connus par l'Histoire : ainsi j'ai cru qu'ils méritoient d'y avoir place.

VII.

Qu'on ne penfe pas que la fixiéme colonne renferme tous les noms des *Ecrivains Eccléfiaftiques*. Je l'aurois fouhaité ; mais les bornes que je me fuis prefcrites, ne me permettoient pas de mettre en 55. pages ce qu'on auroit peine à renfermer en un gros volume in folio. Je n'ai donc choifi que les Auteurs les plus diftingués, & ceux qui font de quelque autorité dans l'Eglife, ou dont nous avons des Ouvrages remarquables. J'ai même eu l'attention d'en indiquer ordinairement la meilleure édition; c'est une difficulté, levée pour les commençans.

VIII.

On trouve à la pag. 401. le détail de l'Histoire civile moderne, quoiqu'à parler régulièrement, cette partie de l'Histoire ne commence qu'à la chûte de l'Empire Romain, au V. Siécle. J'ai cru néanmoins que je devois la fixer à l'Ere Chrétienne, parce que tous les événemens de l'Eglife entrent dans le corps de l'Histoire moderne.

Les trois premiéres pages, qui contiennent l'Etat de l'Empire Romain, n'ont d'Histoire parallèle que celle des Parthes & des Perfes, qui étoient leurs ennemis. J'ai fuivi fur l'un & l'autre les meilleurs Chronologiftes,

tes, & j'ai eu soin même de placer en leur rang les Usurpateurs & les Tyrans, quoique la plûpart ayent moins gouverné que troublé l'Empire. J'ai cru cependant les devoir mettre dans le temps où ils ont paru, mais en autre caractére, afin qu'on les puisse aisément distinguer. Comme on a frappé des Médailles en leur nom, on sera bien aise de voir le rang qu'ils doivent occuper dans la suite qu'on en fait ordinairement. J'ai principalement réglé cette suite sur les excellentes notes que M. le Baron *de la Bastie* a jointes à la Science des Médailles du Pere *Jobert* Jésuite.

IX.

Aux pag. 404. & 405. les Histoires des Nations commencent à devenir parallèles; alors l'Empire est divisé, & chaque Peuple du Nord en usurpe la partie qu'il croit lui convenir. Et comme toutes ces différentes natures d'Histoire ne pouvoient pas tenir sur deux pages parallèles, j'ai été contraint de partager les mêmes Siécles en six différentes pages qui se suivent; mais afin que le Lecteur n'ait pas de peine à retrouver la suite de chaque Histoire, j'ai eu soin de marquer à la fin de chaque colonne, ou de chaque page, celle où l'on doit recourir pour en suivre le fil, & ne la pas interrompre.

X.

La tête de chaque nature d'Histoire est ordinairement précédée d'une instruction succinte, qui marque à quoi l'on peut se fixer pour en avoir quelque connoissance, & j'ai quelquefois indiqué des Historiens particuliers aux régnes les plus éclatans, qui méritent qu'on les étudie avec plus de soin. Pour les Histoires étrangéres, je renvoye aux Abrégés. Je ne laisse pas de faire connoître les Livres de détail, j'indique très rarement les sources originales, qui ne conviennent qu'à ceux qui veulent tout approfondir; mais ceux qui prennent ce parti, savent beaucoup mieux que moi, où ils doivent puiser des lumiéres. Ce que j'en ai marqué, ne regarde que les commençans, & les

per-

AVERTISSEMENT.

personnes qui ne veulent point entrer en un si grand détail ; par-là, chacun peut suivre son goût pour l'étude particuliére de ces Histoires.

XI.

Après la fin de l'Histoire civile, j'ai placé le Calendrier Romain. Souvent l'on est arrêté, lorsqu'on trouve des dates faites par *Calendes, Ides & Nones*. Il faut alors prendre la plume & supputer, pour savoir à quel jour de notre Calendrier se rapporte la date des Historiens, des Bulles, ou des autres monumens publics. La supputation est toute faite dans le Calendrier que je donne ; ainsi c'est encore une peine épargnée, qui ne laisse pas d'arrêter dans la lecture & de suspendre l'attention.

XII.

Enfin je finis le Volume par une Table alphabétique de tous les noms, renfermés dans les Tablettes, tant Ecclésiastiques que Civiles. Trouve-t-on le nom d'un Pape, d'un Concile, d'un Ecrivain, d'un Empereur, ou d'un Roi, on seroit obligé de parcourir chacune de leurs colonnes pour être informé de leurs temps. Je supplée à cet inconvénient par la Table alphabétique, qui pourra tenir lieu de Dictionnaire. C'est, à proprement parler, le Répertoire du Répertoire ; car c'est ainsi qu'on doit regarder mon Ouvrage. Les Tables alphabétiques sont rangées dans l'ordre que tient chacune des successions, telles que nous les avons placées ; mais pour trouver la page de chaque Table alphabétique particuliére, on aura recours à la fin de celle des Articles, où cette page se voit indiquée.

Je me flatte que les personnes studieuses voudront bien me faire part de leurs Observations. J'aime la vérité, & je suis bien aise qu'on m'y ramene lorsque je m'en écarte ; je serai même ravi qu'on le fasse publiquement. Je prens si souvent la liberté de le faire moi-même à l'égard des autres, que je serois injuste, si je trouvois mauvais qu'on en usât de même à mon égard.

AVIS PARTICULIER

Sur les Notes, ou Citations marquées dans la suite de ces Tablettes.

✳ L'Etoile, marquée dans la colonne des Papes, désigne leur mort, comme le jour & le mois de leur élection sont marqués auſſi-tôt après le nom du Pape.

a. m. j. ſignifie *ans, mois, jours*, pour marquer le temps qu'a ſiégé un Pape, ou qu'a regné un Prince.

Dans la Ve. colonne, qui regarde les Conciles, on trouve ſouvent en abrégé R. IV. L. III. H. I. c'eſt-à-dire, par la lettre R. *Collectio Conciliorum Regia*, imprimée au Louvre en 1644. en 37. volumes in folio.

L. ſignifie *Collectio Magna Conciliorum, a Philippo Labbe, Edita anno* 1672. en 18. volumes in folio.

H. veut dire l'Edition des Conciles, donnée par le P. *Hardoüin* Jéſuite, en 12. volumes in folio; & dans ces citations le chiffre Romain déſigne le volume.

Angl. qu'on trouve ſouvent dans les Conciles, déſigne la derniére Collection des Conciles d'Angleterre, imprimée ſous le titre ſuivant.

Concilia Magnæ Britanniæ & Hyberniæ, a Synodo Verolamenſi, anno Domini 446. *ad annum* 1717. *a Davide* WILKINS, *in folio*. Londini 1737. 4. *voluminibus*.

Aguirre, on voit bien que je cite la Collection des Conciles d'Eſpagne du ſavant Cardinal d'*Aguirre*.

Martene Theſaur. ou *Martene Collectio Noviſſ* ſont deux Collections d'anciens monumens Eccléſiaſtiques, publiés par le *P. Martene*, Religieux Bénédictin de la Congrégation de S. Maur, dans leſquelles il a imprimé des Conciles qui manquent aux grandes Collections.

Baluz. ſignifie trois choſes, ou le premier volume de ſa *Nouvelle Collection des Conciles*, le ſeul qui ait paru; ou la Collection des *Conciles de la Gaule Narbonnoiſe*; ou enfin ſes *Miſcellanea*. On a ſoin de les diſtinguer en les citant.

Beſſin veut dire *Concilia Normanniæ*, que ce ſavant Bénédictin a fait imprimer in folio.

TABLE DES ARTICLES,

Contenus dans ce

SECOND VOLUME.

I.

*A*VERTISSEMENT *sur ce Second Volume.*
Pag. I.

II.

Liste des Papes, suivant la Chronologie du Pere François Pagi, de l'Ordre de S. François. XIV.

III.

Supplément à la colonne des Conciles, tirée du Gallia Christiana *& des* Annales Ordinis S. Benedicti. XVIII.

IV.

Supplément à la Colonne des Ecrivains Ecclésiastiques. XXIII.

V.

Table Chronologique de l'Histoire Moderne, depuis Jesus-Christ. I.

* 5 VI.

VI.

Tablettes pour l'Histoire Ecclésiastique.   Pag. 269.

SAVOIR,

Les Papes & Antipapes pour le 1. siécle.	210.
- - - - Pour le 2. siécle.	214.
- - - - Pour le 3. siécle.	218.
- - - - Pour le 4. siécle.	224.
- - - - Pour le 5. siécle.	236.
- - - - Pour le 6. siécle.	246.
- - - - Pour le 7. siécle.	256.
- - - - Pour le 8. siécle.	266.
- - - - Pour le 9. siécle.	274.
- - - - Pour le 10. siécle.	290.
- - - - Pour le 11. siécle.	302.
- - - - Pour le 12. siécle.	320.
- - - - Pour le 13. siécle.	336.
- - - - Pour le 14. siécle.	354.
- - - - Papes d'Avignon.	368.
- - - - Pour le 15. siécle.	370.
- - - - Pour le 16. siécle.	384.
- - - - Pour le 17. siécle.	394.
- - - - Pour le 18. siécle.	401.
Rits & Ordres Religieux.	210.
Grands Hommes.	211.
Héréfies & Perfécutions.	211.
Conciles.	210.
Ecrivains Ecclésiastiques.	211.

Les siécles de chacun de ces cinq derniers Articles commencent aux mêmes pages, & vis-à-vis de la colonne où sont les Papes.

VII.

TABLE DES ARTICLES. xj

VII.

Tablettes pour l'Histoire Civile. Pag. 401, &c.

S A V O I R,

Les Empereurs Romains.	401.
Rois des Parthes.	401.
Rois des Perses.	402-403-404-410.
Empereurs d'Occident.	404.
Empereurs d'Orient.	404.
Rois d'Italie.	404.
Rois de France, première Race.	405.
seconde Race.	411.
troisiéme Race.	417-423.
Rois d'Angleterre, les sept Royaumes.	405-411.
De Westsex.	411-417.
Rois d'Angleterre, depuis Guillaume le Conquérant.	417-423-429.
Rois d'Ecosse.	405-411-417-423-429.
Rois d'Espagne Suéves.	406-412.
Rois d'Espagne Goths.	406-412.
Alains.	406-412.
Vandales en Afrique.	406-412.
Rois de Léon & Asturies.	412-418.
Comtes de Barcelone.	412-418.
Rois de Navarre.	418-424-430.
Rois de Castille.	418-424-430.
Rois d'Arragon.	418-424-430.
Rois de Portugal.	418-424-430.
Rois Lombards d'Italie.	410.
Exarques de Ravennes.	407.
Ducs de Spolette.	407.

Ducs

xij TABLE DES ARTICLES.

Ducs de Benevent. Pag. 407.
Doges de Venise. 407.
Nouveaux Rois d'Italie. 413.
Rois de Hongrie. 408-414.
Ducs de Bohème. 408-414.
Ducs de Pologne. 408-414.
Rois de Suéde. 409-415.
Rois de Dannemarc. 409-415.
Califes des Sarrasins. 410-416-422.
Rois de Norvégue. 409-415-421-427.
Empire d'Allemagne. 416-422-428.
Empereurs François d'Orient. 422.
Empereurs Grecs à Nicée. 422.
Empire Ottoman. 422-428.
Ducs de Lorraine. 425-431.
Rois de Jerusalem. 425.
Rois de Chypre. 425.
Comtes de Maurienne & Savoye. 419-425-431.
Rois de Naples & Sicile. 419-425-431.
Rois de Pologne. 420-426-432.
Ducs, ou Czars de Russie. 421-427-433.
Rois de Perse. 428.
Rois de Bohème. 420-426-432.

VIII.

Calendrier Romain. 434. &c.

IX.

Table Alphabétique des Papes. 440.

X.

TABLE DES ARTICLES.

X.

Liste Alphabétique des Rits & Ordres Religieux.
Pag. 443.

XI.

Liste Alphabétique des Grands Hommes. 447.

XII.

Liste Alphabétique des Hérésies & Persécutions.
451.

XIII.

Liste Alphabétique des Auteurs Ecclésiastiques.
454.

XIV.

Liste Alphabétique des Conciles. 464 &c.

XV.

Table Alphabétique du Supplément des Auteurs Ecclésiastiques. 482.

XVI.

Liste Alphabétique des Empereurs, Rois, Princes & autres Souverains des Tablettes de l'Histoire Civile. 487.

On a distingué ces Princes par les premiéres Lettres de leurs Royaumes, Etats, ou Principautés.

LISTE DES PAPES,

SUIVANT LA

CHRONOLOGIE DU P. FRANÇOIS PAGI,

DE L'ORDRE DE S. FRANÇOIS.

L'Etoile *, marque le temps de leur mort.

De J.C.
54. S. Pierre vient à Rome au commencement de Néron, & est Martyr le 29. Juin 65.
55. S. Lin est fait Coadjuteur de S. Pierre.
65. S. Lin succéde à S. Pierre le 29. Juin, est Martyr le 23 Septemb. 67.
67. S. Clément 24. Sept. abdique le 4. Septembre 77. est éxilé, & Martyr l'an 100. de J. C.
77. S. Clet 9. Feb. Martyr le 26. Ap. l'an 83.
83. S. Anaclet, Martyr le 12 Jul. 95.
95. S. Evariste, Martyr 26. Oct. 108.
108. S. Alexandre 2, Mars, Mart. 3. May 116.
116. S. Sixte, Martyr 3. Jul. 126.
126. S. Telesphore, Martyr 5. Jan. 137.
137. S. Hygin, meurt 10. Jan. 141.
141. S. Pie, * 11. Jul. 141.
151. S. Anicet, Martyr 17. Apr. 161.
161. S. Soter, meurt l'an 170.
170. S. Eleuthere 1. Mai. * 25. Mai 185.
185. S. Victor 12. Jun. * 28. Jul. 197.
197. Zephirin 7. Aug. * 12. Jul. 217.
217. S. Callixte, 17. Jul. Martyr 28. Sept. 222.
222. S. Urbain, 1. Oct. Martyr 24. Mai 230.
230. Pontien, 22. Jun. abdique le 28. Sept. 235.
235. S. Anter. 21. Nov. Martyr 3. Jan. 236.
236. S. Fabien, 11. Jan. Mart. 20. Jan. 250.
251. S. Corneille, 4. Jan. * 14. Sept. 252.
    Novatien, premier Antipape.
252. S. Luce, 25. Sept. * 4. Mars 253.

253. S. Etienne, 13. May. Mart. 2. Aug. 257.
257. Sixte II. 24. Aug. Mart. 6. Aug. 258.
259. S. Denys, 22. Jul. * 27. Dec. 269.
269. Felix, 29. Dec. * 22. Dec. 274.
275. Eutychien, 5. Jan. * 7. Dec. 283.
283. Caius, 15. Dec. * 21. Ap. 296.
296. Marcellin, 30. Jun. * 24. Oct. 304. Vacance de 3. ans 8. m. 3. j.
308. Marcel, 27. Jun. * 17. Jan. 310.
310. Eusebe, 5. Feb. * 21. Jun. 310.
310. Melchiades, 2. Jul. * 10. Jan. 314.
314. Sylvestre, 31. Jan. * 31. Dec. 335.
336. Marc, 18. Jan. * 7. Oct. 336.
337. Jules, 6. Feb. * 12. Ap. 352.
352. Libere, 21. Jun. * 23. Sept. 366.
355. Felix II. déposé 29. Jul. 358.
    Douteux s'il est Pape.
366. Damase, 1. Oct. * 10. Dec. 384.
384. Siricius, 22. Dec. * 26. Nov. 398.
398. Anastase I. 5. Dec. * 14. Dec. 401.
401. Innocent, 21. Dec. * 12. Mars 417.
417. Zozime, 18. Mars. * 26. Dec. 418.
418. Boniface I. 29. Dec. * 4. Sept. 422.
422. Célestin, 10. Sept. * 18. ou 19. Jul. 432.
432. Sixte III. 24. Jul. * 11. Aug. 440.
440. Léon, 22. Sept. * 4. Nov. 461.
461. Hilaire, 12. Nov. * 21. Feb. 468.
468. Simplicius, 25. Feb. * 2. Mars 483.
483. Felix III. 6. Mars * 24. Febr. 492.

492. Ge-

LISTE DES PAPES.   XV

492. Gelase, 1. Mars. * 19. Nov. 496.
496. Anastase II. 24. Nov. * 17. Nov. 498.
498. Symmaque, 22. Nov. * 19. Jul. 414.
514. Hormisdas, 27. Jul. * 6. Aug. 523.
523. Jean I. 13. Aug. * 18. May 526.
526. Felix IV. 12. Juil. * 18. Sept. 530.
530. Boniface II. 21. Sept. * 16. Oct. 532.
532. Jean II. 31. Dec. * 26. May 535.
535. Agapet, 3. Jun. * 22. Ap. 536.
536. Sylvere, 8. Jun. * 19. Nov. 537.
537. Vigile, 22. Nov. * Jan. 555.
555. Pelage I. 11. Apr. * 1. Mars 560.
560. Jean III. 18. Jul. * 13. Jul. 573.
574. Benoit I. 3. Jun. * 30. Jul. 578.
578. Pelage II. 30. Nov. * 8. Feb. 590.
590. Gregoire I. 3. Sept. * 12. Mars 604.
604. Sabinien, 13. Sept. * 22. Feb. 606.
607. Boniface III. 19. Feb. * 10. Nov. 607.
608. Boniface IV. 25. Aug. * 7. Mai 615.
615. Deusdedit, 19. Oct. * 8. Nov. 618.
619. Boniface V. 23. Dec. * 22. Oct. 625.
625. Honoré I. 27. Oct. * 12 Oct. 638.
640. Severin, 28. May. * 2. Aug. 640.
640. Jean IV. 24. Dec. * 11. Oct. 642.
642. Théodore, 24. Nov. * 13. May 649.
649. Martin I. 5. Jul. * 26. Mars 655.
654. Eugene I. 5. Sept. * 1. Jun. 657.
657. Vitalien, 30. Jul. * 27. Jan. 672.
672. Adeodat, 22. Apr. * 26. Jun. 676.
676. Donus I. 1. Nov. * 11. Ap. 678.
678. Agathon, 27. Jun. * 2. Jan. 682.
682. Léon II. 17. Aug. * 11. Jul. 683.
684. Benoit II. 26. Jun. * 7. Mai 685.
685. Jean V. 23. Jul. * 1. Aug. 686.
686. Conon, 21. Oct. * 21. Sept. 687.
687. Serge I. 15. Dec. * 7. Sept. 701.

701. Jean VI. 28. Oct. * 9. Jan. 705.
705. Jean VII. 1. Mars. * 17. Oct. 707.
708. Sisinnius, 18. Jan. * 10. Feb. 708.
708. Constantin, 25. Mars * 9. Ap. 715.
715. Gregoire II. 19. Mai. * 11. Feb. 731.
731. Gregoire III. 18. Mars. * 28. Nov. 741.
741. Zacharie, 30. Nov. * 14. Mars 752.
752. Etienne *élu; mais n'est ni sacré, ni compté.*
752. Etienne II. 26. Mars. * 24. Apr. 757.
757. Paul 29. Mai. * 28. Jun. 767.
767. *Constantin Antip.* 28. Jun. *est déposé le* 5. Août 768.
768. Etienne III. 7. Aug. * 2. Feb. 772.
772. Hadrien I. 9. Feb. * 25. Dec. 795.
795. Léon III. 26. Dec. * 11. Jun. 816.
816. Etienne IV. 22. Jun. * 24. Janv. 817.
817. Pascal, 25. Jan. * 10. Feb. 824.
824. Eugene II. 14. Feb. * Aug. 827.
827. Valentin. * 827.
827. Gregoire IV. * 25. Jan. 844.
844. Serge II. 10. Feb. * 27. Jan. 847.
847. Léon IV. 11. Apr. * 17. Jul. 855. *Quelques-uns placent ici la Papesse Jeanne.*
855. Benoit III. 29. Sep. * 8. Ap. 858.
858. Nicolas, 24. Apr. * 13. Nov. 867.
867. Adrien II. 14. Dec. * Nov. 872.
872. Jean VIII. Nov. * 16. Dec. 882.
882. Martin II. Dec. * Dec. 884.
884. Adrien III. * Sept. 885.
885. Etienne V. Sept. * Sept. 891.
891. Formose, Sept. * 4. Apr. 896.
896. Boniface VI. *non compté par quelques-uns.*
896. Etienne VI. Aug. * 897.
897. Romain Octob. * Jan. 898.
898. Théodore II. * Jun. 898.
898. Jean IX. Jul. * Aug. 900.
900. Benoit IV. Aug. * Octob. 903.
903. Léon

LISTE DES PAPES.

903. Léon V. Oct. * Nov. 903.
903. Christophle Nov. * Jun. 904. *traité quelquefois d'Antipape.*
904. Serge III. Jun. * Aug. 911.
911. Anastase III. Jun. * Octob. 913.
913. Lando, 16. Oct. * 16. Apr. 914.
914. Jean X. Apr. 914. * Jun. 928.
928. Léon VI. Jun. * Febr. 929.
929. Etienne VII. 5. Feb. * 15. Mars 931.
931. Jean XI. Mars. * Jan. 936.
936. Léon VII. Jan. * Jan. 939.
939. Etienne VIII. Jan. * Dec. 942.
942. Martin III. Jan. * Jun. 946.
946. Agapet II. Jun. * Aug. 956.
956. Jean XII. Aug. * 14. May 964.
963. *Léon VIII. Antipap.* * Mars 965. *mais est compté.*
964. Benoit, Mai. * 965.
965. Jean XIII. Mars. * 6. Sept. 972.
972. Benoit VI. Nov. * 974.
974. Donus II. * 975.
975. Benoit VII. Mars. * 984.
984. Jean XIV. Jul. * 20. Aug. 985.
985. *Boniface VII. Antipape.* Mars. * 985. *est néanmoins compté.*
985. *Jean, fils de Robert, est élu; mais n'est ni sacré, ni compté.*
985. Jean XV. Decemb. * 996.
996. Gregoire V. May. * 18. Feb. 999.
997. Jean XVI. Antipap. * Mars 998.
999. Sylvestre II. 2. Avril. * 12. Mai. 1003.
1003. Jean XVII. 13. Juin. * 7. Dec. 1003.
1003. Jean XVIII. 26. Dec. * Mai 1009.
1009. Serge IV. Jun. * Jun. 1012.
1012. Benoit VIII. * 1024.
1024. Jean XIX. * 1033.
1033. Benoit IX. Nov. *abdiq.* 1044.
1044. Gregoire VI. *abdiq.* Dec. 1046.
1046. Clément II. 25. Dec. * 9. Oct. 1047.
1047. *Benoit IX. dérechef, chassé en Juillet* 1048.
1048. Damase II. 17. Jul. * 17. Aug. 1048.
1049. Léon IX. 2. Feb. * 19. Apr. 1054.
1055. Vict. II. 13. Ap. * 28. Jul. 1057.
1057. Etienne IX. 2. Aug. * 29. Mars 1058.
1058. *Benoit X. Antipap.* 30. Mars, *chassé le* 18. *Janv.* 1059.
1058. Nicolas II. 28. Dec. * 22. Jul. 1061.
1061. Alexandre II. 1. Oct. * 21. Ap. 1073.
1073. Gregoire VII. 22. Apr. * 25. Mai 1085.
1086. Victor III. 24. Mai, *& sacré seulement le* 21. *Mars* 1087. * 16. Sept. 1087.
1088. Urbain II. 12. Mars. * 29. Jul. 1099.
1099. Pascal II. 13. Aug. * 21. Jan. 1118.
1118. Gelase II. 25. Jan. * 29. Jan. 1119.
1118. *Gregoire Antipape, ou Maurice Burdin, le* 19. *Mars; mais est fait prisonnier en* 1121.
1119. Calixte II. 1. Feb. * 13. Dec. 1124.
1124. Honoré II. 21. Dec. * 14. Feb. 1130.
1130. Innocent II. 15. Feb. * 24. Sept. 1143.
1130. *Anaclet, Antipap.* 16. Feb. * Jan. 1138.
1138. *Victor, Antipap.* Mars 1138. *abdique* 29. Mai 1138.
1143. Célestin II. 26. Sept. * 9. Mars 1144.
1144. Luce II. 12. Mars. * 25. Feb. 1145.
1145. Eugene III. 27. Feb. * 8. Jul. 1153.
1153. Anastase IV. 9. Jul. * 2. Dec. 1154.
1154. Adrien IV. 3. Dec. * 1. Sept. 1159.
1159. Alexandre III. 7. Sept. * 30. Aug. 1181.
1181. Luce III. 1. Sept. * 24. Nov. 1185.
1185. Urbain III. 4. Nov. * 19. Oct. 1187.
1187. Gregoire VIII. 20. Oct. * 17. Dec. 1187.

1187. Clé-

LISTE DES PAPES.

1187. Clément III. 19. Dec. * 27. Mars 1191.
1191. Célestin III. 30. Mars. * 8. Jan. 1198.
1198. Innocent III. 8. Jan. * 16. Jul. 1216.
1216. Honoré III. 18. Jul. * 18. Mars 1227.
1227. Gregoire IX. 19. Mars. * 21. Aug. 1241.
1241. Célestin IV. Oct. * Nov. 1241. Vacance d'environ 20. mois.
1243. Innocent IV. 24. Juin. * 7. Dec. 1254.
1254. Alexandre IV. 12. Dec. * 25. Mai 1261.
1261. Urbain IV. 29. Aug. * 2. Oct. 1264.
1265. Clément IV. 22. Feb. * 29. Nov. 1268. Vacance 2. a. 9. m. 1. j.
1271. Gregoire X. Sept. * 10. Jan. 1276.
1276. Innocent V. 21. Jan. * 22. Juin 1276.
1276. Adrien V. 28. Jun. * 18. Aug. 1276. Vicedominus. Quelques-uns le mettent ici au rang des Papes.
1276. Jean XX. ou XXI. 15. Sept. * 16. Mai 1277.
1277. Nicolas III. 24. Nov. * 22. Aug. 1280.
1281. Martin IV. 22. Feb. * 28. Mars 1285.
1285. Honoré IV. 1. Apr. * 3. Apr. 1287.
1288. Nicolas IV. 22. Feb. * 4. Apr. 1292. Vacance de 2. a. 3. m. 1. j.
1294. Célestin V. 5. abdiq. le 13. Decemb. & meurt prisonnier le 19. Mai 1296.
1294. Boniface VIII. 24. Dec. * 11. Oct. 1303.

1303. Benoit XI. 22. Oct. * 6. Jul. 1304.
1305. Clément V. 5. Jun. * 20. Apr. 1314.
1316. Jean XXII. 7. Aug. * 4. Dec. 1334.
1334. Benoit XII. 20. Dec. * 25. Apr. 1342.
1342. Clément VI. 7. Mai. * 6. Dec. 1352.
1352. Innocent VI. 18. Dec. * 12. Sept. 1362.
1362. Urbain V. 28. Sept. * 19. Dec. 1370.
1370. Gregoire XI. 30. Dec. * 27. Mars 1378.
1378. Urbain VI. 9. Apr. * 15. Oct. 1389. *Voyez ci-dessous les Papes d'Avignon.*
1389. Boniface IX. 2. Nov. * 1. Oct. 1404.
1404. Innocent VII. 17. Oct. * 6. Nov. 1406.
1406. Gregoire XII. 2. Dec. * *déposé au Concile de Pise.*
1409. Alexandre V. 26. Jun. * 6. Jan. 1410.
1410. Jean XXIII. 17. Mai. * *déposé au Concile de Constance le 29. Mai 1415.*
1417. Martin V. *élu au Concile de Constance le 11. Nov. 1417.* * 20. Feb. 1431.
1431. Eugene IV. 3. Mars. * 23. Feb. 1447.

Antipapes d'Avignon.

1378. Clément VII. 20. Sept. * 16. Sept. 1394.
1394. Benoit XIII. ou Pierre de Luna. 28. Sept. * 23. Mai 1423.
1424. Clément VIII. *n'est pas reconnu, puis abdique.*

Le Pere Pagi n'a pas conduit sa Chronologie plus loin qu'au Pape Eugene IV. étant mort, même avant que d'en publier le 4. Volume.

II. Volume.   * *   SUP-

SUPPLEMENT
À LA
COLONNE DES CONCILES.

Ceux, qui sont tirés du Gallia Christiana, *sont indiqués seulement par le Tome & la page. Les autres sont marqués par les Auteurs qui les ont cités.*

---

245. D'*AFRIQUE*, contre l'Hérétique Privat. *Franc. Pagi in Historia Pontificum sub Fabiano.*
305. *Elvire.* Je l'ai mis à l'an 313. avec le Cardinal d'Aguirre & le P. Hardoüin.
362. De *Paris*, contre Saturnin Evêq. d'Arles. *Gallia Christiana*, Tom. I. pag. 524. B.
443. D'*Arles.* T. I. p. 529. D.
461. De *Tours.* T. II. p. 8. B.
474. De *Valence.* T. IV. p. 862. E.
501. D'*Orangé*, douteux. T. I. p. 922. C.
517. *Vienne.* C'est celui d'*Epaone*.
525. De *Clermont.* T. IV. p. 519. B.
529. De *Bazas.* T. I. p. 393. B.
535. De *Clermont.* T. II. p. 12. A. T. III. p. 624. B. C'est le même que celui d'Auvergne.
536. D'*Orléans.* T. IV. p. 342.
549. & 550. De *Clermont.* T. II. p. 13. A. T. III. p. 1236. C. Le même que d'Auvergne.
551. De *Paris.* T. VI. p. 612. C.
554. D'*Arles.* T. I. p. 394. &c. T. III. p. 1113. D.
570. De *Tours.* T. IV. p. 867. C.
579. De *Mâcon.* T. IV. p. 957. E.
579. De *Châlons* sur Saone. T. IV. p. 866. B.
580. De *Lyon.* T. IV. p. 37. E.
583. De *Mâcon.* T. IV. p. 1041. C.
584. De *Clermont.* T. II. p. 15. A. est le même que celui d'Auvergne de 586.
584. De *Valence.* T. I. p. 394. B.
585. De *Mâcon.* T. II. p. 15. B. T. III. p. 1063. A.
588. D'*Ambrun.* T. III. p. 1063. A.
590. D'*Autun*, contre des Religieuses réfractaires. *Mabillon. Annal. S. Bened.* T. I. p. 196. C.
623. De *Mâcon.* T. IV. p. 1039. A.
625. De *Rheims*, ex Flodoardo Gal. Chr. T. I. p. 394. E. est le même que celui qui est marqué en 630.
644. ou 643. De *Châlons* sur Saone. T. I. p. 898. est le même que celui de 650.
661. D'*Autun*, sous S. Leger. *Mabillon. Annal. S. Bened.* T. I. p. 636. & Gal. Ch. T. IV. p. 350. E. Je l'ai mis à l'an 663.
678. De *Marlacense* (Morlay en Champagne) T. III. p. 1064. E. *& Mabillon. Annal. S. Bened.* T. I. p. 541.
680. De *Rome.* T. I. p. 743. A.
703. D'*Estreveld* en Angl. *Mabil. Annal. S. Benedicti.* T. II. p. 5.
742. D'*Allemagne.* T. III. p. 630. A. On le croit de Cologne.
777. *Patrisbrunense* (c'est Paderborn) Nous l'avons marqué.
800. D'*Urgel.* T. VI. p. 16.
823. De *Portes.* T. VI. p. 735. B.
825. D'*Aix-la-Chapelle*, sur le Corps de S. Aubert. T. III. p. 833. A.

SUPPLEMENT AUX CONCILES. xix

828. De *Paris*, par ordre de Louis le Débonnaire. T. III. p. 637. A.
828. De *Lyon*, par ordre du même. T. II. p. 21. C.
828. De *Toulouse*, par ordre du même. T. II. p. 21. C.
828. ou 829. De *Mayence*, par ordre du même. T. III. p. 637. A. B.
829. De *Lyon*. T. IV. p. 57. C.
829. De *Toulouse*. T. VI. p. 16.
833. De *Sens*. T. VI. p. 399. B.
838. D'*Aix-la-Chapelle*. T. IV. p. 531. B.
838. De *Chiersi*. T. VI. p. 17. & 299. C. Le même que de 837.
846. De *Lyon*. T. IV. p. 60. A.
847. De *Mayence*. T. III. p. 638. A.
848. De *Mayence*. T. II. p. 26. B. Peut-être le même que de 847.
858. De *Mayence*. T. III. p. 638. B. Peut-être de 857.
860. De *Douzi*. T. IV. p. 1045. B.
860. De *Verberie*. T. IV. p. 534. E.
861. De *Senlis*. T. III. p. 834. D.
866. De *Toul*, où *Tousi*. T. II. p. 797. B.
866. ou 69. De *Verberie*. T. II. p. 30. B. T. III. p. 13. D.
877. De *Pavie*. T. IV. p. 367. C.
879. De *Toulouse*. T. VI. p. 20.
880. De *Châlons* sur Saone. T. IV. p. 66. E.
890. De *Forcheim* en Allemagne. T. III. p. 643. D. & Mabillon. Annal. S. Bened. T. III. p. 276.
894. De *Rheims*. T. III. p. 14. C.
899. De *Soissons*. T. VI. p. 531. B.
902. D'*Attilli*. T. VI. p. 192. D.
907. De *Cesseron*, Diocèse d'Agde. T. VI. p. 23.
909. De *Foncquieres*. Tom. VI. p. 531. D.
911. *Fontis Cooperti*, Diocèse de Narbonne. T. IV. p. 23. & 531. E.
917. D'*Althaim* en Alsace, *ex Burchardo*. Je l'ai mis en 916. mais chez les Grisons.
923. De *Rheims*. T. III. p. 15. A.

Peut-être le même que de 924.
936. D'*Althaim*. J'ai mis deux Conciles de ce nom, l'un en 916. & l'autre en 931. Le P. Pagi le met chez les Grisons, & le Pere Mabillon dans le Royaume de Bourgogne, & l'on dit en Alsace. Mabillon. Annal. S. Bened. T. III. p. 427.
937. De *Poitiers*. T. II. p. 1212. D.
947. De *Narbonne*. T. VI. p. 303. E.
948. ou 949. De *Tournus*. T. IV. p. 374. A.
980. D'*Ingelheim* en Allemagne. Mabillon. Annal. S. Bened. T. VI. p. 662. & Gal. Chr. T. III. p. 944. B.
983. De *Charrou*. T. II. p. 511. A.
990. Du *Puy*. T. VI. p. 618. A.
994. Du *Puy*. T. VI. p. 618. A.
997. De *S. Paul de Cormery*, sur la Discipline. Mabillon. Annal. S. Bened. T. IV. p. 108.
1005. De *Toulouse*. G. C. T. VI. p. 31.
1010. ou 11. De *Poitiers*. T. II. p. 513. D.
1012. De *Coblentz*, sur l'Evêque de Metz. Mabillon. Annal. S. Bened. T. IV. p. 230. C.
1021. D'*Aix la-Chapelle*, sur le Monastère de Borcet. T. III. p. 656. E.
1022. De *Rodes*. T. VI. p. 672. D.
1022. D'*Orleans*, contre quelques Hérétiques. T. II. p. 39. C.
1025. Du *Puy*. T. VI. p. 618. B.
1032. De *Narbonne*. T. VI. p. 307. B.
1034. De *S. Jean de Pena*, en Espagne. Mabillon. Annal. S. Bened. T. IV. p. 296. *ex Aguirrio*.
1035. De *Tremeaigues* (Inter-Ambas-aquas) en Roussillon, sur l'Abbaye de S. Michel de Cuxa. Mabillon. Annal. S. Bened. T. IV. p. 730. & 731. en rapporte les Actes.
1040. De *Bourges*, pour l'Abbaye de S. Sulpice. T. II. p. 41. E.
1041. *Tu-*

** 2

1041. *Tulujes* en Rouſſillon, *T. VI.* p. 34. A.
1042. De *S. Gilles*, *T. VI.* p. 34. C.
1050. D'*Avignon*. *T. VI.* p. 483. D.
1050. De *Saint Tiberi*. *T. VI.* p. 35. B.
1050. De *Rome*, on canoniſe S. Gerard de Toul. *Mabillon. Annal. S. Bened. T. IV.* p. 738.
1055. D'*Autun*, ſur Robert Duc de Bourgogne. *Mabillon. Annal. S. Bened. T. IV.* p. 551. C.
1055. De *Narbonne*. *T. VI.* p. 35. E.
1059. D'*Arles*. *T. VI.* p. 32-36. E.
1064. De *Chalons* ſur Saone. *T. IV.* p. 443. A.
1064. De *Cambray*. *T. III.* p. 92. E.
1068. D'*Auſch*, autre que celui, marqué déja à la même année. *Mabillon. Annal. S. Bened. T. V.* p. 13. & 14.
1070. De *Leyra* en Eſpagne, ſur les Priviléges de cette Abbaye. *Mabillon. Annal. S. Bened. T. V.* p. 31.
1071. D'*Autun*. *T. VI.* p. 1062. E.
1073. D'*Orrea*, dans le Bigorre, pour l'Abbaye de Simorra. *Mabillon. Annal. T. V.* p. 71.
1073. De *Poitiers*, contre Berenger. *T. II.* p. 1165. B.
1073. De *Châlons* ſur Saone. *T. IV.* p. 885. E.
1073. 74. ou 75. De *Poitiers*. *T. I.* p. 1265. E.
1074. D'*Erford*. Je l'ai marqué de Mayence à l'an 1075. *Mab. Annal. S. Bened. T. V.* p. 72.
1074. ou 75. De *S. Maixant*, Berenger ſe rétracte. *Tom. II.* p. 804. B.
1076. De *Burgos*. *T. VI.* p. 44. B.
1076. De *Cologne*. *T. III.* p. 669. E.
1079. De *Toulouſe*. *T. VI.* p. 39. A.
1079. D'*Avignon*. *Mabillon. Annal. S. Bened. T. V.* p. 189. Je l'ai mis à l'an 1080.
1080. De *Bourdeaux*. *Tom. II.* p. 805. A.
1088. De *Bourdeaux* à *Saintes*, en faveur de l'Abbaye de S. Maixant. *T. II.* p. 806. E.
1090. De *Toulouſe*. *T. VI.* p. 41. B.
1091. De *Narbonne*. *T. VI.* p. 41. D.
1093. De *Rome*. *T. III.* p. 168. A. *in Inſtrumentis*.
1093. De *Bourdeaux*. *Tom. II.* p. 807. B.
1094. De *Poitiers*. *T. II.* p. 1064. E.
1094. De *Clermont*. *Tom. III.* p. 354. B.
1097. De *Saintes*. *T. II.* p. 807. D.
1097. De *Clermont*. *T. III.* p. 495. B.
1098. De *Lyon*, à *Pierre-Enciſe*. *T. IV.* p. 888. D.
1099. De *Lyon*. *T. IV.* p. 107. A.
1100. D'*Anſe*. *T. IV.* p. 388. C.
1105. De *Rheims*, pour donner un Evêque à Cambray. *Mabill. Annal. S. Bened. T. V.* p. 480. & Gal. Chriſt. *T. III.* p. 273. E.
1112. De *Vienne* en Dauphiné, que j'ai mis mal à propos à Vienne en Autriche. *Mabillon. Ann. S. Bened. T. V.* p. 569.
1114. De *Dalone*, en Limouſin. *Mabillon. Annal. S. Bened. T. V.* p. 595.
1115. De *S. Gilles*. *T. VI.* p. 187. B.
1117. De *Dijon*. *T. IV.* p. 681. C.
1120. De *Nantes*, ſur l'Abbaye de Marmoutiers. *Mabillon. Annal. S. Bened. T. VI.* p. 52. & 53.
1123. De *Chartres*, ſur la Diſcipline. *Mabillon. Annal. S. Ben. T. VI.* p. 99. & p. 646.
1123. De *Beauvais*. *T. III.* p. 261. E.
1125. De *Narbonne*. *T. VI.* p. 619. B.
1127. De *Troyes*. *T. IV.* p. 682. C.
1128. De *Bourdeaux*. *T. II.* p. 999. E. *Ex Baluſio*. *T. I. Miſcellaneor.*
1129. De *Narbonne*. *T. VI.* p. 48. D. E.
1129. De *Rheims*, douteux. *T. III.* p. 86. A.
1129. De *Clermont*. *T. VI.* p. 48. E. Peut-être le même que de 1130.
1134. De

SUPPLEMENT AUX CONCILES. xxj

1134. De *Montpellier*. T. *VI*. p. 49. B.
1135. De *Latran*. T. *I*. p. 986.
1138. De *Rome*. T. *IV*. p. 1138. C.
1139. D'*Uzez*. T. *VI*. p. 440. E.
1140. De *Narbonne*. Tom. *VI*. p. 316. A.
1147. De *Rheims*, fur Gilbert de la Porrée. T. *II*. p. 1467. B.
1149. De *Bourdeaux*. T. *II*. p. 911. C.
1149. D'*Erford*, fur la Discipline. Mabillon. *Ann. S. Bened.* T. *VI*. p. 466.
1151. De *Rheims*. T. *III*. p. 675. C.
1153. De *Mâcon*. T. *IV*. p. 894. A.
1154. De *Beaugenci*, fur le mariage de Louïs le Jeune & d'Eléonore. T. *II*. p. 813. B. C.
1159. D'*Ambrun*. Tom. *III*. p. 1073. D.
1159. De *Pavie*. T. *III*. p. 678. E. Peut-être le même que 1160.
1160. De *Toulouse*. T. *VI*. p. 752. D.
1165. De *Lombez*. T. *VI*. p. 54. D.
* 1167. *Pelicience*, ou *S. Felix de Carman*, Diocèse de Toulouse. T. *VI*. p. 876.
1168. De *Lavaur*. T. *I*. p. 1269. C.
1176. D'*Albi*. T. *II*. p. 1180. B.
1179. De *Rome*. T. *III*. p. 412. E.
1180. De *Latran*. T. *I*. p. 986. E.
1200. De *Dijon*. T. *IV*. p. 684. B. Peut-être le même que 1199.
1205. D'*Arles*, fur la Discipline. T. *I*. p. 565. E.
1207. De *Narbonne*. T. *VI*. p. 61. A.
1212. De *Narbonne*. T. *VI*. p. 62. D.
1212. De *Lavaur*. T. *VI*. p. 444. D.
1215. De *Bourdeaux*. Tom. *II*. p. 862. A.
1216. De *Latran*. T. *III*. p. 991. D.
1220. De *Maguelone*. T. *VI*. p. 763. B.
1222. Du *Puy*. T. *VI*. p. 130. C.
1223. De *Toulon*. T. *I*. p. 746. E.
1225. De *Beziers*. T. *VI*. p. 407. B.
1225. De *Mayence*. T. *III*. p. 690. D.
1226. De *Narbonne*. Tom. *VI*. p. 543. E.
1236. D'*Arles*, fur la Discipline. T. *I*. p. 568. D.
1240. De *Rome*. T. *IV*. p. 995. B.
1243. De *Beziers*. T. *VI*. p. 234. D.
1244. De *Narbonne*. T. *VI*. p. 70. B.
1248. D'*Ambrun*. T. *III*. p. 1079. B.
1251. De *Narbonne*. Tom. *VI*. p. 685. A.
1256. De *Beziers*. T. *VI*. p. 888. A.
1256. De *Compiegne*. Tom. *III*. p. 89. A. in *Inſtrumentis*.
1256. De *S. Quentin*. T. *III*. p. 332. C.
1257. De *Rheims à Compiegne*. T. *III*. p. 332. C.
1263. De *Bourges*. T. *II*. p. 70. B. *Douteux*.
1263. De *Clermont*. T. *II*. p. 340. A.
1266. De *Montluçon*. T. *II*. p. 71. A.
1269. De *Montpellier*. T. *VI*. p. 391. C.
1269. De *Belleville*. Tom. *IV*. p. 611. D.
1271. De *Beziers*. T. *VI*. p. 338. E.
1272. De *Narbonne*. T. *VI*. p. 408. B.
1274. De *Narbonne*. T. *VI*. p. 80. A.
1274. De *Beziers*. T. *VI*. p. 80. B.
1277. De *Beziers*. T. *VI*. p. 447. C.
1277. De *Narbonne*. T. *VI*. p. 195. E.
1280. De *Narbonne*. T. *VI*. p. 630. E.
1281. De *Beziers*. T. *VI*. p. 148. C.
1282. De *Bourges*. T. *II*. p. 73. E.
1286. De *Mâcon*. T. *IV*. p. 613. B.
1289. D'*Ambrun*. T. *III*. p. 1163. C.
1291. De *Rheims*. T. *III*. p. 222. D.
1294. De *Beziers*. T. *VI*. p. 83. E.
1294. De *Pont*, près Saintes. On accorde une Décime à Philippe le Bel. Tom. *II*. p. 1076. B.
1295. De *Beziers*. T. *VI*. p. 83. E.
1296. De *Paris*. T. *II*. p. 281. B.
1299. De *Lyon*. T. *IV*. p. 408. B.
1299. D'*Anſe*. T. *IV*. p. 267. C.
1299. De *Mâcon*. T. *IV*. p. 408. B. *Toulon*, fur la fin du XIII. Siécle. T. *I*. p. 748. E.
1302. De *Nîmes*. T. *IV*. p. 85. B.
1303. De *Montpellier*, Aſſemblée de tou-

toute l'Eglise de France. *T. VI.* p. 595. C. & 604. C.
1303. D'*Ausch. T. I.* p. 994. A.
1304. De *Beziers. T. VI.* p. 443. B.
1304. De *Poitiers II.* p. 1187. C.
1307. De *Vienne. T. IV.* p. 617. B.
1309. De *Narbonne. T. VI.* p. 86. E.
1311. De *Bourges. T. II.* p. 77. D.
1313. De *Senlis*, sur la condamnation des Templiers.
1315. D'*Ausch. T. I.* p. 994. A.
1315. De *Beziers. T. VI.* p. 347. A.
1317. De *Beziers. T. VI.* p. 149. B.
1318. De *Senlis. T. III.* p. 224. C.
1320. De *Beziers. T. VI.* p. 347. A.
1321. De *Montpellier. T. VI.* p. 449. A.
1325. De *Lodeve* (*Leutevense*). *T. VI.* p. 554. C.
1326. De *Beziers. T. VI.* p. 604. D.
1327. De *Beziers. T. VI.* p. 173. B.
1327. De *Ruffec, Roffiacense. T. II.* p. 833. E.
1328. De *Narbonne. T. VI.* p. 88. C.
1334. D'*Avignon* à *S. Ruf*, sur les Décimes. *T. III.* p. 1165. D.
1339. De *Montpellier. T. VI.* p. 784. B.
1342. De *Beziers. T. VI.* p. 382. A.
1349. De *S. Quentin. Tom. III.* p. 366. B.
1363. De *Marseille. T. I.* p. 358. E.
1364. De *Nîmes. T. VI.* p. 92. E.
1364. D'*Ausch*, sur la Discipline. *T. I.* p. 995. E.
1365. De *Perigueux. T. II.* p. 837. B.
1369. De *Beziers. T. VI.* p. 350. D.
1370. De *Beziers. T. VI.* p. 350. D.
1375. De *Beziers. T. VI.* p. 352. A.
1383. De *Cambray*, sur le Schisme. *T. II.* p. 1193. A.
1408. De *Paris. T. II.* p. 1307. D.
1409. De *Beziers. T. VI.* p. 355. E.
1414. De *Digne. T. III.* p. 1127. C.
1416. D'*Aix*. On députe au Concile de Constance. *T. I.* p. 507. C.
1423. De *Pise. T. III.* p. 705. C.
1426. De *Beziers. T. VI.* p. 357. E.
1442. De *Beziers. T. VI.* p. 359. E.

1467. Etats de *Tours. Tom. II.* p. 928. B.
1490. D'*Arras*, sous l'Evêque Pierre de Ranchicourt.
1491. De *Cologne*, sous l'Archevêq. Herman de Hesse.
1491. De *Petricovie*, sous Frédéric Cardinal de Gnesne.
1495. De *Bezançon*, sous Charles de Neufchâtel.
1498. De *Talaga*, sous le Cardinal Ximenès, sur les mœurs. *Raynaldi ad hunc annum.*
1499. De *Burgos*, sous l'Evêque Pascal.
1511. Du *Mans. T. VI.* p. 249. D.
1511. De *Lyon. T. III.* p. 368. B.
1515. De *Rome. T. IV.* p. 991. B.
1535. D'*Agde. T. VI.* p. 251. A.
1548. De *Boulogne. Tom. VI.* p. 251. C.
1564. De *Terragone. Tom. VI.* p. 1092. E.
1564. De *Rheims. T. III.* p. 53. C.
1569. D'*Avignon*, sur la Discipline. *T. I.* p. 833. E.
1582. De *Bourdeaux*, sur la Foi & les Mœurs. *T. II.* p. 850. A. Peut-être le même que de 1583.
1583. D'*Ambrun.* G. C. *T. III.* p. 1095. E.
1595. D'*Avignon*, sur la Discipline. *T. I.* p. 835. C. Peut-être le même que de 1594.
1606. D'*Avignon*, sur la Discipline. *T. I.* p. 836. B.
1610. De *Grasse*, ou *Ambrun. T. III.* p. 1096. D.
1635. De *Narbonne. Tom. VI.* p. 120. E.
1668. D'*Avignon*, sur la Discipline. *T. I.* p. 838. A.
1671. De *Narbonne. Tom. VI.* p. 122. D.
1699. De *Narbonne. Tom. VI.* p. 123. D.
1706. De *Narbonne. Tom. VI.* p. 153. A.

SUPPLEMENT
À LA
COLONNE DES ECRIVAINS
ECCLESIASTIQUES,

1501. HENRI *Inftitor*, Dominicain. Traité de la Puiffance du Pape contre celui de Rofellis. *Venet.* 1499.
1501. Etienne *Brulefer*, Cordelier. Commentaire fur les 4. Livres des Sentences de S. Bonaventure, & autres Traités de Religion.
1502. Olivier *Maillard*, Cordelier. Quelques Sermons.
1503. *Alexandre* VI. Pape. Plufieurs Lettres & Bulles, & Bouclier de la Foi, à Strafbourg 1497.
1504. *Jean Raulin* de Toul, Docteur de Paris, puis Moine Bénédictin. Grand nombre de Sermons.
1505. Vincent de *Bandellis*, Général des Jacobins en 1501. Traité fur la Conception Immaculée de la Ste. Vierge.
1506. Jacques *Almain*, Docteur de Paris. Divers Traités fur la Puiffance & les matières Eccléfiaftiques. *Cum Gerfon. Operib. & Goldafti*, & fur les Sentences,
1507. Jean Bapt. *Hifpaniolus Mantuanus*, Général des Carmes en 1513. Plufieurs Traités de Religion & des Poéfies.
1508. Auguftin *Dathus* de Sienne. De l'Immortalité de l'Ame, & autres Traités de Morale, in fol. *Senis* 1503.
1509. Paul *Cortez*, Protonotaire Apoftolique. De la Dignité des Cardinaux, & Commentaire fur les Sentences. 1510. & 1540.
1510. Matthias *Ugonius* de Breffe, Evêque de Famagoufte. Traité de la Dignité Patriarchale. *Breffia* 1510. & Synodia Ugonia de Conciliis, extrêmement rare & curieux.
1511. Pierre du *Mont* (de Monte) Venitien, Evêque de Breffe. De la Monarchie du Pape & de l'Empereur, *Lugduni* 1512.
1512. Alphonfe *Zamora*, Juif Efpagnol converti. Grammaire & Critique de la Langue Hébraïque.
1513. François *Aubertin* Florentin Prêtre. Defcription de l'ancienne & nouvelle Rome, & quelques Ouvrages de Morale.
1514. Jean *Reuchlin*, dit *Capnion*, du Marquifat de Bade, grand Littérateur en différentes Langues. Plufieurs Traités fur les matières Eccléfiaftiques.
1515. Jean Louïs *Vivaldus* de Piémont, Evêque en Efclavonie. Plufieurs Traités de Théologie & de Morale. *Lugduni* 1548.
1516. *Léon* X. Pape. Plufieurs Conftitutions & autres Bulles, avec le Concordat fait entre le S. Siége & François I.
1517. Sylveftre *Mozolin*, ou *Prieras*, Dominicain, Maître du Sacré Palais. Traité contre Luther, & plufieurs Ouvrages de Doctrine.

XXIV SUPPLÉMENT A LA COLONNE

1517. Geoffroi *Boussard*, Docteur & Chancelier de l'Université de Paris. Plusieurs Traités de Discipline & de Morale.
1518. Claude de *Seissel*, mort Arch. de Turin. Traité contre les Vaudois, & autres sur la Discipline, la Politique & l'Histoire.
1520. Thomas *Illyricus*, Cordelier d'Italie. Bouclier de la Foi contre Luther, de la Puissance du Pape, & autres Traités de Doctrine & de Morale.
1520. Michel *Menot*, Cordelier François. Sermons pour deux différens Carêmes, recherchés des curieux pour leurs singularités.
1520. Jacques *Wimphelinge* de Scheleftat. Traités sur la Doctrine, la Discipline & l'Histoire.
1520. *Gabriel* Grec, Archevêque de Philadelphie. Traité sur la Foi de l'Eglise Orientale.
1521. Pierre *Galatin* Italien, Juif converti, puis Cordelier, mort en 1532. *Arcana Veritatis Catholicæ Fidei*, copié sur le *Pugio fidei* de Raymond Martin.
1521. Ælius Antoine de *Lebrixa*, ou *Nebrissensis* Espagnol. Ouvrage sur la Bible, & Traités d'Histoire.
1522. *Adrien* VI, Pape, né à Utrecht. Commentaire sur les Sentences, plusieurs questions Quodlibétiques, & autres Ouvrages de Doctrine.
1523. Guillaume *Brissonnet*, Evêque de Meaux. Apologie de Louïs XII. contre le Pape Jules II. & autres Ouvrages.
1523. Jacques *Sannazar* Napolitain, Poëte Chrétien, dont les Poésies sont très estimées.
1524. Thomas de Vio *Cajetan*, Dominicain & Cardinal. Commentaires sur une partie de l'Ecriture Sainte, Version de la Bible, Commentaires sur S. Thomas, & autres Ouvrages.
1524. *Paul de Middelbourg* en Zélande, Evêque en Italie, mort en 1534. Traité très rare de la Célébration de la Pâque.
1524. Dominique *Jacobatius* Cardinal. Traité sur les Conciles. *In Collectione Labbæana*.
1525. Guill. *Pepin*, Docteur en Théologie, Dominicain, Plusieurs Sermons, assez estimés.
1525. Jacques *Hocstrat*, Dominicain de Cologne. Quelques Traités contre Luther, & autres Traités de Doctrine.
1525. *Bernard de Luxembourg*, Dominicain. Catalogue des Hérétiques, & autres Traités de Doctrine.
1525. Philippe *Decius* Milanois, Docteur en Droit, mort en 1535. Sur l'autorité de l'Eglise, Commentaires sur les Décrétales, & autres Ouvrages sur le Droit Civil.
1526. Jean *Driedo* Brabançon, Docteur de Louvain, mort en 1535. Traité de la Grace & des Saintes Ecritures.
1530. Laurent *Campege* Cardinal. Décisions de la Rotte, & autres Ouvrages de Discipline.
1530. Jean *Faber* Suisse, Evêque de Vienne en Autriche. Plusieurs Homelies, & Ouvrages de Doctrine.
1531. *Ortuin Gratius* de Munster, Professeur à Cologne. *Fasciculus Rerum Expetendarum*, ou Recueil de Piéces sur l'autorité de l'Eglise, des Rois, &c. 1531. Jean

1531. Jean *Eckius*, Professeur à Ingolstad. Plusieurs Traités de Controverse contre Luther, & autres Ouvrages.
1532. Antoine *Guevara*, Cordelier Espagnol, & mort Evêque de Mondonedo. Plusieurs Ouvrages de Piété & de Morale.
1532. François *Victoria* Espagnol. Questions sur la Puissance Ecclésiastique, sur les Sacremens, & autres Traités.
1533. Jean de *Medina*, Docteur Espagnol. Traité de la Penitence, & autres Ouvrages de Discipline.
1533. Jacques *Sadolet* de Modene, Cardinal. Commentaires sur l'Epître de S. Paul aux Romains, & autres Ouvrages de Doctrine.
1533. Henri VIII. Roi d'Angleterre, mort en 1547. Défense des Sacremens de l'Eglise contre Luther, *in folio. Londini* 1521.
1534. Gregoire *Cortese* Modenois, & Cardinal. Institutions Théologiques, & sur les Sentences, avec plusieurs autres Traités de Doctrine.
1534. Jean *Gagnée*, Docteur de Paris. Notes sur les Evangélistes, les Actes & sur S. Paul, & autres Ouvrages.
1534. Claude *Guillaud*, Docteur de Paris. Commentaire sur S. Matthieu, S. Jean, S. Paul & les Epîtres Canoniques.
1534. Jean *Cochlée* de Nuremberg, mort Doyen de l'Eglise de Breslaw. Plusieurs Ouvrages contre Luther, & grand nombre d'autres Traités de Controverse très estimés.
1535. Jean *Viguier*, Espagnol & Dominicain. Institutions Théologiques, & Commentaires sur l'Epître aux Romains.
1535. François *Titelman*, Cordelier d'Hasselt près de Liége. Plusieurs Commentaires sur l'Ecriture Sainte.
1536. Jean *Fischer*, Evêque de Rochester en Angleterre, décapité en 1535. par ordre d'Henri VIII. Réfutation de Luther, Traités des Sacremens & de l'Eucharistie, avec d'autres Ouvrages.
1536. Albert *Pio* Italien, Prince de Carpi. Plusieurs Ouvrages contre Erasme, *in folio. Paris* 1591.
1536. Augustin *Justinien* Dominicain, puis Evêq. de Nebio en Corse. Les Pseaumes à huit colonnes, *in folio, Genuæ* 1516.
1537. Jacques *Lopez Stunica*, Docteur Espagnol. Itinéraire d'Espagne à Rome, Traités contre Erasme, & autres Ouvrages.
1537. Thomas *Morus*, Chancelier d'Angleterre, décapité à Londres en 1535. Traités contre Luther, & autres Ouvrages de Doctrine.
1537. Jean Louïs *Vivès* de Valence en Espagne. Commentaire sur la Cité de Dieu de S. Augustin, Vérité de la Religion, & autres Livres de Doctrine & de Piété.
1537. Pélbart *Osvalde de Temesvart*, Cordelier. Rosaire de la Théologie, & Sermons.
1538. Pierre *Sutor*, Chartreux près de Troyes. De la Puissance de l'Eglise, des Vœux Monastiques, & autres Traités.
1538. Jerôme *Hangest* de Compiegne, & Docteur de Paris. Divers Traités contre Luther.
1538. Jean *Lansperge*, Bavarois Chartreux. Paraphrase sur les Epitres & Evangiles, & autres Ouvrages.
1538. François de *Quignonez*, Cordelier Espagnol & Cardinal. Un Bréviaire, tiré de l'Ecriture Sainte.

1539. Jean *Major* Ecoffois. Commentaire sur les Sentences & sur les Evangiles, avec plusieurs autres Ouvrages.
1539. Jacques *Merlin*, Docteur de Paris. Edition des Conciles, & autres Ouvrages d'Auteurs Ecclésiastiques.
1540. André *Vega*, Cordelier Espagnol. Traité de la Justification, & Commentaire sur les Pseaumes.
1540. Augustin *Steuchus d'Eugubio*, Evêque de Chisame. Plusieurs Commentaires sur l'Ecriture Sainte, & autres Traités.
1545. Pierre *Lizet*, Premier Président au Parlement de Paris. Plusieurs Traités de Controverse, peu estimés.
1550. Jean *Arboreus*, Docteur de Paris. Plusieurs Commentaires sur l'Ecriture Sainte, & Traités de Doctrine.
1550. Jerôme *Oleaster*, Dominicain Portugais. Commentaire sur le Pentateuque & sur Isaïe.
1550. Adam *Sasbouth*, Cordelier de Delft en Hollande. Commentaire sur les Sentences, & sur plusieurs Livres de l'Ecriture Sainte.
1550. Jean *Ferus*, Cordelier Allemand. Plusieurs Commentaires sur l'Ecriture Sainte, & Sermons.
1550. Etienne *Gardiner*, Evêque de Winchester en Angleterre. Plusieurs Traités de Controverse.
1550. S. *Ignace de Loyola*, Fondateur des Jésuites. Exercices Spirituels, Constitutions & plusieurs Lettres.
1550. S. *François Xavier*, Jésuite & Missionnaire au Japon. Plusieurs Lettres.
1550. François *Duaren*, Jurisconsulte François. Traité sur les Ministres de l'Eglise, & Défense des Libertés de l'Eglise Gallicane.
1551. Jean Baptiste *Folengio*, Moine Bénédictin de Padoüe. Commentaire sur les Pseaumes & sur les Ep. Canon.
1551. Jean *Groper*, Archidiacre de Cologne, nommé au Cardinalat. Institutions Catholiques, & autres Ouvrages.
1551. Regnauld *Polus*, Anglois & Cardinal. Traité de la Puissance Ecclésiastique, & autres Ouvrages de Doctrine.
1552. Robert *Cenalis*, ou Cenaux, Evêque d'Avranches. Traités contre Calvin, & autres Ouvrages de Doctrine.
1555. Thomas *Campege*, Evêque de Feltri. Traité sur l'autorité des Conciles, du Pape, résidence des Evêques, & autres.
1555. Pierre *Soto* Espagnol. Trois Livres de l'Institution des Prêtres, & autres Ouvrages.
1555. George *Cassander* Flamand. Traités des Liturgies, Offices de l'Eglise, & autres Ouvrages de Doctrine.
1556. Jean Albert de *Widmanstad* Hongrois, Chancelier de Ferdinand I. Emper. Edition Syriaque du N. Test. Notes contre Mahomet.
1559. Conrard *Clingius*, Cordelier Allemand. Catéchisme Romain, Lieux communs de l'Ecrit. Ste, & autres Traités.
1560. Jerôme *Seripand* Cardinal. Explication du Symbôle, & autres Traités de Doctrine.
1560. François de *Vargas* Espagnol. De la Jurisdiction des Evêques, du Pape, & quelques Lettres.
1560. Paul IV. Pape. Traité de la Basilique de S. Pierre au Vatican, autre de la Réformation de l'Eglise, &c.

1560. Jac-

1560. Jacques *Naclantus*, Evêque de Chiozza. Traités de Théologie & Comment. fur l'Ecrit. Ste.
1560. Marianus *Victorius*, Evêque d'Amelia. Traité du Sacrement de Penitence, une Edition de S. Jerôme, & autres Ouvrages.
1560. Albert *Ferrarius* Italien. Traités des Heures Canoniales & de la célébration des Fêtes, & fur les Décrétales.
1560. Jean du *Tillet*, Evêque de Meaux. Edition du N. Teft. des Canons des Apôtres, & fur les Cérémonies de la Meffe.
1561. Jean Genez *Sepulveda* Efpagnol. Traités contre Luther & Erafme, & autres Ouvrages de Doctrine.
1562. George *Wicelius* rentre dans l'Eglife en 1532. meurt en 1573. Traités fur la Liturgie, l'Ecriture Sainte, & autres Ouvrages Dogmatiques.
1565. André *Refendus*, Dominicain, mort en 1573. Antiquités de Portugal, Hift. des Martyrs de Lifbonne, des SS. d'Evora, &c.
1566. Cornelius *Muffus*, Evêque de Bitunto, mort en 1574. Commentaire fur l'Epître aux Romains, & Sermons &c.
1567. François *Sonnius*, Docteur de Louvain, mort vers l'an 1575. Démonftration de la Religion Chrétienne, &c.
1568. Simon *Viger*, mort Archevêq. de Narbonne en 1575. Plufieurs Sermons en François.
1569. Jacques *Ledefma*, Jéfuite Efpagnol, mort l'an 1575. Traités de Controverfe, & autres Ouvrages de Doctrine, &c.
1570. Cornelius *Janfenius*, Evêque de Gand, mort en 1576. Commentaire fur les Pfeaumes & fur la Concorde des Evangiles, &c.
1570. Guillaume *Canterus*. Diverfes Leçons des Bibles Grecques, & quelques Verfions des Traités de *Synefius*, &c.
1570. Jacques Payva d'*Andrada* Portugais. Explications Orthodoxes, Défenfes de la Foi du Concile de Trente, Livres affez rares, & autres Traités.
1570. Jean Paul *Lancelotti* de Peroufe, Jurifconfulte. Inftitutions au Droit Canonique, &c.
1571. George *Eder* de Frifingue en Bavière. Plufieurs Traités fur diverfes matières Ecclefiaftiques.
1571. Nicolas Durand de *Villegagnon*, Chevalier de Malthe. Plufieurs Traités de Controverfe contre les Luthériens & les Calviniftes.
1572. Jerôme *Gigas*, Jurifconfulte Italien. Traités de la Réfidence des Evêques & des Penfions Eccléfiaftiques.
1573. Martin *Eifengrein*, Docteur à Ingolftad. Défenfe de l'Eglife Catholique, & autres Traités de Controverfe.
1573. Frédéric *Staphyle*, Docteur d'Ingolftad. Plufieurs Traités de Controverfe contre les Luthériens.
1574. Jerôme *Oforio*, Evêq. de Sylves dans l'Algarve, mort en 1580. Paraphrafes & Commentaires fur divers Livres de l'Ecriture Sainte, & Livres Moraux, in fol. Romæ 1592. 4. volum.
1578. Jerôme *Natalis* Jéfuite, mort en 1581. Notes & Méditations fur les Evangiles, in folio. Antuerp. cum figuris 1594.
1578. Pierre *Ciacconius* de Tolede, mort à Rome en 1581. Obfervations fur quelques Livres de Peres de l'Eglife, & autres Ouvrages.

1579. Jac-

1579. Jacques de *Billy* de Prunai, mort en 1581. Traduction des Oeuvres de S. Gregoire de Nazianze, & autres Traductions.
1579. *Henri Emmanuel*, Cardinal & Roi de Portugal, mort en 1580. Homélies, tirées des Peres de l'Eglise.
1580. Jean Etienne *Duranti*, Préſident au Parlement de Toulouſe, mort en 1589. Traité des Rits Sacrés de l'Egliſe, attribués par quelques-uns à Pierre Danès, Evêq. de Lavaur.
1580. Jerôme *Oſorio*, Chanoine d'Evora & neveu de l'Evêq. de Sylves. Commentaires ſur les Livres de Salomon, avec les Ouvrages de l'oncle.
1580. Barthélemi *Medina*, Dominicain Eſpagnol, mort en 1581. Commentaire ſur la Somme de S. Thomas.
1581. Sainte *Thereſe*, Fondatrice des Carmelites, morte en 1582. Rélation de ſa vie, & autres Oeuvres Spirituelles.
1582. Jean *Maldonat*, Jéſuite Eſpagnol, mort à Rome en 1583. Commentaire ſur les Evangiles, Notes ſur la Bible & quelques Prophétes, Traités des Sacremens, & autres.
1582. Pierre *Rebuffe*, Juriſconſulte, mort en 1583. Pratique des Bénéfices, Traités ſur le Concordat & autres matiéres Canoniques.
1583. Gentien *Hervet*, mort en 1584. Pluſieurs Traités de Controverſe & traduction du Concile de Trente, & autres Ouvrages.
1583. Diego *Stunica*, Auguſtin de Salamanque. Commentaires ſur Job & ſur Zacharie.
1583. Théodore *Peltanus*, Jéſuite Liégeois, mort en 1584. Divers Traités de Controverſe.
1583. François *Turrianus*, Jéſuite Eſpagnol, mort en 1584. Divers Traités Dogmatiques, Canons des Apôtres & des Conciles.
1583. François de *Beaucaire de Peguilion*, Evêque de Metz, mort en 1591. Traités contre les Calviniſtes.
1584. Claude de *Saintes*, Evêque d'Evreux, mort en 1591. dans la priſon, où il avoit été condamné à perpétuité pour avoir approuvé le parricide de Henri III. Pluſieurs Traités de Controverſe & de Liturgie.
1584. François de *Gonzague* de la Maiſon des Ducs de Mantoüe, Cordelier, Général de ſon Ordre, & Evêque de Mantoüe. Hiſtoire de l'Ordre de S. François, & autres Ouvrages.
1584. S. *Charles Borromée*, Cardinal Archevêq. de Milan, mort cette année. Diverſes Inſtructions aux Curés, & Actes de l'Egliſe de Milan.
1585. Gabriel *Prateolus*, ou du Preau, Docteur de Paris, mort cette année. Divers Traités d'Hiſtoire Eccléſiaſtique, & de Doctrine & de Diſcipline.
1585. Alphonſe *Salmeron*, Jéſuite Eſpagnol, mort cette année. Commentaires ſur l'Ecriture Sainte.
1585. Antoine *Caruffe* Cardinal, mort en 1591. a donné à Rome en 1587. le texte Grec des Septante, Ouvrages des Peres, & les Epîtres des Papes.
1585. Jerôme *Platus*, Jéſuite Milanois, mort en 1591. De l'avantage de l'Etat Religieux & de la dignité des Cardinaux.

1586. Jean

DES ECRIVAINS ECCLESIASTIQUES. xxix

1586. Jean *Leunclavius* de Weftphalie, mort en 1593. a donné le Droit Canonique des Grecs, Verfions des Oeuvres des SS. Gregoire de Nazianze & de Nice, &c.

1586. Martin *Azpilcueta*, dit *Navarre*, Jurifconfulte, mort en 1586. Plufieurs Traités fur les matiéres Canoniques.

1586. Jean *Lenfée*, Docteur de Louvain, mort en 1593. Plufieurs Traités fur la Religion & Ouvrages de Controverfe.

1586. Antonio *Auguftino*, Archevêq. de Terragone, mort cette année. Divers Traités fur les matiéres Canoniques & fur le Droit Civil.

1586. Léon de *Caftro*, Docteur de Salamanque, mort cette année. Commentaire fur Ifaïe, Apologie de la Vulgate.

1587. Jacques *Pamelius*, Chanoine de Bruges, mort cette année. Livres Liturgiques, & les Oeuvres de Tertullien & de S. Cyprien.

1587. Nicolas *Harpsfeld* Anglois, Archidiacre de Cantorbery, mort en 1593. Hiftoire Eccléfiaftique d'Angleterre.

1587. François *Panigarole*, Cordelier Milanois, Evêque d'Aft, mort en 1594. Quelques Traités de Controverfe, Sermons, & Paraphrafe de quelques Livres de l'Ecriture Sainte.

1588. Gerard *Mercator* de Ruremonde, mort en 1594. Harmonie Evangélique, Commentaire fur l'Epître aux Romains, & Chronologie Univerfelle.

1588. Guillaume *Alanus*, Anglois & Cardinal, mort en 1594. Traités des Sacremens, & autres Ouvrages de Doctrine & de Controverfe.

1588. Louïs de *Grenade*, Dominicain Efpagnol, mort cette année. Catéchifme fort étendu, plufieurs Livres de Piété & de Morale avec Sermons.

1589. Michel *Baius*, Docteur de Louvain, mort cette année. Divers Traités de Doctrine *in* 4. *Coloniæ* 1696.

1589. Pierre *Opmer* d'Amfterdam, mort en 1595. Ouvrage de Chronologie, Hiftoire des Martyrs de Gorcum.

1589. Pierre *Pithou* Avocat, mort en 1596. Libertés de l'Eglife Gallicane, quelques Traités fur l'Ecriture Sainte, & autres Ouvrages.

1590. François *Tolet*, Jéfuite Efpagnol & Cardinal, mort en 1596. Commentaire fur S. Jean, S. Luc, & l'Epître aux Romains, Somme de Cas de Confcience.

1590. *Emmanuel Sa*, Jéfuite Portugais, mort l'an 1596. Courtes Notes fur toute l'Ecriture Sainte.

1590. François *Ribera*, Jéfuite Efpagnol, mort en 1591. Commentaire fur les petits Prophétes, fur l'Epître aux Hébreux, l'Evangile de S. Jean & l'Apocalypfe, avec un Traité du Temple de Salomon.

1591. Joffe *Coccius*, Chanoine de Juliers. Tréfor Catholique, ou Recueil des paffages des Peres & des Conciles fur les Controverfes de la Religion, *in fol. Coloniæ* 1598. & 1600. 2. *volum.*

1591. Suffridus *Petri*, de Lewarde en Frife, mort en 1597. a publié les Ecrivains Eccléfiaftiques de S. Jerôme & Gennadius, Chronique de Martin Polonus, Notes fur Eufebe, & autres Ouvrages.

1591. Ga-

xxx SUPPLEMENT A LA COLONNE

1591. Gabriel *Paleotti*, Prêtre de l'Oratoire & Cardinal, mort en 1597. Divers Ouvrages de Discipline & de Doctrine.

1592. Pierre *Canisius* de Nimegue, Jésuite, mort en 1597. Somme de la Doctrine Chrétienne, & autres Traités de Religion & de Piété.

1592. Marc Antoine *Marsile Colonne* Cardinal, mort en 1597. Traités sur les Revenus Ecclésiastiques & sur l'Eau bénite, assez recherchés.

1593. Benoit *Arias Montanus* de Seville, mort en 1598. a donné l'Edition de la Bible Polyglotte d'Anvers, Commentaires, & autres Ouvrages sur l'Ecriture Sainte.

1594. Nicolas de *Thou*, Evêque de Chartres, mort en 1598. Maniére d'administrer les Sacremens, & autres Ouvrages.

1594. Garcias *Loaysa*, Chanoine & Archidiacre de Tolede, mort en 1599. Notes & Collection des Conciles d'Espagne.

1595. Alphonse *Ciacconius*, Dominicain Espagnol, mort en 1599. Vies des Papes, des Jeûnes, délivrance de l'ame de Trajan.

1595. Boëtius *Epo*, Jurisconsulte de Frise, mort en 1599. Traités des Antiquités Ecclésiastiques, & autres matières Canoniques.

1596. Joseph *Pamphile* de Verone, Augustin Evêque de Signi. Chronique de son Ordre, & autres Ouvrages de Doctrine.

1596. Josse *Lorichius* de Fribourg en Brisgaw. Divers Traités de Doctrine, de Controverse, de Discipline & de Morale.

1597. Alexis *Porrus*, Carme Vénitien. Divers Traités de Doctrine & de Piété.

1597. Arnoul de *Wion*, Bénédictin de Doüai. L'Histoire de son Ordre, sous le titre de l'Arbre de Vie.

1597. Pierre Merssæus *Cratepole*, Allemand Cordelier. Divers Traités de Controverse.

1598. Pierre *Lopez* Espagnol. Concorde des Editions sacrées, & autres Traités sur l'Ecriture Sainte.

1598. Thomas *Bossius*, Prêtre de l'Oratoire d'Italie. Des signes de l'Eglise, Ruine des Nations, & autres Traités de Discipline.

1599. Gaspar *Varrerius* Portugais. Traité sur la Région d'Ophir, dont il est parlé dans l'Ecriture Sainte.

1599. François *Cartagena*. Traité de la Prédestination des Hommes & des Anges.

1600. Gregoire Nugnez *Coronelli*, Augustin Portugais. De la vraye Eglise, Traditions Apostoliq. & Actes de la Congregat. de Auxilis.

1600. Lelio *Zecchi* Jurisconsulte, Chanoine & Pénitencier de Bresse. Divers Traités de Discipline, de Morale & de Doctrine.

1600. *Gabriel Severe*, Archevêq. de Philadelphie. Divers Traités sur les Sacremens & sur les Différends des Grecs & des Latins, imprimés par M. Richard Simon.

1600. Jacques *Bosio* Milanois, de l'Ordre de S. Jean de Jérusalem. Histoire de l'Ordre de S. Jean de Jerusalem, ou de Malthe, en Italien; la Croix Triomphante, en Italien & en Latin.

1600. Pierre *Thyrée* de Nuys près Cologne, Jésuite. Traités des apparitions des Spectres, Démons, & beaucoup d'autres Traités de Doctrine, assez recherchés des Curieux.

1600. Jo-

DES ECRIVAINS ECCLESIASTIQUES. xxxj

1600. Joseph *Acosta*, Jésuite Espagnol, mort cette année. Concile de Lima, & autres Ouvrages sur l'Histoire du nouveau Monde, imprimés aussi en François.

DIX-SEPTIÉME SIÉCLE.

1601. Ferdinand de *Mendoza* Espagnol. Commentaire sur le Concile d'Elvire, imprimé à Alcala in folio en 1594. & dans la Collection du P. Labbe.

1601. Barthelemi *Ugolin*, Jurisconsulte Italien. Beaucoup de Traités sur les matiéres de Morale & de Discipline.

1601. Jean *Azor*, Jésuite Espagnol. Institutions Morales, *in folio 3. volum.*

1602. Antoine Marie *Gratien*, Evêq. d'Amelia. Traités des Sacremens, Vie du Cardinal Commendon, la guerre de Chypre, & autres Traités.

1602. Diégo de la *Vega*, Cordelier Espagnol. Sermons, & autres Ouvrages de la Vie spirituelle.

1602. Emmanuel *Rodrigue*, Cordelier Portugais. Somme de Cas de Conscience, & autres Ouvrages de Morale & de Discipline.

1602. Gregoire de *Valentia*, Jésuite Espagnol. Commentaires Théologiques sur la Somme de S. Thomas, & plusieurs Traités fort estimés sur la Controverse. *En tout 5. volum. in folio.*

1602. Guy *Coquille* de Nevers. Plusieurs Traités sur les Libertés de l'Eglise Gallicane, & autres matiéres Canoniques.

1603. Pierre le *Charron*. Les trois vérités, ou preuves de la Religion, Traité de la Sagesse, & autres de Doctrine.

1603. Antoine *Gallonius* de l'Oratoire. De Cruciatib. Martyrum, *in* 40. Paris 1659.

1603. Thomas *Zerola*, Evêque de Minori au Royaume de Naples, Canoniste, mort cette année. Pratique Episcopale, & autres Ouvrages.

1603. Henri *Canisius* de Spire, Professeur à Ingolstad. Somme du Droit Canonique, Recueil de plusieurs piéces d'Auteurs Ecclésiastiques, & autres Ouvrages de Doctrine.

1603. Jean *Belarin*, Clerc Régulier Italien. Doctrine du Concile de Trente, & autres Ouvrages de Doctrine.

1603. François *Davila*, Dominicain Espagnol. Traité de la Confession & Absolution, & Traité de la Grace.

1604. Corneille *Schulting*, Chanoine de Cologne. Divers Traités sur les Offices de l'Eglise, sur les Antiquités & la Discipline Ecclésiastique.

1604. Gabriel *Vasquez*, Jésuite Espagnol. Commentaires sur la Somme de S. Thomas.

1604. Dominique *Bannez*, Dominicain Espagnol. Commentaire sur une partie de la Somme de S. Thomas, & sur le Droit & la Justice.

1604. Jean *Marsile* Napolitain. Plusieurs Traités sur le Différend du Pape avec la République de Venise.

1604. Antoine *Agellius*, Evêq. d'Acerno au Royaume de Naples. Commentaires sur les Pseaumes & autres Livres de l'Ecriture Sainte.

1604. Ju-

1604. Juste *Lipse* Brabançon, grand Littérateur. Excellent Traité sur la Croix & sur la Dévotion de la Sainte Vierge.
1605. Martin Antoine *Del-Rio* se fait Jesuite en 1580. meurt en 1608. Disquisitions magiques, où, avec de bonnes choses il y a beaucoup de contes, *in fol. Moguntiæ* 1601. & autres Ouvrages de Piété.
1605. *Clément* VIII. Pape. Plusieurs Bulles, & autres Ecrits sur la Grace & la Prédestination.
1605. Ascanius *Colonne* Cardinal, mort en 1606. Jugement sur la Monarchie de Sicile & sur l'Interdit de Venise.
1605. Augustin *Valerius* Evêque de Verone, Cardinal, mort en 1607. Plusieurs Traités sur la Discipline.
1605. Guill. *Bartlay*, Jurisconsulte Ecossois. Traités de la Puissance du Pape, autre de la Puissance Royale.
1605. Nicolas *Orlandin* de Florence, Jésuite. Histoire de la Compagnie de Jesus.
1606. Jean *Pistorius*, Chanoine de Constance. Recueil des Ecrivains d'Allemagne, & plusieurs Traités de Controverse.
1606. René *Benoit*, Docteur de Paris & Curé de S. Eustache. Traduction Françoise de la Bible, & plusieurs Traités de Controverse.
1606. Jean Gerard *Vos*, ou *Vossius*, Prevôt de l'Eglise de Tongres. Edition de S. Ephrem & autres Ouvrages.
1606. François *Feuardent*, Cordelier. Edition des Oeuvres de S. Irenée, & plusieurs Traités de Controverse.
1606. *Paul* V. Pape. Bulles & Décrets sur le Différend avec la République de Venise.
1606. Henri *Sedulius* de Cleves, Cordelier. Apologétique contre l'Alcoran des Franciscains, & autres Ouvrages.
1606. Benoit *Pererius* Jésuite, mort à Rome en 1600. Excellent Commentaire sur la Genese, *in fol. Antuerpiæ*.
1607. Antoine *Possevin* Jesuite, mort à Ferrare en 1611. Apparat sacré sur les Auteurs Ecclésiastiques & Bibliothéque des Etudes, Négociations dans le Nord. Sa vie a été imprimée.
1607. Thomas *Sanchez*, Jésuite Espagnol. Traités sur le Mariage, & plusieurs autres Ouvrages de Morale.
1607. Jean *Busée* de Nimegue, Jésuite. Des Méditations, & plusieurs autres Traités de Controverse & de Spiritualité.
1607. Pierre *Ribadeneyra*, Jésuite Espagnol. Vie des Saints, Vie de S. Ignace, du P. Laynez, & autres Ouvrages.
1607. Nicolas le *Fevre*, Jurisconsulte de Paris. Fragmens de S. Hilaire, & autres Ouvrages de Doctrine.
1608. François *Pegna* Espagnol, Doyen de Rote à Rome. Lettres des Papes sur l'Inquisition, & autres Traités sur le même Tribunal.
1608. J. Bap. *Villalpand* de Cordoüe, mort en 1608. Sur Ezech. Commentaire. 1596. Chef-d'œuvre.
1608. Louïs *Alcasar*, Jésuite Espagnol. Commentaire assez estimé sur l'Apocalypse.
1608. Pierre de *Villars*, Archevêque de Vienne. Traité de la Simonie, de la Résidence, & autres.

1608. Au-

DES ECRIVAINS ECCLESIASTIQUES. xxxiij

1608. Auguftin *Torniel* Barnabite, mort en 1622. Annales Eccléfiaftiques de l'Ancien Teftament, *in folio*, *Antuerpiæ* 2. volum.

1609. Fronton du *Duc* de Bourdeaux, mort à Paris en 1623. Plufieurs Editions des Peres & Aut. Ecclef.

1609. Sébaftien *Barradius*, Jéfuite Portugais. Commentaire fur la Concorde des Evangéliftes & fur le Voyage des Ifraëlites dans le Défert.

1609. Léonard *Coquée* Auguftin. Commentaire fur la Cité de Dieu de S. Auguftin, & autres Ouvrages de Doctrine.

1610. Chriftophle de *Caftro*, Jéfuite Efpagnol. Commentaire fur Jeremie & autres Livres de l'Ecriture Sainte.

1610. Alphonfe *Rodriguez*, Jéfuite Efpagnol. De la Perfection de la Vie Chrétienne.

1610. Jean *Chepeauville*, Chanoine de Liége. Explication du Catéchifme Romain, de la Fête du S. Sacrement, Ecrivains de l'Hiftoire de Liége.

1611. Chriftophle *Brouverus* d'Arnhem, Jéfuite. Antiquités de l'Abbaye de Fulde, Hiftoire de Trèves, & autres Ouvrages.

1611. Martin *Becan*, Jéfuite du Brabant, mort en 1624. Une Théologie Scholaftique, & plufieurs Traités de Controverfe.

1611. Jean *Carthagena* Jéfuite Efpagnol. Homélies, Défenfe de la Liberté de l'Eglife, & autres Ouvrages de Doctrine.

1611. François *Suarez*, Jéfuite Efpagnol. Commentaires fur la Théologie. Les plus confidérés font les volumes des Loix & ceux de Religione.

1611. Antoine *Molina*, Chartreux Efpagnol. De l'Inftruction des Prétres.

1611. Jacques *Gillot*, Chanoine de la Sainte Chapelle de Paris. Mémoires fur le Concile de Trente, Edition des Oeuvres de S. Hilaire.

1612. Melece *Syrigue*, Patriarche d'Alexandrie. Confeffion Orthodoxe de l'Eglife Grecque.

1612. Michel *Gifterius*, Chanoine Régulier. Commentaire fur le Cantique, Chaine des Peres fur Jeremie.

1612. *Thomas à Jefu*, Carme Déchauffé. Sur les moyens de procurer le falut de tous, & autres Traités de Doctrine & de Difcipline.

1613. Profper *Farinacius*, Jurifconfulte Italien, mort cette année. Plufieurs Traités fur les matieres de Jurifprudence & fur la Rote de Rome.

1614. Benoit *Juftiniani* Jéfuite, mort en 1622. fur S. Paul & les Ep. Can. affez bon.

1614. Jean *Mariana*, Jéfuite Efpagnol, mort en 1624. Notes fur l'Ecrit. Ste. *Opera Theologica*.

1614. Samuel *Loyaertz*, Docteur de Louvain, mort cette année. Commentaire fur le Cantique des Cantiques & fur les Evangiles de l'année.

1614. Flaminius *Parifius*, Jurifconfulte Italien, mort cette année. Traité de la Réfignation des Bénéfices, & autres matiéres Canoniques.

1614. François du *Monceaux* (Moncæus) Jurifconfulte d'Arras. Traité fur Aaron & fur d'autres endroits de l'Ecriture Sainte.

II. Volume. *** 1615. Jean

1615. Jean *Barclay*, fils de Guillaume, mort à Rome en 1621. Défense des Rois, & autres Ouvrages.

1615. François *Pithou*, mort en 1621. Corps du Droit Canonique, revû fur les manufcrits, publié à Paris long-temps après fa mort, & autres Ouvrages.

1615. Pierre *Stevart* Liégeois, Docteur en Théologie, mort en 1621. Explication de quelques endroits des Epitres de S. Paul, & Recueil d'Auteurs Grecs & Latins.

1615. S. *François de Sales*, Evêque de Genève, mort en 1622. Diverfes Oeuvres de Spiritualité.

1615. François *Aricola*, Curé dans le Pays de Juliers, mort en 1621. Divers Traités de Controverfe.

1615. Marius de *Calafio*, Cordelier Italien, mort en 1620. Canons de la Langue Sainte, & Concordances Hébraïques de la Bible.

1615. Louïs *Sotelo*, Cordelier Efpagnol, Martyr au Japon en 1624. Lettre au Pape Paul V.

1615. George *Colveneer*, Docteur de Doüai. Notes fur Flodoard & fur d'autres Ecrivains Eccléfiaftiques.

1615. Pierre *Strozza* de Florence. Difputes fur les Dogmes des Caldéens, & autres Ouvrages.

1615. Claude *Daufqueius*, Jéfuite de S. Omer. Verfion de S. Bafile de Seleucie, & autres Ouvrages.

1615. Jean *Ximenès*, Cordelier Efpagnol. Plufieurs Traités de Cas de Confcience.

1618. Charles de la *Sauffaye*, Docteur de Paris, mort en 1621. Annales d'Orléans.

1618. André *Victorelli*, Prêtre Italien. Divers Traités de Doctrine & d'Hiftoire.

1618. Hyacinthe *Choquet*, Dominicain de Lille en Flandres. De la Confeffion par Lettres, & autres Ouvrages de Doctrine.

1618. François *Labata*, Jéfuite Efpagnol, mort en 1631. Traité de la Morale.

1618. Victorius *Scialac* Maronite. Verfion du Livre de Job du Chaldéen & du Syriaque, Liturgie des Coptes, traduite de l'Arabe, Pfeaumes traduits de l'Arabe, &c.

1618. Antoine *Rufca* Milanois, du Collége Ambrofien. De l'Enfer & de l'Etat des Démons, in 40. à Milan 1621. *affez rare*.

1618. Marc-Antoine *Capelle* Italien. Differtations fur le Différend de Rome & des Vénitiens.

1619. Pierre *Binsfeld*, Evêque Suffragant de Trèves. Traités fur diverfes matiéres de Théologie & de Morale.

1619. Louïs de *Tena*, Evêque de Tortofe. Commentaire fur l'Epître aux Hébreux, & Introduction à l'Ecriture Sainte.

1619. Michel *Rouffel*, Canonifte François. Hiftoire de la Jurifdiction du Pape, & l'Antimariana.

1620. Jacques *Gretzer*, Jéfuite Allemand, mort en 1625. Plufieurs Traités de Controverfe & de Difputes particuliéres, qu'on a réimprimés en Allemagne depuis quelques années.

1620. Léonard *Leffius*, Jéfuite du Brabant, mort en 1623. Traités du Droit

DES ECRIVAINS ECCLESIASTIQUES.

Droit & de la Justice, & Traités de la Grace & autres matiéres de Doctrine.

1620. Louïs *Du Pont*, Jésuite Espagnol, mort en 1624. Méditations sur les Mystères de la Foy.

1621. Philippe *Gamache*, Docteur de Sorbonne, mort en 1625. Une Somme Théologique, *in folio*, Paris 3. volum. en 1627.

1621. Jacques *Jansonius*, Docteur de Louvain, mort en 1625. Commentaires sur plusieurs Livres de l'Ecriture Sainte.

1621. Paul *Layman*, Jésuite Tyrolois, mort en 1625. Théologie Morale, & autres Ouvrages sur la Discipline.

1621. Jacq. *Bonfrerius* Jésuite, mort à Tournai en 1642. Commentaire sur le Pent. sur Josué. Plusieurs autres sont restés manuscrits aux Jésuites de Tournai.

1621. Jean *Pineda*, Jésuite Espagnol, mort en 1628. Commentaire sur Job, sur Salomon, & sur quelques Livres Sapientiaux.

1622. Gabriël de *Laubepine*, Evêq. d'Orléans, mort en 1639. Observations sur la Discipline.

1622. André *Eudæmon Jean* de la Canée dans l'Isle de Crete, mort en 1625. Plusieurs Traités de Controverse, & autres Ouvrages peu recherchés.

1622. Thomas *Dempster* Ecossois, mort en Italie en 1625. Histoire Ecclésiastique d'Ecosse, & autres Ouvrages Historiques.

1622. Paul *Comitolus*, Jésuite de Pérouse, mort en 1626. Traités de Morale & Cas de Conscience fort estimés, & autres Ouvrages Ecclésiastiques.

1623. Pierre *Cotton* Jésuite, mort en 1626. Plusieurs Traités de Controverse en François.

1623. François de *Mendoza*, Jésuite Portugais, mort en 1626. Commentaire sur les Livres des Rois, & autres Ouvrages.

1623. Théodore *Smising*, Cordelier Allemand, Docteur de Louvain, mort en 1626. Traité assez estimé sur les Attributs de Dieu, *in folio Antuerpiæ*.

1623. François *Lanoüe*, Minime Parisien. Hist. des SS. Chancelliers de France, & Chronique de son Ordre.

1623. Michel *Paludanus*, Augustin de Gand. Commentaire sur S. Thomas, & autres Ouvrages.

1623. Aloysius *Novarinus*, Chanoine Régulier de Verone. Adages des Peres, & autres Ouvrages de Spiritualité.

1623. François *Coriolan* Capucin. Somme des Conciles avec des Notes, & autres Ouvrages de Morale & de Discipline.

1624. Prosper *Stellartius* du Haynaut, Augustin, mort en 1626. Divers Traités sur l'Etat Monastique.

1624. Jean *Barnés*, Bénédictin Anglois, mort Prisonnier à Cambrai en 1626. Dissertation contre les Equivoques.

1624. Laurent *Beyerlinck*, Chanoine d'Anvers, mort en 1627. Promptuaire Moral, Sermons & Théatre de la vie humaine, en plusieurs *volumes in folio*.

1624. Ferdinand de *Castelio*, Dominicain Espagnol. Histoire de l'Ordre de S. Dominique, *in fol. Valladolid* 5. volum.

xxxvj SUPPLEMENT A LA COLONNE

1624. Simon *Vigor*, Conseiller au Grand-Conseil, mort cette année. Divers Traités sur la Supériorité du Concile, l'autorité du Pape & des Rois, recueillis en corps *in* 40.
1624. Henri *Philippe*, Jesuite des Pays-Bas, mort en 1636. Divers Ouvrages de Chronologie sur l'Histoire Sainte.
1624. Gabriel *Pennot*, Chanoine Régulier d'Italie. Histoire des Chanoines Réguliers, & autres Ouvrages.
1624. Erasme de *Chockier* Liégeois, mort en 1625. Traité sur la Jurisdiction des Evêques sur les Religieux exempts.
1625. Thomas *Malvenda*, Dominicain Espagnol, mort en 1628. Version de l'Ancien Testament, Traité de l'Antechrist & autres.
1625. Jacques *Severt*, Docteur de Paris, mort en 1628. Chronologie des Archevêques de Lyon, & autres Ouvrages.
1625. Gaspar *Sanctius*, Jésuite Espagnol, mort en 1628. Commentaires sur différens Livres de l'Ecriture Sainte.
1625. Charles *Stengelius*, Bénédictin Allemand. Traités sur l'Histoire de son Ordre, sur-tout en Allemagne, & divers Ouvrages de Piété.
1625. Willebrode *Boschaert* de Bergopsoom, Ordre des Prémontrés. Divers Ouvrages sur l'Histoire de cet Ordre.
1625. Pierre *Lanssélius* de Graveline, Jésuite, mort en 1633. Notes sur S. Denys l'Aréopagite, & autres Oeuvres.
1625. Jean *Cognatus*, ou *Cousin*, Chanoine de Tournai. Histoire de cette Ville, & autres Ouvrages.
1625. Louis *Cresol*, Jésuite Breton, mort en 1634. Quelques Traités sur les Cérémonies & la Discipline de l'Eglise.
1626. André *Schott* d'Anvers, mort en 1629. La Bibliothéque de Photius & autres Ecrivains Ecclésiastiques, Adages sacrés.
1626. Jules César *Boullenger*, plusieurs fois Jésuite, mort en 1628. Traités contre Casaubon & du Plessis-Mornay.
1626. Charles *Scribanius*, Jésuite de Bruxelles, mort en 1629. Amphithéatre d'honneur, Traités de Controverse & Ouvrages de Piété.
1626. Laurent *Bouchel*, Avocat au Parlement de Paris, mort en 1629. Décrets de l'Eglise Gallicane & Bibliothéque Canonique.
1627. Basile *Ponce* Espagnol, mort en 1629. Traités sur le Mariage & autres Ouvrages de Doctrine.
1627. Pierre de *Berulle* Cardinal, mort en 1629. Divers Traités de Controverse & de Piété.
1627. Lelio *Besciola*, Jésuite de Modene, mort en 1629. Observations sacrées & Digressions sur quelques endroits du N. Testament.
1628. Martin *Bonacina* Milanois, mort en 1631. Plusieurs Ouvrages de Droit, de Morale & de Discipline.
1628. Florent *Conrius*, Cordelier Irlandois, mort en 1631. Divers Traités sur les matiéres de Doctrine.
1628. Frédéric *Borromée*, Cardinal Archevêq. de Milan, mort en 1631. Plusieurs Traités sur la Discipline.
1628. François *Harée*, Théologien de Doüai, mort en 1632. Plusieurs Ouvrages Historiques & sur l'Ecriture Sainte.
1628. Adam *Tannerus*, Jésuite Allemand, mort en 1632. Somme de Théologie & Traités de Controverse.

1628. Dié-

DES ECRIVAINS ECCLESIASTIQUES. xxxvij

1628. Diégo *Collado*, Dominicain Espagnol & Missionnaire au Japon, mort en 1632. Plusieurs Traités sur la Mission du Japon, & autres Ouvrages.
1628. Chrisostôme *Henriquez* Espagnol, Ordre de Citeaux, mort en 1632. Saints & Hommes Illustres de son Ordre.
1628. Jerôme *Aleandre* le jeune, mort en 1633. Divers Ouvrages de Doctrine.
1628. Gilles de *Coninck*, Jésuite Flamand, mort en 1633. Disputes de Théologie.
1628. Corneille *Curtius*, Augustin de Bruxelles, mort en 1633. Divers Traités d'Histoire & d'Antiquités.
1629. Edmond *Richer*, Docteur de Paris, mort en 1633. Plusieurs Ouvrages sur les Conciles & sur la Puissance Ecclésiastique, & autres Traités.
1629. Jean *Malderus*, Brabançon, Evêque d'Anvers, mort en 1633. Commentaires sur S. Thomas, Traités des Restrictions mentales & du secret de la Confession.
1629. Fortunat *Scacchus*, Augustin d'Italie, mort en 1633. Traités des Onctions sacrées, Canonisation des SS. & autres Ouvrages.
1629. Jean *Lorin*, Jésuite d'Avignon. Plusieurs Commentaires fort étendus sur quelques Livres de l'Ecriture Sainte.
1629. Baudoüin *Junius* de Dordrecht, Cordelier, mort en 1634. Plusieurs Traités de Controverse & de Doctrine.
1629. Jerôme *Dandini* Italien, Jésuite Missionnaire, mort en 1634. Traité de la Mission chez les Maronites & autres.
1629. Thomas *Campanella*, Dominicain Italien, mort en France. Traités contre l'Athéïsme, & autres Ouvrages.
1629. Jean Matthieu *Cariophile* de Candie, mort vers l'an 1630. Traités contre les Grecs Schismatiques.
1630. Jean de *Chockier* Liégeois, Chanoine de Liége. Divers Traités sur les matiéres de Droit Canonique.
1630. Livius *Galantes*, Cordelier d'Italie. Traité sur la Comparaison de la Théologie & de la Philosophie ancienne.
1630. Nicolas *Jansenius* de Zélande, Dominicain. Vie de S. Dominique & divers Traités de Controverse.
1630. Artur *Dumoustier*, Récollet de Roüen. Martyrologe de l'Ordre de S. François & autres Ouvrages d'Histoire, ou de Doctrine.
1630. Arnoul *Raissius* de Doüai. Divers Ouvrages sur l'Histoire Ecclésiastique & Monastique de Flandres.
1630. Benoit *Gonon* Célestin. Chronique de la Sainte Vierge, & autres Ouvrages sur l'Histoire Ecclésiastique.
1630. Thomas *Henrici* Allemand. Anatomie de la Confession d'Augsbourg.
1630. Constantin *Cajetan* de Syracuse, Abbé des Bénédictins. Divers Traités Historiques sur son Ordre.
1630. Jacques *Salian*, Jésuite d'Avignon, mort en 1640. Annales de l'Ancien Testament, & plusieurs Traités de Piété.
1630. Emmanuel *Véga*, Jésuite Portugais, mort en 1640. Divers Traités de Théologie & de Controverse.

1630. Au-

xxxviij SUPPLEMENT A LA COLONNE

1630. Aubert le *Mire* (Miræus) Chanoine & Doyen de l'Eglife Cathédrale d'Anvers, mort en 1640. Une Bibliothéque Eccléfiaftique, & plufieurs Ouvrages fur l'Hiftoire Eccléfiaftique & Monaftique.

1630. Matthieu *Raderus*, Jéfuite du Tyrol, mort en 1634. Editions de plufieurs Auteurs Eccléfiaftiques, & Hiftoire Eccléfiaftique de Baviére.

1630. Loüys *Torrès*, Jéfuite Efpagnol, mort en 1635. Commentaire fur S. Thomas & autres Ouvrages de Théologie.

1630. Adam *Contzen*, Jéfuite Allemand, mort en 1635. Traités de Controverfe, Commentaires fur les Evangiles & fur S. Paul, Traités de Politique & autres Ouvrages.

1630. André *Delvaux* (Vallenfis) Profeffeur à Louvain, mort en 1636. Commentaires fur les Décrétales.

1631. Abraham *Bzovius*, Dominicain Polonois, mort à Rome en 1637. Abrégé & continuation des Annales de Baronius, & autres Ouvrages.

1631. Jacques *Tirin*, Jéfuite d'Anvers, mort en 1636. Commentaire fur toute l'Ecriture Sainte.

1631. Corneille de la Pierre (*à Lapide*) Jéfuite du Pays de Liége, mort en 1637. Commentaire fort étendu fur prefque toute l'Ecriture Sainte.

1631. Martin de *Roa*, Jéfuite Efpagnol, mort en 1637. Traités de Controverfe & quelques Ouvrages fur l'Ecriture Sainte.

1631. Zacharie *Boverio*, Capucin de Saluces, mort en 1638. Annales de fon Ordre & autres Ouvrages.

1631. Jeremie *Drexellius*, Jéfuite Allemand, mort en 1638. Plufieurs Ouvrages de Piété.

1631. André *Duval*, Docteur de Paris, mort en 1638. Une Théologie & autres Ouvrages.

1632. Jean *Wiggers* Brabançon, mort en 1639. Commentaire fur la Somme de S. Thomas, un Traité du Droit & de la Juftice.

1632. François *Bivarus*, Efpagnol, de l'Ordre de Citeaux, mort en 1636. Traité fur l'Immaculée Conception, Chronique de Dexter, Braulio & autres.

1632. Barthelemi *Gavantus* Milanois, & Chanoine Régulier. Commentaire fur les Rubriques du Miffel.

1633. Neophitus *Rhodinus* de l'Ifle de Chypre, Moine de S. Bafile. Abrégé des Sacremens, & autres Ouvrages fur les matiéres Eccléfiaftiques.

1633. Afcanius *Tamburin* de Marradio, Moine de Vallombreufe en Italie. Du Droit des Abbés & des Abbeffes.

1633. Nicolas *Riccardi*, Dominicain Italien. Commentaire fur l'Ecriture Sainte, Hift. du Concile de Trente, & autres Ouvrages.

1634. Charles de *Gondren*, Général de l'Oratoire de France, mort en 1641. Divers Ouvrages de Piété.

1634. Claude *Tiphaine*, Jéfuite de Paris, mort en 1641. Divers Traités fort eftimés fur la Grace & la Prédeftination, & autres Ouvrages très recherchés des Théologiens.

1634. Ni-

1634. Nicolas *Ifambert*, Docteur & Professeur de Paris, mort en 1642. Commentaire fur la Somme Théologique de S. Thomas.

1634. Louis de la *Cerda*, Jéfuite de Tolede, mort en 1643. Edition de Tertullien, & autres Ouvrages de Doctrine.

1634. Jean du *Verger de Hauranne* de Bayonne, Abbé de Saint Cyran. Théologie familiére, Lettres Spirituelles, Confidérations Chrétiennes fur les Dimanches & Fêtes, Ouvrage fur la défenfe du Droit des Evêques fous le nom de Petrus Aurelius, & autres Traités.

1635. Hugues *Menard* de Paris, Bénédictin de S. Maur, décédé en 1644. Martyrologe des Saints de fon Ordre, Sacramentaire de S. Gregoire & autres Ouvrages.

1635. Guy *Bentivoglio* de Ferrare Cardinal, mort en 1644. Mémoires d'Hiftoire Ecclésiaftique. Rélation de Flandres & Lettres.

1635. *Urbain* VIII. Pape Florentin, nommé *Maffée Barberin*. Bulles, Conftitutions & Poéfies.

1635. Octave de *Bellegarde*, Archevêq. de Sens, mort en 1646. Recueil de paffages de S. Auguftin & Canons de la Pénitence.

1636. Gafpar *Hurtado*, Jéfuite Efpagnol, mort en 1646. Une Théologie complette en 8. volumes.

1636. Ferdinand *Quirin de Salazar*, Jéfuite Efpagnol, mort en 1646. Commentaire fur les Proverbes de Salomon, & Traité fur l'Immaculée Conception.

1636. Jacques *Canifius*, Jéfuite Allemand, mort en 1657. Divers Traités de Spiritualité.

1636. Marin *Merfenne*, Minime François, mort en 1648. Explication des premiers Chapitres de la Genefe, & Traité contre les Incrédules.

1636. Melchior *Inchoffer*, Jéfuite Hongrois, mort en 1648. Annales Eccléfiaftiques de Hongrie, Défenfe de la Lettre de la Ste. Vierge à l'Eglife de Meffine, Monarchie des Solipfes, & autres Traités.

1637. Charles *Vialart* de S. Paul, Général des Feuillans, Evêque d'Avranches, mort en 1644. Géographie facrée, & quelques autres Ouvrages.

1637. Jean Eufebe de *Nieremberg*, Jéfuite Efpagnol. Divers Traités de Doctrine & de Piété.

1637. Jacques *Merlo Horftius* de Gueldres. Quelques Traités de Piété, & une Édition de S. Bernard.

1637. François *Quarefme*, Cordelier de Lodi en Italie. Defcription de la Terre-Sainte & autres Traités.

1637. Jacques *Boldue* de Paris, Capucin. Commentaire fur Job & autres Ouvrages fur l'Ecriture Sainte.

1637. Antoine *Perez* de Pampelune Jéfuite, mort à Rome en 1649. Quelques Traités fur la premiére Partie de S. Thomas, Traité du Droit & de la Juftice, & autres Ouvrages Théologiques.

1637. Auguftin *Barbofa*, Canonifte Portugais, mort en 1649. Grand nombre d'Ouvrages fur les matiéres du Droit Canonique.

1637. Jofeph Maria *Suarez*, Evêque de Vaifon. Plufieurs Differtations fur les Antiquités Eccléfiaftiques.

1638. Barthelemi *Fifen*, Jéfuite Liégeois. Inftitution de la Fête du S. Sa-

Sacrement, Histoire de l'Eglise de Liége, & autres Ouvrages Historiques.

1638. *Arsenius*, Prêtre Grec. Lettre contre Cyrille de Lucar, & Abrégé des Canons.

1638. Charles *Rapine*, Récollet. Histoire Ecclésiastique de Châlons, Histoire de la Réforme des Récollets, & autres Ouvrages de Doctrine.

1638. Victorino de *Rossi*, ou Janus Nicius *Erythræus*. Eloges Historiques des Hommes Illustres, & divers Traités de Piété & de Morale.

1638. Antonin *Diana*, Chanoine Régulier Sicilien. Somme de Théologie & Résolutions Morales.

1639. Jean-Baptiste *Casalius*, Romain. Plusieurs Ouvrages sur les Rits des anciens Chrétiens, des Egyptiens, & grandeur de Rome.

1639. Hippolite *Maracci* de Lucques. Bibliothéque Mariane avec la Pourpre Mariane.

1639. Jean Jacques *Chifflet* de Besançon, premier Médecin du Roi d'Espagne. Divers Traités sur des matiéres Ecclésiastiques & Politiques.

1639. Innocent *Ciron*, Chancelier de l'Université de Toulouse. Commentaire sur les Décrétales de Gregoire IX. avec l'Edition de celles d'Honoré III.

1639. François Augustin de la *Chiesa*, Evêque de Saluces. Histoire des Cardinaux, Archevêq. Evêques & Abbés de Piémont, & autres Ouvrages Historiques.

1639. François *Sylvius*, Docteur de l'Université de Doüai. Commentaire sur la Somme de S. Thomas, avec plusieurs autres Ouvrages Dogmatiques.

1640. François *Veron*, Curé de Charenton. Plusieurs Traités de Controverse.

1640. François *Davenport*, Cordelier Anglois. Système de la Foi, & autres Ouvrages de Doctrine & de Discipline.

1640. Matthias *Hauzeur*, Cordelier des Pays-Bas. Divers Ouvrages de Controverse.

1640. Paganin *Gaudence* Suisse, & Professeur à Pise. Dogmes & Cérémonies de l'ancienne Eglise, & plusieurs autres Traités de Doctrine.

1641. Antoine *Sanderus*, Chanoine d'Ypres. Plusieurs Traités sur l'Histoire Ecclésiastique & Civile des Pays-Bas.

1641. Charles de *Mansfeld*, Doyen de Sainte Gudule de Bruxelles. Plusieurs Traités sur le Droit Canonique & la Morale.

1641. Jean Baptiste *Sinnick* Irlandois, Docteur de Louvain. Théologie Morale, sous le titre de Saül Exrex, Traité sur la Grace, intitulé Trias SS. Patrum, & autres Traités de Morale & de Doctrine.

1642. Zacharie *Pasqualigus*, Théatin de Verone. Questions & Décisions de Morale, Traité des Eunuques & autres Ouvrages.

1642. Richard *Smith*, Evêque Missionnaire en Angleterre. Plusieurs Ouvrages sur la Hiérarchie Ecclésiastique.

1642. Valere *André*, Docteur en Droit & Professeur à Louvain. Fastes Académiques de Louvain, Bibliothéq. Belgique & autres Traités.

1642. Ro-

1642. Rodriguez d'*Acugna*, Archevêq de Brague. Traité contre les Confesseurs Sollicitans, & autres Ouvrages Dogmatiques.
1642. Guillaume *Gibieuf*, Docteur de Paris & Prêtre de l'Oratoire, mort en 1650. Traité sur la Liberté de Dieu & des Créatures.
1642. François *Florent*, Jurisconsulte & Professeur à Orléans, mort en 1650. Plusieurs Traités sur le Droit Canonique.
1642. George *Stengelius*, Jésuite d'Augsbourg, mort en 1651. Divers Traités de Controverse & de Morale.
1643. Jean *Dartis*, Docteur en Droit & Professeur à Paris, mort en 1651. Traités des Conciles, de la Penitence, des Bénéfices & autres matières Canoniques.
1643. Jean *Plantavitius* de la Pause, Evêque de Lodeve, mort en 1651. Divers Traités sur la Bible Hébraïque.
1643. Nicolas *Caussin*, Jésuite Champenois, mort en 1651. La Cour Sainte, Apologie des Jésuites, & autres Ouvrages.
1643. Pierre *Frison*, Docteur de Paris, mort en 1651. Version Françoise de la Bible, l'Histoire des Papes & Cardinaux François, & autres Ouvrages.
1643. Henri Louïs *Chasteignier* de la Roche-Pozai, Evêque de Poitiers, mort en 1651. Traités sur les Cardinaux, & autres Ouvrages sur l'Ecriture Sainte & sur la Morale.
1644. Pierre *Dupui*, mort en 1651, & Jacques *Dupui*, mort en 1656. Freres. Recueil des Libertés de l'Eglise Gallicane, Lettres sur le Concile de Trente, Histoire du grand Schisme, Différend de Boniface VIII. & autres Ouvrages.
1644. Jean Pierre *Camus*, Evêque du Bellay, mort en 1652. Beaucoup d'Ouvrages de Doctrine, de Piété & de Morale.
1644. Michel *Alfort*, Jésuite Anglois, mort en 1652. Annales Ecclésiastiques d'Angleterre.
1644. Philippe *Alegambe*, Jésuite de Bruxelles, mort à Rome en 1652. Bibliothéque des Ecrivains de sa Compagnie.
1644. François de *Lugo*, Jésuite Espagnol, mort en 1652. Commentaire sur S. Thomas, Traité des Sacremens & Ouvrages de Morale.
1644. Jean de *Lugo*, frere du précédent, Jésuite & Cardinal, mort en 1660. Un Corps de toute la Théologie *in folio* 7 volumes.
1644. Jacques *Goar*, Dominicain de Paris, mort en 1653. Euchologe, ou Rituel de l'Eglise Grecque. Il a travaillé à l'Histoire Byzantine, imprimée au Louvre.
1644. François de *Harlai*, Archevêque de Rouën, mort en 1655. Commentaire sur S. Paul, Traités sur les affaires Ecclésiastiques, & autres Ouvrages de Doctrine.
1644. Jean Etienne *Menochius*, Jésuite de Pavie, mort en 1655. Notes sur l'Ecriture Sainte, République des Hébreux, Mélanges sacrés sur l'Ecriture Sainte & autres Matières Ecclésiastiques.
1645. Nicolas *Abram*, Jésuite de Lorraine, mort en 1655. Le Phare de l'Ancien Testament, & autres Ouvrages de Doctrine.
1645. Olivier *Bonartius*, Jésuite d'Ypres, mort en 1655. Traité des Heures Canoniales, Commentaire sur l'Ecclésiast. & sur Esther.

1645. Pier-

1645. Pierre *Halloix*, Jésuite Liégeois, mort en 1656. Vie & Doctrine des Peres de l'Eglise Grecque, & autres Ouvrages d'érudition Ecclésiastique.
1645. Maximilien *Sandæus* d'Amsterdam, & Jésuite, mort en 1656. Grand nombre d'Ouvrages de Controverse, de Morale & de Piété.
1645. Jean-Baptiste de *S. Jure* de Metz, Jésuite, mort en 1657. Traité de la Connoissance & de l'Amour de Dieu, & autres Ouvrages de Piété & de Morale.
1645. Bernard *Alderete*, Jésuite Espagnol, mort en 1657. Plusieurs Ouvrages de Théologie.
1645. Antonin *Reginaldus* d'Albi, Dominicain, mort en 1667. Plusieurs Traités sur la Grace & les sentimens de S. Thomas.
1645. Louïs *Cellot* Jésuite de Paris, mort en 1658. Traité de la Hiérarchie, Histoire de Gottescalque, & autres Ouvrages.
1646. Antoine *Le Maitre*, Avocat au Parlement de Paris, mort en 1658. Vie de S. Bernard, & Traductions de quelques Ouvrages de ce Pere, De l'aumône Chrétienne, Traduction du Nouveau Testament de Mons, & autres Ouvrages Polémiques.
1646. François *Hallier*, Evêque de Cavaillon, mort en 1659. Traité de la Hiérarchie, Des Elections, & autres Ouvrages.
1646. Jean de *Palafox* Espagnol, Evêque d'Osma, mort en 1659. Lettres & Défense sur les Missions, & grand nombre d'autres Ouvrages recueillis en 7 volumes *in folio*.
1646. Hilarion de *Coste*, Minime, mort en 1661. Eloges des Rois, Reines, Princes & Princesses illustres, & autres Ouvrages sur les matiéres d'Histoire Ecclésiastique.
1646. Luc *Wading*, Cordelier Irlandois, retiré à Rome. Annales de l'Ordre de S. François, & Bibliothéque des Ecrivains de son Ordre avec plusieurs autres Ouvrages de Doctrine.
1646. Thomas de *Herrera*, Augustin Espagnol. Histoire des Prélats & Hommes illustres de son Ordre, & autres Ouvrages.
1646. Ferdinand *Ughelli* Florentin, & Abbé de l'Ordre de Citeaux. L'Italie Sacrée, & autres Ouvrages d'Histoire Ecclésiastique.
1647. Pierre de *S. Joseph*, Feuillant. Une Théologie abrégée, & quelques Traités sur les matiéres contestées de la Grace.
1647. Gaspar *Jongelin* d'Anvers, de l'Ordre de Citeaux. Notice des Abbayes de son Ordre, Eloge de S. Bernard, Origine de son Ordre, & autres Ouvrages sur l'Ordre de Citeaux.
1647. Philippe *Chiflet* de Bezançon, Abbé de Balerne. Préface & Notes sur le Concile de Trente, & autres Ouvrages de Doctrine & de Piété.
1647. Bertrand *Tissier*, de l'Ordre de Citeaux. Bibliothéque, ou Collections des principaux Ecrivains de son Ordre, en 8 volumes in folio, & autres Ouvrages de Doctrine.
1648. Jean de *Colombi* Jésuite. Histoire des Evêques de Viviers, de Vaison, de Die, & autres Ouvrages.
1648. Clément *Galanus*. Réconciliation de l'Eglise Arménienne avec l'Eglise Romaine, l'Histoire de l'Eglise d'Arménie, & autres Ouvrages.

1648. Pyr-

DES ECRIVAINS ECCLESIASTIQUES. XLIIJ

1648. Pyrrhus *Corradus*, Chanoine de Naples. Pratique des Difpenfes & Pratique des Bénéfices, Ouvrages eftimés.
1648. Melchior *Lottier* (Loterius) Traité des Bénéfices.
1649. François *Pafferin*, Jurifconfulte. Traité de l'Election Canonique, fort eftimé, De la Pollution des Eglifes, & autres.
1649. Profper *Fagnani*, Grand Canonifte Italien. Commentaire fort eftimé fur les Décrétales.
1649. Luc *Holftenius* de Hambourg, retiré à Rome, mort en 1661. Divers Ouvrages, ou Recueils des Antiquités & matiéres Eccléfiaftiques.
1649. Jean de la *Haye* de Paris, Cordelier, mort en 1661. Commentaires fur la Genèfe, l'Exode, l'Apocalypfe, avec le Biblia Magna & Biblia Maxima, & autres Ouvrages.
1650. Nicolas *Bralion*, Prêtre de l'Oratoire, mort en 1672. Traité fur le Pallium, & autres Ouvrages d'Hiftoire Eccléfiaftique.
1650. Jean *Fronteau* d'Angers, Chanoine Régulier de Ste Geneviéve, mort en 1662. Diverfes Lettres fur des matiéres d'Antiquités Eccléfiaftiques, & fur la Difpute de l'Auteur de l'Imitation de J. C.
1650. François *Salgado*, Jurifconfulte Efpagnol, mort en 1664. Traités de la Remontrance au Pape & de la Protection Royale fur les Jugemens Eccléfiaftiques; Ouvrages eftimés.
1651. Gilles *Boucher* (Bucherius) Jéfuite d'Arras, mort en 1665. Traité fur les premiers Evêques de Tongres, Chronologie de l'Eglife de Liége, Commentaire fur le Canon de Victorius d'Aquitaine, & autres Ouvrages de Chronologie & d'Hiftoire.
1651. Armand de *Bourbon*, Prince de Conti, mort en 1666. Des Devoirs des Grands, Traité contre la Comedie, Lettres au Pere Defchamps.
1651. Sforza *Palavicin*, Jefuite, puis Cardinal, mort en 1667. Hiftoire du Concile de Trente, & autres Ouvrages de Théologie & de Doctrine.
1651. Antoine *Efcobar*, Jéfuite Efpagnol, mort en 1669. Commentaires fur plufieurs Livres de l'Ecriture, & plufieurs Ouvrages de la Théologie Morale, qui ont fait du bruit.
1652. Thomas le *Blanc*, Jéfuite de Châlons, mort en 1669. Commentaires fur les Pfeaumes, in folio 6. volumes.
1652. Adrien de *Valembourg* Hollandois, Evêque d'Andrinople, mort en 1669. Traités de Controverfe très eftimés.
1653. François *Annat* Jefuite, mort en 1670. Plufieurs Traités fur les Difputes de Janfenius.
1653. Pierre *Labath* Dominicain, mort en 1670. Cours de Théologie en 6. volumes.
1654. Louïs Bail, Docteur de Paris, mort en 1671. Théologie affective, Examen des Ordinans, Somme des Conciles, &c.
1655. Jean François *Senaut*, Prêtre de l'Oratoire, mort en 1672. Plufieurs Panégyriques, L'Homme Chretien, L'Homme Criminel, &c.
1656. Amable de *Bourzeis*, mort en 1672. Excellence de l'Eglife, Saint Auguftin Victorieux, & autres Ouvrages de Controverfe.
1657. Noël de la *Lane*, Docteur de Paris, mort en 1673. Plufieurs Differtations fur les Matiéres conteftées de la Grace.

1658. Jean

1658. Jean *Nicolai* Dominicain, Docteur en Théologie. Différentes Differtations fur des Matiéres Eccléfiaftiques, Edition de la Somme de S. Thomas avec des notes.
1659. Vincent *Baron* Dominicain, mort en 1674. Divers Traités fur la Théblogie morale & la Juftification.
1660. Loüis Henri de *Gondrin*, Archevêque de Sens, mort en 1674. Plufieurs Lettres Paftorales, Cenfures & Mandemens.
1660. Vincent *Contenfon* Dominicain, mort en 1674. Théologie felon les Principes de S. Thomas.
1661. Guillaume *Marlot* Benedictin, mort vers l'an 1675. Hiftoire de l'Eglife de Rheims & autres Ouvrages.
1662. André du *Sauffai*, Evêque de Toul, mort en 1675. Martyrologe de l'Eglife de France, & autres Ouvrages de Doctrine.
1662. Thomas *Tambourin*, Jéfuite Sicilien, mort en 1675. Explication du Décalogue, Morale fur les Sacremens, &c.
1663. François-Marie *Brancatio* Napolitain, Cardinal, mort en 1675. Divers Ouvrages fur la Difcipline Eccléfiaftique.
1663. François *Albizzi* Cardinal, mort en 1675. Traité de la Jurifdiction des Cardinaux, dans les Eglifes Titulaires de Rome.
1664. Alexandre *Varet*, mort en 1676. Recueil de Lettres & autres Ouvrages de Doctrine.
1664. François *Bofquet*, mort Evêque de Montpellier en 1676. Hiftoire de l'Eglife Gallicane, Edition des Lettres d'Innocent III. &c.
1664. Emanuel le *Maignan* Minime, mort en 1676. Philofophie Sacrée, Traité de l'Ufure, &c.
1665. Nicolas *Pavillon*, mort Evêque d'Alet en 1677. Différens Mandemens, Lettres Paftorales & Cenfures.
1665. Jacques de *Sainte Beuve*, Docteur de Paris, mort en 1677. Traité des Sacremens de Confirmation, &c. Réfolution de Cas Confcience.
1666. Martin de *Barcos*, Abbé de S. Cyran, mort en 1678. Traité de la Foi, de l'Efperance & de la Charité, & autres Ouvrages fur les Conteftations de la Grace.
1666. Céfar Egaffe du *Boulai*, mort en 1678. Hiftoire de l'Univerfité de Paris, en 6. vol. *in folio*.
1666. Ifaac *Habert* Docteur de Paris, Evêque de Vabres, mort en 1668. Pontifical de l'Eglife Grecque, Défenfe des Peres Grecs fur la Grace, & autres Ouvrages.
1667. Robert *Soutwel*, Jéfuite Anglois. Divers Traités de Controverfe.
1667. Herman *Crombach*, Jéfuite de Cologne. Traité fur Sainte Urfule & fés Compagnes, autre fur les trois Rois.
1668. Athanafe *Kircher*, Jéfuite Allemand, retiré à Rome. L'Arche de Noé, La Tour de Babel, & autres Ouvrages.
1668. Pierre *Pouffines* Jefuite de Narbonne. Editions de plufieurs Traités de Peres & d'Hiftoriens Grecs.
1668. Dominique Ferdinand *Navarette*, Dominicain Efpagnol & Miffionnaire, Archevêque de S. Domingue. Traités Hiftoriques, Moraux & Religieux fur la Chine, *in folio* 2. vol. 1667. rare.

1669. Pier-

DES ECRIVAINS ECCLESIASTIQUES. XLV

1669. Pierre *Lallemant*, Chanoine Régulier de S. Auguftin, mort en 1673. Mort des Juftes, Teftament fpirituel, Les Saints Defirs de la Mort &c.

1669. Chrétien *Lupus*, Auguftin & Docteur de Louvain, mort en 1681. Obfervations fur les Conciles, & autres Ouvrages de Doctrine.

1669. Jean Baptifte *Gonet* Dominicain, mort en 1681. Théologie fuivant la doctrine de S. Thomas.

1670. Pierre François *Chifflet*, Jéfuite de Bezançon, mort en 1682. Collection de quelques Traités d'Auteurs Eccléfiaftiques, & autres Ouvrages fur l'Hiftoire Eccléfiaftique.

1671. Jean *Caramuel Lobkowitz* de Madrid, mort en 1682. Théologie Morale & autres Ouvrages.

1671. Antoine Dadin d'*Hauteferre* Jurifconfulte, mort en 1682. Origines Monaftiques, Sur les Décrétales d'Innocent III. Differtations Canoniques, & autres Ouvrages.

1672. Godefroi *Henfchenius* Jéfuite, mort en 1683. a travaillé avec Bollandus, & Papebroeck aux Actes des Saints.

1672. François *Vavaffeur* Jéfuite, mort en 1683. Commentaire fur Job, des Miracles de J. C. & autres Ouvrages de Littérature.

1673. Jofeph *Voyfin*, Confeiller au Parlement de Bordeaux, mort vers 1685. Théologie des Juifs, Traduction Françoife du Miffel, Défenfe du Traité de M. le Prince de Conty fur la Comedie, Edition du *Pugio fidei* de Raymond Martin.

1673. Ambroife *Altamura* Dominicain, mort vers l'an 1685. Bibliothéque des Auteurs de fon Ordre, *in folio*, *Romæ* 1678.

1674. Jean de *Neercaffel*, Evêque Titulaire de Caftorie, Vicaire Apoftolique en Hollande, mort en 1686. Traité de la Lecture de l'Ecriture Sainte, Néceffité de l'amour de Dieu dans la Pénitence, De la Lecture de l'Ecriture Sainte.

1674. Louïs *Maimbourg*, forti des Jéfuites en 1682. mort en 1686. Plufieurs Traités de Controverfe fort eftimés, Sermons & autres Ouvrages Hiftoriques.

1674. Jean *Richard*, Curé de Triel 'près Paris, mort en 1686. Pratiques de Piété pour honorer le S. Sacrement, Agneau Pafcal, & autes Ouvrages.

1675. Hyacinthe *Serroni*, Archevêque d'Albi, mort le 1. Janvier 1687. Entretiens affectifs de l'ame avec Dieu fur les Pfeaumes.

1676. Claude du *Moulinet*, Chanoine Régulier de S. Auguftin, mort en 1687. Hiftoire des Papes par les Médailles, & autres Ouvrages.

1677. René *Rapin* Jéfuite, mort en 1687. L'Efprit du Chriftianifme, De la Perfection Chrétienne, Importance du Salut, & autres Ouvrages.

1678. Jean *Hamon* Médecin, mort en 1687. La Priére continuelle, & autres Ouvrages de Piété.

1678. Denys *Amelote*, Prêtre de l'Oratoire, mort le 7. Octob. de cette année. Traduction Françoife du Nouv. Teftament, & autres Ouvrages de Doctrine.

1678. Gilbert de *Choifeul*, mort Evêque de Tournai en 1690. Mémoires

moires fur la Religion, Eclairciffement touchant la Pénitence, & autres Ouvrages de Doctrine.

1679. Godefroi *Herman*, Docteur de Paris & Chanoine de Beauvais, mort en 1690. Vies de S. Athanafe, de S. Chryfoftôme, de S. Ambroife, de S. Bafile & de S. Gregoire de Nazianze, & autres Ouvrages de Doctrine.

1679. Timoléon *Cheminais*, Jéfuite, mort en 1690. Divers Sermons & fentimens de Piété.

1679. Jules *Bartolocci*, Feuillant Italien, mort en 1687. La grande Bibliothéque Rabbinique, & autres Ouvrages d'érudition Hébraïque.

1679. Louïs de *S. Amour* Docteur de Paris, mort en 1687. Journal de ce qui s'eft paffé à Rome dans l'affaire des cinq Propofitions.

1680. Raymond *Capifucchi*, Dominicain & Cardinal, mort en 1688. Traités fur les Controverfes Théologiques.

1680. Louïs Charles d'*Albert*, Duc de *Luynes*, mort en 1690. Sentences tirées des Saints Peres, & autres Ouvrages.

1680. Jean *Cabaffus*, Prêtre de l'Oratoire, mort en 1685. Pratique du Droit Canon & Notice des Conciles & des Canons.

1681. Charles *Gobinet*, Docteur de Paris, mort en 1690. Inftructions à la Jeuneffe, à la Pénitence. De la Religion, & autres Ouvrages de Piété.

1681. Jean *Nithard*, Jéfuite Allemand & Cardinal, mort vers 1690. Quelques Traités fur l'Immaculée Conception de la Ste. Vierge.

1682. Louïs *Abelly*, Evêque de Rhodez, mort en 1691. Divers Traités de Théologie & de Piété.

1682. Emmanuel *Scheelftrate*, Sous-Bibliothécaire du Vatican, mort en 1692. Antiquités Ecclésiaftiques, & autres Ouvrages fur la Difcipline & l'Hiftoire de l'Eglife.

1683. Louïs *Bulteau*, Frere donné, ou libre de la Congrégation de S. Maur, décédé en 1693. Effais d'Hiftoire Monaftique d'Orient, Abrégé de l'Hiftoire de S. Benoit, & autres Ouvrages.

1683. Paul *Pelliffon* de Fontanier, Maître des Requêtes, mort en 1693. Réflexions fur les différends de la Religion, & autres Ouvrages de Controverfe.

1684. Philippe *Goibaut* du Bois, mort en 1694. Traduction des Lettres & Confeffions de S. Auguftin, & autres Ouvrages.

1684. Matthieu *Feydeau*, Docteur de Paris, mort en 1694. Méditations fur la Concorde des Evangiles, & autres Ouvrages de Piété.

1685. Marie *Grotefte* Defmahis, Miniftre converti, Chanoine d'Orléans mort en 1694. Vérité de la Religion Catholique, prouvée par l'Ecriture Sainte.

1686. Paul *Segneri*, Jéfuite Italien, mort en 1696. Plufieurs Traités fur la Doctrine & la Morale Chrétienne.

1686. Jofeph *Anthelmi*, Chanoine de Frejus, mort en 1697. Differtations fur S. Léon & S. Profper, & autres matiéres Ecclésiaftiques.

1687. Pierre Jofeph d'*Orléans* Jéfuite, mort en 1698. Sermons, & autres Ouvrages de Piété & d'Hiftoire.

1688. Claude *Joli*, Chanoine de Paris, mort en 1700. Traité fur les Heures Canoniales, les petites Ecoles, & autres Ouvrages.

1689. Jean

DES ECRIVAINS ECCLESIASTIQUES. XLVIJ

1689. Jean *Gerbais*, Docteur de Paris, mort en 1699. Dissertations sur les Causes Majeures, & autres Ouvrages sur la Discipline.

1690. Jacques *Boileau*, Docteur de Paris & Chanoine de la Sainte Chapelle. Divers Traités sur la Doctrine & la Discipline Ecclésiastique.

1692. Dominique *Bouhours* Jésuite, mort en 1702. Traduction du N. Testament, Vie de S. Ignace & de S. François Xavier, & autres Ouvrages.

1693. Claude *Frassen*, de l'Ordre de S. François. Théologie Scolastique & Dissertations Préliminaires sur la Bible, & autres Ouvrages.

1694. Pierre-Thomas *Dufossé*, mort en 1678. Vie de Tertullien & d'Origenes. Il a continué les Notes sur la Bible, commencées par M. le Maître de Saci.

1695. Dominique *Galesius*, Evêque au Royaume de Naples. De la Puissance Ecclésiastique sur le Mariage.

1696. Nicolas *Fontaine* Laïc. Vie des Prophétes, des Patriarches, des Saints, Traduction de S. Jean Chrysostôme, & autres.

1697. François *Genet* d'Avignon, Evêque de Vaison. Théologie Morale, nommée la Théologie de Grenoble.

1698. Alexandre *Zacagni*, l'un des Gardes de la Bibliothéque Vaticane. Anciens Monumens de l'Eglise Grecque & Latine.

1698. Zeger Bernard *Van Espen*, Docteur de Louvain. Corps de la Doctrine Canonique, & autres Ouvrages sur la Discipline.

1699. Jean Thomas *Roccaberti* Dominicain, Archevêq. de Valence. Traités sur l'infaillibilité du Pape 3. vol. *in fol.* & Bibliotheca Pontificia *in fol.* 21. *volum.*

1699. Jean *Ciampini* Italien, attaché à la Cour de Rome. Dissertations sur les Edifices de Constantin, & autres Ouvrages d'Antiquités Ecclésiastiques.

1700. Pasquier *Quesnel*, Prêtre de l'Oratoire. Edition des Oeuvres de S. Léon, Réflexions sur le Nouveau Testament, & autres Ouvrages de Doctrine & de Controverse.

1700. Hyacinthe *Serri* Dominicain. Histoire de la Congrégation de Auxiliis, & autres Ouvrages.

1701. Gabriel *Gerberon* Bénédictin. Edition des Oeuvres de S. Anselme, & autres Ouvrages.

1702. Louïs *Cousin*, Président de la Cour des Monnoyes. Traduction des Anciens Historiens de l'Eglise, avec des Préfaces estimées.

1703. Louïs *Le Brun*, Ecclésiastique de Roüen, retiré à Orléans. Edition des Oeuvres de S. Paulin, & autres Ouvrages de Doctrine.

1704. Denys de *Sainte Marthe* Bénédictin, & Supérieur de la Congrégation de S. Maur. Le Gallia Christiana, Edition de S. Gregoire, & autres Ouvrages.

1705. Nicolas le *Nourri*, Bénédictin de la Congrégation de S. Maur. Edition des Oeuvres de S. Ambroise, & autres Ouvrages.

1706. François Timoléon de *Choisi*. Vie de S. Louïs, Histoire Ecclésiastique, & autres Ouvrages.

1707. Pierre le *Merre*, Docteur & Professeur en Droit Canon. Recueil des Mémoires du Clergé de France, & autres Ouvrages.

1708. Thyr-

XLVIIJ SUPPLEMENT A LA COLONNE

1708. Thyrse *Gonzales* de Santalla, Général des Jésuites. Fondemens de la Théologie Morale, & autres Ouvrages de Doctrine.
1709. Bernard *Lamy*, Prêtre de l'Oratoire. Commentaire sur la Concorde des Evangiles, & autres Ouvrages de Doctrine.
1709. *Clément* XI. Beaucoup de Brefs, ou Lettres particuliéres, & autres Ouvrages.
1710. Claude de *Vert*, Moine & Trésorier de l'Abbaye de Cluny. Divers Ouvrages sur les Cérémonies Ecclésiastiques.
1711. Louïs Ellies *Dupin*, Docteur de Paris. Bibliothéque des Auteurs Ecclésiastiques, & autres Ouvrages sur la Religion.
1712. Jean Girard de *Villethierry*. Plusieurs Ouvrages sur la Morale Chrétienne.
1713. Jean *Pontas*, Docteur en Droit Canon. Dictionnaire des Cas de Conscience, & autres Ouvrages de Doctrine.
1714. François de *Bellegarde*, Prêtre. Plusieurs Traductions d'Ouvrages des Peres de l'Eglise Grecque & Latine.
1714. Matthieu *Petitdidier*, Moine Bénédictin de S. Vannes, & depuis Abbé & Evêque Titulaire. Remarques sur la Bibliothéque des Auteurs Ecclésiastiques, & autres Ouvrages.
1715. Jacques *Marsolier*, Chanoine d'Uzez. Mémoires sur l'Inquisition, Histoire du Cardinal Ximenès, & autres Ouvrages.
1716. Gabriel *Heliot*, du Tiers Ordre de S. François. Histoire des Ordres Monastiques *in* 4°. 8. *volumes*.
1717. Gabriel *Daniel* Jésuite. Divers Traités sur la Grace, Histoire de France, & autres Ouvrages d'Histoire & de Doctrine.
1718. Pierre *Lebrun*, Prêtre de l'Oratoire. Traités contre les Spectacles, sur les Superstitions, Cérémonies de l'Eglise, & autres.
1719. Pierre de *Villiers* Jésuite, puis Bénédictin de Cluny. L'Art de prêcher, Réflexions sur les défauts d'autrui, & autres Ouvrages.
1720. Charles *Hugo*, Prémontré de Lorraine & Abbé d'Estival. Histoire de son Ordre, & Recueil des monumens Ecclésiastiques.
1722. Vincentio Maria *Orsini* Dominicain, puis Pape, sous le nom de *Benoit* XIII. Homelies sur la Sainte Vierge, & autres Ouvrages d'Histoire Ecclésiastique.
1730. Edmond *Martene*, Moine Bénédictin de la Congrégation de S. Maur, décédé en 1740. Traités des Cérémonies de l'Eglise & Recueil de Monumens Ecclésiastiques.
1735. Antoine *Muratori*, Docteur du Collége Ambrosien. Recueil de Monumens Ecclésiastiques, Recueil des Historiens d'Italie, & Dissertations sur l'Histoire d'Italie du moyen âge.
1738. Charles du Plessis d'*Argentré*, mort Evêque de Tulles en 1741. Elemens de Théologie.
1740. Prosper *Lambertini* Cardinal, & aujourd'hui Pape, sous le nom de Benoit XIV. Traité très savant sur la Canonisation des Saints, *in folio* 4. *volumes*.
1741. Don Etienne *Brice*, Bénédictin de la Congrégation de S. Maur, continue le Gallia Christiana du P. de Sainte Marthe, avec les Peres Don *Félix Hodin* & Don *Toussaint-Chrétien du Plessis*.

TA-

TABLE CHRONOLOGIQUE DE L'HISTOIRE MODERNE.

Avant J. C.	
5.	**S**UIVANT la supputation Chronologique, que l'on tire de Joſephe & de Dion, Saint Jean eſt né le 24. *Juin* ; & l'on doit rapporter à la fin de cette année la Naiſſance de JESUS-CHRIST, au 25. *Décembre*, l'an 750. de la fondation de Rome.
	Quirinus fait le dénombrement en Judée.
	Quintilius Varrus eſt Gouverneur de Syrie.
4.	1. *Janvier*. Circonciſion de J. C. Adoration des Mages le ſixiéme *du même mois*. La SAINTE VIERGE & Saint Joſeph emmenent J. C. en Egypte.
	Joſephe l'Hiſtorien aſſûre qu'Hérode eſt mort vers la Pâque de cette année. Archelaüs vient à Rome demander à Auguſte le Royaume de ſon pere Hérode. Auguſte partage le Royaume d'Hérode.
	Caïus part pour mettre ordre dans les Provinces de l'Empire.
	La Sainte Vierge & Saint Joſeph reviennent à Nazareth.
2.	Auguſte demande le Conſulat, pour faire entrer dans les affaires Lucius Céſar.
	Auguſte fait bâtir le Canal, où l'on fit à Rome des repréſentations de Combat naval.
	Il exile ſa fille Julie, convaincue d'Adultére.
	Caïus Céſar revient à Rome pour aſſiſter aux ſpectacles. Il va enſuite en Orient avec Marcus Lollius, qui lui avoit été donné pour Gouverneur.
	On a cru autrefois que Notre Seigneur Jeſus-Chriſt étoit né cette année.

II. Volume. A PRE-

TABLE CHRONOLOGIQUE

Depuis J. C.	

PREMIÉRE EPOQUE
DE
L'HISTOIRE MODERNE,
OU
ERE COMMUNE DE J. C.

Cette Epoque, qui s'étend jufques au Concile de Nicée, comprend 325 ans. Ce font-là les temps les plus brillans du Chriftianifme, les Fidèles ne fe diftinguant que par une foi vive, & par une admirable fimplicité de mœurs. Ce font des fiécles que l'on admire, & que l'on fait gloire d'admirer; mais que l'on ne cherche point à imiter.

---

1. ERE commune de J. C. nommée l'Ere Chrétienne, ou Vulgaire, commence au premier Janvier de l'an 754 de la fondation de Rome.

2. Caïus Céfar fait la paix avec les Parthes.

3. Tibere, après une abfence de 7 ans, revient de l'Ifle de Rhodes à Rome.
Augufte envoye en Egypte Lucius Céfar, qui meurt à Marfeille.

4. Cn. Cornelius Cinna, petit-fils du grand Pompée, & plufieurs autres confpirent contre Augufte, qui pardonne à tous les Conjurés. Il défigne même Cinna Conful pour l'année fuivante.
Caïus Céfar meurt en Lycie, 18 mois après la mort de fon frere Lucius.
Augufte adopte Tibere, & lui donne pour la feconde fois l'autorité de Tribun.

5. Agrippa, petit-fils d'Augufte, reçoit la Robe virile ; mais on ne lui fait pas les mêmes honneurs qu'à fes freres.
Augufte ordonne des récompenfes pour les foldats des Cohortes Prétoriennes, qui avoient feize ans de fervice.

6. Augufte établit une caiffe militaire, à laquelle il ordonne que l'on laifferoit le vingtiéme de tous les héritages & de tous les legs, à l'exception de ceux, qui laifferoient leurs biens aux pauvres, ou à leurs parens.
Tibere fait une expédition en Allemagne, paffe en Illyrie, où les Dalmates s'étoient révoltés.
Archelaüs, Roi de Judée, eft accufé de malverfation par fes freres ; il vient à Rome pour fe juftifier. Le Sénat l'envoye

en

Depuis J. C.	
	en exil, & met en Province Romaine la portion de Judée, dont il étoit Roi. Quirinus, accompagné de Coponius, passe en Syrie pour y faire le dénombrement & pour mettre tous les effets d'Archelaüs au fisc. Il dépouille Joazar de la charge de Grand-Prêtre, & y éleve Ananus, fils de Seth, surnommé Anne, beau-pere de Caïphe.
7.	Auguste envoye Germanicus pour terminer la guerre dans la Pannonie.
8.	La Dalmatie rentre sous la domination des Romains. Jesus-Christ, âgé de 12 ans, dispute dans le Temple avec les Docteurs.
9.	Auguste ordonne des récompenses pour ceux qui se marient, & des peines contre ceux qui gardent le célibat. Tibere finit la guerre de la Dalmatie, qui est soumise. Trois Légions Romaines, commandées par Quintilius Varrus, sont battues par Arminius, Général des Allemands; & Varrus se donne la mort.
10.	Tibere dédie un Temple à la Concorde.
11.	Tibere & Germanicus Pro-Consuls ravagent l'Allemagne.
12.	Tibere revient à Rome, & reçoit les honneurs du Triomphe pour la conquête de la Pannonie & de la Dalmatie. Loi pour réprimer le luxe. Naissance de Caïus Caligula, fils de Germanicus, le dernier jour du mois d'Août. Auguste envoye Silanus en Syrie.
13.	Auguste accepte pour la cinquiéme fois le Gouvernement de la République pour dix ans, & fait continuer à Tibere l'autorité de Tribun. Auguste impose le vingtiéme sur le peuple Romain, qui en est offensé.
14.	Auguste, âgé de 76. ans, meurt à Nole dans la Campanie, le 19 du mois d'Août. Les Légions Romaines, qui étoient en Pannonie & en Allemagne, se révoltent. Commencement du régne de TIBERE, qui fut de 22 ans 6 mois & 26 jours. Annius Rufus est fait Gouverneur de Judée.
15.	Germanicus fait la guerre dans la Germanie.
16.	Tibere envoye Valerius Gratus pour gouverner la Judée. Il dépouille Ananus de la dignité de Grand-Prêtre, & la donne à Ismaël, fils de Fabius. Tibere interdit l'usage des habits de soye & de la vaisselle d'or; il chasse tous les Mathématiciens de Rome. Germanicus défait les Allemands. Les Parthes excitent des troubles en Orient. Germanicus est choisi pour marcher contre eux.
17.	Germanicus triomphe à Rome pour les victoires remportées sur les Chérusques, les Cattes & les Angrivariens, peuples de Germanie.

Depuis J. C.	Archelaüs, Roi de Cappadoce, âgé de 50 ans, meurt à Rome. Son Royaume est réduit en Province. Germanicus passe en Orient. Cn. Pison est fait Gouverneur en Syrie. Drusus part pour l'Illyrie. Tacfarinas excite une sédition en Afrique, qui est appaisée par Camillus. Tremblement de terre en Asie, qui renverse douze Villes. Valerius Gratus, Gouverneur de Judée, met Eléazar, fils d'Ananus, en la place d'Ismaël Grand-Prêtre. Le Poëte Ovide meurt en éxil; il est enséveli proche de la Ville de Tomes.
18.	Germanicus est en Achaye, quand son Consulat commence. Il visite les Villes de la Gréce. Cn. Pison arrive en Syrie, où il se conduit mal envers Germanicus.
19.	Germanicus visite l'Egypte, & vient en Syrie, où il meurt. Pison est soupçonné de l'avoir empoisonné. Arminius, après avoir commandé 12 ans en Germanie, est mis à mort à l'âge de 37 ans par les Germains. Josephe dit que Caïphe fut nommé Grand-Prêtre par Valerius Gratus, & qu'il tint cette dignité 17 ou 18 ans.
20.	On apporte à Rome le corps de Germanicus; il y est reçu avec beaucoup de marques de douleur. Pison, accusé de l'avoir empoisonné, se fait mourir.
21.	Les Gaulois se revoltent, & sont soumis. Mort de Quirinus, qui avoit fait le dénombrement en Syrie.
22.	Julia, mere de Tibere, tombe malade. Tibere revient à Rome.
23.	Ælius Sejanus, favori de Tibere, esperant de parvenir à l'Empire, fait empoisonner Drusus, fils de Tibere.
24.	Les Romains terminent la guerre en Afrique, par la mort de Tacfarinas, Chef des Rebelles.
25.	Cremutius Cordus, Historien, est déféré au Sénat pour avoir appellé Cassius le dernier des Romains, & pour avoir donné des loüanges à Brutus. Il se fait mourir d'inanition.
26.	Sabinus Consul défait les Thraces. Agrippine, femme de Germanicus, est persécutée par Tibere, qui va en Campanie, d'où il ne revient plus à Rome.
27.	Atilius, fils d'un affranchi, fait construire un Amphithéatre dans la Ville de Fidenes. Le Théatre, qui n'avoit pas été solidement bâti, croule & cause la mort de 50 mille personnes. Incendie à Rome. Tibere fait des largesses pour aider à rebâtir ce que l'incendie avoit consumé, & se retire à Caprée. Pilate est fait Gouverneur de Judée.
28.	Les Frisons se révoltent & battent les Romains.

Agrip-

Depuis J. C.	Agrippine, fille de Germanicus, qui fut depuis mere de Néron, époufe Cn. Domitius. Jean-Baptifte, fils de Zacharie, fe retire dans le défert. Il y baptife & y prêche la pénitence, l'an 15 de l'Empire de Tibere.
30.	Premiére année de la prédication de Jefus-Chrift. Jefus-Chrift eft baptifé par Jean-Baptifte dans le défert. Il appelle fes deux Difciples à l'Apoftolat, & fait fa premiére Pâque. Jean-Baptifte eft mis en prifon. Livie, mere de Tibere, meurt, âgée de 86 ans.
31.	Deuxiéme année de la prédication de Jefus-Chrift, & fa feconde Pâque. Sejan afpire à l'Empire, & commet plufieurs crimes. Tibere en écrit au Sénat, qui condamne Séjan à la mort.
32.	Troifiéme année de la prédication de Jefus-Chrift, qui refte en Galilée, & ne vient pas faire la Pâque à Jerufalem.
33.	Quatriéme année de la prédication de Jefus-Chrift. Mort du Lazare. J. C. fait la Pâque avec fes Difciples & inftitue le Sacrement de l'Euchariftie. Le lendemain, Vendredi, quinze de la Lune, il meurt en Croix, & reffufcite le premier jour de la femaine fuivante. Il monte au Ciel, envoye le Saint Efprit fur fes Difciples. Après quoi, ils prêchent l'Evangile à toutes les Nations. Peu de temps après, Saint Etienne eft mis à mort par les Juifs. Le Sénat donne plufieurs titres flatteurs à Tibere. Junius Gallion eft envoyé en éxil, pour avoir porté la flatterie trop loin. Tibere marie les deux filles de Germanicus, fes petites-filles; favoir Drufille à Lucius Caffius, & Julie à M. Vinicius. Il fait mourir plufieurs perfonnes de qualité. Drufus, fils de Germanicus, & Agrippine fa mere fe font mourir d'inanition. Saul, à qui l'on a donné depuis le nom de Paul, eft converti.
34.	Tibere néglige les affaires. Le trouble fe met dans l'Empire par les Daces, les Sarmates & les Germains.
35.	Les Parthes viennent à Rome fe plaindre d'Artaban leur Roi; ils prient le Sénat de leur donner Phraate en fa place. Ce dernier meurt en chemin. Tibere lui fubftitue Tiridate, & envoye Vitellius Gouverneur de Syrie. Philippe, fils d'Hérode, meurt, après un régne de 38 ans.
36.	Vitellius, Gouverneur de Syrie, ordonne à Pilate d'aller à Rome pour s'y juftifier auprès de Tibere. Il dépofe le Grand-Prêtre Caïphe, & Jonathas, fils d'Ananus, eft mis à fa place. Saint Paul vient à Rome, trois ans après fa converfion, pour pour y voir Saint Pierre. Il en part, onze jours après, pour aller à Céfarée, d'où il vient à Tarfe. Tiridate eft dépouillé du Royaume des Parthes par Artaban.

Depuis J. C. 37.	Caïus CALIGULA Empereur. Tibere tombe malade. Trafyllus Mathématicien lui prédit qu'il vivra encore dix ans; mais il meurt le 16 Mars. Caïus lui fuccéde, & régne 3 ans 10 mois & 8 jours. Il met en liberté Agrippa, petit-fils d'Hérode, à qui il fait de grands honneurs. Il lui donne des chaînes d'or, au-lieu de celles de fer qu'il avoit, & lui accorde les Tétrarchies de Philippe & de Lyfanias, avec le titre de Roi. Caïus tombe malade. Après fa convalefcence, il ordonne de faire mourir Tibere, fils de Drufus, & petit-fils de l'Empereur Tibere. Naiffance de Jofephe, Hiftorien Juif. Saint Pierre fait plufieurs voyages, guérit Enée paralitique dans la Ville de Joppé, baptife Corneille le Centenier, vient à Antioche, & y établit fon Siége.
38.	Caïus Céfar Empereur exerce plufieurs cruautés, & fait mourir Macron, par l'entremife duquel il étoit parvenu à l'Empire.
39.	L'Empereur Caïus, ayant épuifé fes tréfors, fait profcrire & mourir plufieurs perfonnes. Il fait joindre, par un mole de 600 pas, Baye avec Pouzole. Il accufe Domitius Afer, Orateur célébre, qui, feignant ne pouvoir réfifter à l'éloquence de l'Empereur, mérite non feulement le pardon, mais obtient auffi l'honneur du Confulat.
40.	Caïus entreprend une expédition imaginaire dans les Gaules. Y étant arrivé, il n'y fait autre chofe qu'ordonner à fes foldats de ramaffer des coquilles. P. Petronius eft fait Gouverneur en Syrie, à la place de Vitellius, avec ordre de placer la ftatue de l'Empereur dans le Temple de Jerufalem. Petronius, y ayant trouvé beaucoup de difficultés, différe d'exécuter cet ordre. Hérode Antipas, à la follicitation de fa femme Hérodiade, vient à Rome pour demander le Royaume de fon pere; mais Caïus l'envoye en éxil & donne fa Tétrarchie à Agrippa, qui avoit indifpofé l'Empereur contre Antipas. Flaccus Avilius perfécute les Juifs d'Alexandrie, qui députent Philon Juif à Rome, vers l'Empereur Caïus, dont il eft mal reçu. Ponce Pilate, ci-devant Gouverneur de Judée, fe donne la mort. Les Apôtres envoyent Saint Barnabé à Antioche. Il va à Tarfe pour y chercher Saint Paul, d'où il revient à Antioche avec Saint Paul, & ils y reftent une année. Le nom de Chrétiens commence à être donné aux Difciples de Jefus-Chrift à Antioche.
41.	CLAUDIUS Empereur. Saint Pierre établit fon Siége à Rome.

Depuis J. C.	
	Cheréas & plusieurs autres Conjurés tuent l'Empereur Caligula, le 24 Janvier. Claude Néron lui succéde. Claude ajoute la Judée & la Samarie aux Etats d'Agrippa. Hérode Agrippa vient à Jerusalem pour gagner l'amitié des Juifs. Il persécute les Chrétiens, fait mourir S. Jacques, & emprisonner Saint Pierre, qu'un Ange délivre miraculeusement. L'Empereur permet à Hérode, frere d'Agrippa, de porter les ornemens de Préteur. Les Chrétiens d'Antioche envoyent Paul & Barnabé à Jerusalem, où ces Apôtres font un second voyage, & y portent les aumônes qu'ils avoient ramassées pour les Fidéles qui étoient en Judée. Naissance de Titus, fils de Vespasien, le 30 Décembre.
42.	Grande famine, prédite par le Prophéte Agabus, *Chap. XI. des Actes.* Paul & Barnabé retournent de Jerusalem à Antioche, d'où ils partent pour aller à Séleucie, & de là en Chypre. Saint Paul y convertit à la Foi le Pro-Consul Sergius Paulus ; c'est, dit-on, ce qui lui fit changer son nom de Saul en celui de Paul. L'Empereur Claude fait mourir plusieurs personnes de distinction, à la persuasion de sa femme Messaline & de ses affranchis. Il fait construire un port à l'embouchure du Tybre.
43.	L'Empereur Claude passe dans la Grande-Bretagne, & la soumet en seize jours. Saint Paul annonce l'Evangile dans plusieurs Provinces.
44.	Claudius, après 6 mois d'absence, entre en triomphe dans Rome. Agrippa, Roi de Judée, meurt, après avoir régné 7 ans. Après sa mort, on établit Culpius Tadus Gouverneur de ses Etats.
45.	Les Parthes chassent pour la seconde fois leur Roi Artaban. Vespasien fait la guerre dans la Grande-Bretagne, & y gagne plusieurs batailles.
47.	Dans le mois de Janvier de cette année parut une Isle nouvelle dans la mer Egée. Cumanus est fait Intendant de Judée, après Alexandre. Messaline, femme de l'Empereur, fait mourir Valerius Asiaticus, qui avoit été deux fois Consul. Elle contracte publiquement un nouveau mariage avec Silius, Chevalier Romain. L'Empereur Claude célébre les Jeux Séculaires à Rome.
48.	Les Princes de la Gaule, appellée *Comata*, & en particulier ceux d'Autun, obtiennent le droit de Bourgeoisie Romaine.

Depuis J. C.	Claude, ayant fçû que Meffaline, fa femme, avoit époufé C. Silius, la fait mourir avec fon Adultére. On fait le dénombrement à Rome; il s'y trouve quinze cens quarante-quatre mille Citoyens.
49.	Claude chaffe de Rome tous les Juifs. Saint Pierre fe trouve obligé de retourner en Judée. Aquila & Prifcilla fe réfugient à Corinthe. Claude époufe Agrippine, fille de fon frere Germanicus, & mere de Néron, qu'elle avoit eu de Domitius Ahenobarbus. Les Parthes fe plaignent de Gotarze leur Roi, & prient l'Empereur de lui fubftituer Méherdate. La difpute fur les cérémonies légales s'éleve à Antioche. Les Fidéles de cette Ville envoyent S. Paul & S. Barnabé à Jerufalem. Les Apôtres y tiennent un Concile; après quoi, Paul & Barnabé retournent à Antioche. Ces deux Apôtres fe féparent. Saint Paul & Silas vont en Syrie & en Cilicie. Saint Paul fait circoncire Thimothée, & paffe en Macédoine.
50.	L'Empereur Claude adopte Domitius Néron. On fait paffer la Colonie de Cologne dans une Ville des Ubiens. Les Cattes dans la Germanie & les habitans de la Grande-Bretagne font vaincus. Saint Paul, chaffé de Philippe & de Theffalonique, vient à Athénes. Il difpute dans l'Aréopage, & convertit S. Denys qui en étoit un des Juges. Il paffe à Corinthe, & y refte quelques mois.
51.	Néron reçoit la Robe virile; on le fait Prince de la Jeuneffe. Burrhus Afranius eft fait Préteur, à la recommandation d'Agrippine. Les Parthes s'emparent de l'Armenie, & l'abandonnent au commencement de l'hyver. Le Sénat chaffe les Aftrologues de l'Italie.
52.	On accorde à Pallas, affranchi de Claude, les honneurs dûs aux Préteurs, & 150 mille festerces. Claude donne le fpectacle d'un Combat naval entre le Lac de Fucin & le Fleuve de Liris. Ventidius Cumanus, Intendant de Judée & de Galilée, eft accufé de concuffion. Il vient à Rome, d'où il eft envoyé en éxil. Félix, quoique complice de fon crime, eft fait Intendant de Judée. Saint Paul, accufé, paroit devant Gallion, Pro-Conful d'Achaye. Il part de Corinthe & vient à Ephefe, d'où il fe rend à Céfarée & à Antioche. De là il va pour la quatriéme fois à Jerufalem, & enfuite en Galatie & en Phrygie. Apollon prêche l'Evangile; il eft inftruit plus amplement par Aquila & par Prifcilla. Saint Paul revient à Ephefe, & y refte 3 ans.

Né-

Depuis J. C.	
53.	Néron, âgé de 16 ans, épouse Octavia. L'Empereur Claude augmente l'autorité des Gouverneurs des Provinces. Domitius NERON, cinquiéme Empereur.
54.	Mort de l'Empereur Claude, âgé de 63 ans, dont il en avoit régné 13, 8 mois & 20 jours. Domitius Néron lui succéde. Agrippine, mere de Néron, fait empoisonner Junius Silanus Pro-Conful d'Asie, & oblige Narcisse de se donner la mort. Les Parthes s'emparent de l'Armenie, qu'ils abandonnent peu de temps après. Domitius Corbulon passe dans cette Province. Saint Paul envoye Thimothée & Erafte en Macédoine. Demetrius Orfevre excite une sédition à Ephese contre Saint Paul, qui passe en Macédoine, & qui de là voyage dans la Gréce, où il séjourne trois mois.
55.	Vologese, Roi des Parthes, fait la paix avec les Romains, & donne des ôtages à Corbulon. Néron devient amoureux d'Actée, affranchie. Agrippine porte Néron à faire empoisonner Britannicus. Néron ôte à sa mere les Gardes qu'elle avoit, la réduit à une condition privée, & enfin la fait mourir. Saint Paul vient en Macédoine, & se rend à Jerusalem vers les Fêtes de la Pentecôte. Il y est arrêté par les Juifs, & livré aux Gouverneurs des Romains.
56.	Néron s'abandonne à toutes sortes de débauches. Saint Paul, chargé de liens, est conduit à Rome.
57.	Saint Paul écrit sa deuxiéme Epître à Thimothée, après avoir paru devant Néron pour la premiére fois. Il écrit aussi aux Ephésiens.
58.	Les Parthes font la guerre aux Romains, qui s'opposoient à la conquête de l'Armenie. Corbulon rétablit la discipline militaire. Il pénétre dans l'Armenie, dont il prend tous les Châteaux, & brûle la Ville d'Artaxat. Néron, devenu amoureux de Poppea, donne le Gouvernement de la Lusitanie à Othon son mari.
59.	Agrippine, dépouillée de toute autorité par son fils Néron, cherche à se réconcilier avec lui. Néron la fait tuer; crime, auquel le Sénat applaudit.
60.	Corbulon prend la Ville de Tigranocerte, & soumet toute l'Armenie aux Romains, dont le gouvernement est donné à Tigrane, petit-fils d'Archelaüs, Roi de Cappadoce. Corbulon va en Syrie, où le Gouverneur Vinidius venoit de mourir. Albinus est établi Gouverneur de Judée, à la place de Festus.
61.	Les Romains sont défaits dans la Grande-Bretagne; mais Paulinus Suetonius, Gouverneur de cette Isle, y défait 80 mille Bretons.

Depuis J. C.	Néron fait bâtir une Académie pour les Jeux publics. Saint Jacques, premier Evêque de Jerusalem, est lapidé par les Juifs. Siméon est élû en sa place.
62.	Néron fait emprisonner Burrhus, Préfet du Prétoire, & met deux personnes en sa place; sçavoir, Fenius Rufus & Tigellinus, qui accusent Sénéque, Précepteur de Néron. Cet Empereur chasse Octavia sa femme, & il épouse Poppea, qu'il exile & fait mourir peu de tems après. Il en fait autant à Pallas, & s'empare de ses grands biens. Perse, Poëte satyrique, meurt, âgé de 22 ans. Vologese, Roi des Parthes, fait ses efforts pour faire restituer à son frere Tiridate l'Armenie, dont il avoit été chassé. Corbulon envoye du secours à Tigrane; mais Vologese défait Cesennius Petus que les Romains avoient envoyé commander en Armenie. Ce Gouverneur est forcé d'accepter des conditions de paix honteuses.
63.	Néron donne le Gouvernement de la Syrie à Cintius, & le commandement de l'armée à Corbulon, qui déclare la guerre aux Parthes. Tiridate est défait, & conduit dans le Camp des Romains; il ôte sa Couronne & la met au pied de la statue de Néron. On accorde aux habitans des Alpes maritimes le droit & le privilége des Latins.
64.	Néron vient à Naples, dans le dessein d'aller en Gréce. Il retourne à Rome, & y fait mettre le feu. Il accuse les Chrétiens de cet Incendie, & s'en sert de prétexte pour les persécuter. C'est le tems de la PREMIERE PERSECUTION. Cestius Gallus est fait Gouverneur de Syrie, & Cessius Florus de la Judée.
65.	Néron découvre la conspiration de Pison, & le fait mourir avec ses complices, entre autres le Poëte Lucain & le Philosophe Sénéque. Il paroit divers prodiges à Jerusalem. Cestius Gallus, Gouverneur de Syrie, qui assiége Jerusalem, est mis en fuite par les Juifs.
66.	Néron fait mourir Bareas Soranus & Thraseas Petus. Tiridate vient à Rome, fait des soumissions indignes à Néron, & reçoit de sa main le Diadème. Néron va en Gréce, & monte sur le Théatre comme un Acteur. Il conduit même des chevaux dans le Cirque, dépouille Corbulon de toutes ses charges, l'exile dans l'Isle de Cenchrée, & donne ordre de le faire mourir; mais Corbulon se tue. Les Juifs, après avoir défait les Romains, reviennent à Jerusalem, où ils élisent pour Général Josephe Gorionide, qui rétablit les affaires de la Galilée & de la Judée. Néron, ayant appris en Achaye la révolte des Juifs, envoye Vespasien pour leur faire la guerre. Vespasien envoye son fils Tite à Alexandrie, pour en amener des troupes pendant l'hyver.

Saint

Depuis J. C. 67.	Saint Pierre souffre le Martyre le 29. Juin.
Vespasien défait Josephe & les autres Chefs des Juifs. Il s'empare des Villes de Japha & Jotapat, & fait Josephe prisonnier. Tite se rend maître de la Galilée.
Il y a plusieurs mouvemens dans la Ville de Jerusalem, excités par la faction des Zélés, qui appellent les Iduméens, & tuent une partie des habitans, entre autres le Souverain Pontife Ananus.
68.	GALBA, sixiéme Empereur.
C. Julius Vindex, Pro-Préteur dans la Gaule, se révolte contre Néron. Galba, Gouverneur d'Espagne, fait la même chose. Vindex est défait par Rufus en Germanie.
Néron, se voyant abandonné de tout le monde, s'enfuit, & se tue lui-même, après avoir régné 13 ans 7 mois & 28 jours.
Galba lui succéde. Il se laisse gouverner par des favoris, & régne près de 7 mois. Vespasien s'approche de Jerusalem pour l'assiéger, & s'empare de la Ville de Gadara.
69.	Othon, Vitellius, & Vespasianus sont élus successivement Empereurs.
Les Légions Germaniques quittent le parti de Galba, qui adopte Pison, à l'exclusion d'Othon.
Othon s'empare de l'Empire, fait mourir Galba & Pison vers le 16 Janvier, & ne régne que 3 mois.
Tite, ayant appris la mort de Galba, vient d'Achaye trouver son pere Vespasien.
Vitellius, Gouverneur de la Basse Germanie, est proclamé Empereur. Il fait la guerre à Othon, dont il défait l'armée auprès de Bebriac.
Othon se donne la mort le 20 Avril. Vitellius est Empereur 8 mois & 5 jours, après la mort d'Othon.
Vespasien est élû & proclamé Empereur.
Le feu prend au Capitole.
Vitellius meurt, percé de plusieurs coups de couteau.
70.	Vespasien donne le commandement des armées contre les Juifs à son fils Tite, & rétablit le Capitole.
Les Gaulois se révoltent contre les Romains; mais changeant d'avis, ils rentrent dans leur devoir.
Tite commence le siége de Jerusalem le jour des Azymes, & prend ensuite cette Ville.
Le Temple est brûlé le 5 Août, la Ville détruite le 31 du même mois; ce qui met fin à la guerre des Juifs.
71.	Tite, après avoir dompté les Juifs, entre à Rome en triomphe avec Vespasien. Jean & Simon, Chefs des Juifs, avec 700 personnes des plus distinguées de cette Nation, marchoient à la tête de ce Triomphe. On ferme le Temple de Janus, & Vespasien commence à bâtir le Temple de la Paix.
On vend la Judée. On donne le nom de Nicopolis à Emmaüs.

Depuis J. C.	
	maüs. Céfarée, Ville maritime, devient la Métropole de toute la Judée.
Lupus, Gouverneur d'Egypte, fait abattre, par ordre de Vefpafien, le Temple qu'Onias, Souverain Pontife des Juifs d'Alexandrie, y avoit fait bâtir.
72.	L'Hérétique Ebion paroît en ce tems.
73.	Vefpafien chaffe de Rome tous les Philofophes, à l'exception de Mufonius, & veut corriger les abus qui fe font gliffés dans le Gouvernement de l'Empire.
74.	On fait le dénombrement à Rome, où il fe trouve des perfonnes, âgées de 100 ans, de 120, de 130, de 131, 132, 138, 140 ans, & même deux qui avoient 150 ans.
On érige en Provinces l'Achaye, la Lycie, Rhodes, Byzance, Samos, Trachée, la Cilicie & la Commagene, qui jufques-là avoient été libres, ou fujettes à des Rois alliés du peuple Romain.
75.	Vefpafien fait la Dédicace du Temple de la Paix, dans lequel il met les dépouilles du Temple de Jerufalem.
On éleve un Coloffe au Soleil, de 100 pieds de haut, dans la voye facrée.
Q. Afconius Pédianus fleurit dans ce tems.
76.	Naiffance d'Adrien, qui fut depuis Empereur.
77.	Les Parthes fe révoltent contre Vefpafien.
78.	Pefte, qui fait mourir à Rome jufqu'à 10000 perfonnes par jour.
79.	TITUS, onziéme Empereur.
Mort de l'Empereur Vefpafien, âgé de 69 ans, après en avoir régné dix, un mois, moins 7 jours. Titus, onziéme Empereur Romain, lui fuccéde, & fon régne fut doux & heureux.
Cn. Junius Agricola, Gouverneur des Ifles Britanniques, défait les habitans de l'Ifle, dont il fe rend maître.
Le mont Vefuve jette une fi grande quantité de flammes & de fumée, que la clarté du jour en eft obfcurcie; les Villes de Pompée & d'Herculane en font réduites en cendres.
80.	L'Empereur Tite part pour la Campanie. Incendie à Rome, qui confume le Panthéon, les Temples de Sérapis, d'Ifis & de Neptune.
Tite fait bâtir des Thermes & un Amphithéatre.
C. Plinius, l'Ancien, ou le Naturalifte, voulant reconnoître de trop près les caufes des flammes du mont Vefuve, périt dans cette recherche.
81.	DOMITIEN, douziéme Empereur.
TITE, après avoir régné 2 ans, 2 mois & 20 jours, meurt du poifon que Domitien fut foupçonné de lui avoir fait donner. Domitien lui fuccéde.
83.	L'Empereur Domitien chaffe de Rome & de l'Italie tous les Philofophes, fait enfoüir vives trois Veftales qui avoient violé leur virginité.

Ati-

Depuis J. C.	
	Atilius, deuxiéme Evêque d'Alexandrie, gouverne cette Eglife pendant 13 ans.
84.	Domitien établit les Jeux Capitolins tous les cinq ans.
86.	Naiſſance de l'Empereur Antonin le Pieux.
87.	Domitien ſe fait appeller Dieu & Souverain.
88.	Les Romains déclarent la guerre aux Daces. Domitien marche contre Decebale leur Roi, avec lequel il fait la paix peu de tems après.
89.	Domitien entre en triomphe à Rome, y fait mourir pluſieurs Citoyens, & en chaſſe les Mathématiciens & le reſte des Philoſophes.
	Cocceïus Nerva (qui devint depuis Empereur) eſt rappellé d'éxil.
	Apollonius de Thyane vient à Rome, & y défend ſa cauſe devant l'Empereur.
92.	Domitien fait enterrer vive la Veſtale Cornelia Maximilla.
	DEUXIEME PERSECUTION.
93.	Domitien excite la deuxiéme perſécution.
	Saint Jean l'Evangéliſte eſt mis à Rome, proche la porte Latine, dans une chaudiére d'huile bouillante. Il en ſort ſain & ſauf; après quoi, l'Empereur l'exile dans l'Iſle de Patmos.
95.	Domitien fait mourir Flavius Clemens, ſon Collégue dans le Conſulat, parce qu'il étoit Chrétien. Il éxile Flavia Domitilla ſa parente, épouſe de ce Martyr, dans l'Iſle de Pandetere. Glabrio, homme conſulaire, & pluſieurs autres perſonnes ſont martyriſées pour la Religion Chrétienne.
	Saint Jean écrit ſon Apocalypſe.
	Domitien fait rechercher & mettre à mort tous ceux de la famille de David.
96.	NERVA, treiziéme Empereur.
	Domitien, âgé de 45 ans, après en avoir régné 15 & 6 jours, eſt mis à mort. Nerva, treiziéme Empereur Romain, lui ſuccéde.
	Saint Jean revient de ſon éxil en Aſie.
97.	Saint Jean écrit ſon Evangile.
	Juſtus de Tibériade, Hiſtorien Juif, fleurit.
	Mort d'Apollonius de Thyane.
	Calpurnius Craſſus entre dans une conſpiration contre Nerva, qui adopte Ulpius Trajanus, Gouverneur de la Germanie.
98.	TRAJANUS, quatorziéme Empereur.
	Nerva meurt, âgé de 65 ans 10 mois 10 jours, après avoir régné 1 an 4 mois 11 jours.
	Trajan lui ſuccéde à l'âge de 42 ans.
	Trajan fait défenſe aux Chrétiens de s'aſſembler.
	Cerdon gouverne l'Egliſe d'Alexandrie pendant 13 ans.
	Saint Ignace eſt fait Evêque d'Antioche, & Saint Siméon, de Jeruſalem.

Depuis J. C. 99.	L'Empereur Trajan arrive à Rome. Saint Jean l'Evangéliste meurt, âgé de 92 ans, 68 ans après la mort de Jesus-Christ.
101.	C. Plinius & Cornutus Tertullus exercent la fonction de Consuls pendant deux mois.
102.	Decebale, Roi des Daces, qui avoit quitté le parti des Romains, est soumis par Trajan, qui fait bâtir un pont sur le Danube. Decebale se donne la mort. C. Plinius, Pro-Consul de Bithynie, rend compte à Trajan de l'état des Chrétiens. Cet Empereur lui répond qu'il n'en fasse point de recherche ; mais qu'il punisse ceux qui lui seront dénoncés, & qui persisteront opiniâtrement dans leur sentiment.
103.	Trajan, après avoir soumis les Daces, met leur pays en Province. Elxaï, faux Prophéte, Juif de nation, se joint aux Esséniens, qui se vantent de l'avoir pour Chef, aussi-bien que les Nazaréens & les Ebionites. Trajan revient à Rome, où il reçoit les Députés de plusieurs Nations barbares des Indes. Il bâtit plusieurs Bibliothéques, & fait élever une colonne. Trajan entreprend une expédition contre les Arméniens & les Parthes. Il va à Athénes ; de là il passe en Syrie, d'où il va en Orient.
106.	Trajan soumet l'Arménie, & oblige tous les Rois des pays voisins de reconnoître sa domination, aussi-bien que les Ibériens, les Sarmates, les Osrhoëniens, les Arabes, les habitans du Bosphore & de l'Isle de Colchos. Il s'empare aussi de Séleucie, de Ctésiphonte & de Babylone.
107.	TROISIEME PERSECUTION. Trajan excite la troisiéme persécution contre les Chrétiens, dans le tems qu'il étoit en Orient. Siméon, fils de Cléophas Evêque de Jerusalem, âgé de 120 ans, est attaché en croix. Justus lui succéde dans l'Episcopat. Saint Ignace, Evêque d'Antioche, est conduit à Rome.
108.	Saint Ignace est dévoré par les bêtes dans l'Amphithéatre à Rome.
110.	Le Panthéon est consumé par le feu du Ciel.
115.	Plusieurs personnes périssent à Antioche par un tremblement de terre, qui arrive pendant l'hyver. Le Consul Pedo fut de ce nombre ; & l'Empereur Trajan, que l'on descendit par une fenêtre, eut peine à se sauver. Au commencement du printems, Trajan attaque les Parthes. Il s'empare d'Arbella, de Gaugamela, de Babylone, de Ctésiphonte & de plusieurs autres places ; d'où cet Empereur eut le surnom de *Parthique.* Les Peuples se révoltent, & Trajan les soumet une seconde fois. Les Juifs de Cyrene, dont André étoit le Chef, font mourir près de 200 mille Grecs & Romains. Ils en mangent les

Depuis J. C. 116.	les entrailles, se couvrent de la peau de ceux qu'ils avoient tués, & commettent plusieurs autres cruautés. Les Juifs de Cyrene font une incursion en Egypte, dont ils mettent les habitans en fuite, qui vont à Alexandrie, où ils massacrent tous les Juifs. Les Juifs, pendant ce tems-là, parcourent l'Egypte, & mettent tout à feu & à sang. Ils viennent jusqu'en Chypre, renversent la Ville de Salamine, & font périr plus de deux cens cinquante mille personnes. Trajan envoye Martius Turbon contre les Juifs. Ce Général en fait périr un grand nombre. Lucius & Maximus, Généraux Romains, vont soumettre les peuples qui s'étoient révoltés. Maximus est vaincu dans un combat, & meurt. Lucius recouvre Nisibe, brûle la Ville d'Edesse, & s'empare de Séleucie. Trajan donne le Royaume des Parthes à Parthamaspate. Il passe en Arabie, attaque la Ville des Agaréniens, devant laquelle il est blessé. La grêle, les éclairs & plusieurs autres accidens l'obligent de se retirer de devant cette Ville.
117.	ADRIEN, quinziéme Empereur. Les Parthes recouvrent leur liberté, après avoir chassé Parthamaspate leur Roi. Trajan laisse Adrien en Syrie, passe en Mésopotamie avec une armée, tombe malade & meurt à Selinunte dans la Cilicie. Depuis ce tems, on a donné à cette Ville le nom de Trajanopolis. Trajan étoit âgé de 63 ans, 1 mois 15 jours quand il mourut; il avoit régné 19 ans 6 mois. Ælius Adrianus lui succéde par les soins de Plotine, femme de Trajan. Dès qu'Adrien fut Empereur, il fit la paix avec les Parthes, leur rendit l'Armenie, la Syrie, la Mésopotamie, & tout ce que Trajan avoit pris sur eux, avec leur liberté. Il donna un autre Royaume à Parthamaspate, & rétablit aux dépens du Public la Ville d'Alexandrie que les Romains avoient ruinée.
118.	Adrien revient à Rome, & s'applique à gagner l'amitié du Peuple & du Sénat. Il fait brûler les Régitres de ce qui étoit dû au fisc depuis 16 ans, & défend de rien exiger de ceux qui devoient depuis ce tems-là. Adrien va en Mésie appaiser les tumultes, causés par les Sarmates & les Roxolans; il fait la paix avec ces Nations. Euphrate, Philosophe Stoïcien, ennuyé de vivre & de souffrir d'une violente maladie, se donne la mort, en buvant un verre de ciguë. Adrien excite une nouvelle persécution contre les Chrétiens, ou continue celle que Trajan avoit commencée. Il faut rapporter à ce tems la naissance des hérésies de Basilide, de Saturnin & de Carpocrate.
119.	Tinius Rufus, Intendant de Judée, appaise les troubles que les Juifs y avoient excités.

Plu-

Depuis J. C.	Plutarque de Chéronéé, Sextus, Agathobule, & Cénomaüs Philosophes fleuriffent en ce tems.
120.	Tremblement de terre, dans lequel Nicomedie & plusieurs Villes voisines furent englouties. Adrien contribue à leur rétabliffement. Toutes chofes étant en bon état à Rome, il va visiter les Provinces du Peuple Romain. Il commence par les Gaules & la Germanie, d'où il paffe dans la Bretagne, & fait une recherche exacte de l'administration des Gouverneurs.
121.	Adrien fait construire un mur de 30 lieuës, au Nord de la Grande-Bretagne, pour féparer les Romains de ceux qui n'étoient pas foumis à leur Empire.
122.	Adrien revient dans les Gaules, & fait bâtir à Nîmes un Palais fuperbe à l'honneur de Plotine, veuve de Trajan. De là il va en Efpagne, & paffe l'hyver à Terragone.
123.	Il paroit qu'Adrien va enfuite en Orient, & qu'il appaife les troubles que les Parthes avoient excités. Il repaffe enfuite par l'Achaye, d'où il fe rend à Athénes, & y affifte aux Myftéres d'Eleufine.
124.	Adrien revient à Rome, après avoir paffé l'hyver à Athénes. Quadratus, Difciple des Apôtres, & Ariftide Philofophe font une apologie pour les Chrétiens, qui la font préfenter à l'Empereur par Serenus Granius. Adrien écrit à Minucius Fundanus, Pro-Conful d'Afie, de ne condamner que les Chrétiens, coupables de crimes.
125.	Adrien va en Afrique, & accorde des priviléges aux Provinces.
126.	Adrien paffe par Athénes en allant en Orient, fait entre autres achever les ouvrages commencés, & dédie le Temple de Jupiter Olympien. Il fait dreffer des Autels à fon honneur, folemnife les fêtes de Bacchus, & permet aux Grecs de lui bâtir un Temple.
127.	Adrien vient en Afie, gagne l'amitié des Grands & des Rois, du nombre defquels étoit Cofroës, Roi des Perfes. En parcourant les Provinces, il fait févérement punir les Gouverneurs qui avoient prévariqué dans leurs charges.
128.	Aquila, Profélyte Chrétien, traduit l'Ancien Teftament en Grec.
129.	Adrien fe rend en Syrie, & vient enfuite à Jerufalem.
130.	Adrien, après avoir rebâti Jerufalem, lui donne le nom d'*Elia Capitolina*, & y envoye une Colonie. Les Juifs, ayant peine à fouffrir que les Païens habitaffent leur Ville, excitent des féditions. L'Empereur vient à Pelufe, & y bâtit le magnifique tombeau de Pompée.
131.	Antinoüs, favori de l'Empereur, eft jetté dans le Nil. Adrien pleure fa mort, le fait mettre aux rangs des Dieux, & fait bâtir une Ville, à laquelle il donne le nom d'*Antinoé*. Il fait conftruire un Temple à Rome à l'honneur de Vénus.
	Adrien revient d'Egypte en Syrie, où les Juifs s'étoient révoltés; il retourne à Rome. Les Juifs fe révoltent une fe-

DE L'HISTOIRE MODERNE.

Depuis J. C.	
	seconde fois. Adrien envoye Julius Severus pour les soumettre.
133.	Phavorinus & Polemus, Rhéteurs, fleuriffent en ce tems.
134.	Marcion commence à répandre son héréfie.
135.	Les Romains font mourir 580000 Juifs, & tous les Chefs de leurs factions; de forte que presque toute la Judée étoit déferte. On défend aux Juifs de venir à Jerusalem.
136.	Pharafmane, Roi des Ibériens, porte les Alains à se révolter contre les Romains. Flavius Arrianus, Gouverneur de la Cappadoce, les force à rentrer dans leur devoir.
137.	Adrien adopte Cejonius Commodus Verus, & donne le titre de César à Ælius Verus.
138.	ANTONINUS Pius, seiziéme Empereur. Ælius Verus meurt au mois de Janvier. Adrien, se voyant incommodé & presque toujours malade, adopte Arrius Antoninus, à qui on donne le nom de Pius; à condition que ce dernier adopteroit Annius Verus & Marcus Aurelius. L'Empereur fait mourir Servianus, mari de fa sœur, âgé de 90 ans. Adrien meurt le 6 des Ides de Juillet, âgé de 62 ans 5 mois 19 jours, après avoir gouverné l'Empire 21 ans & 10 mois. Antonin le Pieux lui succéde.
139.	Saint Juftin fait fa première Apologie pour les Chrétiens, que l'on nomme ordinairement la deuxiéme, au commencement du régne d'Antonin. Le Médecin Galien & Salvius Julianus Jurifconfulte, auffibien que Juftin l'Hiftorien, fleuriffent en ce tems.
140.	Quoiqu'Antonin n'eût fait aucun Edit contre les Chrétiens, la perfécution continuoit toujours.
141.	C'est à ce tems qu'il faut rapporter la naiffance des héréfies des Ophites, des Caïnites & des Séthiens, &c.
145.	Nicomede de Crete, Poëte Lyrique, fleurit en ce tems.
146.	Marcion continue à enseigner ses erreurs. Apellès devient son disciple. Taurus Beritius, Philosophe Platonicien, fleurit en ce tems.
147.	Plusieurs particuliers se rendent illustres dans la Philosophie, du nombre desquels sont Arrianus de Nicomedie, Maxime de Tyr, Apollonius, Basilides & Sextus de Chéronée, Volusianus Mœtianus Jurisconsulte, & App. Pollion. Eutichius, Proculus Siccensis, & Cornelius Fronto fleuriffent en ce tems.
153.	Les Héréfiarques Valentin & Cerdon viennent à Rome.
161.	L'Empereur Antonin meurt. M. Aurelius Antoninus, & L. Ælius Verus régnent ensemble.
162.	Vologese, Roi des Parthes, fait la guerre contre les Romains. M. Aurele envoye Verus pour commander contre Vologese. Les Romains s'emparent de plusieurs Villes, & pénétrent jusqu'en Armenie & dans le païs des Medes. L'Empereur excite une nouvelle perfécution contre les Chré-

II. Volume. B

Depuis J. C.	Chrétiens, que Sévere Sulpice prétend être la cinquiéme. Saint Juſtin ſouffre le Martyre.
163. 165.	Les Romains ſe rendent maîtres de la Ville de Séleucie en Syrie. Le Philoſophe Peregrinus ſe jette dans un feu, qu'il avoit allumé lui-même. Polycarpe, Evêque de Smyrne, vient à Rome pour appaiſer les conteſtations ſur la Pâque.
166.	Les deux Empereurs obtiennent les honneurs du Triomphe, pour la victoire remportée ſur les Parthes.
167	Polycarpe & Pionius ſouffrent le Martyre en Aſie.
169.	Il faut rapporter à cette année le commencement de la guerre des Marcomans. Les deux Empereurs vont en perſonne commander l'armée Romaine. L'Empereur L. Verus meurt d'apoplexie. Marc Aurele, qui par cette mort étoit ſeul Empereur, revient à Rome pour faire travailler aux obſéques de ſon Collégue.
170.	Meliton, Evêque de Sardes, fait une Apologie pour les Chrétiens. Miltiades, Apollinaire d'Hiéraples, Philippe Evêque de Gortine, & Denys de Corynthe compoſent pluſieurs Ouvrages en faveur de la Religion Chrétienne.
171.	Tatien, diſciple de Saint Juſtin, ſe déclare Chef de l'héréſie des Encratites.
172.	Bardeſanes Héréſiarque, Ptolémée, diſciple de l'Hérétique Valentin, & Oppien Poëte vécurent en ce tems.
173.	Sainte Félicité eſt martyriſée à Rome le 23 Novembre, ſes ſept fils avoient ſubi le Martyre dès le 10 Juillet.
174.	Les Chrétiens obtiennent par leurs priéres une pluye miraculeuſe, pour ſoulager l'armée de Marc Aurele qui faiſoit la guerre aux Quades dans la Germanie, & dont les troupes ſouffroient beaucoup par la ſéchereſſe du païs où elle étoit campée.
175.	Avidius Craſſus, ſur une fauſſe nouvelle de la mort de l'Empereur, s'empare du Gouvernement. Trois mois après, on le fait mourir.
176.	L'Empereur M. Aurele va en Orient, avec ſa femme Fauſtine & ſon fils Commode. L'Impératrice Fauſtine meurt de maladie au pied du mont Taurus. L'Empereur, revenant en Italie, paſſe par Athénes. Il fait reconnoître Commode pour ſon ſucceſſeur.
177.	La perſécution contre les Chrétiens augmente. Pluſieurs perſonnes illuſtres ſont miſes à mort, entre autres les Martyrs de Lyon, du nombre deſquels étoit Saint Photin, Evêque de cette Ville; Attale; Alexandre Médecin, & Sainte Blandine. L'Empereur entreprend une guerre, qui dure 3 ans contre les Marcomans, les Hermunduriens, les Sarmates & les Quades. Les Chrétiens députent Athénagore, Philoſophe d'Athénes, vers l'Empereur; il meurt en chemin.

Saint

DE L'HISTOIRE MODERNE.

Depuis J. C.	
178.	Saint Irenée est fait Evêque de Lyon. L'Hérésiarque Montan, Priscille & Maximille, femmes de mauvaise vie, donnent naissance à l'hérésie des Montanistes.
179. 180.	L'Empereur M. Aurele meurt dans la Pannonie, après un régne de 19 ans & 9 jours, dont il avoit gouverné 9 ans avec L. Verus. Commode succéde à M. Aurelé son pere. Martia, Courtisane de ce Prince, protége les Chrétiens. Quelques-uns croyent qu'à sa sollicitation, l'Empereur ne persécuta point les Fidéles. Agrippa, Evêque d'Alexandrie, meurt, après avoir gouverné cette Eglise pendant 12 ans. Julien lui succéde. Pantene, habile Catéchiste & Précepteur de Saint Clément d'Alexandrie, fleurit en ce tems. Il passe, dit-on, dans les Indes pour annoncer l'Evangile.
181.	L'Empereur, après avoir pacifié tous les troubles de la Germanie, revient à Rome, où il entre en triomphe. Théodotion, natif de Pont, Juif d'origine, qui a fait une Version Grecque de l'Ancien Testament, fleurit en ce tems.
182.	Embrasement du Temple de Sérapis à Alexandrie. Julius Pollux fleurit en ce tems.
183.	Ulpius Marcellus finit la guerre qui ravageoit la Bretagne.
185.	Lucille, femme de Pompeianus, & sœur de l'Empereur, entre dans la conspiration que plusieurs personnes avoient formée contre l'Empereur Commode. La conjuration & les Conjurés sont découverts. Perennis, Préfet du Prétoire, chargé d'instruire le procès, fait mettre à mort tous les Conjurés. Naissance d'Origene.
187.	Perennis, Préfet du Prétoire, conspire contre l'Empereur, qui le fait mourir. Depuis ce tems, il y eut deux Préfets du Prétoire.
188.	Le Capitole & les Bibliothéques sont brûlées par le feu du Ciel. Révolte & sédition excitées par Maternus en Espagne & dans les Gaules, & appaisées par l'Empereur, qui en fait mourir l'auteur. Peste considérable qui ravage l'Italie, où il s'éleve une sédition.
189.	Demetrius est élû Evêque d'Alexandrie, dont il gouverne l'Eglise pendant 43 ans.
191.	Incendie à Rome, qui consume le Palais, le Temple de Vesta, & la plus grande partie de la Ville. L'Empereur donne de grands spectacles à Rome.
192.	Lætus & Electe, Chambellans de l'Empereur, & Martia, Courtisane de ce Prince, conspirent contre lui. Cette femme l'empoisonne, il meurt aux Calendes de Janvier.
193.	Au commencement de cette année, Pertinax est déclaré Empereur par les soins de Lætus & d'Electe. Cet Empereur est mis à mort par ses soldats, après avoir regné 2 mois & 28 jours. Didius Julianus corrompt les troupes par argent, & parvient à l'Empire, qu'il ne tient que 2 mois & 5 jours, au bout desquels il est tué. Pendant ce tems-là, L. Septimius Se-

Depuis J. C.	Severus, qui commandoit en Pannonie, Pescennius Niger en Syrie, & Clodius Albinus en Bretagne, usurpèrent en même tems le Gouvernement de la République. Sévere licentie tous les soldats qui avoient eu part au meurtre de Pertinax, se concilie l'amitié d'Albinus, à qui il donne la qualité de César, & marche contre Niger. Saint Clément d'Alexandrie fleurit en ce tems.
194.	Sévere fait la guerre contre Niger, qui est contraint de s'enfuir à Antioche, dont Sévere s'empare. Niger se retire, & est tué près de l'Euphrate. Le Pape Victor excommunie Théodote de Byzance corroyeur, à cause de ses hérésies.
195.	Sévere assiége la Ville de Byzance pendant 3 ans. La Ville de Byzance se rend par composition. Sévere ôte la liberté aux habitans de cette place, dont il fait raser tous les bâtimens, & la soumet à ceux de Perinthe. Ensuite il revient en Italie, où il projette la perte d'Albinus, qu'il tâche d'abord de faire périr d'une maniére secrette; mais peu de tems après, il se déclare ouvertement contre lui. Sévere fait déclarer César, son fils aîné Bassien, à qui il donne le nom d'Antonin. Narcisse, Evêque de Jerusalem, Polycrate & Bacchilides, Evêques d'Asie, fleurissent. C'est à ce tems qu'il faut rapporter la fameuse question touchant le jour auquel les Chrétiens devoient célébrer la Pâque; sçavoir, si c'est le 14 de la Lune de Mars, ou s'il faut attendre le Dimanche suivant. Le Pape Victor fait tenir à Rome un Concile pour juger cette question, & engage Théophile à en assembler un à Césarée. Ces Conciles, & quelques autres de Palestine ordonnent que les Chrétiens ne célébreront la Fête de Pâque que le Dimanche. Les Evêques d'Asie ne se soumettent pas à cette décision. Le pape Victor, irrité de ce refus, veut les excommunier; Saint Irenée l'en empêche. Eusebe rapporte à cette année la guerre des Juifs & des Samaritains.
198.	Numérien, Grammairien de Rome, vient dans les Gaules, se dit Sénateur & envoyé de la part de l'Empereur. Il assemble un petit corps de troupes, avec lesquelles il fait la guerre à Albinus, qu'il défait entiérement, & s'empare d'un très riche butin, qu'il envoye à Sévere. Il revient à Rome, & ne demande pour toute récompense à l'Empereur qu'une pension très modique pour vivre à la campagne. Sévere revient dans les Gaules, & livre bataille à Albinus. Le combat fut sanglant de part & d'autre; Albinus est tué dans la Ville de Lyon, où il s'étoit réfugié. Cette place est prise & réduite en cendres. La tête d'Albinus est portée à Rome, & presque tous ses amis sont mis à mort.
159.	Sévere fait déclarer son fils Antonin Empereur par un décret du Sénat. Pour se concilier l'amitié du peuple, il fait cé-

DE L'HISTOIRE MODERNE.

Depuis J. C.	
	célébrer des Jeux magnifiques, & donne des Couronnes aux soldats ; ce qui fit que Tertullien écrivit le Traité *de Corona Militis*.
200.	Sévere passe en Orient pour y faire la guerre aux Parthes. Il ajoute à la conquête qu'il fait de ces peuples, celles des Adiabéniens & des Arabes ; il prend aussi & fait raser la Ville de Ctésiphonte.
201.	Scapula, Pro-Consul d'Afrique, persécute les Chrétiens qui l'habitoient, quoique Sévere n'eût encore fait aucun Edit contre eux.
202.	Sévere dépense 2000 sesterces à faire des présens au peuple & aux soldats. Antonin, fils de l'Empereur Sévere, épouse Plautilla, fille de Plautian. La dot de cette Princesse étoit si considérable, qu'elle auroit suffi à 50 Reines. **CINQUIEME PERSECUTION.** La persécution s'allume contre les Chrétiens d'Alexandrie & d'Egypte, dont Læto étoit Préfet. Léonidas, pere d'Origene, souffre le Martyre ; son fils n'étoit pas encore âgé de 17 ans. Saint Irenée est martyrisé à Lyon.
204.	Jeux Séculaires célébrés à Rome. Plautianus, Préfet du Prétoire, & plusieurs de ses partisans sont mis à mort, pour avoir conspiré contre les Empereurs.
205.	Tertullien fleurit en Afrique, & Clément d'Alexandrie en Egypte.
206.	Origene se mutile lui-même.
207.	Tertullien fait ses Traités contre Marcion, & Minucius Félix son Dialogue pour les Chrétiens, intitulé *Octavius*. L'Empereur fait un voyage en Angleterre avec ses deux fils.
208.	Tertullien a composé environ vers ce tems son Livre *de Pallio*.
209.	Sévere termine heureusement la guerre en Angleterre, & y met à couvert le pays que les Romains avoient dans cette Isle, par un mur qu'il fait bâtir de l'Est à l'Oüest.
210.	L'Empereur Antonin forme le dessein de tuer son pere. Sévere l'apprend, & en meurt de douleur. Sévere meurt en Angleterre, après avoir gouverné l'Empire 17 ans 8 mois & 3 jours. On transporte son corps à Rome. Dès que l'Empereur fut mort, son fils Antonin lui succéda. Il fit mourir le Médecin de son pere, & plusieurs personnes de considération, qui n'avoient pas voulu seconder ses desseins pour le meurtre de Sévere.
212.	L'Empereur Antonin tue son frere Geta, âgé de 22 ans & 9 mois, entre les bras de sa mere. Plus de 20 personnes, qui étoient attachées au Prince, furent aussi mises à mort par son ordre. Le Jurisconsulte Papinien fut aussi condamné à mourir, parce qu'il ne voulut pas écrire pour excuser le meurtre, commis par l'Empereur en la personne de son frere.

Depuis J. C.	
213.	L'Empereur part pour visiter les terres Septentrionales de l'Empire.
214.	Tertullien passe dans la Secte des Montanistes.
215.	Tertullien compose son Livre de la Monogamie. Agrippin, Evêque de Carthage, assemble un Concile de sa Province, dans lequel on définit qu'il falloit rebaptiser ceux qui avoient été baptisés par des hérétiques.
	L'Empereur part d'Antioche, & vient à Alexandrie. Il y est reçu avec beaucoup d'honneur. Ses soldats parlent peu respectueusement de ce Prince, il les fait mourir, & revient à Antioche.
216.	L'Empereur surprend Artabane, Roi des Parthes, & après s'être emparé de son pays, il vient en Mésopotamie.
217.	L'Empereur Antonin est massacré, à la sollicitation d'Opitius Macrinus, par Martial Centurion, entre Edesse & Carras, le 6 des Ides d'Avril, après avoir vécu 29 ans, dont il en avoit régné 6 & 2 mois avec son pere. Opitius Macrinus lui succéde.
218.	Macrinus & son fils Diadumenianus sont tués par les soldats, après avoir gouverné l'Empire un an & deux mois. Antoninus Heliogabalus lui succéde.
220.	Julius Africanus est chargé par les Chrétiens d'aller demander à l'Empereur le rétablissement de la Ville d'Emmaüs dans la Palestine, qui portoit alors le nom de Nicopolis.
221.	L'Empereur adopte Alexandre, & lui donne le titre de César.
222.	Héliogabale est tué dans un tumulte militaire, & jetté dans le Tybre avec sa mere Julia. Il étoit âgé de 18 ans, dont il en avoit régné 3. Alexandre lui succéde. Celui-ci passa pour un Prince pieux, parce qu'on prétend qu'il rendoit chaque jour des hommages religieux à Apollonius de Thyane, à Jesus-Christ, à Abraham & à Orphée. Il permet aux Chrétiens l'exercice de leur Religion, & d'élever un Temple à l'honneur de Jesus-Christ, qu'il fit mettre au rang des Dieux. Quelques Chrétiens ont souffert le Martyre pendant son régne; ce que l'on doit attribuer seulement à ses Officiers, parce qu'Ulpianus, Pomponius, Celse, Proclès, & plusieurs autres ennemis des Chrétiens étoient ses confidens.
	Hyppolite, Evêque de Porto, commence le Canon Paschal.
225.	Alexandre fait d'excellentes Loix pour les Romains. Il permet aux Mathématiciens d'enseigner publiquement cette Science à Rome.
226.	Thermes Alexandrines bâties à Rome.
227.	Geminianus, Prêtre d'Antioche, Hyppolytus & Beryllus, Evêques d'Arabie, fleurirent en ce tems.
228.	Philetus, Evêque d'Antioche, étant mort, Zebennus lui succéde.
	Origene vient en Palestine pour quelques affaires Ecclé-

Depuis J. C.	
	fiastiques ; il est fait Prêtre à Céfarée, Ville de cette Province.
230.	Origene est persécuté par Demetrius, Evêque d'Alexandrie. La Vierge Cécile, Tibustius, Valerianus & Maximus souffrent le Martyre.
231.	Origene quitte l'Ecole d'Alexandrie, dont on donne la direction à Héraclas; il se réfugie à Céfarée. Mort de Demetrius, Evêque d'Alexandrie. Héraclas lui succéde. On prétend que c'est dans le cours de cette année qu'Origene composa ses Hexaples & ses Octaples. Théodore, surnommé Grégoire Taumaturge, & Athénodore son frere, & disciple d'Origene, fleurissent en ce tems. Africanus vient à Alexandrie vers Héraclas.
232.	Ammonius Chrétien enseigne la Philosophie de Platon à Alexandrie.
233.	Artaxerxès Persan défait les Parthes dans trois combats; leur Roi Artabane est tué. L'Empereur Alexandre écrit à Artaxerxès, qui reçoit ses Lettres avec mépris.
234.	L'Empereur Alexandre marche contre les Perses, défait Artaxerxès, tue, ou prend 700 élephans que ce Prince avoit dans son armée, & 1800 chariots. Il revient à Rome, & y entre en triomphe. L'Empereur exile le Pape Pontianus en Sardaigne.
235.	MAXIMINUS, vingt-sixiéme Empereur. L'Empereur Alexandre, après avoir vaincu les Allemands, passe dans les Gaules; il est tué avec sa mere par quelques soldats. Il étoit âgé de 29 ans 3 mois 7 jours, dont il avoit régné 13 ans 3 jours. Maximilien, fils de Gothus & d'Alana, lui succéde. SIXIEME PERSECUTION.
236.	Gordien, pere & fils, usurpent le Gouvernement de Carthage. Les Romains, à l'instigation du Sénat, quittent le parti de l'Empereur Maximin, & embrassent le parti de Gordien. Le Sénat nomme 20 personnes pour gouverner la République. Vitalianus, Préfet du Prétoire, & Sabinus, Préfet de la Ville, font tués.
237.	Cælius Balbinus & Pupienus Maximus, vingt-septiéme Empereurs. Les deux Gordiens, après avoir passé une année à Carthage, & avoir régné quelques jours, sont mis à mort par Capelianus, Général des troupes de l'Empereur Maximin. Le Sénat choisit Maximin Pupienus & Balbinus pour Empereurs. Maximin est tué par ses soldats avec son fils, dans le tems qu'il assiégeoit la Ville d'Aquilée. GORDIANUS, vingt-huitiéme Empereur.
238.	Les Empereurs Balbinus & Pupienus, quoique très agréables au peuple, sont fort haïs des soldats, qui les font mourir. Gordien, âgé d'environ 13 ans, commence à gouverner l'Empire Romain, avec le consentement de toute la République. Ba-

Depuis J. C.	Babylas succéde à Zebennus dans l'Evêché d'Antioche.
239.	Sabinianus en Afrique se révolte contre l'Empereur. Le Gouverneur de Mauritanie l'oblige de rentrer dans son devoir.
240.	
241.	L'Empereur Gordien épouse la fille de Misithée, avant de partir pour la Perse.
242.	Gordien part pour la Perse, passe par la Mysie, la Thrace, & vient à Antioche. Il prend Carras, Nisibe, & plusieurs autres Villes sur les Perses.
243.	Misithée, beau-pere de l'Empereur, est mis à mort par la trahison de Philippe, qui fut élû Préfet du Prétoire en sa place.
	Beryllus, Evêque d'Arabie, est condamné par plusieurs Evêques, pour les sentimens erronés qu'il avoit sur la divinité du Verbe. Origene le fait revenir de ses erreurs.
244.	L'Empereur Gordien est mis à mort par Philippe, Préfet du Prétoire, qui se fait reconnoître Empereur.
245.	Philippe fait la paix avec Sapor, Roi de Perse. Il vient à Rome, donne le commandement des armées Syriennes à Priscus, & le Gouvernement de la Mysie & de la Macédoine à son gendre Severianus.
248.	On célèbre les Jeux Séculaires à Rome. Le théatre de Pompée est réduit en cendres.
	Saint Cyprien est élû Evêque de Carthage, & Saint Denys, Evêque d'Alexandrie.
249.	DECIUS, trentiéme Empereur.
	Les Empereurs, Philippe l'Ancien & Philippe le Jeune, meurent à Verone par la trahison des soldats. Decius leur succéde.
250.	**SEPTIEME PERSECUTION.**
	Decius excite la septiéme persécution contre les Chrétiens, dans laquelle le Pape Fabien souffre le Martyre le 20 Janvier.
	On accuse Origene d'avoir offert de l'encens aux Idoles dans cette persécution. Paul, pour éviter la persécution, se retire dans la Thébaïde & y jette les premiers fondemens de la vie Monastique; ce qui lui a fait donner la qualité de premier Hermite.
251.	Naissance de Saint Antoine en Egypte.
	Le Prêtre Félicissime, Auteur d'un Schisme, prétendoit que l'Eglise devoit se relâcher de sa discipline en faveur de ceux qui avoient renoncé à la Foi dans les persécutions. Novat Evêque prend le parti de Novatien. Plusieurs Chrétiens souffrent le Martyre.
	Valerianus est fait Censeur. L'Empereur & son frere Decius meurent sur la fin de l'année. Gallus Hostilius, Général des armées Romaines, est élû en leur place; il associe Volusianus son fils à l'Empire.
252.	Les Empereurs continuent la persécution que Decius avoit commencée contre les Chrétiens.

La

Depuis J. C.	
254.	La peste ravage plusieurs Provinces de l'Empire Romain, entre autres celles d'Alexandrie en Egypte. VALERIANUS & GALLIENUS, trente-deuxiéme Empereurs. Gallus & Volusianus vont en Mysie contre Æmilianus, & sont mis à mort à Intéramne, après avoir régné trois ans & quelques mois. Valérien est proclamé Empereur dans la Pannonie, & le Sénat reconnoit Gallien pour Empereur. Origene meurt, âgé de 69 ans.
256.	Basilides & Martial, Evêques d'Espagne, sont déposés pour leurs crimes. Martianus, Évêque d'Arles dans les Gaules, embrasse le parti de Novatien.
257.	HUITIÈME PERSECUTION. L'Empereur Valérien excite une nouvelle persécution contre les Chrétiens. Le Pape Saint Etienne souffre le Martyre le 4 des Nones d'Août. Sabellius, natif de Ptolemaïde dans la Lybie, renouvelle les erreurs de Noëtus touchant le Mystére de la Sainte Trinité, enseignant que les trois Personnes de la Trinité n'étoient pas distinguées réellement.
258.	Les Barbares ravagent l'Empire Romain. Valérien voyage en Orient. Cyriades, le premier des 30 Tyrans, est Empereur. Saint Cyprien finit sa vie à Carthage par un glorieux Martyre.
259.	Le Tyran Cyriades est tué. La persécution s'allume en Afrique & en Numidie. Le Pape Sixte reçoit la couronne du Martyre. Saint Laurent Diacre, & Saint Hyppolyte furent aussi martyrisés.
260.	GALLIENUS, seul Empereur. Les Scythes font des courses dans l'Empire Romain, enlevent la Ville de Trébizonde, prennent celle de Chalcédoine, & mettent le feu à Nicée. Valérien vient en Bithynie, confere avec Sapor, Roi de Perse, dont il reçoit plusieurs mauvais traitemens. Embrasement du Temple de Diane à Ephese.
261.	La peste fait de grands ravages dans plusieurs Provinces de l'Empire. Les Chrétiens rendent plusieurs bons offices aux morts. Denys, Evêque d'Alexandrie, devient suspect d'héresie. Il s'en purge dans une Lettre qu'il écrit au Pape Denys.
262.	Regillianus, qui s'étoit fait couronner Empereur dans la Pannonie, & Saturnin, qui avoit pris la même qualité en Egypte, sont tués l'un & l'autre.
263.	Gallien fait la guerre contre le Tyran Posthume, & le défait. Il célébre ensuite les Décennales avec toute sorte de luxe. Porphyrius vient à Rome, âgé de 30 ans, & Plotinus, âgé de 59 ans.

Depuis J. C. 264.	Odenat, Roi des Palmyréniens, s'empare de l'Empire d'Orient. Il déclare la guerre aux Perfes, s'empare de Carras & de Nifibe, prend les Satrapes, & les envoye, chargés de chaînes, à Rome à Gallien, qui entre en triomphe, à caufe de cette victoire.
265.	On affemble un Concile à Antioche contre Paul de Samofate. Saint Gregoire Taumaturge meurt.
266.	Hymeneus eft fait Evêque de Jerufalem.
267.	Le Tyran Pofthume meurt, après avoir gouverné les Gaules pendant 7 ans. Victorin, qu'il s'étoit affocié, gouverne feul; fes débauches furent caufe de fa mort. Odenat, Roi des Palmyréniens, étant mort, fa femme Zénobie s'empare du Gouvernement. Gallien envoye le Général Héraclien contre les Perfes; il eft vaincu par les Palmyréniens. Cléodame & Atheneus, Généraux, mettent en fuite les Scythes qui avoient paffé le Danube. Les Goths ravagent Cyzique, enfuite l'Afie & l'Achaye. Vaincus par Atheneus, ils entrent dans l'Epire, dans l'Acarnanie & la Béotie.
268.	CLAUDIUS, trente-troifiéme Empereur. Gallien Empereur, & fon frere Valérien font mis à mort près de Milan. Il avoit régné 7 ans avec fon pere, & 8 ans feul. Claudius lui fuccéde, défait le Tyran Aureolus, perfécute les Chrétiens, & entreprend une expédition contre les Goths.
269.	L'Empereur défait les Goths dans un combat, où il refte plus de 320000 hommes de leurs troupes fur la place, & dans lequel il y eut plus de 2000 vaiffeaux fubmergés.
270.	AURELIANUS, trente-quatriéme Empereur. L'Empereur Claudien meurt de la pefte, après avoir gouverné l'Empire un an 10 mois & quelques jours. Son frere Quintillien s'empare du Gouvernement. Les foldats le font mourir 16 jours après. On déclare Empereur Aurélien, homme de baffe naiffance, mais qui s'étoit rendu recommandable. Mort du Philofophe Plotinus. Paul de Samofate, déjà condamné dans le premier Concile d'Antioche, recommence à enfeigner fes erreurs; il eft condamné & dépofé par un fecond Concile, tenu dans la même Ville. Malgré ce Jugement, il refte en poffeffion de fon Evêché par le crédit de la Reine Zénobie; mais les Evêques, s'étant adreffés à Aurélien pour le dépoffeder, l'Empereur ordonna que l'Evêché feroit ajugé à celui pour lequel l'Evêque de Rome fe déclareroit. Le Pape Denys affemble un Synode à Rome, dans lequel il juge contre Paul de Samofate.
271.	Les Allemands & les Marcomans ravagent l'Empire Romain. L'Empereur ordonne de confulter les Oracles des Si-

Depuis J. C.	
272.	Sibylles sur l'événement de la guerre. Il revient à Rome, & fait mourir plusieurs personnes de qualité.
NEUVIEME PERSECUTION.
L'Empereur Aurélien persécute les Chrétiens, & fait la guerre à Zénobie, qui s'étoit emparée de l'Empire d'Orient.
273.	L'Empereur Aurélien remporte la victoire sur Zénobie. Il fait mourir Longin, Philosophe & Rhéteur.
274.	L'Empereur Aurélien force le Tyran Tetricus de se rendre, & le mene en triomphe avec Zénobie; il bâtit un Temple au Soleil. Sous cet Empereur, les Monnoyeurs se révoltent, ayant falsifié la monnoye, & ayant fait mourir Féliciffime, Directeur des monnoyes. Aurélien, arrête leurs entreprises, en les punissant très sévérement. Il abandonne la Province de la Dace au-delà du Danube, établie par Trajan désesperant de la pouvoir conserver.
275.	TACITUS, trente-cinquiéme Empereur.
Aurélien est assassiné au mois de Janvier, après avoir été Empereur un peu plus de 5 ans. Après sa mort, il y eut un interrégne de près de 8 mois, causé par les contestations du Sénat & des soldats, qui se disputoient le droit d'élire un Empereur. Le Sénat enfin élut pour Empereur Tacite, le 7 des Calendes d'Octobre.
La persécution des Chrétiens finit au mois de Juin par le Martyre de Félix Pape.
276.	PROBUS, trente-sixiéme Empereur.
L'Empereur Tacite meurt au mois de Mars, après avoir régné 6 mois. Son frere Florianus lui succéde, & ne gouverne l'Empire que pendant deux mois. Après sa mort, M. Aurelius Probus, originaire de Pannonie, est élû Empereur. Il commence son régne par la punition de ceux qui avoient eu part au meurtre de l'Empereur Aurélien.
277.	L'Empereur Probus passe dans les Gaules, où il s'empare de près de 600 Villes, & fait mourir environ 700000 habitans.
279.	L'Empereur, après avoir pacifié les troubles des Gaules, passe en Illyrie & soumet les Gétes.
280.	L'Empereur passe en Orient, fait la guerre aux Perses, subjugue les Blemmides, & soumet les Villes de Copte & de Ptolémaïde.
281.	L'Empereur retourne en Thrace, dont il soumet les habitans.
282.	CARUS, trente-septiéme Empereur.
L'Empereur Probus, exerceant trop de rigueur contre les troupes, elles se révoltent & le font mourir vers le mois de Novembre, après qu'il eut régné 6 ans & 4 mois. On lui substitua M. Aurelius Carus, natif de Narbonne dans les Gaules, qui donna le titre de César à ses fils Carinus & Numerianus. Il marcha ensuite contre les Perses avec Numerianus son fils, & envoya Carinus dans les Gaules pour en soumettre les peuples.

Depuis J. C.	CARINUS & NUMERIANUS, trente-huitiéme Empereurs.
283.	L'Empereur Carus s'empare de la Méfopotamie, vient jufqu'à Ctéfiponte, où il périt d'un coup de foudre, après avoir régné environ un an.
284.	DIOCLETIANUS, trente-neuviéme Empereur. Les deux Empereurs, Carinus & Numerianus, font célébrer des Jeux à Rome. Numerianus meurt par les embuches d'Arrius Aper, fon beau-pere. Enfuite Dioclétien de Dalmatie, homme de baffe extraction, affranchi d'Anulin Sénateur, eft élû Empereur. Auffitôt après fon Election, pour venger la mort de fon prédéceffeur, il tua de fa propre main Aper, vers la fin de l'année. C'eft à cette année qu'il faut commencer l'Ere de Dioclétien.
285.	Carinus eft affaffiné, & Maximianus déclaré Céfar. Saint Sébaftien, Capitaine de la Cohorte Prétorienne, fouffre le Martyre.
286.	Caraufius, homme de baffe extraction, élevé par dégrés, ayant été chargé, lorfqu'il étoit à Bologne, de mettre en fûreté les mers de Bretagne & des Gaules qui étoient expofées aux pirateries des François & des Saxons, eft accufé devant Maximien de Péculat, & condamné à mort. Pour l'éviter, il prit la pourpre, & s'empara de l'Ifle Britannique. Vers le même tems, Achilleus fe déclare Tyran en Egypte. Narfés, Perfan, déclare la guerre à l'Empire en Orient. D'autre côté des peuples barbares ravagent l'Afrique. Ces révolutions engagent Dioclétien à déclarer Augufte Maximien Herculius, qui n'étoit que Céfar.
291.	Cette année, Conftantin & Maximien font faits Céfars. Quelques Auteurs rapportent qu'il y eut des ténébres en plein jour. Maximianus Armentarius époufe Valeria, fille de Dioclétien, & Conftantius Chlorus fe marie à Theodora, belle-fille d'Herculius, après avoir répudié Helene, qu'il avoit eue en premiéres nôces. Quelque tems après, Maximien Herculius va en Egypte, Conftantius dans les Ifles Britanniques, & Armentarius en Orient.
292.	Les deux Céfars, Armentarius & Conftantius, obtiennent la charge de Tribuns. Conftantius, n'ayant pû foumettre Caraufius dans la Grande-Bretagne, fait la paix avec ce Tyran. Dioclétien fe fait adorer comme Dieu, porte des habits fuperbes & extraordinaires.
293.	Caraufius, après avoir été maître de la Grande-Bretagne pendant 7 ans, eft mis à mort par Alectus, qu'il s'étoit affocié dans le Gouvernement de cette Ifle. Alectus lui fuccéde, & gouverne pendant 3 ans.
294.	Les Romains entreprennent une expédition contre les Sarmates, & les défont.

Tou-

Depuis J. C.	
295.	Toute la Nation des Carpiens se livre aux Romains. Dioclétien prend la Ville d'Alexandrie, après un siége de 8 mois, & fait raser les Villes de Busiris & de Copte.
296.	Constantius César defait près de Langres 60000 Allemands. Maximien défait les Barbares en Afrique.
302.	DIXIEME PERSECUTION. Cette persécution, qui fut très rude, commença le Dimanche de la Passion. Les deux Empereurs ordonnérent que l'on démolît toutes les Eglises des Chrétiens, qu'on brûlât les Livres Sacrés, qu'on dépouillât des Charges & des Dignités de l'Empire tous les Chrétiens qui en étoient revêtus, & que l'on fît mourir les Fidéles qui n'en avoient point. On donna le nom de Traditeurs à ceux qui livrérent les Ecritures Saintes.
303.	Quelques Auteurs rapportent à cette année le Concile de Sinuesse, qu'on prétend avoir été composé de 300 Evêques, & où l'on dit que le Pape Marcellin reconnut sa prétendue Apostasie; mais tout ce que l'on avance de ce Concile, a l'air d'une fable.
304.	CONSTANTIUS CHLORUS & MAXIMIANUS ARMENTARIUS, quarantiéme Empereurs. L'Empereur Dioclétien & Maximien Herculius renoncent à l'Empire pour mener une vie privée. On élut Empereurs en leur place Constantius Chlorus & Maximianus Armentarius, & on déclara Césars, Severus & Galerius Maximinus.
306.	CONSTANTINUS, quarante-uniéme Empereur. L'Empereur Constantius meurt à Yorck en Angleterre. Constantin est élu du consentement unanime des soldats, le 8 des Calendes d'Août. Il se contente du titre de César, & ne prend celui d'Auguste que l'année suivante. On expose les portraits du nouvel Empereur à Rome. Maxence, fils de Maximien Herculius, fut déclaré Empereur par les troupes Prétoriennes. Félix, Evêque d'Aptunge, ordonne Cécilien, Evêque de Carthage, à la place de Mensuris, qui avoit rempli ce Siége avant sa mort; c'est ce qui donna lieu au Schisme des Donatistes. Lucile, Dame Espagnole, très riche & très puissante, contribue beaucoup à fomenter la division, & persuade aux Schismatiques de déposer Cécilien qu'elle haïssoit, sous prétexte qu'il avoit été ordonné par des Evêques qu'on accusoit d'avoir livré les Ecritures Saintes. Les Evêques Schismatiques, dont Donat, Evêque des Cases-Noires, étoit le Chef, ordonnérent Majorin Evêque de Carthage, à la place de Cécilien. Dans le même tems il s'éleve un autre Schisme en Egypte, dont Melece, Evêque de Lycopolis, fut le Chef. Pierre, Evêque d'Alexandrie, dépose Melece, à cause de ses crimes. Melece prend de là un prétexte de se séparer de l'Eglise.

Ga-

Depuis J. C.	
307.	Galerius Maximianus, ayant appris que Maxence avoit usurpé l'Empire, envoye Sévere César avec une armée pour lui déclarer la guerre. Toutes les troupes abandonnent Sévere, qui est obligé de s'enfuir à Ravenne. Galerius vient à Rome avec une nombreuse armée. Ses soldats quittent aussi son parti; ce qui le força de se retirer en Illyrie, où il donna le titre de César à Licinius, qu'il laissa en Pannonie, & retourna à Sardique. Maximien Herculius, qui s'étoit retiré en Lucanie, vient à Rome, où il s'efforce de se faire reconnoître Empereur. Il exhorte Dioclétien d'imiter son exemple, & de reprendre le Gouvernement; mais Dioclétien le refuse. Sévere, comptant sur la bonne foi de Maximien, quitte Ravenne & vient à Rome. Maximien manque à la parole qu'il lui avoit donnée, le fait entrer dans Rome en habit d'esclave, & le fait égorger hors de la Ville. Quelque tems après, on découvre la conspiration que Maximien tramoit contre son fils Maxence, qui le fait chasser de Rome; après quoi, il se retire dans les Gaules près de Constantin.
308.	Licinius est déclaré Empereur.
309.	La persécution se rallume en Orient.
310.	Maximien Herculius tend des piéges à Constantin son gendre. Fausta, femme de cet Empereur, & fille de Maximien, les découvre & oblige son pere de se retirer à Marseille, où il est mis à mort. Pierre, Evêque d'Alexandrie, excommunie Arius, qui étoit entré dans le Schisme de Melece. Pierre finit sa vie par un glorieux Martyre. Achillas lui succéde, il rétablit d'abord Arius dans ses fonctions, sur les témoignages qu'on lui donna qu'il avoit renoncé à ses erreurs.
311.	Galerius Maximianus meurt d'une maladie infâme. Maxence le fait mettre au rang des Dieux. Achillas, Evêque d'Alexandrie, étant mort, on élit en sa place Alexandre.
312.	Maximin commence la persécution contre les Chrétiens. La peste fait de grands ravages en Orient. On rapporte à cette année l'apparition d'une Croix dans les nues; ce qui fut cause, dit-on, de la conversion de Constantin. La persécution diminue. Constantin fait la guerre à Maxence, passe les Alpes, revient à Rome, & défait Maxence, qui périt dans le Tybre, d'où on retire son corps. On exposa ensuite sa tête à Rome.
313.	Constantin, après avoir pacifié tous les troubles qui étoient à Rome, part pour la Germanie, & donne sa sœur Constance en mariage à Licinius. Les Donatistes ont recours à Constantin, qui renvoye le jugement de leurs contestations à plusieurs Evêques, à la tête desquels étoit le Pape Melchiade. Les autres Evêques vinrent à Rome, & y condamnérent les Donatistes. Le Pape néanmoins excusoit Majorin, & imputoit toute la faute du Schis-

Depuis J. C.	
314.	Schifme à Donat. Les Donatiftes rejettent toutes les conditions d'accommodement. Les Donatiftes renouvellent leurs accufations contre Cécilien, Evêque de Carthage. Conftantin charge Ælianus, Pro-Conful d'Afrique, d'informer de ces faits. Ce Pro-Conful juftifie Cécilien. Les Donatiftes, appellant à l'Empereur de ce jugement, ce Prince fait affembler un Concile à Arles, qui condamne les Donatiftes. Ils appellent derechef à l'Empereur. On célèbre les Conciles d'Ancyre & de Néocéfarée. L'Empereur ordonne à Ablavius, Préfet du Prétoire, d'exécuter exactement ce que les Evêques avoient ordonné.
315.	Valens Céfar meurt.
316.	Dioclétien meurt à Salone, le 3 des Nones de Décembre. Arius, enfeignant fes erreurs dans des Sermons au peuple, eft découvert dans le tems que Colluthus, autre Prêtre d'Alexandrie, répandoit auffi le venin de fa Doctrine.
318.	Naiffance de Saint Martin, felon Gregoire de Tours. Alexandre, Evêque d'Alexandrie, excommunie Arius. Eufebe, Evêque de Nicomedie, prend le parti de cet Hérétique.
319.	Licinius chaffe les Chrétiens de fon Palais, leur défend d'affembler des Conciles, & fait plufieurs autres Réglemens contre eux, par envie contre Conftantin. Ce dernier Empereur envoye Ofius, Evêque de Cordoüe, à Alexandrie pour pacifier les troubles qu'Arius y avoit excités. L'Empereur écrit d'abord à l'Evêque d'Alexandrie, & à Arius pour les exhorter à la paix. Il découvre l'héréfie & l'opiniâtreté d'Arius, & rend publiques les Lettres qu'il lui avoit adreffées. Conftantin donne plufieurs Refcrits contre les Dévins, & en faveur des Chrétiens.
320.	Conftantin leve les peines que fes prédéceffeurs avoient portées contre les perfonnes qui n'étoient point mariées, & qui gardoient le célibat.
321.	Conftantin leve la peine d'éxil portée contre les Donatiftes, & accorde plufieurs graces aux Médecins, Grammairiens, & autres, profeffant les Lettres.
323.	Commencement de la guerre entre Conftantin & Licinius.
324.	Conftantin caffe par un Refcrit, du 17 des Calendes de Juin, toutes les Loix que Licinius avoit portées. Conftantin livre bataille à Licinius, dont l'armée étoit compofée de 150000 Fantaffins & 15000 Cavaliers, dont 34000 hommes reftérent fur la place. Licinius s'enfuit à Chalcédoine, où il fait apporter fes tréfors. Conftantin s'empare de Byzance, & donne un fecond combat, dans lequel Licinius fut vaincu; plus de 100000 hommes de fes troupes furent tués le 14 des Calendes d'Octobre. Conftance, fœur de Conftantin & époufe de Licinius, obtient de fon frere la vie de fon mari, qui fut dépouillé de fes emplois, & admis à la table de Conftantin; après quoi, Licinius fut exilé à Theffalonique.

On

Depuis J. C.	On place en ce tems-ci l'Histoire de Saint Nicolas, Evêque de Myre, quoique douteuse. Après la mort de Paul, Evêque d'Antioche, il y eut de grandes contestations au sujet de l'Election d'un nouvel Evêque, les Ariens voulant y placer Eusebe, Evêque de Césarée. Les Catholiques l'emportèrent sur eux, & choisirent Eustathius, Evêque Catholique. Les erreurs d'Arius continuent de se répandre, & la question de la Pâque à s'échauffer. On résolut de convoquer un Concile général; ce qui ne fut exécuté que l'année suivante.

SECONDE EPOQUE
DE L'HISTOIRE MODERNE,
OU
DE L'ERE COMMUNE DE J. C.

Le premier Concile Oecuménique, tenu à Nicée en Bithynie, s'étend jusques à l'élévation de Charlemagne sur le Trône Impérial, l'an 800. Elle comprend 475 ans. Ce fut le tems des disputes, parce que la Philosophie, qui s'étoit introduite dans la Religion, porta les hommes à vouloir trop raisonner sur les Mystéres. Les mœurs commencent à se corrompre, à cause des grands biens des Ecclésiastiques.

325.	PREMIER CONCILE GENERAL, tenu à Nicée. Licinius, se donnant des mouvemens à Thessalonique pour exciter de nouveaux troubles, fut tué par l'ordre de Constantin. Trois cens dix-huit Evêques s'assemblent à Nicée pour y juger la personne & la Doctrine d'Arius. Ce Concile commence le 13 des Calendes de Juillet, & finit le 8 des Calendes de Septembre. On y dressa un Symbole de foi, on y ordonna que la Pâque seroit célébrée par tous les Chrétiens le même jour, qui seroit le Dimanche après le 14 de la Lune de Mars. Les Evêques, qui étoient du parti d'Arius, & qui abjurerent ses erreurs, furent reçus à la communion de l'Eglise. On offrit la même chose à Arius, à condition qu'il ne retourneroit plus à Alexandrie.

Con-

Depuis J. C. 326.	Constantin abolit les spectacles des Gladiateurs.
Crispus César, soupçonné d'un commerce criminel avec sa belle-mere, est mis à mort à Pole, Ville d'Istrie.
Constantin défend aux Hérétiques de tenir aucune assemblée. Il fait renverser leurs Temples, les donne aux Catholiques, & fait bâtir une superbe Eglise à Jerusalem. Helene en fait construire deux autres; sçavoir, une sur la montagne des Oliviers, & l'autre à Bethléem.
Alexandre, Evêque d'Alexandrie, meurt 5 mois après la tenue du Concile de Nicée. Saint Athanase lui succéde.
Arnobe, sçavant Rhéteur, fleurit en Afrique. Il se convertit à la Foi, & compose plusieurs excellens Ouvrages pour la défense de la Religion Chrétienne. *Lactance*, disciple d'Arnobe, Précepteur de Crispus César, devient aussi illustre en ce tems.
Sapor, Roi de Perse, excite une nouvelle persécution contre les Chrétiens.
Arius tâche d'obtenir son retour à Alexandrie; mais Eusebe de Nicomedie, son protecteur, & l'Empereur ne peuvent obtenir de Saint Athanase de l'y recevoir.
Frumentius annonce la Foi aux Indiens. Saint Athanase l'ordonne Evêque de ces peuples.
Constantin fait mourir Fausta son épouse, à cause de la fausse accusation qu'elle avoit intentée contre Crispus.
Helene, mere de Constantin, meurt à Rome le 18 Août, âgée de 80 ans. Son fils lui fait des funérailles magnifiques, & la fait enterrer dans l'Eglise des Martyrs Saint Pierre & Saint Marcellin.
328.	Saint Athanase fait la visite de son Diocése, interdit Ischiras qui faisoit les fonctions d'Evêque dans la Maréotide, & rend visite à Saint Antoine & à Saint Pacôme.
Constantin fait embellir la Ville de Byzance, & y établit le siége de l'Empire.
329.	Les Melétiens & les Eusébiens chargent Saint Athanase de fausses accusations.
330.	On fait cette année la Dédicace de la Ville de Constantinople, que Constantin orna des dépouilles de tout l'Empire Romain, & voulut qu'on la regardât comme une seconde Rome.
331.	Les Melétiens, à l'instigation d'Eusebe de Nicomédie, accusent Saint Athanase d'avoir tué Arsene, & d'avoir brisé un Calice.
Constantin donne un Edit pour faire renverser les Temples des Païens.
332.	Constantin accorde du secours aux Sarmates contre les Goths; Constantin César en fait mourir près de 100000.
Saint Martin, âgé de 17 ans, s'enrôle dans la milice par ordre de l'Empereur.
333.	Saint Athanase, pour se purger des fausses accusations dont

II. Volume.   C

Depuis J. C.	
	dont on l'avoit noirci, envoye Macaire le Prêtre à Constantin. Cet Empereur fait une réponse très honorable à Saint Athanase.
334.	Constantin ordonne aux Evêques de s'assembler à Céfarée Ville de la Palestine, pour examiner la cause de Saint Athanase, & pour faire la Dédicace d'une Eglise nouvellement bâtie à Jerusalem. Il transfera ce Concile de Céfarée à Tyr. Les Esclaves des Sarmates se révoltent contre leurs maîtres. Ils sont mis en fuite, & se réfugient dans les Etats de Constantin, qui les reçoit & en disperse 300000 de toute sorte d'âge & de sexe, dans diverses Provinces de l'Empire Romain.
335.	Constantin fait la fête de la trentiéme année de son régne Dalmatius, neveu de Constantin, est créé César. Il épouse Constantia, fille de cet Empereur, qui lui donne la supériorité sur les Rois du Pont. On rapporte à cette année la tenue du Concile de Tyr, où Saint Athanase paroît en personne, & se justifie de toutes les calomnies dont ses ennemis s'étoient efforcés de le noircir. Plusieurs Evêques font la Dédicace de la nouvelle Eglise que Constantin avoit fait bâtir à Tyr, & de celle qui avoit été construite à ses dépens à Jerusalem.
336.	Saint Athanase, qui avoit eu recours à Constantin pour lui demander justice, engage cet Empereur à convoquer un Concile à Constantinople. Plusieurs Evêques s'y assemblent, & intentent de nouvelles accusations contre Saint Athanase. Constantin, ébranlé par ces calomnies, éxila Saint Athanase & tous les Evêques qui soutenoient son parti. Constantin se laisse surprendre par une profession de Foi captieuse qu'Arius lui fait présenter. Cet Hérétique meurt, peu de tems après, d'une mort funeste. Constantin fait bâtir à Constantinople une Eglise à l'honneur des Apôtres, pour lui servir de sépulture. Constantin fait apporter à Constantinople des Reliques de Saint Luc, de Saint André & de Saint Thimothée.
337.	CONSTANTINUS, CONSTANTIUS & CONSTANT, quarante-uniéme Empereurs. Constantin meurt le 22 Mai, jour de la Pentecôte, dans une maison de campagne, appellée Achyrona, proche de Nicomédie. Il avoit régné 31, ou 32 ans. Eusebe & les autres anciens Ecrivains rapportent qu'il fut baptisé, quelque tems avant sa mort, par Eusebe de Nicomédie. Dans cette même année, le 27 Septembre, Constantin, Constance & Constant, fils de Constantin, sont déclarés Empereurs. Ils partagent l'Empire entre eux. Constantin eut les Gaules, & tout ce qui étoit par-delà les Alpes. Constant eut Rome, l'Italie, l'Afrique, la Sicile, plusieurs Isles, l'Illyrie, la Macédoine & la Gréce. Constance obtint la Thrace, l'A-

Depuis J. C.	
	l'Afie, l'Orient & l'Egypte. Dalmatius César, & Constantin frere de l'Empereur, eurent part à l'Empire, aussi-bien qu'Annaballianus, à qui Constantin avoit accordé les habits Impériaux & le titre de Nobilissime. Tous ces favoris meurent dans une sédition, excitée par les troupes.
338.	Saint Athanase est rappellé à Alexandrie, à la sollicitation du jeune Constantin, par Constance; il y est reçu avec de grandes démonstrations de joye. Constantin entreprend une expédition contre les Perses.
	Sapor, Roi des Perses, assiége la Ville de Nisibe pendant 2 mois. Saint Jacques, qui étoit Evêque de cette Ville, le contraint de se retirer, en obtenant du Ciel une armée de moucherons qui l'obligea de prendre la fuite.
339.	Eusebe, Evêque de Nicomédie, & ses partisans envoyent des Députés au Pape & aux Empereurs Constantin & Constance, pour renouveller les accusations contre S. Athanase.
340.	Le Pape Jules convoque un Concile à Rome pour juger l'affaire de Saint Athanase. Ce Pere vient à Rome, & y demeure 18 mois. Eusebe de Césarée meurt.
	Les Catholiques élisent en sa place Paul. Les Ariens engagent l'Empereur de le chasser, le font exiler dans le Pont, & mettent en sa place Eusebe de Nicomédie. Eustathius, Evêque d'Antioche, est déposé sur une fausse accusation. On donne le nom d'Eustathiens aux Catholiques qui étoient attachés aux intérêts de cet Evêque.
	Constantin le Jeune fait la guerre à son frere Constant, & étant entré dans ses Etats pour les piller, il rencontre près de la Ville d'Aquilée un parti de l'armée de Constant. Il y est tué, & son corps jetté dans le fleuve Alta.
341.	Constant combat dans les Gaules contre les habitans du païs. Tremblement de terre, qui se fait sentir en Orient pendant toute l'année.
	Environ 90 Evêques, dont 36 étoient Ariens, s'assemblent à Antioche & déposent Saint Athanase, à la place duquel ils élisent Gregoire, Evêque de Cappadoce. Ils publient une profession de Foi peu orthodoxe, & font 25 Canons, qui sont insérés dans le corps des Canons de l'Eglise universelle.
	Les Ariens retiennent & relâchent ensuite les Légats que le Pape Jules leur avoit envoyés. Ce Pape convoque un Concile à Rome. Les Eusébiens ne s'y trouvent point; ils y sont condamnés, & Saint Athanase absous. Le Concile absout Marcel d'Ancyre, & le reçoit à la Communion. Saint Athanase retourne à Alexandrie.
342.	Constant appaise les troubles des Gaules. Constance ordonne au Préfet Philagrius de conduire à Alexandrie Gregoire de Cappadoce; cette action est suivie d'un grand carnage. Saint Athanase prend la fuite, & se retire à Rome.
	Eusebe (qui avoit passé de l'Evêché de Nicomédie à celui de Constantinople) meurt. Il arrive de grands tumultes au

Depuis J. C.	sujet de l'élection de son successeur. Les Catholiques veulent élire Paul qui avoit été déposé, & les Ariens appuyent l'élection de Macédonius. Constance envoye le Général Hermogene pour appaiser ces troubles. Paul est déposé, & s'enfuit à Rome. Asclepas, Evêque de Gaze; Marcel, Evêque d'Ancyre; & Lucius, Evêque d'Andrinople, sont aussi obligés d'abandonner leurs Eglises: ils viennent se réfugier à Rome. Photin, natif d'Ancyre, disciple de Marcel, Evêque de cette Ville, se fait Chef d'une nouvelle Hérésie.
343.	Saint Paul, premier Hermite, meurt, âgé de 113 ans. Une cruelle persécution s'éléve en Perse contre les Chrétiens, dans laquelle Saint Siméon, Evêque de Séleucie & de Ctésiphonte, & Ustazane, Prince des Eunuques, & plusieurs autres souffrent le Martyre.
344.	Les Ariens assemblent un nouveau Concile à Antioche, & dressent une nouvelle confession de Foi.
345.	Constance continue de faire la guerre aux Perses; l'événement ne lui fut pas avantageux. Titianus est honoré de la Charge de Préfet du Prétoire dans les Gaules. Gallus & Julien, fils de Constance, se font Ecclésiastiques, & bâtissent une Eglise à l'honneur de plusieurs Martyrs.
346.	Saint Athanase, après avoir demeuré 3 ans à Rome, est rappellé par l'Empereur Constant. Il vient à Milan, dont Protasius étoit Evêque. Les Empereurs, Constant & Constance, convoquent le Concile de Sardique. Il se tient un autre Concile à Cologne, (si toutefois les actes de ce Concile sont véritables) dans lequel Euphrate, qui en étoit Evêque, fut condamné, parce qu'il nioit la divinité de Jesus-Christ.
347.	Le Concile de Sardique, Ville d'Illyrie, s'assemble. Il s'y trouve 370 Evêques, dont la plûpart étoient Catholiques, & le reste Ariens. Saint Athanase y est absous, & les Ariens condamnés. On y fait quelques Canons. Les Ariens, s'appercevant qu'on discutoit dans le Concile de Sardique avec équité la cause de Saint Athanase, se retirent & assemblent un Conciliabule à Philippe, Ville de Thrace, auquel ils donnent le nom de Concile de Sardique, & défendent de se servir dans la suite du terme de *consubstantiel*.
348.	Vincent & Euphrate, Députés du Concile de Sardique, sont calomniés par une femme de mauvaise vie, qu'Etienne, Evêque d'Antioche, avoit gagnée. On découvre la perfidie de cet Evêque; il est déposé, & chassé peu de tems après de son Eglise. Léonce, dont les mœurs étoient très corrompues, fut élû en sa place. Paul, Evêque de Constantinople, & Saint Athanase obtiennent des Lettres de Constant pour Constance, qui les rétablit dans leurs Siéges. L'Empereur Constant envoye en Afrique Paul & Macaire, pour

Depuis J. C.	
	pour ramener à l'Eglife les Donatiftes, & pour affifter ceux qui étoient dans le befoin. Les Circumcelliens, & quelques Evêques s'oppofent à ce fuccès de leur miffion, & arment contre eux. Plufieurs de ces Révoltés font tués par les troupes de l'Empereur, & honorés comme de véritables Martyrs par les Donatiftes.
349.	L'Empereur Conftance, intimidé par des Lettres de fon frere, rappelle Saint Athanafe, fait brûler tous les aftes qu'on avoit produits contre lui, & le rétablit avec honneur à Alexandrie.
350.	CONSTANTIUS, feul Empereur. Conftant eft tué par le Tyran Magnencius. On tient un Concile à Jerufalem, en faveur de Saint Athanafe. Tous les habitans d'Alexandrie le reçoivent avec de grandes démonftrations d'amitié. Urface & Valens écrivent à Saint Athanafe, & vont à Rome s'excufer auprès du Pape Jules. Conftance fait la guerre à Magnencius, donne le titre de Céfar, & le nom de Conftantius à Gallus fon oncle, qu'il charge du Gouvernement d'Orient. Il lui fait époufer Conftantia fa fœur, veuve d'Anniballianus. Magnencius donne le Gouvernement des Gaules à Decentius Céfar fon frere. L'Empereur eut d'abord du deffous dans le combat qu'il donna dans la Pannonie à Magnencius; mais il remporta la victoire dans un fecond combat, où un grand nombre de troupes Romaines refterent fur le champ de bataille. Paul, Evêque de Conftantinople, eft chaffé par Philippe, Gouverneur de la Ville, en vertu d'un ordre de l'Empereur Conftance. Macédonius, étant élû en fa place, fufcite une cruelle perfécution contre les Chrétiens. Paul eft exilé, & enfuite étranglé à Cucufe.
352.	Conftantius Gallus exerce plufieurs cruautés en Orient. Il fait mourir plufieurs Juifs, & brûler plufieurs de leurs Villes, entre autres celles de Diocéfarée, de Tibériade & de Diofpolis.
353.	Magnencius, voyant fes affaires en mauvais état dans les Gaules, fe fait mourir à Lyon. Decentius fon frere s'étrangle dans la Ville de Sens. Conftance paffe l'hyver à Arles, où il fait repréfenter avec beaucoup de magnificence les Jeux du Cirque. Gallus fait mourir à Antioche un grand nombre de perfonnes de qualité, à la follicitation de Conftantia fa femme. Gennadius fe diftingue dans le Barreau à Rome. Minervius, Rhéteur de Bourdeaux, enfeigne à Rome la Rhétorique avec diftinction.
354.	L'Empereur Conftance fe difpofe à faire la guerre à Gundomade & à Vadomare, Rois des Allemands; mais peu de tems après, il fait alliance avec avec ces Princes.

C 3 Con-

Depuis J. C.	Conſtantia, femme de Gallus, meurt d'une fiévre très violente en Bithynie. Gallus eſt mis à mort dans l'Illyrie, par ordre de l'Empereur. Saint Auguſtin vient au monde au mois de Novembre.
355.	Conſtance convoque un Concile à Milan, & veut obliger tous les Evêques de ratifier la condamnation de Saint Athanaſe. Pluſieurs, n'obéiſſant pas aux ordres de l'Empereur, ſont envoyés en éxil, du nombre deſquels étoient Euſebe, Evêque de Verſeil; Denys, Evêque de Milan. Le Pape Libere fut auſſi relegué à Berée. On élut Felix, Pape pendant ſon éxil. Saint Hilaire, Evêque de Poitiers, & pluſieurs autres ſon éxilés. Julien, frere de Gallus, eſt déclaré Céſar & Préfet de la Tranſalpine par Conſtance. Donat, Chef des Donatiſtes, eſt chaſſé de Carthage. Victorin Rhéteur devient ſi célébre à Rome, qu'on éleve une ſtatue à ſon honneur dans la place de Trajan.
356.	Conſtance entre en triomphe dans Rome. Les Dames Romaines lui demandent & obtiennent le rappel du Pape Libere de ſon éxil. Syrianus, Commandant des troupes, vient à Alexandrie, entre en tumulte dans l'Egliſe, d'où Saint Athanaſe eut peine à ſe ſauver. George eſt établi Evêque en ſa place. Pluſieurs Evêques ſouffrent de rudes perſécutions pour Saint Athanaſe. L'Empereur vient en Illyrie, & y fait venir Oſius, Evêque de Cordoüe. Il veut l'obliger à condamner Saint Athanaſe; mais cet Evêque ne ſe rend point à ſes ſollicitations. Euſebe donne du poiſon à Helene, femme de Julien, afin de la faire avorter, lorſqu'elle ſeroit en état d'avoir des enfans. Julien fait la paix avec les Francs, & paſſe l'hyver à Sens. On apporte à Conſtantinople des Reliques de Saint Thimothée.
357.	Julien ſe prépare à faire la guerre aux Germains qui faiſoient des courſes juſqu'à Lyon. Ils ſont repouſſés & vaincus, & leur Roi Chonodomarus fait priſonnier, & envoyé à Rome. Julien vient à Paris, & y paſſe l'hyver. Conſtance, pendant ce tems, étoit à Sirmich. Quelques Evêques Ariens, à la tête deſquels étoient Urſace & Valens, lui préſentent une nouvelle confeſſion de Foi, à laquelle Oſius eut la foibleſſe de ſouſcrire; mais on ne put l'engager à condamner Saint Athanaſe. Le Pape Libere, ennuyé d'un long éxil, & intimidé par les menaces des Ariens, ſouſcrit à la condamnation de Saint Athanaſe, & à une formule de Foi, où le terme de *conſubſtantiel* n'étoit point employé. Conſtance vient à Rome. On y dreſſe un Obeliſque dans le grand Cirque. On y apporte des Reliques de S. André & de S. Luc.

| Depuis J. C. | Le Roi de Perse envoye des Ambassadeurs à l'Empereur Constance.
Il arrive un tremblement de terre si considérable, qu'on en ressent les effets en Macédoine, en Asie & dans le Pont. Plus de 150 Villes furent englouties dans la terre, entre autres celle de Nicomédie.
Julien combat avec succès contre les Saliens, qui faisoient partie des Francs, & qui habitoient une portion du pays, appellé *Toxandrie*, & les oblige de se rendre à Constance. Il surmonte les Quades, les Sarmates & les Limigantes. Les soldats, à cause de cette victoire, donnent le titre de Sarmatique à Constance.
Basile, Evêque d'Ancyre, assemble un Concile à Ancyre, dans lequel il fait condamner les Formules de Sirmich, & généralement toutes celles que les Ariens avoient dressées. On y décide de nouveau que le Fils étoit semblable en substance à son Pere. Les Evêques de ce Concile écrivent des Lettres aux Eglises de Phénicie & de Syrie. L'Empereur, à la sollicitation de Saint Basile, convoque un Concile général à Nicomedie. Après que cette Ville fut renversée, le Concile fut transferé à Nicée. L'Empereur ne persiste pas dans cette résolution, mais donne ses ordres pour faire assembler en même tems deux Conciles, l'un à Séleucie, Ville d'Isaurie, où se trouveroient les Evêques d'Orient ; l'autre à Rimini, où les Evêques d'Occident eurent ordre de se rendre.
Saint Antoine, Hermite, meurt dans le désert le 14 Février, âgé de 105 ans. |
|---|---|
| 359. | Julien continue la guerre contre les Allemands, & les force de demander la paix. Les Perses marchent contre les Romains, & assiégent la Ville d'Amide. Constance taille en pièces les Limigantes.
Il faut rapporter à cette année la naissance de Gratian, fils de Valentinien, & la tenue des Conciles de Séleucie & de Rimini. On fait une nouvelle profession de Foi, dont on prétend que Marc, Evêque d'Arethuse, étoit auteur, & dans laquelle on ne se contenta pas d'abolir le nom de *consubstantiel*, on fit même défense de s'en servir dans la suite.
Le Lundi, 27 Septembre, les Evêques du Concile de Séleucie commencent à s'assembler. Laurice, Gouverneur d'Isaurie, & le Comte Léonas y assistent au nom de l'Empereur. Il y a plusieurs contestations entre les Evêques ; sçavoir, sur quoi on devoit statuer d'abord, les uns étant d'avis qu'on commençât par discuter le Dogme, les autres prétendant qu'il falloit examiner la cause des Evêques accusés de crimes. On se rend enfin au sentiment de Léonas, qui est d'avis que l'on commence par décider ce qui concerne la Foi. Acacius veut faire passer une nouvelle profession de Foi, contraire à celle du Concile de Nicée. Les Semi-Ariens s'y opposent, & on approuve celle qui avoit été dressée à Antioche en 341. |

Depuis J. C.	
	Les Acaciens, irrités de ce procédé, se retirent de l'Assemblée, & en portent leurs plaintes à l'Empereur.
Plus de 400 Evêques s'assemblent à Rimini, dont il n'y en avoit que 80 qui fussent Ariens. On s'attache d'abord à décider ce qui concernoit la Foi. Ursace & Valens tâchent d'y faire agréer la Formule de Foi que Marc d'Arethuse avoit dressée à Sirmich. Les Evêques proposent à Ursace, à Valens & à leurs adhérans d'anathématiser l'hérésie Arienne; ils le refusent. Le Concile les condamne, les déclare hérétiques, & envoye des Députés à l'Empereur Constance. Ursace & Valens prennent les devants, préviennent & irritent l'Empereur contre les Evêques Catholiques de ce Concile, qui ne peuvent obtenir audience de l'Empereur. Ce Prince ordonne à Taurus de ne point laisser sortir de Rimini les Evêques qui y étoient restés, jusqu'à ce qu'ils eussent souscrit une nouvelle profession de Foi. Ces Evêques, épouvantés par les menaces de l'Empereur, lassés & fatigués de toutes les peines qu'ils souffroient dans cette Ville, souscrivent une Formule de Foi captieuse & hérétique, dans laquelle on disoit que le Fils de Dieu n'étoit pas une créature comme les autres créatures. L'Empereur ordonne à Valens de faire souscrire à tous les Evêques la Formule dressée & souscrite à Rimini. Il exécute cet ordre, & fait chasser de leurs Eglises ceux qui refusent de le faire. Le Pape Libere ne veut point souscrire, & il est déposé.
360.	Constance, jaloux de la gloire de Julien, tâche d'attirer les soldats qui étoient à son service, pour les faire passer en Orient. Les soldats déclarent Julien Auguste. Pendant ce tems, Sapor, Roi des Perses, entre dans la Mésopotamie, prend les Villes de Singare & de Bezabde, & tente inutilement la prise de Virta en Mésopotamie. Constance passe l'hyver à Constantinople. Julien défait les Francs, ou François, surnommés *Attuariens*. Il envoye des Députés à Constance, & sont mal reçûs. Cet Empereur ne fut pas heureux dans son expédition contre les Perses.
Saint Hilaire, Evêque de Poitiers, étant à Constantinople, y présente à l'Empereur Constance un Livre qu'il avoit composé pour la défense de la Foi, puis s'en revient dans les Gaules. Saint Martin va au-devant de lui.
Macédonius, déposé & chassé de Constantinople, publie ouvertement ses erreurs contre la divinité du Saint-Esprit. On crée en sa place Eudoxe, Evêque d'Antioche, partisan d'Aëtius & d'Eunomius. Melèce est fait Evêque d'Antioche par les Eudoxiens. Dès qu'il est sur ce siège, il professe la Foi Catholique. Constance le fait déposer, & fait élire en sa place Euzoïus. Ainsi il y avoit trois factions à Antioche; celle d'Eustathe; celle de Melece, qui étoit opposée à la premiere, quoiqu'elles fussent toutes deux composées de Catholiques; la troisiéme étoit celle des Ariens.

Ju-

Depuis J. C. 361.	Julien fait représenter des Jeux à Vienne. Helene sa femme meurt en cette Ville; il envoye son corps à Rome. Constance, ayant perdu sa femme Eusebie, épouse Faustine, dont il a une fille posthume, appellée Constantia, qui épousa Gratien. Julien entreprend de faire la guerre à Constance, fait semblant de vouloir embrasser sincérement le culte des Chrétiens qu'il avoit abandonné depuis quelque tems, & assiste solemnellement à l'Office du jour de l'Epiphanie. Constance, après avoir terminé la guerre des Perses, marche contre Julien, & meurt en chemin proche de la Ville de Tarse, le 3 Novembre, l'an 40 de son âge, & le 39 de son regne. Julien entre dans Constantinople le 11 Décembre, donne la Charge de Préfet du Prétoire à Salluste, fait une exacte recherche des amis de Constance, en fait mourir plusieurs, & condamne les autres à de grosses amendes. Il fait venir dans son Palais les Prélats des différentes Sectes Chrétiennes, leur commande de vivre en paix les uns avec les autres, & leur permet de suivre chacun les sentimens de leurs Sectes. Il permet aussi aux Païens d'ouvrir les Temples des Dieux. Il abjure ouvertement tous les Mystéres de la Religion Chrétienne, se fait élire Souverain Pontife des Païens, & fait revenir les Evêques de leur éxil.
362.	Toutes les Villes & toutes les Nations députent à Julien. Il part pour faire la guerre aux Perses. Pendant son voyage, il visite Nicomedie, Pessinunte & le Temple de Cybelle, & passe l'hyver à Antioche. George, Evêque d'Alexandrie, est mis à mort par les habitans de cette Ville. Julien se contente de les reprendre avec douceur, & se fait donner la Bibliothéque de cet Evêque. Cruelle persécution contre les Chrétiens, dont plusieurs sacrifient aux Idoles, sans y être contraints. Plusieurs Fidéles souffrent le Martyre. Le Temple d'Apollon à Daphné, qu'Antiochus Epiphanes avoit bâti, est consumé par le feu le 21 Novembre. Julien accuse les Chrétiens d'en être la cause. La Ville de Nicomedie, & une partie de celle de Nicée sont renversées par un tremblement de terre. Les habitans d'Antioche, ayant fait des railleries piquantes contre Julien, l'Empereur, pour se venger de cette insulte, compose une invective ironique contre la Ville d'Antioche, sous le titre de *Misopogon*. Hermogene, Evêque de Césarée en Cappadoce, étant mort, on élit en sa place Eusebe, quoiqu'il ne soit encore que Cathécumene. Tous les Moines, dont Saint Basile étoit le Chef, se séparent de la Communion d'Eusebe. Ce nouvel Evêque en veut à Saint Basile, qu'il soupçonne d'avoir inspiré à ses Moines le dessein de se séparer de sa Communion, quoique ce Saint fût absent. Saint Basile se cache dans la

| Depuis J. C. | solitude, proche du fleuve d'Iris. Saint Gregoire de Nazianze suit son exemple.

Après la mort de George, Evêque d'Alexandrie, Saint Athanase revient à Alexandrie, & y assemble un Concile, qui ordonne que les Evêques tombés seroient reçûs à la Communion de l'Eglise.

Lucifer de Cagliari ordonne Paulin, Prêtre Evêque de la Ville d'Antioche. Par cette ordination, il se trouve trois Evêques de cette Ville; sçavoir, Paulin, & Melece Catholiques, & Euzoïus Arien. Lucifer souffre avec peine qu'on tolere ceux qui étoient tombés; il s'abstient de leur Communion, & par-là donne lieu à un Schisme.

Julien, à la sollicitation des Ariens, chasse S. Athanase de son Eglise. La prudence de ce Saint lui fait éviter les piéges que ses ennemis avoient dressés pour lui ôter la vie.

Julien fait des Loix contre les Chrétiens. Les Donatistes obtiennent de ce Prince le rappel de leur éxil & la restitution de leurs Eglises. L'Empereur s'efforce de déposer Tite, Evêque de Bostre; il tâche de soulever le peuple contre cet Evêque.

Julien attache à sa personne plusieurs habiles Philosophes.

JOVIANUS, quarante-troisiéme Empereur. |
|---|---|
| 363. | Julien ne veut pas permettre aux Juifs de rebâtir le Temple de Jerusalem. Il marche contre les Perses. Après s'être rendu maître de plusieurs Villes, il entreprend le siége de Ctésiphonte, qu'il est obligé de lever. Il fait décamper son armée, à cause de l'intempérie de l'air & de la rareté des vivres; poursuit les Perses, les attaque & comme il n'avoit point de cuirasse, il est frappé d'un coup de fléche qui le perce jusqu'au foye. Dès qu'il se sentit blessé, il remplit ses mains de son sang, qu'il jetta en l'air, en proférant ces paroles: *Tu as vaincu Galiléen*. Il mourut le 26 Juin, âgé de 32 ans.

Les soldats élurent Jovien pour Empereur. Ce Prince déclara qu'étant Chrétien, il ne pouvoit commander à des soldats qui adoroient des faux Dieux. Toutes les troupes de son armée se déclarent à l'instant en faveur de la Religion Chrétienne. Jovien fait la paix avec Sapor, Roi de Perse, auquel il abandonne la Ville de Nisibe & la plus considérable partie de la Mésopotamie, quitte la Perse, & rentre dans les terres de l'Empire Romain.

Les Hérétiques Macédoniens s'adressent à l'Empereur, pour le prier de chasser les Anoméens. Jovien se déclare en faveur des Catholiques. Les Acaciens se joignent à Melece, & s'assemblent dans un Concile à Antioche, dans lequel ils professent la foi du Concile de Nicée. Jovien fait fermer les Temples des Idoles, & abolit les sacrifices des faux Dieux. Cet Empereur protege Saint Athanase. Ce Saint donne à Jovien toutes les instructions & tous les éclaircissemens dont il avoit besoin sur la Religion. |

VA-

VALENTINIANUS & VALENS, quarante-quatriéme Empereurs.

Depuis J. C. 364.

Jovien fait des Loix en faveur des Chrétiens, arrive à Dadaftane, Ville située fur les confins de la Galatie & de la Bithynie. Il y meurt le 19 Février. On ne convient pas de quelle maladie. Quelques Auteurs prétendent que c'étoit d'une indigeftion; d'autres difent qu'il fut étouffé par la fumée du charbon qu'on avoit mis pour échauffer la chambre où il couchoit. Il y a des Ecrivains qui ont cru que ce Prince avoit été empoifonné. Jovien mourut, âgé de 33 ans.

L'armée élut pour fucceffeur Valentinien. Valens eft déclaré Augufte. Valentinien lui abandonne l'Empire d'Orient, & fe retire en Occident.

Les Macédoniens obtiennent de l'Empereur la permiffion d'affembler un Concile. Ce Prince va à Antioche, en chaffe Melece, & contraint les Catholiques de recevoir Euzoïus.

Les Empereurs font des Loix contre les Magiciens.

Les Macédoniens & les Semi-Ariens tiennent un Concile à Lampfaque. Les Evêques y condamnent tout ce qui s'étoit fait à Conftantinople par l'autorité d'Eudoxe & d'Acace, y anathématifent le Formulaire de Rimini, & y approuvent la profeffion de Foi compofée à Antioche. Ils fe déclarent pour ceux qui ne reconnoiffoient point la divinité du Saint-Efprit. Le Concile envoye plufieurs Députés au Pape Libere, pour le prier de folliciter auprès de l'Empereur le rétabliffement & le rappel des Evêques qui avoient été chaffés, ou dépofés de leurs Siéges.

366.

Naiffance de Valentinien, fils de l'Empereur, & de Juftine, qui avoit époufé Magnence en premiéres nôces. Procope, qui s'étoit foulevé contre Valens, eft défait & tué par ce Prince. Valens eft baptifé par Eudoxe, Evêque de Conftantinople, qui fait promettre par ferment à l'Empereur qu'il demeurera toujours attaché aux fentimens des Ariens, & qu'il ne favorifera jamais ceux qui feront du fentiment contraire. Valens paffe & repaffe le Danube, fans aucun obftacle.

Valentinien défait les Allemands.

Valens, irrité de la condamnation que l'on avoit faite de fes fentimens au Concile de Lampfaque, affemble à Nicomédie les Evêques Ariens, y fait venir Eleufe, Evêque de Cyzique, l'un des principaux des Macédoniens, & lui ordonne d'embraffer la Foi des Ariens. Cet Evêque, après une légère réfiftance, obéït aux ordres de l'Empereur, revient à Cyzique, avoüe fa faute, & pour la réparer, il veut fe dépouiller de l'Epifcopat. Son peuple s'y oppofe; cependant la faction des Ariens l'oblige de fortir de la Ville. Eudoxe, Evêque de Conftantinople, ordonne en fa place Eunomius, qui fut dépofé peu de tems après, à caufe de fes blafphêmes. Valens fait fermer les Eglifes des Novatiens. Marcien, Prêtre de cette

Depuis J. C.	Secte, qui inftruifoit Anaftafie & Caroline, filles de l'Empereur, obtient la révocation de cet ordre. Saint Bafile & Saint Gregoire de Nazianze fortent de leur folitude pour s'oppofer aux progrès de l'Arianifme. GRATIEN, quarante-cinquiéme Empereur.
367.	L'Empereur Valentinien tombe malade. Valentinien donne le titre d'Augufte à fon fils Gratien.
368.	Valens recommence la guerre contre les Goths. La Ville de Nicée eft prefque entiérement renverfée par le tonnerre. Valentinien défait les Allemands. Le Roi de Perfe, après avoir foumis l'Armenie, entreprend la guerre contre les Romains. Parménien eft élu Evêque en la place de Donat, qui étoit mort. Ce nouvel Evêque écrit contre les Catholiques; Optat le réfute.
369.	Valens met en fuite Athanaric, Roi des Goths. Ce Prince demande la paix; Valens la lui accorde. Saint Hilaire vient trouver Valentinien pour réfuter Auxence, Evêque de Milan. L'Empereur, prévenu contre Saint Hilaire par Auxence, ordonne à Saint Hilaire de fortir promptement de la Ville.
370.	Valentinien défait les Saxons & les Allemands. Eudoxe, Evêque de Conftantinople, meurt, après avoir gouverné cette Eglife pendant 19 ans. Euftathe, Evêque d'Antioche, ordonne Evagre pour fon fucceffeur. Les Ariens ordonnerent auffi Démophile. L'Empereur exile Euftathe & Evagre. Quatre-vingt Eccléfiaftiques viennent à Nicomédie de la part des Catholiques, pour tâcher de fléchir l'Empereur. Ce Prince fait arrêter ces Députés, & ordonne à Modefte Préfet de les faire mourir. Modefte les fait embarquer fur un Vaiffeau, auquel on mit le feu lorfqu'il fut en pleine mer. Cette cruauté eft punie par une famine extrême. Plufieurs Evêques Catholiques font exilés, & S. Athanafe eft perfécuté. Eufebe de Samofate, relegué en Thrace, fe cache fous l'habit militaire, & parcourt toutes les Eglifes de Syrie, de Phénicie & de la Paleftine. Valens vient à Céfarée en Cappadoce, tente inutilement de corrompre Saint Bafile. Son fils Valentinien Galate meurt à Céfarée. Gregoire de Nazianze eft exilé.
371.	Sévere, Commandant des troupes de Valentinien, défait les Allemands. Théodofe, maitre de la Cavalerie Romaine, termine heureufement la guerre de Mauritanie. Bafile, Archevêque de Céfarée en Cappadoce, & les autres Evêques d'Orient écrivent aux Evêques d'Occident pour implorer leur fecours. Gregoire de Nazianze eft élû Evêque de Safime. Mort de Saint Athanafe. Les Catholiques élifent Pierre pour fon fucceffeur. Les Catholiques font perfécutés. Valentinien fait bâtir un Autel à la Victoire dans le Capitole, & permet aux Sénateurs d'y facrifier.

Va-

Depuis J. C. 372.	Valentinien fait la guerre aux Quades, dont le succès n'est pas heureux. Le jeune Théodose, Gouverneur de Mysie, soumet les Sarmates. Mélanie, illustre Dame Romaine, voyage à Jerusalem, où elle se distingue par sa piété. Elle se laisse surprendre par les erreurs d'Origene. Maurice, Reine des Saracéniens, ou Sarazins, ayant embrassé le Christianisme, & faisant la guerre avec les Romains, leur accorde la paix, à condition qu'ils lui donneroient pour Evêque un Anachorette, appellé Moïse. Ce Solitaire vient à Alexandrie, & ne veut point recevoir l'ordination de Lucius, Evêque Arien; mais se fait ordonner par un Evêque Catholique. Mort de Saint Hilaire, âgé de 80 ans.
374.	Valentinien fait alliance avec Macrien, Roi des Allemands. Après la mort d'Auxence, Evêque de Milan, Saint Ambroise fut élû pour lui succéder.
375.	VALENS, GRATIANUS & le Jeune VALENTINIEN, Empereurs. Saint Martin est sacré Evêque de Tours. L'Empereur Valens persécute les Chrétiens, & ordonne aux Moines d'aller à la guerre. Themistius l'appaise. L'Hérétique Photin meurt. Valentinien se prépare à faire la guerre aux Sarmates, il se laisse fléchir par les Députés de ces peuples. Il meurt d'Apoplexie, le 15 des Calendes de Décembre, âgé de 51 ans, après en avoir régné 12 & 13 mois. Son fils Valentinien le Jeune est salué Empereur par l'armée.
376.	Valens ordonne aux Sujets de l'Empire Romain de recevoir les Goths qui avoient été chassés de leur pays par les Huns. On leur assigne la Thrace pour demeure. Quelque tems après, ces peuples font la guerre aux Romains. On apporte à Constantinople le corps de l'Empereur Valentinien. L'ancien Théodose, pere de Théodose, qui fut depuis Empereur, après avoir reçu le Baptême, est mis à mort en Afrique par ordre de Valens. Gratian rend un Edit à Tréves le 10 des Calendes de Mai, par lequel il défend les assemblées des Hérétiques, & confisque leurs biens au profit du Domaine.
377.	Les Goths se révoltent. Les Romains envoyent une armée contre eux. Valens part pour Antioche, & cesse de persécuter les Orthodoxes.
378.	L'Empereur Valens fait son Entrée à Constantinople, le 3 des Calendes de Juin. Il combat contre les Goths, le 5 des Ides du mois d'Août, à douze milles de la Ville d'Andrinople. Les Goths s'établissent en Thrace, en Scythie & dans la Mysie; ils viennent jusqu'aux portes de Constantinople. Gratian soumet les Allemands. Valens, jaloux de la gloire que cet Empereur s'étoit acquise, livre un combat aux Goths. Il meurt, âgé de 50 ans, après en avoir régné 14.

GRA.

Depuis J. C.	**GRATIANUS, VALENTINIANUS & THEODOSIUS**, quarante-sixiéme Empereurs.
379.	Le 14 des Calendes de Février, Gratian déclare Empereur Théodose, lui accorde l'Empire d'Orient; après quoi, il se retire en Occident. Théodose combat avec succès contre les Goths, qu'il chasse de la Thrace. Les Lombards défont les Vandales. Mort de Saint Basile. Condamnation d'Apollinaire. Saint Gregoire de Nysse est envoyé en Arabie. Saint Gregoire de Nazianze part pour Constantinople. Saint Jerôme reçoit l'Ordre de Prêtrise de Paulin, Evêque d'Antioche. Il va à Constantinople. Saint Gregoire de Nazianze exerce les fonctions Episcopales dans cette Ville.
380.	Théodose tombe dangereusement malade à Thessalonique. Il est baptisé, & fait plusieurs Loix en faveur des Chrétiens. Gratien fait la paix avec les Goths. Justine, mere de l'Empereur Valentinien, protége les Ariens. Saint Ambroise défend courageusement la vérité. Maxime vient trouver Théodose à Thessalonique, afin d'obtenir son agrément pour l'Evêché de Constantinople. Cet Empereur lui refuse sa demande. Théodose fait son Entrée dans Constantinople, le 18 des Calendes de Décembre, & ôte aux Ariens les Eglises dont ils joüissoient depuis 40 ans. Démophile, Evêque de cette Ville, se retire. Saint Gregoire est mis en possession de cet Evêché, le 6 des Calendes de Décembre.
381.	Athanaric, ayant été chassé par ses sujets, vient trouver Théodose à Constantinople. Il y meurt, on lui fait des Obseques honorables. **SECOND CONCILE OECUMENIQUE** de Constantinople, composé de 150 Evêques. On condamne les erreurs de Macedonius contre le Saint-Esprit; on renouvelle le Symbole de Nicée, avec quelques additions; on assigne les bornes de chaque Exarchat; on accorde à l'Evêque de Constantinople le premier rang après l'Evêque de Rome; on déclare nulles les Ordinations faites par Maxime; on fait encore plusieurs autres Réglemens. Ce Concile, qui avoit commencé dans le mois de Mai, finit vers la fin de Juillet. Théodose fait donner aux Evêques Catholiques les Eglises qui avoient été possédées par les Ariens. Il fait transporter avec pompe les Reliques des Evêques martyrisés par les Ariens, entre autres le corps de Saint Paul, Evêque de Constantinople, qu'il fit mettre dans l'Eglise de cette Ville, qui portoit son nom.
382.	Théodose fait mettre le corps de Valentinien dans un cercueil. Les Goths viennent avec leur Roi sur les terres de l'Empire Romain. Paul, Evêque d'Antioche, Epiphane, Evêque de Chypre, Saint

Depuis J. C.	Saint Jerôme & Saint Ambroife viennent à Rome. Saint Jerôme devient Secretaire du Pape Damafe.
	Maxime devient Tyran de Bretagne, & affocie Victor fon fils au Gouvernement.
383.	Arcadius eft déclaré Augufte à Conftantinople. Le Tyran Maxime, abandonné de fes fujets, eft tué par Andragathius, Général de Gratian, le 8 des Calendes de Septembre.
	Le Pape Damafe envoye Arfene à Conftantinople, pour être Précepteur du fils de l'Empereur.
	Saint Auguftin, âgé de 29 ans, vient à Rome, à l'infçu de fa mere, pour y enfeigner la Rhétorique.
	On apporte à Conftantinople le corps de Conftantia Augufta, fille de Conftantin.
384.	Les Perfes envoyent des Députés à Théodofe pour lui demander la paix. C'eft à ce tems qu'il faut rapporter la naiffance d'Honorius, fils de Théodofe.
	Symmachus, Gouverneur de Rome, fupplie Valentinien de rétablir le culte des faux Dieux. Saint Ambroife réfute les Mémoires qu'il avoit donnés à l'Empereur fur ce fujet.
	Symmaque envoye Saint Auguftin à Milan pour y enfeigner la Rhétorique. Saint Auguftin a de fréquentes conférences avec Saint Ambroife. Sainte Monique vient d'Afrique à Rome.
	Ælia Flacilla, époufe de Théodofe, meurt cette année.
	Saint Jerôme va en Syrie, & fe rend à Jerufalem au milieu de l'hyver. Saint Auguftin fe convertit.
386.	Les Greutingiens font vaincus, & emmenés captifs. Théodofe & Arcadius entrent en triomphe dans Conftantinople, le 25 Octobre.
	L'Empereur Théodofe époufe Galla Placidia, fille de l'ancien Valentinien, & fœur du jeune Empereur de ce nom; elle vient à Conftantinople.
	Valentinien donne un Refcrit en faveur des Ariens & du Concile de Rimini, à la follicitation de Juftine fa mere. Il perfécute Saint Ambroife.
	Auxence, que les Ariens avoient fait Evêque de Milan, engage Saint Ambroife dans une difpute en préfence de l'Empereur. Saint Ambroife demande & obtient qu'elle fe feroit dans l'Eglife en préfence du peuple.
	Saint Jerôme va à Alexandrie pour entendre Didyme. Il vifite enfuite les Monaftéres d'Egypte. Sainte Paule, illuftre veuve, va auffi en Egypte.
	Saint Jean Chryftôme eft ordonné Prêtre par Flavius, Evêque d'Antioche. Saint Cyrille de Jerufalem meurt. Jean, à qui l'on avoit promis cet Evêché, abandonne le parti des Hérétiques & lui fuccéde.
387.	Arcadius célébre les Quinquennales.
	Juftine veut envoyer Saint Ambroife en éxil; le peuple s'y oppofe. Saint Ambroife découvre les Corps de Saint Gervais & de Saint Protais.

Ma-

Depuis J. C.	Maxime fait une irruption en Italie. Valentinien a recours à Théodose, qui vient en Italie pour combattre Maxime, qui rétablit le culte des faux Dieux & bâtit un Autel à la Victoire.
Théodose, pour subvenir aux frais de la guerre, impose de nouvelles taxes aux Habitans d'Antioche. Ceux-ci se révoltent, abattent les statues de Flacille, & les trainent ignominieusement dans les rues. Théodose envoye pour tirer vengeance de cet outrage. Flavien, Evêque de cette Ville, appaise les Députés & le peuple.
Théodose part contre Maxime, & se recommande aux priéres de plusieurs saints Personnages, entre autres de Saint Jean l'Anacorete.
Maxime est vaincu, & tué proche d'Aquilée, le premier du mois d'Août. Son fils Victor est tué dans les Gaules par Arbogaste. Andragathius, qui avoit tué Gratian, se précipite dans la mer.
388.	Théodose rend à Valentinien tout ce qu'il avoit pris sur Maxime.
Saint Augustin, âgé de 34 ans, est baptisé à Milan par Saint Ambroise dans le tems de Pâque, avec son ami Alipe & son fils Adéodat.
389.	Théodose fait son Entrée dans Rome avec son fils Honorius, au mois de Juin. Il accorde au Peuple Romain les largesses accoutumées, & part de Rome au commencement de Septembre. Théodose fait abattre le Temple de Sérapis, qui étoit à Alexandrie. On renverse à Rome les statues des faux Dieux, dont on abolit le culte.
Mort de Saint Grégoire de Nazianze, & de Sainte Monique, mere de Saint Augustin. Saint Augustin revient en Afrique.
Les Lombards, après la mort de leurs Généraux, créent pour leur premier Roi Agelmundus, fils d'Aion. Il regne 33 ans.
390.	Une colonne de feu paroit en l'air pendant 30 jours. Galla, femme de Théodose, est envoyée en éxil par Arcadius.
On place dans une nouvelle Eglise, que Théodose avoit fait bâtir à Constantinople, le Chef de Saint Jean-Baptiste.
Les Habitans de Thessalonique tuent Botericus, Préfet d'Illyrie. Théodose, irrité de cette action, ordonne qu'on massacre les Habitans de cette Ville. Saint Ambroise empêche cet Empereur d'entrer dans l'Eglise, & le porte à faire pénitence.
Le Pape Sirice condamne l'Hérétique Jovinien.
C'est à ce tems qu'on peut rapporter ce que Socrate & Sozomene disent d'une femme de Constantinople, qui, ayant accusé dans sa confession un Diacre d'avoir eû commerce avec elle, fut cause que Nectaire, Patriarche de Constantinople, abolit la charge de Penitencier ; mais ce fait est douteux.
Théodose & son fils Honorius arrivent à Constantinople. Eugene, comptant sur la protection d'Argobaste, se fait déclarer Empereur.

Saint

DE L'HISTOIRE MODERNE.

Depuis J. C.	
392.	Saint Auguſtin eſt fait Prêtre par Valere, Evêque d'Hyppone. Le jeune Valentinien, qui avoit été mortellement bleſſé par Arbogaſte, meurt à Vienne en Dauphiné, âgé de 26 ans 4 mois, après avoir régné 16 ans & quelques mois. Arbogaſte leve un grand nombre de troupes dans les Gaules. Eugene favoriſe les Païens, & permet aux Romains de bâtir un Autel à la Victoire. C'eſt à ce tems qu'il faut rapporter le différend de Saint Epiphane avec Jean, Evêque de Jeruſalem. Saint Auguſtin diſpute publiquement contre Fortunat, Prêtre Manichéen.
393.	Honorius eſt déclaré Auguſte le 20 Novembre. Commencement de la querelle de Jerôme & de Jean, Evêque de Jéruſalem.
394.	Théodoſe avec ſon fils Honorius marche contre Arbogaſte & contre Eugene. Le 5 de Septembre, l'Empereur eſt vaincu. Le lendemain il remportte une victoire complete ſur les ennemis. Le Tyran Eugene eſt pris & mis à mort. Arbogaſte ſe tue lui-même. Tremblement de terre conſidérable, depuis le mois de Septembre juſqu'à celui de Novembre, qui engloutit pluſieurs Villes d'Europe. Paulin & ſa femme Thereſe quittent le monde, & ſe retirent proche de Nole.
395.	ARCADIUS & HONORIUS, quarante-ſeptiéme Empereurs. L'Empereur Théodoſe meurt le 17 Janvier, âgé de 60 ans, après en avoir régné 16. Arcadius ſe marie. Ruffin eſt tué par l'ordre de cet Empereur. Eutrope, ami de Stilicon, s'empare de ſes biens. La femme & la fille de Ruffin obtiennent la permiſſion de ſe retirer à Jeruſalem. Saint Auguſtin, âgé de 41 ans, eſt fait Evêque d'Hyppone, quoique Valere fût encore vivant.
396.	On tranſporte à Alexandrie les Reliques de Saint Jean-Baptiſte. Frigitille, Reine des Marcomans, ſe fait Chrétienne, & écrit à Saint Ambroiſe pour le prier de l'inſtruire. Elle engage ſon mari à ſe ſoumettre aux Romains, & vient à Milan l'année ſuivante pour y voir Saint Ambroiſe, qui étoit déjà mort lorſqu'elle arriva.
397.	Eutrope fait déclarer Stilicon ennemi de la République, par l'Empereur & par le Sénat. Il ſe concilie l'amitié de Gildon, à qui Théodoſe avoit confié le Gouvernement de l'Afrique, dont les peuples quittent le parti d'Honorius. Arcadius s'empare de ce pays. Saint Ambroiſe meurt le 4 Avril, âgé de 74 ans, après avoir gou-

II. Volume. D

Depuis J. C.	gouverné l'Eglife de Milan pendant 22 ans & près de 4 mois. Nectaire, Patriarche de Conftantinople, meurt le 27 Septembre. Saint Chryfoftôme eft élû d'une commune voix pour fon fucceffeur. Flacille, fille d'Arcadius, vient au monde le 17 Juin.
398.	Gildon, fils du Roi Maurice, empêche que l'on ne tranfporte des bleds d'Afrique à Rome. Les Romains lui font la guerre. Mafcezel, fon frere, craignant fa colére, s'enfuit en Italie. Gildon fait mourir fes enfans, qu'il avoit laiffés en Afrique. Stilicon envoye contre lui Mafcezel avec une armée nombreufe, dont le plus grand nombre périt. Gildon s'étrangle lui-même. Après que Mafcezel fut revenu en Italie, Stilicon le fit jetter du haut du pont dans le Tybre. Saint Jean Chryfoftôme prend poffeffion de l'Evêché de Conftantinople le 26 Février. L'Empereur époufe Marie, fille de Stilicon & de Serena. Les Païens font courir le bruit que la Religion Chrétienne devoit finir cette année.
399.	Gaïnas fe révolte contre la République. Fribigilde ravage toute l'Afie. Arcadius charge Eutrope de s'oppofer à fes entreprifes. Eutrope envoye Gaïnas commander en Afie. Fribigilde craint les forces des Romains, fe retire en Pyfidie, après avoir ravagé la Phrygie, & s'enfuit avec 300 hommes, fon armée ayant été défaite par un nommé Valentin. Gaïnas favorife Fribigilde, qu'il engage à faire de nouveaux troubles en Afie. Pulchérie vient au monde le 19 Janvier. Gaudentius & Jovius démoliffent les Temples des faux Dieux, & brifent leurs images par l'ordre d'Honorius.
400.	Gaïnas obtient une entrevûe de l'Empereur, qui lui accorde plufieurs graces; après quoi, il va à Conftantinople. Il s'approche de Rome avec une nombreufe troupe d'étrangers. Acace le déclare ennemi de la République, & fait mourir tous les étrangers du parti de Gaïnas, qui étoient dans Rome. Gaïnas retourne en Thrace, où il eft tué. Eudoxia eft déclarée Augufte. Naiffance d'Arcadia. Quelques Moines Origéniftes, ayant été condamnés par Théophile, Evêque d'Alexandrie, ont recours à Saint Chryfoftôme, qui les écoute. Il écrit à Théophile en leur faveur, mais il ne veut pas communiquer avec eux. Saint Chryfoftôme vient en Afie pour examiner la caufe de plufieurs Evêques, accufés d'avoir été ordonnés pour de l'argent. Alaric, Roi des Goths, entre en Italie, & pénétre jufqu'à trois lieuës de Ravenne. Honorius céde aux Goths l'Efpagne & les Gaules. Stilicon eft défait. Le Pape Anaftafe condamne les erreurs d'Origéne.
401.	On apporte à Conftantinople la tête de Gaïnas. Le jeune Théodofe, fils d'Arcadius, vient au monde le 9. Avril. Saint

Depuis J. C. 402.	Saint Chryfoftôme fait fortir de l'Eglife l'Impératrice Eudoxie, parce qu'elle s'étoit emparée du bien d'une veuve. Le jeune Théodofe eft déclaré Augufte, par fon pere Arcadius. Théophile vient à Conftantinople fe juftifier des accufations que les Moines avoient intentées contre lui. Saint Epiphane vient auffi à Conftantinople.
403.	Théophile, Evêque d'Alexandrie, vient à Conftantinople à la follicitation de l'Impératrice Eudoxie, de plufieurs Dames de qualité & de quelques Eccléfiaftiques, que Saint Chryfoftôme avoit repris vivement de leurs défauts. Théophile & plufieurs autres Evêques citent Saint Chryfoftôme. Il comparoit, récufe Théophile, Acace & plufieurs autres Evêques qui prétendoient être fes juges. Ces Evêques n'ont point d'égard à cette récufation, ils prononcent une fentence de dépofition contre Saint Chryfoftôme, & prient l'Empereur de la faire éxécuter; ce qui leur fut d'abord accordé. Mais le murmure du peuple & un tremblement de terre engagerent l'Empereur à révoquer cet ordre peu de tems après. Tout ceci arriva vers le mois de Juillet. Marine, fille d'Arcadius, vient au monde le 27 Février. Alaric, Roi des Goths, pénétre en Italie avec une nombreufe armée, marche vers Rome, & eft défait par Stilicon.
404.	Saint Chryfoftôme va en éxil vers les fêtes de Pâque. Lorfqu'il part, l'Eglife de Conftantinople & le Palais font confumés par un incendie, dont on ignore l'auteur. Le 3 Juillet il eft conduit à Cucufe, Ville de Cilicie, qui étoit pour lors affiégée par les Ifauriens, afin qu'il pérît dans le fiége. Pendant l'abfence de Saint Chryfoftôme, on établit Arface en fa place. Le 30 Septembre il tombe à Conftantinople une grêle d'une groffeur extraordinaire. Le 4 Octobre l'Impératrice Eudoxie meurt pendant fes couches. Le Pape écrit à Honorius, qui follicite vivement Arcadius de permettre qu'on affemble un Concile à Theffalonique pour l'affaire de Saint Chryfoftôme. Saint Auguftin s'engage dans une difpute publique qui dure deux jours, contre les Manichéens. Plufieurs de cette Secte rentrent dans le fein de l'Eglife.
405.	Sainte Paule meurt le 26 de Janvier, âgée de 36 ans, 8 mois & 11 jours. Saint Chryfoftôme, extrèmement incommodé de la rigueur du froid & des incurfions des Ifauriens, après avoir féjourné près d'un an à Cucufe, eft transféré dans une Ville d'Arabie. Il s'afflige du malheur, qu'il prévoit que doit caufer l'héréfie de Pélage, qui commençoit à fe répandre. Arface, faux Evêque à Conftantinople, meurt le 11 de Novembre, après avoir été fur le Siége de cette Ville 14 mois. Honorius fait quelques ordonnances pour contraindre les Donatiftes de rentrer dans l'Eglife. Plufieurs d'entre eux fe réuniffent aux Catholiques.

Depuis J. C. 406.	Les Vandales, les Alains & les Suéves, ayant passé le Rhin, à la sollicitation de Stilicon, pénétrent dans les Gaules le 1 Janvier. On apporte à Constantinople les Reliques du Prophéte Samuël. Atticus de Sébaste, Moine d'Arménie, s'empare du Siége de Constantinople. Le jeune Théodose célébre les Quinquennales. Radagaise entre en Italie avec 200 mille Scythes. Huldin & Sarus, Rois des Huns & des Goths, défont son armée, font tuer Radagaise, & vendent les prisonniers qu'ils avoient faits.
407.	Saint Chrysostôme meurt le 14 Novembre à Comane, proche le Pont-Euxin, âgé de 52 ans & 8 mois, après avoir été Evêque de Constantinople 9 ans, 6 mois & 20 jours. Le Pape Innocent & les autres Evêques d'Occident ne veulent point communiquer avec les Orientaux, que l'on n'ait mis le nom de Saint Chrysostôme dans les Dyptiques, & que l'on n'en ait ôté celui d'Arsace.
408.	THEODOSIUS II. quarante-huitiéme Empereur. L'Empereur Arcade meurt le premier Mai, âgé de 31 ans, après avoir régné 13 ans, 3 mois & 15 jours, depuis le décès de son pere. En mourant, il charge Isdegerde, Roi de Perse, de la tutelle de son fils Théodose. Stilicon, dont l'Empereur Honorius avoit épousé successivement les deux filles (Marie & Thermantia) engage par ses présens les Alains, les Suéves & les Vandales à s'emparer des Etats d'Honorius. Cette trahison est découverte par Olympius, Officier de l'Empereur. Stilicon est mis à mort à Ravenne, le 23 Août. Constantin, homme de basse extraction, s'empare de l'Empire, & en établit le Siége à Arles. Les Païens & les Donatistes, après la mort de Stilicon, ne veulent plus observer les Loix qui avoient été faites contre eux, sous prétexte qu'elles avoient été faites à la sollicitation de Stilicon. Mais cet Empereur confirme tout ce qui avoit été ordonné auparavant contre les Donatistes & les Païens. Alexandre, Moine, succéde à Porphyre dans l'Evêché d'Antioche. Le Pape communique avec lui, à condition qu'il recevéroit à la Communion ceux qui avoient été ordonnés par Evagre, & qu'il mettroit le nom de Saint Chrysostôme dans les Dyptiques.
409.	Après la mort de Stilicon, Alaric veut faire sa paix avec Honorius. Cet Empereur le refuse. Alaric, soutenu par les forces des Huns & des Goths, qu'Athauphe son frere lui avoit amenées, assiége la Ville de Rome. Eucherius, fils de Stilicon, est mis à mort par Asace & Térence Eunuques. Peu de tems après, le Sénat ordonne la même chose contre Serena, belle-mere d'Honorius. Le Tyran Constantin envoye des Députés à Honorius, qui l'honore de la pourpre Royale.

Le

Depuis J. C.	Le siége de Rome continue. Les Habitans, fatigués par la peste & par la famine, capitulent avec l'ennemi, à qui ils accordent tout l'or, l'argent, les ornemens & les vases mêmes des Eglises. Le peuple, le Sénat, & Alaric envoyent des Députés à Honorius pour ratifier la paix. Cet Empereur, n'ayant pas voulu accorder à Alaric le commandement des armées, Alaric poursuit le siége de Rome. Les Vandales, les Alains & les Suéves s'emparent de l'Espagne. Les Vandales choisissent la Bétique, les Alains & autres la Lusitanie & Carthagéne. Le premier Roi des Vandales est Gonderic. Mélanie vient à Jerusalem, où elle meurt 40 jours après son arrivée. On fait la Dédicace de la grande Eglise à Constantinople. On y apporte les Reliques de Josephe, fils de Jacques & de Zacharie, pere de Saint Jean-Baptiste.
410.	Alaric se rend maître de Rome le 24 Août. Quelques Auteurs assûrent que le Sénat, à la sollicitation d'Alaric, avoit élu Empereur Attalus, Gouverneur de Rome, & qu'Attalus avoit donné à Alaric le titre de Général des armées. Alaric veut faire passer des troupes en Afrique. Attalus s'y oppose, & ordonne à son armée de marcher contre Honorius, qui s'associe Attalus à l'Empire. Alaric se déclare contre Attalus, & tente inutilement de faire sa paix avec Honorius. Alaric meurt, peu de jours après qu'il se fut rendu maître de Rome. Athaulphe son parent lui succéde, & épouse Placidia. Russin, qui s'étoit retiré en Sicile, meurt.
411.	Théodose célébre les Décennales; & Honorius les Vicennales. On apporte à Rome la tête du Tyran Constantin. Gerontius, Général d'Honorius, fait élire pour Empereur un nommé Maxime. Honorius envoye Constantius avec des troupes pour les combattre. Ils sont défaits, Gerontius est tué; & Maxime, dépouillé de la pourpre & abandonné des soldats, se retire en Espagne, où il meurt. Les Catholiques ont une conférence publique à Carthage, le premier de Juin, avec les Donatistes, en présence du Tribun Marcellin. Antiochus Persan, qu'Isdegerde, Roi de Perse, avoit envoyé au jeune Empereur Théodose, en qualité de Gouverneur, est déposé. L'Impératrice Pulchérie se charge seule de gouverner l'Empire.
412.	Jovinus, & Saint Sébastien son frere souffrent le Martyre à Narbonne, Ville des Gaules. Héraclien Tyran s'empare de l'Afrique. Les Goths pénétrent dans les Gaules, sous la conduite de leur Roi Athaulphe. Honorius impose des peines aux Donatistes, qui ne rentrent point dans l'Eglise. Il condamne les Laïques à de grosses amendes, envoye les Ecclésiastiques en éxil, fait confisquer leurs Eglises & leurs biens en faveur des Catholiques.

Depuis J. C.	Celestius, disciple de Pélage, convaincu d'hérésie par Paul Diacre, est condamné dans un Concile de Carthage. Il appelle de sa condamnation au Pape Innocent.
L'Hérétique Jovinien est relegué dans l'Isle de Boa.
413.	Héraclien vient à Rome avec une flotte de 700 Vaisseaux & de trente mille hommes. Marin ruine sa flotte, & l'oblige de s'enfuir à Carthage avec un seul Vaisseau. Il est tué par quelques Officiers d'Honorius. Cet Empereur envoye Marin visiter les Provinces de son Empire. Le Tribun Marcellin, qui avoit si courageusement embrassé les intérêts de l'Eglise, est tué à l'instigation des Donatistes.
Les Bourguignons, peuples de Germanie, s'emparent de la partie des Gaules qui est dans le voisinage du Rhin.
Pélage, qui jusques ici avoit dogmatisé en secret, enseigne publiquement ses erreurs. Célestius & Julien deviennent ses disciples.
414.	Pulchérie, sœur de Théodose, obtient le titre d'Auguste.
Le Consul Constantin défait les Goths proche d'Arles, les chasse de Narbonne, les force de se retirer en Espagne, & les met hors d'état d'avoir aucuns Vaisseaux, ni aucun commerce avec les étrangers.
Attalus, à la persuasion & par le secours des Goths, devient Tyran des Gaules.
415.	Attalus, qui avoit été créé Empereur par la brigue d'Alaric, abandonné des Goths & privé de tout secours, est pris & mené à Constantius, qui l'envoye à l'Empereur. Athaulphe, Roi des Goths, est tué à Barcelone, Ville d'Espagne, avec ses enfans. Wallia s'empare de ses Etats.
On acheve de bâtir la grande Eglise de Constantinople, qui avoit été brûlée quelque tems auparavant, & l'on en fait la Dédicace.
—	Le Prêtre Lucien découvre les Reliques de Saint Etienne, premier Martyre. On trouve aussi celles de Nicodeme & de Gamaliel.
Les Juifs d'Alexandrie, sous de faux prétextes, font mourir plusieurs Chrétiens pendant la nuit. Saint Cyrille les chasse de cette Ville.
Isdegerde, Roi de Perse, édifié de la piété de Marutha, Evêque de Mésopotamie, conçoit le dessein de se faire Chrétien. Le zéle indiscret d'Abbaates, Evêque de Perse, qui brûle un Temple du pays, l'empêche d'exécuter cette résolution, & l'engage à persécuter les Chrétiens de ses Etats pendant cinq ans.
416.	Placidia, fille de l'ancien Théodose, que les Goths avoient fait prisonniére lorsqu'ils avoient pris Rome, engage Honorius à accorder la paix à Wallia, Roi des Goths. Elle se marie à Constantin.
Constantius prend par ruse Frédibal, Roi des Vandales, & l'envoye à Honorius. On célebre les Jeux à Rome, à cause

de

| | de la victoire remportée sur Attalus. Théodose vient d'Héraclée à Constantinople. Le Sénat, & Ursus, Gouverneur de Rome, lui font présent d'une couronne d'or, le dernier de Septembre.

Les Evêques d'Afrique, après avoir appris les erreurs de Pélage, par les lettres de quelques Evêques des Gaules qu'Orosius leur apporta, condamnérent cet Hérétique & ses sentimens dans un Concile de 67 Evêques, & écrivirent une lettre synodale au Pape Innocent pour le prier de faire la même chose.

417. La fête de Pâque, qui devoit se célébrer cette année le 25 Mars, fut remise au 22 Avril. Il y eut un tremblement de terre considérable. La Ville Cybete, & plusieurs villages d'Asie furent engloutis.

Célestius, disciple de Pélage, vient à Rome. Il se dissimule avec tant d'adresse, que le Pape le juge innocent, & reprend avec aigreur quelques Evêques qui l'avoient condamné comme coupable. Pélage présenta aussi un mémoire à ce même Pape, qui déclara qu'il n'étoit point coupable, & manda aux Evêques de l'Afrique de porter leurs plaintes à Rome, s'ils en avoient quelques-unes à faire contre Pélage.

Wallia extermine tous les Vandales & les Silingiens qui étoient dans la Bétique. Les Alains, soumis aux Vandales & aux Suéves, sont tellement mis en déroute par les Goths, qu'après la mort d'Atace leur Roi, ils furent soumis aux Vandales qui étoient dans la Galice.

418. Le Pape Zozime envoye des Députés en Afrique pour discuter avec les Evêques de ce pays des points contestés; le premier, sur le droit d'appellation qu'il prétendoit lui avoir été accordé par le Concile de Nicée; 2. sur l'excommunication d'Urbain, Evêque de Siccé. 3. sur l'appellation d'Apiarius. Les Evêques d'Afrique, ayant assemblé un Concile, après une éxacte discussion des chefs sur lesquels le Pape les consultoit, répondent qu'il ne leur semble point que le Canon, dont le Pape s'autorisoit pour les appellations, soit du Concile de Nicée.

419. Tremblement de terre, qui engloutit plusieurs Villes de la Palestine.

Le Schisme touchant l'élection d'un Pape s'opiniâtre. Les Evêques se partagent; les uns prennent le parti de Boniface, & les autres celui d'Eulalius. Honorius fait défense à l'un & à l'autre des prétendans à la Papauté de venir à Rome. Eulalius y entre furtivement. L'Empereur s'irrite contre lui, l'éxile, & se déclare pour Boniface.

Sainte Eustochie, fille de Sainte Paule, meurt le 28 Septembre, âgée de 35 ans.

Constantius fait la paix avec Wallia, Roi des Goths, lui donne l'Aquitaine & quelques Villes des Provinces circonvoisines.

Depuis J. C.	
	Le Prêtre Apiarius est rétabli à Rome, & renvoyé absous. Pinien, & la jeune Mélanie, son épouse, visitent les Monastéres d'Egypte, & vont à Jerusalem. Pinien embrasse la vie Monastique. Mélanie se retire dans une Cellule sur le Mont des Oliviers.
420.	Théodose associe Constantius à l'Empire.
	Saint Jerôme meurt le 30 Septembre, âgé de 91 ans. On l'enterre à Bethléem.
	Les Romains font la guerre aux Perses; & assiégent Nisibe. Vararane, Roi de Perse, soutenu d'Alamundare, Roi des Sarrasins, est vaincu, & ses troupes défaites.
	Commencement de la MONARCHIE FRANÇOISE.
	C'est à cette année qu'on rapporte ordinairement le commencement du règne de Pharamond, premier Roi des François, quoique le nom de ce Prince ne paroisse pas dans l'Histoire de Gregoire de Tours.
	Les Vandales quittent la Galice, & retournent dans la Bétique.
	Constantius, que Théodose avoit déclaré Empereur, meurt.
421.	Théodose épouse Eudoxie, & fait placer une statue d'Arcadius son pere dans la Place publique.
	Les Romains se battent contre les Perses.
422.	Les Huns ravagent la Thrace. Les Perses font la paix avec les Romains. Castinus commande l'armée que les Romains envoyent en Espagne contre les Vandales. Boniface, son Collégue, ne pouvant soutenir sa fierté, se retire en Afrique. Castinus est vaincu, & obligé de s'enfuir à Tarragone.
423.	Placidie, ayant été chassée de Rome par son frere Honorius, passe en Orient avec ses fils Valentinien & Honorius.
	Lamissus II. Roi des Lombards, régne 3 ans.
	L'Empereur Honorius meurt à Rome le 15 Août. Un nommé Jean, Greffier, ou Notaire, s'empare de l'Empire, appuyé de Castinus.
	Théodose déclare Valentinien César, & l'envoye pour disputer l'Empire à Jean qui s'en étoit emparé. Valentinien épouse Eudoxie, fille de Théodose
424.	L'armée des Perses, dans la crainte d'être exterminée par les Romains, se jette dans l'Euphrate. Plus de 100 mille y furent noyés.
425.	Valentinien & sa mere Placidie se conduisent avec tant de prudence, qu'ils se rendent maîtres de l'Empire, après en avoir chassé Jean, qui est tué proche de Ravenne. Théodose accorde le titre d'Auguste à Valentinien.
	Théodose rétablit les Ecoles publiques à Constantinople, & accorde plusieurs Priviléges aux Professeurs.
426.	Saint Augustin, âgé de 72 ans, fait Eradius son Coadjuteur.
	Gunderic, Roi des Vandales, meurt. Giseric, ou Genseric, son frere lui succéde.

Les

DE L'HISTOIRE MODERNE.

Depuis J. C. 427.	Les Romains recouvrent la Pannonie, dont les Huns étoient en poffeffion depuis 50 ans. Le Comte Boniface fait paffer les Vandales & les Alains en Afrique, à qui il affigne plufieurs Provinces. Genferic paffe en Mauritanie, & ravage la Lufitanie. Hermigare, Roi des Suéves, le pourfuit, lui fait prendre la fuite, & met fon armée en déroute. Genferic, fe voyant preffé, fe jette dans un Fleuve.
428.	Neftorius, natif d'Antioche, eft fait Evêque de Conftantinople le 10 Avril, malgré toutes les oppofitions du peuple. Ætius s'empare de la partie des Gaules qui étoit dans le voifinage du Rhin, & qui jufqu'alors avoit été poffedée par les François. Boniface rentre en grace auprès de Placidie. Il ne peut engager les Vandales à revenir en Efpagne. Pharamond meurt, dit-on, la neuviéme année de fon régne. Clodius, ou Clodion II. Roi des François, lui fuccéde. Les Suéves ravagent la Galice. Hermeric, Roi de ce pays, les met en fuite, & les force d'accepter la paix.
429.	Agricola, Evêque, infecte les Eglifes d'Irlande des erreurs de Pélage. Le Pape Céleftin y envoye Saint Germain, Evêque d'Auxerre, qui ramene les habitans du pays aux fentimens de l'Eglife. Saint Germain, en allant en Angleterre, paffe par Paris, & donne le voile de Virginité à Sainte Geneviéve. Neftorius compofe plufieurs Ecrits pour enfeigner fon héréfie. Il les envoye en Egypte, & les répand parmi les Moines, afin d'accréditer fes erreurs. Saint Cyrille les réfute, & écrit à Neftorius pour le porter à fe rétracter.
430.	Théodofe célébre les Jeux de 30 ans. Saint Auguftin meurt le 28 Août, âgé de 76 ans, après avoir été Evêque 36 ans.
431.	CONCILE D'EPHESE III. Oecuménique, contre l'Hérétique Neftorius. Le Pape Céleftin y envoye des Légats. Plus de 200 Evêques affiftent à ce Concile, qui commence le 22 Juin. Neftorius, cité par trois fois, refufe de comparoitre. Il eft dépofé, fon opinion condamnée, le Pélagianifme profcrit. Neftorius eft chaffé de fon Siége, fur lequel on met Maximinien. Saint Paulin meurt le 22 Juin, âgé de 78 ans.
432.	Théodofe réconcilie Saint Cyrille avec Jean d'Antioche. Boniface revient d'Antioche à Rome. On lui donne la charge de Général de la Cavalerie. Il meurt quelque tems après.
433.	La partie Septentrionale de Conftantinople eft réduite en cendres par un incendie, arrivé le 15 Août, & qui dura trois jours.

D 5 Baf-

Depuis J. C.	
	Baſſus, Ex-Conſul, accuſe le Pape Sixte de crimes énormes. Le Pape eſt abſous, & Baſſus condamné. Hermeric, Roi des Suéves, fait la paix avec les Eſpagnols.
434.	Honoria, ſœur de Valentinien, que cet Empereur avoit chaſſée de ſon Palais à cauſe de ſes débauches, engage Attila, Chef des Huns, à ravager l'Empire d'Occident.
435.	Le 2 Février on fait la paix avec Genſeric, Roi des Vandales, à qui on accorde pour trois ans une portion de l'Afrique. Guadicaire, Roi des Bourguignons, fait la paix avec Ætius. Elle eſt troublée par les Huns, qui remportent une victoire complette ſur les Bourguignons.
436.	⁕ Les Goths, ſous la conduite de leur Roi Théodoric, font la guerre aux François, s'emparent de toutes les Places fortes qui étoient dans le voiſinage de leur pays, & aſſiégent Narbonne. Le Comte Littorius, Général de l'Empereur, y envoye des bleds. Les Goths ſont obligés de lever le ſiége. Neſtorius eſt éxilé à Oaſis, d'où il eſt transferé dans la Pentapole. Il meurt de pourriture, ſa langue étant rongée par les vers.
437.	Valentinien vient à Conſtantinople, & y épouſe Eudoxie, fille de l'Empereur Théodoſe. Il paſſe enſuite à Theſſalonique. Genſeric, Roi des Vandales, attaché aux ſentimens d'Arius, chaſſe pluſieurs Evêques Catholiques de leurs Siéges, & en fait mourir quelques-uns. Les Goths ravagent pluſieurs Iſles, & pillent la Sicile. Ætius en défait huit mille. Hermeric, Roi des Suéves, dangereuſement malade, déclare ſon fils Rechile Roi en ſa place. Le 28 Janvier on apporte à Conſtantinople, par ordre de l'Empereur, les Reliques de Saint Chryſoſtôme. Valentinien & Eudoxie ſa femme viennent à Ravenne. L'Impératrice Eudoxie vient à Jeruſalem, fait rétablir les murs de la Ville, & bâtir une Egliſe ſous l'invocation de Saint Etienne.
439.	Eudoxie revient de Jeruſalem à Conſtantinople, elle apporte des Reliques de Saint Etienne, avec les deux chaînes dont Saint Pierre fut lié par l'ordre d'Hérode. Elle en envoye une à Rome à l'Impératrice Eudoxie ſa fille, & fait garder l'autre dans l'Egliſe de Saint Pierre à Conſtantinople. Eudoxie fait bâtir une Egliſe à Rome, où elle fait placer cette chaîne, d'où cette Egliſe a tiré le nom de Saint Pierre ès-Liens. Genſeric s'empare de pluſieurs Villes d'Afrique, & ſe rend maître de Carthage le 22 Octobre.
440.	Littorius, qui juſqu'ici avoit combattu avec ſuccès dans les Gaules contre les Goths, eſt défait & pris par leur Roi Théodoric. Genſeric, ſur la nouvelle de l'arrivée du Comte Sébaſtien en Afrique, ſe rend à Carthage.
441.	Théodoſe fait la guerre aux Vandales. Les Perſes, les Sarraſins,

Depuis J. C.	fins, les Zanniens, les Isauriens & les Huns ravagent les terres des Romains. Anatolius & Aspar, Commmandans de la Cavalerie Romaine, marchent contre eux, & les portent à faire la paix. Les Huns font des courses en Illyrie. Mort d'Hermeric, Roi des Suéves, après sept années de maladie. Son fils Rechile lui succéde, & s'empare de la Bétique, de Séville & de Carthagéne.
442.	Valentinien fait la paix avec Genseric, à qui on accorde plusieurs Places en Afrique pour servir de barriére. Attila, & Bleda son frere, Roi des Huns, ravagent la Thrace & l'Illyrie. Théodose, n'ayant pas assez de force pour les repousser, leur donne 6000 livres pesant d'or, & leur en promet 1000 chaque année, pour les engager à se retirer.
443.	On découvre à Rome les assemblées secrettes des Manichéens, & on brûle leurs Livres. Théodose revient d'Asie à Constantinople, & ordonne à Théodoret, qui séjournoit ordinairement à Antioche, d'aller résider dans son Evêché de Cyr.
444.	Attila, après avoir fait mourir Bleda son frere, s'empare de ses Etats. Théodose célébre les Quinquennales. Arcadia, sœur de cet Empereur, meurt. Saint Cyrille meurt le 9 Avril, l'an 32 de son Episcopat.
445.	Vitus vient en Espagne, fait la guerre aux peuples de Bétique & aux Habitans de Carthagéne. Les Suéves & les Goths, venus à leur secours, obligent Vitus & ses troupes de se retirer, & ravagent toutes les Provinces voisines.
446.	La Ville de Constantinople souffre extrêmement par le feu, la peste & la famine, & par un tremblement de terre, qui en renverse les murs & 17 tours, le 27 Septembre. On a commencé dans ce tems à chanter le *Trisagium*. Les Pictes & les Ecossois ravagent les Isles Britanniques, dont les Habitans ont recours aux Romains, qui ne leur donnent aucun secours.
447.	Attila ravage toute l'Europe, & vient jusqu'aux Thermopyles. Constantin, Préfet du Prétoire, fait rebâtir en moins de trois mois les murs de Constantinople.
448.	Eutychés est convaincu d'hérésie le 8 Novembre, dans le Concile de Constantinople, par Eusebe Evêque de Dorylée. Ibas est condamné & absous deux fois ; premiérement par le Concile de Tyr au mois de Février, & par celui de Beryte au mois de Septembre. Clodion, Roi de France, meurt. Merouée lui succéde. Celui-ci regna environ 20 ans, pendant lesquels il étendit considérablement ses Etats. Rechile, Roi des Suéves, meurt au mois d'Août. Rechiarius son fils lui succéde. Il régna 8 ans, & épousa la fille de Théodoric, Roi des Goths.
449.	Mort de Marine, sœur de l'Empereur Théodose.
450.	MARCIEN, quarante-neuviéme Empereur.

Eu-

Depuis J. C.	Eudoxie, femme de Théodose, se retire à Jerusalem. Pulchérie revient à Constantinople. Théodose meurt le 29 Juillet, âgé de 49 ans, après en avoir régné 42 & 3 mois. Marcien, époux de Pulchérie, sœur de Théodose, lui succéde. Attila vient d'Orient en Occident, & ravage l'Allemagne. Ætius, secouru d'Alaric, défait entiérement ses troupes, proche du Danube. Il y eut une famine si terrible en Italie, que les peres & meres furent réduits à la cruelle nécessité de manger leurs propres enfans.
451.	Attila parcourt & ravage toute la France. La Ville de Paris échappe à sa cruauté, par les priéres de Sainte Geneviéve. Ætius, avec les forces de Théodoric, Roi des Goths, & de Torismond son fils, l'oblige de lever le siége d'Orléans. Il lui livre un combat dans la Plaine de Châlons, ou de Sologne; plus de 180 mille hommes restent sur la place. Quelques-uns font même aller le nombre des morts jusqu'à 300 mille. Attila, nonobstant cette défaite, ne perd point courage; il fait célébrer des Jeux dans la Thuringe, ramasse quelques troupes, & tente une nouvelle irruption en Italie. IV. CONCILE OECUMENIQUE, tenu à Chalcédoine. L'Empereur Marcien & l'Impératrice Pulchérie, les Magistrats & Sénateurs assistent à ce Concile, qui commence le 8 Octobre. Plus de 630 Evêques s'y trouvérent. Les Légats du Pape y président. Eutychés & Dioscore y sont condamnés. On y fait vingt-neuf Canons. Ce Concile finit le 1 de Novembre.
452.	Placidie, mere de l'Empereur Valentinien, meurt à Rome. Marcien défend de disputer contre le Concile de Chalcédoine. Les Habitans d'Alexandrie se révoltent contre l'Empereur, & empêchent qu'on ne transporte du bled à Constantinople. Les Moines d'Egypte se déclarent en faveur d'Eutychés. Théodose, l'un d'entre eux, parcourt toute la Palestine, inspire des sentimens hérétiques à Eudocie, s'empare du Siége de Jerusalem, fait mourir Sévérien, Evêque de Scythople, & un Diacre, nommé Athanase. Attila ravage la Ville de Milan. Le Pape Léon l'empêche d'approcher de Rome. Ætius combat avec tant de succès contre lui, qu'il oblige Attila d'abandonner l'Italie. Attila vient dans les Gaules. Thorismond remporte sur lui une victoire si complette, qu'il y eut encore plus de personnes de tuées que dans la bataille de Sologne. La Ville de Venise doit son premier établissement aux incursions de ces Barbares. Les freres de Thorismond, Roi des Goths, le font mourir un an après qu'il eut commencé à regner. Marcien ordonne que ceux qui parviendroient au Consulat, payeroient une certaine somme qui seroit employée aux réparations des Aqueducs.

Pul-

Depuis J. C. 453. 454.	Pulchérie meurt le 10 Septembre. L'Empereur Valentinien deshonore la femme de Maxime, homme Consulaire. Maxime, pour se venger, conspire contre l'Empereur. Il intente de fausses accusations contre Ætius, que Valentinien tue de sa propre main. Les Vandales ravagent la Sicile & s'en rendent maîtres. Attila épouse une jeune fille. Il boit avec tant d'excès, qu'il meurt d'un saignement de nez & d'un vomissement de sang.
455.	L'Empereur Valentinien est tué le 17 Mars de la 31 année de son Empire, & de la 36 de son âge, par deux Gardes d'Ætius, à la suggestion de Maxime, dont cet Empereur avoit deshonoré la femme. Maxime s'empare de l'Empire, & épouse Eudoxie, femme de Valentinien, à qui il avoue que c'est à son instigation que l'Empereur a été tué. Eudoxie, pour venger la mort de son époux, engage Genseric à équiper une flotte considérable, & à venir d'Afrique en Italie. Il entre dans Rome le 12 Juillet. Les Romains assomment Maxime à coups de pierres, & le coupent par morceaux. Les Vandales démolissent la plus grande partie des édifices de la Ville, en pillent toutes les richesses qu'ils emportent avec eux en Afrique, emmènent Eudoxie & Placidie sa fille, & plusieurs autres milliers de personnes en captivité. Placidie va à Constantinople, & épouse Olybrius. Quelques jours après la mort de Maxime, Avitus est proclamé Empereur. Les Suéves s'emparent de la Province de Tarragone. Genseric fait abattre les murs de toutes les Villes d'Afrique, à l'exception de Carthage.
456.	Merouée, Roi de France, meurt. Childeric IV. Roi des François, lui succéde ; il régne pendant 9 ans. Théodoric, Roi des Goths, vient en Espagne à la sollicitation de l'Empereur Avitus. Il combat avec tant de succès les troupes qui ravageoient le pays, qu'il oblige Rechiarius leur Roi de sortir, d'abandonner ce Royaume, & de s'enfuir dans la Lusitanie (Portugal), où il le poursuivit, le prit prisonnier, & le fit mourir. Ricimer défait les Vandales qui infestoient toutes les Côtes avec une flotte, composée de 60 Vaisseaux.
457.	LEON, AVITUS ET MAJORIANUS, cinquantiéme Empereurs. Marcien meurt le 30 Mai, après avoir gouverné l'Empire six ans, six mois & deux jours. Léon, Thrace d'origine, est élû Empereur d'un commun consentement du Sénat de Constantinople. Cet Empereur fait déclarer Majorianus Empereur d'Occident, dans la Ville de Ravenne. Avitus, privé du secours des Goths, abdique l'Empire & meurt.
458.	Tremblement de terre extraordinaire à Antioche, la nuit du

Depuis J. C.	
	du 14 Septembre, qui renverse les portiques, les temples, les statues, les tours, les murailles & presque toutes les maisons de la Ville, & fait de grands dégâts en Thrace dans l'Hellespont, dans l'Ionie, & dans les Isles Cyclades.
459.	Maldias, Roi d'Espagne, tue son frere.
460.	Maldias meurt vers la fin du mois de Février.
	Frumarius & Remismundus sont vaincus par les Suéves.
	Thimothée Elurus, Evêque d'Alexandrie, vient à Constantinople pour abjurer ses erreurs. Le Pape le fait déposer & éxiler. On élit en sa place un autre Evêque d'Alexandrie, nommé Timothée.
	Eudocie meurt à Jerusalem, âgé de 67 ans.
	Majorien se prépare à faire la guerre contre les Vandales, se déguise, & va trouver Genseric.
461.	SEVERE, Empereur.
	L'Empereur Majorien est tué en Espagne par l'ordre de Ricimer, après avoir régné 4 ans, 4 mois & 2 jours. Sévere lui succéde.
	Incendie, arrivé à Constantinople le 11 Septembre.
	Mort de Saint Siméon Stylite.
462.	Childeric, Roi de France, prend Cologne sur les Romains.
	C'est à ce tems qu'on peut rapporter l'histoire, marquée par Théodore le Lecteur, d'un Peintre qui entreprit de faire le portrait de Jesus-Christ en la même forme que les Païens représentent leur Jupiter, & dont la main, devenue seche, fut guérie par les priéres de Gennadius.
	Victorien d'Aquitaine dresse un Cycle Paschal, qui commence à la Passion de Jesus-Christ, & finit l'an 532.
464.	Beorgor, Roi des Alains, est vaincu & mis à mort par Ricimer. Les Vandales sont défaits & chassés de la Sicile par le Comte Marcellin.
	Mort de Théodoric, Roi des Goths. Evaric lui succéde.
465.	Sévere meurt par le poison que Ricimer lui fait donner.
	Genseric vient avec une flotte considérable jusques en Italie, il passe en Gréce, & pénétre jusqu'à la Ville d'Alexandrie.
	Childeric, Roi de France, est rappellé de l'éxil où il étoit depuis huit ans. Il épouse Basine, femme de Bisin, Roi des Thuringiens.
466.	Théodoric, Roi des Goths, meurt, après avoir régné 13 ans. Evaric son frere lui succéde, ravage l'Espagne, vient dans les Gaules, & assiége Clermont en Auvergne. Ses troupes sont mises en fuite par Ecdicius, fils de l'Empereur Avitus.
	Naissance de Clovis, qui depuis fut Roi de France.
	ANTHEMIUS, Empereur.
467.	L'Empereur Léon envoye Anthemius pour être Empereur à Rome. Ricimer épouse la fille d'Anthemius. Cet Empereur fait célébrer à Rome la fête des Lupercales. Rome est affligée d'une peste, qui enleve un grand nombre de ses Habitans.

Lé-

DE L'HISTOIRE MODERNE. 63

Depuis J. C.	
	Léon envoye des troupes contre les Vandales, qui combattent avec tant de succès, que Genseric est obligé de demander la paix, qu'on lui accorde.
	Les Suéves s'emparent de Conimbre.
468.	L'Empereur Léon équipe une flotte de mille Vaisseaux contre les Pirates & contre Genseric. Il en donne le commandement à Basiliscus, qui avoit été Consul. Cet Amiral défait la flotte de Genseric, & se laisse gagner par des présens considérables; ensorte que Genseric remporte une victoire sur lui. Basiliscus revient à Constantinople. Convaincu de trahison, il évite la mort par les sollicitations de Verine sa sœur, qui fait changer cette peine en celle d'éxil.
469.	Les Ostrogoths envoyent à Constantinople la tête de Dinzic, Roi des Huns, & fils du fameux Attila.
471.	Aspar Ardabure & son fils sont mis à mort par ordre de l'Empereur.
	Saint Remy, âgé seulement de 22 ans, est fait Evêque de Rheims.
472.	OLYBRIUS, Empereur.
	L'Empereur Anthemius est tué à Rome par l'ordre de Ricimer son gendre. Olybrius lui succéde. Son régne ne fut que de 7 mois, puisqu'il mourut le 25 Octobre.
	Le Mont Vesuve vomit des flammes en si grande abondance, qu'elles volérent jusqu'à Constantinople, obscurcirent le Soleil en plein jour; le feu brûla toute la Campanie.
473.	GLYCERIUS, Empereur.
	Glycerius est proclamé Empereur à Ravenne, le 5 Mars.
	Les Ostrogoths se divisent; une partie de ces peuples se vient rendre à Glycerius.
474.	LEON I. LEON II. ZENON, GLYCERIUS, Empereurs.
	Léon l'Ancien fait proclamer Auguste, Léon son petit-fils. Le premier de ces Empereurs meurt, après avoir régné 17 ans & 6. mois.
	Les Sarrasins s'emparent de la Mésopotamie, & les Huns de la Thrace.
	Le jeune Empereur Léon meurt, n'ayant régné que 10 mois. Zénon son pere lui succéde. Il s'abandonne à d'affreuses débauches, les soldats le déposent.
	Julius Nepos vient à Rome avec une puissante armée, oblige Glycerius d'abdiquer l'Empire, & de se faire sacrer Evêque de Salone, & lui-même se fait proclamer Empereur à Rome le 24 Juin.
475.	Zénon est déposé par Basiliscus. Il s'enfuit en Isaurie avec sa femme Adriadne.
	Nepos est chassé de Ravenne par Orestes, Général de ses troupes, qui l'oblige de s'enfuir & de se retirer à Salone, Ville de Dalmatie.
	Orestes usurpe l'Empire, & fait déclarer Empereur par l'armée,

| Depuis J. C. | mée, son fils Romulus Momyllus. Il fut nommé Augustule par mépris, tant à cause de sa grande jeunesse, que parce que l'Empire finit en lui, comme il avoit commencé par Auguste.
Les Romains défont les Saxons, dont les François prennent les Isles. Childeric, Roi des François, fait alliance avec Odoacre, Commandant des Saxons, & se rend maître du pays de ces peuples.
ODOACRE. |
|---|---|
| 476. | Basiliscus fait déclarer César Marc son fils. L'Empereur Zénon éxile Basiliscus, son fils, & sa femme Zénonide en Cappadoce, & fait défense de leur fournir des vivres ; de sorte qu'ils y meurent de faim.
Incendie à Constantinople, dans lequel une grande partie de la Ville est consumée, & principalement la fameuse Bibliothéque, composée de 120 mille volumes, entre lesquels étoient les Oeuvres d'Homére écrites en lettres d'or.
Genseric, Roi des Vandales, meurt en Afrique, après avoir régné 37 ans, depuis la prise de Carthage. Huneric son fils lui succéde.
Odoacre, Roi des Hérules, vient en Italie, & prend plusieurs Villes. Il se rend maître de Rome, & oblige Momyllus d'abdiquer l'Empire.
C'est à ce tems qu'il faut rapporter la FIN DE L'EMPIRE ROMAIN en Occident, qui, selon Procope, avoit duré 552 ans, depuis la Bataille de Pharsale, gagnée par Jules César.
Odoacre refuse la pourpre, les ornemens Impériaux, le titre d'Empereur, & se contente de celui de Roi d'Italie. Il abolit pour un tems les Consuls de Rome, & établit le siége de son Royaume à Ravenne. |
| 477. | Le Comte de Brachylas refuse de reconnoître Odoacre, & ce Prince ordonne qu'il soit mis à mort à Ravenne.
Tremblement de terre à Constantinople, qui renverse plusieurs édifices.
On prétend que l'on trouva cette année dans l'Isle de Chypre le corps de Saint Barnabé Apôtre, avec l'Evangile de Saint Mathieu sur sa poitrine.
Zénon dépose & éxile les Evêques que Basiliscus avoit mis à la place des Evêques Catholiques, qui sont rappellés d'éxil. |
| 479. | Etienne, Evêque d'Antioche, est tué dans l'Eglise par les partisans de Pierre le Foulon, qui jettent son corps dans la Riviére d'Oronte.
L'Empereur Zénon ordonne que pour cette fois seulement Acace, Evêque de Constantinople, & les autres Evêques qui se trouveroient dans cette Ville, éliroient & ordonneroient un Evêque d'Antioche. Ils élurent Etienne, dont le Pape approuva l'élection. |
| 480. | Tremblement de terre à Constantinople, qui dure pendant 40 |

DE L'HISTOIRE MODERNE. 65

Depuis J. C.	
	40 jours, renverse plusieurs édifices, & même la statue de Théodose le Grand.
Huneric permet aux Catholiques d'élire un Evêque de Carthage. Eugene est choisi pour remplir cette place.
Clovis V. Roi des François, commence à régner à l'âge de 15 ans.
Naissance de Saint Benoit.
481.	Théodoric, fils de Triarius, Roi des Goths, vient avec une nombreuse armée jusqu'à quatre milles de Constantinople. Il revient en Illyrie, & y meurt d'une blessure.
482.	Théodoric, surnommé Valamer, ravage la Macédoine & la Thessalie.
Mort de Saint Severin, Evêque & Apôtre des Noriciens.
483.	L'Empereur fait chasser Jean Talaïa du Siége d'Alexandrie.
Pierre Mongus, qui avoit usurpé le Siége d'Alexandrie, se déclare pour le Concile de Chalcédoine. Peu de tems après, il change de sentiment ; mais tous ses partisans l'abandonnent, à cause de son inconstance. On leur donne le nom d'*Acéphales*, c'est-à-dire sans Chef, pàrcequ'ayant abandonné l'Evêque de leur parti, ils n'avoient pas voulu se réunir à l'Eglise.
484.	Le 27 Juin, Léontius fait son entrée dans Antioche, en qualité d'Empereur.
Le Pape Félix envoye des Légats à Acace, qui les maltraite. Le Pape excommunie Acace. Cet Evêque fait ôter des Dyptiques le nom du Pape Félix.
Huneric excite une cruelle persécution. Il fait couper la langue & la main droite à plusieurs Evêques Catholiques, qui ne perdirent pas cependant l'usage de la parole; il fit exiler plus de 334 Evêques, & donna leurs Eglises aux Ariens.
Avaric, Roi des Goths, meurt, après avoir régné 20 ans. Alaric lui succéde.
Huneric est rongé des vers, & meurt, après un régne de 7 ans & 10 mois. Gondaben, ou Gondebaud, fils de Genton, lui succéde.
485.	Mort du fils de Zénon, qui prétendoit à l'Empire. Zénon fait transporter à Constantinople l'Evangile de Saint Matthieu, qu'on prétend avoir été trouvé dans le tombeau de Saint Barnabé.
Xénaïus, ou Philoxene, esclave originaire de Perse, est fait Evêque d'Hiérapolis. Il est le premier qui a combattu les Images.
Clovis défait Siagrius, Patrice Romain, qui se fait nommer Roi de Soissons. Siagrius s'enfuit vers Alaric, Roi des Visigoths. Clovis le redemande, Alaric le lui renvoye. Clovis le fait mourir, & se rend maitre de toutes les Places que les Romains possédoient dans les Gaules. Clovis fait restituer à Saint Remy un vase précieux que ses soldats avoient pris.

II. Volume.   E   Mort

Depuis J. C.	
486.	Mort de Pierre le Foulon, qui s'étoit emparé du Siége d'Antioche. Clovis épouse Clotilde, fille de Chilperic. Saint Remy, Evêque de Rheims; Patricius son frere, Evêque de Soissons; Saint Waast, Evêque d'Arras, & Solemnis, Evêque de Chartres, fleurissent en ce tems.
487.	Théodoric leve une nombreuse armée, & brûle plusieurs villages. Odoacre fait la guerre aux Rugiens, tue leur Roi Fena, défait leurs troupes & s'empare de leur pays.
488.	Le Roi Leontius & le Tyran Illus sont pris, enfermés dans un Château d'Isaurie, & ensuite décapités; leurs têtes furent apportées à Constantinople. Théodoric vient en Italie, & défait Odoacre, qui se réfugie à Ravenne. Frideric, fils du Roi des Rugiens, obtient du secours de Théodoric, fait la guerre à Odoacre, & recouvre ses Etats. Odoacre reprend sur lui tout ce qu'il avoit, & emmene toute la Nation des Rugiens en Italie.
489.	Théodoric continue de faire la guerre à Odoacre, Roi des Hérules; il remporte une victoire complette sur ce Prince.
490.	Théodoric défait de nouveau Odoacre. Les Vandales excitent une cruelle persécution contre les Chrétiens d'Afrique. Mort de Claudien, frere de Saint Mamert. Pierre Mongus, Evêque d'Alexandrie, meurt. On lui substitue l'Hérétique Athanase. Clovis subjugue une partie des Thuringiens. ANASTASE, Empereur.
491.	L'Empereur Zénon meurt, après avoir gouverné l'Empire 17 ans & 7 mois. Les Auteurs rapportent différemment la cause de sa mort. Longin, frere de Zénon, tâche de parvenir à l'Empire; mais Anastase est élû par le Sénat. Peu de tems après, il épouse Ariadne, veuve de Zénon. Anastase diminue les impôts, en retranche plusieurs, ôte la vénalité des charges, & se fait aimer du peuple. Saint Patrice, premier Evêque d'Hybernie, meurt, âgé de cent vingt-deux ans, après en avoir employé soixante à prêcher dans cette Isle. Odoacre, assiégé dans Ravenne, fait une sortie pendant la nuit, & attaque les troupes de Théodoric; il en est vaincu.
492.	Longin, frere de l'Empereur Zénon, se souleve contre Anastase.
493.	Odoacre, après avoir soutenu le siége de Ravenne contre Théodoric pendant 3 ans, capitule avec ce Prince, & lui rend la Ville de Ravenne, à condition qu'ils auroient une égale autorité, non seulement dans cette Ville, mais dans toute l'Italie. Théodoric invite Odoacre à un grand repas, &

Depuis J. C.	
	& le fait mourir fur de faux prétextes. Ainfi finit Odoacre, après un régne de 17 ans. Théodoric fait fa paix avec l'Empereur Anaftafe, & époufe Audeflede, fœur de Clovis.
494.	L'Empereur Anaftafe perfécute les Orthodoxes. Tremblement de terre, qui engloutit les Villes de Laodicée, d'Hiéraples, de Tripoly & quelques autres. Saint Benoit, âgé feulement de 14 ans, quitte la maifon paternelle, & fe retire dans le défert.
495.	Euphemius, Evêque de Conftantinople, eft chaffé de fon Siége par l'Empereur, & envoyé en éxil. Macédonius eft mis en fa place. Gondebaud, Roi des Vandales, meurt en Afrique la douziéme année de fon régne. Thrafimond fon frere lui fuccéde. Clovis livre un combat aux Allemands près de Tolbiac. D'abord fes troupes plient, il invoque le fecours du Ciel, & promet de fe faire Chrétien, au cas qu'il triomphe de fes ennemis. Dieu exauce fa priére & lui fait remporter une victoire complette. Il vient à Rheims, & s'y fait baptifer par Saint Remy, qui en étoit Evêque. Alboflede, fœur de Clovis, qui étoit Païenne, & grand nombre de fes Officiers & foldats reçurent auffi le Baptême. Lantilde, fœur de Clovis, abjure l'Arianifme, dont elle avoit fait profeffion jufqu'alors. Saint Remy diftribue à plufieurs Provinces les préfens que Clovis lui avoit faits, & en donne une partie à l'Eglife de Laon, qu'il érige en Evêché, dont il fait Genebaud premier Evêque.
496.	Les Sclavons s'emparent de la Pologne & de la Bohème.
497.	Fin de la guerre d'Ifaurie. Athenodore eft pris & décapité. Sa tète, mife au bout d'une pique, eft expofée fur les portes de Tarfe, Ville de Cilicie. Le Pape Anaftafe envoye des Légats à l'Empereur, pour le prier de faire ôter le nom d'Acace des Dyptiques.
498.	Sédition à Conftantinople contre l'Empereur; plufieurs perfonnes font maffacrées.
499.	Les Bulgares viennent des extrémités du Septentrion ravager la Thrace. L'Empereur Anaftafe leur fait des préfens pour les engager à fe retirer.
500.	Les Sarrafins ravagent la Phénicie & la Syrie. Théodoric vient à Rome, & le peuple lui fait de magnifiques préfens. Ce Prince donne de groffes fommes pour rétablir les murs de la Ville. Saint Fulgence vient à Rome.
501.	Anaftafe fait la paix avec les Sarrafins, & pacifie l'Orient. L'Empereur fait repréfenter les Jeux, appellés *Circenfes*. Plus de 3000 perfonnes, qu'il foupçonnoit de ne lui être pas favorables, font maffacrées par fon ordre. Schifme de Laurent contre le Pape Symmaque.
502.	Les Bulgares recommencent à ravager la Thrace. Cabade, Roi des Perfes, fe rend maître de la Ville d'Amide par la trahifon des Moines.

Depuis J. C.	
503.	Anaſtaſe leve une armée contre les Perſes. Ses troupes, qui d'abord avoient eu le deſſus, ſont battues & miſes en déroute. Anaſtaſe eſt obligé de demander, & d'accepter la paix à des conditions peu honorables.
504.	Anaſtaſe obtient des Bulgares, à force d'argent, qu'ils ſe retireront de la Thrace pour aller dans la Pannonie. Théodoric leur déclare la guerre, les défait & prend ſur eux la Ville de Sirmich, & le pays circonvoiſin. Les Vandales renouvellent contre les Catholiques la perſécution, qui s'étoit rallentie depuis quelque tems. Saint Fulgence eſt envoyé en éxil avec pluſieurs autres Evèques.
505.	L'Empereur Anaſtaſe fait la paix avec Cabade, Roi de Perſe, à qui il rend la Ville d'Amide & pluſieurs autres places. Les Getes, commandés par Mondon, battent le Conſul Sabinien. Le Roi Clovis, à la ſollicitation de ſa femme Clotilde, bâtit une Egliſe à Paris, ſous l'invocation de Saint Pierre & Saint Paul; c'eſt celle où les Chanoines Réguliers de l'Ordre de Saint Auguſtin conſervent les Reliques de Sainte Geneviéve.
506.	Anaſtaſe fait briſer toutes les ſtatues qui étoient dans les Places publiques, & fait mettre la ſienne dans la Place du Taureau. Alaric, Roi des Viſigots, ordonne à des Juriſconſultes de rédiger le Code Théodoſien. Clovis déclare la guerre à Alaric, lui livre un combat, dans lequel il remporte une victoire ſignalée. Clovis tue Alaric de ſa propre main, & ſe rend maître de pluſieurs Villes. Alaric avoit régné 22 ans. Amalaric ſon fils lui ſuccéde, & conſerve l'Eſpagne. Sainte Geneviéve meurt, âgée de 80 ans.
507.	Clovis ſe rend à Touloufe pendant le printems; il s'empare des Tréſors d'Alaric. L'Empereur Anaſtaſe lui envoye des Lettres de Conſul honoraire, & les ornemens Impériaux; ſçavoir, la robe de pourpre, le manteau & le diadême. Clovis s'en fait revêtir dans l'Egliſe de Saint Martin, & diſtribue au peuple de ſa propre main de l'or & de l'argent. Depuis ce tems, on lui donna toujours les noms de Conſul & d'Auguſte. Peu de tems après, Clovis vient à Paris, où il fait ſon ſéjour ordinaire.
508.	Théodoric, Roi des Oſtrogoths, envoye Hibba avec une armée contre les François. Ce Général donne bataille, dans laquelle plus de 30 mille François reſtent ſur la place. On reprit ſur Clovis tout ce qu'il avoit conquis en Provence & en Languedoc, excepté Touloufe & Uzez. La Ville d'Arles eſt aſſiégée par les François, & vigoureuſement défendue par les Goths. Saint Céſaire, qui étoit Evèque de cette Ville, ſe diſtingue par ſa charité & par ſa piété. Clovis tombe dangereuſement malade à Paris. Les prières de

Depuis J. C.	de Saint Severin Abbé accélérent fa guérifon. Il entreprend une feconde guerre contre Gondebaud, Roi des Bourguignons, dont l'iffue lui fut avantageufe. Gondebaud, ayant été vaincu, fe réfugie en Italie, & y meurt. Sigifmond fon fils recouvre une partie des Etats de fon pere.
509.	Clovis fe faifit de Chararic, Roi d'Amiens, & de fon fils. Il leur ordonne de fe retirer dans un Monaftére & de s'y faire Moines. Ils refufent d'obéir; mais Clovis leur fait couper la tête. On amene à ce Prince Ragnacaire, Roi de Cambray, & Riquier fon frere. Il leur fend la tête de fa hache, fait affaffiner Rignomer, Roi du Mans, dans fa propre Ville, & s'empare enfuite des Etats de ces Rois. Deux cens Moines Eutychéens viennent trouver Anaftafe, qui les reçoit avec honneur. Ils fe déclarent contre Macedonius & contre le Concile de Chalcédoine. Jean, Evêque d'Alexandrie, offre une fomme confidérable à l'Empereur pour le porter à faire abolir ce Concile. Plufieurs Catholiques écrivent à Anaftafe pour la défenfe du Concile de Chalcédoine. Macedonius excommunie Flavien & les autres ennemis de ce Concile. Incendie à Conftantinople.
510.	Anaftafe veut faire dépofer Macedonius; les Moines & le peuple s'y oppofent fortement. Clovis meurt à Paris le 29 Novembre, âgé de 45 ans, après en avoir régné 30. Il eft enterré à Paris dans l'Eglife de Saint Pierre & Saint Paul, qu'il avoit bâtie. Après fa mort, fon Royaume eft partagé à fes quatre fils. Théodoric, fon fils naturel, s'établit à Metz; Clodomir à Orléans; Clotaire à Soiffons, & Childebert à Paris. Ces trois derniers étoient fils de Clotilde.
511.	L'Empereur oblige Macedonius d'abandonner l'Evêché de Conftantinople, & l'envoye en éxil. Ayant trouvé les Actes du Concile de Chalcédoine, que Macedonius avoit cachés dans fon Eglife, il ordonne de les brûler, & fait élire un nommé Thimothée, Prêtre hérétique, Evêque de Conftantinople. Sédition à Conftantinople, dans laquelle plus de dix mille perfonnes furent tuées, & quantité de maifons brûlées. Almaric, fils d'Alaric, époufe Clotilde, fille de Clovis.
512.	Flavien refufe de foufcrire au Concile de Chalcédoine. Sédition & maffacre effroyable à Antioche. Flavien, Evêque d'Antioche, eft conduit en éxil, où il meurt quelque tems après. Les Hérules viennent occuper les terres de l'Empire Romain.
513.	Cabade, Roi de Perfe, embraffe la Religion Chrétienne. Alamundatus, Roi des Sarrafins, fait la même chofe.
514.	Vitalien, Chef des Goths, fe déclare pour les Orthodoxes, & fait la guerre à l'Empereur Anaftafe, avec une armée de 60 mille hommes. Il ravage la Thrace, fe rend maître de la My-

Depuis J. C.	Myfie, & vient jufqu'aux portes de Conftantinople. Anaftafe lui donne une groffe fomme d'argent, & lui promet de rappeller Macedonius, & les autres Evêques Catholiques qui avoient été éxilés. Vitalien fe retire, licentie fes troupes, & relâche Hypatius, neveu d'Anaftafe, qu'il tenoit prifonnier.
515.	Vitalien, fe voyant trompé par l'Empereur, ravage dérechef la Thrace. Anaftafe lui fait des préfens confidérables, l'appaife, en lui promettant la charge de Commandant de la Cavalerie, & de folliciter le Pape d'affembler un Concile général pour pacifier les conteftations des Evêques. Ariadne, femme de l'Empereur, meurt, âgée de plus de 60 ans. Les Huns ravagent la Cappadoce, & viennent jufques en Licaonie. Macedonius meurt en éxil.
516.	Anaftafe envoye des députés au Pape pour l'exhorter à pacifier les troubles de l'Eglife. Il dépouille Vitalien de la Préfecture de la Milice, donne cette charge à un de fes favoris, nommé Ruffin, & perfécute les Evêques Orthodoxes. Mort d'Elie, Evêque de Jerufalem, & de Jean Nicoëtés, Evêque d'Alexandrie. L'Empereur fait mettre en fa place un nommé Diofcore (neveu de Diofcore, qui avoit été condamné par le Concile de Chalcédoine.) Le peuple & le Clergée ne veulent pas le reconnoitre; il eft obligé de s'enfuir. Les fils de Clovis déclarent la guerre à Sigifmond, Roi de Bourgogne, & à fon frere Gondemare. Ce dernier eft mis en fuite, & Sigifmond eft pris avec fa femme & fes enfans.
517.	Les Getes ravagent la Macédoine, la Theffalie & l'Epire. Le Pape Hormifdas envoye des Légats à l'Empereur, qui en font mal reçus. Il les oblige de s'embarquer & de retourner à Rome, il écrit au Pape des Lettres très vives, & perfécute les Orthodoxes d'Orient. Clodomir, malgré les remontrances de Saint Avite, Abbé de Micy, fait tuer Sigifmond, Roi de Bourgogne, & le fait jetter enfuite dans un puits avec fa femme & fes enfans. Clodomir marche avec fon frere Théodoric contre les Bourguignons, fur lefquels il eut d'abord de l'avantage; mais enfuite il fut tué dans un combat.
518.	JUSTIN, cinquante-deuxiéme Empereur. Anaftafe, devenu odieux au peuple pour fes vexations, & ne pouvant appaifer une fédition populaire, fe voit obligé de quitter les ornemens Impériaux, d'abdiquer le gouvernement de l'Empire, & de fupplier le peuple de lui choifir un fucceffeur. Le peuple, touché de compaffion, prie & engage l'Empereur de continuer à gouverner l'Etat. Anaftafe continue fes vexations, principalement contre les Orthodoxes. Proclus, fameux Mathématicien, fleurit en ce tems. Anaftafe meurt d'un coup de foudre le 11 Avril, âgé de 88 ans, après en avoir régné 27 & 3 mois.

Le

Depuis J. C.	Le 9 Juillet, Juſtin, Préfet du Prétoire, originaire de Thrace, d'une baſſe extraction, eſt élû Empereur par les ſoldats. Juſtin fait couronner ſa femme Lupicine, & lui donne le nom d'Euphemie. L'Empereur fait couper la langue à l'Hérétique Sévere; on élit en ſa place Paul, Evêque d'Antioche.
	L'Empereur ſe déclare pour les Catholiques, & les rétablit dans leurs anciens droits.
	Le Pape reçoit des lettres de Jean, Evêque de Conſtantinople, & lui refuſe la Communion, à moins qu'il ne ſouſcrive à la condamnation d'Acace, & qu'il ne faſſe ôter ſon nom des Dyptiques.
519.	Eutharic fait des libéralités aux Romains, & leur donne pluſieurs ſpectacles.
	Le Pape envoye des Légats à Conſtantinople, où ils ſont reçus favorablement. Ils obtiennent ce qu'ils demandent, entre autres la condamnation de Neſtorius, d'Eutychès, de Dioſcore, Evêque d'Alexandrie, de Timothée Elurus, de Pierre Mongus, d'Acace, & de pluſieurs autres. Ils font ôter des Dyptiques les noms d'Euphemius, de Macedonius, de Timothée, Evêque de Conſtantinople, & ceux des Empereurs Zénon & Anaſtaſe.
	Il s'éleve une conteſtation entre les Moines de Scythie, & un Diacre, nommé Victor. Dans le même tems il y en eut une autre à Alexandrie, au ſujet du Corps de N. S. Sévere, Evêque d'Antioche, & ſes partiſans prétendoient qu'il étoit corruptible. Julien Evêque d'Halicarnaſſe, ſoutenoit le contraire.
	Hermenfrede, Roi de Thuringe, fait mourir Bertier ſon frere, & déclare la guerre à ſon autre frére, nommé Baudri, ſur lequel il eut l'avantage.
520.	Vitalien eſt aſſaſſiné, le ſixiéme mois de ſon Conſulat, par l'ordre de l'Empereur.
521.	Libéralités exceſſives de Juſtinien au peuple de Conſtantinople. Il donne pluſieurs ſpectacles, dans un deſquels il fait conduire dans l'amphithéatre vingt lions, trente léopards & pluſieurs autres bêtes féroces.
	Paul, Evêque d'Antioche, coupable de pluſieurs crimes, ſe démet volontairement; il meurt quelque tems après. Euphraſius, Prêtre de Jeruſalem, eſt élu en ſa place. Ce dernier fait ôter le Concile de Chalcédoine & le nom du Pape Hormiſdas des Dyptiques de ſon Egliſe. La crainte du châtiment que méritoit cette action, le porta à remettre les choſes ſur l'ancien pied.
522.	Tzathius, Roi des Laziens, peuple de Colchide, quitte le parti du Roi de Perſe, & vient trouver Juſtin à Conſtantinople, qui le fait inſtruire dans la Religion Chrétienne. Ce Roi ſe convertit, & épouſe Valeria, femme Chrétienne. L'Empereur lui donne le titre & les marques de la Royauté.
	Cabade, Roi de Perſe, jaloux de cette diſtinction, en fait ſes

Depuis J. C.	
	fes plaintes à l'Empereur, & trouve mauvais qu'il ait tant de déférence pour Tzathius, qui avoit abandonné fon parti lorſqu'il étoit en Perſe. Juſtin n'a aucun égard pour ces plaintes. Cabade ſe ligue avec le Roi des Huns, & fait la guerre à l'Empereur, avec qui il a un ſecond éclairciſſement, qui eſt ſuivi de la paix. L'armée de Thraſimond, Roi des Vandales, eſt défaite par les Maures, & ce Roi tué dans un combat. Il avoit régné 27 ans & 4 mois. Hilderic lui ſuccède. Ce Prince rappelle tous les Evêques exilés. Les Sclavons s'emparent de l'Iſtrie.
523.	Juſtin fait rechercher & exécuter à mort des vagabonds qui commettoient un grand nombre de meurtres, de larcins & d'autres crimes. Il exile les Manichéens, & fait brûler leurs Livres. Cabade, Roi de Perſe, fait mourir un grand nombre de ces Hérétiques. Mort d'Euphemie, femme de Juſtin. Cet Empereur époufe & fait couronner Theodora.
524.	Anazarbe, Ville de Cilicie, eſt renverſée par un tremblement de terre. Juſtin la fait rebâtir, & lui donne le nom de Juſtinopolis. La Ville d'Edeſſe eſt ſubmergée par les eaux. Juſtin donne de groſſes ſommes pour aider à la faire rebâtir. L'Empereur publie pluſieurs Edits contre les Ariens, & donne leurs Egliſes aux Catholiques. Les Ariens ſe plaignent à Théodoric, qui prend leur parti.
525.	Théodoric, Roi d'Italie, oblige le Pape d'aller trouver de ſa part l'Empereur Juſtin, afin de l'engager à ne pas continuer les mauvais traitemens qu'il faiſoit aux Ariens, & de le menacer que s'il continuoit, il uſeroit de repréſailles à l'égard des Catholiques qui étoient en Italie. Juſtin reçut avec de grandes marques d'amitié ceux que Théodoric avoit envoyés, mais il ne ſatisfait pas aux demandes de ce Prince, qui, peu content du ſuccès de cette députation, fait empriſonner tous ceux qu'il en avoit chargés. Au mois d'Octobre de cette année, la Ville d'Antioche & pluſieurs de ſes Habitans ſont conſumés par un Incendie.
526.	Au mois de Mai il ſurvient un tremblement de terre, qui dura près d'un an, pendant lequel, tout ce qui étoit échappé au feu dans la Ville d'Antioche, eſt englouti. Euphraſius, Evêque d'Antioche, y périt. Pluſieurs autres Villes, comme Durazzo & Corinthe, furent auſſi ruinées par ce tremblement. Ephrem, Préfet d'Orient, fait de grandes largeſſes aux Habitans d'Antioche pour aider à rebâtir leur Ville. Par reconnoiſſance, ils le choiſiſſent pour leur Evêque. Le Pape meurt en priſon à Ravenne, le 27 Mai. On porta ſon corps en grande pompe dans l'Egliſe de Saint Pierre à Rome. Félix lui ſuccède.

Théo-

DE L'HISTOIRE MODERNE. 73

Depuis J. C. — Théodoric fait mourir son beau-pere Symmaque, & le fameux Boëce. Quelques jours après, ce Prince meurt d'une fiévre très ardente. Atalaric, âgé de 8 ans seulement, lui succéde.

Denys le Petit compose son Cycle. Il est le premier qui ait commencé à compter les années depuis la naissance de Jesus-Christ; ce qui néanmoins ne fut généralement en usage qu'au neuviéme siécle.

527. Justin, après avoir gouverné seul l'Empire pendant 8 ans, 9 mois & 5 jours, s'associa (le premier Avril) Justinien, fils de sa sœur, pour lors âgé de 45 ans. Le 1 Août, il fait venir les principaux Seigneurs, & en leur présence il met son Diadême sur la tête de Justinien: sa femme Theodora fut en même tems déclarée Auguste. Peu de jours après, Justin, âgé de 77 ans, meurt d'une blessure qu'il avoit reçue à la Chasse. Justinien fait plusieurs Edits en faveur des Orthodoxes, & proscrit les Hérétiques.

528. L'Empereur fait distribuer au peuple des sommes considérables.

Justinien envoye une armée, sous la conduite de Belisaire & de deux autres Généraux, pour faire la guerre aux Perses.

Gette, Roi des Hérules, vient à Constantinople, s'y fait instruire, & y reçoit le Baptême. Presque toute son armée imite son exemple.

Boazer, femme de Balache, Roi des Huns, fournit à Justinien plus de 100 mille hommes, que cet Empereur charge de garder le Bosphore contre les Barbares.

Gorda, Roi des Huns, qui habitoient le long du Bosphore, embrasse le Christianisme & fait alliance avec Justinien. Cet Empereur fait punir avec beaucoup de sévérité deux Evêques qui s'étoient abandonnés à plusieurs actions impudiques.

Le tremblement de terre recommence à Antioche, vers le mois de Novembre. Il fut si violent, qu'il y eut plus de 4800 personnes d'englouties.

529. Justinien fait rebâtir Antioche.

Alamondar, Roi des Sarrasins, vient habiter la Syrie. Les Exarques Romains l'obligent de se retirer dans les Indes.

L'Empereur envoye des Ambassadeurs en Perse demander la paix, qu'on lui refuse. Les Juifs donnent le titre de Roi à un nommé Julien, & font plusieurs vexations aux Chrétiens. L'Empereur fait mourir plusieurs de ces rebelles, entre autres leur prétendu Roi.

Cette année est considérable par le Code, qui fut achevé & publié le 16 Avril, par l'ordre de Justinien.

Saint Fulgence, Evêque de Ruspe, Ville d'Afrique, meurt le premier Janvier.

Saint Benoit bâtit un Monastére en Italie, proche le Mont Cassin.

530. Belisaire, Général des troupes de l'Empereur, défait les Perses dans plusieurs combats.

Depuis J. C.	Hilderic, Roi des Vandales, après avoir régné 7 ans, est dépouillé de ses Etats par son frere, qui le fait enfermer dans une étroite prison. Justinien lui envoye des Députés pour l'engager à rendre à Hilderic ses Etats & sa liberté. Loin d'obéir, il se fait proclamer Roi. L'Empereur lui déclare la guerre.
531.	Alamundar, Roi des Sarrasins, engage Cabade, Roi des Perses, dans une nouvelle expédition contre les Romains. Belisaire est obligé d'en venir à une action, dans laquelle les Perses demeurent victorieux. Cabade fit condamner le Commandant de ses troupes, parce qu'il avoit peu ménagé ses soldats pour remporter cette victoire.
	Le Pape Boniface, dans un Concile qu'il assemble à Rome, nomme le Diacre Vigile pour son successeur. Il répara, par une rétractation solemnelle qu'il fit dans un autre Concile, la breche qu'il avoit faite aux Canons de l'Eglise par cette désignation. Ce Pape meurt. Jean, surnommé Mercure, lui succéde.
	Amalaric, Roi des Visigoths, après avoir régné 5 ans, est tué dans une bataille que Childebert lui livre. Theudis succéde à Amalaric.
	Les contestations des Origénistes & des Nestoriens recommencent dans la Palestine.
532.	Conjuration contre l'Empereur, & grande sédition excitée à Constantinople par les parens de l'Empereur Anastase, qui prétendoient à l'Empire, & par les troupes, entrées le 18 Janvier, qui tuent en un seul jour plus de 35 mille personnes, & brûlent les plus riches & les plus magnifiques édifices de la Ville. La sédition étant appaisée, Justinien s'attache à faire rétablir les édifices que l'on avoit démolis, & principalement le bâtiment de la grande Eglise de Constantinople.
	Cabade assiége la Ville de Martyropolis. Quelque tems après il meurt. En mourant, il désigne Cosroës pour son successeur.
	Les Moines, partisans d'Origene, causent beaucoup de troubles en Palestine.
533.	L'Empereur met fin à la guerre de Perse, en acceptant la paix. Belisaire passe en Afrique pour faire la guerre aux Vandales. Sa flotte y arrive le 15 Septembre. Dès le lendemain, Ammatas, frere de Gilimer, Roi des Vandales, livre bataille à Belisaire, qui remporte la victoire. Gilimer, épouvanté de cette victoire, quitte la Ville de Carthage & prend la fuite. Belisaire se rend maître de cette Ville, qui avoit été prise sur les Romains par Genseric, il y avoit 95 ans. Gilimer, ayant engagé son frere Zanzon de venir à son secours, ils partent avec quelques troupes, qu'ils avoient ramassées en Sardaigne, pour assiéger Belisaire dans Carthage. Ce Général vient au-devant d'eux, leur donne bataille, défait leur armée, tue Zanzon, & oblige Gilimer de fuir en Numidie.

Le

DE L'HISTOIRE MODERNE. 75

Depuis J. C.
534.

Le 30 Décembre, Juſtinien fait publier le Digeſte.
Grande famine en Italie.
Gilimer, après avoir ſoutenu un ſiége de trois mois dans une montagne où il s'étoit réfugié chez les Maures, manquant des choſes les plus néceſſaires à la vie, offre de capituler, & demande trois choſes; un pain, une éponge & une harpe. Un pain, pour raſſaſier ſa faim ; une éponge, pour eſſuyer ſes larmes ; & une harpe, pour tâcher de diminuer ſon chagrin & ſe conſoler. Il ſe rend à diſcrétion ; Beliſaire le fait enchaîner & conduire à Conſtantinople. L'Empereur fait rendre à l'Egliſe de Jeruſalem les vaſes ſacrés que Tite avoit enlevés du Temple de Jeruſalem lorſqu'il avoit pris cette Ville, & que Genſeric avoit tranſportés en Afrique.
Atalaric, Roi des Goths, meurt de débauche, étant encore fort jeune. Théodat, fils d'Amalafrede, ſœur de Théodoric, lui ſuccéde par le moyen d'Amalaſunte, mere d'Atalaric, qu'il avoit épouſée. Peu de tems après, il fait empriſonner cette Princeſſe qu'il ſoupçonnoit d'adultére, & enſuite la fait mourir.

535.

Juſtinien, pour venger la mort d'Amalaſunte, déclare la guerre à Théodat, Roi des Goths, s'empare de Salone & de pluſieurs autres Villes, & l'oblige de ſortir de la Dalmatie. Beliſaire fait une deſcente en Sicile, ſe rend maître de Catane & de Palerme ; prend la Ville de Syracuſe, dans laquelle il entre en triomphe le dernier de Décembre.
Quelques Auteurs placent à cette année l'érection du prétendu Royaume d'Ivetot en Normandie, fait (dit-on) par le Roi Clotaire en réparation de ce qu'il avoit tué de ſa propre main dans l'Egliſe, le jour du Vendredi Saint, un nommé Gautier, Seigneur de cette terre. Cette hiſtoire eſt une pure fable. Cette terre néanmoins eſt un franc Alleu, ainſi qu'il y en a beaucoup d'autres dans le Royaume.

536.

Théodat engage le Pape Agapet à aller de ſa part en Ambaſſade à Conſtantinople, pour obtenir des conditions de paix plus douces que celles que Juſtinien lui vouloit accorder. Cette démarche fut inutile.
Ce Pape, étant à Conſtantinople, dépoſe Anthime qui en étoit Evêque. Il condamne Sévere & les autres Hérétiques qui ſuivoient ſon parti, & établit Mennas Evêque de Conſtantinople. Agapet meurt au mois d'Avril. Son corps fut apporté à Rome, & enterré au mois de Septembre avec beaucoup de ſolemnité.
Les troupes d'Afrique ſe révoltent, & éliſent pour Roi un nommé Sioza. Elles ravagent les pays, & veulent aſſiéger Carthage. Beliſaire vient de Sicile pour les ſoumettre. Les rebelles, informés de ſon arrivée, levent le ſiége & ſe retirent ; pluſieurs fuyards ſont tués.
Deux Moines, venus des Indes à Conſtantinople, apprennent aux habitans à fabriquer la ſoye. Depuis ce tems-là, il y

a

Depuis J. C.	a eu en Gréce des ouvriers qui ont été employés à faire des étoffes. Cet Art est ensuite passé des Grecs en Italie & dans les autres pays.
537.	Belisaire entre en Italie, s'empare des Villes de l'Abbruzze & de la Lucanie, s'avance en Campanie, & assiége Naples par mer & par terre. Après vingt jours de siége, il fait entrer par des Aqueducs les plus braves soldats de son armée dans cette place, dont il se rend maitre. Théodat, pour s'opposer à ces Conquêtes, envoye une armée considérable, dont il donne le commandement à un Goth, nommé Vitigès. Les Goths, par ressentiment de la cruauté que Théodat avoit eue en faisant mourir sa femme, & dégoutés de sa nonchalance, élisent en sa place Vitigès pour leur Roi, & font mourir Théodat comme il se sauvoit de Rome à Ravenne. Vitigès, pour fortifier ses troupes, céde aux François tout ce que les Goths possedoient en France. C'est en ce tems que la monnoye des Rois de France commence à avoir cours dans tout l'Empire Romain. Belisaire marche à Rome. Les habitans en chassent les Goths, ouvrent leurs portes & en envoyent les clefs à Belisaire, qui y fait son entrée le 10 Décembre, 60 ans après que cette Ville avoit été prise par Alaric.
538.	Vitigès, ayant ramassé une armée de 150 mille Goths, vient assiéger la Ville de Rome au mois de Mars. Le Pape Silverius, étant accusé d'intelligence avec les Goths, est envoyé en éxil à Patare, Ville de Lycie. L'Empereur Justinien, ayant reconnu son innocence, le renvoye à Rome. Vigile, qui avoit été élû en sa place, engage Belisaire à éxiler aréchef Silverius dans une Isle, nommée Palmeria, où ce Pape meurt de misére.
539.	Les Huns ravagent l'Illyrie, emportent Potidée & plusieurs places voisines, s'emparent d'un très gros butin, font plus de 120 mille prisonniers, éxigent des contributions de l'Empereur, & s'en retournent dans leur pays. La peste, la guerre & la famine ravagent l'Italie. Vitigès leve le siége de Rome, qui duroit depuis un an & 9 jours. La Ville de Milan est prise & rasée par les Goths, qui tuent plus de 300 mille Habitans, & abandonnent les femmes aux Bourguignons. Vitigès fait de grandes instances à Cosroës, Roi de Perse, pour faire la guerre à l'Empereur Justinien.
540.	Théodebert, Roi de France, vient en Italie pour secourir les Goths. La peste se met dans son armée, & l'oblige d'abandonner cette entreprise. Belisaire vient assiéger Vitigès dans Ravenne, se rend maitre de cette Ville, fait Vitigès prisonnier, & l'envoye à Constantinople. L'Empereur lui accorde la dignité de Patrice, & le charge du commandement des troupes qu'il avoit sur les frontiéres de Perse. Les Goths élisent Théodebalde pour Roi. Cos-

Depuis J. C.	Cofroës, Roi de Perfe, pénétre en Syrie par la Méfopotamie; il s'empare de la Ville de Berée & de celle d'Hiéraples. Il brûle & renverfe entiérement la Ville d'Antioche. Juftinien lui envoye des Ambaffadeurs pour demander la paix, qu'il ne peut obtenir qu'à condition que l'Empereur payeroit chaque année un tribut de 50 écus. Les Maures défont les Romains qui étoient venus en Afrique pour les combattre, & tuent leur Chef.
541.	Bafilius eft le dernier Conful que l'on ait élû, tant à Rome qu'à Conftantinople. Il y a eu des Confuls à Rome pendant 1048 ans. Depuis ce tems-là, on a compté jufqu'à l'an 566. Après le Confulat de Bafile, & depuis, les Rois de France, d'Italie & de Germanie, & même les Empereurs Grecs ont pris le nom de Conful jufqu'au neuvième fiécle.
542.	Théodebalde, Roi des Goths, eft tué. Araric lui fuccéde. Totila, neveu, ou petit-fils de Théodebalde, après avoir fait mourir Ariac, s'empare du Royaume, & marche contre les Romains. Il fe rend maître de Florence & de plufieurs autres places confidérables. Juftinien fait de grandes dépenfes pour rebâtir la Ville d'Antioche. Childebert, Roi de France, & fon frere Clotaire ravagent l'Efpagne, & s'y rendent maîtres de quelques Places.
543.	Totila paffe le Rhin, fe rend en Tofcane, s'empare de la Campanie, fe faifit de la Pouille, affiége & prend Naples. Cofroës, Roi de Perfe, ravage les terres des Romains. Belifaire marche contre lui. Une maladie contagieufe ayant diminué les troupes de ce Général, il eft obligé de fe retirer. Tremblement de terre prefque univerfel, le 6 Septembre.
544.	Totila s'efforce de mettre les Romains dans fes intérêts. Les Ariens font chaffés de Rome. Totila fe prépare au fiége de cette Ville. Juftinien envoye Belifaire pour l'en empêcher. Les Perfes défont plufieurs fois les Romains.
545.	Totila fe rend maître de la Ville de Tivoly, dont il fait paffer tous les Habitans au fil de l'épée. Belifaire, dont les troupes, diminuées par les maladies, étoient inférieures à celles de Totila, s'oppofe aux entreprifes de ce Général. Cofroës fait une nouvelle irruption en Méfopotamie, & met le fiége devant Edeffe, qu'il eft obligé de lever.
546.	Conteftations dans plufieurs Eglifes au fujet du jour de la folemnité de Pâque, l'Empereur ayant ordonné qu'on la célébrât 8 jours plus tard qu'elle ne devoit être célébrée. Totila fe rend maître des Villes de Spolette, de Perufe & de plufieurs autres, & affiége Rome vers la fin de l'année. Juftinien ordonne aux Evêques de condamner les *trois Chapitres*. Le *premier* regardoit les Ecrits & la perfonne de Théodore de Mopfuefte, accufé d'être Neftorien. Le *deuxième* concernoit les Ecrits de Théodoret contre les douze Capitules de Saint Cyrille. Le *troifiéme* étoit une Lettre qu'Ibas,

Evê-

Depuis J. C.	Evêque d'Edesse, avoit écrite à un Hérétique, nommé Marin. Cette condamnation souffre quelque difficulté, parce que quelques Evêques, qui rejettoient les erreurs opposées à la Foi, ne vouloient pas condamner les personnes à qui on les attribuoit, craignant par-là de donner atteinte au Concile de Chalcédoine.
547.	Totila continue le siége de Rome, dont les habitans souffrent beaucoup par la famine. Les Goths, que l'Empereur avoit envoyés à leur secours, sont défaits. Quelques Grecs d'Isaurie, qui y étoient en garnison, livrent la Ville à Totila, qui y entre le 17 Janvier; plus de 80 mille hommes sont tués. Totila fit abattre la troisiéme partie des murs de cette Ville, qu'il ne ruina pas entiérement, à la persuasion de Belisaire, qui lui avoit fait ce dilemme : Ou vous serez vainqueur dans cette guerre, ou vous serez vaincu. Si vous êtes vainqueur & que vous conserviez une aussi grande Ville que Rome, vous en serez plus riche & plus puissant, vous vous rendrez d'ailleurs illustre par cette clémence. Si vous êtes vaincu, la conservation de cette Ville vous tiendra lieu de mérite auprès de l'Empereur. Les Romains en viennent aux mains avec les troupes de Totila dans la Lucanie, & ont le dessus dans plusieurs combats. Belisaire, ayant reçu de nouvelles troupes, s'empare des Villes de Tarente & de Spolete, & reprend celle de Rome. Il en fait réparer promptement les murs, remplir les magasins pour une longue défense, & engage les habitans qui en étoient sortis, d'y revenir. Totila apprend ces nouvelles, vient en diligence pour s'opposer à Belisaire, qu'il assiége dans Rome. Belisaire le repousse dans plusieurs assauts, & l'oblige de lever le siége. L'Empereur mande au Pape Vigile de venir à Constantinople pour la condamnation des trois Chapitres. Ce Pape obéit à l'Empereur, & se rend à Constantinople; mais il refuse d'abord de condamner les trois Chapitres. Il y consent enfin, se rétracte, prie l'Empereur de surseoir cette affaire, & de la renvoyer au Concile général.
548.	Les Goths ravagent derechef l'Italie, & défont les Romains dans plusieurs combats. Les Sclavons, après avoir passé l'Istre, s'emparent de l'Illyrie. Quelques Diacres, que Vigile avoit menés à Constantinople, écrivent contre ce Pape pour la défense des trois Chapitres. Plusieurs Evêques sont persécutés & chassés de leurs Siéges, à l'occasion de cette dispute. Clotilde, femme de Clovis, Roi de France, meurt, âgée de 70 ans. Elle est enterrée à Paris dans l'Eglise qui porte le nom de Sainte Geneviéve. Une branche d'arbre étant tombée sur la tête de Théodebert, Roi de France, lorsqu'il étoit à la Chasse, ce Prince meurt de ce coup, âgé de 43 ans, après en avoir régné 14. Théobalde son fils lui succéde.

Be-

Depuis J. C.	
549. 550.	Belisaire quitte l'Italie, & revient à Constantinople. Les Goths cèdent aux François toutes les places qu'ils occupoient en France. La condamnation, que le Pape Vigile avoit faite des trois Chapitres, le fait regarder comme un ennemi du Concile de Chalcédoine, & porte plusieurs Evêques à écrire contre lui & à se séparer de sa Communion. Totila s'empare une seconde fois de la Ville de Rome, la fortifie & l'embellit. Les Sclavons ravagent derechef l'Illyrie, y font un grand butin, & le portent dans leur pays. Tremblement de terre effroyable en Palestine, en Syrie & dans la Mésopotamie.
551.	L'Empereur envoye une armée contre les Goths, sous le commandement de Germain. Ce Général étant mort, les Goths se rendent maîtres de l'Italie. Justinien veut engager Théobalde, Roi de France, d'abandonner les Ostrogoths, & de faire alliance avec l'Empire. Ce Prince refuse l'un & l'autre, & envoye des Ambassadeurs à Constantinople, au sujet des Villes qu'il possédoit en Italie. Le Pape Vigile, ne voulant point adhérer au décret de l'Empereur, ni prévenir le jugement du Concile général sur l'affaire des trois Chapitres, Justinien le fait maltraiter. Ce Pape se cache. Le 14 Août, il excommunie Théodore, Evêque de Césarée, & Mennas, Patriarche de Constantinople.
552.	Un particulier maltraite indignement le Pape Vigile, lui donne un coup de poing, & l'outrage de paroles. Il s'enfuit pendant la nuit de Chalcédoine, & se réfugie dans l'Eglise de Sainte Euphemie. L'Empereur supprime son Edit, & consent que l'affaire des trois Chapitres soit renvoyée au Concile général. Théodore & Mennas envoyent une profession de Foi au Pape Vigile, qui leve l'excommunication qu'il avoit portée contre eux. Ils sont rétablis. L'Empereur envoye Narsès contre les Goths. Ce Général les défait sur mer & les chasse de la Sicile. Les Huns & les Sclavons ravagent la Thrace.
553.	Narsès aborde en Italie avec une flotte, pénétre en Toscane, & tue Totila, dont il disperse l'armée. Les Goths choisissent Teïa pour leur Roi. Ce Prince est vaincu & mis à mort. La domination des Goths en Italie finit en sa personne.
554.	Tremblement de terre à Constantinople, qui dure 40 jours. Vigile condamne les trois Chapitres, demande & obtient de l'Empereur la liberté de retourner à Rome. Cosroës fait la guerre aux Romains dans la Colchide, & défait leur armée.
555.	Les François & les Allemands entrent en Italie, où ces derniers font un grand butin. Narsès fait passer tous les François au fil de l'épée.

Trois

Depuis J. C.	Trois mille Perses mettent en fuite 50 mille Romains qui étoient dans la Colchide. Théobalde, Roi des François, meurt. Childebert & Clotaire partagent son Royaume.
556.	Plusieurs Evêques se séparent de la Communion du Pape Pélage, parce qu'il avoit signé la condamnation des trois Chapitres. Pélage s'excuse, fait une profession de Foi, qu'il envoye à ces Evêques, & à Childebert, Roi de France, qui étoit prévenu contre lui. La France est divisée par des guerres civiles. Chramnus, fils naturel de Clotaire, se révolte contre son pere. Justin, Général des Romains, défait les Perses dans la Colchide. Les Juifs se révoltent à Césarée de Palestine, tuent plusieurs Chrétiens, pillent & brûlent leurs Eglises. Adamantius y vient de la part de l'Empereur, & appaise la sédition.
557.	Tremblement de terre considérable à Constantinople & à Rome, qui renverse beaucoup de maisons. Justinien fait rebâtir la superbe Eglise de Sainte Sophie à Constantinople.
558.	Le froid fut si âpre pendant l'hyver, que le Danube fut glacé par-tout. Les Huns le passent, & viennent fondre dans la Mysie, dans la Thrace & dans la Gréce. Ils menacent d'assiéger Constantinople. Belisaire les engage à se retirer, en leur donnant de l'argent, & en promettant de leur payer un tribut annuel. Une peste effroyable fait périr un grand nombre d'habitans à Constantinople. Childebert, Roi de France, meurt à Paris. Il a été inhumé dans l'Eglise de Saint Vincent, nommée aujourd'hui Saint Germain-des-Près, que ce Prince avoit bâtie. Clotaire lui succéde, & reste seul Roi des François.
560.	L'Empereur Justinien tombe dangereusement malade. Les soldats Prétoriens, le croyant mort, pillent Constantinople. Théodemir, Roi des Suéves, régne 12 ans en Espagne. Chramnus, fils de Clotaire, se réconcilie avec ce Prince. Peu de tems après, il se retire auprès de Canober, Prince de Bretagne, qui se déclare contre Clotaire. Ce dernier marche contre eux, tue Canober, prend Chramnus prisonnier, & le fait brûler sur le champ avec sa femme & ses enfans. Il fait ensuite des présens considérables à plusieurs Eglises.
561.	Ablavius, Marcellus & Sergius conspirent contre Justinien, qui les fait mourir. Un des trois conjurés accuse Belisaire d'être entré dans cette conspiration. L'Empereur dépouille Belisaire de toutes ses charges & de tous ses biens, & le fait emprisonner. Quelques Auteurs même prétendent que Justinien lui fit crever les yeux, & que ce grand homme fut réduit à la dure nécessité de mandier sa vie.

DE L'HISTOIRE MODERNE. 31

Depuis J. C.	
562.	Clotaire, Roi de France, meurt à Compiégne d'une fiévre très violente, âgé de soixante-un ans, après en avoir régné près de 49. Le Royaume est partagé entre ses quatre fils. Charibert fut Roi de Paris; Gontram, Roi d'Orléans; Chilperic, Roi de Soissons; & Sigebert, Roi de Rheims.
563.	Justinien embrasse le sentiment de ceux qui témoignent que le Corps de Jesus-Christ étoit incorruptible & impassible. Il veut obliger les Evêques Orthodoxes de souscrire à cette erreur, & exile ceux qui ne veulent pas obéir. La Ville de Constantinople est presque détruite par un incendie. Théodomir, Roi des Suéves en Espagne, ayant abjuré les erreurs d'Arius, embrasse la Foi de l'Eglise. Quelques Auteurs rapportent à cette année la mort de Belisaire.
564.	Justinien chasse Eutychius, Evêque de Constantinople, de son Siége, parce qu'il ne vouloit point souscrire aux erreurs des Incorrupticoles. Il fait mettre en sa place Jean, surnommé le Scholastique. Saint Medard, Evêque de Noyon, meurt & est enterré à Soissons.
565.	L'Empereur Justinien meurt le 13 Novembre, après avoir gouverné l'Empire 38 ans 7 mois & 10 jours. Justin le Jeune, surnommé *Curopalates*, parce qu'il étoit Préfet du Palais, fils de la soeur de ce Prince, est élû Empereur. La peste ravage l'Italie, d'où elle se communique en France & en Allemagne.
566.	Justin, voulant gagner l'affection du peuple, se nomme lui-même Consul.
567.	Justin rappelle un de ses parens, nommé Justin, à qui il avoit confié le soin de ses armées. Il le fait emprisonner, & ensuite le condamne à mort.
568.	Les Lombards, ayant quitté la Pannonie le 2 Avril, établissent leur domination en Italie, sous la conduite d'Alboin. Longin est fait premier Exarque de Ravenne.
569.	Alboin, Roi des Lombards, entre & s'empare de la Ligurie, le 5 Septembre.
570.	Le faux Prophéte Mahomet naît le 5 Mai. Il a vécu 63 ans, selon le calcul des Arabes; il est mort le 18 Juin 631. Félix, Evêque de Bourdeaux, fait fondre un vase d'argent, en forme de tour, pour conserver l'Eucharistie. Presque toutes les Eglises se servoient alors d'un vase d'argent, en forme de colombe, pour cet usage. Les Evêques d'Italie, craignant que les Lombards ne pillassent les vases d'or & d'argent dont on se servoit dans la célébration des Mystéres, les vendent & en distribuent le prix aux pauvres. Mort de Liuba, Roi d'Espagne.
571.	Alboin, Roi des Lombards, meurt par les embuches de sa femme. Cléphis lui succéde, & régne 1 an & 5 mois.

II. Volume.   F   Les

Depuis J. C.	
573.	Les Huns font une irruption en Germanie & ravagent la Thuringe, d'où les Rois de France les obligent de se retirer. Cléphis, Roi des Lombards, est tué à Imola par un de ses domestiques. Sa mort est suivie d'un interrégne de 10 ans. Les Généraux de son armée partagent entre eux les Etats de ce Prince. L'Empereur Justin accorde sa protection aux Arméniens, qui s'étoient soustraits de la domination de Cosroès, Roi de Perse. Les Perses déclarent la guerre à Justin.
574.	Les Avares passent le Danube, & s'emparent de plusieurs places en Orient. Les Perses font une irruption dans l'Empire, ravagent la Syrie, prennent & pillent Apamée.
575.	Les Lombards viennent d'Italie dans la France. Ils sont vaincus dans un sanglant combat, où plusieurs Evêques se signalent par une vigoureuse résistance. L'Empereur Justin perd l'esprit. Sa femme Sophie se conduit avec tant d'adresse, qu'elle engage Cosroès, Roi de Perse, à faire la paix. Fondation du premier Monastére dans la Baviére, à Weltemberg sur le Danube.
576.	Cruelle guerre entre les Rois de France. Justinien, Général des troupes de l'Empereur Justin, défait l'armée de Cosroès, s'empare de son camp, & fait un grand butin, qu'il emporte à Constantinople.
577.	Contestation entre les Espagnols & les François, au sujet du jour auquel on devoit célébrer la Pâque. Les Espagnols solemnissent cette fête le 21 Mars, & les François le 18 Avril. Les Rois de France font entre eux une trêve d'un an.
578.	L'Empereur Justin choisit Tibére, qu'il crée César.
579.	Cosroès est vaincu derechef par les Romains. Il meurt de chagrin, après avoir régné 48 ans. Son fils Hormisdas lui succéde. Chilperic & Gontram, Rois de France, en viennent aux mains contre Sigebert, qui remporte la victoire. Sigebert meurt, âgé de 44 ans, après en avoir régné 14. Childebert lui succéde. Les Lombards font mourir 80 Martyrs, qui avoient refusé de manger des viandes immolées aux Idôles.
580.	La Ville d'Antioche est renversée par un tremblement de terre.
581.	Gregoire, qui depuis fut Pape, obtient la Préfecture de Rome.
582.	L'Empereur Justin meurt au mois d'Août, après un régne de 16 ans & 9 mois. Les Saxons, qui étoient entrés en Italie, reviennent en Allemagne. Levigilde, Roi des Goths, persécute les Orthodoxes en Espagne.

Pes-

DE L'HISTOIRE MODERNE. 83

Depuis J. C.	
583.	Peste qui ravage la France. Les deux fils de Chilperic, & la femme de Gontram y périssent.
584.	Levigilde soumet Miron, Roi des Suéves, s'empare de ses Etats, & l'oblige à se faire Moine.
585.	Les Lombards, qui depuis 10 ans n'avoient point de Roi, élisent Flavius Autaric, ou Antaric, fils de Cléphis.
	Levigilde meurt en Espagne. Son fils Reccarede lui succéde; il abjure les erreurs d'Arius.
586.	L'Empereur Tibére meurt à Constantinople, 8 ans après avoir été associé à l'Empire par Justin, Il avoit régné seul 4 ans. Maurice de Cappadoce est créé César.
	Le Pape Pélage fait ses efforts pour faire entrer les Evêques d'Istrie dans ses intérêts.
587.	Tremblement de terre à Antioche le 30 Septembre.
	Reccarede, Roi d'Espagne, épouse Bada, fille de Chilperic, Roi de France.
	Chilperic est tué à la Chasse. Clotaire lui succéde.
588.	Maurice charge Philippicus du commandement de l'armée contre les Perses.
	Embrasement qui consume la Ville de Paris.
	Patricius succéde à Smaragdus dans l'Exarchat de Ravenne.
589.	Prétextat, Archevêque de Roüen, est assassiné par ordre de Frédegonde pendant les fêtes de Pâque.
	Philippicus remporte une victoire complette sur les Perses.
	Au mois de Novembre, le Tybre inonde la Ville de Rome. Cette inondation est suivie de la peste.
590.	Le Pape Pélage meurt. Saint Gregoire lui succéde, & Maurice approuve son élection. Ce Pape établit des Processions à l'occasion de la peste. Plus de 80 personnes de ceux qui assistent à ces Processions, meurent dans le même jour. Séditions & orages à Rome: plusieurs bâtimens sont renversés.
	La peste ravage toute la France. Gontram fait publier un jour de jeûne dans ses Etats.
	Antaric, Roi des Lombards, meurt au mois d'Août.
	Les François vont combattre en Italie contre les Lombards, la ravagent, & reviennent chargés de butin.
	On ordonne aux femmes de se couvrir les mains d'un linge pour recevoir l'Eucharistie.
	Les Romains sont battus dans la guerre qu'ils ont contre les Avares qui ravageoient la Thrace, & contre les Perses.
591.	Teudelinde, Reine des Lombards, choisit Agilulphe, Général de ses troupes, pour son mari. Il est baptisé, & proclamé Roi au mois de Mai, & prend le nom de Paul.
592.	Arnulphe, l'un des Chefs des Lombards, ravage la Romagne, la Toscane, & fait un grand nombre de prisonniers, dont le Pape Gregoire paye la rançon.
	Hormisdas, Roi de Perse, devient odieux à ses peuples par

Depuis J. C.	
	par sa tyrannie. Les principaux du Royaume le déposent, le font mourir, & mettent son fils Cosroès en sa place. Ce dernier est obligé de s'enfuir, & de se réfugier vers l'Empereur Maurice.
593.	Maurice rétablit Cosroès dans le Royaume de Perse. Priscus, Général des troupes de Maurice, chasse les Avares de la Thrace, & les oblige de repasser le Danube.
594.	Constantia, femme de l'Empereur Maurice, fait bâtir une Eglise, sous l'invocation de Saint Paul. Elle demande au Pape Gregoire la tête, ou quelque autre Relique de ce saint Apôtre; le Pape la refuse. Les Sclavons viennent de l'Istrie dans la Bohème & dans la Pologne.
595.	Agilulphe, Roi des Lombards, veut assiéger Rome. Jean, Evêque de Constantinople, prend le titre d'Evêque universel. Le Pape s'en plaint à l'Empereur.
596.	Les Lombards ravagent presque toute l'Italie, prennent Crotone, & font un grand nombre de prisonniers. Le Pape envoye en Angleterre le Moine Augustin & Mellitus pour y prêcher l'Evangile. Childebert, Roi de France, meurt. Théodebert & Thierry lui succédent; le premier en Austrasie, & l'autre en Bourgogne.
597.	Le Pape Grégoire envoye un Légat à Constantinople, à qui il défend la communion avec Cyriaque, Patriarche de cette Ville, s'il continue de prendre la qualité d'Evêque universel. Le Moine Augustin obtient du Roi Ethelrede toutes les choses nécessaires à la vie. Il prêche avec tant de succès, que plus de 10 mille Anglois sont baptisés en moins d'un an.
598.	Trève pour deux ans entre les Romains & les Lombards. Gontram meurt sans enfans. Clotaire, fils de Chilperic, hérite de tous ses Etats.
599.	Peste effroyable, qui ravage l'Afrique. Les Evêques d'Istrie rentrent dans la communion de l'Eglise de Rome.
600.	Les Sclavons & les Avares ravagent l'Istrie, font un grand nombre de prisonniers, qu'ils massacrent, parce que Maurice n'avoit pas voulu les racheter. Fondation de la Ville de Ferrare.
601.	Guerre civile entre Clotaire & Théodebert, associé avec son frere Thierry.
602.	Les Lombards remportent la victoire sur les Romains. Maurice ayant envoyé son frere à l'armée de Pannonie, avec ordre de lui faire passer l'hyver au-delà du Danube, les soldats élisent Phocas pour Empereur. Phocas vient à Constantinople avec son épouse, & y est reconnu Empereur. Il fait mourir Maurice avec ses enfans le 3 Novembre, après un régne de 16 ans & 3 mois.
603.	Liuba succéde à Reccarede dans le Royaume d'Espagne.

Cos-

DE L'HISTOIRE MODERNE. 85

Depuis J. C.	
	Cofroès, pour venger la mort de Maurice, déclare la guerre aux Romains.
	Phocas envoye à Rome son portrait & celui de sa femme Leontia. Il est proclamé Empereur le 25 Avril.
	Les Lombards se préparent à faire la guerre aux Romains.
604.	Cofroès, Roi de Perse, défait l'armée Romaine.
	Mort d'Augustin, premier Évêque d'Angleterre.
605.	Le froid est si grand, que les vignes gelent presque par-tout. Il arrive une disette considérable.
	Adelwalde est déclaré Roi des Lombards par son pere Agilulphe, & reconnu par les peuples.
	Le Pape Sabinien meurt le 19 Février. On jette son corps hors de Rome, parce qu'il n'avoit pas distribué le bled de l'Eglise aux pauvres.
	Quelques Auteurs prétendent que ce Pape est le premier qui a introduit l'usage des cloches dans les Eglises.
	Narsès, Chef de l'armée Romaine, qui étoit accusé d'intelligence avec Cofroès, Roi de Perse, demande pardon à l'Empereur de sa trahison. Phocas lui promet sa grace, l'attire à Constantinople, & le fait brûler vif.
606.	Boniface III. est élu Pape. Il envoye des Légats à l'Empereur Phocas, qui reconnoit que le Saint Siége doit avoir la primauté dans l'Eglise, & défend à Cyriaque de Constantinople de prendre le titre de Patriarche Oecumenique.
607.	Phocas donne sa fille Domitienne en mariage à Prisque, ou Crispe, Patrice Commandant de ses Gardes. Cet Empereur fait massacrer un grand nombre de personnes.
	Boniface, Pape, demande à Phocas le Temple, appellé Panthéon, qu'Agrippa avoit fait bâtir sous Auguste, & qu'il avoit consacré à Jupiter vengeur & à tous les Dieux. Ce Pape l'obtient, & le consacre à Dieu, sous l'invocation de la Sainte Vierge & de tous les Saints. C'est l'Eglise qui porte aujourd'hui le nom de Sainte Marie-la-Rotonde.
608.	L'Empereur fait mourir plusieurs personnes de considération, qu'il soupçonnoit d'avoir attenté à sa vie.
	Priscus, Général d'armée, & Heraclius conspirent contre Phocas.
	Cofroès, Roi de Perse, s'empare de l'Armenie & de la Cappadoce, prend la Galatie, la Paphlagonie, s'avance jusqu'à la Ville de Chalcédoine, & fait passer tout ce qu'il rencontre par le fer & par le feu, sans distinction d'âge, ni de sexe.
609.	Les Juifs se révoltent à Antioche, & font mourir cruellement Anastase, qui en étoit Evêque.
	Il arrive une sédition à Constantinople pendant les Jeux publics, que Phocas fait célébrer dans le Cirque. Cet Empereur fait couper la tête à plusieurs des complices, en fait envelopper un grand nombre dans des sacs, & les fait jetter dans la mer. Les soldats de sa Garde mettent le feu au Prétoire &

Depuis J. C.	au Palais, enfoncent les portes des prisons, & en font sortir ceux que Phocas y avoit enfermés. Heraclius arme en Afrique contre Phocas. Thierry, Roi de Bourgogne, épouse Hermenberge, ou Manberge, fille de Wateric, Roi d'Espagne. Peu de tems après, il la renvoye à son pere sur de légers prétextes.
610.	Les Perses se rendent maîtres d'Apamée & de la Ville d'Edesse, & pénétrent jusqu'à Antioche. Heraclius, Préfet de l'Afrique, leve une puissante armée, dont il donne le Commandement à son fils. Il équipe une nombreuse flotte, vient à Constantinople, se rend maître de cette Ville, & défait les troupes de l'Empereur. On lui amene Phocas. Heraclius le fait dépouiller des habits Impériaux, lui fait couper les mains, les pieds & d'autres parties, & enfin le fait décapiter. Les soldats prennent le tronc de son corps & le font brûler dans la grande Place. Heraclius se fait couronner Empereur par Sergius. Au mois de Juillet, sa femme Eudocie est aussi couronnée Impératrice. Phocas avoit gouverné l'Empire pendant 8 ans. Les Perses, après avoir pillé l'Armenie & s'être rendu maîtres de Césarée, Ville de Cappadoce, se retirent avec un grand nombre de prisonniers & beaucoup de butin.
611.	Le 3 Mai l'Impératrice Eudocie accouche d'un fils, qui fut d'abord nommé Heraclius, & depuis Constantin le Jeune. Cette Princesse meurt quelque tems après. Pendant que l'on portoit son corps en terre, une fille étrangére, qui regardoit par la fenêtre, ayant craché par mégarde sur la biére, fut prise & brûlée toute vive.
612.	Les Perses, fatigués de la guerre, & rassasiés du butin qu'ils avoient fait sur leurs ennemis, demeurent en repos pendant cette année. Les Sarrasins viennent fondre sur les terres des Romains, pillent la Syrie, & y mettent tout à feu & à sang. Mahomet commence à enseigner, dit-on, ses erreurs. Thierry, Roi des François, est vaincu, renfermé dans un Monastére par son frere Théodebert, & ensuite mis à mort. Sigebert II. succéde à Thierry, & est tué par Clotaire.
613.	Les Perses ravagent la Palestine, prennent Jerusalem, tuent plus de 90 mille Habitans, pillent la Ville, & enlévent la Croix de Notre Seigneur, qu'ils emportent en Perse.
614.	Les Perses recommencent la guerre contre les Romains, & prennent la Ville de Damas. Heraclius envoye des Ambassadeurs à Cosroès, Roi des Perses, pour lui demander la paix. Ce Prince les renvoye, sans leur faire aucune réponse. Thierry, Roi de France, frappé du tonnerre, meurt en Bourgogne. Clotaire fait mourir Sigebert, fils naturel de Thierry, & cinq freres de Sigebert. Brunehault, leur grand-mere, est li-

vrée

DE L'HISTOIRE MODERNE. 87

Depuis J. C. | vrée à Clotaire, qui fait affembler les principaux Seigneurs du Royaume pour inftruire le procès de cette Princeffe. Elle eft trouvée coupable du meurtre de dix Rois, & de plufieurs autres crimes. On la promene fur un chameau autour de la Ville, elle eft attachée par les cheveux & par les mains à la queuë d'un jeune cheval fougueux, & traînée dans des lieux pierreux. Les reftes de fon cadavre, difloqué & déchiré, qui avoit été écrafé par les pieds des chevaux, furent ramaffés pour être brûlés, & les cendres jettées au vent.

615. Les Perfes continuent leurs ravages fur les terres de l'Empire. Ils inondent l'Egypte, prennent la Ville d'Alexandrie, qui en étoit capitale, pénétrent fans réfiftance jufques dans la Lybie, & laiffent une armée pour faire le fiége de Carthage.

Jean, Exarque de Ravenne, fe révolte contre Heraclius. Cet Empereur envoye Eleuthere pour le foumettre. Ce Général fe rend maître de Ravenne. Jean eft pris & mis à mort.

On commence en Bourgogne à fe fervir de cloches pour les Eglifes. Cet ufage s'établit bientôt dans tout l'Occident.

616. Les Perfes prennent & pillent la Ville de Carthage.

Agilulphe, Roi des Lombards, meurt. Adelwald fon fils lui fuccéde.

617. L'Empereur Heraclius envoye dérechef des Ambaffadeurs à Cofroès, Roi de Perfe, pour lui demander la paix. Cofroès ne veut l'accorder qu'à condition qu'Heraclius & fes peuples abandonneroient la Religion Chrétienne, & adoreroient le Soleil.

618. Les Avares prennent la Ville de Conftantinople & la pillent.

619. Les Perfes ravagent l'Afie Mineure, entrent dans la Galatie, & fe rendent maîtres de la Ville d'Ancyre, Métropole du pays. Ils ruinent & prennent tout ce qu'ils rencontrent jufqu'à Chalcédoine.

620. L'Empereur Heraclius fait la paix avec les Avares, & continue la guerre contre les Perfes. Il emprunte des Eglifes & des Monaftéres l'argent qui lui manquoit pour l'entretien de fes troupes. Il fait vendre enfuite les vafes d'or & d'argent des Eglifes, dont il fait battre de la monnoye pour fubvenir aux fraix de la guerre.

621. Heraclius marche contre Cofroès, Roi des Perfes. Le 5 Avril, Magundat, Général des Perfes, fe rend à Heraclius, fe fait inftruire, embraffe la Religion Chrétienne, reçoit le Baptême, & prend le nom d'Anaftafe. Il fe fait Moine, & fut depuis martyrifé à Edeffe. Heraclius, qui groffit fon armée de quelques troupes de Turcs, arrive fur les frontiéres d'Arménie, & défait un Corps de Cavalerie que Cofroès avoit envoyé pour l'enfermer & le prendre. Il établit des quartiers d'hyver dans la Province du Pont, d'où il paffe dans les terres des Perfes.

Depuis J. C.	
622.	Heraclius entre en Perfe le 20 Avril, foumet plufieurs Villes, pille tout le plat pays, attaque & prend la Ville de Gazogotte, où Cofroès s'étoit retiré. Cofroès prend la fuite, & Heraclius le pourfuit jufqu'aux frontiéres de Médie. Il établit fes quartiers d'hyver dans l'Albanie, & renvoye plus de 50000 prifonniers qu'il avoit faits fur Cofroès. Le faux Prophéte Mahomet s'enfuit de la Mecque à Médine. C'eſt depuis ce tems que les Arabes commencent à compter leurs années, ou Egire, qui fignifie Perfécution, ou Fuite; mais leurs années font feulement Lunaires.
623.	Heraclius continue de pourfuivre l'armée des Perfes. Les Huns, qui faifoient partie de fon armée, s'en retournent dans leurs pays. Il fe retire, les Perfes le pourfuivent, & font défaits.
624.	Heraclius fait paffer l'Euphrate à fon armée dès le mois de Mars. Il prend la Ville de Samofate & celle d'Adana, & jette un pont fur la riviére de Sare. Quelques foldats Romains vont attaquer les Perfes qui étoient campés de l'autre côté du pont. Ils font repouffés & pourfuivis par l'armée des Perfes jufques dans le Camp d'Heraclius, qui tue un Géant, & repouffe ces troupes, dont le plus grand nombre fe jette de deffus le pont dans la riviére. L'Empereur prend fes quartiers d'hyver à Sébafte.
625.	Cofroès follicite les Avares, les Huns & les Sclavons à entrer dans la Thrace & à affiéger la Ville de Conftantinople. L'Empereur Heraclius partage fon armée en trois corps; un pour garder Conftantinople; le fecond, dont il donne le Commandement à fon frere Théodore, pour mettre la Thrace à couvert, & continue de marcher avec la troifiéme & plus petite partie de fon armée contre les Perfes. Il obtient un renfort de 40000 Turcs. Sarbare, Général de Cofroès, s'avance jufqu'à Chalcédoine, & entreprend d'affiéger Conftantinople, dont il eſt obligé de lever le fiége. Saïn, autre Chef des Perfes, livre bataille à Théodore. Dans le tems que les deux armées en étoient aux mains, une grêle d'une groffeur extraordinaire tue une partie des Perfes, & met le refte en déroute. Edwin, Roi des Northumbres en Angleterre, époufe Edelburge, fille d'Eadwald, Roi des Cantuariens. Cette Princeffe, qui étoit Chrétienne, engage fon mari à embraffer le Chriftianifme.
626.	Heraclius continue à faire la guerre aux Perfes; plus de 24000 Turcs de fon armée s'en retournent dans leur pays. L'Empereur vient camper le premier Décembre près de Ninive, fur la riviére de Zabal. Le 12 du même mois il livre bataille aux Perfes, les défait, les met en fuite, s'empare des tréfors & des Palais de Cofroès. Heraclius s'y rafraîchit, & y paffe les fêtes de Noël. Clotaire affocie à la Couronne de France fon fils Dagobert. Les

DE L'HISTOIRE MODERNE.

Depuis J. C.	
627.	Les Lombards chaſſent Adelwalde leur Roi, & éliſent Ariovalde en ſa place. Heraclius ſe met en marche le 7 Janvier pour pourſuivre Coſroès, qui ſe réfugie à Séleucie, au-delà du Tygre. Ce dernier il y tombe malade d'une cruelle dyſſenterie, qui lui fait appréhender la mort; il veut faire couronner Mardeſane, ſon plus jeune fils. Syroès, ſon fils aîné, en étant averti, gagne la Nobleſſe, & leve une armée conſidérable. Il fait prendre Coſroès ſon pere, lui charge les pieds, les mains & le cou de chaînes, le fait enfermer dans un lieu bas & obſcur que Coſroès avoit fait bâtir pour cacher ſes tréſors. Syroès lui fait donner fort peu de pain, & très peu d'eau. Il ordonne à pluſieurs de ſes Satrapes de cracher au viſage de ſon pere, & de lui faire mille autres outrages. Il s'aſſûre de Mardeſane & de ſes autres freres, qui ſont égorgés en préſence de Coſroès, qu'il fait mourir à coups de flêches. Syroès fait la paix avec Heraclius, & lui rend le bois de la Croix de Notre Seigneur, que ſon pere avoit enlevée de Jeruſalem. Heraclius revient dans ſes Etats, & entre en triomphe dans Conſtantinople, portant la Croix en ſa main.
628.	Heraclius part de Conſtantinople au mois de Mars, & entreprend le voyage de Jeruſalem. Il y reporte le bois de la Croix de Jeſus-Chriſt, que Coſroès en avoit enlevée, & établit la fête de l'Exaltation de la Croix au 14 Septembre. De Jeruſalem Heraclius va en Syrie, & reſte quelque tems à Edeſſe. Il en chaſſe les Neſtoriens, & donne leurs Egliſes aux Catholiques. Anaſtaſe, Chef des Jacobites, s'inſinue auprès de l'Empereur, qui lui promet & lui donne le Patriarchat d'Antioche. Heraclius embraſſe le Monothéliſme. Anaſtaſe, Evêque d'Antioche; Cyrus, Patriarche d'Alexandrie, & Sergius de Conſtantinople conviennent enſemble du Monothéliſme.
629.	Pluſieurs Evêques embraſſent les ſentimens des Monothélites.
630.	Fondation de l'Académie de Cantorbery en Angleterre.
631.	Mahomet meurt à la Mecque le 17 Juin, âgé de 63 ans, ſelon le calcul des Arabes. Clotaire, Roi de France, meurt, après avoir régné 44 ans. Dagobert lui ſuccéde. Il fait Pepin Maire de ſon Palais, & Duc de Neuſtrie.
632.	Æbubeker, Roi des Arabes & des Sarraſins, marche avec une puiſſante armée contre les Perſes. Il attaque leur Roi Jeſdegird, fils de Syroès, & lui livre bataille le 16 Juin, près de la Ville de Merga. Il défait ſon armée, le tue, & s'empare du Royaume de Perſe. C'eſt à ce tems que les Perſes font commencer leur Ere, à laquelle ils ont donné le nom de leur Roi Jezdegird. Dagobert répudie ſa femme, ſous prétexte qu'elle étoit ſtérile, & épouſe une Religieuſe.

F 5   Théo-

Depuis J. C. 633.	Théodore, frere d'Heraclius, est vaincu par un Prince des Sarrasins. Heraclius abandonne la Syrie, & se retire à Constantinople, où il fait apporter le bois de la vraye Croix. Edwin, Roi des Anglois, est tué dans une bataille par les Bretons. Cyrus réünit les Jacobites & les Théodosiens, & fait profession de reconnoître en Jesus-Christ une seule opération Théandrique.
634.	Heraclius envoye Bahane, Général de ses armées, pour se joindre à Théodore, qui étoit dans la Ville d'Emesse, avec 40 mille hommes. Omar, Roi des Sarrasins, marche contre eux avec une armée considérable. Il leur donne bataille le 23 Août. Un grand vent fait élever une poussière considérable, qui, donnant dans les yeux des Romains, les oblige de prendre la fuite. Omar assiége & prend la Ville de Damas, & s'empare de la Phénicie. Honorius approuve la lettre de Sergius, par laquelle il est défendu de dire qu'il y a une ou deux volontés en Jesus-Christ. Sophronius, Evêque de Jerusalem, se déclare contre les sentimens de Sergius.
635.	Les Sarrasins pénétrent en Egypte, & se préparent à faire le siége de Jerusalem. Les Habitans de cette Ville engagent Cyrus, Patriarche d'Alexandrie, à négocier avec Omar. Cyrus détermine ce Prince à se retirer, moyennant une somme considérable qu'il leur donne, avec promesse de payer 200 mille écus de contribution par an. Heraclius désapprouve cette convention.
636.	Les Sarrasins demandent la contribution que Cyrus leur avoit promise. Manuel, Gouverneur d'Egypte, refuse de la payer. Omar, Roi des Sarrasins, assiége de nouveau la Ville de Jerusalem. Elle capitule & se rend à composition. Les Sarrasins furent les maîtres de cette Ville pendant 463 ans, après quoi, elle fut reprise par Godefroy de Boüillon, l'an 1099.
637.	Les Sarrasins continuent la guerre, & prennent la Ville d'Antioche.
638.	Mort d'Ariovalde, Roi des Lombards. Rotharis lui succéde.
639.	Ecthese, ou Exposition de Foi, dressée & publiée par Heraclius, dans laquelle cet Empereur impose silence sur la question des deux volontés en Jesus-Christ.
640.	Le Pape condamne l'Ecthese d'Heraclius.
641.	L'Empereur Heraclius meurt le 11 du mois de Mai, après avoir gouverné l'Empire pendant plus de 30 ans. Son fils Constantin lui succéde; mais il ne régne que quatre mois. Au bout de ce tems, il est empoisonné par l'Impératrice Martine, sa belle-mere, qui met en sa place son fils Héracléon, & qui fut déposé 6 mois après. Il eut le nez coupé, & fut envoyé en éxil avec sa mere, à qui on coupa la langue.
642.	Oswald, Roi de Northumbrie, est tué le 5 Août dans un combat contre les Merciens. Oswin son frere lui succéde.

Le

Depuis J. C.	
643.	Le Sénat choisit Constant, deuxiéme fils de Constantin, pour gouverner l'Empire. Omar, Roi des Sarrasins, fait rebâtir magnifiquement le Temple de Jerusalem, pour servir de Mosquée aux Mahométans. Maurice, Gouverneur de Rome, se révolte contre l'Empereur. Isaac, Exarque de Ravenne, le prend & lui fait couper la tête. Peu après il meurt, & Théodore Calliopas est fait Exarque de Ravenne.
644.	Sigebert, Roi des Anglois, embrasse la vie Monastique. Peda, Roi des Merciens, le fait mourir. Saint Maxime vient à Rome, & présente une confession de Foi au Pape Théodore.
645.	Dispute de Pyrrhus Monothélite, avec le Moine Maxime, vers le mois de Juillet. Omar, Roi des Sarrasins, est tué par un Esclave Persan, dans la magnifique Mosquée qu'il avoit fait bâtir à Jerusalem, après un régne de 10 ans. Othman lui succéde.
647.	Les Sarrasins s'emparent de l'Afrique, & la rendent tributaire. Dagobert, Roi de France, meurt le 19 Janvier, après un régne de 16 ans. Ses deux fils Sigebert & Clovis lui succédent. Eugene est ordonné cette année Evêque de Tolede. Saint Eloy est fait Evêque de Noyon. Tajon devient Evêque de Sarragosse.
648.	L'Empereur Constant publie un Edit, à la persuasion de Paul de Constantinople, par lequel il défend de parler d'une ou de deux volontés en Jesus-Christ. Les Sarrasins équipent une flotte de 17 cens Vaisseaux, débarquent dans l'Isle de Chypre, assiégent & prennent la Ville de Constance, nommée autrefois Salamine.
649.	L'Empereur Constant ordonne à Olympe, Exarque de Ravenne, d'aller à Rome, & d'engager par promesses, ou par menaces, les Evêques qui y étoient assemblés, à souscrire l'Edit, appellé Type. Tous les Evêques tiennent ferme, condamnent l'erreur des Monothélites & l'Edit de l'Empereur. Olympe meurt de chagrin de n'avoir pû réussir dans sa négociation. Mort de Chindaswinde, Roi d'Espagne, après un régne de 6 ans & 8 mois. Rescesewinde lui succéde.
650.	L'Exarque Théodore Calliopas enleve le Pape Martin, & le fait embarquer pour Constantinople. Une tempête l'oblige de relâcher dans l'Isle de Naxos, où Martin reste plus d'un an. Les Sclavons inondent l'Italie. Les Lombards les attaquent & les obligent d'en sortir.
651.	Le Pape Martin arrive à Constantinople le 17 Novembre. L'Empereur le fait mettre dans une étroite prison. Oswin, Roi d'Angleterre, est tué le 30 Août. Il avoit régné 9 ans.

Depuis J. C. 652.	L'Empereur fait paroître devant lui le Pape Martin, pour rendre compte de la conduite qu'il avoit tenue touchant le Type. Constant, peu satisfait de ses réponses, le fait encore emprisonner pendant 85 jours, après lesquels, il l'exile dans la Chersonese, & ordonne à Théodore, Exarque de Ravenne, d'aller à Rome & d'y faire élire un autre Evêque à la place du Pape Martin. Le Clergé & le Peuple de Rome refusent d'abord; mais enfin intimidés par les menaces de Théodore, on élut Eugene le 9 Août pour succéder à Martin, qui étoit encore vivant.
653.	Les Danois font une descehte en Angleterre, ravagent & pillent le païs, dont ils massacrent les Religieux & les Religieuses. Les Sarrasins, sous la conduite de Muhavias, se rendent maîtres de l'Isle de Rhodes, & brisent le fameux Colosse de bronze, que l'on regardoit comme une des sept merveilles du Monde. C'étoit une figure d'homme de bronze, qui avoit 126 pieds de hauteur; ses jambes étoient si hautes & si étendues des deux côtés du port, que les plus grands Vaisseaux pouvoient passer dessous, sans y toucher. Il subsistoit depuis plus de 1360 ans, & avoit été renversé par un tremblement de terre, 85 ans après avoir été élevé. La masse resta par terre pendant 1275 ans, après lesquels Muhavias la fit mettre en piéces, & en vendit le métal à un Juif d'Emesse, qui en chargea 900 chameaux pour le faire transporter à Alexandrie. Les Sarrasins pillent & ravagent l'Arménie.
654.	Le Pape Martin meurt en exil, le 12 Novembre. Muhavias équipe une nombreuse flotte à Tripoli, Ville de Syrie, & vient assiéger Constantinople. Deux soldats Chrétiens brûlent la flotte. Les Sarrasins reviennent avec un grand nombre de Vaisseaux. Constant marche contre eux avec une armée navale. Le combat est long, les Romains sont défaits par les Sarrasins. Constant change d'habit & de Vaisseau, & s'enfuit à Constantinople. Rotharis, Roi des Lombards, meurt en Italie. Rodoaldus son fils lui succéde.
655.	Le Pape Eugene meurt le 2 Juin. Vitalien lui succéde. Il envoye des Légats à l'Empereur pour le prier de confirmer son élection, selon la coutume. Les Légats sont bien reçûs, l'Empereur & l'Impératrice font présent d'un Livre d'Evangile pour l'Eglise de Saint Pierre, couvert d'or & d'argent. Saint Maxime, qui avoit été conduit à Constantinople avec le Pape Martin, & envoyé en éxil, est mis en prison avec son disciple Anastase, & un autre Anastase qui étoit Apocrisiaire.
657.	L'Empereur fait venir Maxime à Constantinople. Les Monothélites font d'inutiles efforts pour engager ce Moine à embrasser leurs erreurs; il persiste dans les sentimens des Orthodoxes. Les Monothélites le font foüetter publiquement par tous les carrefours de la Ville, lui font ensuite couper la langue & la main droite, enfin le font exiler.

Mort

DE L'HISTOIRE MODERNE. 93

Depuis J. C.	Mort de Sigebert, Roi de France, après un régne de 11 ans. Clovis II. Roi de France, fait ôter la couverture d'argent de dessus l'Eglise de l'Abbaye de Saint Denys, que Dagobert son pere avoit fondée. Il en fait battre de la monnoye, qu'il distribue aux pauvres. Quelques Auteurs prétendent que c'est pour réparer cette perte, qu'il obtint que cette Abbaye ne seroit point soumise dans la suite à la Jurisdiction Episcopale, & qu'il leur en fit expédier des Lettres-Patentes le douze Juin 660.
658.	Les Sarrasins offrent la paix à l'Empereur Constant, qui l'accepte, à condition qu'ils lui donneroient 100000 écus chaque année, avec un cheval richement caparaçonné, & un Esclave.
659.	L'Empereur Constant fait mourir son frere Théodose, qu'il avoit obligé de se faire Diacre. Cette action est suivie de songes affreux, qui ne permettent pas à Constant de dormir. Il quitte Constantinople, passe en Sicile, demeure quelque tems à Syracuse, & va à Rome. Rodoald, Roi des Lombards, après un régne de 4 ans, est tué par un de ses sujets, avec la femme duquel il avoit eu un commerce criminel. Comme ce Prince n'avoit point d'enfans, les Lombards assemblent les Etats de leur pays, & élisent pour Roi Aripert, fils de Gondebaud, frere de Théodelinde.
660.	Maxime meurt en éxil dans le pays des Alains, où il étoit depuis 3 ans.
661.	Les Lombards pillent la Ville de Grado, où le Siége Episcopal d'Aquilée avoit été transferé.
663.	L'Empereur Constant vient à Rome. Le Pape Vitalien avec tout le Clergé de Rome va au-devant de lui à 6 milles de la Ville. L'Empereur y arrive le 5 Juillet, & y demeure pendant 13 jours. Il fait ôter la couverture de l'Eglise de Sainte Marie des Martyrs, qui étoit d'airain, & la fait transporter à Constantinople avec plusieurs autres choses; après quoi, il revient à Naples, & passe ensuite à Reggio. Grimoald, Duc de Benevent, s'empare du Royaume de Lombardie.
664.	L'Empereur vient de Reggio en Sicile, reste quelque tems à Syracuse, leve de grosses contributions, & se fait haïr du peuple. Mort de Clovis, Roi de France, après un régne de 18 ans. Son fils Théodoric lui succéde. Sainte Gertrude, fille de Pepin, Maire du Palais, meurt en France.
665.	Les Anglois envoyent des présens & des Ambassadeurs au Pape.
667.	Sapor, Préfet d'Arménie, se révolte contre l'Empereur, demande & obtient du secours des Sarrasins. Il meurt d'un coup qu'il se donne à la tête, en passant sous les portes d'une Ville. L'Em-

Depuis J. C. 668.	L'Empereur Conſtant meurt à Syracuſe, après avoir gouverné l'Empire 27 ans. Les Auteurs ne conviennent, ni du genre, ni de la maniére de ſa mort. L'armée proclama Empereur un nommé Mezizius, ou Metius, Arménien, qui n'avoit aucun droit à la Couronne. Conſtantin, fils de Conſtant, vient attaquer ce nouvel Empereur avec une armée navale, triomphe de ſon armée, & le fait mourir. Il revient enſuite à Conſtantinople, & comme la barbe lui étoit venue pendant ſon abſence, les Habitans de Conſtantinople le ſurnommérent *Pogonat*, c'eſt-à-dire, le Barbu. Il aſſocia d'abord ſes freres Tibére & Heraclius à l'Empire, ſe réſervant à lui ſeul le titre d'Empereur. Le peuple donne la même qualité à ſes deux freres; mais il en devient ſi jaloux, qu'il leur fait couper le nez. Les Sarraſins emmenent d'Afrique plus de 80000 priſonniers, qu'ils vendent. Le Pape envoye en Angleterre un vieillard de Cilicie, nommé Théodore, âgé de plus de 60 ans, pour gouverner l'Egliſe de Cantorbery.
669.	Les Sarraſins ravagent la Sicile, aſſiégent, prennent, pillent & renverſent la Ville de Syracuſe. Clotaire III. meurt. Thierry III. lui ſuccéde. Peu de tems après, il eſt relegué dans un Monaſtére, & Childeric II. déclaré Roi.
670.	Oſwin, Roi d'Angleterre, meurt le 15 Février, après un régne de 8 ans. Son fils Egfride lui ſuccéde.
671.	Les Sarraſins font des courſes dans la Syrie & dans la Cilicie, & ſe préparent au ſiége de Conſtantinople.
671.	Les Sarraſins débarquent dans la Thrace avec une flotte conſidérable, aſſiégent Conſtantinople, depuis le mois d'Avril juſqu'au mois de Septembre, & prennent leurs quartiers d'hyver à Cyzique. Mort de Reſceſwinde, Roi d'Eſpagne, après un régne de 21 ans & 6 mois, depuis la mort de ſon pere. Bamba, ou Wamba, eſt couronné en ſa place le 19 Septembre.
673.	Les Sarraſins aſſiégent de nouveau la Ville de Conſtantinople. Les Généraux de l'Empereur Conſtantin défont leur armée, & la mettent en fuite. Une grande partie de leur flotte eſt diſperſée, ſur laquelle plus de 30 mille hommes ſont tués. Callinique, habile Architecte & ſçavant Mathématicien, inventa un feu artificiel qui brûloit dans l'eau, que l'on nomma *feu Grec*, ou *Gregeois*, dont il ſe ſervit avec ſuccès pour brûler la flotte des Sarraſins qui s'étoit réfugiée dans le port de Cyzique. Grimoald, Roi des Lombards, meurt, après avoir régné 9 ans. Garibald, encore enfant, lui ſuccéde; mais ayant été tué au bout de trois mois, Bertharius s'empare du Royaume.
674.	Wamba fait la guerre, & ſoumet les Habitans de la Gaule Narbonnoiſe.
	Ebroin,

DE L'HISTOIRE MODERNE. 95

Depuis J. C.	
	Ebroin, Maire du Palais, met sur le trône Clovis, qu'il disoit fils de Clotaire III.
	Dagobert II. fils de Sigebert III. revenu d'Ecosse, s'empare d'une partie du Royaume d'Austrasie.
675.	Les Sarrasins, avec une flotte de 270 Vaisseaux, tentent une descente en Espagne. Wamba, qui en étoit Roi, empêche l'exécution de leur entreprise, brûle & ruine entiérement leur flotte.
676.	Les Sarrasins font une paix de 30 ans avec Constantin, à qui ils payent un tribut considérable chaque année.
677.	Edelred, Roi des Merciens, fait la guerre aux Cantuariens, ravage le pays, ruine leurs Villes & leurs châteaux, renverse & pille leurs Monastéres.
678.	Les Bulgares, ainsi nommés du fleuve Bulga, ou Volga, viennent fondre dans la Thrace. L'Empereur leur donne une somme considérable, & les oblige à se retirer.
	Mort de Muhavias, Roi des Sarrasins, après un régne de 21 ans. Son fils lui succéde.
679.	Le Christianisme est annoncé aux Frisons par Wilfrid, Evêque d'Yorck.
680.	L'Empereur ordonne à tous les Evêques de s'assembler à Constantinople le 7 Novembre, Le Pape envoye ses Légats pour assister au Concile qui devoit se tenir dans cette Ville, & ils y arrivent.
	Le TROISIEME CONCILE de Constantinople OECUMENIQUE, commence le 6 Novembre.
	Wamba, Roi d'Espagne, abdique la Royauté & se retire dans un Monastére, après un régne de 8 ans un mois 14 jours. Ewigius lui succéde le 14. Octobre.
	Dagobert étant mort, aussi-bien que son fils Sigebert, Thierry remonte sur le trône.
681.	Les Monothélites sont condamnés au Concile de Constantinople.
	La partie inférieure de l'Angleterre est affligée de la peste & de la famine.
	Mort de Marvan, Roi des Sarrasins. Abdelmelec lui succéde.
682.	L'Empereur Constantin remet aux Papes l'argent qu'ils avoient coutume de lui payer après leur promotion, il se réserve néanmoins le droit de confirmer leur élection.
684.	Ecfride, Roi d'Angleterre, est tué par les Pictes, à qui il avoit déclaré la guerre.
685.	L'Empereur Constantin meurt au mois de Septembre, après avoir gouverné l'Empire 17 ans & quelques mois. Son fils Justinien, âgé de 16 ans, lui succéde. Il envoye une armée en Arménie, qui en chasse les Sarrasins, qu'il rend tributaires. Il met aussi en contribution l'Iberie, l'Albanie, l'Hircanie & la Médie.
686.	Quilien, Moine Irlandois, annonce la Religion Chrétienne

Depuis J. C.	
	à Wurtzbourg en Allemagne, dont il devient le premier Evêque.
687.	Le Pape Conon meurt le 13 Octobre. Théodore & Pascal, Archidiacres, lévent des troupes pour se faire élire. On élit Sergius; mais Pascal, pour se maintenir, offre une somme considérable à Jean, Exarque de Ravenne.
	L'Exarque vient à Rome avec une armée, éxige des Romains les sommes considérables qu'on lui avoit promises, & ne laisse pas d'enfermer l'Antipape Pascal.
	Ervige, Roi d'Espagne, meurt. Egica, parent de Wamba, lui succéde.
	Pepin, Maire du Royaume d'Austrasie, défait Thierry.
689.	Quilien, Evêque de Wurtzbourg, est Martyr avec ses compagnons, par ordre de Geïla, épouse du Duc Gosbert.
690.	Pepin envoye Willebrod & plusieurs Ecclésiastiques pour annoncer la Foi aux Frisons.
	L'Empereur Justinien rompt la paix avec les Sarrasins, parce qu'ils ne pouvoient pas payer leur tribut en monnoye au coin de ce Prince, qui ne vouloit pas même le recevoir en lingots. L'Empereur force les Habitans de l'Isle de Chypre de quitter leur Isle. Il fait la guerre aux Sarrasins, & en est battu. Il est obligé de leur céder l'Arménie.
	Mort de Thierry, Roi de France. Clovis III. lui succéde.
691.	Mort de Bertharius, Roi des Lombards, après un régne de 17 ans. Son fils Cunibert lui succéde.
692.	Justinien fait assembler le Concile de Constantinople, nommé in *Trullo*, ou *Quini-Sexte*.
	Childebert succéde à son frere Clovis dans le Royaume de France.
693.	Justinien fait bâtir plusieurs superbes édifices. Il prend pour Inspecteur de ces travaux un Persan très cruel, qui fait mourir beaucoup d'ouvriers & plusieurs personnes de qualité.
694.	Léonce, Patrice, est élu Empereur. Il fait couper le nez à Justinien, le relegue en Chersonese, & fait mourir les ministres de ses cruautés.
	Les Juifs d'Afrique & d'Espagne conspirent contre le Roi Egica. La conspiration est découverte, & les auteurs sont punis.
695.	Mort de Saint Omer, dont la Ville a pris & retenu le nom. Vandregisile fonde les Abbayes de Fecamp & de Fontenelle.
696.	Léonce est déposé par Absimare, Général de la Cavalerie, qui lui fait couper le nez & le fait enfermer dans un Monastére en Dalmatie. Absimare est déclaré Empereur par l'armée, qui lui donne le nom de Tibere.
697.	Wilibalde fait faire des missions dans la France Orientale, pour y établir la Religion Chrétienne.
698.	Les Romains recouvrent la Syrie, & tuent plus de 200 mille Sarrasins.
	Les Pictes embrassent en Angleterre la Religion Chrétienne.

Le

DE L'HISTOIRE MODERNE.

Depuis J. C.	
	Le Christianisme s'étend dans la Frise.
700.	Cracus, Roi de Pologne, bâtit une Ville, à laquelle il donna le nom de Cracou, qu'il établit la Capitale de ses Etats.
701.	Egiga, Roi d'Espagne, meurt, après un régne de 13 ans. Son fils Vitiza lui succéde. Ce dernier se soustrait de l'obéissance du Pape, & refuse de lui payer le tribut que ses prédécesseurs lui avoient accordé.
702.	Gilulphe, Duc de Benevent, ravage la Campanie. Justinien II. leve des troupes pour remonter sur le trône; il épouse la fille du Roi des Laziens.
703.	Justinien se saisit de la Thrace, & assiége la Ville de Constantinople, dans laquelle il introduit des troupes. Apsimar Tibere & Léonce prennent la fuite. L'Empereur les poursuit, les prend, les ramene jusques dans le Cirque, où il leur met le pied sur la gorge en présence du peuple, & leur fait ensuite couper la tête. Il fait mourir plusieurs personnes de considération, dépose Callinique, Patriarche de Constantinople, lui fait crever les yeux, l'exile à Rome, & fait mettre Cyrus en sa place. Cunibert, Roi des Lombards, meurt, après 12 ans de régne.
704.	Les Lombards sont extrêmement agités par des guerres intestines. Aripert s'empare de leur pays, s'en fait déclarer Roi, & pacifie tous les troubles qui désoloient ses Etats. Edelred se fait Moine, après avoir gouverné l'Angleterre pendant 31 ans. Son fils Corred lui succéde.
706.	Justinien fait la guerre aux Bulgares, qui l'avoient aidé à recouvrer ses Etats. Ils le défont, & l'obligent de s'enfuir à Constantinople.
708.	Le 19 Janvier, Sisinius est élû Pape. Il meurt 20 jours après. Constantin, Syrien de nation, est mis en sa place.
709.	L'Empereur Justinien fait venir à Constantinople le Pape Constantin, pour finir la contestation au sujet des Canons ajoutés au VI. Concile. Justinien fait la guerre contre les Habitans de la Chersonese. Childebert, Roi de France, meurt le 15 Avril, âgé de 28 ans, dont il en avoit régné 17. Il est enterré dans l'Eglise de Saint Etienne de Coucy. Dagobert II. lui succéde.
710.	Mort de Vitiza, Roi d'Espagne, après avoir régné 9 ans. Roderic, homme courageux, mais cruel, lui succéde.
711.	Révolution en Espagne. Les Sarrasins y viennent d'Afrique. Ils défont Roderic, qui est tué dans une des batailles qu'il perd contre ces Infidéles. Le Pape Constantin arrive de Constantinople à Rome, le 24 Octobre. Les soldats, indignés de la cruauté de Justinien, se révoltent contre lui, & élisent pour Empereur Philippicus, surnommé Bardanès. Celui-ci assiége Constantinople & s'en rend maître, fait prendre Tibére, âgé d'environ 7 ans, que l'on égorge en présence de Justinien son pere, à qui Philippicus

II. Volume. G fait

Depuis J. C.	
712.	fait couper la tête. Ce nouvel Empereur se déclare pour les Monothélites. Aripert, Roi des Lombards, est noyé en passant la riviére de Thesin. Il avoit régné 8 ans. Son corps fut inhumé à Pavie. Asprand, qui lui succéda, ne régna que 3 mois, au bout desquels son fils Luitprand gouverna le Royaume.

713.	Artemius, premier Sécretaire de Philippicus, fait crever les yeux à cet Empereur dans le tems qu'il reposoit. Il se fait déclarer Empereur, & prend le nom d'Anastase.
	    Les Sarrasins assiégent & prennent la Ville d'Antioche de Pisidie.
	    Les Bulgares ravagent toute la Thrace.
	    Roderic, Roi d'Espagne, est dépouillé de ses Etats par les Sarrasins d'Afrique.

714.	Pepin, Maire du Palais, meurt. Son fils Charles Martel prend sa place. L'armée de l'Empire, qu'Anastase avoit envoyée en Phénicie contre les Sarrasins, se révolte, & élit Empereur un nommé Théodose, Syrien de Nation. Il vient à Constantinople, défait la flotte d'Anastase, qui est pris & renfermé dans un Monastére.
715.	L'Empereur Théodose fait rétablir l'autorité des six premiers Conciles généraux. Mort du Roi Dagobert. Ce Prince laisse pour successeur son fils Thierry, à qui on avoit donné le surnom de Chelles, parce qu'il avoit été élevé dans ce lieu-là. Comme il étoit encore au berceau, les Grands du Royaume se choisirent un nommé Daniel, Ecclésiastique, qui s'étoit retiré dans un Monastére; il étoit fils de Childeric. Il prit le nom de Chilperic II.
716.	Les Arméniens & les Sarrasins forcent Léon d'Isaurie d'accepter l'Empire. Léon marche contre Théodose, qui abdique volontairement l'Empire. Il se retire à Ephese avec son fils, & embrasse l'Etat Ecclésiastique. Les Sarrasins prennent Pergame, Ville de l'Asie Mineure. D'un autre côté ils s'emparent de Tolede en Espagne, pillent, ravagent & brûlent la Bourgogne & le Poitou.

717.	Les Sarrasins assiégent Constantinople, ils sont repoussés. Léon brûle leur flotte avec du feu Grégeois. La peste fait mourir près de 300 mille Habitans de Constantinople.
	    La Ville de Rome est submergée par l'inondation du Tybre, qui dure sept jours.
	    Le 21 Mars, Charles Martel livre une bataille à Chilperic, Roi de France, dans laquelle il eut beaucoup d'avantage.
	    Mort de Suibert Apôtre, ou premier Evêque des Saxons & des Frisons.

718.	Les Sarrasins abandonnent le siége de Constantinople, le 15 Août. Leur flotte & leur armée sont entiérement défaites par celle de l'Empereur.

Pé-

DE L'HISTOIRE MODERNE.

Depuis J. C.	
	Pélage, Goth de Nation, est élû Roi des Asturies par les Habitans du pays. Il se défend contre les Sarrasins, dont il tue près de 20 mille dans une seule bataille. Charles Martel fait déclarer Roi Clotaire IV. fils de Clotaire III.
719.	Mort de Radbodus, Roi des Frisons. Il naquit en ce tems un fils à l'Empereur Léon l'Isaurien. Germain, Patriarche de Constantinople, baptise cet enfant le jour de Noël, & l'appelle Constantin. Depuis ce tems, on lui donna le surnom de Copronyme, parce que dans le tems qu'on le baptisoit, cet enfant avoit souillé les Fonts Baptismaux. Boniface, Anglo-Saxon, annonce l'Evangile en Allemagne, en Thuringe & en Frise. Chilperic est défait par Charles Martel, & Clotaire meurt. Petronax, Citoyen de Bresse, rebâtit le Monastère du Mont-Cassin qui avoit été ruiné par les Lombards, fait venir des Moines pour l'habiter, & y fait observer la Régle de Saint Benoit.
720.	Léon associe son fils Constantin à l'Empire. Udon, Duc d'Aquitaine, livre Chilperic à Charles. Les Sarrasins prennent Narbonne, & assiégent Toulouse.
721.	Un Juif de Syrie contrefait le Messie, attire & séduit beaucoup de personnes. Chilperic étant mort, Thierry est déclaré Roi. Charles Martel gouverne despotiquement.
722.	L'Empereur oblige les Juifs de se faire Chrétiens. Quelques-uns, qui s'étoient fait baptiser, abjurent le Christianisme, & proférent des blasphêmes contre Jesus-Christ. Léon veut les forcer à se rétracter, ils le refusent, & mettent le feu à leurs maisons, dans l'incendie desquelles ils périssent.
723.	Boniface est appellé à Rome, & sacré Evêque. Le Pape lui donne des Lettres de recommandation pour les Evêques de France & pour les Princes d'Allemagne.
724.	Boniface annonce le Christianisme aux Cattes & aux Thuringiens.
725.	Léon d'Isaurie condamne l'usage & le culte des Images. Germain, Patriarche de Constantinople, s'y oppose. Eude, Duc d'Aquitaine, fait la guerre à Charles Martel & aux Sarrasins, à qui il donne une sanglante bataille, dans laquelle plus de 375 mille hommes restérent, dit-on, sur la place.
726.	Le Pape Gregoire se déclare contre l'Empereur & condamne l'Edit qu'il avoit rendu pour proscrire le culte des Images. Il se ligue avec les Lombards pour en empêcher l'éxécution. Le Pape envoye vers Charles Martel pour le prier de se rendre en Italie, au cas que Léon voulût y faire éxécuter son Edit. Les Lombards s'emparent de Ravenne & autres places de l'Empire.

G 2

L'Em-

Depuis J. C.	L'Empereur fait abattre les Images à Constantinople; ce qui excite une sédition. Plusieurs Officiers de Léon sont tués dans son Palais. Cet Empereur fait rechercher & mettre à mort les auteurs de ces troubles.
	Les Sarrasins prennent Césarée de Cappadoce.
727.	Les Sarrasins assiégent Nicée avec une armée de plus de 100 mille hommes, sans la pouvoir prendre.
	Plusieurs Evêques de l'Eglise Grecque se déclarent pour le culte des Images, contre l'Édit de l'Empereur.
728.	Les défenseurs des Images font la guerre à Léon. Agallianus & Etienne, qui étoient à leur tête, sont défaits sur mer.
729.	Luitprand, Roi des Lombards, se ligue avec l'Exarque de Ravenne pour faire la guerre au Pape. Gregoire fait échouer les desseins de ses ennemis.
	Les Sarrasins ravagent la Gaule Narbonnoise.
730.	Germain, Patriarche de Constantinople, résisté à l'Empereur, qui, ne pouvant l'obliger à se déclarer contre les Images, le dépose & le chasse de Constantinople, & fait élire en sa place Anastase, Iconoclaste.
	Le Pape Gregoire excommunie l'Empereur.
731.	Charles Martel chasse les Sarrasins de la Gaule Narbonnoise.
732.	L'Empereur Léon confisque les terres que le Pape avoit en Sicile, fait instruire & baptiser la fille de Chagan, Roi des Cazares, à qui il donne le nom d'Irene, & la marie à son fils Constantin Copronyme.
	La flotte, que l'Empereur avoit envoyée en Italie contre le Pape, est dispersée par la tempête.
	Saint Jean Damascene soutient le culte des Images.
733.	Le Pape Gregoire & plusieurs Evêques d'Italie supplient inutilement l'Empereur de rétablir les Images; mais l'Empereur éxile & persécute les Orthodoxes.
	Charles Martel défait les Sarrasins qui ravageoient la Gaule Narbonnoise.
734.	L'Empereur continue de persécuter les défenseurs des Images.
735.	Eude, Duc, d'Aquitaine, déclare la guerre à Charles Martel. Ce Duc meurt, & partage ses Etats à ses deux fils. Il donne le Comté de Poitiers à Habson, & toute la premiére & seconde Aquitaine à Hunaud. Charles Martel attaque ce dernier, & l'oblige de lui rendre hommage pour le Duché d'Aquitaine.
736.	Léon fait éxécuter son Edit contre les Images.
	Willebrod, Evêque d'Utrecht, meurt, après avoir gouverné l'Eglise de cette Ville près de 40 ans.
737.	Cléolulphe, Roi de Northumberland, à qui Bede a dédié son Histoire d'Angleterre, abdique la Royauté, & se fait Moine, après avoir mis son fils, ou son cousin-germain, sur son Trône.

Mort

DE L'HISTOIRE MODERNE. 101

Depuis J. C.	
	Mort de Thierry III. Roi de France, âgé d'environ 23 ans, après avoir porté le titre de Roi pendant 17 ans. Charles Martel, qui gouvernoit le Royaume, n'en fait point mettre d'autre, & se contente, pendant près de six ans qu'il gouverna seul, du titre de Duc des François.
738.	Favila, qui avoit succédé à son pere Pélage dans le Royaume des Asturies, meurt la seconde année de son régne. Alphonse, gendre de Pélage, & l'un des descendans de Reccarede, lui succéde.
739.	Luitprand, Roi des Lombards, assiége Rome & s'empare du Duché de Spolette. Trasemond, avec les troupes du Pape, reprend presque toutes les Villes de ce Duché. Le Pape écrit des lettres très pressantes à Charles Martel pour l'engager de venir à son secours. Boniface vient en Baviére, qu'il partage en quatre Evêchés, dont les deux principaux étoient celui de Ratisbonne & celui de Saltzbourg.
740.	Ina, Roi des Saxons Occidentaux d'Angleterre, se sépare d'avec sa femme, abdique le Royaume, se fait Moine, & oblige ses sujets de payer chaque année au Pape un denier par chaque maison. Edelwolphe, ou Adolphe, Roi de presque toute l'Angleterre, ordonne la même chose. Ce tribut a depuis été nommé le denier de Saint Pierre. Le Mercredi, 26 Octobre, un tremblement de terre à Constantinople, qui se fit aussi sentir à Nicée, à Nicomedie, & dans plusieurs autres Villes; il dura plusieurs mois. Les Lombards ravagent la Campanie, pillent & brûlent plusieurs Eglises & quantité de Monastéres. Le Pape tâche en vain d'appaiser l'Empereur sur les Images.
741.	L'Empereur Léon meurt le 18 Juin, après avoir gouverné l'Empire 24 ans, 2 mois & 20 jours. Constantin Copronyme est couronné Empereur le 27 Juin. On lui donne le surnom de Caballin, parce qu'il aimoit l'odeur du fumier des chevaux. Ce nouvel Empereur équippe une flotte contre les Sarrasins. Charles Martel, âgé de 50 ans, meurt le 20 Octobre, en sa maison de Quiercy sur l'Oise; son corps est porté dans l'Abbaye de Saint Denys. Carloman, son fils aîné, lui succéde dans l'Austrasie & la France Germanique, & Pepin, son second fils, dans la Neustrie, la Bourgogne & la Provence.
742.	Naissance de Charles, fils de Pepin, qui a mérité le nom de Charlemagne, ou le Grand. Les habitans d'Antioche, après 40 ans d'Anarchie, obtiennent des Sarrasins la permission d'élire un nommé Etienne, Patriarche d'Antioche.
743.	Luitprand s'empare de Ravenne. Le Pape l'engage de la rendre à l'Empereur. Constantin défait Nicétas & son armée à Chalcédoine, vient

G 3

Depuis J. C.	en Thrace, affiége & prend Constantinople qu'il abandonne au pillage, fait mourir plusieurs des principaux habitans, & fait conduire par la Ville le Patriarche Anastase, monté sur un âne, ayant la tête tournée du côté de la queuë. Anastase demande & obtient son pardon de l'Empereur, qui le fait rétablir dans son Evêché. Côme, Patriarche d'Alexandrie, abjure le Monothélisme.
744.	Mort de Luitprand, Roi des Lombards, après avoir régné 31 ans & demi. Rachise lui succéde Boniface jette les fondemens de l'Abbaye de Fulden, la plus illustre & la plus considérable d'Allemagne. Théophilacte est élû Patriarche d'Antioche.
745.	Les Saxons ravagent la Thuringe, Carloman les en chasse. Boniface est ordonné Evêque de Mayence.
746.	Les Sarrasins se divisent, & se font la guerre les uns aux autres. Un tremblement de terre renverse un grand nombre d'édifices dans la Syrie & dans la Palestine. Depuis le 4 Août jusqu'au mois d'Octobre, il y eut des ténébres très épaisses pendant le jour. Une peste effroyable, qui dura près de 3 ans, ravage la Calabre, la Sicile & la Gréce. La mortalité fut si considérable à Constantinople, que l'on trouvoit à peine des personnes pour ensevelir les morts, & des endroits pour les inhumer.
747.	Carloman laisse ses Etats & son fils Drogon à son frere Pepin. Il se retire en Italie, y fait bâtir un Monastére sur le Mont Soracte, à quelques lieuës de Rome, appellé aujourd'hui le Mont Sylvestre, embrasse l'Etat Monastique, & passe les derniéres années de sa vie dans le Monastére du Mont-Cassin.
749.	Plusieurs Villes de Syrie sont entiérement renversées par des tremblemens de terre. Celles qui étoient sur des éminences, furent jettées dans des endroits bas; quelques-unes ne firent que changer de place, sans être endommagées, quoiqu'elles fussent éloignées de plus de six mille pas de leur premiére situation. En Mésopotamie la terre s'ouvrit, & forma un gouffre de deux mille pas de long. Pepin défait les Saxons & les Westphaliens dans plusieurs combats.
750.	Rachise, Roi des Lombards, assiége la Ville de Perouze. Le Pape le vient trouver & lui persuade de se retirer de devant cette Ville, de rendre toutes les autres qu'il avoit prises dans la Pentapole, d'abandonner sa femme, ses enfans & son Royaume, & de se retirer dans le Monastére du Mont-Cassin, après avoir régné 5 ans & 6 mois. Son frere Astolphe lui succéde. Mort de Saint Jean Damascene.
751.	Pepin envoye des Députés (Burchard, Evêque de Wurtzbourg, & Fulrade son Chapelain) au Pape Zacharie pour le consulter, sçavoir s'il ne devoit point être déclaré Roi préférablement à Childeric, dernier de la race des Mérovingiens, qui étoit incapable de gouverner.

Con-

Depuis J. C.	
752.	Constantin fait proclamer Auguste son fils Léon, quoiqu'il n'eût encore que 16 mois.
Pepin est déclaré Roi par une assemblée des Etats de France, qui se tint à Soissons, & sacré dans la Cathédrale de Soissons par Boniface, Evêque de Mayence. C'est le premier sacre de Roi qui soit marqué dans l'Histoire de France par des Auteurs dignes de foi. Childeric est dégradé & relegué dans le Monastére de Sithieu, aujourd'hui Saint Bertin, au Diocése ancien de Teroüenne, dans la Ville de Saint Omer, où il prit l'habit de Religieux.
Etienne III. est mis sur le Saint Siége. C'est le premier qui ait été porté sur les épaules des hommes, & qui ait donné lieu à cette coutume.
753.	Astolphe, Roi des Lombards, déclare la guerre au Pape, & demande qu'on lui remette la Ville de Rome. Il prend Ravenne & plusieurs autres places.
Astolphe assiége Rome. Le Pape implore inutilement le secours de l'Empereur Constantin, & a recours au Roi Pepin, qui fait lever le siége par sa médiation.
Le Pape Etienne vient en France. Pepin envoye son fils Charles 50 lieuës au-devant de lui, & va lui-même à sa rencontre avec sa femme & ses enfans.
Mort d'Abubalas, Roi des Sarrasins. Habdula lui succéde. Ce dernier rebâtit la Ville de Séleucie, à qui il donna le nom de Bagdet.
754.	Pepin vient en Italie avec une armée considérable, oblige Astolphe de rendre Ravenne à l'Empereur, & au Pape les Villes qu'il avoit usurpées sur le Saint Siége.
755.	Astolphe assiége derechef la Ville de Rome. Le Pape a recours à Pepin, qui passe en Italie avec une armée, & fait non seulement lever le siége; mais encore donner au Pape plusieurs Villes dont Astolphe étoit en possession.
Boniface, Evêque de Mayence, est tué par les Frisons le 5 Juin. On porte son corps à l'Abbaye de Fulden.
756.	Astolphe, Roi des Lombards, est tué à la Chasse. N'ayant point de fils, ni de proches parens, Didier, Duc de Toscane, qui avoit été Connétable d'Astolphe, se fait proclamer Roi. Rachise, qui avoit abdiqué la Royauté & s'étoit fait Moine quelque tems auparavant, s'efforce de remonter sur le Trône. Le Pape, à la persuasion de Pepin, oblige Rachise de retourner dans son Monastére; ainsi Didier, après avoir cédé le Duché de Ferrare & Ancone au Pape, reste seul Roi des Lombards.
757.	Les Sarrasins augmentent les taxes qu'ils tiroient sur les Chrétiens de Syrie.
Pepin subjugue les Saxons, & en exige des contributions.
Alphonse, Roi d'Espagne, ayant régné 19 ans, meurt, & a pour successeur Froïla, qui remporte de grands avantages sur les Sarrasins. Il en fait mourir plus de 50000 dans la Galice, &

Depuis J. C.	
	& se rend maître de cette Province, aussi-bien que de la Navarre.
758.	Constantin fait la guerre aux Sclavons, & les chasse de la Macédoine. Il envoye plusieurs présens à Pepin, & entre autres des Orgues, composées de plusieurs jeux, disposées d'une façon extraordinaire, telle qu'on n'en avoit pas encore vû en France.
759.	Constantin fait la guerre aux Bulgares, qui le défont & l'obligent de s'en retourner à Constantinople.
760.	Le Pape Paul fonde un Monastére à Rome, dans lequel il fait chanter les Pseaumes en Grec. Pepin bat les Saxons, assiége & prend Narbonne, occupée par les Sarrasins.
761.	Constantin maltraite ceux qui révéroient les Images.
762.	Constantin défend de se faire Moine. La guerre que les Bulgares eurent contre lui, rallentit la persécution contre les Moines. Les Sarrasins s'emparent de Valence, Ville d'Espagne. Les Catholiques en retirent les Reliques de Saint Vincent, & les font transporter sur les Côtes de Portugal, dans un lieu, nommé aujourd'hui le Cap de Saint Vincent, où l'on a bâti un Monastére.
763.	Constantin dompte les Bulgares. L'hyver fut si rude cette année, que le Pont-Euxin fut glacé de 30 coudées d'épaisseur, & qu'il y eut des neiges en certains endroits jusqu'à 50 pieds de haut. Ces grands froids, qui commencèrent dès le mois d'Octobre & qui durèrent jusqu'à la fin de Février, furent suivis d'une si extrême séchéresse, que la plûpart des fontaines & des sources tarirent.
764.	Les François envoyent des Députés au Pape pour en obtenir des Reliques.
765.	Pepin continue de faire la guerre dans l'Aquitaine.
766.	Constantin continue de persécuter les défenseurs des Images, & fait jurer à tous ses Sujets de ne leur rendre aucun culte. Cet Empereur, ayant été battu par les Bulgares, envoye demander du secours à Pepin, qu'il tâche de mettre dans ses intérêts au sujet des Images.
767.	Le Pape Paul meurt. Constantin, quoique Laïque, est mis sur le S. Siége par Didier, Roi des Lombards, & en trois jours consécutifs on lui donne l'Ordre de Prêtrise. Les Turcs ravagent l'Arménie & l'Asie.
768.	Le Peuple & le Clergé de Rome se révoltent contre le Pape Constantin, que l'on force d'abdiquer la Papauté. Il se retire dans un Monastére; on lui créve les yeux, puis on l'empoisonne. Philippe est élû en sa place. Plusieurs personnes, mécontentes de son élection, le font déposer, & élisent en sa place Etienne IV. Pepin, après avoir terminé la guerre d'Aquitaine, étant ma-

Depuis J. C.	malade à Xaintes, se fait transporter à Tours, & de-là à Saint-Denys, où il meurt, âgé de 54 ans, le 23. Septembre, la 27e année de son régne, & la 20e de son gouvernement. Il fut enterré à Saint-Denys. La petitesse & la grosseur de sa taille lui ont fait donner les surnoms de Bref & de Gros.
769.	Charles, fils de Pepin, à qui nous donnerons dans la suite le nom de Charlemagne, & Carloman son frere partagent le Royaume de France. Le premier, âgé de 30 ans, est couronné à Noyon; & le second, âgé de 22 ans, le fut à Soissons. Ces deux freres font la guerre à Hunaud, Duc d'Aquitaine, & se mettent en possession de ses Etats. Charlemagne épouse Berthe, fille de Didier, Roi des Lombards. Léon, fils de l'Empereur Constantin, âgé de 18 ans, épouse Irene, & est proclamé Empereur. Ses deux autres freres, Christophle & Nicéphore, sont déclarés Césars. Le premier Avril, l'Empereur Constantin fait couronner Eudocia, sa troisiéme femme.
770.	L'Empereur Constantin fait venir à Ephese un grand nombre de Religieux & de Religieuses, leur ordonne de quitter leurs habits noirs, d'en prendre des blancs, de se marier, & de se conformer à ses intentions touchant les Images; ou d'aller en éxil dans l'Isle de Chypre, pour y être exposés aux insultes des Sarrasins. Après avoir eû les yeux crevés, plusieurs souffrent l'exil; quelques-uns néanmoins préférent le mariage. Constantin fait vendre les Monastéres, & s'en approprie le prix.
771.	Carloman meurt de maladie au mois de Novembre; son corps fut porté dans l'Abbaye de Saint Remy de Rheims. Charlemagne reste seul Roi de France, & se rend maître, pendant le reste de ce siécle, de tout ce que les Lombards avoient en Italie, d'une partie de l'Espagne, & d'autres pays Barbares en Allemagne. Il répudie sa femme Berthe, à la persuasion du Pape, & épouse Hildegarde, fille du Roi des Suéves. Au mois de Janvier de cette année, il naquit un fils à l'Empereur Léon & à Irene, qui fut nommé Constantin, & surnommé Porphyrogenete; c'est-à-dire, né dans la Pourpre.
772.	Didier, Roi des Lombards, s'empare derechef de Ravenne & de plusieurs autres places. Charlemagne fait la guerre aux Saxons, les défait près d'Osnabruc, démolit le Temple du faux Dieu Irmensul, & en brise le Simulacre. Bertolde, Duc des Saxons, est tué.
773.	Didier veut assiéger Rome, & s'empare de plusieurs Villes du Domaine du Pape Adrien, qui a recours à Charlemagne. Ce Prince, après avoir tenté inutilement la douceur pour porter Didier à restituer au Pape les places qu'il avoit prises sur lui, vient en Italie au mois d'Octobre, défait l'armée de Didier, assiége & prend Verone.

Depuis J. C. 774.	Le siége de Pavie, que Charlemagne avoit commencé dès l'année précédente, trainant en longueur, ce Prince vient à Rome pour y célébrer les fêtes de Pâque. Le Pape & les Habitans lui font une très magnifique entrée. Ce Prince revient à Pavie, qui se rend. Didier, qui s'étoit réfugié dans cette Ville, est pris avec sa femme & ses enfans. Charlemagne fait raser Didier, & l'oblige de se retirer dans un Monastére, où ce Prince meurt. Ainsi finit le Royaume des Lombards en Italie, après y avoir duré 205 ans. Paul, Diacre d'Aquilée, fut fait prisonnier avec Didier, dont il étoit Sécrétaire. Il fut accusé d'avoir contrefait l'écriture de Charlemagne pour faciliter l'évasion de Didier. Charlemagne ordonna d'abord de lui couper la main droite; mais il révoqua cet ordre, & se contenta de l'exiler dans l'Isle de Capraire, d'où cet Historien se sauva & vint demeurer à Benevent.
775.	Mort de l'Empereur Constantin Copronyme, le 14 Septembre, après avoir gouverné l'Empire pendant 34 ans, 2 mois & 26 jours. Son fils Léon lui succéde.
776.	Adelgise, fils de Didier, Roi des Lombards, est déclaré Patrice par l'Empereur Léon, au mois d'Avril. Léon fait déclarer & couronner Empereur son fils Constantin Porphyrogenete. Nicéphore conspire contre Léon, qui le fait raser & l'exile dans la Chersonese. Rotgaut leve des troupes, & veut se mettre en possession du Royaume des Lombards. Charlemagne vient avec une armée, défait celle de Rotgaut, qu'il prend prisonnier, & lui fait ensuite couper la tête. Charlemagne soumet encore les Saxons, qui embrassent la Religion Chrétienne.
777.	Teleric, Roi des Bulgares, vient à Constantinople, se fait instruire du Christianisme, & reçoit le Baptême. Léon le fait Patrice, & lui donne en mariage la cousine-germaine de l'Impératrice Irene. Charlemagne fait tenir une assemblée générale à Paderborn. Plusieurs Chefs des Sarrasins l'y viennent trouver pour implorer son secours contre leur Nation.
778.	Charlemagne entreprend une expédition en Espagne contre les Sarrasins, s'empare de la Navarre & de la Sardaigne. A son retour, il fait raser Pampelune. Les Gascons se mettent en embuscade dans les détroits du passage de Roncevaux, pillent ses bagages, & tuent plusieurs des principaux Seigneurs de la Cour de Charlemagne. Hildegarde, femme de ce Prince, accouche de deux enfans jumeaux; dont l'un meurt aussitôt, & l'autre est nommé Louïs, qui succéde à son pere.
779.	Charlemagne dompte les Saxons, dont plusieurs se retirent sur les terres des Vandales, & se font appeller Oüestphales.
780.	L'Empereur Léon meurt de la fiévre le 8 Septembre. Son fils

Depuis J. C.	
	fils Constantin VII. furnommé Porphyrogenete, lui succéde fous la Régence d'Irene.
	Rétablissement des Images & de leur culte. Les Sarrasins pillent & renverfent les Eglifes des Chrétiens d'Asie, & empêchent l'exercice du Christianifme. Charlemagne établit plusieurs Evêchés en Allemagne, entre autres ceux d'Osnabruc & de Minden.
781.	Charlemagne vient passer les fêtes de Pâque à Rome. Il y fait baptifer Pepin, fon fecond fils, par le Pape, qui en est le parain. Pepin est aussi couronné Roi d'Italie, & Louïs, Roi d'Aquitaine.
	L'Impératrice Irene demande & obtient en mariage Rotrude, fille de Charlemagne, pour l'Empereur Constantin son fils. Charlemagne y consent. Ce mariage n'est pas célébré, parce que ni l'une, ni l'autre des Parties n'étoit en âge nubile. L'Impératrice envoye en France un Eunuque, nommé Etienne, pour instruire la Princesse dans la Langue & dans les mœurs des Grecs. Il y demeura 4 ans, au bout defquels Irene, craignant que cette alliance ne diminuât son autorité, & la part qu'elle avoit au Gouvernement, retire la parole qu'elle avoit donnée à Charlemagne.
	Les Sarrasins font la guerre en Orient. Irene par des fommes d'argent les porte à faire la paix.
782.	Les Généraux de l'Empereur Constantin chassent les Sclavons de la Gréce.
	Charlemagne continue à faire la guerre aux Saxons. Ce Prince renverse le Temple & l'Idole de Vénus, qui étoit à Magdebourg.
783.	Silon, Roi de Galice, meurt la huitiéme année de son régne. Il a pour successeur Alphonse.
	Hildegarde, femme de Charlemagne, meurt le dernier jour d'Avril. Mort de Berthe, mere de ce Prince, le 12 Juin. Charlemagne époufe Fastrade, fille de Raoul, Comte François.
	Elipand, Evêque de Toléde, publie son opinion touchant la qualité de Fils adoptif qu'il attribuoit à Jefus-Chrift. Plusieurs Evêques & plusieurs Prêtres s'opposent à ses erreurs.
785.	Les Saxons se soumettent entiérement à Charlemagne, & embraffent la Religion Chrétienne.
787.	Tenue du deuxiéme CONCILE DE NICÉE, SEPTIEME GENERAL, composé de 350 Evêques, dans lequel on rétablit le culte des Images.
	Charlemagne fait un voyage à Rome, d'où il emmene des Chantres & des Organiftes pour introduire en France le chant Grégorien, à la place de l'Ambrofien dont on s'étoit fervi jufqu'alors.
788.	Charlemagne fait la guerre à Taffillon, Duc de Baviére, qu'il oblige de se retirer dans un Monaftére.
789.	L'Empereur Constantin, ayant atteint l'âge de 20 ans, veut fecoüer la domination impérieufe d'Irene sa mere. Cette Prin-

Depuis J. C. 790.	Princesse envoye en éxil ceux qu'elle soupçonnoit d'avoir suggéré ce dessein à l'Empereur. Tremblement de terre à Constantinople, d'où l'Empereur & l'Impératrice Irene sont obligés de sortir. Les Chefs & les soldats de l'armée Impériale qui étoit en Arménie, secoüent le joug de la domination d'Irene, & demandent Constantin pour leur Empereur. Les autres armées firent la même chose; de sorte qu'au mois d'Octobre, Irene s'abstint de prendre part au Gouvernement, & son fils Constantin commença à gouverner seul l'Empire. Incendie à Constantinople, qui consume le Palais du Patriarche, dans lequel on gardoit toutes les Oeuvres de Saint Chrysostôme, écrites de sa propre main. Vers ce tems, Charlemagne fit composer les Livres, qui portent son nom, touchant les Images.
791.	Le 15 Janvier, Constantin engage Irene de prendre soin derechef du Gouvernement. Cette Impératrice porte Constantin à faire crever les yeux de ses oncles, & de plusieurs personnes de considération. Le Tybre submerge plusieurs des maisons de Rome.
792.	Un Prêtre Lombard donne avis à Charlemagne d'une conspiration que l'on avoit tramée contre ce Prince. Charlemagne fait décapiter plusieurs des conjurés, & crever les yeux aux autres.
793.	Alfonse, surnommé le Chaste, Roi d'Espagne, refuse aux Sarrasins le 100 filles que l'on avoit coutume de leur livrer. Les Sarrasins lui déclarent la guerre. Alfonse leur donne bataille, & en tue plus de 70000. Les Sarrasins d'Afrique infestent la mer par leurs pirateries, & ravagent la Gaule Narbonnoise. Charlemagne les défait. On tente inutilement de joindre le Rhin avec le Danube.
794.	Charlemagne fait tenir un Concile à Francfort; plus de 300 Evêques s'y assemblent. Le Roi y assiste, on y condamne Elipand & Félix d'Urgel, & l'on y rejette le culte des Images.
795.	L'Empereur, Constantin répudie Marie son épouse, & la fait enfermer dans un Monastére, sous prétexte qu'elle l'avoit voulu empoisonner. Il épouse Théodecte, fille d'honneur de sa mere, & la fait couronner Auguste. Plusieurs de ceux, qui désaprouvent ce mariage, sont envoyés en éxil.
796.	Le Pape Léon envoye des Légats à Charlemagne pour le prier de confirmer son élection. Ils apportent les clefs de la Basilique de Saint Pierre, la Banniére de la Ville, & d'autres présens considérables. Charles envoye Engilbert à Rome. Charlemagne étoit alors au pays de Juliers, où il y avoit des bains chauds. Ce Prince y fit bâtir un Palais & une Chapelle. Depuis ce tems, on a appellé ce lieu Aix-la-Chapelle. Un Seigneur, nommé Granus, ayant fait autrefois accommoder très proprement les bains qui étoient en cet endroit, les

La

Depuis J. C.	Latins lui donnérent le nom d'*Aguifgranum*, ou les eaux de *Granus*.
	Irene songe à faire déposer son fils. Il naît un fils à l'Empereur Léon, à qui on donne le nom de son pere.
797.	Irene, mere de Léon, conspire contre lui. Il prend la fuite, elle le fait poursuivre. On le lui amene dans la même chambre où elle étoit accouchée de lui, & lui fait crever les yeux, Léon meurt trois jours après. Il y avoit cinq ans précis que cet Empereur avoit fait là même chose à ses oncles. Immédiatement après cette action, toute la race de Léon l'Isaurien fut éteinte en sa personne. Le soleil s'obscurcit pendant 17 jours consécutifs.
798.	Irene offre une somme considérable aux Sarrasins pour finir la guerre. Ils la refusent, continuent de ravager la Thrace, & font des incursions jusqu'aux portes de Constantinople.
	Alfonse remporte une victoire considérable sur les Infidéles. En reconnoissance des secours qu'il avoit reçûs de Charlemagne, il envoye à ce Prince des cuirasses, des mulets des Maures, un pavillon très riche & très bien travaillé, & plusieurs autres présens considérables.
799.	Le Pape Léon est traité d'une maniére indigne par les partisans du Pape Adrien, qui l'accusent de crimes énormes, & excitent une sédition contre lui. Ils s'efforcent de lui crever les yeux, & de lui arracher la langue lorsqu'il étoit à une Procession solemnelle, & le renferment dans une étroite prison, d'où il se sauve en France. Charlemagne lui donne une nombreuse escorte pour revenir à Rome. Ce Pape y revient & se venge de ses ennemis.
800.	Charlemagne va à Rome, il y est couronné Empereur au mois de Décembre. Luitgarde, sa quatriéme femme, qui l'avoit accompagné dans ce voyage, meurt le 4 Juin.

TROI-

TROISIÉME EPOQUE
DE
L'HISTOIRE MODERNE,
OU
DE L'ERE COMMUNE DE J. C.

Cette Epoque, qui n'est tout au plus que de 187 ans, présente beaucoup de révolutions, soit dans les Empires, soit dans les deux Eglises Grecque & Latine, soit même dans les Sciences. Charlemagne la commence sur la fin de l'an 800, par l'établissement de l'Empire d'Occident, & elle finit l'an 987, par l'Elévation de Hugues Capet sur le Trône des François. Les premiers tems en sont comparables à tout ce qui s'est vû de grand dans les plus illustres Monarchies; mais la Maison de Charlemagne, qui ne peut en soutenir le poids, tombe insensiblement dans la décadence, & se voit anéantie, pour faire place, l'an 987, à un nouveau Régne où tout prend de nouvelles forces. L'Eglise n'est pas moins agitée, tant en Orient qu'en Occident, par les desordres des uns & la cupidité des autres. Enfin l'ignorance, fille du desordre & de la confusion, se fait sentir vers la fin de cette Epoque, & n'est chassée que dans l'Epoque suivante.

---

801. CHARLEMAGNE part de Rome le 24 Avril, & vient à Spolete.

Le dernier de ce mois, un tremblement de terre effroyable se fait sentir en France, en Allemagne & en Italie. L'Eglise de Saint Paul à Rome en fut renversée, & plusieurs autres grands édifices.

Le Pape Léon ordonne que trois jours avant l'Ascension, on feroit des Processions, (auxquelles on a donné le nom de Rogations, ou de Priéres) pour implorer la fin de ces malheurs.

Charlemagne a un fils d'une concubine, à qui on donne le nom de Drogo, ou Dreux. Ce Prince fait faire une Collection de Canons.

L'Im-

Depuis J. C.	L'Impératrice Irene, pour se concilier l'amitié du peuple, le décharge des impôts.
802.	Charlemagne envoye des Ambassadeurs à Constantinople pour négocier un Traité de paix avec l'Impératrice Irene, à qui on fait entendre que ce Prince veut l'épouser. Nicéphore, Patrice, souleve le peuple, fait mettre Irene en prison le 30 Octobre, la déclare déchuë de l'Empire dès le lendemain, la fait enfermer dans un Monastére, la relegue dans l'Isle de Lesbos, & s'empare de l'Empire.
803.	L'Impératrice Irene meurt en éxil le 9 Août. Nicéphore associe son frere Staurace à l'Empire, & envoye des Ambassadeurs à Charlemagne, à qui il offre des conditions de paix.
804.	Le Pape Léon vient en France conferer avec Charlemagne, & vers la fin de l'année, il s'en retourne en Italie.
805.	Nicéphore, effrayé d'une armée de 300 mille Sarrasins qui venoient pour le combattre, leur fait des offres si avantageuses, qu'ils lui accordent la paix. Les Sclavons Bohémiens ravagent le Pays des Huns. Charlemagne envoye son fils Charles pour les combattre. Ce Prince les défait & tue leur Chef, nommé Léchon. Le Royaume des Merciens en Angleterre finit vers ce tems. Tous les Pays qu'ils possédoient, passent à Elfride, Roi d'Angleterre.
806.	Charlemagne, âgé de 64 ans, convoque une assemblée des principaux de son Royaume à Thionville, & leur fait part de son Testament, par lequel il partageoit ses Etats à ses 3 fils. Ce partage est approuvé & signé.
807.	Aaron, Roi de Perse, envoye de magnifiques présens à Charlemagne. L'Empereur Nicéphore s'abandonne à des vices qui le font haïr du peuple.
808.	Godefroi, Roi de Dannemarc, ravage les terres de Charlemagne; mais ce Prince l'oblige de se retirer.
809.	Charlemagne fait tenir un Concile à Aix-la-Chapelle, touchant la Procession du Saint-Esprit, & l'addition de la particule *Filioque*.
810.	Pépin, fils de Charlemagne, meurt le 8 Juillet, âgé de 33 ans. Il ne laisse qu'un fils naturel, qui lui succéde dans le Royaume d'Italie.
811.	L'Empereur Nicéphore fait la guerre aux Bulgares, qui défont son armée, & tuent Nicéphore le 13 Juillet. Michel Curopalates, gendre de Nicéphore, est élû Empereur le 5 Octobre. Charles, fils aîné de Charlemagne, meurt sans enfans, le 4 Décembre. Amalarius Fortunatus, Archevêque de Tréves, répond à la lettre de Charlemagne sur les cérémonies du Baptême. Jessé, Evêque d'Amiens; Odilbert, Archevêque de Milan; Théo-

Depuis J. C.	
812.	Théodulphe, Evêque d'Orléans; Leirade, Archevêque de Lyon, font des traités sur le même sujet. Michel Curoplates fait la paix avec les Bulgares, envoye des Ambassadeurs à Charlemagne pour confirmer le traité de paix que Nicéphore avoit fait avec lui, & pour lui demander sa fille en mariage pour Théophilacte, que Michel fit couronner.
813.	L'Empereur Michel fait la guerre aux Bulgares, qui défont son armée le 25 Mai. Michel abdique l'Empire, se fait raser & se retire dans un Monastére. Léon V. surnommé l'Arménien, est élu Empereur à sa place, le 11 Juillet. Charlemagne associe son fils Louïs à l'Empire, & le fait couronner au mois de Septembre; il fait tenir plusieurs Conciles.
814.	Charlemagne ressent plusieurs attaques de fiévre, suivies d'une pleuresie, dont il meurt à Aix-la-Chapelle, le 28 Janvier, l'an 72 de son âge, le 47 de son régne, & le 14 de son Empire. Il fut enterré dans l'Eglise qu'il avoit fait bâtir à Aix-la-Chapelle. Son fils Louïs, surnommé le Pieux, ou le Débonnaire, à cause de sa piété & de sa douceur, lui succéde. L'Empereur Léon fait abattre les Images, persécute les Catholiques, & favorise les Iconoclastes.
815.	Les Habitans de Rome se révoltent contre le Pape. Il en fait mourir plusieurs de sa propre autorité. Louïs, irrité de ce procédé, fait informer par Bernard son neveu, Roi d'Italie, de la vérité du fait. Le Pape envoye des Légats à Louïs pour s'excuser. Claude Clément, Evêque de Turin, attaque le culte & l'usage des Images.
816.	Le Pape Etienne, nouvellement élû, vient en France demander au Roi la confirmation de son élection. Le Roi le reçoit à Rheims, où ce Pape couronna Louïs Empereur, & Hermingarde son épouse, le 29 Août. Etienne retourne à Rome.
817.	Le Jeudi, 7 Avril, trois jours avant Pâque, une Galerie du Palais de Louïs tomba sous ce Prince; plus de 20 de ses courtisans furent blessés. Ce Prince, qui fut extrêmement effrayé, en est quitte pour une legére blessure. Il fait assembler les Etats à Aix-la-Chapelle le 10 Juillet. Il déclare son fils aîné Lotaire Roi de France & l'associe à l'Empire. Il donne l'Aquitaine à son second fils, & la Baviére à Louïs le plus jeune. Bernard, Roi d'Italie, conspire contre Louïs, qui marche contre Bernard. Il a recours à la clémence de son oncle, qui le fait emprisonner, aussi-bien que les principaux de ceux qui avoient eu part à sa révolte.
818.	Les François, que Louïs avoit assemblés pour faire le procès de Bernard, condamnent ce Prince à la mort. Louïs se contente de lui faire crever les yeux; Bernard meurt le premier Avril.

L'Em-

Depuis J. C.	
	L'Empereur Léon fait abattre les Images.
	Hermingarde, femme de Louïs, meurt à Angers le trois Octobre.
819.	Louïs époufe Judith, fille de Guelphe, Duc de Ravenfperg.
820.	Michel confpire contre l'Empereur Léon. Ce dernier découvre la confpiration, fait prendre Michel la veille de Noël, & le condamne à être brûlé vif fur le champ. L'Impératrice fait différer ce fupplice jufqu'après la fête. L'Empereur le fait charger de chaînes cadenacées, dont il fe fait donner les clefs. Michel demande une perfonne pour le confoler, on lui accorde un Eccléfiaftique, qui fait fçavoir aux complices l'état de Michel. Ces conjurés cachent des poignards fous leurs habits, fe gliffent dans l'Eglife pendant la nuit de Noël, & y poignardent Léon fur les 10 heures du foir. Ils vont prendre Michel, furnommé le Begue, dans fa prifon, le proclament Empereur, & le font couronner ce jour-là même, fête de Noël, par Théodore, Patriarche de Conftantinople.
821.	Un Efclave, nommé Thomas, qui avoit abjuré le Chriftianifme pour fe faire Mahométan, devient fi puiffant parmi les Sarrafins, qu'il ravage l'Arménie & l'Afie, & entreprend d'affiéger Conftantinople par mer & par terre. Le grand froid l'oblige de fe retirer de devant cette Ville, au mois de Décembre.
822.	Thomas revient affiéger Conftantinople. Le Roi des Bulgares conduit un fi puiffant fecours à l'Empereur, que Thomas eft obligé de prendre la fuite, & de laiffer fon camp à la merci de l'Empereur, qui le pourfuit, l'affiége dans Andrinople, & l'oblige de fe rendre à difcrétion, avec fon fils Anaftafe. Il leur fait couper les pieds & les mains, & les fait mourir d'une manière très cruelle.
823.	Lothaire, fils aîné de Louïs, vient à Rome ; il y eft couronné Empereur par le Pape Pafchal. Judith, femme de Louïs, accouche d'un fils, qui eft nommé Charles, & depuis furnommé le Chauve.
	Les Sarrafins s'emparent de l'Ifle de Crete, & y bâtiffent une Ville, à laquelle ils donnent le nom de Candie. Depuis ce tems, on a donné ce nom à toute l'Ifle.
	Le Pape Pafchal envoye Ebbon, Evêque de Rheims, prêcher la Foi aux Danois.
	Popiel II. Roi de Pologne, fait empoifonner fes fils & plufieurs des principaux Seigneurs de fon Royaume. Une nombreufe quantité de rats & de fouris incommodent fi fort ce Prince, que le fer & le feu ne pouvoient les en féparer. Il fait bâtir une Fortereffe dans un Lac, les rats & les fouris couvrent la terre & l'eau, montent par les fenêtres, entrent de tous côtés dans la Fortereffe, & mangent ce Prince tout vif, avec fa femme & fes enfans ; enforte qu'il ne refte rien de leur chair. Ainfi finit toute la race des Rois de Pologne. Il y eut beaucoup de conteftations touchant celui qui devoit fuc-

Depuis J. C.	
	fuccéder à la Couronne. Les Polonois élûrent un nommé Piafti de Crufwift, qui gouverna l'Etat avec tant d'équité, que fes defcendans ont toujours porté le titre de Ducs de Pologne; car alors les Souverains de Pologne ne prenoient pas encore le titre de Roi, mais feulement celui de Duc.
824.	L'Empereur Michel envoye des Ambaffadeurs en France. Louïs leur donne audience à Roüen. Ils apportent, entre autres préfens, les Ecrits attribués à Saint Denys l'Aréopagite, qui furent envoyés à l'Abbaye Saint Denys. Mort d'Alponfe le Chafte, Roi d'Efpagne, après un régne de 32 ans. Ramire, fils de Veremond, lui fuccéde.
825.	Heriold, qui avoit partagé le Royaume de Dannemarc avec les enfans de Godefroi, embraffe la Religion Chrétienne, & fe fait baptifer avec toute fa famille.
826.	Michel le Begue époufe en fecondes nôces une Religieufe, nommée Euphrofine, fille de Conftantin VII. Cet Empereur tâche inutilement de reprendre l'Ifle de Crete fur les Sarrafins.
827.	Les Sarrafins s'emparent de la Sicile, de la Poüille & de la Calabre, ravagent la Galice, pillent les Eglifes & brûlent les Reliques.
828.	Les Bulgares font de grands dégâts en Dalmatie. Baudric, qui en étoit Duc, eft dépofé par l'affemblée que Louïs tient à Aix-la-Chapelle, parce qu'il avoit mal défendu fes Etats. Louïs envoye une armée en Afrique pour obliger les Sarrafins d'abandonner la Sicile.
829.	Le Pape fait fortifier la Ville d'Oftie, qui avoit été ruinée par les Sarrafins. Louïs le Débonnaire donne la Rhétie, & une partie du Royaume de Bourgogne à Charles le Chauve, âgé d'environ 6 ans. Ses autres fils, jaloux de cette préférence, fe retirent. Plufieurs Seigneurs, mécontens du Gouvernement, fe joignent à eux, & fe déclarent ouvertement contre Louïs. Michel le Begue meurt, après avoir gouverné l'Empire d'Orient pendant huit ans, 9 mois & 7 jours. Son fils Théophile lui fuccéde. Il nâquit cette année un fils à Lothaire, qui fut nommé Louïs.
830.	Les enfans de Louïs le Débonnaire confpirent contre leur pere, qu'ils font enfermer dans l'Abbaye de Saint Medard de Soiffons, où il paffe le printemps & l'été. Il eft rétabli dans une affemblée tenue à Nimegue. Théophile oblige par ferment fes Sujets de ne rendre aucun culte aux Images, & fait maltraiter ceux qui refufent d'obéir.
831.	L'Empereur Théophile fait la guerre avec fuccès contre les Sarrafins.
832.	Théophile devient fi grand ennemi des Images, qu'il chaffe les Peintres de fes Etats.

Nou-

Depuis J. C.	
833.	Nouvelle conjuration des enfans de Louïs le Débonnaire contre leur pere. Ils le font enfermer dans le Monaftére de Saint Medard de Soiffons, dégrader & mettre en pénitence par Ebbon, Archevêque de Rheims. Peu de tems après, il recouvre fa liberté & fon Royaume. Le Pape Gregoire vient en France pour excommunier l'Empereur Louïs. Les Evêques de ce Royaume lui écrivent que s'il venoit pour excommunier leur Prince, il s'en retourneroit lui-même excommunié.
834.	Affemblée d'Evêques à Saint Denys. Louïs le Débonnaire eft rétabli.
835.	Etabliffement de la Fête de tous les Saints.
837.	Louïs le Débonnaire déclare Charles, fon plus jeune fils, Roi de Neuftrie, & engage plufieurs Seigneurs à lui prêter le ferment.
838.	Pepin, Roi d'Aquitaine, fils de Louïs le Débonnaire, meurt au mois de Novembre, âgé de 35 ans, dont il en avoit régné 21. Il fut enterré dans l'Eglife de Sainte Croix de Poitiers.
839.	Louïs le Débonnaire donne fon Royaume à fon fils Charles. Pepin, fils aîné du dernier mort, le lui difpute.
840.	Louïs tombe malade à Worms, fe fait tranfporter à Ingelheim, près de Mayence, & y meurt le 20 Juin, dans la 62e. année de fon âge, & la 27e. de fon Empire. Il eft inhumé à Metz, dans l'Eglife de Saint Arnoul, auprès de fa mere Hildegarde. Lothaire refte feul Empereur, & veut auffi s'emparer du Royaume de France; mais Charles le Chauve en demeure poffeffeur.
842.	Théophile, Empereur d'Orient, meurt le 30 Janvier, après avoir gouverné l'Empire pendant 12 ans & 3 mois. Son fils Michel, furnommé Porphyrogenete, lui fuccéde fous la tutelle de fa mere Théodore, qui rétablit le culte des Images. Les trois fils de Louïs le Débonnaire s'accordent, après s'être fait la guerre. Ils partagent entre eux les Etats de leur pere. Lothaire demeure en poffeffion de l'Empire, du Royaume d'Italie, de la Lorraine & de la Bourgogne. Louïs obtient la Germanie, & Charles la France Occidentale depuis la Meufe. Charles le Chauve époufe Hermentrude, fille du Duc Adelard.
843.	Mort de Judith, femme de Louïs le Débonnaire.
844.	Ramire, Roi d'Efpagne, défait les Sarrafins dans une bataille, & en tue plus de 70 mille.
845.	Les Danois, ou Normands, viennent en France, s'embarquent fur la Riviére de Seine, ravagent & prennent plufieurs Villes, & s'avancent jufqu'aux portes de Paris, dont ils pillent les environs. Le Roi Charles leur donne de groffes fommes d'argent, pour les engager à ceffer leurs brigandages. En fe retirant, ils ravagent la Picardie, la Flandre & la Frife, & entreprennent d'affiéger la Ville de Hambourg. Les Allemands les repouffent & les forcent de prendre la fuite.

Depuis J. C.	
846.	Les Sarrasins viennent d'Afrique en Italie, & entreprennent d'assiéger la Ville de Rome, dont ils pillent les Fauxbourgs.
849.	Le Pape Léon fait fortifier Rome. La flotte des Sarrasins est dispersée, & leur armée mise en déroute par les Alliés du Pape.
850.	Ramire, Roi d'Espagne, meurt. Son fils Ordonius lui succéde.
851.	Les Sarrasins ravagent la Sardaigne & l'Isle de Corse. Plusieurs des Habitans de ces Isles s'établissent à Rome.
852.	Lothaire associe son fils à l'Empire.
853.	Les Normands ravagent la France, se rendent maîtres de quelques Villes, & en pillent plusieurs autres.
854.	L'Empereur Michel, ayant atteint l'âge de 20 ans, ôte la Régence à sa mere Théodore, & gouverne seul son Empire. Le Pape Léon rebâtit la Ville de Centumcelle, à présent Civita-Vecchia, qui avoit été renversée par les Sarrasins.
855.	Le Pape Léon IV. meurt. Benoit III. est élu. C'est en ce tems que quelques Auteurs mettent l'Histoire de la Papesse Jeanne, à qui on donne le nom de Jean VIII. mais les plus habiles Critiques conviennent que cette Histoire n'est qu'une fable, occasionnée par les mœurs efféminées de Benoit III. L'Empereur Lothaire partage ses Etats. Il donne à Louïs, son fils aîné, l'Empire & le Royaume d'Italie; à Lothaire, son second fils, la Lorraine; & à Charles la Provence & la Bourgogne. Après ce partage, Lothaire se retire dans le Monastére de Prum, Diocése de Tréves, & meurt le 28 Septembre. Louïs II. lui succéde. L'Empereur Michel fait enfermer sa mere Théodore dans un Monastére, où l'on dit qu'il l'a fait mourir.
856.	Les Normands font une descente en Hollande, & y pillent plusieurs Villes. Judith, fille du Roi Charles, est mariée à Eidulphe, Roi d'Angleterre.
858.	Michel Bardas, frere de l'Impératrice Théodore, fait assembler un Concile à Constantinople. Ignâce, Patriarche de cette Ville, y est déposé & renfermé dans une étroite prison, après 11 ans & 4 mois d'Espiscopat. Photius, connu par de sçavans Ouvrages, est élu en sa place, quoiqu'il ne fût encore que Laïque.
859.	Le froid est si âpre pendant l'hyver, que la mer Adriatique fut glacée, & que les marchands de la côte furent obligés de porter leurs marchandises par charroi. Il tomba, dit-on, en plusieurs endroits de la neige couleur de sang.
860.	Le Pape Nicolas envoye des Légats à Constantinople pour accommoder les différends de Photius & d'Ignace. Ils y sont mal reçus. Lothaire fait casser son mariage avec Thietberge. Hincmar écrit contre ce divorce.

Pho-

Depuis J. C.	
861.	Photius écrit au Pape Nicolas, qui lui répond. Bruno, & Tranchmor son frere, Duc de Saxe, jettent les premiers fondemens de la Ville de Brunswich. Mort d'Ordonius, Roi d'Espagne. Alfonse, surnommé le Grand, lui succéde.
862.	Louïs, Roi de Germanie, envoye un Prêtre chez les Slaves pour travailler à leur conversion, & toute cette Nation embrasse la Religion Chrétienne. Elle demande & obtient du Pape la liberté de faire le Service divin dans la Langue du Pays. Lothaire épouse Waldrade.
863.	Concile de Metz, tenu au mois de Juin, qui approuve le mariage de Waldrade. Le Pape en tient un à Rome, qui condamne celui de Metz, & excommunie Waldrade, Thietbaud, Archevêque de Tréves, & Gontier, Archevêque de Cologne. On en assemble un autre à Senlis, auquel Hincmar défere Rotadus, Evêque de Soissons, qui est déposé. Rotadus en appelle au Pape, qui s'interesse pour lui. Le Roi Charles pardonne au Comte Baudoin l'enlevement de sa fille Judith.
864.	Lothaire est obligé par un Concile, tenu en présence du Légat du Pape, de reprendre Thietberge. Il la maltraite, & la quitte peu de tems après.
865.	Les Sarrasins viennent en Italie, où ils brûlent tout. Les Lombards demandent & obtiennent du secours de Louïs. Ce Prince oblige les Sarrasins de se retirer, il prend & fait démolir la Ville de Capoüe.
866.	Louïs continue la guerre en Italie contre les Sarrasins, qui s'emparent de la Campanie. Le Pape envoye plusieurs Evêques annoncer la Foi chez les Bulgares, dont le Roi s'étoit fait Chrétien. Michel marche contre les Sarrasins de l'Isle de Crete, fait assassiner Bardas son oncle le 1 Avril, donne la qualité de César à Basile, & l'associe à l'Empire le 26 Mai.
867.	Basile, surnommé le Macédonien, tue l'Empereur Michel le 24 Septembre, & s'empare de l'Empire. Cet Empereur avoit régné 26 ans; sçavoir 14 avec sa mere, & les 12 autres seul. Basile fait déposer Photius, & rétablit Ignace le 23 Novembre. Il oblige les favoris de Michel de rendre la moitié des sommes que l'Empereur leur avoit accordées.
868.	Hincmar de Laon se brouille avec Charles le Chauve pour quelques biens de son Eglise. Lothaire vient à Rome au mois de Juillet, & se réconcilie avec le Pape, qui leve l'excommunication qu'il avoit prononcée contre lui à l'occasion du divorce de Thietberge. Lothaire se met en chemin pour revenir en France. Il meurt à Plaisance d'une fiévre maligne, le 8 Août. Il est inhumé dans l'Eglise de Saint Antonin. Charles, Roi de Provence, meurt sans enfans. Charles le Chauve s'empare de ce Royaume, & le partage avec Louïs, Roi de Baviére.

Depuis J. C. 869.	Charles le Chauve se rend maître de la Lorraine. Hincmar l'en couronne Roi le 9 Septembre, dans une assemblée des Etats du pays, qui se tient à Metz.
Basile donne le titre de César à ses trois fils, Constantin, Léon & Alexandre. Il associe Léon à l'Empire, & engage Etienne, le plus jeune de ses fils, à embrasser l'Etat Ecclésiastique. Basile, allant à la Chasse, est rencontré par un grand cerf, qui l'enleve & l'entraine par son baudrier. Un de ses Gardes coupe ce baudrier pour dégager l'Empereur. On fait inhumainement couper la tête à ce soldat, parce qu'il avoit tiré son épée sur l'Empereur. Ce Prince fait la guerre aux Sarrasins qui ravageoient la Syrie, passe l'Euphrate, se rend maître de Samosate & de plusieurs autres places de la Mésopotamie, revient à Constantinople, d'où il envoye du secours à Louïs, qui combattoit en Italie contre les Sarrasins, & qui les en chasse.
870.	Le Pape Adrien menace Charles le Chauve & Louïs de l'excommunication; ils s'emparent des Etats de Lothaire. Hincmar en écrit au Pape Adrien pour l'en détourner.
Charles le Chauve fait emprisonner Carloman son fils, qui avoit conspiré contre lui.
Les Danois ravagent l'Angleterre, & pillent les Eglises & les Monastéres. Les Religieuses d'un Couvent, appréhendant d'être violées, se défigurent le visage à coups de rasoirs. Les Danois, après avoir pillé ce Monastére, y mettent le feu, & le réduisent en cendres avec toutes les Religieuses.
871.	Ethelred, Roi d'Angleterre, s'oppose aux courses des Danois, qu'il défait en différens combats. Il meurt, & laisse sa Couronne à son frere Alfrede.
872.	Les Vénitiens envoyent des cloches à l'Empereur Basile. Jusques-là, on ne s'en servoit pas à Constantinople, & depuis ce tems elles y ont été en usage.
873.	Charles le Chauve fait emprisonner son fils Carloman, qui avoit formé une nouvelle conspiration contre lui; il fait instruire son procès. Carloman est condamné à mort. Charles commue cette peine en celle d'avoir les yeux crevés, & d'être enfermé le reste de ses jours dans une étroite prison.
Vers le mois d'Août, il tombe en France une pluye de sauterelles, d'une forme & d'une grosseur prodigieuse, qui dévorent, dans l'espace d'une nuit, jusques aux branches & à l'écorce des jeunes arbres. Elles meurent quelque tems après, & causent une peste & une infection considérable.
874.	Les Sarrasins ravagent l'Italie & l'Afrique. Les Sorabes & les Slaves sont vaincus par Louïs, Roi de Germanie. Les Danois continuent leurs ravages en Angleterre & en Ecosse.
875.	L'Empereur Louïs meurt sans enfans mâles le 6 Août, après avoir tenu l'Empire près de 20 ans, depuis la mort de son pere Lothaire. Il est enterré à Milan dans l'Eglise de Saint Ambroise. Charles le Chauve est couronné Empereur le 25 Décembre dans l'Eglise de Saint Pierre.

L'Em-

Depuis J. C.	
876.	L'Empereur Charles vient de Rome à Pavie le 8 Février, il reçoit la Couronne de Roi de Lombardie par les mains de l'Archevêque Anſpert. Louïs de Germanie meurt à Francfort le 28 Août, âgé de 70 ans, le 59 de ſon régne, & laiſſe ſes Royaumes à ſes trois enfans, Carloman, Louïs & Charles. Le premier eut pour ſon partage la Baviére ; le ſecond la Germanie, & une partie du Royaume de Lorraine ; & le troiſiéme l'autre partie du même Royaume avec l'Allemagne.
877.	Charles le Chauve vient en Italie pour ſecourir le Pape. Il y tombe malade, eſt empoiſonné par le Juif Sédécias ſon Médecin, & meurt dans la cabane d'un payſan le 6 Octobre. Son corps fut embaumé & porté à Verceil, d'où il fut tranſporté, 7 ans après, dans l'Abbaye de Saint Denys. Il étoit âgé de 54 ans. Il ne tint l'Empire d'Occident qu'environ deux ans, & en avoit régné environ 38, depuis la mort de ſon pere Louïs le Débonnaire. On attribue à Charles le Chauve l'établiſſement de la Foire, appellée l'*Endit*, ainſi nommée, parce que c'étoit le tems *Indiâ*, ou ordonné, pour aller viſiter les Reliques de la célébre Abbaye de Saint Denys. L'Empire reſta vacant quelque tems après ſa mort. Louïs, ſurnommé le Begue, ſuccéde à Charles le Chauve, & eſt couronné Roi à Compiegne le 8 Décembre, & à Troyes au mois de Septembre 878.
878.	Le Pape Jean s'enfuit de Rome, dont Lambert, Duc de Spolette, & Albert, Marquis de Toſcane, s'étoient rendus maitres. Il vient en France, où il couronne Empereur Louïs le Begue.
879.	Le Pape leve les excommunications que ſes prédéceſſeurs avoient fulminées contre Photius, & conſent que ce Patriarche ſoit rétabli dans ſon Siége. Louïs le Begue, âgé de 35 ans, après un an & ſix mois de régne, meurt à Compiegne le 10 Avril ; il eſt inhumé dans l'Abbaye de Saint Corneille.
880.	Léon eſt couronné Auguſte le 6 Janvier. Louïs III. & Carloman, Rois de la France Occidentale, de Bourgogne & d'Aquitaine. Carloman, Roi de Baviére, meurt. Louïs de Germanie s'empare de ſes Etats. Les Normands ravagent la France.
881.	Charles III. ſurnommé le Gros, eſt couronné Empereur le jour de Noël. Différend entre le Roi & les Evêques, touchant la nomination à l'Evêché de Beauvais. Jean VIII. condamne derechef Photius.
882.	Louïs, Roi de Germanie, meurt à Francfort le 28 Janvier. Louïs III. Roi de France, meurt à Saint Denys au mois d'Août, & laiſſe Carloman en poſſeſſion de tout le Royaume de France.

Depuis J. C.	
	Les Normands, ayant appris la mort de Louïs de Germanie, s'emparent de Tréves le 5 Avril, réduisent cette Ville en cendres, & en font mourir l'Evêque, qui s'étoit défendu. Ils ravagent enfuite Liége, Cologne & plufieurs autres Villes.
883.	Le Pape Martin rétablit Formofe, Evêque de Porto, qui avoit été excommunié par Jean VIII.
884.	Carloman meurt à la Chaffe le 6 Décembre, & eft enterré à Saint Denys. Charles, furnommé le Gros, prend poffeffion de tous fes Royaumes. Les Sarrafins brûlent le Monaftére du Mont-Caffin, & font mourir Berthaire, qui en étoit Abbé.
886.	L'Empereur Bafile meurt au commencement de Mars. Il a pour fucceffeur fon fils Léon, furnommé le Philofophe, parce qu'il aimoit cette Science. Ce nouvel Empereur dépofe derechef le Patriarche Photius. Etienne, frere de cet Empereur, eft mis fur le Siége de Conftantinople.
887.	Les Normands affiégent la Ville de Paris. Goffelin, qui en étoit Evêque, la défend courageufement. L'efprit de Charles le Gros s'affoiblit. Ses Sujets l'abandonnent & élifent en fa place Arnoul, fils naturel de Carloman fon frere. Charles affemble quelques troupes pour s'oppofer à l'établiffement d'Arnoul. Lorfqu'il penfe fe mettre en campagne, fes foldats & tous fes partifans l'abandonnent; de maniére qu'il ne lui refte pas un feul valet pour le fervir, ni aucun argent pour acheter des vivres, dont il auroit abfolument manqué, fi Luitprand, Archevêque de Mayence, ne lui en eût fourni.
888.	Charles le Gros meurt le 13 Janvier, après avoir gouverné un Empire, encore plus étendu que celui de Charlemagne, pendant fix ans. Son corps fut enterré au Monaftére de Reichnau, près Conftance. Les Etats, qui avoient été poffédés par Charles le Gros, font divifés en cinq Royaumes. Arnoul eft élû Empereur & Roi de Germanie; Eude devient Roi de la France Occidentale & de l'Aquitaine; Louïs a le Royaume d'Arles; Raoul la Bourgogne Transjurane. Guy, fe difant Empereur, & Berenger difputent l'Italie entre eux.
889.	Les Bulgares ravagent la Gréce. Léon envoye des fommes confidérables d'argent aux Hongrois pour les engager à lui prêter du fecours. Ces derniers s'engagent dans différens combats, où ils font défaits par les Bulgares.
891.	L'Empereur Léon, allant à l'Eglife le jour de la Pentecôte, reçoit fur la tête un coup de bâton fi violent, que cet Empereur en tombe par terre. L'affaffin fut faifi & puni de mort, fans avoüer fes complices. L'Empereur eft guéri de fa bleffure. Les Normands débarquent, entre la Meufe & le Rhin, une armée de plus 90000 hommes, qui ravage les Pays-Bas. L'Empereur Arnoul marche contre eux, & les défait.
893.	Charles, furnommé le Simple, âgé de 13 ans, fils de Louïs le Begue, eft couronné Roi de France à Rheims, le 27 Janvier,

Depuis J. C.	vier, par Foulques, qui en étoit Archevêque. Ce Prince dispute le Royaume à Eude.
894.	Eude marche contre le jeune Roi, & l'oblige de se retirer à Worms auprès d'Arnoul, à qui il demande du secours.
895.	Bernon Comte de Bourgogne, commence à bâtir le Monastére de Cluny. Plusieurs Historiens font commencer dans cette année les Royaumes d'Arragon & de Navarre, dont Sanctius Abarca a été le premier Roi.
896.	Arnoul entreprend d'assiéger Rome. Les Romains se défendent avec beaucoup de vigueur. Un liévre, s'étant glissé dans le camp d'Arnoul, & voulant s'échapper, va droit à la Ville. Les soldats, le poursuivant avec de grands cris, jettent la terreur dans Rome. Ceux, qui y étoient en garnison, croyant que l'on venoit de prendre la Ville d'assaut, se jettent en bas des remparts, ou prennent la fuite. Arnoul, informé de cette consternation, fait approcher son armée de Rome, dont il se rend maître très facilement. Le Pape Formose le sacre Empereur. Arnoul poursuit Guy de si près, qu'il n'auroit pû échapper, sans une ruse de sa femme qui corrompit un des valets de-chambre d'Arnoul, à qui elle donna un breuvage qu'il fit prendre à son maître. Ce breuvage l'endormit pendant 3 jours, au bout desquels l'Empereur fut attaqué d'une espéce de paralysie, qui l'empêcha d'agir pendant plusieurs jours. A la faveur de cette inaction, Guy & sa femme se sauvent.
897.	On exhume le corps du Pape Formose, on lui coupe les trois doigts qui servent à la consécration, on jette son corps dans le Tybre, & on réordonne ceux qui avoient été ordonnés par ce Pape.
898.	Eude meurt le 3 Janvier, âgé de 36 ans, dont il en avoit régné 10. Grande famine en Allemagne.
899.	L'Empereur Arnoul tombe en paralysie, & meurt le 29 Novembre.
900.	Louïs IV. fils d'Arnoul, est élû Empereur par les Princes de Germanie.
901.	Léon VI. Empereur d'Orient, après le décès de sa troisiéme femme, en épouse une quatriéme. Nicolas, Patriarche de Constantinople, desapprouve ce mariage. L'Empereur le fait déposer, & mettre en sa place Euthymius. Edoüard I. succede à Alfrede dans le Royaume d'Angleterre. L'Allemagne est ravagée par des guerres civiles.
902.	Himerius, Général de Léon, défait les Sarrasins sur mer. Incursion des Huns, ou Hongrois, en Italie. Ils sont battus par Berenger.
903.	Les Normands ravagent la France.
904.	Les Hongrois ravagent l'Italie, pillent, renversent & brûlent

Depuis J. C.	lent plusieurs Villes, sans épargner les Eglises & les Monastéres.
Louïs, fils de Boson, est pris par Berenger, qui lui fait crever les yeux, & se fait couronner Empereur par Jean IX. qui se retire à Ravenne, & y reconnoît Lambert pour Empereur.
Lambert conteste à Berenger le titre d'Empereur.
905.	Les Normands prennent la Ville de Roüen, & s'établissent dans la Neustrie.
906.	Les Normands se rendent maîtres du Cotentin, du Maine, de la Bretagne, de la Picardie & de la Champagne.
908.	Theodora, Dame Romaine, concubine d'Adelbert, Marquis de Toscane, gouverne & dispose de toutes les personnes qualifiées de la Ville de Rome. Elle prostitue ses deux filles, Marozia & Theodora.
L'Empereur Léon fait approuver le mariage qu'il avoit contracté avec Zoé, & reconnoître pour légitime le fils qu'il en avoit eu. Il exile Nicolas, ancien Patriarche de Constantinople, qui est rappellé peu de tems après.
909.	Les Hongrois ravagent la Thuringe. Burchard, qui en étoit Landgrave, les attaque; mais il est défait, & meurt sans enfans. L'Empereur Louïs donne son pays à Otton, Duc de Saxe.
910.	Mort de Lambert, Empereur d'Italie, âgé de 32 ans. Berenger reste seul maître de l'Italie & de Rome.
Etablissement de la Congrégation de Clugny, à laquelle Guillaume, Comte d'Auvergne & Duc d'Aquitaine, laisse toutes ses terres. On y bâtit un Monastére de Benedictins, sous l'invocation de Saint Pierre & de Saint Paul. Guillaume choisit Bernon pour Abbé, & laissa aux Religieux la liberté d'élire leur Abbé, après la mort de Bernon.
911.	L'Empereur Léon meurt le 11 Juin. Son fils Constantin, surnommé Porphyrogenete, lui succéde. Alexandre, frere de Léon, est déclaré tuteur de Constantin, qui n'étoit âgé que de 6 ans.
Mort de Raoul, Roi de la Bourgogne Transjurane. Raoul II. son fils lui succéde.
912.	Louïs, Roi de Germanie, meurt le 21 Janvier, âgé d'environ 20 ans. C'est le dernier de la race de Charlemagne qui ait tenu l'Empire. Conrad est élû en sa place.
Jusqu'ici l'Empire avoit été successif, mais il devient électif par l'assemblée des Princes & des Seigneurs, tant Ecclésiastiques que Séculiers, & des Députés des grandes Villes qui représentoient le peuple; ce qui a duré jusques vers le 13e siécle que les Electeurs ont été institués.
Alexandre, tuteur de l'Empereur, meurt le 7 Juin d'une grande hémorragie par le haut & le bas. Nicolas, Patriarche, est élû tuteur du jeune Empereur.
913.	Zoé, mere de l'Empereur, se fait nommer Régente, & écarte Nicolas qui exerçoit cette charge.
914.	Conrad défait les Hongrois qui ravageoient la Baviére.

Les

Depuis J. C.	Les Sarrafins font défaits par les Généraux de l'Empereur Conftantin.
915.	Les Hongrois ravagent la Saxe, pillent & démoliffent l'Eglife de Hambourg.
916.	Conrad affiége & prend la Ville de Ratisbonne, qu'il donne à fon frere Evrard, avec le Duché de Baviére.
	Ordonius, Roi des Afturies & de Galice, fait la guerre aux Sarrafins, s'empare de plufieurs de leurs places, & en tue 70 mille dans une bataille.
917.	Les Hongrois font une nouvelle incurfion fur les terres de l'Empereur, viennent jufqu'à l'Abbaye de Fulde, prennent & brûlent la Ville de Bâle.
	Les Bulgares affiégent Conftantinople. Les Habitans fe défendent courageufement, & obligent les affiégeans de fe retirer.
	Mort de Rol, ou Rolon, premier Duc de Normandie, très renommé par la févérité avec laquelle il rendoit la juftice. On dit que c'eft de fon nom qu'eft venu l'ufage en Normandie, que celui, à qui on veut faire tort, crie *harol*, ou *haro*. Quelques Auteurs prétendent que Rol eft Fondateur de la Cathédrale de Roüen, où il eft enterré dans la Chapelle de Saint Romain.
918.	L'Empereur Conrad meurt le 23 Décembre, après avoir gouverné l'Empire 7 ans & demi. Henri, fils d'Othon Duc de Saxe, eft élû par tous les Etats d'Allemagne. Lorfque les Envoyés de cette affemblée lui apportérent cette nouvelle, il étoit à la Chaffe aux oifeaux, à laquelle il fe plaifoit; ce qui lui fit donner le furnom d'Oifeleur.
919.	L'Empereur Conftantin époufe Helene, fille de Romain, Général de fes armées, & la fait couronner le 10 Avril. Un des principaux Officiers de la Cour, nommé Phocas, veut s'emparer de l'Empire. Romain, beau-pere de l'Empereur, fait mettre ce traitre en prifon & lui fait crever les yeux. Conftantin fait créer fon beau-pére Céfar, & le fait proclamer Augufte au mois de Décembre. Depuis ce tems-là, Romain III. fut élû Empereur, & gouverna l'Empire avec Conftantin. Zoé, mere de Conftantin, eft chaffée de la Cour, & enfermée dans un Monaftére.
920.	Romain fait couronner fa femme Augufte le 2 Février, & fon fils le jour de la Pentecôte.
	Conteftations fur les quatriémes nôces, appaifées par un Concile de Conftantinople, où elles font condamnées.
921.	Plufieurs Seigneurs confpirent contre Charles le Simple.
	Wenceflas, Duc de Bohême, eft affaffiné pendant un grand repas, par Boleflas fon frere.
922.	Les Hongrois recommencent à piller l'Allemagne & les pays voifins.
	Robert fe révolte contre Charles le Simple. Il eft élû & facré Roi dans l'Eglife de Rheims par Hervé, Archevêque de cette Ville, le 30 Juin.
923.	Charles le Simple marche contre Robert, l'attaque, & Ro-

| Depuis J. C. | Robert est tué d'un coup de lance le 15 Juin. Son fils Hugues, surnommé le Grand, ou l'Abbé, fait élire Roi de France Raoul, Duc de Bourgogne, qui est couronné à Soissons le 13 Juillet.
Charles est pris dans le Château de Peronne, & mis en prison à Château-Thierry. La Reine Ogine, voyant son mari prisonnier, prend Louïs son fils unique, âgé d'environ 8 ans, & l'emmene en Angleterre. |
|---|---|
| 924. | Berenger, qui se disoit Empereur, est tué à Verone. Raoul, Duc de Bourgogne, demeure maître de l'Italie.
Les Hongrois pillent l'Allemagne, & brûlent la Ville de Pavie.
Mort d'Edoüard, Roi d'Angleterre, après un régne de 24 ans. Adelstan son fils lui succéde. |
| 925. | Les Vandales se rendent maîtres de Brandebourg. L'Empereur les en chasse, & donne le Gouvernement de la Ville à Sigefroi, Comte de Ringelheim, qui fut, dit-on, le premier Marquis de Brandebourg. |
| 926. | Le Pape & les Princes d'Italie, dégoutés du Gouvernement de Raoul, engagent Hugues, Comte d'Arles, à accepter la Royauté d'Italie. Il est couronné Roi à Milan par les mains de l'Archevêque.
Les Sarrasins attaquent l'Isle de Lemnos. L'Empereur Constantin les en fait chasser. |
| 927. | Herbert de Vermandois fait sortir Charles de sa prison, & facilite son rétablissement dans ses Etats. Peu de tems après, il fait conduire & enfermer derechef ce Prince dans le Château de Peronne.
Alfonse IV. Roi d'Espagne, abdique la Royauté & se fait Moine. Son frere Ramire lui succéde. Alfonse veut rentrer dans ses Etats, son frere s'y oppose, & lui fait crever les yeux. |
| 928. | Guy, Duc de Toscane, à la sollicitation de Marozia sa femme, connue par ses prostitutions, vient dans le Palais du Pape Jean, en la présence duquel il fait tuer Pierre, frere de ce Pontife. Peu de jours après, il fait prendre ce Pape, le fait conduire en prison, où il est étouffé le 7 Avril.
Mort de Guy, Duc de Toscane. Son frere Lambert lui succéde dans son Duché.
Marozia, veuve de Guy, épouse Hugues, quoiqu'il fût frere uterin de son mari; elle l'engage à venir en Italie. Une querelle qu'il eut avec le fils de Marozia, obligea ce Prince de prendre la fuite.
L'Empereur Henri fait bâtir la Ville de Misna, ou de Meissen, sur la Riviére d'Elbe, établit le Marquisat de Misnie, & en donne le Gouvernement au Comte de Within. |
| 929. | Charles le Simple, âgé de 50 ans, meurt le 7 Octobre en prison, dans le Château de Peronne. Raoul continue d'être Roi de France. |

DE L'HISTOIRE MODERNE.

Depuis J. C.	
931. 932.	Le Roi Raoul fait élire Artolde Archevêque de Rheims. Arnoul, Duc de Baviére, vient jusqu'à Verone pour se mettre en possession du Royaume d'Italie. Hugues s'y rend avec des troupes, lui livre bataille, & oblige Arnoul de retourner dans ses Etats. Hugues associe son frere Lothaire au Royaume, & le fait couronner à Milan par l'Archevêque de cette Ville. Quelque tems après, Lothaire épouse Adélaïde, fille de Raoul, Roi de la Bourgogne Transjuranne. Hugues fait approcher son armée de la Ville de Rome, dont il pille les Fauxbourgs.
933.	Les Hongrois font de grands dégâts en Thuringe & en Saxe.
936.	Raoul, Roi de France, meurt à Auxerre, le 25 Janvier, d'une maladie pédiculaire. Il est enterré dans l'Eglise de Sainte Colombe de Sens. Louïs IV. dit d'Outremer, ainsi nommé, parce qu'il étoit venu d'Angleterre pour prendre la Couronne, âgé de 16 ans, est sacré Roi le 20 dans la Ville de Laon, par Artolde, Archevêque de Rheims. Henri l'Oiseleur meurt cette année dans le Monastére de Manslebe, le 2 Juin, après avoir régné 17 ans & 6 mois. Son corps est porté dans le Monastére de Quedlimbourg. Othon son fils lui succéde, & est couronné Empereur à Aix-la-Chapelle.
937.	Les Hongrois continuent leurs courses en Italie. Quelques-uns d'entre eux ravagent plusieurs Provinces de France.
938.	Othon vient à Rome, où il est couronné Roi de Germanie. Gerard, Archevêque de Lorch, est fait Vicaire du Pape en Allemagne. Louïs d'Outremer épouse Gerberge, sœur d'Othon. Ramire, Roi de Léon en Espagne, défait les Sarrasins, dont on dit qu'il resta plus de 80000 sur la place.
942.	Romain & Constantin, Empereurs d'Orient, s'emparent de la Calabre & de la Poüille.
943.	Alberic, Gouverneur de Rome, gagne plusieurs particuliers, qui maltraitent le Pape, le battent, & lui défigurent tellement le visage, qu'il n'ose plus se montrer en public. Il meurt, après un Episcopat de 3 ans 4 mois & 5 jours.
945.	Les Turcs ravagent la Thrace, à la sollicitation de Constantin. Etienne, fils de Romain, Empereur d'Orient, dépose son pere, qu'il fait enfermer dans un Monastére. Il est lui-même exilé dans l'Isle de Lesbos. Son frere Constantin, qui avoit eu quelque part à la déposition de Romain, est relegué en Samotrace. Constantin régne seul. Hugues, Roi d'Italie, est chassé par Berenger, fils du Marquis d'Ivrée, & Lothaire mis en sa place.
946.	Edmond, Roi d'Angleterre, est poignardé dans un grand repas qu'il donne aux Seigneurs de son Royaume, le jour de Saint Augustin, Apôtre du Pays, par un voleur, nommé Leolf. Elred son frere lui succéde.

Depuis J. C.	Edithe, femme d'Othon, meurt le 26 Janvier. Elle est enterrée à Magdebourg, dans le Monastére de Saint Jean.
947.	Mort de Bertold, Duc de Baviére. Henri son frere obtient ses Etats de l'Empereur.
949.	Othon bat les Slaves.
	Les Hongrois continuent à ravager l'Italie. Berenger se fait couronner Roi d'Italie, avec son fils Adalbert.
950.	Ramire meurt le 5 Janvier, dans une bataille qu'il donne aux Sarrasins d'Espagne.
	Adelaïde, veuve de Lothaire, appelle Othon en Italie.
951.	Othon vient en Italie avec une armée, & chasse Berenger & son fils Adalbert. Adelaïde, veuve de Lothaire, est resserrée dans une étroite prison par l'armée de Berenger; elle trouve moyen d'échapper & de se retirer chez un de ses oncles, nommé Athon.
952.	Adelaïde appelle Othon à son secours. Il vient en Italie, délivre & épouse Adelaïde, oblige Berenger & son fils Adalbert de se soumettre; ils sont ensuite rétablis dans le Royaume d'Italie.
953.	Adelaïde étant devenue enceinte, Ludolphe, & Conrad son frere, fils d'Othon, soutenus de l'Evêque de Mayence, conspirent contre l'Empereur.
954.	Louis, Roi de France, meurt à Rheims d'une chûte de cheval, le 15 Octobre, âgé de 39 ans, dont il en avoit régné 18 & 3 mois. Lothaire son fils lui succéde.
955.	Lothaire, Roi de France, donne les Duchés de Bourgogne & d'Aquitaine à Hugues le Blanc, Duc de France, & pere de Hugues Capet.
	Les Hongrois ravagent dérechef la Baviére. Othon les oblige de se retirer.
956.	Hugues, fils & oncle de Rois, & beau-frere de trois Rois, meurt, après avoir régné plus de 20 ans, sans porter le titre de Roi. Il fut surnommé le Blanc, à cause de la couleur de son teint; le Grand, tant à cause de la hauteur de sa taille, qu'à cause de ses grandes actions; & l'Abbé, parce qu'il joüissoit du revenu des Abbayes de Saint Denys, de Saint-Germain-des-Prez, & de Saint Martin de Tours.
957.	Les Slaves ravagent la Saxe. Othon les défait.
958.	Ludolphe, fils d'Othon, meurt en Italie le 6 Septembre.
959.	Berenger vient en Italie, pille & saccage tout ce qu'il rencontre.
	Hugues Capet est déclaré Duc de France par le Roi Lothaire, qui lui donne aussi le Poitou.
960.	L'Empereur Constantin meurt le 9 Novembre, âgé de 54 ans. Son fils Romain lui succéde.
961.	Le Pape envoye des Légats à Othon pour lui demander du secours contre Berenger.
	Nicéphore Phocas, Général de Romain, Empereur d'Orient, se rend maître de l'Isle de Candie.

L'Em-

Depuis J. C.	
	L'Empereur Othon vient en Italie, fait couronner son fils Othon Roi à Aix-la-Chapelle. Il passe à Verone & à Pavie, d'où il vient à Milan, où il reçoit la Couronne des Lombards. Berenger prend la fuite.
962.	Othon se met en chemin pour aller à Rome dès le mois de Février, & le Pape le couronne Empereur.
	Helene, mere de Constantin, meurt le 20 Septembre.
963.	Romain, Empereur d'Orient, meurt le 15 Mars, âgé de 24 ans, dont il avoit gouverné l'Empire 3 ans & 4 mois. Nicéphore Phocas est élû par l'armée le 2 Juillet, & couronné le 16 Août. Le 20 Septembre il épouse Théophanie.
	Le Pape quitte le parti d'Othon, & embrasse celui de Berenger. L'Empereur marche contre lui. Le Pape envoye des Légats à Othon pour s'excuser. Othon fait assembler un Concile à Rome le 6 Novembre. Il y assiste en personne; on accuse le Pape de plusieurs crimes énormes. On lui écrit le 22 Novembre pour l'engager à se justifier. Il refuse de comparoitre, il est déposé, & Léon VIII. mis en sa place.
964.	Après le départ d'Othon, les Habitans de la Ville de Rome se révoltent contre cet Empereur, & engagent Jean à revenir à Rome, d'où Léon est obligé de sortir.
	Othon vient avec son armée; & se rend maître de la Ville de Rome le 23 Juin.
965.	Othon revient d'Italie en Allemagne.
966.	L'Empereur Othon se dispose à revenir à Rome. Les Habitans de cette Ville, craignant son arrivée, rétablissent le Pape, qu'ils avoient obligé de prendre la fuite. L'Empereur fait punir les auteurs de la rébellion.
	Lothaire, Roi de France, âgé de 23 ans, épouse Emme, ou Emine, fille de Lothaire, Roi d'Italie.
	Les Généraux de l'Empereur Nicéphore reprennent Antioche sur les Sarrasins.
967.	Nicéphore envoye des Ambassadeurs à l'Empereur Othon. Ce dernier envoye Luitprand, Evêque de Cremone, vers Nicéphore pour lui demander Théophanie en mariage pour le fils d'Othon. Othon vient à Rome, & fait couronner son fils Empereur.
968.	Luitprand est mis en prison, & très maltraité pendant 4 mois par l'ordre de Nicéphore. Cet Empereur envoye des Ambassadeurs à Othon pour lui dire qu'il envoyoit sa fille Théophanie. Othon ordonne aux plus grands Seigneurs de son Royaume d'aller recevoir cette Princesse. Nicéphore fait prendre prisonniers tous ces Seigneurs, dont il mene plusieurs en triomphe à Constantinople.
	Famine considérable. Hatton, Archevêque de Mayence, fait enfermer beaucoup de pauvres, qui, pressés de la faim, lui viennent demander l'aumône, & les fait brûler vifs. Dieu réserve à l'année prochaine la punition de cette cruauté.
	Les Normands ravagent l'Espagne.

Hat-

Depuis J. C. 969.	Hatton est si incommodé des rats & des souris, qu'il est obligé de se réfugier dans une tour, qu'il fait bâtir au milieu du Rhin Cette précaution lui est inutile; car ces insectes le suivent, le rongent & le font mourir. L'Empereur leve une puissante armée, dont il donne le commandement à son fils Othon. Ce jeune Prince marche contre les Grecs, oblige les Sarrasins d'abandonner l'Italie, & défait l'armée de Nicéphore, dont le plus grand nombre est taillé en piéces. Othon fait couper le nez à ceux qui échappent, & les renvoye en cet état à Constantinople. Les Habitans de cette Ville se révoltent contre Nicéphore, que sa femme fait tuer le 11 Décembre, après avoir tenu l'Empire six ans & demi. Zimiscès, fameux Capitaine, est couronné Empereur le jour de Noël.
970.	Zimiscès relâche tous ceux que Nicéphore avoit fait prisonniers, & envoye Théophanie à l'Empereur Othon, dont le fils épouse cette Princesse le 18 Avril, & qui est couronnée Impératrice.
971.	Othon revient en Allemagne & érige Magdebourg en Archevêché, dont Adelbert fut fait le premier Archevêque. Les Russiens, les Bulgares & les Turcs, avec une armée de plus de 300 mille hommes, ravagent la Thrace. Bardas, Général de Zimiscès, les défait avec une armée de 12 mille hommes seulement.
973.	Matilde, mere de l'Empereur, meurt le 13 Mars. Othon meurt à Manslebe le 7 Mai, après avoir tenu l'Empire d'Allemagne 37 ans. Ses grandes qualités lui ont fait donner le surnom de Grand. Son fils Othon II. lui succéde.
974.	Le Pape Benoît est emprisonné & étranglé dans le Château Saint Ange. Boniface s'empare du Saint Siége. Les Romains lui opposent Benoît VIII.
975.	L'Empereur Zimiscès est empoisonné, & meurt le 4 Décembre, après avoir tenu l'Empire six ans & demi. Basile & Constantin, fils de l'Empereur Romain, sont mis sur le Trône. Boniface est obligé de s'enfuir à Constantinople. Mort d'Edgard, Roi d'Angleterre, à qui Edoüard succéde.
976.	Bardas, surnommé Sclerus, se fait proclamer Empereur par les soldats.
977.	Othon fait la guerre aux Bohémes, & les soumet. Edoüard, Roi d'Angleterre est assassiné. Ethelrede lui succéde.
978.	Lothaire s'empare de la Lorraine, d'où Othon l'oblige de se retirer.
980.	Les deux Empereurs Grecs s'emparent de la Poüille & de la Calabre.
981.	Othon invite un grand nombre de Seigneurs à un magnifique repas. Pendant que tous les conviés sont à table, des soldats entrent dans la salle du festin l'épée nue. Un Officier fait la lecture d'une liste sur laquelle l'Empereur avoit fait écri-

Depuis J. C.	
	écrire les noms de ceux qui lui étoient défagréables. Il les fait conduire dans une falle, voifine de celle où les conviés étoient affemblés, & les y fait égorger. Cette action cruelle lui fait donner le nom de Sanguinaire.
982.	Les Vandales & les Bohémes, pendant l'abfence d'Othon, ravagent le Brandebourg, la Saxe & la Mifnie, & tuent plus de 30 mille perfonnes.
983.	Othon marche contre les Sarrafins, & leur livre bataille. Il meurt à Ravenne, le 6 Décembre, d'un coup de flêche empoifonnée dont il avoit été frappé. Son fils Othon III. lui fuccéde.
985.	Lothaire, Roi de France, fait couronner Roi fon fils Louïs.
986.	Lothaire, Roi de France, meurt le 12 Mars. Son fils Louïs, furnommé le Fainéant, lui fuccéde.

QUATRIÉME EPOQUE
DE L'HISTOIRE MODERNE,
OU
DE L'ERE COMMUNE DE J. C.

Cette Epoque, qui dure 286 ans, commence l'an 987, à l'élévation de HUGUES CAPET *fur le Trône des François, & finit l'an 1273, lorfque Rodolphe d'Hapsbourg, Chef de la Maifon d'Autriche, eft élû Empereur. La France reprend de nouvelles forces. L'Empire d'Allemagne tombe dans le trouble; celui d'Orient n'eft pas moins agité par les Barbares. Les Latins cherchent à les fecourir contre les Infidéles, mais ils font traverfés par les Grecs mêmes. L'Eglife Grecque fe confirme dans le Schifme; aulieu que l'Eglife Latine reprend fon ancien luftre fous les Chefs les plus illuftres, & par l'établiffement des Ordres Religieux.*

987.	LOUIS le Fainéant, Roi de France, meurt le 22 Juin; il eft inhumé dans l'Eglife de Saint Corneille de Compiégne. La Race de Charlemagne, ou des Carlovingiens, finit en fa perfonne.

II. Volume. I Hu-

Depuis J. C.	Hugues Capet eſt élû, proclamé Roi, & ſacré à Rheims le 3 Juillet.
988.	Hugues Capet fait couronner Roi ſon fils Robert à Orléans le 1 Janvier. Charles, Duc de Lorraine, leur fait la guerre pour avoir le Royaume.
989.	Théophanie, mere d'Othon, vient en Italie.
991.	Théophanie, mere d'Othon, meurt. Mort de Miſciſlas, premier Roi Chrétien de Pologne.
992.	Charles, Duc de Lorraine, eſt fait priſonnier à Laon, mené à Senlis, & de là conduit à Orléans, où il eſt enfermé dans une tour juſqu'à ſa mort.
994.	Charles, Duc de Lorraine, meurt en priſon à Orléans.
996.	Othon vient en Italie. Hugues Capet meurt, & ſon fils Robert regne ſeul. Othon eſt couronné Empereur à Rome par Grégoire V.
997.	Othon III. n'ayant point d'enfans, & voyant que pluſieurs aſpiroient à l'Empire, fait ordonner que dans la ſuite les Empereurs ſeroient élûs par les ſeuls Princes d'Allemagne, tant Eccléſiaſtiques que Séculiers, ſans en déterminer le nombre. Le Comte de Modene, ſollicité par la femme de l'Empereur, refuſe de condeſcendre aux criminelles volontés de cette Princeſſe. Elle s'irrite de ce refus, & accuſe ce Comte de lui avoir voulu faire violence. L'Empereur fait décapiter le Comte, dont la femme fait connoître l'innocence par l'épreuve du fer rouge. L'Empereur, irrité de l'infidélité de ſon Epouſe, la fait exécuter à mort.
999.	La Ville de Paderborn eſt réduite en cendres.
1000.	L'Empereur Othon fait un Pelerinage en Italie, pour y viſiter les Reliques de pluſieurs Saints. Baſile, Empereur d'Orient, fait marcher une puiſſante armée contre les Bulgares, les défait & les chaſſe de Theſſalie.
1001.	Dans le tems qu'Othon ſe croit en ſûreté dans Rome, les Habitans de cette Ville ſe révoltent, tuent ſon armée & aſſiégent cet Empereur dans le Capitole. Hugues, Préfet de l'Hétrurie, facilite ſon évaſion. L'Empereur fait venir une armée d'Allemagne pour venger cette injure. Un Joüaillier de Jeruſalem apporte du Levant en Italie un anneau, qu'il fait paſſer pour celui dont la Sainte Vierge fut épouſée par Saint Joſeph.
1002.	L'Empereur Othon eſt empoiſonné, & meurt le 28 Janvier, après avoir gouverné l'Empire plus de 17 ans. Henri, Duc de Baviére, ſurnommé le Saint & le Boiteux, eſt élû en ſa place par les Princes de Germanie, & couronné à Mayence par l'Archevêque de cette Ville, le 7 Juin. Le 10 Août, Sainte Cunegonde, femme de cet Empereur, eſt couronnée Reine à Paderborn en Weſtphalie.
1003.	Pluſieurs grands Seigneurs Allemands veulent faire caſſer l'élection de cet Empereur, qui diſſipe leurs projets par ſa prudence.

On

Depuis J. C.	
1004.	On abat presque toutes les anciennes Eglises pour en bâtir & consacrer de nouvelles. L'Empereur Henri vient en Italie avec une armée, & soumet ceux qui avoient déféré le Gouvernement de l'Empire à un nommé Ardouin.
1005.	Les Lorrains, ne voulant point être soumis aux François, élisent Godefroi pour leur Prince. Baudoüin, Comte de Flandre, s'y oppose d'abord; mais enfin il est obligé d'y consentir.
1006.	Commencement d'une peste, qui dure 3 ans dans toute l'Europe. Boleslas, Roi de Pologne, s'empare de Cracovie, marche en Bohéme avec une armée considérable, fait crever les yeux au Duc de ce Pays, & met le siége devant Prague, qu'Ulric de Bohéme l'oblige de lever.
1007.	Le Comte de Bamberg étant mort sans enfans, l'Empereur hérite de ses Etats, & y fonde un Evêché, qu'il soumet immédiatement au Saint Siége. Le Mont Vesuve jette une si grande quantité de flammes, que tous les environs s'en trouvent endommagés. Ethelred, Roi d'Angleterre, accorde un tribut annuel aux Danois pour éviter leurs brigandages.
1008.	Les Sarrasins pénétrent en Italie, & s'emparent de Capoüe. Ils sont ensuite repoussés. Les Normands ravagent la Frise.
1009.	Les Sarrasins assiégent Jérusalem, démolissent l'Eglise du Saint Sépulcre, & brulent le Monastére qui avoit été bâti près de cet endroit.
1012.	Le Caliphe d'Egypte pille le Temple de Jérusalem, & chasse les Prêtres de toute la Palestine.
1013.	Boleslas, Roi de Pologne, fait une irruption dans la Saxe & la Pomeranie. L'Empereur fait une trêve avec ce Prince, défait Ardouin que les Lombards avoient choisi pour leur Roi, va jusqu'en Calabre, où il prend la Ville de Troye & d'autres places, & vient passer les Fêtes de Noël à Pavie.
1014.	Henri vient à Rome, où il est couronné Empereur au mois de Février. Il passe dans la Poüille & dans la Calabre, d'où il chasse les Sarrasins. Le Roi de Dannemarc s'empare de l'Angleterre, & en fait sortir le Roi Ethelred. Les vents furieux qu'il fait le 28 Septembre, font tellement enfler les eaux, que la Flandre est presque submergée. Basile, Empereur d'Orient, fait une irruption en Bulgarie, défait les Bulgares le 29 Juillet, & en prend 15 mille prisonniers, auxquels il fait crever les deux yeux, ne laissant qu'un borgne pour servir de Capitaine à chaque centaine.
1015.	L'Empereur Henri passe d'Italie jusques en Pologne, dont il oblige le Roi à lui payer un tribut annuel, & à lui prêter serment de fidélité. Basile, Empereur d'Orient, revient à Constantinople, & met

Depuis J. C.	met la Cappadoce à couvert des incursions des Sarrasins.
1016.	Saint Etienne, premier Roi de Hongrie, publie des Loix sur la police de l'Etat & de la Religion.
1017.	Olaüs, Roi de Norvegue, pendant l'absence de Canut, Roi de Dannemarc, ravage ce Royaume. Canut revient d'Angleterre pour venger cet outrage, pénétre en Norvegue, en chasse Olaüs, & s'empare de ses Etats.
	Hérésie des Manichéens, découverte en France, & étouffée par le Roi Robert.
	Pluye de sang, tombée en Aquitaine.
1018.	Les Russiens font des incursions en Pologne, d'où le Roi Boleslas les chasse.
1020.	Une peste effroyable ravage la Saxe.
1022.	Basile, Empereur d'Orient, défait & soumet les Ibériens.
1023.	Rodolphe, Roi de Bourgogne, chassé de ses Etats par ses Sujets, a recours à l'Empereur Henri, qui le fait rétablir.
	Robert, Roi de France, renouvelle son alliance avec l'Empereur Henri.
1024.	L'Empereur Henri meurt au Château de Grun, près de Halberstad, le 13 Juillet, âgé de 52 ans. Conrad est élû Roi de Germanie.
	Ambassade des Grecs à Rome pour obtenir du Pape que l'Egise de Constantinople porte le nom d'Eglise universelle. Les Evêques de France s'y opposent, & Guillaume, Abbé de Saint Benigne de Dijon, écrit une Lettre au Pape pour le détourner de ce dessein.
1025.	Basile, Empereur d'Orient, meurt au mois de Décembre, âgé de 70 ans, dont il avoit régné 50. Constantin lui succéde.
1026.	Conrad fait proclamer Roi de Bavière son fils Henri, âgé de 9 ans, & confie son éducation à quelques Evêques.
1027.	Conrad part pour l'Italie avec une puissante armée. Le Pape le couronne Empereur le 23 Mars.
1028.	Constantin, Empereur d'Orient, meurt le 12. Novembre, & désigne pour son successeur Romain, à condition qu'il répudieroit son épouse pour prendre celle de Constantin.
1030.	L'Empereur Romain marche en Syrie contre les Sarrasins. Il prend la fuite, & vient se réfugier à Antioche, le 10 Août.
1031.	Romain, secouru des Egyptiens, chasse les Sarrasins de Syrie.
	Les Normands entrent dans la Poüille, & s'emparent d'une partie du pays, après en avoir chassé les Grecs.
1032.	Robert, Roi de France, meurt le 20 Juillet, âgé de 61. ans, après en avoir régné seul 33 ans 9 mois 4 jours.
1033.	Ferdinand premier est élû Roi de Castille.
1034.	Romain, après avoir gouverné l'Empire d'Orient 5 ans & 6 mois, est empoisonné & étouffé le 5 Avril, par l'ordre de sa femme Zoé, qui épouse & éleve sur le Trône Michel de Paphlagonie.

Les

Depuis J. C.	
1035. 1037.	Les Vandales ravagent la Saxe. Conrad les repouſſe & les oblige de rentrer ſous ſon obéiſſance. L'Empereur Conrad vient en Italie, & ſoumet les Italiens révoltés. Michel, Empereur d'Orient, fait une trêve de 3 ans avec les Egyptiens, une paix perpétuelle avec les Sarraſins, & envoye des troupes en Sicile qui ſoumettent derechef cette Province.
1038.	Les Sarraſins font une nouvelle tentative pour ſe rendre maîtres d'Edeſſe; mais l'Empereur, l'ayant ſçû, les prévient & fait avorter leur deſſein.
1039.	L'Empereur Conrad meurt le 4 Juin, après avoir régné 14 ans 10 mois & 22 jours. Henri III. ſurnommé le Noir, lui ſuccéde.
1040.	Tremblement de terre, qui renverſe la Ville de Smyrne. Les Sarraſins viennent d'Afrique en Sicile.
1041.	Plus de 15000 Bulgares ſont défaits près de Theſſalonique. On créve les yeux à leur Général. Michel, Empereur d'Orient, meurt le 10. Décembre, après avoir régné 7 ans & 8 mois. Michel Calaphate lui ſuccéde. Ce nouvel Empereur marche contre les Bohêmes, met tout leur pays à feu & à ſang, & oblige Brzetiſlas, Duc de Bohême, de venir pieds nuds & tête nue lui demander pardon. Les Polonois, après la mort de leur Roi, tirent Caſimir du Monaſtére pour le mettre ſur le Trône.
1042.	L'Empereur Michel Calaphate eſt chaſſé de ſes Etats par les intrigues de Zoë, qui lui fait crever les yeux le 21. Avril, & fait élire en ſa place Conſtantin Monomaque, qui eſt couronné le 9 Juin. Quelque temps après il épouſe Zoë.
1043.	Les Ruſſiens viennent de Scythie, & débarquent en Thrace avec plus de 100000 hommes; ils ſont défaits dans pluſieurs attaques. Les Turcs s'emparent de la Perſe.
1046.	Henri, Roi de Germanie, ſe fait couronner Empereur par Clément II.
1047.	Un nommé Tornicius ſe révolte contre l'Empereur Conſtantin, & tente d'aſſiéger Conſtantinople; mais n'ayant ni troupes, ni argent, il eſt pris par l'Empereur, qui lui fait crever les yeux.
1048.	L'Empereur d'Orient fait la guerre dans la Médie.
1050.	Il naît un fils à l'Empereur Henri, le 11 Novembre.
1053.	Michel Cerularius écrit contre l'Egliſe Latine. Ce Patriarche fait fermer les Egliſes des Latins qui étoient à Conſtantinople, & ôter à tous les Abbés & Religieux Latins, qui ne vouloient pas renoncer aux cérémonies de l'Egliſe Romaine, les Monaſtéres qu'ils avoient dans cette Ville.
1054.	L'Empereur Henri fait couronner ſon fils Empereur, quoiqu'il ne fût âgé que de 4 ans. Conſtantin Monomaque, Empereur d'Orient, meurt le 30 No-

Depuis J. C.	Novembre. Sa femme Théodore gouverne l'Empire.
1055.	Berenger abjure son erreur dans le Concile de Tours, en présence de Hildebrand.
1056.	Les habitans de Constantinople, laffés d'être gouvernés par une femme, élifent pour Empereur Michel, furnommé Stratiote, le 31 Août. L'Impératrice Théodore meurt vers la fin de l'année.
	Henri, Empereur d'Occident, meurt le 3 Octobre. Henri IV. fon fils, âgé de 5 ans, lui fuccéde, & eft mis fous la tutelle de fa mere, qui a le gouvernement de l'Empire.
1057.	Michel fe démet de l'Empire. L'armée élit en fa place Ifaac Comnehe, le 8 Juin. Ce nouvel Empereur vient à Conftantinople, & y eft couronné le 31 Août.
	Les Saxons fe révoltent contre l'Empereur, en élifent un nouveau, qui eft défait par les Généraux des troupes de Brunfwich.
1058.	Robert Guifcard chaffe les Sarrafins de Sicile, qu'il donne à fon frere Roger, après s'en être rendu maître.
1059.	Ifaac fe démet de l'Empire d'Orient en faveur de Conftantin Ducas, & fe retire dans un Monaftére.
	Une prodigieufe quantité de ferpens, s'étant affemblés dans une plaine, près de la Ville de Tournai, fe féparent en deux bandes, & fe battent avec tant de fureur, que l'une des deux bandes fut entièrement détruite. Les payfans font mourir l'autre bande avec des bâtons & du feu.
1060.	Henri I. Roi de France, âgé de 54 ans, fait reconnoître pour fon fucceffeur Philippe, fon fils aîné, âgé de 9 ans, & le fait couronner à Rheims le 22 Mai 1059, par Gervais, Archevêque de cette Ville. Il meurt à Vitry, près de Paris, laiffant fes trois fils fous la tutelle de Baudoüin, Comte de Flandres, à qui il confie la Régence du Royaume.
1062.	Une cruelle famine afflige l'Allemagne.
1064.	Plus de 70000 hommes entreprennent le voyage de la Terre Sainte; ils font tous tués, ou faits prifonniers.
	Edoüard, Roi d'Angleterre, n'ayant point d'enfans, laiffe par teftament fon Royaume à Guillaume le Bâtard, Duc de Normandie. Les Anglois défèrent la Royauté à Haralde, fils d'un des plus grands Seigneurs du pays.
1065.	Les Sclavons abjurent derechef la Religion Chrétienne, & font mourir tous ceux qui en font profeffion.
	Edoüard, Roi d'Angleterre, meurt le 5 Janvier.
1066.	Guillaume, Duc de Normandie, affemble une puiffante armée, paffe en Angleterre, & donne bataille à Haralde que l'on avoit déclaré Roi. Haralde eft tué dans le combat le 14 Octobre; ainfi Guillaume refte maître du Royaume.
1067.	Conftantin Ducas meurt le 5 Juin, & laiffe trois enfans, dont l'un eft déclaré Empereur, fous le nom de Michel Ducas. Sa mere Eudoxie gouverne l'Empire pendant fon bas âge.

Les

Depuis J. C.	Les Anglois se révoltent contre les Officiers de Guillaume. Il les oblige de se soumettre, & fait mourir tous ceux qui ne vouloient pas lui obéir. On lui donne le surnom de Conquérant.
	Mort de Baudoüin, Comte de Flandres, Régent du Royaume de France.
1068.	Romain Diogene épouse l'Impératrice Eudoxie. Il est élû Empereur d'Orient, après que Michel Ducas eut abdiqué l'Empire.
	Pierre Damien empêche l'Empereur Henri de faire divorce avec Berthe son épouse.
1069.	Les Danois équipent une flotte, & font d'inutiles efforts pour rentrer en Angleterre.
1071.	Romain Diogene est fait prisonnier par les Turcs, & Michel Ducas remonte sur le Trône. Diogene a les yeux crevés par l'ordre de Michel, & meurt peu de tems après.
1073.	Plaintes & menaces du Pape contre Philippe I. Roi de France.
	Le Pape Grégoire VII. forme des prétentions sur l'Espagne. Il exige des sermens de fidélité de Landulphe, Duc de Benevent, & de Richard, Duc de Capoüe. Ses Légats interdisent Jeromir, Evêque de Prague, & le dépouillent des biens de son Eglise, parce qu'il s'opposoit à leur réception en Bohême.
1074.	Lettre du Pape aux Evêques de France contre la conduite du Roi Philippe, qu'il menace de dépoüiller de son Royaume. Ce Pape s'efforce de faire valoir ses prétentions sur les Royaumes nouvellement convertis, & sur la Hongrie. Il oblige la Bohême de payer annuellement une certaine redevance au Saint Siége, s'attribue & fait valoir plusieurs prétentions, auxquelles ses prédécesseurs n'avoient pas pensé.
1075.	Henri, Roi de Germanie, donne bataille aux Saxons & aux Thuringiens, les défait & les chasse de leur pays.
	Le Pape se brouille avec Cincius, fils d'Alberic, Préfet de Rome, qu'il excommunie. Cincius, excité par Guibert, Archevêque de Ravenne, se saisit de la personne du Pape comme il disoit la Messe le jour de Noël; mais il est obligé par le peuple de le délivrer, & de s'enfuir vers l'Empereur.
1076.	Le Cardinal Hugues est excommunié par le Pape, qui cite le Roi Henri à Rome, sous prétexte qu'il avoit reçu de l'argent de quelques Evêques pour les nommer à des Evêchés.
	L'Empereur envoye des Ambassadeurs à Rome pour se justifier. Le Pape les maltraite & les fait chasser de Rome. L'Empereur, irrité de cet outrage, fait assembler un Concile à Worms, le Dimanche de la Septuagesime, qui condamne l'élection du Pape. Le Pape tient un Concile à Rome, dans lequel il excommunie Sigefroi, Archevêque de Mayence, & déclare suspens tous les autres Evêques du Concile de Worms. Il déclare aussi le Roi Henri déchû de ses Etats, & tous ses Sujets quittes du serment de fidélité.

Depuis J. C.	
	Henri fe dépoüille de toutes les marques de Royauté, juſqu'à ce qu'il ſe ſoit fait abſoudre dans l'année. Il vient en Italie au mois de Décembre avec ſa femme, ſon fils, & une très petite ſuite, pour demander l'abſolution au Pape.
1077.	Henri, après avoir jeûné trois jours au pain & à l'eau, avoir marché pendant ce tems nuds pieds, & avoir promis de remettre tous ſes Etats au Pape, reçoit de lui l'abſolution le 28 Janvier. Le Pape mande aux Princes d'Allemagne d'élire un autre Empereur, s'ils n'étoient pas contens de Henri. En conſéquence d'un commun conſentement, Rodolphe, Duc de Souabe, eſt élû Roi de Germanie le 20 Février, & couronné à Mayence le 26 Mars. Henri veut repaſſer en Allemagne, ſes ennemis l'arrêtent au paſſage des Alpes; mais il en trouve un par la Carinthie. Le Pape renouvelle les prétentions du Saint Siége ſur l'Eſpagne, & exhorte les Rois & les Princes Eſpagnols à lui payer le tribut qu'il prétendoit lui être dû. Il forme auſſi des prétentions ſur l'Iſle de Corſe, où il envoye un Légat pour gouverner.
1078.	Nicéphore Botoniate s'empare de l'Empire d'Orient, après avoir fait enfermer Michel. Rodolphe en vient aux mains, le 7 Août, contre Henri dans la Franconie. Le Pape ſollicite les Allemands pour tenir une aſſemblée, afin de régler les différends de Henri & de Rodolphe, & excommunie ceux qui voudroient empêcher qu'elle ne ſe tienne. Les deux partis ſe défient du Pape. Henri ſe rend maître de la Baviére & de la Soüabe que Rodolphe avoit abandonnées. Rodolphe vient aſſiéger Wurtzbourg, qu'il prend, après avoir défait l'armée de Henri qui étoit venu pour la ſecourir; mais Henri reprend cette Ville peu de tems après. Nicéphore Botoniate eſt excommunié dans un ſecond Concile de Rome, tenu au mois de Décembre, parce qu'il s'étoit emparé de l'Empire d'Orient. Pluſieurs Evêques, ſoupçonnés de ſymonie, ſont interdits, ou excommuniés.
1079.	Henri, ayant défait Rodolphe, le 28 Février, dans une bataille, ne veut point qu'il ſe tienne d'aſſemblée où ſon droit puiſſe être mis en compromis. Erection de la Primatie de l'Egliſe de Lyon par Grégoire VII. Ce Pape menace d'excommunication Wezelin, s'il continue à moleſter le Roi, établi ſur la Dalmatie par le Saint Siége. Il donne à Landulphe, Evêque de Piſe, & à ſes ſucceſſeurs la Légation & la moitié des revenus de l'Iſle de Corſe, réſervant l'autre moitié pour le Saint Siége, avec toutes les Fortereſſes. Les Turcs, ſecourus par les Sarraſins, pillent la Ville d'Antioche, & ravagent la Syrie.
1080.	Henri fait une irruption en Saxe, & eſt repouſſé. Il pénètre

Depuis J. C.	tre dans la Thuringe, & met Rodolphe en fuite. L'un & l'autre augmentent leurs forces. Le Pape tient un Concile à Rome, excommunie derechef Henri, le déclare déchû de toute dignité Royale, & donne son Royaume d'Allemagne à Rodolphe. Il défend aux Sclavons de célébrer l'Office divin en Langue vulgaire. Les Partisans de Henri s'assemblent à Mayence vers la Pentecôte, & indiquent le Concile de Bresse, qui se tient au mois de Juin, dans lequel le Pape est déposé, & Guibert, Archevêque de Ravenne, qui prend le nom de Clément III. est mis en sa place. Henri écrit à Gregoire pour l'obliger de quitter le Saint Siége, mande au Clergé & au peuple de Rome qu'ils ayent à chasser Hildebrand, sollicite les Rois & Princes Chrétiens de reconnoître Clément, & de se soustraire de l'obéïssance de Gregoire. Ce Pape engage Robert Guiscard dans ses intérêts, en lui accordant l'investiture de ce qu'il possédoit dans la Poüille, & lui céde la joüissance des autres terres qu'il avoit envahies. Le 12 Octobre, Henri donne bataille à Rodolphe, qui, blessé dans le combat, meurt le 16 de ce mois. Henri pénètre en Saxe, & soumet tout ce pays, qu'il donne à Frédéric son gendre. Gregoire envoye en Allemagne pour y faire élire, en la place de Rodolphe, un Roi entièrement dévoué aux intérêts du Saint Siége, & propose une formule de serment qu'il veut qu'on lui fasse prêter. Ce Pape tente inutilement de tirer un tribut du Royaume de France, comme il faisoit d'Angleterre & des autres Etats de la Chrétienté. Il menace Orzoque, Souverain de l'Isle de Sardaigne, de le dépoüiller de cette Isle, qu'il prétend appartenir au Saint Siége, s'il ne se soumet à l'Eglise Romaine. Michel Ducas envoye demander du secours au Pape, & à Robert, Duc de la Poüille. Nicéphore est chassé par Alexis Comnene, qui est déclaré Empereur. C'est à cette année que l'on rapporte l'histoire du Chanoine de Paris, ami de Saint Bruno, Fondateur des Chartreux, qui, dans le tems que l'on faisoit ses obséques, s'écria qu'il étoit condamné au jugement de Dieu. Ce fait a si fort l'air d'une fable, qu'il ne mérite pas qu'on y ajoute foi.
1081.	Henri vient en Italie avec une armée, & entreprend d'assiéger Rome. Il leve le siége, ravage les environs de la Ville, & fait brûler la Cathédrale de Bamberg & une partie de Mayence.
1082.	Les Allemands rebelles élisent Herman, à la place de Rodolphe. Henri vient de nouveau mettre le siége devant Rome, & le convertit en blocus.
1083.	Henri retourne à Rome, empêche les Normands de la secourir, & se rend maitre de cette Ville le 2 Juin. Le Pape Gregoire s'enfuit dans le Château Saint Ange. Un misérable veut tuer Henri dans l'Eglise de Sainte Marie, en faisant tomber

Depuis J. C.	
	une pierre de la voute de cette Eglife fur la tête de ce Prince, dans le tems qu'il feroit en prière; mais ce malheureux, ayant pris mal fon tems, eft entraîné par la pierre, dont il eft écrafé. Henri fait reconnoître pour Pape Clément III.
1084.	Henri, après avoir foumis les Normands, fe fait couronner Empereur par Clément III. Grégoire fait venir à fon fecours Robert, Duc des Normands, qui oblige Henri de fe retirer.
1085.	On tient une affemblée à Goflar, où à Berchach, au commencement de l'année, contre Henri. On y agite la queftion, fçavoir, fi Grégoire VII. avoit pû excommunier Henri & le priver de fes Etats. On en tient auffi une à Mayence en faveur de Henri. Mort de Robert Guifcard, Duc de la Poüille.
1086.	Saint Bruno établit l'Ordre des Chartreux. Divorce de Philippe, Roi de France, & de Berthe fa femme, qui eft reléguée à Montreuil.
1088.	Guillaume le Conquérant, Roi d'Angleterre, ravage le Vexin François, & brûle la Ville de Mante. Il fe fatigue tant dans cette expédition, qu'il tombe malade, & meurt à Roüen le 9 Septembre. Il laiffe par fon teftament le Royaume d'Angleterre à Guillaume, dit le Roux, fon fecond fils; le Duché de Normandie à Robert fon fils aîné; & des rentes & de l'argent à Henri, le plus jeune des trois.
1090.	L'Empereur revient en Italie pour appaifer les troubles, que l'on y avoit excités. Il y féjourne 7 ans, fe rend maître de Mantoüe, de Florence & de plufieurs autres Villes, & oblige le Pape Urbain de fortir d'Italie. Robert & Guillaume difputent entre eux le Royaume d'Angleterre; peu de tems après ils conviennent, & fe raccommodent enfemble.
1091.	L'Antipape Guibert revient à Rome, prend le Château Saint Ange, & demeure maître de la Ville. On tient contre lui un Concile à Benevent le 1 Avril. Origine de l'Ordre des Hofpitaliers de Saint Jean de Jerufalem, à qui on donne à préfent le nom de Chevaliers de Malthe.
1092.	Philippe, Roi de France, époufe Bertrade, femme de Foulques le Rechin, Comte d'Anjou. L'Archevêque de Roüen, l'Evêque de Senlis & celui de Bayeux firent la cérémonie du mariage. Celui de Bayeux eut pour fa récompenfe les revenus de quelques Eglifes de la Ville de Mante. Yves, Evêque de Chartres, s'oppofe fortement à ce mariage.
1093.	Conrad, fils de Henri, fe révolte contre fon pere, & eft couronné à Milan par Anfelme, Archevêque de cette Ville.
1094.	On tient un Concile à Conftance, où Praxede, femme de l'Empereur Henri, va fe plaindre de plufieurs infamies, aufquelles elle difoit que fon mari l'avoit forcé de confentir. Hugues, Archevêque de Lyon, & Légat du Pape, affemble un Concile de 32 Evêques à Autun le 16 Octobre, dans le-

DE L'HISTOIRE MODERNE.

Depuis J. C.
1095. | lequel on excommunie Philippe, Roi de France, à cause de son mariage avec Bertrade.
Urbain assemble un Concile à Plaisance pendant le Carême. Philippe y envoye des Ambassadeurs, qui obtiennent du Pape quelque délai touchant la sentence d'excommunication, portée contre ce Prince.
Concile de Clermont en Auvergne, à la fin du mois de Novembre. Le Pape y préside en personne, & fulmine une sentence d'excommunication contre le Roi Philippe & contre Bertrade sa femme. Sur les remontrances de Pierre l'Hermite, Prêtre du Diocèse d'Amiens, on résolut dans ce Concile une Croisade pour recouvrer dans l'Orient les terres possédées par les Infidéles.

1096. | Dispute de Saint Anselme avec le Roi d'Angleterre, au sujet des investitures.
Philippe promet de quitter Bertrade, & le Pape lui donne l'absolution dans un Concile de Nimes. Ce Prince rappelle Bertrade à la Cour, contre la parole qu'il avoit donnée.
Gaultier, Gentilhomme François, à qui on donne le surnom de Sans avoir, ou Sans argent, à cause de sa pauvreté, est fait Général des Croisés, & part le 8 Mars. Il passe par la Hongrie & arrive à Constantinople, où il est joint par plus de 30000 hommes que Pierre l'Hermite conduit avec lui. Godefroi de Boüillon se met en marche au mois d'Août avec une armée de 70000 hommes d'Infanterie & de 10000 chevaux, & arrive proche de Constantinople vers la fin de l'année. Toutes les troupes des François, après avoir essuyé bien des disgraces pendant le chemin, se trouvent composées de 10000. hommes de Cavalerie, & de 60000 hommes d'Infanterie. Soliman, Prince des Turcs, marche contre les Chrétiens, & défait un corps d'armée qui étoit sous la conduite de Gaultier, qui fut tué dans cette premiére action. Alexis, quoique Chrétien, traverse aussi de son côté l'armée des Croisés.
Un Prêtre Allemand léve une armée de 15000 Croisés en Allemagne, qui sont presque tous défaits par les Hongrois.

1097. | Godefroi de Boüillon, Généralissime des Croisés, vient à Nicomedie, investit la Ville de Nicée le 15 Mai, & s'en rend maître le 28 Juin. Les Turcs attaquent les Chretiens le 1 Juillet. Ceux-ci se défendent avec vigueur, tuent plus de 40000 Infidéles, & s'emparent de la Cilicie, de la Syrie & de la Mésopotamie. Les Chrétiens assiégent la Ville d'Antioche le 18 Octobre.
Henri, Empereur d'Occident, revient en Allemagne, après avoir séjourné près de 7 ans en Italie.

1098. | Les Sarrasins attaquent les Chrétiens qui faisoient le siége d'Antioche. Godefroi les repousse, & se rend maître de cette Ville le 3 Juin. Corbagat, Général de l'armée du Sultan de Perse, vient au secours d'Antioche avec une armée for-
mi-

| Depuis J. C. | midable, & assiége l'armée des Chrétiens qui s'étoit réfugiée dans cette Ville. Les Chrétiens, fatigués par la disette des vivres que Corbagat empêchoit d'entrer dans Antioche, marchent contre ce Général, & l'attaquent avec tant de courage, qu'ils tuent plus le 100000 hommes de son armée, & font un butin si considérable, qu'ils remettent par ce moyen l'abondance parmi les Chrétiens.

Conrad, fils de l'Empereur Henri, se révolte contre son pere, dépose l'Antipape Clément, établit Urbain, & épouse la fille de Roger, Duc de la Poüille.

Etablissement de l'Ordre de Citeaux, ou Réformation de l'Ordre de Saint Benoit, par Saint Robert de Molesme, aidé du B. Alberic, & de Saint Etienne Harding.

Le Pape accorde à Roger, Comte de Sicile & de Calabre, qu'il n'enverra point de Légats dans ses Etats que de son consentement ; que les Princes ses successeurs seront Légats nés du Saint Siége dans leurs Etats, & qu'ils pourront envoyer ceux qu'ils voudront de leurs Evêques, ou de leurs Abbés, quand le Pape les mandera.

Le Pape, à la prière de Saint Anselme, différe l'excommunication qu'il vouloit fulminer contre le Roi d'Angleterre. |
|---|---|
| 1099. | Les Chrétiens s'emparent de plusieurs places dans la Palestine, commencent le siége de Jerusalem le 9 Juin, & se rendent maîtres de cette place le 5 Juillet. Le 22 du même mois les Seigneurs de l'armée s'assemblent pour élire un Roi. Godefroi de Bouillon est élû, d'une commune voix, premier Roi du nouveau Royaume de Jerusalem. Peu de jours après, le Sultan d'Egypte, avec une armée de 400000 hommes d'Infanterie & de 100000 Cavaliers, vient attaquer Godefroi, à qu'il il étoit resté à peine 15000 hommes. Ce nouveau Roi se conduisit avec tant de prudence & de valeur, qu'il défit plus de 100000 des ennemis, dispersa le reste, & se rendit maître par cette victoire de la Palestine. Après cette expédition, les principaux Seigneurs reviennent chacun dans leur pays.

Henri, Empereur d'Allemagne, tient une assemblée à Cologne, dépose & éxile son fils Conrad qui s'étoit révolté contre lui, & fait proclamer Roi Henri, son autre fils.

Institution de l'Ordre de Font-Evrauld par Robert d'Arbrisselles. |
| 1100. | Guillaume le Roux, Roi d'Angleterre, étant à la Chasse, est frappé d'un coup de flèche, dont il meurt le 2 Août, après avoir régné 13 ans. Henri son plus jeune fils lui succéde le 18 Août.

Godefroi de Boüillon, Roi de Jerusalem, meurt le 18 Juillet. Baudoin son frere lui succéde.

On ressent un tremblement de terre en Sicile. |
| 1101. | Venise est réduite en cendres.

Robert, Duc de Normandie, fait la guerre à Henri son fre- |

frere, qui s'étoient fait couronner Roi d'Angleterre. Ils font la paix, à condition que Henri lui payeroit chaque année 3900 marcs d'argent.

Mort de Conrad, fils de l'Empereur Henri.

Louïs, furnommé le Gros, fils de Philippe, Roi de France, prend, du vivant de fon pere, le Gouvernement de l'Etat.

L'Empereur Henri s'engage par un vœu de faire le voyage de la Terre Sainte.

Louïs fils de Philippe, paffe en Angleterre pour y voir Henri, qui en étoit Roi. Bertrade follicite Henri de fe défaire de ce Prince. Cet artifice n'ayant pas réuffi, Bertrade employe le poifon pour faire mourir Louïs, qui fut fauvé par des remèdes extraordinaires d'un Médecin étranger.

Anfelme fort d'Angleterre pour les conteftations continuelles qu'il avoit avec Henri II. fur les inveftitures.

Guillaume, Duc d'Aquitaine, entreprend le voyage de la Terre Sainte avec une nombreufe armée, & arrive heureufement à Conftantinople; mais Alexis, Empereur de cette Ville, lui dreffe des embuches & fait maffacrer fon armée par les Turcs, à l'exception de 5000 feulement, qui pénétrent en Paleftine.

Robert, Duc de Normandie, eft dépoüillé de fon Duché, & pris prifonnier par fon frere Henri, qui lui fait perdre la vûe. Il meurt en prifon.

Baudoüin, Roi de Jerufalem, livre un combat aux Arabes, par qui il eft défait. Quelque tems après, il rallie fon armée, défait les Arabes, & s'empare de Ptolémaïde.

Henri V. eft reconnu Roi des Saxons, après s'être révolté contre fon pere, avec lequel il fe réconcilie en apparence; mais il le fait enfuite arrêter prifonnier au Château de Binghen, & de là conduire à Ingelheim, d'où il fe fauve & fe retire à Liége. On tient un Concile à Mayence vers la fin de l'année, où Henri IV. eft excommunié de nouveau par les Archevêques de Mayence, de Cologne & l'Evêque de Worms, qui le dépouillent des ornemens Impériaux, & l'engagent de venir au Concile, où il renonce à l'Empire, & demande à genoux l'abfolution à l'Evêque d'Albane, Légat du Saint Siége, qui la lui refufe, & le renvoye au Pape. Son fils Henri V. eft reconnu & couronné Roi de Germanie, dans ce même Concile.

Henri, Roi d'Angleterre, vient avec une armée en Normandie. Il s'en retourne, fans rien faire.

Le Pape vient en France implorer la protection du Roi contre l'Empereur.

Henri IV. réfugié à Liége, meurt le 7 Août dans le tems que fon fils venoit forcer cette Ville. Les Liégeois, pour obtenir leur grace de ce nouvel Empereur, font obligés de déterrer Henri IV. qui eft porté à Spire, & mis hors de l'Eglife, dans un fépulcre de pierre, où il refte 5 ans, fans être inhumé.

Affem.

Depuis J. C.	Assemblée, tenue à Mayence au sujet des investitures.
1107.	Philippe, Roi de France, meurt à Melun le 29 Juillet
1108.	âgé de près de 57 ans, après en avoir régné plus de 48 seul & plus de 49, à compter du jour qu'il fut sacré à Rheims du vivant de son pere Henri. Philippe est le premier des Rois de France qui a porté le nom d'un Saint, honoré de l'Eglise, ses prédécesseurs en ayant de François, ou de Germaniques. Louis VI. surnommé le Gros, de la grosseur de sa taille, âgé d'environ 28 ans, est sacré à Orléans le 3. Août.
1109.	L'Empereur Henri V. envoye des Ambassadeurs en Angleterre demander en mariage Mathilde, fille de Henri. L'Empereur entre en Silésie, & fait la guerre sans succès à Boleslas, Roi de Pologne.
1110.	Le Pape retourne en Italie, où Henri V. se rend. Il est couronné Roi de Lombardie à Milan par l'Archevêque Chrisolan. Il fait un Traité, qui fut signé, & pour lequel des ôtages furent donnés. Par ce Traité, l'Empereur se relâche des prétentions qu'il avoit sur les investitures, à condition que le Pape lui céderoit les Duchés, les Comtés, les Marquisats, les Terres, droits de Justice, de Monnoye, de Marchés, de Péage & autres Domaines dont joüissoient les Evêques d'Allemagne.
1111.	L'Empereur vient à Rome au mois de Février. Les Evêques d'Allemagne n'ayant pas voulu consentir au Traité que le Pape avoit fait avec l'Empereur sur les investitures, le Pape refuse de couronner l'Empereur, qui le fait arrêter prisonnier avec plusieurs Cardinaux, & ne les relâche point que le Pape ne lui eût promis de lui accorder les investitures & de le couronner Empereur. Paschal fit l'un & l'autre le 13 Avril. L'Empereur revient en Allemagne. Etant à Spire, il fait enterrer Henri IV. son pere, après en avoir obtenu la permission du Pape.
1113.	L'Empereur Henri soumet plusieurs Seigneurs, qui s'étoient révoltés contre lui. Saint Bernard se retire à Citeaux avec 30 de ses compagnons, pour y embrasser la vie Monastique.
1114.	Conversion de Saint Norbert.
1115.	L'Empereur Henri repasse en Italie, & s'empare des Etats laissés par la Princesse Mathilde.
1116.	Le Pape Paschal II. assemble le IVe. Concile de Latran, qui révoque le Privilége des investitures accordé à Henri. L'Empereur, en ayant avis, leve une armée pour obtenir par force ce qu'on refusoit de lui accorder de bon gré. Henri, Roi d'Angleterre, fait la guerre au Roi de France.
1117.	L'Empereur Henri approche de Rome avec une puissante armée. Le Pape se retire au Mont-Cassin, d'où il passe dans la Poüille pour y solliciter du secours. L'Empereur se fait couronner une seconde fois à Rome par Maurice Burdin, Archevêque de Brague, & se retire.
1118.	L'Empereur vient à Rome, y fait proclamer Pape Maurice

Depuis J. C.	rice Burdin, Archevêque de Brague, sous le nom de Grégoire VIII.
	Institution de l'Ordre des Chevaliers du Temple, dont le premiers furent Hugues de Paganis, & Godefroi des Aldemar.
	Alexis Comnene meurt le 15 Août, après avoir gouverné l'Empire pendant 38 ans. Son fils Jean Comnene lui succéde, & régne 24 ans & 7 mois.
	Le Roi de France fait la paix avec celui d'Angleterre.
1120.	Le Pape Calixte passe en Italie, & entre dans Rome d'une maniére triomphante.
	Institution de l'Ordre des Prémontrés, par Saint Norbert.
	Les fils de Henri, Roi d'Angleterre, & un grand nombre de Seigneurs sont battus de la tempête, & sont tous noyés, en sortant de Harfleur pour retourner en Angleterre.
1121.	L'Antipape Burdin est pris à Surry, & confiné dans un Monaftére de Cave, où il passe le reste de ses jours dans une pénitence forcée.
1122.	L'Empereur Henri s'accommode avec le Pape par la médiation de Lambert, Cardinal Evêque d'Ostie; ce qui mit fin à la contestation des investitures, qui duroit depuis plus de 50 ans. Le Pape fait afficher dans la suite les clauses de cet accommodement dans l'Eglise de Latran.
1123.	On tient le premier CONCILE GENERAL DE LATRAN pendant le mois de Mars, qui confirme le Traité fait entre le Pape & l'Empereur sur les investitures.
1124.	L'Empereur Henri vient en France avec une nombreuse armée. Loüis le Gros marche avec 200000 hommes contre Henri, qui se retire aussi-tôt. C'est en cette occasion que Loüis alla porter l'Oriflâme à Saint-Denys, où il rendit graces à Dieu de sa victoire. Il est le premier de nos Rois qui ait fait cette cérémonie.
1125.	L'Empereur Henri meurt à Utrecht le 23 Mai, sans enfans mâles, après avoir régné 18 ans 9 mois & 15 jours. On l'enterre à Spire. Les principaux Seigneurs s'assemblent à Mayence, où ils élisent, le 29 Août, pour Empereur Lothaire, Duc de Saxe, qui est couronné à Aix-la-Chapelle le 13 Septembre. Conrad & Fréderic, neveux de l'Empereur Henri V. veulent s'emparer de l'Empire, & font la guerre à Lothaire; ils sont excommuniés du Pape.
	La peste ravage l'Allemagne.
1126.	L'Empereur Lothaire assemble une armée, & marche contre ceux qui s'étoient révoltés. Il vient en Italie, & se fait couronner à Milan.
1127.	Le Pape déclare la guerre à Roger, Duc de Sicile, qui vouloit joüir des Duchés de Calabre & de la Poüille sans l'aveu du Saint Siége.
	Les Evêques de la Province de Sens, ayant mis les terres de Loüis le Gros en interdit, parce qu'il persécutoit Etienne, Evê-

Depuis J. C.	Evêque de Paris, ce Prince a recours au Pape Honoré, & obtient qne cet interdit soit levé.
1128.	Le Pape excommunie Roger, Duc de Sicile. Etienne, Abbé de Saint Jean de Chartres, est fait Patriarche de Jerusalem.
	Henri, Roi d'Angleterre, vient en France, & empêche Louïs le Gros de prêter du secours à Guillaume, Comte de Flandres.
	Lothaire prend Spire & Ulm.
1129.	Louïs le Gros fait couronner à Rheims Philippe, son fils aîné, le 14 Avril.
	Henri I. Roi d'Angleterre, le reçoit à Chartres & le reconnoît.
1131.	Entrevûe du Pape Innocent & de l'Empereur Lothaire à Liége. L'Empereur propose au Pape le rétablissement des investitures. Saint Bernard s'y oppose, & persuade à l'Empereur de ne pas insister sur cette demande. Le Pape visite les Abbayes de Cluny & de Clairvaux.
	Le jeune Roi Philippe, âgé de 14, ou 15 ans, meurt d'une chûte de cheval. Louïs le Gros fait couronner à Rheims par Innocent II. Louïs, son second fils.
1132.	Lothaire rétablit le Pape Innocent dans Rome. Dès que ce Prince en est parti pour retourner en Allemagne, l'Antipape Anaclet contraint Innocent de se retirer une seconde fois à Pise.
1133.	Lothaire revient en Allemagne, & fait grace à Frideric & à Conrad qui s'étoient révoltés.
1135.	Roger, Duc de Sicile, s'empare de Benevent & de Capoüe, qui appartenoient au Saint Siége.
	Henri I. Roi d'Angleterre, meurt le 1 Décembre, après avoir regné 35 ans 3 mois, n'ayant point d'enfans mâles. Etienne, Comte de Boulogne, fils d'Adelle sa sœur, se saisit du Royaume d'Angleterre, & dispute la Normandie à Mathilde, fille de ce Prince.
1136.	On commence à bâtir le Pont de Ratisbonne, qui n'est achevé que dix ans après.
1137.	Louïs le Gros meurt à Paris, le 1 Août, âgé d'environ 60 ans, dont il en avoit régné près de 30. Son fils Louïs VII. ou le Jeune, lui succéde.
1138.	L'Empereur Lothaire meurt dans une chaumiére, près de Trente, le 1 Décembre.
	Le Roi de France donne la Normandie à Eustache, fils d'Etienne, Roi d'Angleterre.
1139.	Le Pape Innocent, faisant la guerre à Roger, Roi de Sicile, qui s'étoit emparé de la Poüille, est pris prisonnier par ce Prince, & obligé par un accommodement de lui confirmer la donation qu'Honoré II. lui avoit faite du Royaume de Sicile, du Duché de la Poüille & de la Principauté de Capoüe, avec le titre de Roi.
	Conrad, Duc de Franconie, est proclamé Roi de Germanie.

Pier-

Depuis J. C.	
1140.	Pierre Abelard, accusé d'erreur, compose son Aplogie. On tient un Concile à Sens, où Saint Bernard le fait condamner. Il appelle de cette condamnation au Pape, & se retire dans le Monastére de Cluny.
1141.	Pierre de la Châtre, ayant été élû Archevêque de Bourges, & consacré par le Pape, sans attendre le consentement de Louïs le Jeune, ce Prince, irrité de cette élection, fait une cruelle guerre à Thibaud, Comte de Champagne, pour avoir retiré chez lui l'Archevêque de Bourges. Le Pape jette un Interdit sur le Royaume de France. Louïs reconnoît l'Archevêque de Bourges, & l'Interdit est levé.
1144.	Le Pape Luce II. fait une tréve avec Roger, Roi de Sicile, & implore le secours de l'Empereur Conrad contre les Romains révoltés, qui avoient élû un Patrice. Saint Bernard négocie une paix entre le Roi de France & le Comte de Champagne. Le Pape Luce confirme la Primatie de l'Eglise de Tolede sur toutes les Eglises d'Espagne.
1145.	Eugene III. Pape exhorte les Chrétiens à la Croisade, confirme les Priviléges accordés aux Croisés par Urbain II. & ordonne à Saint Bernard de prêcher la Croisade.
1146.	Samson, Archevêque de Rheims, fait la cérémonie du couronnement du Roi Louïs à Bourges dans les fêtes de Noël. Pierre de la Châtre, qui en étoit Archevêque, prétend que ce droit lui appartient dans son Eglise; il en porte ses plaintes au Pape Eugene, qui prive Samson de l'usage du *Pallium*. Un Moine, nommé Raoul, prêche aux Croisés qu'avant de partir pour la Terre Sainte, ils devoient tuer tous les Juifs, qui étoient plus ennemis de Jesus-Christ que les Mahometans. Saint Bernard prêche la Croisade, & exhorte les Chrétiens de France & de Baviére de ne pas faire mourir les Juifs. On tient une assemblée à Vezelay, où Louïs, sa femme & un grand nombre de Seigneurs viennent prendre la Croix des mains de Saint Bernard.
1147.	Louïs le Jeune fait assembler les principaux Seigneurs de son Royaume, le Dimanche de la Septuagésime, touchant l'expédition de la Terre Sainte. La Régence du Royaume de France est donnée à Suger, Abbé de Saint-Denys. Le Pape vient en France vers la fin du Carême, & oblige les Eglises à contribuer pour les frais de la guerre que le Roi alloit faire dans la Palestine. L'Empereur Conrad se met en chemin pour la Terre Sainte, dans le mois de Mai, avec une armée de plus de 100000 combattans, parmi lesquels il y avoit 70000 Cuirassiers. Il arrive heureusement à Constantinople, qui étoit le Rendez-vous général. Le Roi de France s'y rend au commencement d'Octobre. L'Empereur Manuel vient au-devant de lui, & lui fait tout l'accueil imaginable. Peu de jours après, il suscite plusieurs traverses à l'armée de ce Prince & à celle de Conrad, soit en leur refusant, ou

Depuis J. C.	retardant les vivres, soit en empoisonnant le pain avec du plâtre & de la chaux qu'il fait mêler dans la farine qu'il fourniffoit, foit en donnant des guides infidéles qui livrérent l'armée de Conrad aux Mufulmans, à qui Manuel fe joignit avec fes troupes, & les avertit fidélement de toutes les démarches des Chrétiens. Les Infidéles tuerent & pillerent prefque tout le corps d'armée de Conrad, qui fut obligé de prendre la fuite au mois de Novembre, & de venir trouver Louïs, Roi de France, qu'il accompagna jufqu'à Ephefe, d'où cet Empereur retourna par mer à Conftantinople. Les Anglois, les Lorrains & les Flamands équipent une flotte de près de 200 Vaiffeaux contre les Sarrafins qui ravageoient la Galice.
1148.	Conrad, qui étoit refté à Conftantinople jufqu'au printems, en part & arrive à Jerufalem. Louïs force le camp des Infidéles au paffage du Méandre, fait un grand nombre de prifonniers & un très riche butin. L'imprudence de Geoffroi de Rançon eft caufe qu'une partie de l'armée Françoife eft taillée en piéces. Cette défaite fut fuivie d'une difette fi confidérable, que l'on fut obligé de fe nourrir de la chair des chevaux. Ce Roi & plufieurs Seigneurs font contraints d'aller par mer à Antioche. Louïs arrive enfin à Jerufalem, où il eft reçû avec toute forte d'honneurs. On tient une affemblée fur les affaires des Chrétiens, où Conrad, le Roi de France, celui de Jerufalem & tous les Seigneurs de la fuite de ces trois Princes affiftérent. On y réfolut le fiége de Damas, mais comme il traînoit en longueur, que les troupes diminuoient chaque jour, que la rareté & la cherté des vivres augmentoient, on réfolut de le lever. Conrad revient à Conftantinople, d'où il repaffe en Allemagne. Louïs part de Syrie, débarque en Calabre fur la fin de Juillet, vient à Rome & arrive en France, après avoir perdu plus de 100000 hommes par la malice des Grecs, par l'ignorance des chemins, & par la difette des vivres.
1149.	Mort de Louïs, le premier des Landgraves de Thuringe. Louïs fon fils, gendre de Conrad, lui fuccéde dans cette dignité.
1150.	Louïs, Roi de France, répudie Eléonore de Guyenne, fa femme, qu'il avoit époufée en 1137. Pierre Lombard, furnommé le Maître des Sentences, eft élû Evêque de Paris.
1151.	Gratian, Moine, acheve fa Collection des Canons.
1152.	Conrad meurt à Bamberg le 15 Février. Les principaux Seigneurs Allemands s'affemblent à Francfort, & élifent, le 4 Mars, Frideric I. furnommé Barberouffe, à caufe de fa couleur. Louïs, Roi de France, époufe Conftance Elizabeth, fille d'Alphonfe, Roi de Caftille.
1154.	Etienne, Roi d'Angleterre, étant mort, Henri II. Duc de Normandie, lui fuccéde.

Fri-

DE L'HISTOIRE MODERNE.

Depuis J. C.	
1155.	Frideric Barberouffe vient en Italie, & appaife les troubles qui étoient à Milan.
Arnaud de Breffe excite du trouble dans Rome contre le Pape Anaftafe, qui met cette Ville en Interdit, jufqu'à ce que les Romains ayent chaffé cet Hérétique & fes Sectateurs. Ceux-ci font obligés de fe fauver en Tofcane, où ils font bien reçûs du peuple. Mais quelque tems après, Arnaud eft pris prifonnier, & livré au Préfet de Rome, qui le fait brûler & jetter fes cendres dans le Tybre, de crainte que le peuple n'honorât fes Reliques.
1156.	Le Pape excommunie Guillaume, Roi de Sicile, qui n'avoit pas voulu recevoir fes Lettres, parce qu'il ne lui donnoit pas le nom de Roi, & qu'il s'étoit emparé de quelques terres du Saint Siége.
Frideric eft couronné Empereur par le Pape.
Le Pape fait la paix avec Guillaume, qui obtient le titre de Roi des deux Siciles.
L'Empereur, choqué d'une lettre que le Pape lui avoit écrite, chaffe de fes Etats les deux Légats qui la lui avoient apportée, fait défenfe à tous fes Sujets d'aller à Rome, & met des Gardes fur les frontiéres pour ceux qui y voudroient aller. Le Pape donne une explication aux termes de fa lettre, & fe plaint du procédé de l'Empereur.
1157.	Frideric paffe l'Oder, & vient en Pologne au mois d'Août. Les Polonois demandent la paix à cet Empereur, & l'obtiennent.
1158.	Frideric tient une affemblée à Ratifbonne, dans laquelle Ladiflas, Duc de Bohême, eft créé Roi. Frideric vient en Italie, réprime les Milanois, affiége Milan & fait grace aux Habitans de cette Ville, à la priére des principaux Seigneurs.
1159.	Le Pape Anaftafe, n'ayant pû porter les Milanois à fe révolter contre l'Empereur, excommunie ce Prince. Une mouche étant entrée dans la bouche du Pape lorfqu'il bûvoit, il meurt le premier Septembre. Il arrive de grandes conteftations pour l'élection de fon fucceffeur. Le plus grand nombre des Cardinaux élit Alexandre III. Octavien eft élû Antipape, fous le nom de Victor IV. Les Rois de France & d'Angleterre prennent le parti d'Alexandre, l'Empereur & le Clergé de Rome fe déclarent pour Victor. L'un & l'autre s'adreffent à Frideric pour être maintenus. Cet Empereur ordonne qu'ils viendront à Pavie, pour y être jugés par un Concile.
1160.	Naiffance de Saint Jean de Matha, Fondateur de l'Ordre des Trinitaires, ou Mathurins.
Michel de Theffalonique, condamné pour l'Héréfie de Bogomiles, fe rétracte & fait une confeffion de Foi.
1161.	Louis le Jeune époufe Alix, fille de Thibaud, Comte de Champagne.
1162.	Le Pape Alexandre, qui s'étoit réfugié fur les terres de Guillaume, Roi de Sicile, paffe en France, y arrive vers les fê-

Depuis J. C.	tes de Pâque, & y eft reçû par les Rois de France & d'Angleterre, qui vont au-devant de lui. L'Empereur propofe une conference à Avignon pour remédier au Schifme. Le Roi de France s'y rend, mais elle eft rompue, le Pape Alexandre n'ayant pas voulu s'y trouver. L'Empereur, irrité de ce que le Roi de France ne l'y avoit pas conduit, & s'appuyant fur fes forces, médite de le faire prifonnier; mais le Roi eft tiré de cet embarras par l'armée que le Roi d'Angleterre fit avancer de ce côté-là pour le dégager. L'Empereur Frideric fe rend maître de Milan le 1 Mars, chaffe tous les Habitans de cette Ville, en fait abattre les murs, & brûler tous les édifices, à l'exception des Eglifes.
1163.	Frideric écrit aux Polonois qu'ils ayent à reftituer aux fils de Ladiflas les biens paternels qui leur appartiennent. On partage la Siléfie en trois portions, que l'on donne à chacun des fils du feu Roi de Pologne. Frideric, ayant appris que l'on avoit fait mourir dans un Monaftére de Mayence Jacques, Archevêque de cette Ville, en fait rafer les fortifications, & révoque tous les priviléges des Habitans. Mayence refte en cet état pendant plus de 36 ans, jufqu'à Othon IV. qui la fait réparer.
1164.	Mort de l'Antipape à Lucques, au commencement d'Avril. Ceux de fon parti élifent Guy de Crême, qui prend le nom de Pafchal III. Affemblée de Clarendon en Angleterre au mois de Janvier, dans laquelle Saint Thomas de Cantorbery refufe d'abord d'approuver les coutumes du Royaume d'Angleterre. Il paffe en France, où Louïs l'honore de fa protection. Le Roi d'Angleterre depute au Pape pour le prier de donner la qualité de Légat en Angleterre à l'Archevêque d'Yorck. Le Pape la lui accorde, à condition que ce Légat n'auroit point de Jurifdiction fur l'Archevêque de Cantorbery, & que les Evêques continueroient à reconnoître celui-ci pour Primat.
1165.	Alexandre repaffe en Italie, & fait fon entrée dans Rome au mois de Novembre. Naiffance de Philippe Augufte, Roi de France, & de Henri, fils de l'Empereur Frideric Barberouffe.
1166.	L'Empereur Frideric paffe en Italie avec une armée pour mettre l'Antipape Pafchal en poffeffion du Saint Siége. Au mois d'Octobre, Thomas de Cantorbery eft fait Légat du Saint Siége en Angleterre. En cette qualité, il condamne & caffe les coutumes qui avoient été publiées à Clarendon, excommunie tous ceux qui les obferveroient, ou feroient obferver, & menace d'Anathême le Roi d'Angleterre. Les Vénitiens équipent une flote, & s'emparent de l'Ifle de Chio.
1167.	L'Empereur Frideric défait plus de 12000 Romains, & s'empare de Rome. Alexandre eft obligé de prendre la fuite. La ma-

Depuis J. C.	maladie qui se met dans l'armée de Frideric, l'oblige de se retirer en Lombardie.
Jean d'Oxfort, député à Rome de la part du Roi d'Angleterre, obtient du Pape qu'il enverra deux Légats pour terminer l'affaire de l'Archevêque de Cantobery, & fait suspendre l'autorité de cet Archevêque jusqu'à l'arrivée des deux Légats.
1168.	Les Italiens reconnoissent le Pape Alexandre, chassent les Evêques Schismatiques, & se révoltent contre l'Empereur.
Saint Thomas refuse pour Juges les Légats que le Pape avoit nommés, & les fait révoquer. L'assemblée que l'on tient à Gisors, à ce sujet, au mois de Novembre, se sépare, sans rien conclure.
1169.	Le Pape Alexandre vient à Rome. Les Romains ne veulent le recevoir qu'à condition qu'il fera abattre les murs de Frescati qu'il avoit fait fortifier. Le Pape satisfait à cette clause ; mais les Romains lui ayant manqué de parole, il fait fortifier Frescati, & retourne à Benevent.
L'Empereur est défait par les Milanois, & se sauve avec peine en Allemagne.
Entrevûe des Rois de France & d'Angleterre à Saint-Denys touchant l'affaire de Saint Thomas de Cantorbery, où l'on ne convient de rien. Le Roi d'Angleterre fait couronner son fils Henri à Westminster par l'Archevêque d'Yorck, au préjudice de l'Archevêque de Cantorbery, à qui ce droit appartenoit. Ce Prince demande deux autres Légats à la place des précédens. Ils lui sont accordés ; mais leur Légation n'a aucun succès. Le Pape révoque la suspension de l'autorité de l'Archevêque de Cantorbery, & interdit l'Archevêque d'Yorck, & les Evêques qui avoient assisté au couronnement du fils du Roi d'Angleterre.
1170.	L'Antipape Paschal meurt. Ceux de son parti lui substituent Jean, Abbé de Sturme, sous le nom de Calixte III.
Entrevûe des Rois de France & d'Angleterre, qui font la paix à Saint-Germain-en-Laye. Rotrou, Archevêque de Roüen, & Bernard, Evêque de Nevers, sont envoyés par le Pape vers le Roi d'Angleterre, avec ordre de mettre son Royaume en Interdit, s'il ne veut se réconcilier avec l'Archevêque de Cantorbery, & donner la paix à l'Eglise. Ce Prince se rend à leurs remontrances, & les prie de travailler à cet accommodement, qui est enfin terminé. Saint Thomas retourne à Cantorbery. Il n'y est pas plûtôt arrivé, qu'il est martyrisé dans son Eglise au pied de l'Autel, où cet Evêque célébroit l'Office divin le 29 Décembre, âgé de 53 ans.
Naissance de Saint Dominique, Fondateur de l'Ordre des Freres Prêcheurs à Calarvega, dans le Diocése d'Osma en Castille.
Manuel Comnene fait proposer au Pape la réunion de l'Eglise Grecque avec la Latine, en cas qu'il veuille le cou-

Depuis J. C.	ronner Empereur d'Occident. Le Pape le refuse, & cet Empereur envoye Theorianus en Armenie pour le même sujet; il y gagne le Patriarche des Arméniens.
1171.	Le Roi d'Angleterre députe à Rome pour s'y justifier touchant le meurtre de Saint Thomas de Cantorbery. Le Pape lui envoye deux Legats; sçavoir, le Cardinal Albert & le Cardinal Théodore, pour l'obliger de faire satisfaction à l'Eglise, & excommunie les meurtriers. Le Roi se soumet à la pénitence que lui imposent les Légats, casse les coutumes publiées à Clarendon, & reçoit enfin l'absolution à la porte de l'Eglise. Les assassins de Saint Thomas de Cantorbery vont à Rome pour s'y faire absoudre. Le Pape leur ordonne d'aller à Jerusalem. L'un d'eux meurt en chemin, deux autres y passent le reste de leur vie en pénitence, enfermés dans un lieu, appellé Mocenigo.
1172.	Saint Thomas de Cantorbery est canonisé le Mercredi des Cendres par le Pape Alexandre III.
1173.	Le jeune Roi d'Angleterre se révolte contre son pere, qui est obligé d'aller au Tombeau de Saint Thomas de Cantorbery pour implorer son assistance. La Ville de Catane, & plus de 15000 personnes sont englouties par un tremblement de terre.
1174.	Canonisation de Saint Bernard, le 18 Janvier. Henri, Roi d'Angleterre, continue de persécuter son pere, avec lequel le Roi de France l'oblige de se réconcilier.
1175.	L'Empereur Frideric fait la guerre en Italie. Le Pape approuve l'institution de l'Ordre des Chevaliers de Saint Jacques en Espagne, & de celui des Religieux de Saint Sauveur.
1176.	L'armée de l'Empereur Frideric est entiérement défaite par les Milanois. Ce Prince est obligé d'envoyer des Ambassadeurs au Pape Alexandre pour faire la paix. Ce Pape approuve l'établissement & les Régles de l'Ordre des Chartreux.
1177.	Frideric fait la guerre aux Vénitiens; il est prisonnier, & obtient une entrevûe du Pape Alexandre, au mois de Juillet. Ce Prince demande l'absolution au Pape, & la reçoit devant les portes de l'Eglise Saint Marc à Venise. Le Pape retourne à Rome, & l'Empereur en Allemagne avec des conditions de paix peu avantageuses.
1178.	Le Pape envoye un Légat à un Roi des Indes, vulgairement appellé le Prêtre Jean. Hanovre, qui jusqu'ici n'avoit été qu'un village, obtient les priviléges des Villes. Le Pape est rappellé d'Anagnia à Rome par le Clergé, par le Sénat & par le Peuple Romain. On découvre à Toulouse un grand nombre d'Hérétiques, qui sont excommuniés, & bannis du pays par le Légat du Pape, assisté de quelques Evéques. Ils se retirent dans l'Albigeois, où Roger, Comte d'Albi, les protege & se sert d'eux

DE L'HISTOIRE MODERNE. 151

Depuis J. C.

d'eux pour tenir l'Evêque de cette Ville en prison. C'est de-là que ces Hérétiques ont porté le nom d'Albigeois.

L'Antipape Calixte obtient son pardon, & se jette aux pieds du Pape.

1179. Le 2 Mars commence le CONCILE III. GE'N'ERAL DE LATRAN, composé de plus de 310 Evêques, qui condamnent les Hérétiques d'Albi, à qui ils donnent le nom de Cathares, Patariens, Publicains, & plusieurs autres noms. Guillaume, Archevêque de Tyr, assiste à ce Concile, & en rédige les Actes.

Louïs VII. Roi de France, passe en Angleterre pour y révérer le Tombeau de Saint Thomas de Cantorbery. Ce Prince débarque à Douvres le 22 Août, arrive le lendemain à Cantorbery, & s'embarque pour repasser en France dès le 26 du même mois. Il fait sacrer & couronner à Rheims son fils Philippe, le jour de la fête de tous les Saints.

1180. L'Empereur Manuel meurt le 6 Octobre, après avoir gouverné l'Empire d'Orient pendant 37 ans & 5 mois. Alexis Comnene lui succéde.

Louïs VII. Roi de France, meurt de paralysie à Paris le 18 Septembre, dans la 60 année de son âge, & la 43 de son régne. Il fut enterré dans l'Abbaye de Barbeaux, ou Sain Port (*Sanus Portus*), qu'il avoit fondée auprès de Melun. Son fils Philippe lui succéde.

1181. Henri, Evêque d'Albi, ayant assemblé des troupes, va en Gascogne pour en chasser les Hérétiques Publicains qui s'étoient rendus maîtres de plusieurs châteaux. Ils feignent d'abjurer leurs erreurs, & commencent à les enseigner tout de nouveau.

1182. Naissance de Saint François, Patriarche des Freres Mineurs, à Assise, Ville d'Ombrie en Italie.

1183. C'est à ce tems qu'il faut rapporter la Ligue des Pacifiques, composée de plusieurs Seigneurs, qui exterminérent les Barbançons.

Henri, le plus jeune des trois fils du Roi d'Angleterre, meurt.

Andronic Comnene fait étrangler Alexis, Empereur d'Orient, & s'empare de l'Empire.

Les Habitans du Berry tuent plus de 7000 Albigeois.

1184. Guillaume, Roi de Sicile, prend plusieurs places sur les Grecs. Les Sarrasins viennent d'Afrique en Espagne avec une nombreuse armée. Ils sont repoussés par les Habitans du pays.

1185. Contestation entre le Pape Urbain & l'Empereur Frideric touchant les terres, laissées par la Princesse Mathilde à l'Eglise de Rome, sur la dépouille des Evêques après leur mort, que l'Empereur prétendoit lui appartenir, & sur les taxes que l'on faisoit payer aux Abbesses. Frideric, de l'aveu des Princes Allemands, fait déclarer son fils Roi des Romains.

K 4

Isaac

Depuis J. C. 1186.	Isaac l'Ange tue Andronic, & s'empare de l'Empire. Les Anglois s'emparent de l'Irlande. Les Habitans de la Livonie embrassent la Religion Chrétienne. Frideric fait épouser à son fils, Constance, fille de Roger Roi de Sicile, qui lui donne en dot la Sicile, la Calabre & la Poüille. On tient une assemblée à Geinlenheusem, dans laquelle on écrit au Pape touchant les prétentions de l'Empereur. Le Pape, peu content de cette Lettre, veut excommunier l'Empereur. Les Habitans de Verone le supplient de ne le pas faire.
1187.	Le Pape sort de Verone, dans le dessein d'excommunier l'Empereur; mais il meurt le 17 Octobre, avant que de le faire. Gregoire VIII. lui succéde. Il exhorte tous les Fidéles à aller au secours de la Terre Sainte, leur ordonne de jeûner pendant 5 ans tous les Vendredis de l'Avent, de s'abstenir de viande tous les Mercredis & Samedis, & meurt au mois de Décembre. La Ville de Jerusalem est prise le 3 Octobre par Saladin, Roi de Syrie & d'Egypte. Ainsi finit ce Royaume, après avoir duré 88 ans.
1188.	Philippe, Roi de France, de l'avis des Seigneurs Ecclésiastiques & Séculiers de son Royaume, fait une ordonnance, par laquelle il commande à tous ceux qui ne prendroient point la Croix, de payer une fois la dixme de tous leurs biens, pour subvenir aux frais du voyage qu'il alloit faire en Orient. Il n'y eut que les Bernardins, les Chartreux, les Religieux de Fontevrauld & les Hôpitaux des Lépreux que le Roi exempta de cette taxe, à laquelle on donna le nom de *Dixme Saladine*. Les Hollandois & les Zélandois marchent contre les Sarrasins, & en tuent plus de 60000.
1189.	Henri II. Roi d'Angleterre, meurt à Chinon le 7 Juillet, âgé de 61 ans, après en avoir régné 34, 7 mois & 5 jours. Dès qu'il fut mort, tous ceux qui étoient auprès de lui, abandonnérent son corps, sans songer à l'ensévelir, ne s'occupant qu'à piller tout ce qu'il avoit de plus précieux. Richard son fils lui succéde, se fait couronner au commencement de Septembre, & fait faire des obséques magnifiques à son pere, qu'il fait inhumer à Fontevrauld. Les Rois de France & d'Angleterre partent pour l'expédition de la Terre Sainte. La Reine mere & Guillaume de Champagne, Cardinal Archevêque de Rheims, furent chargés de la Régence du Royaume pendant l'absence du Roi. Guillaume, Evêque d'Eli, & Légat du Pape, est fait Régent du Royaume d'Angleterre, en l'absence de Richard. Les deux armées marchent ensemble jusqu'à Lyon, où elles se séparent pour la commodité des vivres, & s'embarquent pour éviter les difficultés du voyage par terre.

Guil-

Depuis J. C.	Guillaume le Bon, Roi de Sicile, meurt sans enfans. Constance sa tante, femme de Henri, fils de l'Empereur, veut lui succéder ; mais Tancrede, frere naturel de cette Princesse, s'empare du Royaume. L'Empereur Frideric passe en Gréce avec une nombreuse armée, dont une partie périt par la perfidie des Grecs.
1190.	Frideric se rend maître de toute la Cilicie, défait l'armée des Sarrasins ; mais en poursuivant les fuyards, son cheval le jette dans le Fleuve Salphet, d'où on le retire, & il meurt, extrêmement regretté. Son fils Henri VI. lui succéde. Philippe arrive à Messine le 16 Septembre. Richard ne s'y rendit que 8 jours après.
1191.	Henri VI. est couronné Empereur par le Pape Célestin, & sa femme Constance couronnée Impératrice. Philippe s'embarque le 30 Mars, & arrive à Ptolémaïde le 2 Avril. Richard ne s'y rendit que quelque tems après, ayant été retardé par la conquête qu'il fit de l'Isle de Chypre sur les Grecs. Ces deux Rois entreprennent le siége de la Ville d'Acre, qui se rend à composition. Philippe est attaqué d'une maladie, qui lui fit tomber les cheveux, les ongles des pieds & des mains, & toute la peau du corps. Il laisse le commandement des troupes qui restoient en Palestine, à Eudes de Bourgogne, & part le 3 Août pour revenir en France. Il passe par Rome, & arrive à Fontainebleau aux fêtes de Noël. Richard, Roi d'Angleterre, échange avec Guy de Luzignan, à qui il abandonne le Royaume de Chypre, celui de Jerusalem, dont Luzignan étoit Roi, & que Richard esperoit conquérir sur les Infidéles.
1192.	Richard, Roi d'Angleterre, est arrêté prisonnier, en revenant de la Terre Sainte, par Léopold, Duc d'Autriche, & mis entre les mains de l'Empereur Henri VI. qui le retient pendant 14 mois. Pendant ce tems son frere Jean, surnommé Sans Terre, s'empare du Royaume. Le Pape excommunie Henri, parce qu'il retient Richard prisonnier.
1193.	Philippe, Roi de France, épouse, au commencement d'Août, la sœur de Canut VI. Roi de Dannemarc ; mais il s'en sépare quelque tems après, sous prétexte de parenté. Ce Prince s'empare de plusieurs places en Normandie, pendant la prison de Richard.
1194.	Henri VI. prend la Sicile & la Pouille. Richard obtient sa liberté le 2 Février, arrive en Angleterre le 13 Mars, se fait sacrer & couronner de nouveau, passe en Normandie avec une nombreuse flotte, & reprend plusieurs places dont Philippe s'étoit rendu maître.
1195.	Les Sarrasins assemblent une nombreuse armée, & viennent d'Afrique en Espagne, où ils défont Alphonse VIII. Roi de Grenade & de Castille, & tuent plus de 50000 hommes de ses troupes.

Depuis J. C.	Le Roi de France fait la paix avec celui d'Angleterre. Isaac l'Ange est déposé par son frere Alexis l'Ange, qui s'empare de l'Empire.
1196.	L'Empereur Henri passe en Italie avec une puissante armée, & se rend maître de la Sicile, qui lui appartenoit par sa femme. Il traite si cruellement les Siciliens, que cette Princesse, touchée de leurs malheurs, contraint par force son mari de leur accorder une paix favorable. Une guerre civile ravage la Pologne. Au mois de Mars de cette année, le débordement des eaux de la Seine fut si considérable, que Paris & l'Isle de France en furent inondés. Les Historiens assûrent qu'il fut un des plus grands qui ait jamais été.
1197.	Henri VI. envoye en Palestine une armée de 60000 hommes, qui défait les Sarrasins dans plusieurs batailles. Ce Prince meurt à Messine. L'Empire est contesté entre Philippe, frere de Henri, & Othon, Duc de Saxe. Le Pape consent que Frideric, fils de l'Empereur Henri, soit couronné Roi de Sicile, moyennant mille marcs d'argent qui lui seroient donnés, & autant aux Cardinaux.
1198.	Innocent III. envoye en France le Cardinal Pierre de Capoüe, pour négocier la paix entre Philippe & le Roi d'Angleterre. Ces deux Rois ont ensemble une entrevûe, dans laquelle ils ne concluent rien; mais ils choisissent le Cardinal de Capoüe pour leur médiateur. Institution de l'Ordre de la Sainte Trinité pour la rédemption des Captifs, par Saint Jean de Matha. On a donné à cet Ordre le nom de Mathurins en France, à cause du nom d'une Chapelle de Saint Mathurin, que l'on donna à ces Religieux dans la rue Saint Jacques à Paris. Le Cardinal de Capoüe, Légat du Pape, met le Royaume de France en Interdit, & excommunie Philippe, parce qu'il ne vouloit pas reprendre sa femme Batilde qu'il avoit répudiée, ni quitter Marie, fille du Duc d'Aquitaine, qu'il avoit épousée. La publication de cette sentence est remise jusqu'a-près les fêtes de Noël.
1199.	Le Roi d'Angleterre assiége le Château de Chalus, près de Limoges. Ceux qui le défendoient, offrirent de se rendre, pourvû que ce Prince leur accordât la liberté, la vie & leurs armes. Richard ne veut point les écouter, ils se défendent avec vigueur, & un d'entre eux, nommé Gourdon, lui perça le bras d'un coup de fléche, dont Richard mourut le 6 Avril. Jean Sans-Terre lui succéde. Le Roi de France se fait relever de la sentence d'excommunication portée contre lui, en quittant la fille du Duc d'Aquitaine, & en reprenant sa premiére femme. Il ne laisse pas de la répudier quelque tems après.
1200.	Philippe fait la paix avec Jean, Roi d'Angleterre, & marie son fils Louïs, âgé de 13 ans, avec Blanche de Castille.

Fon-

depuis J. C.	Fondation de la Ville de Riga en Livonie.
1201.	Jean, Roi d'Angleterre, répudie Havoife fa femme, & épouse Ifabeau, fille du Duc d'Angoulême; ce qui caufe des brouilleries dans ce Royaume, & engage les Seigneurs à avoir recours à Philippe, qui fait la guerre au Roi d'Angleterre.
	Les deux Prétendans à l'Empire d'Occident ravagent la Thuringe. Le Pape envoye un Légat en Allemagne pour foutenir le parti d'Othon.
1203.	Philippe, Roi de France, affiége Château-Gaillard, à 7 lieuës de Roüen.
	La Ville de Conftantinople eft prife le 10 Juillet par les François & par les Vénitiens, qui chaffent l'Empereur Alexis l'Ange, & tirent de prifon Ifaac l'Ange, qu'ils remettent fur le Thrône avec fon fils Alexis, qui eft couronné le premier Août. Les Habitans de Conftantinople, mécontens d'Ifaac & d'Alexis, proclament Empereur Nicolas Connabe.
1204.	Philippe recommence au mois de Février le fiége de Château-Gaillard que l'hyver avoit fufpendu, & s'en rend maître en trois jours de tems. Il foumet enfuite la Normandie, qui, depuis 292 ans, avoit été cédée par Charles le Simple à Roul, qui en fut le premier Duc.
	L'Empereur Philippe fe fait couronner une feconde fois Roi de Germanie à Aix-la-Chapelle, par Adolphe, Archevêque de Cologne.
	Alexis l'Ange attaque les Latins par les confeils de Murzulphe. Celui-ci fe faifit de Connabe, fe défait d'Alexis, continue la guerre, & prend la fuite. Théodore Lafcaris, gendre d'Alexis l'Ange, eft mis par les Grecs en fa place. Conftantinople eft prife par les Latins, qui élifent pour Empereur Baudoüin, Comte de Flandres, & fe rendent maitres des terres de l'Empire Grec en Europe. Les Princes Grecs fe confervent celles d'Afie, où ils établiffent plufieurs Souverainetés.
	Théodore Lafcaris établit le fiége de fon Empire à Nicée, Ville de Bithynie.
	Les Princes de la Maifon des Comnenes s'emparent de quelques terres; fçavoir, Michel d'une partie de l'Epire; David d'Héraclée, du Pont & de la Paphlagonie; & Alexis fon frere de la Ville de Trébizonde, où il établit un Empire, qui fut toujours féparé de celui de Conftantinople.
1205.	Baudoüin marche contre les Scythes, par qui fon armée eft mife en piéces proche d'Andrinople, & lui pris prifonnier; il meurt en prifon quelque tems après.
	Adolphe, Archevêque de Cologne, eft dépofé par le Légat du Pape, pour avoir couronné Philippe de Soüabe. Brunon eft mis en fa place. Philippe s'empare de Cologne, d'où Ottoneut peine à fe fauver pour paffer en Angleterre.
1206.	Henri, frere de Baudoüin, eft élû Empereur de Conftantinople le 20 Août; il régne 10 ans.
	Etienne de Langton met le Royaume d'Angleterre en Inter-

Depuis J. C.	terdit, parce que le Roi ne vouloit pas le reconnoître pour Archevêque de Cantorbery; ce qu'il fut obligé de faire dans la suite.
1207.	Paix, concule entre Philippe & Otton. L'Empire reste à Philippe, & sa fille est promise en mariage à Otton, qui est déclaré son successeur.
	Adolphe, Archevêque de Cologne, est absous par les Légats, & Brunon mis en liberté.
1208.	Raymond VI. Comte de Toulouse, fait massacrer Pierre de Château-neuf, Moine de Citeaux, qui exerça le premier la fonction d'Inquisiteur. Le Pape, irrité de ce meurtre, leve des troupes, fait excommunier Raymond, & donne ses terres au premier occupant. Raymond demande pardon au Pape, & obtient l'absolution à des conditions humiliantes, pour un Prince.
	L'Empereur Philippe est tué à Bamberg par Othon de Witelpasch. Othon, Duc de Saxe, est élù à Francfort Roi de Germanie en sa place.
	Institution de l'Ordre des Preres Mineurs.
1209.	Othon est couronné Empereur par le Pape Innocent III. Le Peuple Romain se révolte contre Othon.
	Les Croisés, avec une armée de plus de 50000 hommes, sous la conduite du Comte de Montfort, attaquent la Ville de Beziers, s'en rendent maîtres à la fin de Juillet, & y font passer plus de 30000 personnes au fil de l'épée. Quelques Auteurs font monter ce nombre jusqu'à 60000. Les Croisés se rendent maîtres de Carcassone & de plusieurs autres places, occupées par les Hérétiques.
	On tient une assemblée à Wurtzbourg.
	Les Livres de Physique & de Métaphysique d'Aristote, apportés récemment de Constantinople, & traduits en Latin, sont condamnés & brûlés par un Concile de Paris, qui en défend la lecture sous peine d'excommunication.
	La Ville de Lubek est réduite en cendres.
1210.	Othon se venge des Romains par des actes d'hostilité, qui obligent le Pape de l'excommunier & de le déclarer déchû de l'Empire, dans un Concile tenu à Rome.
	Jean, Roi d'Angleterre, exige de grosses contributions des Juifs qui demeuroient dans ses Etats. Quelques-uns ayant refusé de les payer, il leur fait arracher chaque jour une dent, jusqu'à ce qu'ils eussent satisfait à leur taxe.
1211.	Le Pape fait publier en Allemagne la sentence d'excommunication contre l'Empereur Othon, par Sifroi, Archevêque de Mayence.
	On tient une assemblée à Nuremberg, où Frideric II. petit-fils de Frideric Barberousse, est élù Empereur en la place d'Othon.
1212.	Othon revient d'Italie en Allemagne, il ravage la Thuringe, & fait la cérémonie de ses nôces. Frideric II. accourt

en Allemagne avec une armée qui fait fuir Othon. Il passe à Mayence, où il est proclamé Empereur, vient à Aix-la-Chapelle, & y est couronné.

Jean, Roi d'Angleterre, ayant avis que Philippe Auguste équipoit une flotte dans le dessein d'envahir ses États, sollicite son absolution du Pape, à qui il promet de faire relever son Royaume du Saint Siége, & de payer chaque année un tribut de 1000 livres sterlin, outre le denier de Saint Pierre.

213. Philippe, Roi de France, assemble une flotte de 1700 Vaisseaux & une armée de 60000 hommes pour l'expédition d'Angleterre. Ferdinand, Comte de Flandres, ayant manqué de venir joindre l'armée Françoise, le Roi marche contre lui, & prend plusieurs places de ce Comte. Les Anglois viennent à son secours avec une flotte de 500 voiles, qui attaque celle des François, dont ils enlevent plus de 300 Vaisseaux chargés de munitions, en font échoüer plus de 100 autres, & débarquent pour mettre le feu au reste. Le Roi de France, qui faisoit le siége de Gand, accourt, surprend les ennemis, les met en déroute & les oblige de se rembarquer; mais comme il désespéroit de sauver le reste de ses Vaisseaux, après en avoir retiré les munitions & les machines, il y fait mettre le feu, aussi-bien qu'à la Ville de Damme.

Le Roi d'Arragon assiége la Ville de Muret avec une armée de près de 100000 hommes. Le Comte de Montfort entre dans cette Ville pour la défendre; il fait une sortie avec 800, ou 900 Cavaliers, tue le Roi d'Arragon, & défait plus de 20000 hommes de son armée.

214. Le Roi d'Angleterre débarque à la Rochelle au commencement du printems, & se rend maître d'Angers & de plusieurs autres Villes. Philippe marche contre lui, & l'oblige de se retirer. Après cette expédition, Philippe attaque Othon près du village de Bovines en Flandres, & défait l'armée de cet Empereur, composée de plus de 150000 hommes; plus de 30000 restérent sur la place.

Henri, fils d'Alphonse, Roi d'Arragon, succéde à son pere.

Louÿs, fils de Philippe Auguste, en reconnoissance de cette victoire, fonde l'Abbaye de Notre-Dame de la Victoire, près de Senlis.

215. Simon, Comte de Montfort, Général des Croisés contre les Albigeois, prend le titre de Comte de Toulouse, le Comté de ce nom lui étant adjugé par le Concile de Montpellier & par le Pape.

Le Légat du Pape réforme l'Université de Paris, & renouvelle la défense de lire les Livres d'Aristote; mais il permet d'enseigner la Dialectique de ce Philosophe.

Le Pape approuve l'Ordre des Freres Mineurs, qui commence cette année à s'établir à Paris.

Les Dominicains s'établissent aussi dans cette Ville, dans la rue

Depuis J. C.	rue Saint Jacques; ce qui leur a fait donner le nom de Jacobins. IV. CONCILE GE'NE'RAL DE LATRAN, tenu au mois de Novembre. Plus de 400 Evêques, & plus de 1000 Abbés assistent à ce Concile.
1216.	Mort de l'Empereur Othon à Brunswich. Les Barons d'Angleterre se révoltent contre leur Roi. Ce Prince en porte ses plaintes au Pape, qui excommunie les Barons. Ceux-ci élisent pour Roi Louïs, fils de Philippe Auguste. Louïs passe en Angleterre, fait la guerre à Jean Sans-Terre, qui meurt le 17 Octobre, après avoir régné 18 ans, 5 mois & 4 jours. Henri III. son fils lui succéde. Henri, Empereur de Constantinople, meurt le 10 Juin. Pierre de Courtenay, Comte d'Auxerre, qui avoit épousé sa sœur Yolande, est élû en sa place.
1217.	Henri, Roi de Castille, meurt, laissant ses Etats à sa sœur Berengaire, Reine de Léon. Cette Princesse les donne à son fils Ferdinand, qui succéde à son pere Alphonse dans le Royaume de Léon. Pierre de Courtenay est couronné Empereur de Constantinople le 18 Avril, par le Pape Honoré III. dans un fauxbourg de Rome. Il est pris, en allant à Constantinople, par Théodore Comnene, Prince d'Epire. Sa femme Yolande gouverne l'Empire pendant 3 ans.
1218.	Simon de Montfort, Général des Croisés contre les Albigeois, ayant mis le siége devant Toulouse, y est tué de cinq coups de flèches. Son fils Amaury hérite de ses titres. Théodore Comnene, Prince d'Epire, renonce au Schisme des Grecs pour se réunir à l'Eglise Latine.
1219.	Les Chrétiens passent en Egypte, & assiégent la Ville de Damiette, dont ils se rendent maitres; plus de 80060 Sarrasins sont tués pendant ce siége.
1220.	Frideric, après avoir pacifié tous les troubles d'Allemagne, vient en Italie, & se fait couronner Empereur à Rome par le Pape Honoré. Pierre de Courtenay, Empereur de Constantinople, étant mort, Robert son fils est déclaré Empereur en sa place, & régne 7 ans.
1221.	Frideric fonde l'Université de Padoüe. Ce Prince se brouille avec le Pape, qui l'excommunie. Saint Dominique, Fondateur des Freres Prêcheurs, meurt à Boulogne en Italie le 6 Août, âgé de 51 ans.
1222.	L'Empereur Frideric fait élire son fils Henri Roi de Germanie, dans une assemblée tenue à Wurtzbourg, & se fait couronner à Aix-la-Chapelle. Théodore Lascaris étant mort, Jean Ducas son gendre lui succéde. Les Chrétiens entreprennent imprudemment la guerre contre le Sultan d'Egypte; ils sont défaits, & obligés de rendre Damiette.

DE L'HISTOIRE MODERNE.

Depuis J. C.	Un imposteur, qui se disoit le Messie, & qui montroit des marques à ses mains, à ses pieds & à son côté, comme les cicatrices de la Croix, est condamné dans un Concile que l'on tient à Oxfort, & ensuite brûlé.
1223.	Philippe, Roi de Fance, meurt à Mante le 25 Juillet, âgé d'environ 58 ans, après en avoir régné 43, 8 mois & 14 jours. Son fils Louïs VIII. surnommé le Lion, à cause de sa valeur, lui succéde. Fondation de l'Ordre de Sainte Marie de la Mercy, par Saint Pierre Nolasque, à Barcelone, sous l'autorité de Jacques I. Roi d'Arragon, & par le conseil de Raymond de Pennafort. Frideric vient en Italie pour faire la guerre au Pape ; mais le Roi de Jerusalem, étant venu à Rome solliciter du secours, ménage un accommodement entre cet Empereur & le Pape. Ce Roi épouse Yolande, veuve de Pierre de Courtenay, passe en France & en Angleterre pour engager les Rois à lui envoyer du secours contre les Infidéles.
1224.	Mort d'Alphonse, Roi de Portugal ; son fils Sanche II. lui succéde. Son frere Alphonse est déclaré Régent. Raymond, Comte de Toulouse, étant mort, son fils de même nom lui succéde, se soumet à l'Eglise Romaine ; & fait sa paix dans le Concile que l'on tient à Montpellier. Louïs VIII. Roi de France, entre dans le Poitou, y gagne une bataille sur les Anglois, & se rend maître de toutes les places que cette Nation possédoit jusqu'à la Garonne. Ensuite il assiége & prend la Rochelle.
1226.	Dès le mois de Février le Roi de France, & un grand nombre de Prélats & de Seigneurs se liguent contre les Albigeois, & prennent la Croix des mains du Légat. La Ville d'Avignon, ayant refusé de laisser passer l'armée, est assiégée, & se rend après trois mois de siége. Louïs, Roi de France, en fait abattre les murailles & combler les fossés. La santé de ce Prince s'affoiblissant chaque jour, il prend le parti de revenir à Paris, & meurt au Château de Montpensier, au commencement de Novembre, âgé de près de 40 ans, 3 mois & 24 jours. Son fils Louïs IX. dit le Saint, âgé de 11 ans & 6 mois, lui succéde, sous la tutelle de la Reine Blanche sa mere. Louïs est couronné à Rheims par l'Evêque de Soissons, le 1 Décembre. Raymond, Comte de Toulouse, est excommunié dans un Concile que l'on tient à Paris, & ses terres sont données à Louïs, Roi de France & à ses successeurs, auquel Amaury, Comte de Montfort, avoit cédé ses droits. Mort de Saint François d'Assise, le 4 Octobre, âgé de 45 ans.
1227.	Gregoire IX. renouvelle l'excommunication portée contre Frideric, parce qu'il n'étoit point allé en Syrie avec les Croisés. Cet Empereur fait publier des manifestes contre le Pape & contre les Cardinaux.

Ray

Depuis J. C.	Raymond, Comte de Toulouse, & les Habitans de cette Ville sont de nouveau excommuniés dans un Concile, tenu à Narbonne pendant le Carême. Assemblée d'Aix-la-Chapelle, tenue au commencement de l'année, dans laquelle le voyage de l'Empereur & des Croisés pour la Terre Sainte est résolu.
1228.	Frideric passe en Syrie, Le Roi de Jerusalem lui dresse plusieurs embuches. Le Pape s'empare de plusieurs Villes de la Poüille pendant l'absence de Frideric. Les Romains chassent de Rome le Pape, qui se retire à Viterbe. Mort de Robert, Empereur de Constantinople. Son frere Baudoüin II. lui succéde.
1229.	Frideric fait un traité avec le Sultan, & se fait couronner Roi de Jerusalem le 18 Mars. Il revient en Italie, & reprend les Villes qui lui avoient été enlevées en son absence. Théodore Comnene s'étant rendu maître de Thessalonique, & ayant pris le titre d'Empereur de Constantinople, est excommunié par le Pape. L'Université de Paris, ne pouvant avoir justice de la mort de quelques-uns de ses écoliers tués par des soldats, cesse les leçons publiques, & se retire en partie à Rheims, & en partie à Angers. Les Dominicains profitent de cette absence pour se faire graduer, & obtiennent la permission d'enseigner; ce qui est cause des différends qu'ils ont dans la suite avec l'Université.
1230.	Frideric est absous par le Pape, & se réconcilie avec lui à Anagnia. Mort d'Alphonse, Roi de Léon. Il laisse son Royaume à ses deux filles; mais son fils Ferdinand, qui étoit Roi de Castille, s'en empare.
1231.	Frideric, se défiant de son fils Henri, le relégue en Sicile. Le Pape Gregoire renouvelle la défense de lire les Livres d'Aristote, jusqu'à ce qu'ils fussent corrigés.
1233.	Le Pape écrit à Germain, Patriarche de Constantinople, pour la réunion des deux Eglises, & lui envoye des Légats. L'Université de Paris est rétablie & réformée. Elle fait, quelque tems après, un Décret pour empêcher les Réguliers d'avoir plus d'une Chaire de Théologie à Paris. Statuts de Raymond, Comte de Toulouse, contre les Albigeois, ordonnés par le Concile de Melun de l'année précédente, & publiés le 14 Février de cette année.
1234.	Les Statindgs, Hérétiques d'Allemagne, s'étant attroupés contre les Catholiques, sont défaits & taillés en piéces par les troupes de l'Archevêque de Brême, du Duc de Brabant & du Comte de Hollande, qui exterminent entierement cette Secte. Saint Loüis, âgé de 20 ans, épouse Marguerite, fille de Raymond Berenger, Comte de Provence. La solemnité du mariage se fait à Sens le 27 Mai.

Guer-

Depuis J. C. 1235.	Guerre de Frideric en Lombardie. Son fils Henri fe ligue contre lui avec les Villes de Lombardie. Frideric le fait arrêter & dépofer, & le relégue dans la Poüille, où il meurt en prifon l'année fuivante.
1236.	Conrad, fecond fils de Frideric, eft élû Roi de Germanie, après la mort de fon frere.
1237.	Frideric paffe en Italie, où il reprend prefque toutes les Villes de Lombardie.
	Baudoüin vient en Occident demander du fecours contre l'Empereur des Grecs.
1238.	Frideric eft excommunié & dépofé par le Pape, qui offre l'Empire à Robert, frere de Saint Louïs, qui le refufe.
	La Faculté de Théologie de Paris condamne la pluralité des Bénéfices.
	Quelques Carmes paffent d'Orient en Occident, où ils s'établiffent.
	Frideric jette les premiers fondemens de l'Univerfité de Vienne en Autriche.
1239.	Guerre entre les Guelphes & les Gibelins, qui défolent l'Italie. Fridéric campe devant Rome; il eft repouffé. Le Pape forme une ligue contre lui, & s'empare de Ferrare.
	Gautier Cornu, Archevêque de Sens, & Bernard, Evêque d'Annecy, vont recevoir, par ordre du Roi Saint Louïs, la Couronne d'Epines de Notre-Seigneur, que ce Prince avoit retirée des mains des Vénitiens, auxquels elle avoit été engagée par Baudoüin II. Empereur de Conftantinople.
1241.	Frideric prend un Château de Campanie, où il y avoit des parens du Pape Gregoire, qu'il fait pendre.
1244.	Il naît un fils à Saint Louïs, à qui on donne le nom de fon pere.
	Le Pape fe retire en France, & indique un Concile à Lyon.
1245.	Tenue du I. CONCILE GENERAL DE LYON le 26 Juin, dans lequel l'Empereur Frideric eft dépofé & excommunié. En conféquence, les Allemands élifent pour Roi des Romains Henri VIII. Landgrave de Heffe & de Thuringe. Le Pape leve des taxes fur le Clergé, & on donne l'argent à Henri pour faire la guerre à Frideric.
1246.	Henri VIII. qui avoit été élû Roi des Romains, meurt le 6 Février; on élit en fa place Guillaume, Comte de Hollande. L'Empereur demande inutilement d'être abfous, le Pape le refufe.
	Pierre des Vignes, accufé d'avoir voulu empoifonner Frideric, a les yeux crevés, & eft mis en prifon à Capoüe.
1247.	L'Empereur Frideric affiége & prend la Ville de Parme qui s'étoit révoltée.
1248.	Guillaume, Comte de Hollande, fe rend maître d'Aix-la-Chapelle, & s'y fait couronner.
	Saint Louïs part le 25 Août pour la Terre Sainte, arrive dans l'Ifle de Chypre, le 25 Septembre, & y paffe l'hyver.

II. Volume.   L   Saint

Depuis J. C. 1249. 1250.	Saint Louïs arrive à Damiétte le 4 Juin, & se rend maître de cette Ville. Saint Louïs livre bataille aux Sarrasins, & met toute leur armée en déroute. Peu de jours après, ce Prince est battu par les Sarrasins, qui le font prisonnier. Il obtient des Sarrasins une trêve de 10 ans. L'Empereur Frideric meurt le 13 Décembre; il laisse ses Etats à son fils Conrad. Le Pape néanmoins confirme l'Empire à Guillaume, Comte de Hollande. La Faculté de Théologie de Paris fait une décision, qui porte qu'il n'est pas permis de se confesser à qui que ce soit, sans le consentement du Curé. Les Freres Prêcheurs, n'ayant pas voulu déférer à cette défense, ni se conformer aux Statuts de l'Université, sont exclus de son corps.
1251.	Conrad vient dans la Poüille, & prend possession du Royaume de Sicile. Le Pape revient en Italie, & excommunie Conrad & ses adhérans.
1252.	L'Empereur Conrad est empoisonné; mais il évite la mort par les soins de ses Médecins. Le Pape se rapproche de ce Prince, & offre de l'absoudre, pourvû qu'il épouse une de ses parentes. L'Empereur rejette ces conditions. Mort de Ferdinand, Roi de Léon & de Castillle, le premier Juin. Son fils Alphonse lui succéde. La Reine Blanche, mere de Saint Louïs, meurt à Melun le 26 Novembre, âgée de plus de 65 ans. Fondation du Collége de Sorbonne.
1253.	Lettre circulaire de l'Université de Paris à tous les Evêques du Royaume, pour les engager à la secourir contre les Freres Prêcheurs. L'Empereur Conrad meurt le 22 Mai, ayant été empoisonné par Mainfroi, son frere naturel. Il laisse son fils Conradin héritier de ses Etats. Le Pape veut s'emparer de la Sicile; Mainfroi s'y oppose. Le Pape Innocent défend aux Séculiers de faire aucune fonction Hiérarchique, sans la permission des Ordinaires; ce qui est révoqué par son successeur. Saint Louïs revient de Palestine, & arrive à Vincennes le 5 Septembre.
1255.	Mainfroi défait les troupes du Pape, & se rend maître de la Poüille & de la Sicile. Le Pape Alexandre IV. donne l'investiture de ce Royaume à Edmond, fils du Roi d'Angleterre. Bulles du Pape pour le rétablissement des Freres Prêcheurs dans l'Université de Paris. L'Université écrit au Pape pour l'engager à révoquer cette premiere Bulle, dont le Roi suspend & arrête l'éxécution. Jean Ducas meurt, après avoir régné 33 ans. Son fils Théodore Lascaris lui succéde. Guillaume, Comte de Hollande, meurt au mois de Décembre.

Con-

Depuis J. C. 1256.	Concordat du premier Mars pour terminer les contestations de l'Université de Paris & des Freres Prêcheurs. Le Pape écrit plusieurs Bulles contre ce Concordat, & contre ceux que l'on en croyoit Auteurs. Le Livre, intitulé l'Evangile Éternel, est condamné au feu par le Pape.
1257.	Les Electeurs de l'Empire se trouvant partagés, les uns élisent pour Empereur à Francfort, au mois de Janvier, Richard, frere du Roi d'Angleterre, & les autres élisent ensuite Alphonse, Roi de Castille.
	Sanche II. Roi de Portugal, étant mort, son frere Alphonse III. lui succéde.
1259.	Théodore Lascaris meurt, laissant un fils, nommé Jean, âgé de 6 ans, sous la tutelle d'Arsenius, Patriarche de Constantinople, & de Georges Muzalon ; mais Michel Paléologue, qui descendoit par les femmes d'Alexis Comnene, prend l'autorité en main, & se fait déclarer Régent.
	Le Pape engage plusieurs membres de l'Université de Paris à recevoir les Religieux Mandians.
1260.	Michel Paléologue se fait associer à l'Empire. Il fait déposer Arsenius, & mettre en sa place Nicèphore d'Ephese.
	La Secte des Flagellans commence à s'établir à Peruse.
1261.	Michel Paléologue reprend Constantinople sur les Latins, par l'intelligence des Grecs qui étoient dans la Ville. Ainsi finit l'Empire des Latins à Constantinople, après avoir duré 58 ans.
1262.	Le Pape Urbain investit Charles, Comte d'Anjou, du Royaume de Sicile, moyennant une redevance.
	Michel Paléologue fait crever les yeux à Jean, fils de Théodore Lascaris, & s'empare seul de l'Empire.
1263.	Guerres civiles en Angleterre.
	Plusieurs troubles en Allemagne.
1264.	Institution de la Fête du Saint Sacrement par le Pape Urbain, le 8 Septembre.
1265.	Charles, Comte d'Anjou, est couronné à Rome Roi de Sicile le 28 Juin.
	Simon, Légat du Saint Siége, réforme l'Université de Paris, & confirme le réglement de l'an 1215 touchant les Livres d'Aristote.
1266.	Mainfroi est défait & tué dans une bataille le 26 Février. Charles se rend maître de la Sicile.
1267.	Conradin, fils de Conrad, vient en Italie avec une armée pour reprendre le Royaume de Sicile. Il se rend maître de la Toscane & de la Romagne, & entre dans Rome, où il est proclamé Empereur par le peuple.
1268.	Conradin est défait & pris prisonnier au mois d'Août, par Charles, Roi de Sicile.
1269.	Conradin est exécuté à mort dans la Ville de Naples le 27 Octobre.
1270.	Saint Louis passe en Afrique, où il meurt le 25 Août, âgé de

Depuis J. C. 1271.	de 55 ans & 4 mois, après avoir régné 43 ans 9 mois & 18 jours. Philippe, furnommé le Hardi, lui fuccéde. Philippe le Hardi revient en France, après avoir fait une trêve avec les Afriquains. Richard, qui avoit été élû Empereur, meurt en Angleterre le 2 Avril.

QUATRIÉME EPOQUE
DE L'HISTOIRE MODERNE,
OU
DE L'ERE COMMUNE DE J. C.

Cette Epoque s'étend depuis l'an 1273 que Rodolphe d'Habsbourg fut élévé fur le Trône Impérial, jufqu'en 1589 que la branche Royale de Bourbon fuccéda de droit au Trône des François. Cette Epoque, qui dure 316 ans, eft remplie des plus grands événemens. Le Saint Siége eft tranfporté de Rome à Avignon; ce qui occafionne dans la fuite un Schifme dans l'Eglife. Des Sectes nouvelles l'attaquent jufques dans fes Dogmes. L'Empire d'Orient, prefque anéanti, fe trouve totalement abattu; l'Empire d'Occident ne laiffe pas d'avoir fes troubles domeftiques. La France & quelques autres Royaumes, quoique plus tranquilles, fouffrent auffi quelques agitations.

1273.	RODOLPHE, Comte de Habsbourg, eft élû Empereur au mois d'Octobre, & couronné à Aix-la-Chapelle. Mort de Henri, Roi d'Angleterre, le 21 Novembre. Son fils Edoüard lui fuccéde.
1274.	Affemblée de Nuremberg, où Rodolphe eft reconnu pour Empereur par tous les Princes Allemands, à l'exception d'Ottogar, Roi de Bohême, qui n'avoit pas voulu s'y trouver.
1275.	Henri, furnommé le Gras, Roi de Navarre, meurt à Pampelune le 21 Juillet.
1276.	Rodolphe ayant déclaré la guerre à Ottogar, Roi de Bohême, celui-ci eft obligé par les Princes de l'Empire de céder à Rodolphe l'Autriche & les autres Provinces dont il s'étoit emparé, & de lui prêter ferment.

Mort

DE L'HISTOIRE MODERNE.

Depuis J. C.	Mort de Jacques I. Roi d'Arragon. Son fils Pierre III. lui succéde. La Ville de Lubek est confumée par le feu.
1278.	L'Empereur Rodolphe en vient aux mains contre Ottogar le 27 Août. Ce dernier est tué dans le combat avec plus de 14000 hommes de fon armée. Venceflas fon fils, âgé de 8 ans, lui fuccéde, & régne 27 ans.
1279.	Mort d'Alphonfe III. Roi de Portugal. Denys fon fils lui fuccéde.
1280.	Cette année est remarquable par une grande abondance de vivres.
1281.	Fondation de la Ville de Marienbourg en Pruffe.
1282.	Les Siciliens égorgent, le jour de Pâque, les François qui étoient dans leur Ifle, fans épargner ni les femmes enceintes, ni les enfans à la mammelle; & parce que le premier coup de Vêpres fervit de fignal aux conjurés, on appella ce maffacre, les Vêpres Siciliennes. Pierre, Roi d'Arragon, s'empare de la Sicile. Alphonfe, Roi de Caftille, est dépoffédé par fon fils Sanche.
1283.	Mort de Michel Paléologue, Empereur d'Orient. Andronic fon fils lui fuccéde. Le Patriarche Veccus est chaffé, & Jofeph rétabli. Rupture de la réunion des Grecs & des Latins, après la mort de Michel.
1284.	Charles, Roi de Sicile, est défait par le Roi d'Arragon, & fon fils Charles le Boiteux pris prifonnier. Alphonfe, Roi de Caftille, meurt. Son fils Sanche demeure poffeffeur du Royaume.
1285.	Charles, Roi de Sicile, meurt le 7 Janvier. Son fils Charles le Boiteux lui fuccéde. Philippe le Hardi, Roi de France, meurt le 6 Octobre. Son fils Philippe, furnommé le Bel, lui fuccéde. Pierre III. Roi d'Arragon, meurt le 9 Novembre. Son fils Alphonfe lui fuccéde.
1287.	Charles le Boiteux recouvre fa liberté. Les Tartares font de grands ravages en Pologne. Eric IX. Roi de Dannemarc, régne 34 ans.
1289.	Charles le Boiteux fe fait couronner Roi de Sicile à Rome le 28 Mai; mais la Couronne lui est conteftée par Fréderic d'Arragon.
1291.	L'Empereur Rodolphe meurt le dernier Septembre, âgé de 73 ans & 5 mois, après un régne de 18 ans. Mort d'Alphonfe, Roi d'Arragon. Son fils Jacques lui fuccéde.
1292.	Adolphe, Comte de Naffau, est élû Empereur le 6 Janvier. Edoüard, Roi d'Angleterre, fait la guerre à Philippe le Bel.
1294.	Pierre Moron, célébre Hermite, est élû Pape, & nommé Céleftin V. Benoît Cajetan lui perfuade de fe démettre du Pontificat; il le fait le 12 Décembre. Cajetan fe fait élire

Depuis J. C.	
	en fa place le 24 du même mois, & prend le nom de Boniface VIII. L'Empereur Adolphe ravage la Thuringe.
1295.	Mort de Sanche, Roi de Caftille, qui laiffe pour fucceffeur Ferdinand fon fils.
1297.	Adolphe eft dépofé par les Princes d'Allemagne, & Albert Duc d'Autriche, fils de l'Empereur Rodolphe, élù en fa place. Le premier eft vaincu & tué dans un combat.
1298.	Chagan, Prince des Tartares, abjure le Mahométifme, fait profeffion du Chriftianifme, chaffe les Sarrafins de la Paleftine, & fe rend maître de toutes les Villes que ces Infidéles y poffédoient.
1299.	Tremblement de terre en Allemagne.
1300.	Le Pape Boniface établit un Jubilé tous les 100 ans. Il paroît à Rome en habits Pontificaux & Impériaux, avec cette dévife, *Ecce duo gladii*. Wenceflas, Roi de Bohême, eft élù Roi de Pologne. On rapporte à cette année le commencement de la Maifon Ottomane.
1301.	Boniface VIII. excommunie Philippe le Bel, & fe déclare Souverain fur le fpirituel & fur le temporel. Philippe le Bel rend le Parlement de Paris fédentaire, & lui donne le Palais, qui porte aujourd'hui ce nom, & qui fut bâti par les foins d'Enguerrand de Marigny, Intendant des Finances.
1302.	Guillaume de Nogaret préfente une Requête le 12 Mars à Philippe le Bel contre le Pape Boniface VIII. Philippe affemble les Etats à Paris contre les prétentions de Boniface. Ce Pape publie la Bulle, qui commence par ces mots, *Unam Sanctam*, le 16 Novembre. Quelques Auteurs rapportent à ce tems, & attribuent à Flavio, natif de Melfe, l'invention de la Bouffole, ou Aiguille marine. D'autres prétendent qu'il ne fit qu'en perfectionner l'ufage.
1303.	Boniface eft arrêté prifonnier à Anagnia le 8 Septembre, maltraité par Sciara Colonna, & meurt le 12 Octobre. Benoit IX. eft mis en fa place. Philippe le Bel tient une Affemblée à Paris le 12 Juin, dans laquelle il appelle au futur Concile.
1304.	Le Pape Benoit révoque les Bulles que Boniface avoit fulminées contre la France. Edoüard, Roi d'Angleterre, foumet l'Ecoffe.
1305.	Clément V. eft élù Pape & couronné à Lyon; il fait fa réfidence en France. Il révoque toutes les Bulles de Boniface contre la France, particuliérement la Bulle *Unam Sanctam*. Wenceflas, Roi de Bohême & de Pologne, meurt. Son fils Wenceflas qui lui fuccéde, eft tué le 3 Août. Henri de Carinthie, fon proche parent, ufurpe la Couronne de Bohême. Les Templiers font dénoncés, & Philippe le Bel entreprend de faire inftruire leur Procès.

L'Ita-

Depuis J. C.	
1306.	L'Italie souffre par les guerres civiles & les révoltes des peuples.
1307.	Les Templiers sont arrêtés par tout le Royaume le 5 Octobre. On informe contre eux à Paris, & dans plusieurs autres endroits.
1308.	L'Empereur Albert est tué par un de ses neveux le 10 Mai. Henri de Luxembourg lui succéde le 1 de Novembre. Mort d'Edoüard, Roi d'Angleterre. Son fils Edoüard II. lui succéde. Le Pape évoque l'affaire des Templiers au Saint Siége. Avis de la Faculté de Théologie de Paris touchant les Templiers. Le Pape interroge les Templiers, qui lui sont livrés, permet aux Inquisiteurs & aux Ordinaires d'instruire leur Procès, & nomme des Commissaires pour procéder contre cet Ordre. L'Hérétique Dulcin, qui avoit amassé quantité de personnes, est arrêté près de Verceil & y est brûlé. Ses sectateurs sont dissipés. Les Chevaliers de Saint Jean de Jerusalem s'emparent de l'Isle de Rhodes.
1309.	Henri VII. est couronné Empereur à Aix-la-Chapelle le 6 Janvier. Les Commissaires du Pape instruisent le Procès des Templiers.
1310.	Les Templiers sont condamnés dans un Concile tenu à Paris, & plusieurs exécutés à mort au mois de Mai. Informations faites contre tout l'Ordre des Templiers.
1311.	Révocation solemnelle, faite par le Pape Clément le 27 Avril, de tout ce que Boniface VIII. avoit fait contre la France. CONCILE GE'NE'RAL A VIENNE, dont l'ouverture se fait le 16 Octobre.
1312.	L'extinction de l'Ordre des Templiers est résolue dans le Concile de Vienne. Ce Concile condamne aussi les erreurs des Begards & des Beguines. L'Empereur Henri VII. vient en Italie, & se fait couronner à Rome le premier Août. Philippe le Bel fonde l'Université d'Orléans. Mort de Ferdinand, Roi de Castille. Son fils Alphonse XI. âgé de 18 mois, lui succéde.
1313.	L'Empereur Henri, ayant communié avec une Hostie empoisonnée, meurt le 2 Août. Sa mort est suivie d'un interrègne de 14 mois. Le Grand-maître des Templiers & le frere du Dauphin sont exécutés à Paris le 11 Mars.
1314.	Les Electeurs de l'Empire s'assemblent à Francfort, & se partagent. Les uns élisent, le 18 Octobre, Loüis de Baviére; & les autres, Frideric, fils d'Albert d'Autriche, ce qui cause une guerre en Allemagne.

Depuis J. C.	Philippe le Bel, Roi de France, meurt le 29 Novembre, âgé de 46 ans, après en avoir régné 29 un mois & 23 jours. Son fils Louïs X. furnommé Hutin, lui fuccéde.
1315.	La famine & la pefte ravagent l'Allemagne. Gaultier Lollard commence à enfeigner fes erreurs.
1316.	Philippe, Comte de Poitiers, raffemble les Cardinaux à Lyon. Ils y élifent le 6 Août Jean XXII. qui eft couronné dans cette Ville le 5 Septembre, & va faire fa réfidence à Avignon. Louïs X. Roi de France, meurt le 5 Juin, laiffant la Reine Clémence fa femme enceinte. Elle accouche d'un fils le 15 Novembre, à qui on donne le nom de Jean. Il meurt 8 jours après. Philippe, furnommé le Long, frere de Louïs Hutin, eft déclaré Roi de France.
1317.	Philippe le Long fait affembler les Etats du Royaume à Paris, dont tous les membres promettent de ne point reconnoître d'autre Roi que Philippe & fes defcendans mâles, à l'exclufion de fes filles.
1319.	Etabliffement de l'Ordre de Chrift en Portugal, à qui l'on affecte les biens des Templiers.
1321.	Frideric, Roi de Sicile, affocie fon fils Pierre au Royaume.
1322.	Philippe le Long, Roi de France, meurt à Vincennes le 3 Janvier, âgé de 28 ans, dont il n'en avoit régné guères plus de cinq. Son frere Charles IV. furnommé le Bel, lui fuccéde.
1323.	Le Mont Etna jette une fi grande quantité de flammes, que toute la campagne d'allentour en eft endommagée. Frideric eft défait & pris prifonnier par Louïs de Baviére, contre lequel le Pape fulmine une fentence d'excommunication.
1324.	Plufieurs troubles en Sicile.
1325.	Mort de Denys, Roi de Portugal. Alphonfe lui fuccéde.
1326.	Mort de Jacques II. Roi d'Arragon. Alphonfe IV. lui fuccéde. Urchan, ou Orchan, fils d'Ottoman, Roi des Turcs, fuccéde à fon pere.
1327.	Louïs de Baviére paffe en Italie. Edoüard II. Roi d'Angleterre, eft dépofé, & fon fils Edoüard III. mis en fa place. Ceccus Afulan eft condamné au feu à Bologne, pour avoir foutenu que l'influence des aftres néceffite la volonté des hommes.
1328.	Louïs de Baviére eft couronné Empereur à Rome le 17. Janvier, par le Cardinal Colonne. Cet Empereur fait élire Antipape Michel de Corbario, qui prend le nom de Nicolas V. Ce Pape eft intrônifé le 12 Mai, & chaffé de Rome le 4 Août. Charles le Bel meurt le premier Février dans le Château de Vincennes, âgé de près de 34 ans, après en avoir régné 6 & 30 jours. Comme ce Prince n'avoit point d'enfans mâles, & que

Depuis J. C.	que sa femme étoit enceinte, la Régence du Royaume fut donnée à Philippe, fils aîné de Charles, Comte de Valois, la Reine n'étant accouchée que d'une fille. Philippe de Valois VI. du nom, étant le plus proche parent de Charles le Bel, succéde au Royaume de France, & est sacré à Rheims le 28 Mai. Le Pape fait faire le procès à Michel de Cesene, & nomme en sa place pour Vicaire-Général de l'Ordre des Frere-Mineurs, le Cardinal Bertrand de la Tour. Andronic le jeune dépouille son grand-pere de l'Empire.
1329.	Jean XXII. commence à débiter sa doctrine contre la vision de Dieu, aussi-tôt après la mort. Ce même Pape dépose Michel de Cesene de son Généralat, & fait approuver & confirmer cette déposition dans le Chapitre général des Freres Mineurs, tenu cette année à Paris. Gerard d'Odonis est élû en sa place. Le Roi de France se laisse fléchir par les remontrances de son Clergé, qu'il maintient dans ses droits & coutumes.
1330.	Frideric d'Autriche meurt le 13 Janvier.
1332.	Ladislas, Roi de Pologne, s'empare de la Silésie.
1333.	Publication d'une Croisade générale pour la Terre Sainte. Philippe de Valois fait condamner, par des Docteurs en Théologie de la Faculté de Paris, le sentiment de Jean XXII. touchant la vision de Dieu, & écrit à ce Pape qu'il ait à le révoquer.
1334.	Valdemar succéde à son pere dans le Royaume de Dannemarc, & régne 42 ans.
1335.	L'Empereur Louïs de Baviére envoye des Ambassadeurs au Pape, pour solliciter son absolution; mais ils reviennent sans rien obtenir.
1336.	Mort d'Alphonse, Roi d'Arragon. Pierre IV. lui succéde. Révocation des Décimes qui avoient été accordées au Roi Philippe de Valois sur le Clergé de France, en considération de ce qu'il devoit passer dans la Terre Sainte.
1337.	Les sauterelles font un dégât considérable dans toute l'Europe pendant l'espace de 3 ans.
1338.	Ambassade de Louïs de Baviére & du Roi de France vers le Pape pour obtenir l'absolution du premier, qui est refusée. Protestation solemnelle de Louïs de Baviére contre les procédures de Jean XXII. Barlaam, Envoyé de l'Empereur Andronic, propose au Pape des voyes pour parvenir à la réunion des Eglises Grecque & Latine, mais qui sont rejettées. Daniel de Trevisi est envoyé par Léon, Roi d'Arménie, vers le Pape Benoit XII. & compose son traité pour la justification des Arméniens.
1341.	Mort d'Andronic le jeune, arrivée au mois de Mai. Il laisse deux enfans, Jean & Manuel Paléologue, & leur donne Jean Cantacuzene pour tuteur.

Depuis J. C. 1342.	L'Impératrice Anne, veuve d'Andronic, chasse Cantacuzene, qui se retire à Andrinople. Cantacuzene est proclamé Empereur à Andrinople. L'Impératrice Anne, veuve d'Andronic, propose au Pape la réunion des deux Eglises. Les Palamites sont chassés de Constantinople.
1343.	Robert, surnommé le Sage, Roi de Naples, meurt le 28 Janvier, & laisse ses Etats à Jeanne, fille de son fils Charles, mariée à André, Roi de Hongrie. Philippe, Roi de Navarre, meurt le 16 Septembre. Son fils Charles, surnommé le Mauvais, lui succéde, sous la tutelle de la Reine Jeanne de France sa mere.
1344.	Le Pape, à la priére des Romains, fixe le Jubilé à 50 ans. Il agrée les Magistrats qu'ils lui présentent; mais il refuse d'aller à Rome. Croisade contre les Turcs.
1345.	André, Roi de Hongrie est tué. Jeanne sa femme, épouse Louïs, Prince de Tarente.
1346.	Les Electeurs de Cologne & de Tréves élisent, à la fin du mois d'Août, Charles de Luxembourg, IV. du nom, pour Empereur, & l'opposent à Louïs de Baviére. Le Pape confirme cette élection, renouvelle le Procès de Louïs de Baviére & le dépose. Philippe de Valois, ayant imprudemment combattu contre Edoüard, Roi d'Angleterre, près de Crecy, perd plus de 30000 hommes de ses troupes, sans compter un grand nombre de Noblesse qui resta sur la place. Edoüard se rend maître de Calais au mois d'Août. La peste ravage la France & plusieurs autres pays. Humbert Dauphin donne le Dauphiné à Philippe de Valois.
1347.	Louïs de Baviére meurt le 11 Octobre, après avoir régné 32 ans 11 mois & 24 jours. Charles IV. se met en possession de l'Empire, & se fait couronner Empereur à Aix-la-Chapelle. Quelques Electeurs élisent Edoüard Roi d'Angleterre, qui refuse la Couronne Impériale. Cantacuzene se rend maître de Constantinople, & fait la paix avec Jean Paléogue, qu'il associe à l'Empire d'Orient.
1348.	L'Allemagne est affligée d'une peste considérable, qui fait périr plus de 90000 personnes. Les Juifs, soupçonnés d'avoir empoisonné l'eau de tous les puits & de toutes les citernes, sont massacrés. Nicolas Laurent, ayant pris la qualité de Tribun Romain, veut se rendre maître de Rome; mais il en est chassé.
1349.	Gontier, Comte de Thuringe, qui avoit été Empereur, est empoisonné par son Médecin, & meurt au mois de Juillet.
1350.	Mort de Philippe de Valois le 20 Août, âgé de 57 ans, dont il en avoit régné 23. Jean son fils lui succéde, & est sacré à Rheims le 26 Septembre. Ce nouveau Roi établit l'Ordre

| Depuis J. C. | dre de l'Etoile. Charles, Roi de Navarre, conſpire contre lui. Extrême ſtérilité & cherté de vivres en France.
Mort d'Alphonſe, Roi de Caſtille, qui laiſſe ſes Etats à ſon fils Pierre I.
Conſtitution du Pape, qui permet aux Cardinaux d'avoir avec eux deux Clercs & des Loges particuliéres dans le Conclave.
L'Empereur Cantacuzene envoye des Députés au Pape vers cette année, pour traiter de la réunion des deux Egliſes. |
|---|---|
| 1353. | On brûle deux Freres Mineurs à Avignon, pour leurs ſentimens ſur la pauvreté de Jeſus-Chriſt. |
| 1355. | L'Empereur Charles eſt couronné à Rome le 5 Avril, jour de Pâque.
Conteſtation des Grecs touchant la lumiére du Thabor, l'eſſence & l'opération de Dieu, jugée par le Concile, qui ſe tient à Conſtantinople contre les adverſaires de Palamas. |
| 1356. | Jean, Roi de France, aſſemble les Etats de ſon Royaume, qui lui accordent le dixiéme de tous les biens pour ſubvenir aux frais de la guerre que ce Prince avoit déclarée aux Anglois. Il eſt pris par les Anglois, & mené priſonnier à Londres. |
| 1357. | Mort d'Alphonſe V. Roi de Portugal. Il laiſſe Pierre le Cruel, ſon fils, héritier de ſon Royaume.
Cantacuzene céde l'Empire à Jean Paléologue, & ſe retire dans un Monaſtére. |
| 1359. | Amurath ſuccéde à ſon pere Orcham dans l'Empire d'Orient. |
| 1360. | Martin Gonſalve ſe dit l'Ange Saint Michel; il eſt condamné par l'Archevêque de Tolede, & brûlé. Nicolas le Calabrois, diſciple de cet Hérétique, le veut faire paſſer pour le fils de Dieu; il eſt condamné au feu à Barcelone.
Etabliſſement de l'Univerſité de Prague par l'Empereur Charles IV. |
| 1361. | Le Roi Jean ſort de priſon. |
| 1363. | Jean, Roi de France, meurt en Angleterre le 8 Avril. Son fils Charles V. lui ſuccéde, & ſe fait couronner à Rheims le 17 Juin. |
| 1364. | Fondation de l'Univerſité de Cracovie par Caſimir II. Roi de Pologne. |
| 1365. | Plus de 50000 Chrétiens ſe liguent pour chaſſer les Turcs d'Andrinople. |
| 1368. | L'Empereur Charles paſſe en Italie, dont il ſoumet toutes les Villes à l'obéiſſance du Pape.
Mort de Pierre le Cruel, Roi de Portugal. Ferdinand ſon fils lui ſuccéde. |
| 1369. | Pierre I. Roi de Caſtille, eſt tué. Henry II. lui ſuccéde.
L'Empereur Paléologue vient à Rome, & y ſigne ſa réünion avec l'Egliſe Romaine. Il eſt arrêté, quelque tems après, par les Vénitiens, & délivré par Manuel ſon troiſiéme fils, qui paye ſes dettes. |

Jean

TABLE CHRONOLOGIQUE

Depuis J. C.	Jean Wiclef commence à dogmatiſer en Angleterre. Les François déclarent la guerre aux Anglois.
1370.	La Secte des Turlupins s'établit en Provence. Mort de Caſimir, Roi de Pologne. Louïs, ſon petit-fils, lui ſuccéde.
1375.	Mort d'Edoüard, Prince de Galles. Son pere fait reconnoitre Richard, fils de ce Prince.
1376.	Wenceſlas, Roi de Bohéme, fils de l'Empereur Charles, eſt élû Roi des Romains le 12 Juin.
1377.	Le Pape Gregoire arrive à Rome le 17 Janvier, ſe retire à Anagnia, revient à Rome au mois de Novembre, & traite la paix avec les Florentins.
1378.	Edoüard III. Roi d'Angleterre, meurt le 23 Juin, après avoir régné 51 ans. Son petit-fils lui ſuccéde. L'Empereur Charles VI. meurt à Prague le 29 Novembre, après un régne de 32 ans. Son fils Wenceſlas lui ſuccéde.
1379.	Clément VII. élû Pape, ſe retire à Naples, & de là paſſe à Avignon, où il arrive le 10 Juin. Les deux prétendans à la Papauté ſe condamnent réciproquement. Commencement du grand Schiſme. Mort de Henri, Roi de Caſtille, qui laiſſe Jean ſon fils héritier de ſes Etats.
1380.	Charles V. Roi de France, meurt le 16 Septembre, après avoir régné près de 17 ans. Son fils Charles VI. lui ſuccéde, ſous la tutelle du Duc d'Anjou, & eſt ſacré à Rheims le 24 Novembre. Urbain VI. déclare Jeanne, Reine de Naples, déchûe de ſon Royaume, qu'il donne à Charles de Duras. La Reine Jeanne le donne à Louïs, Duc d'Anjou. Charles de Duras ſe rend maître de Naples, & fait la Reine Jeanne priſonniére. Bajazeth, fils d'Amurath, ſelon quelques-uns, ſuccéde à ſon pere, ou plûtôt commence à ſe méler du Gouvernement, du vivant de ſon pere, qui a régné 32 ans.
1382.	Louïs, Roi de Hongrie, meurt le 13 Septembre, après un régne de 40 ans. Marie, fille de Louïs, lui ſuccéde.
1383.	Louïs, Duc d'Anjou, paſſe en Italie, & entre dans le Royaume de Naples. Charles de Duras fait étrangler la Reine Jeanne. Mort de Ferdinand, Roi de Portugal, ſans enfans. Jean ſon frere lui ſuccéde.
1384.	Louïs d'Anjou meurt à Bari le 20 Septembre. Urbain VI. ſe brouille avec Charles de Duras, qui le fait arrêter, & le laiſſe aller enſuite. Manuel III. fils de Paléologue, eſt aſſocié à l'Empire par ſon pere.
1385.	Urbain ſe retire au Château de Luceria, & veut ſe venger de Charles de Duras; mais Charles de Duras aſſiége le Château. Urbain ſe ſauve à Gênes, où il fait mourir cinq Cardinaux qui avoient conſpiré contre lui.
1386.	Charles de Duras eſt tué en Hongrie, au mois de Janvier. Othon,

Depuis J. C.	Othon, Duc de Brunswich, dernier mari de la Reine Jeanne, étant délivré de prison, rentre dans Naples & en chasse Marguerite de Duras, veuve de Charles, & ses enfans.
	Andronic Paléologue prend Constantinople, & met son pere & son frere en prison.
1387.	Mort de Pierre, Roi d'Arragon. Son fils Jean lui succéde.
1388.	Jean & Manuel Paléologue, sortis de prison, recouvrent l'Empire, & livrent Andronic aux Turcs. Bajazeth, fils d'Amurath, succéde à son pere.
	Fondation de l'Université de Cologne.
1389.	Ladislas, fils de Charles de Duras, est couronné Roi de Naples par Boniface.
1390.	Loüis le Jeune, fils du Duc d'Anjou, est aussi couronné Roi de Naples par Clément VII. Ce Prince passe en Italie, & fait des conquêtes; mais après son retour, Ladislas reprend les places qu'il avoit conquises.
	Bajazeth assiége Constantinople, & se retire, après avoir fait un traité avec l'Empereur Grec.
1391.	L'Université de Paris propose des moyens pour faire cesser le Schisme.
	Etablissement des Annates.
1392.	Mort de Jean Paléologue. Manuel régne seul.
1394.	L'Université de Paris écrit à Clément VII. sur les moyens de faire cesser le Schisme; il en meurt de chagrin le 16 Septembre. Les Cardinaux de son parti élisent, le 26 du même mois, Pierre de Lune, qui prend le nom de Benoit XIII. La voye de cession est résolue en France, & proposée aux Contendans & aux Princes de l'Europe.
1395.	Jean, Roi d'Arragon, meurt sans enfans. Martin son frere lui succéde.
1397.	Bajazeth, Empereur des Turcs, est défait & pris par Tamerlan, Cham des Tartares, & retenu prisonnier dans une cage de fer. Isa-Belis gouverne pendant sa captivité.
1398.	Soustraction d'obéissance aux deux Contendans pour la Papauté, résolue & publiée en France, & en d'autres endroits.
1399.	Richard II. Roi d'Angleterre, est dépoüillé de son Royaume, & Henri, Comte de Lancastre, élû Roi.
1400.	Les Electeurs de l'Empire déposent l'Empereur Wenceslas le 20 Août. Rupert, ou Robert, Comte Palatin, est élû & couronné Empereur.
1401.	L'Empereur Rupert passe en Italie avec une armée, & est repoussé par Galéas, Vicomte de Milan, qui le contraint de retourner en Allemagne.
1402.	Isa-Belis est tué par son frere Soliman, qui est déclaré Empereur des Turcs.
1403.	Assemblée du Clergé de France, tenue à Paris le 28 Mai, qui leve la soustraction d'obéissance à Benoit XIII. moyennant certaines conditions.

Depuis J. C.	
1404.	Bajazeth est très resserré dans sa prison. Tamerlan se sert de son corps, au-lieu de marche-pied, pour monter à cheval. Il l'oblige de se tenir sous sa table pendant le repas, & de se rassasier des miettes & des restes qui tombent par terre. Ce Prince meurt de chagrin. Le Pape Benoit propose quelques voyes d'accommodement à Boniface. Ce dernier meurt le premier Octobre. Ladislas, Roi de Naples, se rend maître de Rome, & en chasse Innocent.
1405.	Découverte des Isles Canaries.
1406.	Nouvelle soustraction de la France à l'obéissance de Benoit. Innocent VII. meurt le 6 Novembre. Les Cardinaux de son parti élisent Ange de Corario, qui prend le nom de Gregoire XII. à condition de procurer la paix par la voye de cession.
1407.	Assemblée du Clergé de France à l'égard des deux Contendans à la Papauté, qui entrent en négociation avec le Roi de France touchant l'extinction du Schisme. Benoit jette un Interdit sur le Royaume de France. Le Duc de Bourgogne fait assassiner le Duc d'Orléans, la nuit du 23 au 24 Novembre. Henri III. Roi de Castille, meurt. Jean II. son fils lui succéde, sous la tutelle de Ferdinand son oncle. Jean Hus commence à enseigner ses erreurs.
1408.	Ladislas se rend maître de Rome le 25 Avril. Les Cardinaux se soustrayent de l'obéissance des deux Contendans, & se retirent à Pise pour faire une nouvelle élection; ils publient un acte d'appel. Grégoire fulmine contre eux. Benoit écrit d'une maniére injurieuse au Roi de France. Ses couriers sont arrêtés, leur Procès est fait, & ils sont mis en prison. On indique trois Conciles pour éteindre le Schisme; l'un à Perpignan, par Benoit XIII. le premier Novembre; l'autre à Aquilée, par Grégoire XII. & le dernier à Pise, par les Cardinaux.
1409.	Déposition de Benoit XIII. & de Grégoire XII. le 5 Juin. Le 15 du même mois Alexandre V. est élu. Baltazar Cossa reprend Rome sur Ladislas, Roi de Naples. Soliman, Empereur des Turcs, est tué par son frere Muza.
1410.	Mort d'Alexandre V. le 17 du même mois. Rupert, Empereur, meurt le 18 Mai. Sigismond, Roi d'Hongrie, est élu par une partie des Electeurs. Les autres élisent Josse, Marquis de Moravie, lequel étant mort peu de tems après, tous les suffrages se réunissent en la personne de Sigismond. Mort de Martin, Roi d'Arragon. Ferdinand IV. fils de sa sœur Eléonore, est déclaré Roi.
1411.	Jean XXIII. fait la guerre à Ladislas, & défait ses troupes. Ladislas rétablit ses affaires, & mene une armée jusqu'aux portes de Rome. Le Pape fait un traité secret avec lui.

Jean

Depuis J. C. 1413.	Jean XXIII. chaffé de Rome par le Roi Ladiflas, va en Lombardie, où il traite avec l'Empereur Sigifmond de la tenue d'un Concile, qu'il indique à Conftance par fa Bulle du 2 Novembre. Mort de Henri IV. Roi d'Angleterre, le 20 Mars. Henri V. fon fils lui fuccéde. Mahomet I. fait mourir fon frere Muza, & s'empare de l'Empire des Turcs.
1414.	Mort de Ladiflas, Roi de Naples. Jeanne fa fœur lui fuccéde. Jean Hus arrive au Concile de Conftance le 3 Novembre. Il eft arrêté 6 jours après; on lui fait fon Procès.
1415.	Jean XXIII. abdique le Pontificat le premier Mars; il fe fauve enfuite de Conftance. Il eft cité par le Concile, arrêté prifonnier, & dépofé le 29 Mai. Gregoire XII. renonce au Pontificat par fes Procureurs. Convention entre Sigifmond & le Roi d'Arragon, touchant la dépofition de Benoit XIII. Le Procès de Jean Hus eft achevé, il eft condamné & brûlé le 15 Juillet. Jerôme de Prague, arrivé le 4 Avril à Conftance, veut fe fauver; mais il eft arrêté, & obligé de fe rétracter le 23 Septembre.
1416.	Procès fait à Benoit XIII. Antipape. Ferdinand IV. Roi d'Arragon, meurt le 2 Avril. Son fils Alphonfe lui fuccéde. Jerôme de Prague eft accufé de nouveau, condamné dans le Concile de Conftance, & brûlé le 30 Mai. Troubles en Bohême pour la Religion.
1417.	Dépofition de Benoit XIII. au mois de Juillet. Martin V. eft élû Pape le 11 Novembre.
1419.	Le Concile de Conftance finit le 22 Avril. Mort de Gregoire XII. Jean XXIII. fe fauve de prifon, & va trouver Martin V. à Florence, où il meurt. Benoit XIII. demeure dans fon obftination, & eft abandonné de tous ceux de fon obédience, à l'exception de ceux de la Ville de Panifcole. Jean Manuel Paléologue eft affocié à l'Empire par fon pere Manuel.
1420.	Etabliffement de l'Ordre Militaire de l'Annonciade, par Amedée V. Comte de Savoye.
1421.	Martin V. entre dans Rome. Jeanne, Reine de Naples, appelle Alphonfe, Roi de Sicile & d'Arragon, à fon fecours, & l'adopte pour fon héritier. Louïs d'Anjou & Alphonfe fe font la guerre. Amurath fuccéde à fon pere Mahomet dans l'Empire des Turcs. Henri V. Roi d'Angleterre, meurt à Vincennes le 28 Août, âgé de 40 ans. Il laiffe un fils de Catherine, fille de Charles VI. Roi de France, nommé Henri VI.
1422.	Charles VI. Roi de France, meurt le 21 Octobre, âgé de 54 ans, dont il en avoit régné 42.

Depuis J. C.	Le Duc de Betford fait proclamer Roi de France, son neveu Henri, Roi d'Angleterre ; mais Charles VII. fils de Charles VI. légitime héritier, lui succéde, & reprend dans la suite la plus grande partie de son Royaume, occupée par les Anglois. L'Empereur Manuel Paléologue tombe en paralysie au mois d'Octobre. Jean Manuel commence à régner seul. Massanus, Envoyé du Pape à Constantinople, traite avec l'Empereur Grec.
1424.	Mort de Benoît XIII. Les Cardinaux, qui étoient auprès de ce Pape, élisent Gilles Munion, qui prend le nom de Clément VIII. Le Concile de Sienne est transféré à Bâle.
1427.	Les Hussites font d'horribles ravages dans la Silésie, la Moldavie & l'Autriche.
1429.	Clément VIII. abdique le Pontificat, & le schisme cesse entiérement. C'est à ce tems que se rapporte l'histoire de Jeanne d'Arc, surnommée la Pucelle d'Orléans.
1430.	Les Hussites continuent leurs ravages.
1431.	Institution de l'Ordre de la Toison d'Or, par Philippe, Duc de Bourgogne. Jeanne, Reine de Naples, s'étant brouillée avec Alphonse, Roi d'Arragon, adopte Louïs, Duc d'Anjou, & le fait Roi. Henri, Roi d'Angleterre, passe en France au mois de Novembre, se fait couronner Roi, dans l'Eglise Cathédrale de Paris, par le Cardinal de Wincester.
1432.	Eugene est chassé de Rome par le peuple, & y rentre cinq mois après. Ce Pape veut dissoudre le Concile de Bâle, qui continue malgré son Décret, & procéde contre lui.
1433.	Jean, Roi de Portugal, meurt le 18 Août. Son fils Edoüard lui succéde.
1434.	Mort de Louïs, Duc d'Anjou, Roi de Naples, le 24 Novembre. Jeanne donne le Royaume de Naples à Réné d'Anjou son frere. Alphonse le prétend ; mais il est vaincu, & pris par Philippe, Duc de Milan, qui le met en liberté. Le Pape révoque la dissolution du Concile de Bâle, & confirme ses Décrets le 5 Février. Négociation du Concile de Bâle & du Pape avec les Grecs, pour les faire venir en Occident. Ladislas IV. Roi de Pologne, meurt, après avoir régné 48 ans. Ladislas V. lui succéde.
1436.	Les François se rendent maîtres de Paris, dont les Anglois joüissoient depuis long-tems.
1437.	Mort de l'Empereur Sigismond le 9 Décembre, âgé de 60 ans, dont il en avoit régné 27. L'Empereur d'Orient forme le dessein de venir en Occident avec des Evêques Grecs, & de traiter avec le Pape, plûtôt qu'avec le Concile de Bâle. Différends touchant la translation du Concile de Bâle, dans le-

Depuis J. C. 1438.	lequel on fait un Décret touchant la Communion fous les deux efpèces, & l'on procéde contre le Pape. Eugene transfere le Concile de Bâle à Ferrare, par fa Bulle du premier Janvier, & en fait l'ouverture le 9 Février. Le Concile de Bâle continue, & déclare le Pape Eugene fufpens. Albert, Duc d'Autriche, eft élû Empereur par l'affemblée des Electeurs de l'Empire, tenue à Francfort. Edoüard, Roi de Portugal, meurt le 9 Décembre. Son fils Alphonfe lui fuccéde, fous la tutelle de la Reine Eléonore fa mere, & fous celle de Pierre, Duc de Conimbre.
1439.	Le Pape Eugene, après plufieurs citations, ayant refufé de comparoître au Concile de Bâle, eft dépofé le 29 Juin. Amedée, Duc de Savoye, eft élû en fa place le 30 Octobre par des Electeurs, nommés par le Concile. Il fe fait appeller Félix V. Après bien des difputes, l'union eft arrêtée entre les Grecs & les Latins le 5 Juillet. Les Grecs s'en retournent. Union des Arméniens avec les Latins. Mort de l'Empereur Albert d'Autriche, le 27 Octobre.
1440.	Le Pape Félix fe rend au Concile de Bâle le 14 Juin, où il eft confacré & couronné. Frideric d'Autriche, III. du nom, eft élû Empereur le 2 Février. Le Clergé de Conftantinople, & la plûpart des Evêques Grecs fe déclarent contre l'union. L'Empereur la maintient, & fait élire Métrophane, Patriarche de Conftantinople. Union des Jacobites & des Ethiopiens avec les Latins. Affemblée de Bourges du 2 Septembre, qui reconnoît Eugene & le Concile de Bâle.
1441.	Diverfes négociations auprès des Princes Chrétiens de la part d'Eugene & du Concile de Bâle. Décret, publié au nom de ce Concile, pour la célébration de la Fête de la Vifitation de la Sainte Vierge, inftituée par Boniface IX. Quelques Auteurs rapportent à ce temps l'invention de l'Imprimerie. Alphonfe, Roi d'Arragon, reprend Naples. Révolte de Demetrius contre l'Empereur Jean Manuel Paléologue.
1442.	Le Pape Eugene transfere le Concile de Florence à Rome le 3 Mai.
1444.	Ladiflas, Roi de Hongrie, préfente la bataille aux Turcs le 10 Novembre. Son armée eft entiérement défaite, & ce Prince tué dans l'action.
1445.	Mort de l'Empereur Jean Manuel Paléologue, le 31 Octobre. Son fils Conftantin lui fuccéde.
1446.	L'Empereur Frideric déclare la guerre aux Suiffes.
1447.	Chriftierne, premier du nom, eft élû Roi de Dannemarc, de Norvegue & de Suéde.
1449.	Félix V. abdique le Pontificat, à la folliciation de l'Empereur Frideric.

II. Volume.   M   Une

Depuis J. C. 1450.	Une grande multitude de monde vient à Rome pour le Jubilé; plus de 500 personnes sont noyées dans le Tybre, en voulant passer le pont.
1451.	Amurath, Empereur des Turcs, meurt le 10 Février, après avoir régné 31 ans. Son fils Mahomet II. lui succéde.
1452.	Les Anglois perdent la Ville de Roüen, & presque toutes les autres places qu'ils possedoient en France.
1453.	Les Turcs, sous la conduite de Mahomet II. se rendent maîtres de la Ville de Constantinople le 29 Mai. L'Empereur Constantin y est tué, & l'Empire des Grecs finit en sa personne.
1454.	Jean II. Roi de Castille, meurt le 10 Juillet. Henri IV. son fils lui succéde.
1456.	Mahomet II. fait investir la Ville de Belgrade par une armée de 150000 hommes. Les troupes du Pape débarrassent la Ville, & tuent plus de 40000 Turcs. Le Pape impose des Décimes pour la guerre contre les Turcs.
1457.	Ladislas, Roi de Hongrie & de Bohême, meurt à Prague le 22 Novembre, âgé de 18 ans, pendant les préparatifs de son mariage avec la fille de Charles VII. Roi de France.
1458.	Alphonse, Roi d'Arragon, meurt à Naples le 27 Juin. Jean son frere lui succéde. Matthias est tiré de prison, & élû Roi de Hongrie, le 22 Janvier. George Pogebrac est proclamé Roi de Bohême le 2 Mars.
1460.	Henri VI. Roi d'Angleterre, est vaincu par Richard, Duc d'Yorck, qui se fait déclarer Roi d'Angleterre. Ce dernier est battu & tué par la Reine Marguerite, fille de Réné, Duc d'Anjou. Ce fut-là le commencement des différends que la Maison de Lancastre eut avec la Maison d'Yorck. Celle-ci portoit la rose blanche, & celle de Lancastre la rose rouge.
1461.	Charles VII. Roi de France, ayant refusé de prendre aucune nourriture pendant plus de 8 jours, son estomac & les conduits de l'ésophage se resserrent si fort, qu'aucun aliment ne pouvant plus passer, il meurt le 22 Juillet à Meun-sur-Yevre en Berry, âgé de 60 ans, dont il en avoit régné 39. Loüis XI. son fils, lui succéde. Edoüard IV. fils de Richard, chasse Henri VI. & Marguerite sa femme, & est déclaré Roi d'Angleterre au mois de Juin.
1462.	Loüis XI. fait mourir un grand nombre de Seigneurs de de son Royaume.
1463.	La peste ravage la Thuringe & la Saxe.
1467.	Institution de l'Ordre des Minimes par Saint François de Paul.
1468.	Charles, Duc de Bourgogne, s'empare de la Ville de Liége, dont il fait brûler presque toutes les maisons, renverser les murailles, & jetter plus de 600 petits enfans dans la Meuse, le 30 Octobre.

Loüis

Depuis J. C.	
1469.	Louïs inſtitue l'Ordre de Saint Michel le premier Août, & limite le nombre des Chevaliers à 36.
1471.	George Pogebrac, Roi de Bohême, meurt le 22 Mars. Ladiſlas, fils de Caſimir, Roi de Pologne, lui ſuccéde & régne près de 45 ans.
	Henri VI. Roi d'Angleterre, eſt rétabli par Louïs XI. Bientôt après, il eſt chaſſé & tué par Edoüard.
1473.	Naiſſance de Nicolas Copernic, ſçavant Mathématicien, le 19 Février.
1474.	Mort de Henri IV. Roi de Caſtille. Ferdinand V. Roi d'Arragon, qui avoit épouſé Iſabelle, fille de Henri, réunit les Royaumes de Caſtille & d'Arragon.
1475.	Une ſi grande quantité de ſauterelles infeſtent la Hongrie, la Moravie & la Pologne, que le Soleil en eſt obſcurci.
1477.	Le Duc de Bourgogne eſt tué dans une bataille que le Duc de Lorraine lui avoit livrée le 5 Janvier. Son corps eſt tiré de la glace, & inhumé honorablement à Nancy, dont il faiſoit le ſiége.
	Louïs XI. recouvre le Duché de Bourgogne.
1478.	Louïs XI. établit l'uſage des poſtes.
1481.	Mahomet II. meurt le 3 Mai, âgé de 53 ans, après en avoir régné 31. Ses deux fils, Bajazet & Zizim, diſputent l'Empire entre eux.
	Alphonſe, Roi de Portugal, meurt le 28 Août. Jean II. ſon fils lui ſuccéde.
	Famine conſidérable en France.
1482.	Chriſtierne, Roi de Dannemarc, meurt. Jean lui ſuccéde.
1483.	Louïs XI. étant malade, on employe inutilement pluſieurs remédes extraordinaires pour procurer ſa guériſon. Ce Prince meurt dans le Château du Pleſſis-lès-Tours le 30 Août, âgé de 61 ans, dont il en avoit régné 23. Charles VIII. ſon fils, âgé de 14 ans, lui ſuccéde.
	Edoüard IV. Roi d'Angleterre, meurt le 9 Avril. Son fils Edoüard V. lui ſuccéde; mais Richard III. Duc de Gloceſter, l'ayant fait mourir, s'empare du Royaume.
1486.	Henri de Richemont, fils de Jean, frere de Henri VI. Roi d'Angleterre, fait mourir Richard, Roi d'Angleterre, & épouſe Elizabeth, fille d'Edoüard IV. & réunit en ſa perſonne les droits des Maiſons de Lancaſtre & d'Yorck à la Couronne d'Angleterre. On donne communément à ce Prince le nom de Henri VII.
1488.	Approbation de l'Ordre des Religieuſes de la Conception de la Sainte Vierge.
1489.	Matthias, Roi de Hongrie, meurt le 6 Avril, âgé de 47 ans. Ladiſlas lui ſuccéde.
1490.	Innocent VIII. veut impoſer les Décimes ſur le Clergé de France; mais l'Univerſité de Paris s'y oppoſe.
1492.	Mort de Caſimir, Roi de Pologne, le 7 Juin. Son fils Jean lui ſuccéde.

Depuis J. C. 1493.	Chriſtophle Colomb fait la découverte du nouveau Monde. Mort de l'Empereur Frideric le 19 Août, âgé de 78 ans, après avoir gouverné l'Empire 53 ans 4 mois & 4 jours. Son fils Maximilien I. lui ſuccéde.
1495.	Jean II. Roi de Portugal, meurt d'une chûte de cheval, après avoir régné 14 ans. Emanuel, ſon couſin-germain, fils de Ferdinand ſon oncle, lui ſuccéde.
1497.	Americ Veſpuce, Florentin, à l'imitation de Colomb, aborde le continent du nouveau Monde, qui de ſon nom fut appellé Amérique.
1498.	Les Walaques enlevent de Pologne près de 100 mille hommes, qu'ils vendent aux Turcs. Charles VIII. Roi de France, meurt ſans enfans le ſix Avril, âgé de 27 ans & 9 mois, dont il en avoit régné 14 & demi. Louïs XII. Duc d'Orléans, le plus proche héritier du côté de la ligne maſculine, lui ſuccéde.
1500.	Jean, Roi de Dannemarc, eſt tué avec une partie de ſa Nobleſſe. Naiſſance de Charles-Quint, à Gand le 24 Février.
1501.	Louïs Sforce recouvre le Duché de Milan. Alexandre Sigiſmond, Roi de Pologne, meurt le 17 Juillet. Son frere Alexandre, Prince de Livonie, lui ſuccéde.
1503.	Griefs de la Nation Germanique contre la Cour de Rome, dreſſés par ordre de l'Empereur Maximilien.
1504.	Mort de Fréderic, Roi de Naples, & d'Iſabelle de Caſtille, femme de Ferdinand le Catholique.
1505.	Philippe, Archiduc d'Autriche, héritier de la Caſtille, s'en met en poſſeſſion.
1506.	Alexandre, Roi de Pologne, meurt. Sigiſmond ſon frere eſt mis en ſa place.
1507.	L'Empereur Maximilien I. s'achemine en Italie, dans le deſſein de ſe faire couronner à Rome. Les Vénitiens s'oppoſent à ſon paſſage.
1508.	Le Pape & l'Empereur ſe liguent avec le Roi de France contre les Vénitiens, par un Traité, nommé la Ligue de Cambrai.
1509.	Henri VII. Roi d'Angleterre, meurt le 27 Avril. Son fils Henri VIII. lui ſuccéde. Il épouſe ſolemnellement Catherine le 25 Juin. Naiſſance de Jean Calvin.
1510.	Catherine, Reine de Chypre, meurt à Veniſe, & laiſſe ſes Etats à cette République.
1511.	L'Empire eſt partagé en pluſieurs Cercles, ou Provinces, par une aſſemblée qui ſe tient à Tréves.
1513.	Jacques IV. Roi d'Ecoſſe, meurt dans un combat contre les Anglois. Son fils Jacques V. lui ſuccéde. Jean, Roi de Dannemarc, meurt, après avoir régné 32 ans. Chriſtierne II. lui ſuccéde. Selim empoiſonne ſon pere Bajazeth le 9 Avril, fait mourir

Depuis J. C.	
1515.	rir ses freres & ses neveux, & s'empare de l'Empire Ottoman. Année remarquable, par la longueur & la rigueur de l'hyver. Louïs XII. meurt à Paris le premier Janvier, âgé de 54 ans, en ayant régné 17. François I. lui succéde. Ce jeune Prince fait un Concordat avec Léon X. dont on convient au mois de Décembre à Boulogne. Il en vient aux mains avec les Suisses, qu'il défait entiérement dans un combat qui dura deux jours consécutifs, & qui fut suivi de la prise du Duché de Milan, de Parme & de Plaisance.
1516.	Mort de Ferdinand le Catholique, le 22 Février. Charles-Quint, fils de Philippe d'Autriche, & petit-fils de Ferdinand V. par sa fille, entre en possession des Royaumes d'Espagne. Ladislas, Roi de Hongrie, meurt. Son fils Louïs, âgé de 10 ans, lui succéde, sous la tutelle de Sigismond & de Maximilien.
1517.	Léon X. publie des Indulgences, & crée en une seule promotion 31 Cardinaux; ce qui ne s'étoit point encore fait jusqu'alors. Martin Luther soutient des Théses contre les Indulgences; plusieurs Auteurs les réfutent.
1518.	Luther soutient des Théses sur la penitence. Il est déféré au Pape; il lui écrit. Il est cité à Rome, & à l'assemblée que Maximilien avoit indiquée à Augsbourg; il paroît à cette assemblée le 12 Octobre, devant le Légat du Pape. Il fait afficher un acte d'appel au Pape le 16 Octobre. L'Electeur de Saxe prend le parti de Luther. Léon X. condamne sa doctrine par une Bulle du 9 Novembre. Luther appelle de ce Jugement au futur Concile le 28 Novembre. Publication du Concordat en France, par ordre du Roi, après bien des oppositions.
1519.	L'Empereur Maximilien meurt à Lints le 22 Janvier, âgé de près de 70 ans, dont il en avoit régné 25, 4 mois & 26 jours. Charles-Quint, est élû en sa place le 28 Juin. Zuingle commence à prêcher ses erreurs en Suisse.
1520.	Léon X excommunie Luther par une Bulle datée du 15 Juin, dans laquelle il condamne 40 articles que Luther avoit avancés. Luther écrit à l'Empereur & au Pape, & fait brûler cette Bulle & les Décretales dans la Ville de Wittemberg le 10 Décembre. Charles-Quint est couronné Empereur à Aix-la-Chapelle, le 23 Octobre.
1521.	Première Diéte de Worms. Luther y comparoît le 17, ou 18 Avril. Il est exilé & obligé de se cacher. Henri VIII. réfute les sentimens de Luther, & compose un Livre pour la défense des Sacremens. La Faculté de Théologie de Paris censure plusieurs propositions de Luther.
1522.	Luther revient à Wittemberg le 6 Mars, & traduit le Nouveau Testament en Allemand.

Depuis J. C.	Soliman, Sultan des Turcs, se rend maître de l'Isle de Rhodes.
1523.	Frideric I. déclare la guerre à Christierne II. Roi de Dannemarc, le chasse de ses Etats, & s'en fait couronner Roi.
	L'Hérésie s'introduit en France; on commence à l'enseigner à Meaux.
	Guerres des Anabaptistes.
	Le Luthéranisme s'introduit en Suéde & en Dannemarc.
1525.	Les paysans de Franconie se soulevent, & se déclarent pour Luther. Guillaume de Furstemberg marche contre eux, & en tue plus de 50000, selon quelques Auteurs, & plus de 100000 selon d'autres. Luther se marie à Catherine de Born, qui avoit été Religieuse.
	François I. Roi de France, assiége Pavie; il est fait prisonnier le 24 Février.
1526.	Charles-Quint permet à François I. de sortir de sa prison, François donne ses deux fils pour ôtage.
	Projet d'une ligue entre les Anglois & les Princes d'Italie. François I. en fait une avec le Pape, les Vénitiens & les Florentins. Rome est prise le 20 Septembre par les Colonnes.
	Henri VIII. Roi d'Angleterre, prend des mesures pour répudier Catherine sa femme.
1527.	Rome est prise une seconde fois, le 6 Mai, par les troupes de Charles de Bourbon, & le Pape est fait prisonnier.
	Ferdinand d'Autriche chasse Jean Waivode des Royaumes de Hongrie & de Bohême, & s'en fait couronner Roi le 24 Février.
	Henri VIII. continue ses poursuites pour faire déclarer son mariage nul.
1528.	Gustave Ericson est couronné Roi de Suéde le 12 Janvier.
1529.	Diéte, tenue à Spire, dans laquelle on fait un Décret peu favorable aux Novateurs. Jean, Electeur de Brandebourg, & plusieurs autres Princes protestent contre ce Décret, d'où l'on donne à ces Princes le nom de Protestans, qui depuis est passé aux partisans de Luther. Ces Princes s'assemblent à Smalcalde, & forment une ligue pour la défense du Luthéranisme.
	L'affaire du divorce de Henri VIII. se plaide en présence des Légats; elle est évoquée à Rome.
1530.	Charles-Quint se fait couronner à Boulogne le 24 Février.
	On assemble une Diéte à Augsbourg. Les Luthériens y présentent, le 25 Juin, leur confession de Foi qui avoit été composée par Melancthon; les Sacramentaires présentent aussi la leur. Les Catholiques & les Protestans, ou Luthériens, conferent ensemble; la Diéte se sépare le 16 Novembre.
1531.	Ferdinand, frere de l'Empereur, est élû Roi des Romains le 5 Janvier.
	Guerre des Suisses, où Zuingle est tué, âgé de 44 ans.

L'Em-

Depuis J. C. 1532.	L'Empereur fait la paix avec les Princes d'Allemagne le 13 Juillet. Il a une entrevûe avec le Pape à Boulogne, vers la fin de l'année. Christierne, qui avoit été chassé de Dannemarc, rentre dans ses Etats. Il est arrêté & mis en prison, où il reste pendant 27 ans. Calvin enseigne secretement ses erreurs à Paris ; il ne laisse pas d'être recherché, & s'enfuit.
1533.	Le Pape propose un Concile aux Princes Allemands & au Roi de France. Les Anabaptistes, sous la conduite de Storck & de Muntzer, se rendent maîtres de Munster. Les Suisses & les Bohémiens font des confessions de Foi. Le Parlement d'Angleterre fait un Décret pour se soustraire à l'obéissance du Pape, & déclare le Roi, Souverain de l'Eglise Anglicane. Cranmer prononce une sentence en faveur du divorce de Henri VIII. avec Catherine. Anne de Boulen accouche d'une fille, à qui on donne le nom d'Elisabeth.
1534.	Sentence définitive du Pape pour la validité du mariage du Roi d'Angleterre avec Catherine, rendue le 23 Mars.
1535.	Christierne III. frere de Frideric, lui succéde dans le Royaume de Dannemarc, & introduit le Luthéranisme dans ses Etats. Paul III. offre de tenir un Concile à Mantoüe ; les Protestans le refusent. Les freres de Bohême & de Moravie se réunissent avec les Luthériens. La Ville de Munster est prise, & la Secte des Anabaptistes dissipée. Cromwel est fait Vicaire-Général de Henri VIII. en Angleterre. Procession solemnelle à Paris, à laquelle François I. assiste en personne, pour réparation des injures, faites au Saint Sacrement dans quelques affiches mises à Paris. Fondation de la Société de Jesus par Saint Ignace de Loyola.
1536.	Mort de Catherine, Reine d'Angleterre, le 8 Janvier. Bulle d'indiction du Concile à Mantoüe du 2 Juin.
1537.	Le Concile, qui avoit été indiqué à Mantoüe, est prorogé par la Bulle du 20 Mai.
1538.	Le Pape donne une Bulle contre Henri VIII. Roi d'Angleterre.
1539.	La Misnie & la Thuringe changent de Religion, après la mort du Prince George, Duc de Saxe. Incendie à Constantinople, dans lequel un grand nombre de personnes périssent.
1540.	Charles-Quint passe par la France pour aller dans les Pays-Bas. François I. lui fait une réception magnifique. Le Pape Paul III. ménage une entrevûe entre François I. & Charles V.
1543.	Marie, Reine d'Ecosse, succéde à Jacques V. qui meurt le 13 Décembre.

Depuis J. C.	
1543.	Indiction du Concile de Trente pour le premier Novembre, par une Bulle du 22. Mai. L'Empereur fait la paix avec le Roi de France le 14 Septembre.
1544.	Les Etats de Suéde déclarent ce Royaume héréditaire. Indiction nouvelle du Concile de Trente pour le 15 Mars de l'année fuivante, par une Bulle du 19 Novembre.
1545.	Légats, envoyés à Trente. Le Concile eft différé, & enfin ouvert à Trente le 13 Décembre. On indique la prochaine feffion au 17 Janvier fuivant.
1546.	Luther meurt à Iflebe, le 18 Février. On tient la II. feffion du Concile de Trente le 7 Janvier, & l'on indique la III. qui fe tint le 4 Février; la IV. fe tient le 8 Avril; la V. le 17 Juin; la VI. qui avoit été indiquée au 29 Juillet, ne fe tint que le 13 Janvier fuivant.
1547.	Henri VIII. Roi d'Angleterre, meurt le 28 Janvier, âgé de 57 ans, après en avoir régné environ 38. Edoüard VI. fon fils lui fuccéde. François I. meurt le 31 Mars. Son fils Henri II. lui fuccéde.
1548.	Sigifmond I. Roi de Pologne, meurt le jour de Pâque, âgé de 81 ans, dont il en avoit régné 42. Sigifmond II. fon fils lui fuccéde. Interim publié en Allemagne, & fon exécution ordonnée par un Edit de l'Empereur du 15 Mai.
1550.	L'Empereur follicite vivement le rétabliffement du Concile. Le Pape, par une Bulle du 15 Décembre, indique le Concile à Trente pour le premier Mai fuivant. Diéte d'Augsbourg. Charles-Quint rend un Edit contre les Luthériens, qui commencent à s'établir dans les Pays-Bas. Le Pape confirme la Société de Jefus. Cette Compagnie obtient des Lettres-patentes pour s'établir à Paris, & ne peut les faire vérifier au Parlement.
1551.	L'Empereur déclare la guerre au Duc de Parme; il l'entreprend auffi contre le Roi de France. Seconde ouverture du Concile à Trente, le premier Mai. Ordonnance du Roi de France, qui défend de rien porter à Rome, & contre les Hérétiques. Changement de Religion en Angleterre.
1552.	Paix de Paffaw, qui accorde aux Proteftans d'Allemagne la liberté de Religion.
1553.	Edoüard VII. Roi d'Angleterre, meurt le 6 Juillet. Marie fa fœur lui fuccéde, & rétablit la Religion Catholique en Angleterre. Michel Servet eft brûlé à Genève, pour fes erreurs fur le Myftére de la Sainte Trinité.
1555.	On affemble une Diéte à Augsbourg, & l'on propofe un Concile National en Allemagne. Les Catholiques de l'Empire s'accommodent avec les Proteftans fur quelques Articles.

Le

DE L'HISTOIRE MODERNE.

Depuis J. C.	Le Socinianisme commence à se répandre en Pologne & en Transylvanie, par le moyen de Lelio & Fauste Socin, & de leurs partisans.
1556.	Charles V. renonce à ses Etats d'Espagne en faveur de Philippe son fils, donne l'administration de l'Empire à Ferdinand son frere le 25 Octobre, & se retire dans le Monastére de Saint Just, sur les confins de la Castille, où il passe le reste de sa vie.
1557.	Bataille de Saint-Quentin, où les François sont défaits par les Espagnols, commandés par le Duc de Savoye.
1558.	Ferdinand est reconnu Empereur. Charles-Quint meurt le 21 Septembre, âgé de 59 ans.
	Mort de Marie, Reine d'Angleterre, le 17 Novembre. Sa sœur Elizabeth lui succéde.
	Les François, sous le commandement du Duc de Guise, se rendent maîtres de Calais, qui étoit possédée par les Anglois depuis 210 ans, & traitent de la paix avec Philippe, Roi d'Espagne.
	Diéte d'Augsbourg.
	Troubles en Flandre, où l'on érige plusieurs nouveaux Archevêchés & Evêchés.
1559.	Mort de Christian, Roi de Dannemarc, le 12 Janvier. Fréderic se fait couronner Roi le 20 Août.
	Henri II. est blessé, dans un tournois, d'un éclat de lance par le Comte de Montgommery, & meurt le 10 Juillet, âgé de 40 ans & 4 mois, après avoir régné 13 ans. François II. lui succéde.
	La paix est conclue entre la France & l'Espagne au Château Cambrésis.
	La Reine Elizabeth révoque les Edits favorables à l'Eglise Catholique.
1560.	Les prétendus Réformés se révoltent en plusieurs endroits du Royaume, & forment le dessein de se saisir de François II. dans le tems qu'il étoit à Amboise, & de faire mourir le Cardinal & le Duc de Guise. C'est à cette entreprise que l'on a donné le nom de conjuration d'Amboise. Le Roi assemble un grand nombre des principaux Seigneurs de France à Fontainebleau le 21 Août, accorde un Edit de Tolérance en faveur des prétendus Réformés, & meurt le 5 Décembre, âgé de 17 ans, 10 mois & 15 jours, après un an & demi de régne. Charles IX. âgé de 10 ans & demi, lui succéde. On tient les Etats à Orléans le 13 Décembre.
	On propose de recommencer le Concile de Trente. Pie IV. l'indique au jour de Pâque de l'année prochaine, par une Bulle du 30 Décembre.
	Ligue des Gueux en Flandres.
1561.	Eric XIV. devient Roi de Suéde.
	Marie, Reine d'Ecosse, veuve de François II. retourne en Ecosse, & y épouse Henri de Harley.

M 5

Char-

Depuis J. C.	Charles IX. donne un Edit, au mois de Juillet, en faveur des prétendus Réformés. Colloque de Poissy. Maximilien, fils de l'Empereur Ferdinand, se fait couronner Roi de Bohême à Prague, le 20 Septembre, & Roi des Romains le 30 Novembre à Francfort. Les gens du Duc de Guise massacrent un grand nombre de Huguenots à Vassy, Ville de Champagne. Cet accident fut comme le signal des guerres civiles en France, entre les Catholiques & les prétendus Réformés. **III. OUVERTURE DU CONCILE DE TRENTE.** Le 18 Janvier, on tient la XVIIe. session. Nouveau sauf-conduit accordé aux Protestans.
1563.	Le Duc de Guise meurt le 24 Février, d'une blessure reçue au siége d'Orléans. La Reine accorde la paix aux Huguenots le 18 Mars. Les Suédois & les Danois se font la guerre.
1564.	Mort de l'Empereur Ferdinand I. le 25 Juillet, âgé de 61 ans, après avoir gouverné l'Empire 7 ans. Maximilien II. son fils aîné lui succéde.
1566.	Soliman I. meurt le 7 Septembre. Soliman II. entre en possession de l'Empire Ottoman, il tente vainement la prise de l'Isle de Malthe.
1567.	De Harley, mari de la Reine d'Ecosse, se tue. Cette Princesse épouse Boduel. Les peuples d'Ecosse se soulevent. Seconde guerre de Religion en France.
1568.	Eric, Roi de Suéde, est privé de ses Etats par son frere Jean, qui s'en fait mettre en possession le 13 Octobre. La Reine d'Ecosse est obligée de quitter ses Etats, & de se réfugier en Angleterre, où elle est arrêtée. Jacques VI. est reconnu Roi d'Ecosse, quoiqu'il ne fût encore âgé que de 2 ans, le 25 Juillet. Paix avec les Huguenots, renouvellement de guerre. On accorde le libre exercice de la Religion prétendue Réformée dans les Pays-Bas.
1569.	Bataille de Jarnac & de Moncontour. Le Prince de Condé est tué par Montesquiou dans la premiére. Charles IX. épouse Elizabeth, fille de l'Empereur Maximilien.
1570.	Les vents sont si considérables en Hollande, en Frise & en Zélande, que plusieurs Bourgs & Villages sont entiérement renversés, & d'autres submergés.
1571.	Edit de la Reine d'Angleterre contre les Catholiques de ses Etats. Charles IX. Roi de France, à la sollicitation de la Reine sa mere, & de l'avis de plusieurs Seigneurs de sa Cour, ordonne le massacre de l'Amiral de Châtillon & de tous les Huguenots. Ils le font avec tant de cruauté, qu'il y eut en tout plus de 70000 hommes de tués; & parce que ce massacre commença la nuit de la fête de Saint Barthelemi, on l'a depuis appellé le massacre de la Saint Barthelemi.

Ro-

DE L'HISTOIRE MODERNE. 187

Depuis J. C.	
	Rodolphe, fils aîné de l'Empereur Maximilien, est couronné Roi de Hongrie le 26 Septembre.
	Mort de Sigismond, Roi de Pologne, le 7 Juin.
1573.	Henri, frere du Roi Charles IX. est élû Roi de Pologne.
1574.	Soliman, Empereur des Turcs, meurt de débauche le 15 Décembre. On cache sa mort jusqu'à l'arrivée d'Amurath son fils, qui, pour s'assûrer de l'Empire, fait mourir cinq de ses freres.
	Charles IX. meurt le 30 Mai, âgé de 24 ans, après avoir régné 13 ans & quelques mois. Son frere Henri III. revient de Pologne pour lui succéder à la couronne de France.
	Etienne Battory est élû Roi de Pologne.
1575.	Rodolphe, fils de Maximilien, est couronné Roi de Bohême le 22 Septembre, élû Empereur le 27 Octobre, & couronné le 1 Novembre.
	Henri III. fait arrêter le Duc d'Alençon son frere. Ce Prince trouve moyen de s'échapper, joint le Prince de Condé, se déclare en faveur des Huguenots, & se met à la tête de leurs troupes.
1576.	L'Empereur Maximilien meurt à Ratisbonne le 12 Octobre. Son fils Rodolphe lui succéde.
	Henri III. découvre & fait avorter une conspiration que plusieurs personnes de considération avoient tramée contre lui.
	Paix, conclue en France avec les Huguenots, &, confirmée par un Edit du 9 Mai, vérifié en Parlement le 15. Les avantages, accordés par cette paix aux Huguenots, font murmurer les Catholiques, & servent de prétexte aux mécontens, qui se déclarent contre Henri III. ce qui donna lieu à cette fameuse LIGUE, qui fit tant de ravage dans la suite. Cette Ligue fait révoquer l'Edit favorable aux Huguenots, dans les Etats que l'on tient à Blois.
1577.	Les Huguenots recommencent la guerre; on fait la paix avec eux.
1578.	Sébastien, Roi de Portugal, passe en Afrique, est pris & tué par les Maures. Le Cardinal Henri lui succéde.
1579.	Institution des Chevaliers du Saint-Esprit.
	Fauste Socin s'établit en Pologne, & y affermit sa Secte.
1580.	Philippe, Roi d'Espagne, s'empare du Royaume de Portugal, après la mort de Henri, arrivée le 31 Janvier.
	Les Huguenots recommencent la guerre.
1581.	Union des Provinces des Pays-Bas, après s'être soustraites de l'obéïssance de Philippe, Roi d'Espagne.
1582.	Réforme du Calendrier par le Pape Gregoire; plusieurs Princes Protestans la rejettent.
1584.	Le Duc d'Anjou, héritier présomptif de la Couronne de France, meurt le 10 Mai.
1585.	Les Guises, à la tête des Ligueurs, recommencent la guerre contre les Huguenots, & révoltent tous les François contre le Roi.

Mort

Depuis J. C.	Mort d'Etienne, Roi Pologne, le 2 Décembre.
1586.	Marie Stuart, Reine d'Ecoſſe, eſt décapitée, le 18 Février.
1587.	Sigiſmond III. Roi de Suéde, eſt couronné Roi de Pologne le 17 Décembre.
1588.	Philippe, Roi d'Eſpagne, équipe une flotte, (à qui on donna le nom d'Invincible, à cauſe du grand nombre de Vaiſſeaux dont elle étoit compoſée, & que quelques Auteurs font monter à plus de 425 Voiles) à deſſein d'envahir l'Angleterre. Cette flotte vient juſqu'à l'embouchure de la Tamiſe, & eſt entiérement diſſipée, en partie par la tempête, & en partie par l'adreſſe de François Drack.
	Pluſieurs perſonnes ayant rangé des tonneaux dans quelques rues de Paris, à deſſein d'empêcher le paſſage des troupes que le Roi avoit fait entrer dans cette Ville pour la ſûreté de ſa perſonne, on donne à ce jour le nom de journée des Barricades. Les Ligueurs ont un ſi grand avantage, que le Roi eſt obligé de prendre la fuite, & de ſe retirer à Chartres.
	Les Ligueurs deſtituent quelques Officiers de la Ville de Paris, & s'emparent de pluſieurs autres Villes du Royaume. Le Duc de Guiſe, à la perſuaſion de la Reine, demande pardon au Roi, & l'obtient. Henri accorde la paix aux Ligueurs, & l'Edit, auquel on a donné le nom de Réunion. Il va à Blois pour y tenir l'aſſemblée des Etats, dont l'ouverture ſe fait le 16 du mois de Septembre.
	Le Duc de Guiſe eſt tué, le 23 Décembre, dans le Palais de Henri III. Le Cardinal de Guiſe eſt auſſi tué à coups de halebardes. Les corps de l'un & l'autre ſont brûlés, & leurs cendres jettées au vent. Preſque toutes les Villes de France ſe ſoulevent contre Henri III. Les Ligueurs ſe ſouſtrayent de ſon obéïſſance; le Duc de Mayenne ſe met à leur tête. Henri III. appelle le Roi de Navarre à ſon ſecours.
	Frédéric, Roi de Dannemarc, meurt le 4 Avril, âgé de 54 ans. Chriſtierne IV. lui ſuccéde.
	Catherine de Medicis meurt à Blois le 5 Janvier, âgée de 70 ans.
1589.	Le Conſeil des Seize propoſe à la Faculté de Théologie de Paris un cas de conſcience: ſçavoir, ſi les François ne pouvoient pas prendre les armes contre Henri III. & s'ils n'étoient pas diſpenſés de la fidélité qu'ils lui devoient.
	Buſſi le Clerc, Procureur au Parlement de Paris, a la témérité d'aller avec une troupe de ſoldats enlever dans la Grand-Chambre, & de conduire à la Baſtille Achille de Harlay, Premier Préſident du Parlement de Paris, & pluſieurs Conſeillers, parce qu'ils étoient attachés au ſervice de Henri III.
	Le Duc de Mayenne entre dans Paris. Les Ligueurs lui donnent la qualité de Lieutenant-Général de l'Etat, Royaume & Couronne de France; ce Duc s'attribue une ſouveraine autorité. Les Sermons & les diſcours ſéditieux des partiſans de

Depuis J. C. | la Ligue font révolter la plûpart des Villes de France. Le Roi de Navarre vient au secours de Henri III. & aide ce Prince à faire le siége de Paris.

Jacques Clément, Religieux Dominicain, natif du village de Sorbonne, près de Sens, âgé d'environ 25 ans, vient à Saint-Cloud, & y perce Henri III. d'un coup de couteau au-dessous du nombril, dont ce Prince meurt le 2 Août, âgé de 38 ans, 10 mois & 13 jours, après avoir régné 15 ans & 2 mois. La branche des Valois, qui avoit régné 161 ans, à compter depuis Philippe VI. finit en sa personne.

SIXIEME EPOQUE
DE L'HISTOIRE MODERNE,
OU
DE L'ERE COMMUNE DE J. C.

Cette Epoque commence l'an 1589. lorsque la branche Royale de Bourbon monta sur le Trône des François. Elle a déjà duré, jusqu'à la fin de 1740, plus de 161 ans. Sous cette Epoque, l'Eglise reprend sa tranquillité. Elle conserve toujours inviolablement ses mêmes Dogmes & la pureté de sa Morale, malgré les attaques que l'on a faites sur ces deux parties. Elle se trouveroit heureuse, si les Fidéles la suivoient dans ses mœurs, aussi exactement qu'ils font dans la foi. Les Infidéles, qui, sous la V. Epoque, se sont rendus maîtres de l'Empire d'Orient, attaquent les Chrétiens; mais non pas toujours avec un égal succès pour eux. D'ailleurs, les autres Etats ne sont agités que par les guerres excitées, tantôt par les justes prétentions des Princes, tantôt par l'ambition des autres, & quelquefois même par le mauvais conseil de leurs Ministres.

1589. HENRI III. eut pour successeur Henri IV. Roi de Navarre, parent du feu Roi au 22e. dégré, descendant de Robert de France, Comte de Clermont, Seigneur de Bourbon, & qui étoit le dernier fils du Roi Saint Louis. Le Duc

de

Depuis J. C.	
	de Mayenne & les Ligueurs se déclarent ouvertement contre Henri IV. & font proclamer Roi de France, le 21 Novembre, le Cardinal de Bourbon, sous le nom de Charles X. Henri IV. approche de Paris le 31 Octobre, attaque le Fauxbourg Saint-Germain le premier Novembre, & se retire quelques jours après à Tours.
1590.	Henri IV. fait une nouvelle tentative sur Paris. Quoique les Habitans fussent réduits à une extrême disette de vivres, ils ne voulurent point se rendre, & le Roi fut obligé de se retirer. Le Comte de Châtillon tente de la surprendre; mais deux Religieux, qui faisoient sentinelle, empêchèrent le succès de cette entreprise. Tremblement de terre considérable à Vienne, dans la Moravie & dans la Bohème, le 5 Septembre. Le Cardinal de Bourbon meurt d'une rétention d'urine le 8 Mai, âgé de 67 ans.
1591.	Le Pape excommunie Henri IV. Presque tous les Parlemens du Royaume reconnoissent l'injustice de cette excommunication, & n'y ont aucun égard.
1593.	Les partisans de la Ligue tiennent une assemblée à Paris. L'Archevêque de Bourges & l'Abbé du Perron travaillent avec succès à la conversion de Henri IV. qui fait son abjuration à Saint-Denys, le Dimanche, 25 Juillet. Sigismond succéde à Eric dans le Royaume de Suéde.
1594.	Henri IV. est sacré à Chartres le 17 Février. Le Comte de Brissac, & plusieurs autres ménagent son entrée dans Paris. Il y entre sans aucune opposition le 22 Mars, & reçoit un coup de couteau à la lévre supérieure, qui lui rompt une dent. L'assassin, nommé Jean Châtel, est arrêté sur le champ. Le Parlement rend un Arrêt le 22 Décembre contre cet assassin, dans lequel on comprend aussi les Jesuites, à qui il est ordonné de sortir de Paris & des autres Villes du ressort du Parlement, trois jours après que cet Arrêt leur aura été signifié. Presque tous les Parlemens du Royaume font la même chose. La maison de Jean Châtel, qui étoit devant l'une des grandes portes du Palais à Paris, est démolie, & une pyramide érigée dans l'endroit où étoit cette maison.
1595.	Réconciliation de Henri IV. avec le Saint Siége. Antoine, Roi Titulaire de Portugal, meurt à Paris le 25 Août. Le Roi d'Espagne reste toujours en possession du Royaume. Amurath, Empereur des Turcs, meurt le 8 Janvier. Mahomet III. fait mourir plus de 13 enfans de son pere, & monte ensuite sur le Trône. Paix de Vervins entre la France & l'Espagne.
1598.	Philippe II. Roi d'Espagne, meurt à l'Escurial le 13 Septembre. Son fils Philippe III. lui succéde. Sigismond Battory céde la Transylvanie à Maximilien, & s'en repent peu de tems après.

Edit

Depuis J. C.	
1599.	Edit de Nantes en faveur des prétendus Réformés. La Transylvanie est enlevée à André Battory par l'Empereur.
1601.	La paix est conclue entre la France & la Savoye. La Bresse est cédée au Roi, en échange du Marquisat de Saluces. Henri IV. interdit le commerce d'Espagne à ses Sujets. Louïs Dauphin, depuis Roi de France, naît à Fontainebleau le 27 Septembre.
1602.	Conspiration du Maréchal de Biron, punie.
1603.	Elizabeth, Reine d'Angleterre, meurt sans postérité, le trois Avril, âgée de plus de 69 ans, après en avoir régné 44. La succession des Rois d'Angleterre finit en sa personne, & passe à Jacques VI. Roi d'Ecosse, qui lui succéde, & qui réunit en sa personne les Royaumes d'Ecosse & d'Angleterre ; ce qui ne s'étoit pas encore vû. Décrets du Sénat de Venise, portant défense d'établir de nouvelles Communautés Religieuses, & de bâtir de nouveaux Hôpitaux, ou Monastéres. Etablissement des Manufactures de Cristal en France.
1604.	Dès le 2 Janvier, on vérifie au Parlement de Paris l'Edit que le Roi avoit accordé pour le rétablissement des Jésuites, qui depuis 10 ans avoient été chassés.
1605.	Le Sénat de Venise défend aux Séculiers de donner aucuns fonds aux Ecclésiastiques. Il fait mettre en prison deux Clercs, dont Paul V. demande inutilement la liberté. Ce refus donne lieu à de grandes contestations entre la République & le Pape. Paul V. publie plusieurs Monitoires contre la République de Venise, & les Décrets du Sénat, dont nous venons de parler. Henri IV. Roi de France, fait abattre la pyramide qui avoit été dressée devant le Palais, en la place de la maison où Jean Châtel étoit né. Plusieurs particuliers conspirent contre le Roi d'Angleterre & contre les Seigneurs du Royaume. C'est à cette trahison que l'on a donné le nom de Conspiration des poudres, parce que les complices devoient s'en servir pour faire sauter le Parlement, dans le tems que le Roi & tous les Seigneurs y seroient assemblés.
1606.	Leonardo Donato est élû Doge de la République de Venise. Le Sénat de cette Ville persiste à soutenir les Décrets qu'il avoit faits, ne voulant pas relâcher les deux Ecclésiastiques qu'il avoit emprisonnés. Le Pape Paul V. interdit tous les Etats de Venise, par une Bulle du 17 Avril. Le Sénat défend de publier & d'observer l'Interdit, & proteste contre la Bulle. Le feu prend au quartier des Juifs à Constantinople, & brûle plus de 800 maisons, dans lesquelles plus de 1500 personnes périrent.
1607.	Accord entre le Pape & la République de Venise, au sujet de

Depuis J. C.	de l'Interdit, par la médiation du Roi de France. Le Cardinal de Joyeuse est employé, & réussit dans cette Commission.
	Inondation considérable en Angleterre, vers la fin du mois de Janvier. Plusieurs grandes Villes & Villages sont ensévelies sous les eaux.
1680.	Il fait un froid si extrême, que l'on a nommé cette année celle du grand hyver. Les riviéres & les fleuves les plus rapides furent gelés, jusques à porter des chariots chargés; les vignes, les cyprès, & les noyers gelérent jusqu'à la racine.
	Le 25 d'Avril, la Reine accouche à Fontainebleau de Monseigneur le Duc d'Anjou.
	L'Archiduc Mathias est proclamé Roi de Hongrie le 14 Novembre, & couronné le 19.
	Le Prince Charles de Lorraine meurt au mois de Mai.
1609.	Le 15 Novembre, la Reine accouche de Madame, troisiéme fille de France.
1610.	Le 14 Mai Henri IV. est tué dans Paris par François Ravaillac, natif d'Angoulême. Louïs XIII. son fils lui succéde. Dès le 14 Mai, le Parlement reconnut la Reine Régente. Le Roi tient son lit de Justice le 15 Mai, & de l'avis des Princes du sang Royal, des Ducs & grands Seigneurs du Royaume, il confirme l'Arrêt qui avoit été rendu le jour précédent touchant la Régence. Il est couronné à Rheims le 17 Octobre, par le Cardinal de Joyeuse.
	Philippe III. Roi d'Espagne, fait exécuter l'Edit qu'il avoit rendu contre les Maures, le 9 Décembre 1609, par lequel il leur ordonnoit de sortir de ses Etats dans le terme de 30 jours, qui fut restraint à 20. Plus de 900000 personnes se trouvent dans le cas de l'Edit, & sont obligés d'abandonner la plus grande partie de leurs biens.
1611.	Plus de 200000 personnes meurent de la peste à Constantinople.
	Le Roi de Dannemarc déclare la guerre au Roi de Suéde. Charles IX. Roi de Suéde, meurt le 29 Octobre. Son fils Gustave Adolphe lui succéde.
1612.	L'Empereur Rodolphe meurt le 10 Janvier. Mathias premier lui succéde.
	Les vents du Midi furent si violens, & un si grand nombre de Vaisseaux périrent sur mer, que l'on repêcha plus de 2000 corps morts sur les côtes de France & d'Angleterre, & plus de 1200 en Hollande. Plusieurs Villes & Villages furent endommagés par ces tempêtes.
	Les Hollandois s'efforcent en vain d'aller dans les Indes Orientales par le Détroit de Vaïgats.
	Les Anglois tentent inutilement le voyage de la Chine par le Nord.
	Les François, sous le commandement du Sieur Rasilly, s'établissent dans l'Isle de Maragnan, & y annoncent la Foi par le ministére de quelques Capucins.

Le

DE L'HISTOIRE MODERNE.

Depuis J. C.	
1613.	Le 11 Mars, plus de 120 maisons de la Ville d'Osnabrug sont réduites en cendres par accident. Le 18. Avril, le feu consume une grande partie des bâtimens de Magdebourg, Ville de Saxe. Un particulier, ayant mis le feu à dix endroits différens de Gnesne, Ville de Pologne, causa par ce moyen l'embrasement général de cette Ville & de ses Fauxbourgs. Il tomba une si grande abondance de grêle pendant le mois de Mai, qu'il y en avoit dans quelques endroits jusqu'à douze pieds d'épaisseur; les bleds & les vignes en furent entiérement perdues. Des débordemens d'eaux furent suivis d'une prodigieuse quantité de sauterelles, qui mangérent en Provence toutes les herbes & les plantes.
1614.	Le Prince de Condé, & plusieurs autres Princes & grands Seigneurs sortent de Paris, & se retirent de la Cour. Le Duc De Vendôme est arrêté prisonnier dans le Louvre. Il s'échappe & se retire à Ancenis en Bretagne. Le Marquis d'Ancre est fait Maréchal de France, après la mort du Maréchal de Fervaques.
1615.	La Reine Marguerite de Valois, derniére Princesse de cette branche, meurt à Paris le 27 Mars. Lettres-patentes de Louïs XIII. du 23 Avril, qui ordonnent à tous les Juifs, résidant en France, de sortir de ce Royaume, un mois après la publication des lettres-patentes. Monsieur le Prince de Condé & plusieurs autres Seigneurs levent des troupes contre le Roi; les Huguenots font la même chose. On fait à Bourdeaux la cérémonie du mariage de Louïs XIII. avec Anne, Infante d'Espagne.
1616.	Le Roi accorde une trêve à Monsieur le Prince de Condé. Sa Majesté le fait arrêter prisonnier, & mener à la Bastille le 25 Septembre.
1617.	Le Maréchal d'Ancre est tué le 24 Avril. La populace exhume son corps, le traîne par la Ville, & lui fait mille infamies. La Galigay, femme de ce Maréchal, est brûlée en Greve, par Arrêt du Parlement de Paris du 8 Juillet. La Reine mere quitte la Cour, & se retire à Blois le 4 Mai. La République de Venise fait la guerre à l'Archiduc Ferdinand de Grets. Le Grand Sultan Achmet meurt le 15 Novembre, âgé de 30 ans, dont il en avoit régné 15. Son frere Mustapha lui succéde.
1618.	Le Roi de Suéde fait sa paix avec le Czar de Moscovie. Philippe de Nassau, Prince d'Orange, meurt le 21 Février. Le Prince Maurice son frere lui succéde. Guerre de Bohème pour l'élection de Frideric V. Electeur Palatin, à cette Couronne. Ferdinand est couronné Roi de Hongrie le premier Juillet. Le Cardinal Clesel est arrêté prisonnier par l'ordre du Roi Ferdinand, enlevé par les Comtes de Colalte & de Dampierre, & mené dans le Comté de Tyrol.

Depuis J. C.	Le Prince de Piémont époufe Chriftienne, feconde fille de France, âgée de 13 ans, le 10 Février.
1619.	L'Empereur Mathias meurt à Vienne le 10 Mars. Ferdinand III. lui fuccéde.
	Entrevûe de Louïs XIII. avec la Reine près de Tours, & une autre à Briffac le 13 Août. Le Prince de Condé fort de prifon le 20 Octobre, & eft favorablement recû du Roi à Chantilly.
1621.	Philippe III. Roi d'Efpagne, meurt à Madrid le 31 Mars. Philippe IV. fon fils aîné, lui fuccéde.
	L'Archiduc Albert meurt le 13 Juillet.
1622.	Les Habitans de la Rochelle prennent les armes contre Louïs XIII.
	Les Polonois défont 300000 Turcs. Les Janiffaires étranglent le Sultan Ofman le 21 Mai, & rétabliffent Muftapha en fa place.
	Le Duc de Rohan & les Réformés du Bas Languedoc & de Béarn fe foumettent à Louïs XIII. Ce Prince affiége la Rochelle.
1623.	Le Sultan Muftapha eft dépofé, & Amurath mis en fa place fur le Trône des Turcs.
1625.	Jacques I. Roi d'Angleterre, meurt le 16 Mars, âgé de 59 ans, après avoir régné 22 ans en Angleterre. Son fils Charles I. lui fuccéde. Ce Prince époufe Henriette-Marie, fille de Henri IV. le 11 Mai.
	Débordemens d'eaux, qui fubmergent plufieurs Villes d'Efpagne, & inondent Seville & Salamanque.
	Pefte confidérable en Angleterre.
	Les Turcs affiégent la Ville de Bagdet avec une armée de 150000 hommes.
1627.	Le fils aîné de l'Empereur eft couronné Roi de Bohéme.
	Louïs XIII. fe rend au fiége de la Rochelle, que Monfieur le Duc d'Orléans avoit commencé.
1628.	Les Habitans de la Rochelle font une ligue offenfive & défenfive avec le Roi d'Angleterre le 28 Janvier. Le Roi part de la Rochelle le 4 Février, revient à Paris, & laiffe au Cardinal de Richelieu le foin de continuer le fiége. Sa Majefté revient le 3 Avril au Camp de la Rochelle. Le Roi s'en rend maître, y fait chanter le *Te Deum* le premier Novembre, en part le 18, & revient à Paris.
	La pefte ravage la Ville de Lyon pendant près de 4 mois, & fait mourir plus de 60000 Habitans.
1629.	Monfieur Gafton de France, frere de Louïs XIII. & la Reine mere fortent du Royaume.
	Guftave Adolphe, Roi de Suéde, entre en Allemagne.
1631.	Mort de Sigifmond, Roi de Pologne, le 29 Avril, après avoir régné 45 ans. Ladiflas Sigifmond, fon fils aîné, eft élu en fa place le 13 Novembre.
1632.	Les Danois fe brouillent avec les Suédois. Ces derniers font la guerre à l'Empereur. Guftave Adolphe livre près de Lutzen une

Depuis J. C.	une bataille aux Impériaux, où il est tué le 16 Novembre. Sa fille Christine, âgée de 7 ans, lui succède. On donne à cette Princesse cinq des principaux Seigneurs du Royaume pour gouverner, jusqu'à ce qu'elle eût atteint l'âge de majorité. Le Roi de Bohême meurt le 29 Novembre. Le Mont Vesuve jette une si grande quantité de flammes, que plus de 4000 personnes en sont consumées, & qu'un grand espace de pays en est ruiné. Traité de paix de Loüis XIII. avec le Duc de Lorraine. Monsieur, frere de Loüis XIII. revient en France & leve des troupes. Le Duc de Montmorency prend le parti de Monsieur, & le Languedoc se déclare pour ce Prince. Le Roi envoye le Maréchal de Schomberg & le Maréchal de la Force contre ces troupes. Loüis XIII. se rend en Languedoc, son armée en vient aux mains, & remporte l'avantage sur celle de Monsieur. Le Duc de Montmorency, qui reçoit plusieurs coups dans le combat, est fait prisonnier, conduit à Castelnaudari & condamné; il est décapité le 30 Octobre 1632. Monsieur fait sa paix avec le Roi son frere, & sort une quatriéme fois du Royaume.
1633.	Le Duc de Lorraine leve des troupes, & refuse de rendre hommage à Loüis XIII. pour le Duché de Bar. Le Roi part pour aller en Lorraine, assiége la Ville de Nancy, & accorde la paix au Duc. L'Empereur fait tuer Walstein, qui conspiroit contre lui.
1634.	Le Duc de Lorraine donne ses Etats au Cardinal son frere le 19 Janvier. Ce Cardinal renvoye le chapeau à Rome, se marie avec dispense du Pape & prend la fuite. Le Roi envoye des troupes en Lorraine, & établit un Conseil souverain à Nancy. Incendie à Constantinople.
1635.	Le Roi déclare la guerre à l'Espagne, continue celle de Lorraine, envoye des troupes en Allemagne, en Picardie, en Italie & dans la Valteline. Monsieur, frere du Roi, revient en France. Trêve entre la Pologne & la Suéde.
1637.	L'Empereur Ferdinand II. meurt à Vienne le 8 Février.
1638.	Dom Christophle, fils d'Antoine, Roi titulaire de Portugal, meurt à Paris, âgé de 66 ans. Zaga Christ, Roi d'Ethiopie, meurt à Ruel proche Paris, âgé de 24 ans. Naissance de Loüis XIV. Roi de France, le 5 Septembre. La Reine mere de Loüis XIII. vient à Amsterdam le 14 Août. Peu de tems après, elle passe en Angleterre. Loüis XIII. met sa personne & son Royaume sous la protection de la Sainte Vierge par un vœu solemnel.
1639.	Suspension d'armes entre la France & l'Espagne. Sédition en Ecosse, excitée par quelques Ministres, & appaisé par la prudence du Roi Charles.

Mort

Depuis J. C. 1640.	Mort du Grand-Vifir en Méfopotamie. Mehmet Bacha lui fuccéde. Naiffance de Philippe de France, Duc d'Anjou, le 21 Septembre. Révolution de tous les Etats de la Couronne de Portugal, ménagée par le Cardinal de Richelieu. Jean IV. Duc de Bragance, eft proclamé Roi de Portugal le premier Décembre, comme le plus proche héritier de cette Couronne, que les Efpagnols avoient ufurpée en 1580.
1641.	Loüis XIII. fait un traité avec Charles, Duc de Lorraine, le 29 Mars. Différend du Maréchal d'Eftrées, Ambaffadeur de France à Rome, à l'occafion des Franchifes. Le Roi de Portugal fait fa paix avec les Hollandois le 13 Juin, & fe prépare à foutenir la guerre que le Roi d'Efpagne lui avoit déclarée. Les Impériaux & les Suédois continuent la guerre entre eux.
1642.	La Reine, mere de Loüis XIII. meurt à Cologne le huit Juillet. Le Duc Charles de Lorraine prend les armes, & fe déclare contre la France. Il fe marie avec la Comteffe Cantecroix, quoique fa première femme fût encore vivante. Le Pape excommunie ce Duc & fa feconde femme le 13 Avril. Il protefte contre cette excommunication. Mrs. de Cinq Mars & de Thou font exécutés à Lyon. Le Cardinal de Richelieu meurt le 4 Décembre. Le Cardinal Mazarin lui fuccéde dans le Miniftére. Guerres civiles en Irlande & en Angleterre entre les Proteftans & les Catholiques. Le Parlement fe déclare contre ces derniers, & demande l'abolition des Evêques en Angleterre. La Reine d'Angleterre paffe en Hollande le 7 Mars. Le Roi Charles, fon époux, part de Witehall, fe retire à Yorck, & forme le deffein d'aller en Irlande appaifer les troubles qui défoloient ce pays. Le Parlement s'oppofe à ce voyage, leve des troupes contre le Roi, & affiége Plimouth qui avoit pris le parti de ce Prince. Plufieurs Provinces fe déclarent en faveur du Roi, qui combat d'abord avec fuccès contre les Parlementaires. L'Empereur Ferdinand III. fait fa paix avec le Turc.
1643.	Les Parlementaires d'Angleterre continuent la guerre contre le Roi Charles. Loüis XIII. fait affembler les Princes & principaux Seigneurs du Royaume. Il donne en leur préfence une déclaration, par laquelle, en cas de mort, il déclare la Reine fon époufe Régente du Royaume. Ce Prince meurt le 14 Mai. Son fils Loüis XIV. lui fuccéde. Le Prince de Condé bat les Efpagnols à Rocroy. Troubles à la Chine; les Tartares y entrent.
1644.	Traité avec le Roi de Portugal.

Les

Depuis J. C.	
1646.	Les troupes de Louïs XIV. s'emparent de Piombino, de Dunkerque & de Portolongone.
1647.	Troubles & révolte du Royaume de Naples par la faction de Mazaniel. Le Duc de Guife entre, & foutient les révoltés; mais fans aucun fuccès.
1648.	Paix de Munfter entre la France, l'Allemagne & la Suéde le 24 Octobre. L'Alface eft cédée à la France, & la Garnifon Françoife eft maintenue dans Philipsbourg.
	Barricades de Paris, à l'occafion de l'emprifonnement de Brouffel, Confeiller au Parlement.
	Ladiflas Sigifmond, Roi de Pologne, meurt le 29 Mai. Son frere Jean Cafimir lui fuccéde.
	Chriftierne IV. Roi de Dannemarc, meurt le 28 Février, âgé de 71 ans. Chriftierne, fils de fa fille, eft mis en fa place; mais étant mort avant que de monter fur le trône, fon fils Fréderic III lui fuccéde.
1649.	Charles premier, Roi d'Angleterre, eft décapité le 9 Février. Charles II. ayant été battu, fe réfugie en France le 10 Juillet. Olivier Cromwel fe rend maître du Gouvernement.
	La Cour fe retire de Paris à Saint-Germain. Guerre de Paris. Le Prince de Condé bloque cette Ville avec 7000 hommes. Le Parlement déclare le Cardinal Mazarin ennemi de l'Etat. Les troubles de Paris font appaifés le 3 Avril.
1650.	Chriftine, fille de Guftave Adolphe, eft couronnée Reine de Suéde.
	Emprifonnement des Princes de Condé, de Conty & de Longueville le 18 Janvier.
1651.	Les Princes font mis en liberté.
	Le Cardinal Mazarin quitte le Miniftére, & fe retire au Havre de Grace.
1652.	Le Cardinal Mazarin revient à la Cour. Le Roi revient à Paris, & fait arrêter le Cardinal de Retz.
1654.	Le Roi eft facré à Rheims le 7 Juin, & déclaré majeur le 17 Septembre.
	Chriftine, Reine de Suéde, abdique la Couronne le 16 Juin, en faveur de Charles Guftave, fon coufin.
	Louïs XIV. réconcilie les Vaudois des Vallées avec le Duc de Savoye.
1655.	Les Vénitiens accordent le rétabliffement des Jéfuites, à la priére de Louïs XIV. & du Pape Alexandre VII.
1656.	La paix fe rétablit entre les Suiffes des deux Communions, par la médiation du Roi.
	Jean IV. Roi de Portugal, meurt à Lisbonne le 6 Novembre. Alfonfe fon fils aîné lui fuccéde.
1657.	Ferdinand III. meurt à Vienne le 2 Avril. Son fils Léopold I. eft élû en fa place le 18 Juillet 1658.
1658.	Dunkerque eft prife, le 15 Janvier, par le Vicomte de Turenne; on la remet entre les mains des Anglois.
	Olivier Cromwel, qui s'étoit emparé du Gouvernement d'Angleterre, meurt le 13 Septembre.

Depuis J. C. 1659.	Suspension d'armes avec l'Espagne, suivie de la paix des Pyrenées, conclue le 7 Novembre. Le Roi, médiateur pour la paix de Suéde & de Dannemarc.
1660.	Mort de Gaston de France, frere de Louïs XIII. Duc d'Orléans, & oncle du Roi de France, le 2 Février. Louïs XIV. se marie par Procureur à Fontarabie, le 3 Juin. Les Rois de France & d'Espagne jurent la paix dans l'Isle de Bidassoa, le 6 Juin. Philippe IV. remet Marie-Thérese au Roi son époux, le 7 du même mois. Le 9 les cérémonies se font à Saint-Jean de Luz, & le 26 Août, la Reine fait son entrée dans Paris. Aureng-Zeb se fait Empereur du Mogol.
1661.	Le Cardinal Mazarin meurt le 9 Mars. Le premier Avril, Monsieur, frere de Louïs XIV. épouse Henriette d'Angleterre. Naissance de Monseigneur le Dauphin, le premier Novembre. Charles II. fils de Charles premier, Roi d'Angleterre, est rappellé par ses Sujets.
1662.	Le Roi vient au Parlement, & y fait enrégistrer la donation que le Duc Charles IV. lui fait de la Lorraine. La France convient d'une ligue défensive avec les Hollandois. Dunkerque est rachetée des mains des Anglois.
1663.	Le Roi de France renouvelle l'alliance avec les Suisses, le 28 Novembre.
1664.	Traité de Pise entre la France & le Pape. Le Cardinal Chigi, neveu du Pape Alexandre VII. & le Cardinal Impériale viennent en France pour faire satisfaction au Roi. Le 10 Septembre, le Roi établit l'Académie de Peinture & Sculpture. Le 8 Novembre on commence le Canal pour la jonction des deux mers. Bataille de Saint Gothard en Hongrie, où les François, comme troupes auxiliaires de l'Empereur, battent l'armée des Turcs.
1665.	Etablissement du Journal des Sçavans, à Paris le 5 Janvier, des Manufactures de laines, toiles peintes, & autres établies en France. Rétablissement de l'Ordre de Saint Michel, le 12 du même mois. Philippe IV. Roi d'Espagne, meurt le 17 Septembre. Son fils Charles II. lui succéde.
1666.	Mort d'Anne d'Autriche, mere de Louïs XIV. le 20 Janvier. Ce Prince déclare la guerre aux Anglois, en faveur des Hollandois. Etablissement de l'Académie Royale des Sciences, au mois de Décembre.
1667.	La paix est conclue à Bréda le 26 Janvier, entre l'Angleterre, la Hollande, la France & le Dannemarc. Casimir V. Roi de Pologne, abdique volontairement sa Couronne.
1668.	On dresse le premier plan de la triple alliance entre l'Angleterre, la Suéde & la Hollande le 23 Janvier. Cette alliance est conclue & terminée le 25 Avril. L'Espagne fait la paix

Depuis J. C.	paix avec le Portugal, par la médiation du Roi, le 25 Février.
	Traité de paix, conclu à Aix-la-Chapelle. La France retient les Conquêtes qu'elle avoit faites en Flandre.
1669.	Le Roi oblige le Palatin & le Duc de Lorraine de terminer leurs différends.
	La triple alliance s'engage à la conservation des Pays-Bas.
	Cafimir, Roi de Pologne, fort de fon Royaume, & paffe en France. Louïs XIV. lui donne l'Abbaye de Saint-Germain-des-Prez. Les Etats de Pologne élifent en fa place, le 19 Juin, Michel Koribut Wiefnowiski.
	Alphonfe VI. Roi de Portugal, eft interdit du Gouvernement de fes Etats, qui eft donné à fon frere Pierre, enfuite déclaré Roi en fa place.
1670.	L'Empereur, l'Efpagne & la Hollande font un Traité le 26 Janvier.
	Les Algériens font obligés de faire la paix.
	Le Roi procure celle de Duc de Savoye avec la République de Gênes.
	On renouvelle à la Haye, le 4 Mai, la triple alliance.
	Le Duc de Lorraine brouille la France avec fes Alliés. Le Maréchal de Crequi le dépouille de fes Etats le 27 Août.
	Fréderic III. Roi de Dannemarc, meurt le 9 Février, âgé de 61 ans. Son fils Chriftierne V. ou felon d'autres, VI. du nom, lui fuccéde.
1671.	La Princeffe Palatine fe réunit à l'Eglife Catholique le 15 Novembre. Philippe de France, frere du Roi, époufe cette Princeffe à Châlons, le 21 du même mois.
	Incendie à Conftantinople.
1672.	L'Empereur, l'Efpagne, le Brandebourg & la Hollande fe liguent contre la France.
	Le Roi déclare la guerre à la Hollande le 6 Avril, & nomme la Reine Régente pendant fon abfence.
	Cafimir V. Roi de Pologne, meurt à Nevers le 4 Décembre.
1673.	Trève entre la France & le Brandebourg.
	Le Duc de Lorraine traite avec l'Empereur contre la France.
	Le Gouvernement des Pays-Bas Efpagnols déclare la guerre à la France, en faveur des Hollandois, le 15 Octobre. La France déclare la guerre à l'Efpagne le 19 du même mois.
	Michel Koribut, Roi de Pologne, meurt le 10 Novembre.
1674.	L'Electeur Palatin s'engage avec l'Empereur contre la France.
	Le Prince Guillaume de Furftemberg, enlevé à Cologne. Cette action fait difcontinuer les Conférences pour la paix.
	L'Angleterre fait fa paix particuliére avec les Hollandois.
	Le Roi fe rend maître de la Franche-Comté.
	Jean Sobieski eft élû Roi de Pologne, le 20 Mai, avec le fecours de la France.

Depuis J. C. 1675.	Troubles à Messine, capitale de la Sicile. Le Roi accepte la Ville de Nimegue pour y tenir les Conférences pour la paix.
1676.	La France déclare la guerre au Dannemarc, en faveur de la Suéde, le 28 Août.
1677.	Monsieur, frere unique de Louïs XIV. défait le Prince d'Orange, & l'armée des Alliés près de Cassel, le 11 Avril. Cambrai, Valenciennes & Saint Omer sont prises par les Troupes du Roi.
1678.	Le Roi régle les conditions de la paix, qui est signée à Nimegue le 10 Août, entre la France & la Hollande. Le Prince d'Orange, qui avoit le Traité de paix signé, ne laisse pas d'attaquer les François, commandés par le Maréchal de Luxembourg. Ce Prince est battu & repoussé dans la sanglante bataille de Saint-Denys, près la Ville de Mons.
1679.	Tous les Princes de l'Empire, excepté l'Electeur de Brandebourg, signent la paix avec la France & la Suéde le 5 Février. Cet Electeur ne la signe que le 29 Juin suivant, & rendit à la Suéde tout ce qu'il avoit pris ; le Dannemarc fait la même chose le 2 Septembre. Le Micissipi, nommé aussi Loüisiane, à l'Oüest du Canada, est découvert par les François. Le Roi d'Espagne épouse la fille aînée de Monsieur Philippe de France.
1680.	On donne à Louïs XIV. le surnom de Grand. Ce Prince fait restituer au Duc de Holstein tous les Etats qui lui avoient été enlevés.
1681.	La Ville de Strasbourg se rend au Roi.
1682.	Assemblée du Clergé de France, qui accorde au Roi la régale dans toutes les Eglises du Royaume, & sur tous les Bénéfices auxquels le Roi a droit de nomination. On y dresse les quatre articles, auxquels on a donné le nom de Propositions du Clergé ; sur la souveraineté de la puissance des Rois, & leur indépendance de toute Puissance humaine dans le temporel ; sur l'autorité du Concile général au-dessus du Pape ; sur la faillibilité des jugemens du Pape, & sur la validité des Loix, & des usages des Eglises. Naissance de Monseigneur le Duc de Bourgogne, le 6 Août. Tekeli excite des troubles dans la Hongrie. Les Turcs assiégent Vienne, capitale de l'Autriche. Jean Sobieski, Roi de Pologne, leur en fait lever le siége.
1683.	Marie-Thérese, épouse de Louïs XIV. meurt le 30 Juillet. Monseigneur le Duc d'Anjou, aujourd'hui Roi d'Espagne, vient au monde le 19 Décembre. Alphonse VI. Roi de Portugal, détrôné, meurt à l'Isle de Tercere le 12 Septembre.
1684.	Les Ambassadeurs d'Alger viennent à Paris, le 4 Juillet, implorer la clémence du Roi. Prise de Luxembourg par les troupes du Roi.

Trê-

Depuis J. C.	Trêve, conclue à Ratisbonne le 10 Août, entre la France & l'Espagne. Le 15 du même mois, la France en fait une autre avec l'Empire. Charles II. Roi d'Angleterre, meurt sans postérité le 16 Février. Jacques II. son frere lui succéde, & se fait couronner Roi le 3 Mai. Des Ambassadeurs du Roi de Siam viennent rendre leurs hommages au Roi.
1685.	Louïs XIV. à la priére d'Innocent XI. accorde la paix aux Génois le 22 Février, dont le Doge & quatre Sénateurs viennent à Paris le 15 Mai, faire leurs soumissions, au nom de la République. Révocation de l'Edit de Nantes, & suppression de l'exercice de la Religion Réformée par un Edit du 22 Octobre. Molinos, Prêtre Espagnol, accusé d'enseigner les erreurs des Quiétistes, est arrêté à Rome, & mis dans les prisons de l'Inquisition. Ses dogmes sont proscrits, & sa personne condamnée à une prison perpétuelle par un décret du Saint Office. Bude & Neuhausel en Hongrie, prises sur les Turcs par les Troupes de l'Empereur Léopold.
1686.	Le Maréchal de la Feuillade éléve une statue au Roi dans la Place des Victoires à Paris. Seconde Ambassade du Roi de Siam à Louïs XIV. Commencement de la Ligue d'Augsbourg contre la France. Naissance du Duc de Berry, le 31 Août. Louïs II. Prince de Condé, meurt le 11 Décembre. Etablissement de la Maison Royale de Saint Cyr, pour 300 jeunes Demoiselles Nobles.
1687.	Carnaval de Venise, où le Duc de Savoye, le Duc de Baviére, &c. prennent des liaisons contre la France.
1688.	Louïs XIV. déclare la guerre aux Hollandois le 3 Décembre. Troubles en Moscovie. Le Czar Pierre I. commence à régner seul.
1689.	La Reine d'Angleterre & le Prince de Galles se retirent de Londres, & arrivent à Paris le 6 Janvier. Jacques II. Roi d'Angleterre, arrive le 7 du même mois au Château de Saint-Germain-en-Laye. Guillaume, Prince d'Orange, & Marie sa femme, fille du Roi Jacques, gouvernent l'Angleterre avec le titre de Roi & Reine. L'Allemagne déclare la guerre à la France le 24 Janvier. Le Roi déclare la guerre à l'Espagne le 15 Avril; aux Anglois & au Prince d'Orange, le 25 Juin. Christine, Reine de Suéde, meurt à Rome le 19 Avril.
1690.	Bataille de Fleurus, dans laquelle Mr. de Luxembourg défait l'armée des Alliés le 1 Juillet. Bataille de Stafarde, où Mr. de Catinat défait l'armée commandée par le Duc de Savoye.

Depuis J. C.	Le Roi Jacques passe en Irlande pour s'opposer au Prince d'Orange, à qui il fait lever le siége de Limeric le 10 Septembre.
Le Pape Alexandre VIII. accorde des Bulles aux Evêques de France, qui avoient été nommés par le Roi, & auxquels on les refusoit depuis l'assemblée du Clergé de 1682. On ne parle pas de la régale, & le Roi se désiste d'une partie du droit des franchises.
Paix de Nipchou, pour régler les limites des Etats du Czar de Moscovie & de l'Empereur de la Chine.
1692.	Combat Naval de la flotte de France contre celle des Anglois, le 29 Mai. Les François perdent 14 de leurs Vaisseaux à Cherbourg & à la Hogue.
Le Duc de Luxembourg défait plus de 10000 hommes des troupes du Prince d'Orange, à la bataille de Steenkerque dans le Haynaut, donnée le 3 Août.
1693.	Louïs XIV. établit l'Ordre Militaire de Saint-Louïs le 10 Mai, pour récompenser les Officiers de ses troupes.
Le Maréchal de Luxembourg attaque le Prince d'Orange à Nervinde le 29 Juillet. Ce Prince est défait, perd son Camp, son Canon, & plus de 12000 hommes.
Le Maréchal de Catinat défait, près de la Marsaglia, l'armée commandée par le Duc de Savoye; plus de 8000 hommes restérent sur la place.
1694.	Les Anglois font une descente à Camaret en Bretagne; ils sont taillés en piéces, ou faits prisonniers. Ils bombardent la Ville de Dieppe, le 22 & 23 Juillet.
1695.	Le Maréchal de Luxembourg meurt le 4 Janvier.
1696.	La paix, entre la France & le Duc de Savoye, signée à Turin le 4 Juillet, & publiée au mois de Septembre. Trève en Italie, jusqu'à la fin du mois d'Août.
Marie Stuart, fille de Jacques II. & femme de Guillaume, Prince d'Orange, meurt à Londres le 8 Décembre.
Jean III. Roi de Pologne, meurt à Warsovie le 17 Juin, âgé de 72 ans.
Le Czar Pierre I. prend sur les Turcs la Ville d'Azof sur la mer Noire.
1697.	On commence les Conférences pour la Paix générale, qui est conclue à Ryswick en Hollande, au mois de Septembre.
Frederic Auguste, Electeur de Saxe, est élù Roi de Pologne, le 27 Juin, & couronné le 15 Septembre.
Charles XI. Roi de Suéde, meurt le 15 Avril. son fils Charles XII. lui succéde.
1698.	Les Anglois & les Hollandois partagent les Etats de la Couronne d'Espagne, quoique Charles II. qui en étoit Roi, fût encore vivant; ce qui donne lieu au Testament de ce Prince, en faveur d'un Prince de la Maison de France.
1699.	Le Roi d'Espagne déclare par son Testament le Duc d'Anjou héritier de tous ses Etats.

Chris-

DE L'HISTOIRE MODERNE. 203

Depuis J. C.	Chriſtierne V. Roi de Dannemarc, meurt le 4 Septembre. Son fils Frideric IV. lui ſuccéde. Paix de Carlowitz, pour les bornes des deux Empires, d'Allemagne & d'Orient.
1700.	Mort de Charles II. Roi d'Eſpagne, le premier Novembre. Le Duc d'Anjou, petit-fils de Louïs XIV. lui ſuccéde, ſous le nom de Philippe V. L'aſſemblée générale du Clergé de France reçoit la condamnation du Livre des Maximes des Saints, de Mr. de Fénelon, Archevêque de Cambrai, & condamne en même temps pluſieurs propoſitions de Morale relâchée.
1701.	L'Empereur, l'Angleterre, la Hollande, le Duc de Savoye & le Portugal déclarent la guerre à la France & à l'Eſpagne. L'Electeur Frideric de Brandebourg ſe déclare lui-même Roi de Pruſſe, & ſe fait reconnoitre en cette qualité par un grand nombre de Puiſſances. Jacques II. Roi d'Angleterre, meurt à Saint-Germain-en Laye le 16 Septembre. Son fils Jacques III. aujourd'hui en Italie, ſuccéde à ſes droits. Les mécontens cauſent beaucoup de mouvement en Hongrie.
1702.	Guillaume III. Prince d'Orange, qui régnoit en Angleterre, meurt le 19 Mars. Anne Stuart, ſeconde fille de Jacques II. lui ſuccéde. Bataille de Luzara en Italie, dont les Impériaux ſont obligés de céder l'honneur aux troupes Françoiſes. Bataille de Fridlingue, près de Huningue, où le Marquis de Villars défait les Impériaux. Les François, du conſentement du Roi d'Eſpagne, négocient dans la mer du Sud. Les François envoyent des Colonies dans la Louïſiane, ou Miciſſipi.
1703.	Priſe de Briſac par le Duc de Bourgogne, le 7 Septembre. Bataille de Spire le 15 Novembre, gagnée par les François ſur les Impériaux. Le Prince Ragotski, Souverain de Tranſylvanie, ſe met à la tête des mécontens de Hongrie.
1704.	Bataille d'Hochſtet, où les Impériaux ont l'avantage ſur les François, dont l'armée, qui eſt très maltraitée, ſe trouve obligée de revenir en France. La perte de cette bataille cauſe auſſi celle de toute la Baviére. Staniſlas Leczinsky eſt élû Roi de Pologne, le 22 Juillet. Il eſt depuis couronné, & reconnu par les Puiſſances de l'Europe. Il déclare enſuite la guerre à Fréderic Auguſte, qui en avoit été élû Roi l'an 1697.
1705.	Bataille de Caſſano en Italie, gagnée ſur les Impériaux par le Duc de Vendôme, le 16 Août. L'Empereur Léopold I. meurt à Vienne le 7 Mai. Son fils aîné, Joſeph-Jacques-Ignace-Jean-Antoine-Euſtache, lui ſuccéde.

Depuis J. C. 1706.	Bataille de Ramillies dans le Brabant, où les François font défaits par les Alliés, qui se rendent maîtres de la meilleure partie des Pays-Bas. Pierre IV. Roi de Portugal, meurt le 9 Décembre. Jean V. lui succéde. Les nouvelles Philippines sont découvertes par les Espagnols. La Ville de Lerida est prise sur l'Archiduc Charles.
1707.	Bataille d'Almanza, sur les Frontiéres du Royaume de Valence, où l'armée de Philippe V. Roi d'Espagne, remporte une victoire complette sur l'Archiduc Charles. Les Impériaux se rendent maitres du Royaume de Naples. Jean V. est proclamé Roi de Portugal le 1 Janvier. Siége de Toulon, entrepris & levé par le Duc de Savoye. La Princesse Anne, Reine d'Angleterre, unit à l'Angleterre, l'Ecosse, qui de Royaume devient seulement une Province, soumise en tout aux Anglois. Elle assûre en même tems la succession de la Couronne d'Angleterre dans la ligne Protestante, en faveur de la Princesse Sophie, Doüairiére de Brunswick Hanovre.
1708.	La Ville de Lille, prise par les Alliés. Action, ou bataille d'Oudenarde, perdue par les François; ce qui occasionne la levée du siége de Bruxelles, entrepris par l'Electeur de Baviére, Maximilien-Emmanuel. Les Anglois se rendent maitres du Port-Mahon dans l'Isle de Minorque, qu'ils occupent encore aujourd'hui. L'Empereur prend, & s'attribue le Duché de Mantoüe.
1709.	Le Roi de Suéde est défait dans une bataille, donnée par les Moscovites près de Pultowa, dans la partie Orientale de l'Ukraine, le 8 Juillet. Le Général Löwenhaupt & plus de 16000 Suédois sont obligés de se rendre au Général Menzikow; & le Roi de Suéde se retire à Bender, sous la protection du Grand-Seigneur. Guerre qui s'éleve dans le Nord. Fréderic-Auguste, Roi de Pologne, qui avoit abdiqué en 1706, proteste contre son abdication & rentre en Pologne, dont il joüit jusqu'à sa mort. Stanislas se retire auprès du Roi de Suéde, & ensuite sous la domination de la France. Le Comte du Bourg, Lieutenant-Général & Commandant de Strasbourg, défait entiérement dans la Haute Alsace un corps de troupes Allemandes de 9000 hommes, commandé par le Général Mercy, qui fut blessé dans l'action, où les Allemands perdirent plus de 2500 hommes, qui furent hors de combat, & 2000 prisonniers, que l'on fit sur eux. La Ville de Tournai, place importante sur l'Escaut, est investie par le Prince Eugene & Mylord Marlborough. La Ville se rend après trois semaines de défense, & la Citadelle tient encore plus d'un mois, & capitule. Bataille de Malplaquet, nommée par les Alliés la Bataille de

de Teniéres. Ils y gagnérent le champ de Bataille, au moyen de 30000 hommes qu'ils laifférent fur la place; & les François en perdirent près de 10000. Les vœux publics de la Hollande furent de ne plus remporter de victoire à ce prix. Le Maréchal de Villars y fut bleffé & mis hors de combat; ce qui occafionna la retraite de l'armée de France, qui fe retira dans un bel ordre & avec beaucoup de dignité, fous les ordres du Maréchal de Boufflers, qui voulut bien fervir alors comme volontaire, fous le Maréchal de Villars. La prife de Mons fut le fruit que les Alliés remportérent du gain de cette Bataille.

Philippe V. Roi d'Efpagne, fait affembler les Etats Généraux à Madrid, & l'on y reconnoît le Prince des Afturies pour héritier préfomptif de la Couronne.

La Ville & le Château d'Alicante, le feul pofte de retraite qui reftoit dans le Royaume de Valence à l'Archiduc Charles, font pris par les troupes du Roi d'Efpagne, à la vûe de la flotte Angloife qui venoit y apporter du fecours.

1710.

Le 15 Février, naiffance de Louïs, Duc d'Anjou, aujourd'hui Roi de France, fous le nom de Louïs XV.

La Ville de Doüai dans la Flandre Françoife eft inveftie par les Alliés, & ne fe rend qu'après 52 jours d'une défenfe très vigoureufe.

Les négociations de la paix, que l'on traitoit à Gertruydenberg, petite place du Brabant Hollandois, font rompues de la part des Hollandois.

La défaite des troupes du Roi d'Efpagne près d'Almenar, & enfuite près de Sarragoce, oblige Philippe V. d'abandonner Madrid, capitale de fes Etats & de fe retirer à Valladolid. L'Archiduc fe rend à Madrid, où la triftefle des Habitans lui fait fentir qu'il n'étoit pas reconnu pour légitime Souverain.

Sur la fin de l'année, le Roi d'Efpagne rentre dans Madrid. Il attaque enfuite, près de Villaviciofa, l'armée des Alliés commandée par le Comte de Stharemberg, l'un des plus habiles Généraux des troupes Impériales. Le Roi d'Efpagne la défait entiérement, avec une perte confidérable pour les Alliés. Le gain de cette bataille confirme la Couronne d'Efpagne au Roi Philippe. Prefque toutes les places révoltées de l'Efpagne fe foumettent, & Philippe V. fait fon entrée à Sarragoce, qui fut regardée comme une Ville conquife, auffi-bien que le Royaume d'Arragon, qui pour fa révolte a perdu tous les priviléges dont il avoit joüi auparavant.

Monfeigneur le Dauphin, fils de Louïs XIV. meurt à Meudon de la petite verole, le 14 Avril, âgé de 49 ans 5 mois & 14 jours. Le Roi donne le titre de Dauphin à Monfieur le Duc de Bourgogne.

La Ville de Gironne en Catalogne fe rend au Duc de Noailles, aujourd'hui Maréchal de France, après un fiége très difficile. Dans le refte de cette année Philippe V. foumet tout le refte du Royaume d'Arragon.

Mi-

Depuis J. C.	
	Milord Marlborough, malgré les défenses de la Reine Anne, investit Bouchain, petite place sur l'Escaut, & la prend après 21 jours de tranchée ouverte. Cette désobéissance du Général Anglois fit accélerer les négociations de la paix entre la France & l'Angleterre. Les Anglois font une tentative inutile sur Quebec, capitale du Canada. L'Empereur Joseph meurt le 17 Avril, âgé de 32 ans 8 mois & 23 jours. Son frere Charles VI. est élû pour lui succéder, le 12 Octobre. La guerre de Hongrie, commencée en 1701, finit par la prise de Montgatsch.
1712.	Marie-Adelaïde de Savoye, épouse de Monseigneur le Dauphin Bourgogne, meurt à Versailles le 11 Février, âgée de 26 ans. Monseigneur le Dauphin meurt à Marly le 18 du même mois, âgé de 30 ans. Le Duc de Bretagne, déclaré Dauphin, fils du précédent, meurt le 8 Mars. L'on commence à Utrecht les négociations pour une paix générale. La suspension d'armes entre la France & l'Angleterre, publiée à Paris le 24 Août, & prolongée ensuite pour parvenir à une paix générale. L'armée de France, commandée par le Maréchal Duc de Villars, force & prend le camp des ennemis à Denain. Le Comte d'Albemarle qui le commandoit, & plusieurs Officiers-Généraux font faits prisonniers de guerre. Cet avantage est suivi de la levée du siége de Landrecies par le Prince Eugene; de la prise de Doüai, qui se rend au Maréchal de Villars le 10 Septembre; de celle du Quesnoy, le 4 Octobre, & de celle de Bouchain. On prit dans l'Abbaye de Marchiennes une nombreuse artillerie & beaucoup de munitions de guerre & de bouche. Tant d'avantages, remportés par la France en une seule Campagne, mirent les Alliés hors d'état de continuer la guerre, & les obligérent à penser sérieusement à faire une paix générale.
1713.	Le Roi d'Espagne renonce solemnellement à la Couronne de France, par un acte du 5 Novembre. Le Duc de Berry & le Duc d'Orléans renoncent à la Couronne d'Espagne le 19 Novembre. Ils viennent au Parlement le 15 Mars 1713. pour faire enrégistrer cette rénonciation. Le Czar Pierre premier rend Azoph sur la mer Noire, au Grand-Seigneur, avec lequel il fait sa paix. La paix est conclue à Utrecht par la France & l'Espagne avec l'Angleterre, la Savoye, le Portugal, la Prusse & avec les Hollandois le 11 Avril, & publiée à Paris le 22 Mai. Le Roi de Prusse est reconnu Roi par le traité d'Utrecht. Le Roi, pour le bien de la paix, sacrifie le port & les fortifications de la Ville de Dunkerque, qu'il fait ensuite démolir. Landau & Fribourg sont pris sur l'Empereur Charles, qui avoit refusé de conclure la paix à Utrecht.

Les

Depuis J. C.	Les Impériaux abandonnent entièrement la Catalogne. Le Comte de Stharemberg se retire de Barcelone le 30 Juin, & s'embarque le 18 Juillet avec les troupes de l'Empereur. Toute la Catalogne est soumise par le Roi d'Espagne, à l'exception de Barcelone & de Cardone. Le Roi de Suéde est conduit de Warniza à Andrinople, d'où il reprend le chemin de ses Etats. Mort de Fréderic premier, Roi de Prusse. L'Acadie & l'Isle de Terre-Neuve, l'une & l'autre en Amérique, sont cédées aux Anglois.
1714.	Le traité de paix est signé le 6 Mars à Rastadt, dans la Principauté de Baden, par le Prince Eugene de Savoye au nom de l'Empereur, & par le Maréchal de Villars au nom du Roi. Le traité ne fut entiérement ratifié que le 7 Septembre suivant dans la petite Ville de Baden en Suisse, où se tiennent ordinairement les assemblées générales des treize Cantons & de leurs Alliés. L'Empereur commence à Anvers un traité de Barriére avec les Etats-Généraux d'Hollande, qui ne fut entiérement conclu que le 4 Octobre 1715. Mort de Monsieur le Duc de Berry. Marie-Louïse-Gabriel de Savoye, Reine d'Espagne, meurt à Madrid le 14 Février. Après plus de six mois d'une défense très obstinée, après un siége difficile, la Ville de Barcelone, qui soutenoit toujours sa révolte, quoiqu'abandonnée par les Impériaux, se rendit enfin à discrétion le 12 Septembre. La Ville de Cardone, autre Ville de Catalogne, se rendit pareillement & subit le même sort. Sur la fin de l'année, le Roi Philippe V. épouse la Princesse Elizabeth-Farnese, Princesse de Parme, aujourd'hui Reine d'Espagne. Anne, Reine d'Angleterre, meurt à Londres le 12 Août, d'une troisiéme attaque d'apoplexie. Les Anglois appellent à la Couronne George-Louïs, Electeur d'Hanovre, qui est couronné Roi le 31 Octobre. Il est reconnu en cette qualité par la France en vertu du traité d'Utrecht, qui assûroit la succession de cette Couronne dans la ligne Protestante.
1715.	La paix entre les Couronnes d'Espagne & de Portugal est signée à Utrecht le 13 Février. Le Roi d'Espagne soumet l'Isle de Mayorque, qui tenoit encore le parti de l'Empereur Charles V. L'Isle entiére, & Palme, qui en est la capitale, furent environ un mois à être subjuguées, & ressentirent avec les autres Isles l'effet de la clémence du Roi Philippe V. L'Ambassadeur de Perse fait son entrée à Paris au mois de Février, & a, quelques jours après, une célébre audience, dans la Galerie de Versailles, où le Roi & toute sa Cour parurent avec

Depuis J. C.	
	avec tout l'éclat qu'on peut imaginer dans un auſſi grand Prince.

Le premier Septembre mourut, après une aſſez courte maladie, Louïs XIV. l'un des plus grands Rois, non ſeulement de la Monarchie Françoiſe, mais encore de toute l'Europe. Sa mort fut celle d'un Héros Chrétien, qui quitte les grandeurs du monde, ſans les regretter. Il fut auſſi eſtimé après ſa mort, qu'il avoit été reſpecté & redouté pendant ſa vie. L'Empereur Charles VI. aujourd'hui régnant, lui fit de magnifiques funérailles.

A la mort de Louïs XIV. Louïs XV. ſon arriére-petit-fils, monte ſur le trône, & Philippe, Duc d'Orléans, eſt déclaré Régent du Royaume. |

TABLETTES
POUR
L'HISTOIRE
ECCLÉSIASTIQUE.

PAPES. | RITS ET RELIGIEUX.

PREMIER SIÉCLE.

Jesus-Christ, Pontife Eternel selon l'ordre de Melchisedech, *meurt l'an 4 de sa prédication, & l'an 33 de l'Ere vulgaire.*

I.

33. S. PIERRE siége à Jerusalem, Puis à Antioche.
En tout 8 ans.

41. à Rome.
Il y gouverne 25 a. 2 m. 7 j.
Martyr, le 29 Juin 66.
Le S. Siége ne vaque pas.

II.

66. S. *Lin* est fait Coadjuteur, le 11 Juin 55.
Devient Pape, le 29 Juin 66.
Gouverne 1 a. 2 m. 24 j.
Martyr, le 23 Septembre 67.
Le S. Siége ne vaque pas.

PREMIER SIÉCLE.

Célébration du *Dimanche*, qui pendant quelque tems a été observé avec le Sabbat, ou Samedi.
Les biens sont communs entre les Fidéles; ce qui dure peu.
Institution des *Agapes*, ou festins de charité, qui se célébroient ordinairement dans l'Eglise.
L'imposition des mains pour le Sacerdoce, & pour donner la grace du S. Esprit.
Le *Baptême*, fait *par immersion*; ce qui a duré quelque temps.
Célébration des *Fêtes des Mystéres*, Noël, Pâque, Ascension, Pentecôte.
Le *Chant* de l'Eglise, établi.
Le nom de *Chrétiens*, pris par les Fidéles d'Antioche, & ensuite par le reste de l'Eglise.
60. On parle vers ce temps du nom de *Thérapeutes*, comme de Religieux; ce qui néanmoins est douteux.

CONCILES.

PREMIER SIÉCLE.

33. CONCILE de Jerusalem I. où S. Matthias fut élû Apôtre en la place de Judas, *aux Actes des Apôtres Ch. 1. Regia*, *Labbe Tom. I. Ce Concile & les quatre suivans manquent dans Hardoüin.*
33. De *Jerusalem* II. où l'on établit les sept Diacres, pour secourir les Apôtres dans la distribution des aumônes & dans la prédication, *aux Actes Ch. 6. Regia, & Labbe Tom. I.*
49. De *Jerusalem* III. où l'on dispense les Chrétiens de l'observation de la Loi, à l'exception des viandes immolées aux Idôles, des animaux suffoqués, & de la fornication, *aux Actes Ch. 15. Regia, & Labbe Tom. I.*
58. De *Jerusalem* IV. où les cérémonies légales furent permises pour un temps, *aux Actes Ch. 21. Regia, & Labbe Tom. I.*
56. D'*Antioche*. On dit que dans ce temps les Apôtres tinrent un Concile à Antioche; mais on le croit supposé, aussi-bien que ses neuf Canons. Il est néanmoins cité dans le Concile second de Nicée. *Regia, & Labbe Tom. I. Manque dans Hardoüin.*

Canons des Apôtres Græc. Lat. au nombre de 84, ou seulement de 50 selon Denys le Petit. *Regia, Labbe & Hardoüin Tom. I.*

GRANDS HOMMES. HERES. ET PERSEC.

PREMIER SIÉCLE.

31. S. Jean-Baptiste est décollé à l'âge de 35 a. 2 m. 5 j.
33. Jesus-Christ ressuscite le Lazare.
    S. Etienne, premier Martyr le 26 Décembre.
34. Saint Paul, converti *le 25 Janvier*.
44. S. Jacques, fils de Zébedée, ou le Majeur, souffre le Martyre.
44. Ravissement de S. Paul.
45. Conversion de Sainte Thecle, Vierge & Martyre.
53. Gamaliel, Chef de Synagogue, meurt *le 3 Août*.
    Mort de Silas, l'un des Disciples.
62. Martyre de Saint Jacques le Mineur, Evêque de Jérusalem.
63. Mort du Lazare, ressuscité par J. C. le 17 *Décembre*.
64. S. Gervais & S. Protais, Martyrs à Milan, *le 19 Juin*.
66. S. Paul, Martyr à Rome.

PREMIER SIÉCLE.

33. Ie. *Persécution des Juifs*.
34. IIe. *Persécution des Juifs*.
38. *Simon*, le Magicien, Chef des Symoniaques, veut acheter le don des Miracles.
44. IIIe. *Persécution des Juifs*.
45. *Ebion*, Chef des Ebionites, attaque la Divinité de J. C. & la Virginité.
    Cérinthe attaque aussi la Divinité de J. C.
50. *Osséens* disoient qu'on pouvoit & devoit dissimuler sa foi.
50. *Hymenée* prétend que la Résurrection étoit déjà faite, & ne se feroit plus.
55. *Philetus* nioit la Résurrection des Corps.
56. *Alexandre*, excommunié par S. Paul, pour avoir dogmatisé contre la Foi.
64. Ie. *Persécution* des Païens sous *Néron*.

ÉCRIVAINS.

PREMIER SIÉCLE.

44. S. *Matthieu* est le premier Ecrivain sacré, qui a publié l'Evangile. On croit que ce fut en Hébreu, nous ne l'avons qu'en Grec.
54. S. *Marc* écrit l'Evangile la même année. Il abrège celui de S. Matthieu, où S. Pierre fit ajouter des circonstances particuliéres.
52. S. Paul écrit sa premiére Lettre; c'est celle aux *Thessaloniciens*.
53. S. Paul écrit sa deuxiéme Lettre aux *Thessaloniciens*.
55. S. *Luc* écrit l'Evangile, sur le rapport de ceux qui avoient vû J. C.
57. S. Paul écrit sa première Lettre aux *Corinthiens*, & celle aux *Galates*.
58. S. Paul écrit sa deuxiéme Lettre aux *Corinthiens*, & celle aux *Romains*.
59. S. *Jacques*, Evêq. de Jerusalem, écrit sa Lettre à tous les Fidéles.
60. S. *Pierre* écrit sa premiére Lettre.
62. S. Paul écrit quatre Lettres; 1. aux *Philippiens*; 2 aux *Ephésiens*; 3 aux *Colossiens*; 4 à *Philemon*.
63. S. Paul écrit sa Lettre aux *Hébreux*.
65. S. Paul écrit sa première Lettre à *Timothée*, & celle à *Tite*.
66. S. Paul écrit sa 2e. Lettre à *Timothée*, & S. Pierre sa 2e. Lettre.

III.
67. S. *Clément*, le 24 Septembre.
    Siége 9 a. 2 m. 10 j.
    Abdique le 3 Décembre 76.
    Le Siége vaque 2 m. 14 j.
IV.
77. S. *Clet*, le 16 Février.
    Gouverne 6 a 2. m. 10 j.
    Martyr, le 26 Avril 83.
    Le Siége vaque 4 m. 12 j.
V.
83. S. *Anaclet*, le 7 Septembre.
    Gouverne 12 a. 10 m. 7 j.
    Martyr, le 13 Juillet 96.
    Le Siége ne vaque pas.
Quelques Modernes ont confondu ce Pape avec S. Clet.
VI.
96. S. *Evariste* est fait Coadjuteur, le 25 Mars 95.
    Succéde le 13. Juillet 96.
    Gouverne 12 a. 3 m. 13 j.
    Martyr, le 26 Octobre 108.
    Le Siége vaque 1 m. 8. j.
	On défend aux Chrétiens de manger le sang des animaux, pour ne pas offenser les Juifs convertis, qui suivoient toujours cette pratique de l'ancienne Loi.
	Luminaire dans les Eglises pendant le Service divin, parce que souvent les Fidéles, s'assemblant, ou de nuit, ou dans des lieux obscurs, avoient besoin de lumiére ; ce que l'Eglise a depuis conservé dans toutes ses Cérémonies.
	L'Onction des Infirmes, où l'Extrême-Onction, pratiquée dès le premier Siécle. S. *Jacques* en parle dans son Epître.
	L'Exorcisme, en usage dans le premier Siécle.
	Notaires publics, établis par les Evêques pour recueillir les Actes des Martyrs. Il nous reste quelques-uns de ces Actes.

CONCILES.

76. Lettre de Saint Clément aux Corinthiens ; Lettre admirable. Labbe Tom, I. Manque *in Regia & dans Hardoüin*.

Constitutions Apostoliques, *dans la seule Collection de Labbe*, Tom. I. *Manquent dans les deux autres: se trouvent in Bibliothecis Patrum & in Cottelerii Patribus Apostolicis, in folio. Antuerpriæ* 1698 & 1724. 2 *volum*.

S. *Clementis Recognitiones & Epistolæ*, se trouvent aussi dans quelques Editions de la Bibliothéque des Peres ; mais on convient aujourd'hui parmi les Sçavans que les Ouvrages de S. Clément sont supposés. On ne reconnoît de ce S. Pape que la Lettre aux Corinthiens, qui avoit été égarée depuis le temps de Photius, Patriarche de Constantinople, jusqu'en 1633 que Junius la publia in 4o. à Oxford en Angleterre, l'ayant retrouvée à la fin d'un ancien manuscrit Grec de la Bible, qui avoit appartenu à *Cyrille Lucar*, Patriarche de Constantinople, & dont il fit présent à *Jacques* I. Roi de la Gr. Bretagne. Il faut avoir l'Edition de Junius, qui a marqué en rouge ce qui étoit rongé dans son manuscrit.

Quant aux *Constitutions Apostoliques*, les Sçavans reconnoissent qu'elles ne sont pas des Apôtres ; mais on convient qu'elles sont du moins des temps Apostoliques, aussi-bien que les Canons qui portent le nom des Apôtres. Sur quoi, voyez Beveregius dans les *Patres Apostolici* de Cottelier.

68. Mar-

GRANDS HOMMES. HERES. ET PERSEC.

68. Martyre de S. Marc Evangéliste, *le 25 Avril*.
69. Martyre de S. André, Apôtre, *le 30 Novembre*.
71. Martyre de S. Barthelemi, Apôtre, *le 24 Août*.
79. Mort de S. Apollinaire, premier Evêq. de Ravenne, *le 23 Janvier*.
80. Conversion de S. *Polycarpe*; il devient Evêque d'Ephese.
86. S. Anien, premier Evêq. d'Alexandrie, meurt *le 25 Avril*.
95. S. Jean est mis à Rome en une chaudiére d'huile bouillante.
95. S. Denys l'Aréopagite, Mart. à Athénes, *le 3 Octobre*. S. Clément, Consul Romain, Mart.
97. S. Timothée, Disciple de S. Paul, meurt *le 25 Janvier*.
100. Mort du Pape S. Clément le 23 Novembre.
Mort de S. Jean l'Evangéliste, *le 27 Décembre*.

66. *Nicolas*, Diacre d'Antioche, Chef des *Nicolaïtes*, vouloit que tout, jusqu'aux femmes, fût commun entre les Chrétiens. Ils se livroient dans leurs assemblées aux crimes les plus infâmes.
74. *Ménandre*, né en Samarie, adopta les erreurs de Simon le Magicien & des Nicolaïtes. Il soutenoit que le Monde avoit été créé par les Anges, & que lui-même étoit la toute-puissance de Dieu le Pere, & l'unique Sauveur des Elûs, qui ne pouvoient obtenir le salut que par son art magique. D'ailleurs ses Disciples étoient fort déréglés, comme la plûpart des premiers Hérétiques.
93. IIe. PERSECUTION des Païens, sous *Domitien*, où S. Jean est jetté dans une chaudiére d'huile bouillante.

ÉCRIVAINS.

71. S. *Jude* écrit sa Lettre.
92. S. *Jean* écrit ses trois Lettres.
96. S. *Jean* écrit l'Apocalypse.
98. S. *Jean* écrit l'Evangile.

Tous ces Ecrits & les précédens composent le N. Testament.

71. S. *Barnabé*, compagnon de S. Paul, écrit une Lettre aux Fidéles, *cum Ignatii Epistolis, ex Editione Vossii* 4°. *Lugd. Batav.* 1646 & *in Patribus Apostolicis J. B. Cottelerii*.
71. *Hermas*, qu'on croit avoir été Disciple de S. Paul, a fait un Livre, intitulé le Pasteur, *in Patribus Apostolicis Cottelerii*.

Ouvrages supposés du I. Siécle.

1°. Lettre de J. C. au Roi *Abgare. In Euseb. Hist. Eccl.*
2°. Lettres de la Ste. Vierge. *In Codice Apocryp. N. T. Fabricii*.
3°. Plusieurs faux *Evangiles apud Fabricium*.
4°. Plusieurs *Actes des Apôtres, ibidem*.
5°. S. *Paul aux Laodicéens, ibidem*.... 6°. Liturgies des Apôtres.
7°. Le *Symbole* n'est pas des Apôtres, mais contient leur Doctrine.
8°. Les Livres des *Sibylles*... 9°. Epîtres de Séneque à S. Paul.
10. *Abdias de Babylone, Certamen Apostolor. in Biblioth. PP.*
11. Actes de S. *André, in Bibliothecis Patrum*.
12. S. Denys Aréopagit. *Græc. Lat. fol. Antuerp.* 1634. 2 vol.
40. Philon Juif. *Ejus Opera Gr. Lat. folio, Paris* 1640.
74. Josephe, Histor. Juif. Opera folio, *Græc. Lat. Amstel.* 1726 2 vol.

PAPES. | RITS ET RELIGIEUX.

SECOND SIÉCLE.

VII.
108. S. *Alexandre* I. 3 Décembre.
 Siége 8 a. 5 m.
 Martyr, le 3 Mai 117.
 Le Siége vaque 1 m. 5 j.
VIII.
117. *Sixte* I. le 7 Juin.
 Siége 9 a. 9 m. 26 j.
 Martyr, le 3 Avril 127.
 Le Siége vaque 2 j.
IX.
127. *Télesphore*, le 5 Avril.
 Gouverne 10 a. 9 m.
 Martyr, le 5 Janvier 138.
 Le Siége ne vaque pas.
X.
138. *Hygin*, le 6 Janvier.
 Siége 4 a. 3 j.
 Martyr le 8 Janvier 142.
 Le Siége vaque 3 m. 1 j.
XI.
142. *Pie* I. le 9 Avril.
 Gouverne 8 a. 3 m. 3. j.
 Martyr, le 11 Juillet 150.
 Le Siége vaque 1 j.

SECOND SIÉCLE.

Le signe de la Croix, fort usité alors parmi les Fidéles, tant pour se reconnoître que pour se sanctifier eux-mêmes. Les Fêtes anniversaires sont établies dans l'Eglise.
Les jeûnes établis, soit dans le Carême, soit en d'autres temps & conjonctures, pour fléchir la colére de Dieu.
Les Fidéles se tournent vers l'Orient pour prier le Seigneur, d'où vient l'usage ancien de mettre toujours au Levant le chevet des Eglises; cet usage s'abolit peu à peu.
Lettres, nommées *Lettres formées*, accordées par les Evêques aux fidéles voyageurs, afin de se faire connoître & recevoir par les autres Fidéles.
L'usage ordinaire de faire souffrir les Martyrs, étoit de les condamner à être dévorés des bêtes, ou à avoir la tête coupée.

CONCILES.

SECOND SIÉCLE.

On trouve dans la plûpart des éditions des Conciles, des *Lettres des Papes*, depuis S. *Lin*, premier successeur de S. Pierre, jusqu'au Pape *Siricius*, qui a commencé à siéger l'an 385. Elles renferment beaucoup de régles de discipline, inconnues aux premiers Chrétiens. Aussi les Sçavans conviennent aujourd'hui que ces Lettres sont supposées; cependant jusqu'au milieu du XVIIe. siécle, les Auteurs les avoient adoptées comme véritables. Elles sont même citées dans le Décret de *Gratien*, comme des monumens autentiques de ces premiers tems: c'est une attention qu'il faut faire, quand on lit les anciens Théologiens & les Canonistes. Le seul Pape, dont nous ayons quelque Lettre certaine, est S. Clément, IIIe. Pape, dont nous avons une Lettre aux Corinthiens. On en produit une seconde; mais qui est douteuse.

125. De *Sicile*, contre les erreurs des Héracléonites & de Valentin. *Baluze seul in nova Collectione. On le croit supposé.*
146. De *Rome*, contre Théodote le Corroyeur. *In Synodico Veteri Fabricii Bibliothecæ Græcæ, T. XI. p. 186.*

SE-

SECOND SIÉCLE.

103. Naissance de S. Justin, Philosophe, puis Martyr.
107. Martyre de S. Siméon, second Evêq. de Jerusalem, âgé de 120 ans.
Fin des temps Apostoliques.
107. S. Ignace, Evêq. d'Antioche, est Martyr à Rome.
120. Naissance de S. Irenée en Asie, qui depuis fut Evêq. de Lyon dans les Gaules.
121. Martyr de S. Faustin & de S. Jovite, à Bresse dans la Gaule Cisalpine, ou Italie.
124. S. Eustache & ses Compagn. Martyrs.
126. Quadratus fait une Apologie de la Religion Chrétienne.
128. Mort de S. Hiéron, Evêque d'Antioche.
133. Conversion de S. Justin, Auteur Ecclésiastique, & Martyr.
136. Les Chrétiens, Juifs d'origine, cessent de joindre la Loi de Moyse à l'Evangile.

SECOND SIÉCLE.

105. *Basilides* établit deux prédestinations; l'une au salut, l'autre à la peine.
106. *Elxai* nie la Divinité de J. C. & prétend que c'est un crime de souffrir le Martyre.
107. IIIe. *Persécution* de Trajan.
115. *Saturnin* adoptoit les anciennes Hérésies.
Gnostiques, c'est-à-dire Eclairés; nom que prirent les premiers Hérétiques.
120. *Papias*, Millénaire, croit que les SS. régneront 1000 ans sur la terre avec J. C. avant que d'entrer dans la gloire.
Carpocrates adopte les erreurs de Simon le Magicien & des Nicolaïtes.
130. *Prodicus*, Chef des *Adamites*, étoient nuds pendant la prière.
134. *Marcion* admet trois Dieux.
141. *Cerdon* admet 2 principes.
142. *Valentin* admet plusieurs Dieux, & d'autres erreurs.

ÉCRIVAINS.

SECOND SIÉCLE.

107. S. *Ignace*, Evêque d'Antioche, puis Martyr à Rome l'an 107. Peu avant son Martyre, il écrivit plusieurs Lettres. Nous en avons sept, qui sont aujourd'hui incontestables. Elles avoient été égarées depuis le temps de Photius; mais *Usserius* les retrouva en Latin l'an 1642. & il les publia à *Oxfort* en Angleterre l'an 1644 & 1647... Isaac *Vossius* eut le bonheur de les trouver en Grec dans la Bibliothéque du Grand Duc de Florence, & les publia in 4°. à *Amsterdam* en 1646 & 1680... Puis in *Patribus Apostolicis Cotteleri*, in folio. *Antuerpiæ* (id est *Amstelodami*) 1698 & 1724. 2 volumes. Ces Lettres sont d'une simplicité Apostolique, & admirables pour l'onction & pour les sentimens. Il y a d'autres Lettres du même Saint, mais ou interposées, ou supposées.
120. *Papias*, Evêque d'Hiéraples en Phrygie, Province d'Asie, Disciple de S. Jean l'Evangéliste. Nous n'avons de lui que des *fragmens apud Eusebium*.
126. *Quadratus*, Evêq. d'Athénes. Apologie de la Religion Chrétienne; dont un fragment *apud Eusebium*.

PAPES.	RITS ET RELIGIEUX.
XII. 150. *Anicet*, le 13 Juillet. Siége 10 a. 9 m. 5 j. Martyr, le 17 Avril 161. Le Siége vaque 8 m. 13. j. **XIII.** 162. *Soter*, 1 Janvier. Gouverne 9 a. 3 m. 22 j. Martyr, le 22 Avril 171. Le Siége vaque 10 j. **XIV.** 171. *Eleuthere*, 3 Mai. Gouverne 14 a. 23 j. Martyr, le 26 Mai 185. Le Siége vaque 1 m. 22 j. **XV.** 185. *Victor* I. 18 Juillet. Siége 12 a. 10 j. Martyr, le 28 Juillet 197. Le Siége vaque 1 m. 27 j. **XVI.** 197. *Zéphirin*, le 25 Septembre. Gouverne 19 a. 10 m, 2 j. Martyr, le 26 Juillet 217. Le Siége vaque 7 j.	Les Confesseurs étoient envoyés aux mines, ou destinés aux travaux publics; & la plus douce peine étoit celle de l'éxil. Les Juifs, chassés de Jerusalem, avec défense d'y revenir; ce qui vraisemblablement s'étend aussi aux Chrétiens. On établit des Catéchismes dans les grandes villes, pour instruire les Cathécumenes & les Fidéles nouvellement convertis à la Religion Chrétienne. Le Baptême, donné communément dans le temps des Fêtes de Pâque & de la Pentecôte; ce qui dure plusieurs Siécles. L'Eucharistie, donnée aux enfans, & conservée pour être portée aux malades & aux absens. Sépulture des Martyrs, avec la Tunique sans manche, couleur de pourpre. La priére pour les morts, en usage dans ce Siécle.

CONCILES.

152. De *Pergame* en Asie, contre les Colorbasaniens. *Baluze seul.*
160. Tenu en *Orient*, contre les erreurs de Cerdon. *Baluze seul.*
170. De *Rome*, contre les Quartodécimans. *In Synodico Veteri apud Fabricium*, T. XI. pag. 186.
173. D'*Hiéraples* en Asie, contre Montan, les Montanistes, & Théodote le Corroyeur. *Baluzius ex Eusebio. Fabricius ibid.*
Dans le même temps on croit qu'il s'est tenu d'autres Conciles en Asie sur le même sujet.
197. * De *Lyon*, sous S. Irenée, sur la Pâque. *Baluze seul.*
197. * D'*Ephese*, sous Polycrate, sur la célébration de la Pâque, a été rejetté à Rome. *Baluz. in nova Collect. ex Eusebio.*
197. * Du *Pont*, Province d'Asie. ⎫ .* Cette étoile marque que le Con-
197. * D'*Osbroëne* en Asie. ⎬ cile n'est pas reçû.
197. * De *Corinthe* en Gréce. ⎭
197. * De *Césarée* en Palestine. Ces quatre Conciles regardent la célébration de la Pâque. *In Regia*, Labbe & Hardoüin Tom. I.
197. De *Rome*, par le Pape Victor, sur la célébration de la Pâque. *Regia*, & Labbe Tom. I.
198. De *Rome*, sur la Pâque. *Fabricius ibidem.*
198. De *Mésopotamie*, sur la Pâque. *Fabricius ibidem.*
199. De *Lyon*, contre les erreurs de Valentin. *La Lande*, pag. 12.

GRANDS HOMMES. HERES. ET PERSEC. 217

150. S. *Justin*, Philosophe, présente à l'Empereur Antonin son Apologie pour les Chrétiens.
150. Mort de S. *Papias*, Evêque d'Hiéraples en Phrygie.
158. S. *Polycarpe*, Evêq. de Smyrne, vient à Rome.
164. Martyre des sept fils, & ensuite de Ste. *Félicité* elle-même.
166. Martyre de S. *Polycarpe*.
167. Mart. de S. Justin Philosop.
168. Le Philosophe *Peregrin*, Apostat, se brûle aux Jeux Olympiques.
177. *Athénagore* fait son Apologie pour la Relig. Chrétienne.
182. Mort d'*Egésipe*, Histor. Eccl.
189. Mission aux Indes par S. *Pantene*, Prêtre Philosophe, & Catéchiste d'Alexandrie.
190. S. *Sérapion*, Evêq. d'Antioch.
198. S. *Narcisse* quitte son Evêché de Jerusalem pour se retirer dans la solitude.

182. *Théodote* le Corroyeur & le Banquier nient l'existence du Verbe Eternel.
150. *Colorbase* suit Valentin.
158. *Quartodécimans* célébrent la Pâque le même jour que les Juifs.
164. IVe. *Persécution* de M. Aurèle.
163. *Bardesanes* suit Valentin.
170. *Tatien*, Chef des *Abstinens*, suit Saturnin & Valentin.
   Lucien admet 2 principes.
175. *Apellès* veut que J. C. n'ait eu un corps qu'en apparence.
184. *Montan*, ou les *Montanistes*, *Phrygiens*, *Cataphrygiens*, *Encratites* & *Catarres* sont les mêmes; ils attaquent le mariage.
187. *Ophites* adorent le serpent.
189. *Caïnites* réverent Caïn.
190. *Séthiens* veulent que Seth ait été le véritable Christ.
195. *Patrice* veut que l'homme ait été produit par le Démon.

ÉCRIVAINS.

150. S. *Justin*, Philosoph. & Mart. 2 Apologies de la Religion, Grec Latin, *s'imprime par les PP. Benedictins*.
160. *Militon*, Evêque de Sardes, des fragmens *apud Euseb.*
165. *Egésipe*, de Juif se fait Chrétien. Une Histoire de l'Eglise, perdue, une Histoire de la destruction de Jerusalem, *in Biblioth. PP.*
167. S. Polycarpe de Smyrne. *Ejus Epistola cum Ignatianis*.
167. Lettre de l'Eglise de Smyrne sur le Martyre de S. Polycarpe leur Evêque, *cum Ignatii Epistolis*.
170. *Tatien*, Disciple de S. Justin. *Oratio contra Græcos*, *cum Justino*.
176. *Athenagoras* Philos. d'Athénes. *Apolog. Chr. Relig. cum Justino*.
176. *Théodotion*. Le V. Test. en Grec, *in Exaplis Origenis*.
177. Lettre de l'Eglise de Lyon, sur les Martyrs.
177. *Hermias*, Philosophe. *Irrisio Gentilium*, *cum Justino*.
178. S. *Irenée*, né à Smyrne en Asie, Evêque de Lyon, Disciple de S. Polycarpe. *Ejus Opera a Benedictinis*, *in folio. Paris* 1710.
180. *Théophile*, Evêque d'Antioche. *Apolog. Rel. Christ. cum Justino.*
   Apollinaire, Evêque d'Hiéraples, dont il ne reste rien.
   Denys, Evêque de Corinthe. *Des fragmens in Eusebio.*
181. *Pantenus*, Catéchiste d'Alexandrie. *Il n'en reste rien.*
184. *Ezéchiel*, Juif, ou Chrétien. *Tragœdia*, *in Bibliothec. PP.*
190. *Polycrate*, Evêque d'Ephese. *Epistola, apud Eusebium.*

PAPES.   RITS ET RELIGIEUX.

TROISIÉME SIÉCLE. | TROISIÉME SIÉCLE.

XVII.
217. *Calixte* I. 2. Août.
Gouverne 5 a. 2 m. 10 j.
Martyr, le 12 Octobre 222.
Le Siége ne vaque pas.

XVIII.
222. *Urbain* I. le 13 Octobre.
Gouverne 7 a. 7 m. 11 j.
Martyr, le 23 Mai 230.
Le Siége vaque 3 m. 5 j.

XIX.
230. *Pontien*, le 29 Août.
Gouverne 5 a. 2 m. 2 j.
Martyr, le 30 Octobre 235.
Le Siége vaque 22 j.

XX.
235. *Anthere*, le 22 Novembre.
Gouverne 1 m. 12 j.
Martyr, le 3 Janvier 136.
Le Siége ne vaque pas.

XXI.
236. *Fabien*, le 4 Janvier.
Gouverne 14 a. 1 m. 25 j.
Martyr, le 1 Mars 250.
Le Siége vaque 3 m. 1 j.

On permet aux Juifs de retourner dans la Palestine.
Bénédiction des Cimetiéres, pour enterrer les Fidéles.

Je n'ai point mis de date précise aux Rits & Cérémonies, parce qu'ils se sont établis insensiblement dans chaque Siécle, sans qu'on puisse en savoir précisément l'année.

228. Naissance de S. Paul, premier Hermite de la Thébaïde.
Quoique les Fidéles fussent zélés à soutenir la Foi qu'ils avoient reçue ; cependant les mœurs commençoient à dégénerer. Le grand nombre de Conciles, que l'on tint dans ce siécle, en est une preuve. On ne fait des Loix que pour les opposer aux vices & aux déréglemens ; on établit même dans la plûpart de ces Conciles l'ordre & les cérémonies de l'Eglise.

CONCILES.

TROISIÉME SIÉCLE.

215. * De *Carthage* en Afrique, par Agrippinus, contre le Baptême des Hérétiques. *Regia, Labbe & Hardoüin Tom. I.*
217. De *Carthage* II. sur la Discipline. *Hardoüin seul, Tom. I.*
223. D'*Alexandrie*, où Origene est dégradé pour s'être mutilé. *Baluz. in nova Collectione. Manque dans les autres.*
235. D'*Alexandrie*, contre Ammonius, qui avoit abandonné la Foi. *Labbe seul en parle, Tom. I.*
235. * D'*Iconium* & de *Synade* en Asie, contre le Baptême des Hérétiques & contre les Montanistes. *Regia, Labbe Tom. I.*
237. De *Rome*, contre Origene. *In Regia & Labbe seuls Tom. I.*
240. De *Lambet* en Afrique, contre l'Hérétique Privat. *Regia, Labbe & Hardoüin Tom. I.*
242. De *Philadelphie*, ou *Bostra* en Arabie, contre les erreurs de Berille, Evêque de Bostra. *Labbe & Hardoüin Tom. I. Manque in Regia.*
245. D'*Ephese* en Asie, contre l'Hérétiq. Noët. *Baluz. Hard. seul T. I.*
249. D'*Arabie*, contre les Arabes, qui faisoient mourir & ressusciter l'ame avec le corps. *Regia, Labbe T. I. Omis par Hardoüin.*

TROI-

GRANDS HOMMES. HERES. ET PERSEC.

TROISIÉME SIÉCLE.

202. Martyre de S Léonide, Philosophe d'Alexandrie & pere d'Origene.
203. Martyre de S. Irenée, Evêque de Lyon.
213. Mort de S. Pantene, Apôtre des Indes.
216. Mort de S. Clément, Catéchiste d'Alexandrie.
216. Jules Afriquain va en Ambassade vers l'Empereur, pour les Chrétiens.
231. Conversion de S. Gregoire Taumaturge à Césarée.
235. Mort de S. Hyppolite, Evêq. & Docteur de l'Eglise.
240. S. Gregoire Taumaturge est Evêque de Néocésarée.
242. Conversion de S. Cyprien.
245. S. Denys vient à Paris avec 6 autres Missionnaires.
247. Naissance de Ste. Helene.
S. Cyprien est Evêq. de Carth.
249. Mort de S. Trophime, Evêq. d'Arles.

TROISIÉME SIÉCLE.

202. Ve. *Persécution* de Sévere.
204. *Apostoliques* refusent d'obéir à l'Eglise ; Théodose fait des Loix contre eux.
205. *Tertullien* suit Montan, croit Dieu corporel, condamne les deuxiémes nôces, la Penitence, & a d'autres erreurs.
207. *Praxéas* nie les trois Personnes en Dieu.
208. *Hermogenes* suit Praxéas, & dit la matiére éternelle.
230. *Origenes* a eu quelques erreurs, mais sans opiniâtreté; il se soumet à l'Eglise.
235. VIe. *Persécution* de Maximin.
240. *Noët* nie qu'il y ait trois Personnes en Dieu, mais prétend qu'il y avoit diverses opérations & dénominations.
241. *Berille* de Bostre vouloit que J. C. fût un pur homme.
246. *Arabes* croyent que l'ame & le corps meurent & ressuscitent ensemble.

ÉCRIVAINS.

TROISIÉME SIÉCLE.

215. *S. Clément* d'Alexandrie Prêtre. *Ejus Opera Græce & Latine in folio. Oxonii 1715. 2 volum.*
217. *Tertullien*, Prêtre de Carthage en Afrique, fut d'abord Catholique très zélé, puis devint outré Montaniste. *Ejus Opera in folio. Paris. 1664.* Il a écrit quelquefois en Grec, & il s'en trouve un manuscrit en cette Langue dans la Bibliothéque de l'Escurial en Espagne.
220. *Pamphile*, Prêtre de Césarée en Palestine. Il en reste peu de fragmens.
221. *S. Hippolyte*, Evêque, ou d'Italie, ou d'Asie. *Ejus Opera ab Alberto Fabricio Græce & Latine in folio. Hamburgi 1719.*
230. *Jules Africain*, né en Palestine, fait une Chronologie qui est perdue, mais d'où Eusebe & le Syncelle ont tiré la leur. On en trouve des fragmens dans l'Eusebe de *Scaliger*.
235. *Minucius Felix*, Africain d'origine & Avocat à Rome. *Ejus Octavius contra Gentilium Religionem in 8o. Amstelodami 1672.*
236. *Ammonius*, Philosophe d'Alexandrie. *Ejus Harmonia Evangeliflarum Græce & Latine, in Bibliothecis Patrum.*

XXII.

PAPES.

XXII.
250. S. *Corneille*, le 2 Juin.
Gouverne 2 a. 3 m. 12 j.
Martyre, le 14 Septembre 252.
251. *Novatien* est le premier Antipape.
Le Siége vaque 1 m. 3 j.

Dans le milieu de ce Siécle, le Saint Siége envoye des Missionnaires en diverses contrées, sur-tout dans la Gaule Septentrionale. Les parties Méridionales avoient reçû l'Evangile dès le premier Siécle de l'Eglise.

XXIII.
252. *Luce* I. le 18 Octobre.
Gouverne 1 a. 4 m. 17 j.
Martyr, le 3 Mars 254.
Le Siége vaque 1 m. 3 j.

XXIV.
254. *Etienne* I. le 10 Avril.
Gouverne 3 a. 3 m. 23. j.
Martyr, le 2 Août 257.
Sans vacance.

RITS ET RELIGIEUX.

250. S. *Paul*, premier Hermite, se retire dans les Déserts d'Egypte pour éviter la persécution de l'Empereur Decius. S. *Jérôme* a écrit sa vie.
251. Naissance de S. Antoine, le Pere des Solitaires d'Egypte. Sa vie est écrite par S. *Athanase*, qui l'a visité plusieurs fois dans le Désert.
270. Premier Monastére, fondé cette année, où se retire la sœur de S. Antoine.
271. S. Antoine, âgé de 21 ans, se retire en solitude, & devient le Pere & le Chef d'un grand nombre de Religieux & de Solitaires; mais il n'entre dans les Déserts que près de 14 ans après.
276. Naissance de S. Pacôme, Abbé de Tabenne, Instituteur de la Vie Religieuse & Cénobitique dans la Haute Thébaïde, 25 ans après la naissance de S. Antoine.

CONCILES.

250. D'*Achaye*, contre les Valésiens, ou Eunuques. *Baluz. in Collea.*
250. De *Rome*, pour recevoir ceux qui étoient tombés dans la persécution. *Regia, & Labbe seuls Tom. I.*
251. De *Rome*, par Corneille, contre Novatien. *Regia, Hardoüin T. I.*
251. De *Carthage* en Afrique, pour recevoir ceux qui étoient tombés dans la persécution, & contre Félicissime, Schismatique, *ibidem*.
252. De *Rome*, sous S. Corneille, où l'on approuve le Concile de Carthage de l'année précédente, *ibidem*.
252. De *Carthage*, contre Privat, Félicissime, & Novatien, *ibid.*
253. D'*Antioche*, contre Novat. *Baluze in Collea. Labbe Tom. I.*
253. * De *Carthage*, sur le Baptême des Hérétiques. *Regia Tom. I. Baluze, in nova Collea. Labbe & Hardoüin Tom. I.*
253. De *Carthage*, contre Basilides, Evêque de Léon, & Martial, Evêque d'Astorga, pour avoir été Libellatiques; c'est-à-dire, avoir pris des billets comme ayant sacrifié. *Regia, Labbe & Hardoüin Tom. I.*
254. * De *Carthage*, sur le Bapt. des Hérétiq. *Regia, Lab. & Hard. T. I.*
255. * De *Carthage*, sur le Baptême des Hérétiques, *ibidem*.
256. * De *Carthage* 1er. 2e. 3e. sur le Bapt. des Hérétiq. *ibidem.*
256. De *Rome*, sur le Baptême des Hérétiques, contre le sentiment des Evêques d'Afrique. *Regia, Labbe & Hardoüin Tom, I. Baluz.*

250. Pre-

GRANDS HOMMES. | HERES. ET PERSEC.

250. Premier bannissement de S. Denys, Evêque d'Alexandrie.
S. Saturnin vient à Toulouse & en devient le premier Evêque.
251. Martyre de S. Babylas, Evêque d'Antioche.
Martyre de Ste. Agathe, Vierge à Catane en Sicile.
Mort de S. Alexandre, Evêque de Jerusalem, & Protecteur d'Origene.
252. Martyre de S. Hippolite, Prêtre de Rome, tiré par des chevaux indomptés.
Les Tombés sont reçûs à la pénitence, après avoir satisfait à l'Eglise.
253. Mort d'Origene, Prêtre & Auteur Ecclésiastique.
253. S. Cyprien corrige l'abus de ceux qui disoient la Messe avec de l'eau.
253. La dispute du Baptême des Hérétiques commence à paroître dans l'Eglise.

250. *Novat*, Prêtre de Carthage, détruit avec Montan la pénitence & les secondes nôces, fait un schisme contre S. Cyprien, & en fomente un à Rome contre le Pape Corneille.
250. VIIe. *Persécution* sous l'Empereur Decius.
250. *Esquinisles*, Secte peu suivie, adopte en même temps les erreurs de *Montan*, de *Novat* & de *Sabellius*.
250. *Valesius*, Philosophe Arabe, croit que la concupiscence ôte à l'homme sa liberté, & que pour être sauvé, il faut se faire Eunuque.
251. *Novatien*, Prêtre de Rome, fait schisme contre le Pape Corneille, refuse la pénitence à ceux qui sont tombés après le Baptême, & proscrit les secondes nôces. Condamné en plusieurs Conciles, sur-tout à Nicée en 325.

ÉCRIVAINS.

251. *S. Corneille*, Pape, dont il y a deux Lettres parmi celles de S. Cyprien.
251. *Novatien*, Prêtre de l'Eglise de Rome. *Une Lettre parmi celles de S. Cyprien, & Liber de Trinitate, cum Tertulliano Rigaltii.*
252. *S. Gregoire Taumaturge*, Evêque de Néocésarée en 240. *Ejus Opera Græce & Latine, in folio. Paris 1621 & 1622.*
252. *S. Denys*, Evêque d'*Alexandrie* en 247, dont il ne reste que quelques *fragmens, apud Eusebium & Balzamonem.*
252. *Origene*, Prêtre de l'Eglise d'Alexandrie, né l'an 181, a été l'un des plus savans Peres de l'Eglise Grecque, & un des plus laborieux. Il a fait beaucoup de bruit dans l'Eglise. *Ejus Opera Græco-Latina, ex Recensione D. Caroli de la Rue, Monachi Benedictini, in folio. Paris.* 1733 & 1740. 3. *volumes.* On imprime actuellement le quatriéme.... *Origenis Exapla, a D. Bernardo de Montfaucon, in folio. Paris.* 1713. 2 *volum.* Ce dernier Ouvrage, dont il ne reste que des fragmens, contenoit les Versions Grecques de l'Ancien Testament sur différentes colonnes.
254. *S. Etienne*, Pape. Lettre à S. Cyprien & à Firmilien sur le Baptême des Hérétiques, mais qui est perdue.
255. *Eusebe*, Diacre d'Alexandrie, qui a fait quelques Homélies.

XXV.

PAPES.

XXV.
257. *Sixte* II. Coadj. le 2 Sept. 255.
Succéde le 2 Août 257.
Gouverne 2 a. 5 j.
Martyr, le 6 Août 259.
Le Siége vaque 1 m. 12 j.

XXVI.
259. *Denys*, le 19 Septembre.
Gouverne 9 a. 3 m. 10 j.
Meurt le 29 Décembre 268.
Le Siége vaque 4 j.

XXVII.
269. *Félix* I. le 3 Janvier.
Gouverne 4 a. 11 m. 29 j.
Meurt le 1 Janvier 274.
Le Siége vaque 1 j.

XXVIII.
274. *Eutichien*, le 3 Janvier.
Gouverne 9 a. 11 m. 6 j.
Meurt le 8 Décembre 283.
Le Siége vaque 7 j.

XXIX.
283. *Caïus*, le 16 Décembre.
Gouverne 11 a. 4 m. 12 j.
Martyr, le 27 Avril 295.
Le Siége vaque 7 m. 24 j.

RITS ET RELIGIEUX.

276. Les Asiatiques abandonnent la coutume, où ils étoient de temps immémorial, de célébrer la Pâque le XIV. de la Lune de Mars, & non le Dimanche suivant. Cet usage passe en Syrie, où il étoit inconnu, & y reste jusqu'au Concile général de Nicée, qui ordonne que la Pâque sera célébrée le Dimanche qui suit le XIVe. de la Lune de Mars; ce qui s'est toujours pratiqué depuis.

284. En cette année s'établit l'Ere de Dioclétien, ou des Martyrs, à cause de la persécution que cet Empereur commença dès lors en Egypte. Cette Epoque a servi long-tems dans l'Eglise d'Alexandrie.

285. Naissance de S. *Ammon*.
S. *Antoine*, âgé de 35 ans, se retire dans le Désert.

291. Naiss. de S. *Hilarion*, Patriarche des Cénobites, ou Religieux de la Palestine.

CONCILES.

257. ou 258. De *Rome*, contre Noët, Sabellius & Valentin. *Regia, Labbe & Hardoüin Tom.* I.

257. De *Narbonne* en Languedoc, pour Paul, Evêque de cette Ville, accusé d'incontinence. *Labb. & Hardoüin Tom.* II.

258. D'*Alexandrie*, contre Novat. *Fabricius ibidem.*

260. De *Rome*. Denys d'Alexandrie y est justifié de l'Hérésie de Sabellius. On le croit supposé. *Regia, Labbe & Hardoüin Tom.* I.

262. D'*Afrique*, en faveur du Baptême des Hérétiques, *ibidem.*

263. D'*Alexandrie*, contre Népotien & Cérinthe Millénaires, qui favorisent l'Idolatrie. *Ex veteri Synodico, apud Fabric. T.* XI. p. 292.

264. D'*Antioche* I. contre Paul de Samosate, qui soutenoit que J. C. étoit un pur homme. *Regia, Labbe & Hardoüin Tom.* I.

268. De *Rome*, sur le Baptême des Hérétiq. *Fabricius ibid.*

268. D'*Antioche* II. où Paul de Samosate fut de nouveau condamné. *Labbe & Hardoüin Tom.* I.

269. D'*Antioche* III. Paul de Samosate est déposé. *Regia, Labbe & Hardoüin T.* I. & *Baluz. in nova Collectione.*

273. D'*Ancyre* en Galatie, sur la Discipline. *Pithou in Collectione.*

277. D'*Ancyre* en Célésyrie, sur la Discipline, *ibidem.*

277. De *Mésopotamie*, contre Manès. *Regia, Labbe & Hard. Tom.* I.

GRANDS HOMMES. HERES. ET PERSEC.

257. S. Polieucte, Martyr.
258. S. Cyprien, Martyr.
258. S. Laurent Diacre, Martyr.
264. Mort de S. Denys d'Alexand.
265. Naiſſance d'Euſebe, Evêque de Céſarée.
270. Mort de S. Grégoire Taum. après 30 ans d'Epiſcopat.
273. Naiſſance de Conſtantin Empereur.
286. Martyre de S. Genez, Comédien.
Martyre de S. Maurice, Officier de la Légion Thébéenne.
287. Martyre de S. *Firmin*, premier Evêque d'Amiens; de *S. Crepin*, S. *Crepinien* à Soiſſons, de S. *Quentin* en Vermandois; de S. *Lucien* à Beauvais; de S. *Rieule* à Senlis.
Mart. de S. Sébaſtien.
287. Martyre de S. *Albans*, premier Martyr d'Angleterre.
290. Martyre de S. *Victor*, Officier des troupes à Marſeille.
S. Denys de Paris, Martyr.

257. VIIIe. *Perſécution* ſous l'Empire de Valérien.
257. *Sabellius* de Ptolémaïde en Egypte, Diſciple de Noët, prétend qu'il n'y a qu'une Perſonne en Dieu.
262. *Paul*, Evêque de *Samoſate*, Chef des Paulianiſtes, nie la Divinité de J. C.
272. IXe. *Perſécution* ſous l'Empereur Aurélien.
277. *Manès*, Chef des *Manichéens*, Secte fort étendue, Païen & Perſan de Nation, ſe fait baptiſer; mais rejette enſuite tous les Sacremens, même le Baptême, & ſoutient qu'il y a deux principes, un bon & un mauvais. Il refuſe l'obéiſſance aux Puiſſances, comme dangereuſe; prétend que l'ancienne Loi vient du mauvais principe, qu'elle eſt mauvaiſe, & que tous les Prophétes ſont damnés. Ils ont été terraſſés par S. *Auguſtin*.

ÉCRIVAINS.

257. *Baſilides*, Egyptien, Evêque de la Pentapole en Lybie, dont on a des fragmens, *apud Zonaram & Balzamonem*.
257. S. *Cyprien*, Evêque de Carthage en Afrique, depuis 248 juſqu'en 258, enſuite Martyr. *Ejus Opera per Nicol. Rigaltium & Priorium, edita in folio*, Paris 1666 & *a Steph. Baluzio, in folio*. Paris Typog. Regia 1726.
259. S. *Denys*, Pape. Pluſieurs Lettres, dont il ne reſte que des fragmens, *apud Euſebium in Hiſtor. Eccleſiaſt*.
260. *Ponce*, Diacre de Carthage, ſous S. Cyprien. Vie de ce S. Martyr, *cum S. Cypriani Operibus*.
265. *Theognoſtus* d'Alexandrie, Diſciple d'Origenes, ſur lequel voyez Photius, *in Bibliotheca, Codice* 106.
266. *Malchion*. Lettre contre les erreurs de Paul, Evêq. de Samoſate.
269. *Methodius*, Evêque de Tyr en Paleſtine, & Martyr en 302. *Ejus Opera a Combeſis Græc. Lat. in folio*. Paris 1644. ... *Ejus Convivium Virginum in folio*. Paris 1657 e *Typogr. Regia*.
270. *Anatolius*, Philoſophe d'Alexandrie. De Paſchate, *vide Ægidium Bucherium, de Doctrina temporum, in folio. Antuerpiæ* 1634.
277. *Archelaüs*, Evêq. de Caſcare en Méſopotamie. Conférence avec Manès. Voyez *Zacagni Monumenta Græca, in* 4. *Romæ* 1698.

PAPES. ÉCRITS ET RELIGIEUX.

XXX.
295. *Marcellinus*, 22 Décembre.
Gouverne 8 a. 2 m. 23 j.
Martyr, le 16 Mars 304.
Le Siége vaque 2. m. 24. j.

QUATRIÉME SIÉCLE.
XXXI.
304. *Marcellus* I. élû le 21 Mai.
Gouverne 5 a. 7 m. 26 j.
Martyr, le 16 Janvier 310.
Le Siége vaque 2 m. 17 j.
Des Modernes ont confondu ce Pape avec Marcellin.

XXXII.
310. *Eusebe*, le 2 Avril.
Gouverne 4 m. 16 j.
Mort le 17 Août 310.
Le Siége ne vaque pas.

XXXIII.
310. *Melchiade*, Coadj. le 4 Juin.
Succéde le 17 Août.
Gouverne 3 a. 4 m. 29 j.
Mort le 15 Janvier 314.
Le Siége vaque 15 j.

296. Conversion de *S. Pacôme*.
300. On croit que Ste. SYNCLE-TIQUE établit cette année un Monaftére de Religieufes.
Naiffance de S. Macaire.

QUATRIÉME SIÉCLE.
305. Origine de la Vie Cénobiti-que dans les Monaftéres, fous S. Antoine, dans la Haute Egy-pte.
306. *S. Hilarion* établit la Vie Cé-nobitique, âgé de 15 ans; il fe retire dans le Défert de la Pa-leftine.
311. *S. Antoine* quitte le Défert, & vient exhorter les Martyrs d'Alexandrie dans le fort de la perfécution.
314. *S. Pacôme* entre dans la foli-tude de Tabenne, dans la Haute Egypte.
314. Naiffance de S. Théodore le Sanctifié, Difciple de S. Pacô-me, & Abbé de Tabenne.

CONCILES.

QUATRIÉME SIÉCLE.
303. De *Sinueffe* dans la Campagnie. Le Pape Marcellin fe confeffe d'avoir offert de l'encens aux Idôles ; mais on croit ce Concile fuppofé par les Donatiftes. *Regia*, *Labbe & Hardoüin Tom. I.*
305. De *Cirtes* en Numidie, où l'on abfout les Evêques, qui dans la perfécution avoient remis aux Païens les Livres Saints. *Regia*, *Labbe*, *Hardoüin Tom. I.*
306. ou 308. *D'Alexandrie*, contre le Schifmatique Meletius, Evêque de Lycopolis en Egypte. *Baluz. in Collectione.*
311. De *Carthage*, pour donner un Evêque à cette Ville. *Baluz.*
311* De *Carthage*, des Donatiftes contre Cécilien. *Reg. Lab. H. T. I.*
312. De *Carthage*, où Cécilien, qui en étoit Evêque, fut abfous, *ibid.*
313. De *Rome*, fur Cécilien, Evêque de Carthage, *ibidem.*
313. D'*Elvire* (Illiberitanum) dans le Royaume de Grenade, en Ef-pagne. On croit que c'eft plûtôt un recueil de Canons Penitentiaux des Eglifes d'Efpagne & d'Afrique, qu'un Concile. Sa difcipli-ne eft rigide contre ceux qui étoient tombés dans la perfécution. Il contient 81 Canons, & fe trouve avec beaucoup de commentai-res & de notes dans l'édition du P. Labbe, Tom. *Regia*, *& Har-doüin*, *Tom. I, & d'Aguire in Concil. Hifpaniæ.*

299. Naif-

GRANDS HOMMES. HERES. ET PERSEC.

299. Naissance de S. *Athanase*, Docteur de l'Eglise, & Patriarche d'Alexandrie.
300. Mort de S. *Gatien*, premier Evêque de Tours.

QUATRIÉME SIÉCLE.

303. Martyre des *Eunuques* Chrétiens de la *Cour*, & des Chambellans de Dioclétien.
304. Martyre de S. *Vincent* à Valence en Espagne, & de S. Janvier à Benevent en Italie.
304. Mart. de *Ste. Eulalie*, Vierge de Barcelone; de S. *Juste* & S. *Pastour*, enfans à Complute, ou Alcala en Espagne.
Mart. de *Ste. Juste* & *Ste. Rufine* à Seville en Espagne, & de *Ste. Luce* à Syracuse en Sicile.
306. *Constantin*, proclamé Empereur, fait son premier Edit pour les Chrétiens.
307. Martyre de *Ste. Euphemie*, Vierge à Chalcédoine.

286. *Hiérax*, Philosophe Egyptien, Chef des *Hiéraciens*, qui croioient que Melchisedech étoit le S. Esprit, & nioient la résurrection.

QUATRIÉME SIÉCLE.

302. Xe. *Persécut.* de Dioclétien.
306. *Melece* de Thébes en Egypte, Evêque de Lycopolis en ce Royaume, & Chef des *Meléciens*, fit seulement un schisme contre l'Evêque d'Alexandrie.
312. *Donat*, Evêque de Casenoire en Numidie, Province d'Afrique, Chef des *Donatistes*, ne fut d'abord que Schismatique. Il nie la validité du Baptême donné par les Hérétiques, & rejette l'infaillibilité de l'Eglise. Ses erreurs se sont fort étendues en Afrique, & ont été très fortement combattues par *S. Augustin*, & condamnée par les Conciles.

ÉCRIVAINS.

285. *Arnobe* Africain. *Ejus Libri VII. adversus Gentiles, in folio. Romæ* 1542. Edition magnifique .. *idem cum Notis diversorum, in 4°. Lugd. Batav.* 1651 & 1657. Ecrivain savant, mais très dur.
295. *Victorin*, Evêque de Pettau en Styrie. Un Comment. sur l'Apocalyp. *in Biblioth. Patr.* & autres Ouvrages perdus.
297. S. *Pamphile*, Martyr. Apologie d'Origene, *inter Ruffini Opera.*

QUATRIÉME SIÉCLE.

304. *Lucius Cælius Lactantius Firmanus*, de Fermo en Italie. Il a écrit élégamment en faveur de la Religion Chrét. *Ejus Opera in 8°. Lipsiæ* 1715. Bonne Edition .. *idem, de Mortibus Persecutorum, cum Notis Variorum, in 8°. Ultrajecti* 1692 ... *idem, Epitome Institutionum in 8°. Paris.* 1712. Il faut remarquer que l'édition d'Hollande de *variorum* 1660 est falsifiée sur la matiére de l'usure. On attend la belle édition de feu Mr. le Brun Desmaretes, qui a donné ci-devant le S. Paulin in 4°.
305. *Commodianus* a écrit en style Poétique contre les Païens. *Instructiones adversus Paganos; cum Cypriano, in folio. Paris.*
311. *Alexandre*, Evêq. d'Alexandrie, mort en 325. Quelques Lettres, *apud Socratem & Theodoret. in Hist. Ecclef. & Cottelerium in Monumentis Ecclesiæ Græcæ, in 4°.*

II. Volume.   P   XXXIV.

XXXIV.	314. S. Pacóme se convertit.
314. *Sylvestre*, le 31 Janvier. Gouverne 21 a. 11 m. Meurt le 31 Décembre 335. Le Siége vaque 17 jours.	321. Constantin fait *chomer le Dimanche* dans tout l'Empire.
	325. S. Pacóme établit *la Vie Monastique* à Tabenne.
XXXV.	Religieuses de S. Hilarion.
336. *Marc*, le 18 Janvier. Gouverne 8 m. 20 j. * Le 6 Octobre 336. Le Siége vaque 4 m.	327. Croisiers de Syrie. Douteux.
	328. Carmelites. Très douteuses.
	333. S. *Athanase* visite les Moines de la Thébaïde.

CONCILES.

314. D'*Arles* en Provence, assemblé par ordre de Constantin, où les Donatistes sont condamnés. *Regia*, T. II. Labbe, Hardoüin, T. I. avec plusieurs *Actes dans l'Edition de Labbe*.

314. D'*Ancyre*. On y reçoit les Tombés à la penitence, & l'on en distingue de plusieurs sortes. *Regia*, Tom. II. Labbe, Hardoüin, T. I.

314. De *Néocesarée*, sur la Discipline Ecclésiastique, *ibid. & Bevereg.*

315. D'*Alexandrie* en Egypte, contre Arius. *Regia* T. II. Labbe T. I.

318. * De *Palestine*, en faveur d'Arius. *Baluz. in Collect.*

319. D'*Alexandrie*, contre les Melétiens, Collutiens & les Sabelliens. *Regia* T. II. Labbe T. I.

320. De *Rome*, contre les Juifs & sur la Discipline. Les Prêtres & les Docteurs des Juifs y assistent. *Reg.* Tom. II. Lab. & Hard. T. I.

320. De *Laodicée* en Lydie, sur la Discipline. *Regia* Tom. II. Labbe T. I. Hardoüin Tom. I. qui le renvoye à l'an 372.

321. D'*Alexandrie*, Contre Arius, *Regia & Labbe*, T. II. Hard. T. I.

321. D'*Alexandrie*, par les Prêtres d'Alexandrie & de la Maréote. *Hardoüin seul*, Tom. I.

324. De *Gangres* en Paphlagonie, sur la Foi & la Discipline. *Regia & Labbe* Tom. II. Hardoüin Tom. I. Beveregius. D'autres Auteurs renvoyent ce Concile à l'an 325.

324. De *Rome*, pour la paix de l'Eglise. *Regia & Labbe* Tom. II. comme supposé.

325. DE NICE'E. Premier Concile général. 318 Peres qui le composent, y reconnoissent contre les Ariens le Verbe consubstantiel au Pere Eternel. *Regia*, *Labbe* T. II. Hardoüin T. I. Beveregius.

325. De Rome, pour la Discipline. *Regia & Labbe* T. II. Hard. T. I.

328. * ou 329. De *Nicomedie*, ou *Antioche*, par les Ariens contre Eustathius, faussement accusé d'adultére. *Baluz.* Hardoüin Tom. I.

330. D'*Alexandrie*, contre Ischyras Arien. *Hardoüin seul*, Tom. I.

333. De *Carthage*, sur les Libellatiques. *Hardoüin seul*, Tom. I.

334. * De *Césarée* en Palestine, contre S. Athanase. *Hard. seul.* T. I.

335. * De *Tyr*, contre S. Athanase. *Reg. & Labbe*, T. II. Hard. T. I.

335. * De *Jerusalem*, par les Eusébiens. *Regia & Lab.* T. II. H. T. I.

335. * De la *Maréote* en Egypte, contre S. Athanase. *Fabricius in Synodico*, Tom. XI. *Biblioth. Græcæ.*

336. * De *Constantinople*, par les Ariens. *Regia & Labbe seul*, Tom. II.

316. Nais-

GRANDS HOMMES. HERES. ET PERSEC.

316. Naiſſance de S. Martin, à Sabarie, Ville de Hongrie.	315. *Arius*, Chef des *Ariens*, condamné à Nicée, ſoutenoit que J. C. n'étoit pas Dieu, mais un pur homme.
326. S. *Athanaſe* eſt Ev. d'Alex. La Croix de J. C. trouvée ſur le Calvaire.	316. *Coluthe*, Chef des *Coluthiens*, nioit la Providence.
328. Naiſſ. de *S. Gregoire* de Nazianze, & de *S. Baſile*.	320. *Eunomius*, & les *Eunoméens*, Ariens très furieux.
330. Naiſſ. de *S. Gregoire de Nyſſe*.	
332. Naiſſ. de *Ste. Monique* & de *S. Jerôme*.	326. *Euſébiens*, ou Ariens, Diſciples d'*Euſebe* de Nicomedie.

ÉCRIVAINS.

314. *Euſebe*, Evêque de Céſarée en Paleſtine en 313, le plus ſavant Ecrivain de ſon Siécle. Il a compoſé des Ouvrages en tout genre. Sa conduite fut équivoque dans l'Hiſtoire de l'Arianiſme.

Ejus Hiſtoria Eccleſiaſtica, *Græce & Latine in folio*, *Paris*. 1672. *& in folio. Oxonii* 1720. 3 *volum.*

Ejus Præparatio & Demonſtratio Evangelica, *Græce & Latine in folio*, *Paris*. 1628. 2 *volum.*

Ejusdem Chronicon, ab Arnaldo Pontaco, *in folio*. *Burdigalæ* 1604, *& a* Joſepho Scaligero, *in fol. Lugduni Batavorum* 1657.

Commentarii in Iſaïam, *in Collectione Græco-Lat. Patrum Bernardi de Montfaucon*, *folio. Paris.* 1706. 2 *volum.*

325. *Conſtantin* Empereur, Diſcours & Lettres. *Euſeb: in Hiſt. Eccl.*

330. *Juvencus*, Poëte Chrétien & Prêtre Eſpagnol. *Ejus Hiſtoria Evangelica in Bibliothecis Patrum.*

331. *Rheticius*, Evêque d'Autun, dont il ne reſte rien.

331. *Euſtathius*, Evêque d'Antioche en 323, a écrit contre les Ariens. Il n'en reſte que des fragmens.

331. S. *Athanaſe*, Evêque d'Alexandrie en 326, mort en 373 défenſeur de la Divinité de J. C. *Ejus Opera, Græco-Latina in folio. Paris.* 1698 3 *volum.* Il eſt le premier des quatre Docteurs Grecs.

332. S. *Jacques*, Evêque de *Niſibe* en Méſopotamie, mort l'an 340. Divers Traités, dont il ne reſte rien.

332. *Marcel*, Evêque d'*Ancyre*, a écrit contre les Ariens. *Il n'en reſte que des fragmens.*

333. *Oſius*, Evêque de Cordoüe en Eſpagne, mort en 358 & qui a préſidé au Concile de Nicée, au nom du Pape Sylveſtre, contre les Ariens. Il ne reſte de lui qu'une Lettre.

333. Julius *Firmicus* Maternus, Evêque de Milan. *De Errore Prophanarum Religionum, apud Cyprianum, Editionis* 1666.

334. S. *Pacôme*, Chef de Solitaires. Une Régle Monaſtique, & onze Lettres. *In Regulis Benedicti Anianenſis.*

334. *Orſieſe*, Moine ſous S. Pacôme. De l'Inſtruction des Moines.

335. *Théodore*, Moine ſous S. Pacôme. Pluſieurs Lettres, dont une *in Regulis Benedicti Anianenſis.*

236. S. *Antoine*, Inſtituteur de la Vie Monaſtique, meurt l'an 356. Une Régle & ſept Lettres. *In Biblioth. Patrum & in Codice Regularum.*

PAPES.

XXXVI.
337. *Jules* I. le 6 Février.
Gouverne 15 a. 2 m. 6 j.
* Le 12 Avril 352.
Le Siége vaque 1 m. 12 j.

XXXVII.
352. *Liberius*, le 24 Mai.
Siége en tout 14 a. 4 m
* Le 24 Septembre 366.
356. *Félix*, deuxiéme Antipap.
358. *Liberius* abdiq. 29 Août.
Le Siége ne vaque pas.

XXXVIII.
358. *Félix* II. devient Pape légitime le 29 Août 358.
Gouverne 1 a. 3 m. 2 j.
Mart. ou abd. le 11 Nov. 359.
Le Siége vaque 1 m. 10 j.
359. *Liberius*, derechef le 21 Déc.
Meurt le 24 Septembre 366.
Siége la 2e fois 6 a. 9 m. 3 j.
Le Siége vaque 6 j.

RITS ET RELIGIEUX.

337. Religieuses de S. *Antoine* Syrie.
Religieuses de S. *Macaire* Egypte.
341. Dieu fait connoître S. Pa Hermite à S. *Antoine*; & S. Pa meurt, âgé de 113 ans.
349. Mort de S. *Pacôme*, âgé 73 ans.
356. Mort de S. *Antoine*, à 1 ans.
357. S. *Basile*, âgé de 28 ans, se r tire dans la solitude & devie le Pere des Moines Grecs.
358. Religieuses de S. *Basile*, p Ste. Emilie, mere de S. Basil & Ste. Macrine sa sœur.
360. S. *Martin* bâtit, auprès Poitiers, le premier Monastè qui ait été dans les Gaules.
Religieuses de S. *Ambroise*, p Marcelline sa sœur.

CONCILES.

337. De *Rome*, contre les Ariens, en faveur de la Foi de Nicée. *Regi & Labbe Tom. II. Hardoüin Tom. I.* On le croit supposé.
340. * D'*Alexandrie*, par les Ariens, contre S. Athanase. *Regia & La be Tom. II. Hardoüin Tom. I.*
340. * De *Constantinople*, contre Paul, Evêque Catholique de cette Vi le. *Fabricius in Synodico.*
341. * De *Constantinople*, contre S. Athanase, *ibidem.*
341. D'*Antioche*, sur la Discipline Ecclésiastique. *Regia & Labbe Ton II. Hardoüin Tom. I.* Emmanuel Schelstrate a donné sur ce Concil un commentaire assez ample, imprimé in 4. à Anvers.
341. * D'*Antioche*, autre Concile, tenu par les Ariens contre S. Atha nase. *Regia & Labbe T. II. Manque in Hardoüin.*
341. De *Rome*, où S. Athanase est justifié des accusations des Arien *Regia & Labbe Tom. II. Manque in Hardoüin.*
342. De *Rome*, où S. Athanase est derechef justifié. *Regia & Labb Tom. II. Manque in Hardoüin.*
344. * D'*Antioche*, deux Conciles par les Ariens, contre la foi du Cor cile de Nicée. *Regia & Labbe Tom. II. Hardoüin Tom. I.*
344. De *Milan*, en faveur de la Divinité du Verbe, par les Catholi ques. *Regia & Labbe, Tom. II. Manque in Hardoüin.*
345. D'*Antioche* en Célésyrie, sur la Discipline Ecclésiastique. *Pithou, i Codice Canon. Manque dans les autres Collections.*
346. De *Cologne*, pour déposer Euphratas, Evêque de cette Ville, qu nioit la Divinité de J. C. *Regia & Labbe Tom. II. Hardoüin, T. I*

La suite, pag. 230.

337. L'Em

337. L'Empereur *Constantin* est baptisé à Achyron, près de Nicomedie en Bythinie, par Eusebe, Evêque de Nicomedie.
340. Naissance de S. *Ambroise*, depuis Evêque de Milan.
342. Martyre de S. *Potamon*, Evêq. d'Héraclée en Egypte, mis à mort par les Ariens.
347. Naiss. de Ste. *Paule*, Dame Romaine, & de S. *Jean-Chrysostôme*, depuis Evêque de Constantinople.
350. Naissance de S. *Arsene*, qui fut Précepteur d'Arcadius.
353. Naiss. de S. *Paulin*, à Bourdeaux, où près de là, & depuis Evêq. de Nole.
354. Naiss. de S. *Augustin*, à Tagaste en Afrique.
362. Martyre de S. *Basile*, Prêtre de la Ville d'Ancyre.

337. XIe. *Persécution des Ariens* sous *Constantius*.
338. *Audée*, Chef des *Antropomorphites*, fait Dieu corporel.
341. *Acaciens*, ou *Demi-Ariens*, Disciples d'Acace.
342. *Basile*, Evêq. d'Ancyre, Chef des *Demi-Ariens*.
342. *Photin* suit les erreurs de Noët & de Paul de Samosate.
350. *Aerius* égaloit les Prêtres aux Evêques.
356. *Aetius*, Disciple d'Arius, écrit contre la SS. Trinité, & déclame contre J. C.
360. *Macedonius* a rejetté la Divinité de J. C. & celle du S. Esprit. Il fut condamné par le Concile général de Constantinople en 381.
361. XIIe. *Persécution* sous *Julien*, surnommé l'Apostat.

ÉCRIVAINS.

337. Le Pape *Jules*. Des Lettres, dont deux *apud Athanasium*.
337. *Basile*, Evêque d'*Ancyre* en 336. Quelques Traités de Théologie & de Religion, *dont il ne reste que quelques Lettres*.
353. Le Pape *Libere*. Quelques Lettres, qui sont *dans S. Hilaire in folio*, Paris. 1693 & *in Epistolis Pontificum*.
341. *Eusebe*, Evêque d'*Emesse* en Syrie. Plusieurs Traités perdus. Ses *Homélies sont supposées*.
342. Trois *Macaires*, l'un Moine de Seté, l'autre Abbé dans la Thébaïde d'Egypte, & le 3e. Disciple de S. Antoine. Une Réglé & quelques Homelies & Opuscules, *in Bibliothecis Patrum, & in Codice Regularum S. Benedicti Anianensi*.
355. S. *Hilaire*, Evêque de Poitiers cette année. Grand défenseur de la Divinité du Verbe, pour laquelle même il fut exilé & persécuté. *Ejus Opera in folio. Paris.* 1693. C'est une des meilleures Editions des Peres Bénédictins.
55. *Lucifer*, Evêque de Cagliari en Sardaigne. *Ejus Libri contra Arrianos, in Bibliothecis Patrum*.
56. Marius *Victorin* Africain. *Ejus Libri contra Arrianos, in Bibliothecis Patrum*.
56. S. *Pacien*, Evêque de Barcelone. Quelques Lettres contre les Novatiens, & sur le Baptême & la Penitence, *in Bibliothecis Patrum*. Il y en a peu d'éditions séparées.
59. *Phebadius*, Evêque d'Agen. *Libri contra Arrianos, in* 4. *Paris.* 1570 & *in Bibliothecis Patrum*.

La suite, pag. 233.

347. De *Sardique* en Illyrie, contre les Ariens. On en attribue souvent les Canons au Concile général de Nicée. *Regia, Tom. III. Labbe T. II. Hard. T. I. Beveregius, in Pandectis Canonum.*

347.* De *Sardique* en Illyrie, par les Demi-Ariens. Quelques personnes, qui avoient confondu ce Concile avec le précédent, parce qu'il étoit de la même année, ont dit que le Concile de Sardique étoit en partie Catholique, & en partie Hérétique. *Regia, Tom. III. Labbe, Tom. II. Harduïnus Tom. I.*

347. D'*Hadrumette* en Afrique, sur la Discipline. *Hardoüin seul, Tom. I.*

347. De *Latopolis* en Egypte. *Ex sola vita S. Pachomii.* Manque dans les Collections des Conciles.

347. De *Milan*, par les Catholiques contre Ursace & Valens, Evêques Ariens, qui se rétractent, & se réconcilient du moins en apparence à l'Eglise, en embrassant la Foi de Nicée. *Regia, Tom. III. Labbe T. II. Hardoüin Tom. I.*

347.* De *Philippopolis*, contre S. Athanase. *Fabricius.*

347. De *Cordoüe* en Espagne, par Osius, *ibidem.*

347.* D'*Antioche*, par les Ariens, *ibidem.*

348. De *Carthage*, sur la Discipline Ecclésiastique. *Regia, Tom. III. Labbe Tom. II. Hardoüin Tom. I.*

348.* Des *Donatistes*, mais dont on ignore le lieu. On en a la connoissance, sans en avoir les Actes.

348. De *Jerusalem*, en faveur de S. Athanase. *Regia, Tom. III. Labbe, Tom. II. Hardoüin, Tom. I.*

349. De *Sirmich*, par les Catholiques contre Photin, où Ursace & Valens sont reçûs à la Communion de l'Eglise Catholique. *Regia, Tom. III. Labbe, Tom. II.*

349. De *Rome*, contre l'hérésie de Photin; Ursace & Valens sont pareillement admis à la Communion de l'Eglise. *Baluzius seul.*

350. De *Jerusalem*, pour S. Athanase. *Fabricius.*

350.* De *Jerusalem*, contre S. Athanase, *ibidem.*

351. De *Malatia* (Melitinense) en Armenie, dont on ne sçait que peu de choses. *Baluzius, Hardoüin, Tom. I. seuls.*

351.* De *Sirmich* par les Ariens contre l'Hérésie de Photin. *Labbe Tom. II. Hardoüin Tom. I.*

351. De *Bazas* dans les Gaules, contre l'Hérésie des Ariens. *Regia, Tom. III. Labbe, Tom. II. Hardoüin*, qui l'indique *in Indice, Tom. II.* mais la Lande le met en 358.

352. De *Rome*, pour S. Athanase. *Regia, T. III. Labbe, T. II. seuls.*

353.* D'*Arles* en Provence, par les Ariens contre S. Paulin, Evêque de Tréves, défenseur de S. Athanase. *Regia, Tom. III. Labbe, Tom. II. Hardoüin Tom. I.* D'autres le mettent l'an 355.

355. De *Poitiers*, sur les Ariens. *La Lande, pag. 2.*

355. De *Milan*, pour la Foi de Nicée. *Fabricius.*

355.* De *Milan*, par les Ariens, sous la protection de l'Empereur Constance. *Regia, T. III. Labbe, T. II. Hard. T. I. Baluze.*

356.* De *Beziers* dans les Gaules, par les Ariens contre S. Hilaire. *Regia, Tom. III. Labbe, Tom. II. Hardoüin Tom. I.*

356.* D'*Antioche*, par les Ariens. *Baluzius, in nova Collect. seul.*

La suite, pag. 231.

357. De

357. * De *Sirmich*, par les Ariens, qui dressérent une nouvelle formule de Foi, & qui a fait beaucoup de bruit dans l'Eglise. *Regia*, *T. III. Labbe*, Tom. II. *Hardoüin*, Tom. I.
357. * D'*Antioche*, par les Ariens. *Baluzius seul*.
358. D'*Ancyre*, contre la formule hérétique du Concile de Sirmich, assemblé par les Ariens l'année précédente. *Regia*, Tom. III. *Lab. Tom.* II. *Hardoüin*, Tom. I. & *Baluz. in nova Collect.*
358. De Rome, contre les Ariens. *Baluzius seul*.
359. De *Sirmich*, par les Demi-Ariens contre les Ariens. *Regia*, Tom. III. *Labbe*, Tom. II. *Hardoüin* Tom. I.
359. De *Rimini*, contre les Ariens, en faveur de la Foi du Concile de Nicée, *ibidem*, & *Baluzius*, *in nova Collect*.
359. * De *Rimini*, par les Ariens, qui se séparérent du Concile des Evêques Catholiques. *Regia*, T. III. *Labbe*, T. II. *Hard.* Tom. I.
359. * Deux Conciles, tenus cette même année à *Nicée* en Bythinie par les Ariens. *Baluzius seul in nova Collectione*.
359. * De *Séleucie*, par les Demi-Ariens, contre les Aëtiens & les Acaciens. *Regia*, Tom. III. *Labbe* Tom. II. *Hardoüin* Tom. I.
359. * De *Constantinople*, par les Acaciens & les Ariens contre les Demi-Ariens, *ibid.* & *Baluzius*, *in nova Collect*.
359. D'*Achaye*, Province d'Asie, contre les Acaciens & Demi-Ariens. *Baluz. in nova Collectione*. Manque dans les trois autres Collections.
360. De *Paris*, où l'on rejette la formule hérétique, dressée dans le Concile de Rimini, assemblé l'an 359 par les Ariens. *Regia*, Tom. III. *Labbe*, Tom. II. *Hardoüin*, Tom. I.
360. D'*Antioche*, où Melece est élû Evêque de cette Ville. *Regia*, Tom. III. *Labbe*, Tom. II. *Hardoüin*, Tom. I.
360. * D'*Antioche*, par les Ariens, qui déposent Melece, Evêque Catholique de cette Ville. *Reg.* Tom. III. *Labbe*, Tom. II. *Hardoüin*, T. I.
362. D'*Alexandrie* en Egypte, où l'on traite de plusieurs matiéres de la Foi, & l'on y reçoit les Evêques Apostats ; mais avec différens dégrés de pénitence. *Regia* Tom. III. *Labbe* Tom. II. *Hardoüin*, T. I. *Baluz. in nova Collect.*
362. De *Constantinople*, où l'on dépose Macedonius, Evêque de cette Ville, pour ses erreurs sur le S. Esprit. *Hardoüin seul*, Tom. I.
363. D'*Alexandrie*, où S. Athanase fait dresser une confession de Foi. *Regia* Tom. III. *Labbe* Tom. II. *Hardoüin* Tom. I.
363. D'*Antioche*, où les Evêques Ariens, assemblés avec Meletius, reçoivent la Foi de Nicée, *ibidem*.
363. * De *Tevest* en Numidie, par les Donatistes. *Hard. seul*, Tom. I.
364. De *Laodicée* en Phrygie, sur la Discipline. *Pithou*, *in Codice Canonum Ecclesiæ*.
364. * De *Lampsac*, par les Demi-Ariens. *Regia* Tom. III. *Labbe* Tom. II. *Hardoüin* Tom. I.
365. D'*Illyrie*, où l'on confirme la Foi de Nicée. *Regia* Tom. III. *Labbe* Tom. II. *Hardoüin* T. I. Mais ce dernier le recule jusqu'à l'an 374.
365. De *Céfarée* en Cappadoce, pour la Foi de l'Eglise. *Fabricius*, *in Synodico Veteri*.

La suite, pag. 232.

XXXIX.
366. *Damafe*, le premier Octobre. Siége 18 a. 2 m. 10 j.
* Le 11 Décembre 384.
Le fiége vaque 20 j.
366. *Urficin*, troifiéme Antip.

XL.
385. *Siricius*, le premier Janvier. Gouverne 15 a. 8 m. 19 j.
* Le 19 Septembre 399.
Le Siége vaque 19 jours.

XLI.
399. *Anaftafe*, le 9 Octobre. Gouverne 2 a. 25 j.
* Le 3 Novembre 401.
Le Siége vaque 23 j.

366. Religieufes de S. *Bafile* en Occident ; à Naples, puis à Rome.
371. S. *Hilarion*, Inftituteur des Solitaires en Paleftine, meurt dans l'Ifle de Chypre.
372. S. Martin bâtit le Monaftére de *Marmoutier*, près de Tours.
377. La *Fête de Noël* paffe de Rome dans l'Orient.
386. Le Chant à *deux Chœurs*, par S. Ambroife.
387. Hermites de S. Auguftin, ne font en régle qu'en 1256.
390. S. Arfene entre en folitude.
391. S. Honorat fe retire dans l'Ifle de Lerins, en Provence.

CONCILES.

366. De *Rome*, où l'on reçoit les Macédoniens, qui abjurent leurs erreurs. *Regia, Tom. III. Labbe, Tom. II. Hardoüin, Tom. I.*
366. De *Sicile*, pour la Foi de Nicée, *ibidem.*
366. De *Thyane*, pour la Foi de Nicée, *ibidem.*
367. * D'*Antioche*. On rejette le terme de Confubftantiel, *ibidem.*
367. * De *Singedun* en Méfie, par Urface & Valens, Ariens, *ibidem.*
367. De *Rome*, contre les Ariens, *Baluz. in Collect.*
367. Autre *de Rome*, pour juftifier le Pape Damafe. *Baluz. ibidem.*
368. De *Rome*, contre les Ariens, *Regia, III. Labbe, II. Hardoüin I.*
368. * De *Puza* en Phrygie, par les Aëtiens fur la Pàque. *Fabricius.*
369. De *Rome*, contre les Ariens, *ibidem.*
370. De *Rome*, en la caufe d'Auxence, *ibidem.*
372. * De *Cyzique*, en faveur des Demi-Ariens, Macédoniens & Eunoméens. *Hardoüin feul, Tom. I.*
373. De *Rome*, contre Apollinaire, Vital & Timothée fes Difciples. *Regia, III. Labbe, II. Hardoüin I.*
374. De *Valence* en Dauphiné, touchant les Ordinations, *ibidem.*
375. De *Gangres*, pour la Foi de l'Eglife. *Fabricius.*
377. D'*Antioche*, fur la Foi & la Difcipline, & contre le Schifme de Meletius, *ibidem & Baluz.* D'autres le mettent en 372.
378. De *Rome*, pour la Foi Catholique. *Fabricius.*
379. D'*Antioche*, pour la Foi Catholique. *Fabricius.*
380. De *Milan*, pour Indica, Vierge calomniée. *Baluz. Hard. T. I.*
380. De *Sarragoce*, contre les Prifcillianiftes. *Regia, III. L. II. Hard. I.*
381. De CONSTANTINOPLE, fecond Concile général, affemblé fous le Pape Damafe & fous l'Empereur Théodofe, pour confirmer le Concile de Nicée, & reconnoître la Divinité du S. Efprit, attaquée par Macedonius. Il s'y trouva 150 Evêques. Ce Concile donne à l'Evêque de Conftantinople le premier rang, après celui de Rome, *ibidem, & Beveregius.*

La fuite, pag. 234.

366. S.

GRANDS HOMMES. HERES. ET PERSEC.

366. *S. Epiphane* est Evêque de Salamine dans l'Isle de Chypre.
373. Mort de *S. Athanase*.
375. *S. Ambroise* est Ev. de Milan.
379. Mort de *S. Basile* le Grand.
381. *S. Gregoire*, Ev. de Nazian.
385. *S. Jerôme* va en Palestine.
386. Mort de *S. Cyrille* de Jerusal.
387. Conversion de *S. Augustin*, & mort de *Ste. Monique*.
396. *S. Augustin* est Ev. d'Hippon.
397. *S. Ambroise* & *S. Martin* meurent.
398. *S. Jean-Chrysostôme* est Evêque de Constantinople.
399. Naiss. de *Ste. Pulcherie* Vierge, & ensuite Impératrice.

370. *Apollinaire* dit que J. C. a pris un corps céleste, à qui la Divinité servoit d'ame.
378. *Dadoës* met 2 principes.
380. *Helvidius* attaque J. C. & la pureté de la Ste. Vierge.
380. *Priscillien*, Espagnol, suit les Manichéens.
382. *Jovinien*, Moine de Milan, nie la Virginité de la Ste. Vierge.
382. *Les Collyridiens* adoroient la Ste. Vierge.
398. *Circoncellions*, Donatistes.
400. *Pélage*, Chef des *Pélagiens*, nie le péché originel, la nécessité de la grace, & que la charité vienne de Dieu.

ÉCRIVAINS.

368. *Optat*, Evêque de Mileve en Numidie. *De Schismate Donatistarum Libri VII. in folio. Paris.* 1679 .... & 1700.
370. *Apollinaires*, Pere & fils; le premier, Prêtre, & le second Evêque d'Antioche. Une Version Poétique des Pseaumes de David en Grec.
370. *Tite*, fait Evêque de Bostre en Arabie l'an 362. Traité contre les Manichéens. *In Bibliothecis Patrum.*
371. *Didime* d'Alexandrie, surnommé l'Aveugle dès l'âge de 5 ans. Traité sur le S. Esprit, sur les Epîtres Canoniques, *in Bibliothecis Patrum, & Liber adversus Manichæos, Græcè & Latinè, in Auctario Combefisii.*
373. *Pierre*, Evêque d'Alexandrie, après S. Athanase. Quelques Lettres, *apud Theodoretum lib. 4. Historiæ, & apud Facundum Hermianensem.*
275. *S. Cyrille*, élû Evêque de *Jerusalem* l'an 386. Ses Catécheses, ou Instructions. *Ejus Opera Græce & Latine a Benedictinis, in folio. Paris.* 1720.
310. *S. Ephrem* Syrien, Diacre de l'Eglise d'Edesse. Des Sermons & des Discours de piété, traduits de Syriaque en Grec. *Ejus Opera Græce, in folio. Oxonii* 1704. & *Romæ* 1734. & 1737. 6 volum.
375. Le Pape *Damase*, savant Ecrivain, dont on a des Lettres, *apud S. Hyeronimum*, outre plusieurs Ecrits supposés, & quelques autres qui sont douteux.
375. *S. Basile*, Evêque de Césarée, né en 318. Evêque en 369, est mort l'an 379. Beaucoup de Lettres, des Commentaires & des Homélies sur l'Ecriture Sainte, quelques Traités dogmatiques. *Ejus Opera in folio, a Benedictinis Græce & Latine. Paris.* 1721. 3. v.
376. *S. Grégoire*, Evêque de Nazianze, le plus sublime des Peres Grecs. Des Homelies, des Discours, des Lettres & quelques Poésies Chrétiennes. *Ejus Opera in folio, Græce & Latine. Paris.* 1630. 2 volumes.

La suite, pag. 235.

381. D'*Aquilée*, par S. Ambroise, contre Palladius & Secundianus, Evêques Ariens. *Regia*, Tom. III. *Labbe*, Tom. II. *Hardoüin*, Tom. I.
382. De *Rome* sur la Discipline, *ibidem*.
382. De *Constantinople*, contre Eunomius. *Hard. seul, T. I. & Baluz.*
383. De *Sida* en Pamphilie, contre les Messaliens, dits Euchaïtes & Saccophores. *Baluz. in Collect. & Hardoüin seul*, Tom. I.
383. De *Constantinople*, pour rendre la paix à cette Eglise, *ibidem*.
383. D'*Antioche*, contre les Messaliens. *Baluz. in Collect.*
383. De *Nimes* dans les Gaules, en faveur de la Foi Catholique. *Regia*, III. *Labbe*, II. *Hardoüin*, I.
385. De *Bourdeaux*, contre les Priscillianistes, & sur-tout Instantius & Salvianus, *ibidem*.
386. De *Rome*, sur la Discipline, *ibidem*.
386. De *Tréves* en Allemagne, où l'on absout Thacius, Evêque d'Espagne, accusé d'avoir poursuivi la mort de Priscillien, *ibidem*.
386. De *Zelle*, sur la Discipline. *Hardoüin seul*, Tom. I.
388. D'*Antioche*, sur la mort de Marcel, *ibidem*.
388. De *Tolede*. *Hardoüin I. ex Concilio Toletano anni* 400.
389. De *Capoüe* en Italie, sur les différends de l'Eglise d'Antioche, renvoyés à Théophile, Patriarche d'Alexandrie *R. III. L. II. H. I.*
389. De *Carthage*, pour disposer les matiéres d'un Concile général, *ib.*
390. De *Rome*, contre Jovinien, *ibidem*.
390. De *Milan*, contre Jovinien, *ibidem*.
390. De *Carthage*, sur la Discipline. *Labbe II. Hardoüin I.*
390. De *Constantinople*, pour la Foi Catholique. *Fabricius.*
390. Vers ce temps fut fait le *Codex Canonum Ecclesiæ Africanæ*. Dans *Justel & Hardoüin*, Tom. I.
391.* D'*Angari*, par les Novatiens. *Regia III. Labbe*, II. *Hardoüin I.*
393. De *Carthage*, pour la paix de l'Eglise, *ibidem*.
393. De *Bonne*, ou Hippone en Afrique, sur la Discipline, *ibidem*.
393. De *Cabarsussitanum* en Afrique, sur Primianus, Evêque de Carthage. *Baluz. in Collect. Hardoüin*, Tom. I.
394. De *Constantinople*, sur le différend de deux Evêques qui concouroient à l'Evêché de Bostra. *Regia III. Labbe II. Hardoüin I.*
394. De *Carthage*, sur la Discipline, *ibidem*.
394. D'*Hadrumet* en Afrique, sur la Discipline, *ibidem*.
394. De *Caverne*, près de Carthage en Afrique, sur l'Ev. Primianus, *ib.*
394. D'*Hippone* en Afrique, sur la Discipline, *ibidem*.
394.* De *Baga* en Numidie, contre Maximianus, *ibidem & Baluz.*
395. D'*Hippone*, sur la Discipline. *Regia III. Labbe II. Hardoüin I.*
397. De *Turin* en Piémont, pour la réformation des mœurs, *ibidem*.
397. & 398. De *Charthage* 1er. 2e. 3e. & 4e. pour la Discipline, *ibidem*.
399. D'*Afrique*, ou *Carthage*, pour l'immunité des Eglises, *ib. & Baluz.*
399. D'*Alexandrie* en Egypte, contre les erreurs d'Origene, *ibidem*.
399. De *Chypre*, contre Origene. *Baluz. in Collect. Hardoüin* Tom. I.
400. De *Constantinople*, sur les crimes d'Antonin, Evêque d'Ephese. *Regia III. Labbe II. Hardoüin I.*
400. De *Rome & de Milan*, sur la Discipline, *ibidem*.
400. De *Tolede* en Espagne, sur la Discipline, *ibidem*.

379. *Am-*

379. *Amphiloque*, Evêque d'Iconium, ou Cogni en Asie, fut élû l'an 379, mourut en 395. Plusieurs Ouvrages dogmatiques sur la Ste. Trinité & le S. Esprit. *Ejus Opera, Græce & Latine, in folio.* Paris. 1644.
370. *Eusebe* de Verceil. Quelques Lettres, *in fragmentis Hilarii.*
379. *Melece*, Evêque d'Antioche en 361, mort l'an 380. Une Homélie sur un endroit des Proverbes, *apud S. Epiphanium, hæres.* 63.
379. *Diodore*, Prêtre d'Antioche, Evêque de *Tarse* en Cilicie l'an 375. Divers Traités dogmatiques, dont on a des fragmens, *apud Suidam & Photium in Biblioth.*
380. *Hilaire*, Diacre de l'Eglise de Rome. Commentaire sur S. Paul, *apud S. Ambrosium*, & Questions sur l'Ancien & le Nouveau Testament, *apud S. Augustinum.*
380. *Priscillien*, Chef des Priscillianistes. Plusieurs Questions, *dont il ne reste rien.*
380. *Matronien*, Priscillianiste, avoit fait quelques Poëmes.
380. *Tibérien*, de la même Secte, avoit fait une Apologie.
380. *Dictinius*, de la même Secte, avoit donné quelques Traités.

} *Il n'en reste rien.*

381. *Ithacius*, ou *Idacius*, Espagnol. Contre les Priscillianistes.
381. *Faustin* Luciférien. Traité contre les Ariens & Macédoniens.
381. *Philastre*, Evêque de Bresse. Traité des Hérésies, *in Bibliothecis Patrum.*
382. *Timothée* Ev. d'Alexandrie. Loix Canoniques, *apud Balsamonem.*
385. Le Pape *Siricius*. Quelques Lettres, *in Conciliorum Collectionibus.* S. *Ambroise*, né vers l'an 340, mort en 397, a donné plusieurs Ouvrages sur l'Ecriture Sainte, quelques Traités dogmatiques contre les Hérésies, des Livres de Morale & des Lettres. *Ejus Opera a Benedictinis, in folio.* Paris. 1686 2 *volumes. Il se réimprime.*
386. S. *Epiphane*, fait Evêque de Salamine l'an 403. Il a écrit l'histoire & la réfutation des Hérésies ; & plusieurs autres Ouvrages. *Ejus Opera, Græce Latine, in folio.* Paris. 1622.
390. *Evagre* de Pont, Archidiacre de Constantinople, mort en 406. Instructions pour des Moines, & autres Ouvrages, *In Bibliothecis Patrum, in Cotelerii Tom. III. & apud Bigotium.*
391. *Marc* Hermite. Discours sur la Morale. *In Bibliothecis Patrum.*
392. *Simplicien*, Evêque de Milan. Lettres, *apud S. Augustinum.*
393. *Vigile*, Evêque de *Trente*, Martyr l'an 400. Lettres sur des Martyrs, *apud Surium* 23 *Maii.*
394. Aurele *Prudence* Clément, de Sarragoce en Espagne, Poëte Chrétien. *Ejus Opera ab Heinsio in* 12. *Amstelodami Elzevir* 1667, *& ad usum Serenissimi Delphini in* 4. Paris. 1687.
398. S. *Jean-Chrysostôme*, Evêque de Constantinople l'an 398. le plus éloquent des Peres Grecs, & l'un des quatre Docteurs de l'Eglise Grecque. Beaucoup d'Homélies sur l'Ecriture Sainte. *Ejus Opera, Gr. Lat. in folio,* a Bern. de Montfaucon, Paris. 1718. 13 vol.
398. *Asterius*, Evêque d'Amasée, Ville du Pont. Plusieurs Homélies, *in Auctario Biblioth. Patrum* 1624. *& Cotelerii Monumentis,* Tom. III.

PAPES.

CINQUIÉME SIÉCLE.

XLII.
401. *Innocent* I. élû le 24 Nov.
 Gouverne 15 a. 2 m. 20 j.
 * Le 14 Février 417.
 Le Siége vaque 22 j.

XLIII.
417. *Zozime*, le 9 Mars.
 Gouverne 1 a. 9 m. 4 j.
 * Le 13 Décembre 418.
 Le Siége vaque 16 j.

XLIV.
418. *Boniface* I. le 30 Décembre.
 Gouverne 3 a. 8 m. 5 j.
 * Le 4 Septembre 422.
 Le Siége vaque 8 j.
418. Eulalius, Antipape.

XLV.
422. *Célestin* I. le 13 Septembre.
 Gouverne 9 a. 10 m. 8 j.
 * Le 21 Juillet 432.
 Le Siége vaque 20 j.

RITS ET RELIGIEUX.

CINQUIÉME SIÉCLE.

404. Mórt de *Ste. Paule*, Dame Romaine, à Bethléem en Palestine.
405. Mort de S. *Macaire*, Solitaire.
409. Fondation du Monastére de *Lerins*, sur les côtes de Provence, par S. Honorat.
410. Mort de S. *Maron*, Solitaire de Syrie, Chef des *Maronites*.
413. Fondation de l'Abbaye de S. *Victor de Marseille*, par Jean Cassian, venu d'Orient. Il y introduit les pratiques des Peres de l'Orient.
419. Mort de *Ste. Eustoquie* Vierge, fille de Ste. Paule, à Bethléem.
420. Anciennes Religieuses de S. *Augustin*.
425. S. Romain établit le Monastére de Condat, aujourd'hui S. *Claude* en Franche-Comté.

CONCILES.

CINQUIÉME SIÉCLE.

401. D'*Afrique*, ou *Carthage*. On s'adresse au Pape & à l'Evêque de Milan pour avoir des Missionnaires. *Reg. III. Lab. II. Hard. I.*
401. Autre d'*Afrique*, ou *Carthage*, pour la réunion des Donatistes, *ib.*
402. D'*Ephese*, contre les crimes d'Antonin, Evêque d'Ephese. *Baluz.*
402. De *Mileve* en Afrique, contre Cresconius & Quod vult Deus. *Regia IV. Labbe II. Hardoüin I.*
403. * *Auchêne*, Fauxbourg de Chalcédoine en Asie, contre S. Jean-Chrysostôme, *ibidem & Baluz. in Collect.*
403. De *Constantinople*, pour S. Chrysostôme. *Fabricius.*
403. De *Carthage*, ou d'*Afrique*, pour la réunion des Donatistes, *ibidem.*
404. De *Carthage*, ou d'*Afrique*, contre les Donatistes, *ibidem.*
405. D'*Afrique*, sur quelques plaintes faites contre les Evêques, *ibid.*
406. De *Tolede* en Espagne, sur le même sujet, *ibidem.*
407. D'*Afrique*, contre les Donatistes, *ibidem.*
408. Deux Conciles d'*Afrique*, contre les Donatistes, *ibidem.*
409. D'*Afrique*, contre les Donatistes, *ibidem.*
410. D'*Afrique*, contre la liberté accordée aux Donatistes, *ibidem.*
411. De *Ptolémaïde*, contre Andronicus, *ibidem, & Baluz.*
411. Conférence de *Carthage* des Catholiq. & Donat. *ibidem & Baluz.*
411. De *Braga* en Portugal. *Labbe II. Hardoüin I. Manque in Regia.*
412. De *Carthage*, contre Celestius Pélagien, *Reg. IV. Lab. II. Hard. I.*

La suite, pag. 238.

GRANDS HOMMES. HERES. ET PERSEC. 237

CINQUIÉME SIÉCLE.

402. Ier. *Exil* de S. Chryſoſtôme.
403. Mort de *S. Epiphane*, Pere Grec.
404. IIe. *Exil* de S. Chryſoſtôme.
407. Mort de S. *Jean Chryſoſtôme*, allant à ſon dernier éxil.
409. S. *Paulin* eſt fait Evêque de *Nole* en Italie.
412. *S. Cyrille* eſt fait Evêque d'Alexandrie.
414. Ste. *Pulcherie* eſt déclarée *Auguſte*; c'eſt-à-dire, Impératrice.
420. Mort de S. *Jérôme* à 88 ans.
422. Naiſſ. de *Ste. Geneviéve*, à Nanterre près de Paris.
429. S. Germain d'Auxerre va en Angleterre pour s'oppoſer aux Pélagiens ; il voit *Ste. Geneviéve* à Nanterre.
430. Mort de S. *Auguſtin*, durant le ſiége d'Hyppone.

CINQUIÉME SIÉCLE.

404. *Vigilance*, Prêtre Eſpagnol, attaque le culte des Saints & de leurs Reliques, le célibat & la vie Monaſtique.
406. *Célicoles*, eſpéce d'Hérétiqués, qui adoroient le Ciel.
415. *Victor Vincent*, Prêtre Afriquain, croit que l'ame eſt une portion de la Divinité.
420. *Vitalis*, Prêtre Afriquain, croit que la foi n'eſt pas un don de Dieu.
420. *Paterne* croit que l'homme eſt l'ouvrage du Démon.
420. *Semipélagiens* aſſûrent que l'homme pouvoit commencer de lui-même ſon ſalut, & que la grace n'étoit néceſſaire que pour perſéverer.
429. *Neſtorius* ſoutient deux Perſonnes en J. C.

ÉCRIVAINS.

CINQUIÉME SIÉCLE.

401. *S. Gaudence*, Ev. de Breſſe. Sermons & Traités. *In Bibl. Patrum*.
402. *Jean*, de Jeruſal. Ouvrages ſuppoſés, *in folio. Bruxell.* 1643. 2 *vol.*
404. *Théophile* d'Alexandrie. 3 Lettres Paſchales, *apud Balſamonem*.
407. *Théodore de Mopſueſte*, l'an 407. Célébre dans les trois Chapitres.
407. *Palladius. Hiſtoria Lauſiaca in vitis Patrum*, *in folio. Antuerpiæ.*
407. Le Pape *Innocent* I. Des Lettres, *in Collectionibus Conciliorum*.
408. S. *Jérôme*, Prêtre, né en 345. mort en 420. le plus ſavant des Peres Latins. Divers Traités contre les Hérétiques, ſur-tout Jovinien, Vigilance & Pélage, & des Commentaires ſur l'Ecriture. *Opera, a Benedictinis in folio*, Paris. 1693. 5 *volumes.*
410. *Rufin*, Prêtre d'Aquilée. Quelques Traités dogmatiques. *Ruffini Opera, in folio*, Paris. 1580. Très rares.
410. *Severe Sulpice*, Prêtre d'Agen en France. Abrégé de l'Hiſtoire Ste. & Eccléſiaſtique, la Vie de S. Martin. *Ejus Opera in 80. Lipſiæ* 1705.
411. *Syneſius*, Philoſophe Evêque. Divers Ouvrages. *Opera, Græco Latina, in folio.* Paris. 1612-1613 & 1640.
411. *S. Paulin.* Poéſies & autres Ouvrages, *in 4. Paris.* 1685.
411. *Pélage*, Moine d'Angleterre, Chef des Hérétiques Pélagiens. Un commentaire ſur S. Paul, *apud S. Hyeronimum*.
411. *Celeſtius*, Diſciple de Pélage. Quelques *fragmens*.
414. *Iſaac*, Juif converti. Traité de la Trinité & de l'Incarnation.

La ſuite, pag. 239.

412. De

412. De *Cirthe* en Afrique, contre les Donatiftes, *ibidem*.
414. Des Donatiftes en *Afrique*, *ibidem*.
414. De *Macedoine*, confirmé par Innocent I. *ibidem*.
415. De *Jerufalem*, contre Pelage. *Lab. II. Hard. I. Manque in Regia*.
415. De *Diofpolis* en Paleftine, où Pélage feint de renoncer à fes erreurs. *ibidem*, & *Baluz. in Colleĉt*.
416. De *Jerufalem*. Pelage eft obligé de fortir de cette Ville. *Regia; IV. Labbe, II. Hardoüin I.*
416. De *Carthage*, contre Pélage & Celeftius, *ibidem*.
416. De *Mileve* en Afrique, contre Pélage & Celeftius, *ibidem*.
417. De *Thufdrit* (Thufdritanum) en Afrique, fur la Difcipline. *Baluz. in Colleĉt. Hardoüin, Tom. I.*
Vers le même temps on tint plufieurs Conciles en Afrique, dont on ignore les années; favoir, *Suffetulenfe, Macrianenfe, Septimunicenfe, Thenitanum, Mazaranenfe* d'*Hippone*. *Baluz. & Hard. I.*
417. De *Rome*, contre Pélage & Celeftius. *Reg. IV. Labbe, II. Hard. I.*
417. De *Carthage*, fur le même fujet, *ibidem*.
418. D'*Afrique*, contre Pélage & Celeftius, & fur la Difcipline, *ibid*.
418. De *Telepte*, fur la Difcipline, *ibidem*, & *Baluz*.
418. De *Carthage*, ou Concile général d'Afrique, fur les appellations au S. Siége. *Regia IV. Labbe II. Hardoüin I.*
418. Autre de *Carthage*, dans la caufe d'Apiarius, *ibidem*.
418. De *Rome*, fur la Difcipline, *ibidem*.
419. De *Carthage*, fur la Foi, la Difcipline & les appellations, *ibidem*.
419. Autre de *Carthage*, fur la Difcipline, *ibidem*.
419. De *Ravenne*, fur l'éleĉtion d'un Pape. *Baluz. in Colleĉt.*
420. De *Carthage*, fur les Manichéens. *Baluz. in Colleĉt.*
423. De *Cilicie*, fur Théodore de Mopfuefte & Julien Pélagien. *Baluz.*
424. D'*Afrique*, fur les appellations au S. Siége. *R. IV. L. II. Hard. I.*
426. D'*Afrique*, au fujet du Moine Leporius, *ibidem*.
426. D'*Hippone*, pour un Coadjuteur à S. Auguftin. *Baluz.*
426. De *Conftantinople*, fur Sifinnius, Evêque de Conftant. *Baluz. feul.*
427. D'*Orient*, contre les Meffaliens.
428. De *Conftantinople*, pour donner un Ev. à cette Ville. *Baluz.*
429. Des *Gaules*, contre Neftorius. *Regia IV. Labbe II. Hardoüin I.*
430. De *Rome*, contre Neftorius, *ibidem*, & *Baluz. in Colleĉtione*.
430. D'*Alexandrie*, par S. Cyrille contre Neftorius, *ibidem*.
431. De *Rome*, contre Neftorius. *Baluz. in Coll. Hardoüin feul, T. I.*
431. D'EPHESE IIIe. Concile général, affemblé fous Théodofe. Le Pape Céleftin y préfide par fes Légats. Il étoit compofé de plus de 200 Evêques, qui condamnent Neftorius qui admettoit deux Perfonnes en J. C. & qui vouloit que la Ste. Vierge ne fût pas la mere de Dieu. On y condamne Pélage, *Reg. V. Lab. III. H. I. & Bal.*
431.* D'*Ephefe*, par Jean d'Antioche, partifan de Neftorius, contre le Concile général d'Ephefe, *ibidem*.
431. De *Conftantinople*, pour l'Ordination de Maximian, *ib. & Baluz.*
431.* De *Tarfe* en Cilicie, où S. Cyrille eft condamné. *Bal. in Coll.*
431.* D'*Antioche*, où l'on confirme le Concile de Tarfe. *Bal. ibid.*
431.* D'*Anazarbe* en Cilicie, contre S. Cyrille. *Baluz. ibidem.*

415. Hel-

415. *Helvidius*, contre la Virginité de la Sainte Vierge.
416. *Vigilance*, Prêtre Espagnol, a écrit sur la Discipline. } Quelques *fragmens*.
416. *Paul Orose*, Prêtre Espagnol, a écrit une histoire contre les Païens & contre les Pélagiens, *in 4. Lugduni Batav.* 1738.
416. *Lucien.* Sur les Reliques de S. Étienne, *apud S. Augustinum.*
417. *Evodius*, Evêque d'Usale en Afrique. Lettre contre Pélage, *apud S. Augustinum.*
417. *S. Augustin*, né à Tagaste en Afrique l'an 355, baptisé à Milan en 388, fait Prêtre à Hippone en Afrique l'an 391, fut fait Evêque d'Hippone en 395, & mourut l'an 430. Il est un des Peres de l'Eglise, qui a écrit avec le plus d'esprit & d'élevation ; des Lettres excellentes ; des Commentaires moraux sur l'Ecriture Sainte ; des Homélies, ou Sermons au Peuple ; des Traités dogmatiques, & la Cité de Dieu. *Ejus Opera in folio, Paris.* 1679. 8 ou 10 *volumes.*
417. Le Pape *Zozime.* Plusieurs Lettres, *in Collectionib. Conciliorum.*
418. *Boniface* I. Pape. Quelques Lettres, *in Collectionib. Conciliorum.*
418. *Polychronius.* Des *fragmens*, *apud Joannem Damascenum.*
418. *Atticus*, Evêque de Constantinople l'an 406. Lettre à S. Cyrille & quelques autres Traités, *dont il ne reste que des fragmens.*
418. *Tichonius*, Donatiste. Règles pour expliquer l'Ecriture Sainte.
420. *S. Isidore de Peluse*, ou de Damiette en Egypte, Prêtre, a écrit beaucoup de Lettres. *Ejus Opera, Gr. Lat. in fol. Paris.* 1633 & 1638.
420. *Jean Cassien*, Scythe de Nation, premier Abbé de S. Victor de Marseille. Divers Ouvrages sur la maniére de vivre des Moines ; des Conférences ; un Traité de l'Incarnation. *Ejus Opera in 8. Romæ* 1580 & 1611, & *in folio Atrebati* 1628.
421. *S. Nil*, Disciple de S. Jean Chrysostôme, mort en 451. Des Lettres & des Traités de Morale. *Ejus Opera Gr. Lat. in folio. Romæ* 1668 & 1673. 2 *vol.*
423. Le Pape *Célestin* I. Diverses Lettres, *in Collect. Conciliorum.*
430. *Possidius*, ou *Possidonius*, Diacre, Disciple de S. Augustin, dont il a écrit la Vie & le Catalogue de ses Ouvrages, *apud S. Augustinum.*
430. *Uranius* Prêtre. Vie de S. Paulin, *apud S. Paulinum.*
430. *S. Cyrille*, Evêque d'Alexandrie, mort en 444. Outre des Commentaires sur l'Ecriture, il a écrit sur l'Incarnation de J. C. contre Nestorius & contre les Ariens, & même contre Julien l'Apostat Empereur. *Ejus Opera, Græco Latina, in folio. Paris* 1638. 7 *volumes.*
430. *Marius Mercator* a écrit sur l'Histoire & contre la Doctrine des Pélagiens & des Nestoriens. *Ejus Opera in folio. Paris.* 1673, & *in* 8. *a Baluzio, Paris.* 1684.
430. *Julien*, Disciple de Pélage, a fait des Ouvrages, dont il ne reste que des fragmens. S. *Augustin a écrit contre lui.*
430. *Nestorius*, Patriarche de Constantinople en 428. Hérésiarque, dont il reste plusieurs Lettres.
430. *Jean*, Patriarche d'Antioche, mort en 439. Plusieurs Lettres, dans les Actes du Concile d'Ephese & dans la Collection des Epitres du P. *Lupus*, Augustin des Pays-Bas.

XLVI.

PAPES. RITS ET RELIGIEUX.

XLVI.
432. *Sixte* III. le 10 Août.
  Gouverne 7 a. 11 m. 12 j.
  * Le 22 Juillet 440.
  Le Siége vaque 1 m. 9 j.
XLVII.
440. S. *Léon* le Grand, le 1 Sept.
  Gouverne 21 a. 2 m. 2 j.
  * Le 3 Novembre 461.
  Le Siége vaque 17 j.
XLVIII.
461. *Hilaire*, le 21 Novembre.
  Gouverne 6 a. 3 m.
  * Le 21 Février 468.
  Le Siége vaque 2 j.
XLIX.
468. *Simplicius*, le 24 Février.
  Gouverne 15 a. 6 j.
  * Le 2 Mars 483.
  Le Siége vaque 3 j.

434. *Vincent*, Moine de Lerins, publie son *Commonitorium* contre les Héréſies.
449. Chanoineſſes de *Latran*, ſous la Régle de S. Auguſtin, miſes en Congrégation l'an 1060.
445. Mort de S. Arſene, Solitaire d'Egypte, qui avoit été Précepteur de l'Empereur Arcadius.
448. Mort de *Jean Caſſien*, 1er. Abbé de S. Victor de Marſeille.
451. Mort de S. *Nil*, Prêtre & Solitaire en Arabie, âgé de 90 a.
460. Mort de S. *Romain*, 1er. Abbé de Condat, ou S. Claude en Franche-Comté.
462. Mort de S. *Siméon Stylite*.
469. Inſtitution des 3 jours des Rogations, par S. Mamert, Evêque de Vienne.

CONCILES.

432. D'*Antioche*, pour la paix entre S. Cyrille & Jean d'Antioche, qui condamnent Neſtorius. *Regia VI. Labbe III. Hardoüin I.*
432. * De *Zeugma* en Syrie, contre le Concile précédent. *Baluz.*
433. D'*Anazarbe* en Cilicie, ſur le même ſujet. *Baluz. ibid.*
433. De *Rome*, pour juſtifier Sixte III. *Regia VII. Labbe III. Hard. I.*
434. De *Tarſe* en Cilicie, ſur la paix entre S. Cyrille & Jean d'Antioche. *Baluz. in Collect. Hardoüin Tom. I. Manque aux deux autres.*
434. D'*Antioche*, contre Neſtorius. *Fabricius.*
435. D'*Antioche*, contre les Neſtoriens. *Baluz. in Collect.*
435. D'*Armenie*, contre les Neſtoriens. *Baluz. & Hard. ſeul, Tom. I.*
435. De *Theſſalonique*. *Baluz.*
438. De *Constantinople*, pour la Foi Cathol. *Fabricius.*
438. D'*Antioche*, ſur Théodore de Mopſueſte. *Fabricius.*
439. De *Constantinople*, ſur la primauté, prétendue par l'Egliſe d'Antioche. *Hardoüin ſeul, Tom. I.*
439. De *Riez* en Provence, ſur la Diſcipline, & *Baluz.*
440. D'*Epheſe*, ſur l'Evêque de cette Ville. *Baluz.*
441. D'*Orange*, ſur la Diſcipline. *Regia VII. Labbe III. Hardoüin I.*
442. De *Vaiſon* & de *Bazas*. Leurs Canons ſont confondus, *ibidem.*
444. De *Rome*, contre les Manichéens, *ibidem.*
444. De *Vienne* en Dauphiné, ſur Chelidonius, Evêq. de Bezançon, *ib.*
445. De *Rome*, contre Hilaire, Evêque d'Arles, *ibidem.*
445. D'*Antioche*, dans la cauſe d'Athanaſe, Evêque de Perrhé.
445. D'*Hiéraples* en Syrie, ſur un Evêque à Perrhé. *Baluz.*
446. De *Verlam-Caſter*, ou S. Albans, contre Pélage. *Regia VII. Labbe III. Hardoüin I. Wilkins Tom. I.* C'eſt le 1er. Concile d'Angleterre.

La ſuite, pag. 242.

432. S.

GRANDS HOMMES. HERES. ET PERSEC.

432. *S. Patrice* va en Irlande.
437. Naiſſ. de *S. Remi*, Ev. de Rheims.
444. M. de *S. Cyrille* d'Alexandr.
446. *S. Germain* d'Auxerre retourne en Angleterre.
449. M. de S. Germain d'Auxerre à Ravenne en Italie.
456. M. de *S. Proſper* d'Aquitaine.
459. *S. Remi* eſt Ev. de Rheims.
460. Mort de *S. Patrice*, Apôtre d'Irlande, à 83 ans.
468. Naiſſ. de *S. Fulgence*.
472. Tranſlation du *Corps de S. Martin* dans la nouvelle Egliſe de ſon nom, à Tours.
478. Mort de *S. Loup*, Evêque de Troyes, après 52 ans d'Epiſc.
481. *S. Eugene*, Evêq. de Carthage.
482. Mort de *S. Sidoine* Apollinaire, Evêque d'Auvergne.

439. *Perſécution* des Vandales.
447. *Eutychés*, Chef des *Eutychéens*, prétend qu'il n'y a qu'une nature en J. C.
449. *Dioſcore* d'Alexandrie protege les Eutychéens.
457. *Perſécution* des Vandales en Afrique, ſous Genſeric.
470. *Prédeſtinatiens*, établis par Lucide, Prêtre Gaulois, croyent qu'il y a une prédeſtination à la vie éternelle & une à la damnation.
482. *Zénon* d'Iſaurie, Empereur & auteur de l'*Henoticon*, prétend unir les Catholiques & les Eutychéens.
482. *Pierre le Foulon*, ou *Gnaphée*, faux Evêque d'Antioche, Eutychéen.

ÉCRIVAINS.

432. *Théodore* d'Ancyre. Homélies au Concile d'Epheſe, & un Diſcours ſur le Symbole, par *Holſtenius & Combeſis*.
433. *Sixte* III. Pluſieurs Lettres, *in Cottelerii Monumentis*.
433. *Proclus*, Patriarche de Conſtantinople. Divers Sermons, *in Bibl. Patrum*.
433. *Capriolus*, Evêq. de Carthage. Traité de l'Incarnation, *in Syrm*.
440. *Antoninus Honoratus*, Evêque de Conſtantine en Afrique. Lettre à Arcadius, *in Biblioth. Patrum*.
440. *Victor* d'Antioche. Commentaire ſur S. Marc, *in Bibl. Patrum*.
440. *Victorin* de Marſeille, Poëme ſur la Genèſe, *in Biblioth. Patrum*.
440. *Sedulius*, Poëme de la Vie de J. C. *in Bibliothecis Patrum*.
440. *Nicée*, Evêque d'Aquilée. Traité à une Vierge, *inter Opera S. Hyeronimi*.
441. *Philoſtorge*. Hiſtoire de l'Egliſe, des *fragmens*, *in Photii Biblioth. & in* 4°. *Genevæ* 1643.
441. *Théodoret*, Evêque de Cyr en 420, mort en 457. l'un des plus ſavans Peres de l'Egliſe Grecque, & dont le nom a fait beaucoup de bruit dans l'affaire des trois Chapitres. Outre des Commentaires ſur l'Ecriture Sainte, il a donné une Hiſtoire de l'Egliſe & une des Peres des Déſerts ; il a écrit contre les Païens & les Hérétiques. *Ejus Opera, Græco-Latina in folio*. Paris 1642 & 1684. 5 *volumes*.
441. Le Pape *S. Léon*, élû en 440. Des Lettres, des Sermons, des Traités dogmatiques. *Ejus Opera, ſtudio Paſchat. Queſnel, in* 4. Paris. 1675. 2 *volumes*. Bonne édition.
442. *S. Hilaire*, élû Evêque d'Arles l'an 429, & mort l'an 454. Quelques Traités, *apud S. Leonem, editionis Quenellianæ*.

II. *Volume.* Q 447. D'E-

447. D'*Ephese*, fur Baffian, Evêque de cette Ville. *Baluz. feul.*
447. D'*Aftorga* en Galice, contre des Manichéens, *ibid.*
448. De *Constantinople*, contre Eutychés. *Reg. VII. Lab. III. Hard. I.*
448. D'*Antioche*, fur Ibas, Evêque d'Edeffe, *ibidem.*
448. De *Tyr*, & un de *Berythe*, où l'on abfout Ibas, *ibidem.*
449. * De *Constantinople*, en faveur d'Eutychés, *ibidem.*
449. * D'*Ephese*, appellé *Latrocinium Ephesinum*, où l'on abfout Eutychés Héréfiarque, & où l'on condamne Flavien, Evêque de Conftantinople, Catholique, *ibidem.*
449. De *la Grande-Bretag.* contre Pélage, *ibidem, & Anglicana*, T. I.
449. De *Rome*, où le faux Concile d'Ephefe eft condamné, *ibidem.*
450. De *Conftantinople.* Anatolius figne une formule de Foi, *ibidem.*
451. De *Milan*, où Eufebe foufcrit la Lettre que S. Léon envoye à Flavien de Conftantinople fur l'Incarnation du Verbe. *Regia VII. Labbe III. Hardoüin I.*
451. De CHALCEDOINE IVe. Concile Général, de 630 Evêques & de 4 Légats du Pape S. Léon. L'Empereur Marcien & l'Impératrice Pulchérie s'y trouvent avec beaucoup de Sénateurs. On condamna le Concile d'Ephefe de 449. auffi-bien que Diofcore & Eutychés, qui ne reconnoiffoient qu'une nature en J. C. *Regia VIII. Labbe V. Hardoüin II. & Baluz. in Colleû.*
451. D'*Alexandrie*, fur la converfion des Eutychéens, *ibidem.*
451. Autre d'*Alexandrie*, un de *Theffalonique*, de *Conftantinople*, deux de Rome, un d'*Antioche* fur le même fujet, *ibidem.*
452. D'*Arles*, fur la Difcipline, *ibidem.*
452. De *Narbonne*, fur de fauffes accufations d'adultére. *Baluz.*
453. D'*Angers*, fur la Difcipline. *Regia VIII. Lab. VI. Hardoüin II.*
453. De *Jerufalem*, pour la confervation de la vraye Foi.
454. De *Bourges*, indiqué par Hardoüin Tom. II.
455. D'*Arles*, fur Faufte de Lerins. *Regia VIII. Lab. IV. Hardoüin II.*
456. D'*Irlande*, fur la Difcipline. *Wilkins in Concil. Angliæ. I.*
459. De *Conftantinople*, contre les Eutychéens & les Symoniaques, *ibidem, & Baluz. in Colleû.*
460. De *Lyon*. *Labbe feul Tom. IV. ex Syrmundo.*
463. D'*Arles*, contre Mamertin. *Reg. IX. L. IV. Hard.* l'indique T. II.
465. De *Vannes* en Bretagne, fur la Difcipline. *R. IX. L. IV. Hard. II.*
465. *Cambricum. Regia IX. Labb. IV.* Manque dans *Hard. Ang. T. I.*
465. De *Rome*, où l'on définit que les caufes des Evêques appartiennent au S. Siége. *Regia IX. Labbe IV. Hardoüin II.*
465. De *Terragone*, fur la Difcipline. *Baluz. in Colleû.*
470. De *Châlons* fur Saone, où l'on élit un Evêque. *Labbe feul IV.*
472. D'*Antioche.* On dépofe Pierre le Foulon. *R. IX. L. IV. Hard. II.*
472. De *Bourges*, pour l'Election de Simplicius. *Labbe feul IV.*
474. De *Vienne.* On établit les Rogations. *Regia IX. Labbe IV. feuls.*
475. D'*Arles*, contre les Prédeftinatiens. *Reg. IX. L. IV. Hard. II.*
475. De *Lyon*, fur le même fujet, *ibidem.*
478. D'*Antioche*, contre Pierre Gnaphée. *Regia IX. Labbe IV. Hard. II.*
478. De *Conftantinople*, contre le même, *ibidem.*
482. De *Tours*, fur la Difcipline, *ibidem.*

445. S. *Eucher* de Lerins, élû Evêque de Lyon l'an 454. Sermons & Traités de piété, *in Bibliothecis Patrum*.
450. S. *Maxime*, Evêque de Turin, mort en 466. plusieurs Homélies, *in Bibliothecis Patrum*.
450. S. *Pierre*, surnommé *Chrysologue*, mort en 451. Divers Sermons, *in Bibliothecis Patrum*.
450. *Valere*, ou *Valérien*, Evêque de Nicée. Quelques Homélies, *in Bibliothecis Patrum*.
450. *Victor*, Evêque de Cartenne, en Afrique. Traité de la Penitence, *in Operibus S. Ambros.*
450. S. *Prosper*. Ouvrages sur la Grace. *Ejus Opera in folio*, Paris. 1711.
450. *Euthalius*, Diacre d'Alexandrie. Sur les Epîtres de S. Paul, *in Zacagni Monumentis Eccles. Græcæ*, 40. Romæ 1698.
451. *Flavien*, de Constantinople. Trois Lettres, *in Conciliis & in Cottelerii Monumentis*.
456. *Anatolius*, de Constantinople. Deux Lettres, *in Conciliis, & apud S. Leonem*.
457. S. *Loup* de Troyes. Deux Lettres, *in Conciliis & Spicilegio*.
457. S. *Basile* de Seleucie. 40 Homélies, *in Bibliothecis Patrum*.
457. *Victor* d'Aquitaine. Un Cycle Pascal, *apud Bucherium, de Doctrina temporum, in folio. Antuerpiæ* 1633.
460. S. *Rémi*, Evêque de Rheims. Quelques Lettres, *in Concil. Galliæ*.
460. *Vigile*, Diacre. Une Régle pour des Moines, par *Holstenius*.
460. *Fastidius*, Anglois. Traité de la Vie Chrétienne, *inter Opera S. Augustini*.
460. *Draconce*, Espagnol. Poëme sur la Création, *in Bibliothecis Patrum*.
465. S. *Simeon Stylite*. Discours de la Mort, & des Lettres, *in Bibliothecis Patrum*.
465. *Salvien* de Marseille. Ouvrages de Morale. *Ejus Opera in* 80. *a Baluz. Paris.* 1684. Bonne édition, où est aussi *Vincentii Lirinensis Commonitorium*.
465. *Arnobe le jeune*. Sur les Pseaumes, *in Biblioth. Patrum*.
465. *Honorat* de Marseille. Vie de S. Hilaire d'Arles.
466. *Claudianus Mamertus*. De l'Etat de l'ame, *in Biblioth. Patrum*.
467. *Idacius*, Evêque de Lugo. Chronique, *in Eusebio Scaligeri in folio*.
467. Le Pape *Hilaire*. Quelques Lettres, *in Conciliis*.
468. *Simplicius* Pape. Lettres, *in Collectionibus Conciliorum*.
470. *Fauste*, Evêque de *Riez*. Sur l'Incarnation & la Grace; il est Semipélagien. *In Biblioth. Patrum*.
480. *Sidoine*, Evêque de Clermont, mort en 485. Des Lettres, des Panégyriques & des Poésies. *Ejus Opera, studio J. Syrmundi, in* 40. Paris. 1652.
480. *Eugene*, Evêque de Carthage. Discours à Hunneric, Roi des Vandales, *apud Victorem Vitensem de Persecutione Vandalica*.
482. *Victor*, Evêque de *Vite* en Afrique. Histoire de la Persécution des Vandales. *Edita per Theodoricum Ruinart in* 80. *Paris.* 1693. Elle a été traduite en François.

483. Fé-

244 PAPES. RITS ET RELIGIEUX.

L.
483. *Félix*. III. le 6 Mars.
Gouverne 8 a. 11 m. 19 j.
* Le 25 Février 492.
Le Siége vaque 4 j.
L I.
492. *Gelafe*, le 1 Mars.
Gouverne 4 a. 8 m. 19 j.
* Le 19 Novembre 496.
Le Siége vaque 4 j.
L I I.
496. *Anaftafe* II. le 24 Novembre.
Siége 1 a. 11 m. 25 j.
* Le 17, ou 18 Novembre 498.
Le Siége vaque 3 ou 4 j.
L I I I.
498. *Symmaque*, le 22 Novembre.
Gouverne 15 a. 6 m. 28 j.
* Le 19 Juin 514.
Le Siége vaque 5 m. 6 j.
498. *Laurent* IV. Antip. 13 m.

490. S. Fulgence se fait Religieux, & mort de S. Daniel Stylite, âgé de 80 ans.
Chanoines Réguliers de S. Maurice de Sion dans les Alpes; l'Abbaye fut rétablie par Charlemagne.
493. S. Sabas est fait Supérieur général des Anachoretes de Palestine.
494. S. Benoit, âgé de 16 ans, se retire dans le Défert.
495. Chanoines Réguliers de Latran, ou de S. Sauveur, qu'on croit fondés par le Pape Gelase I.
498. Fondation de la célèbre Abbaye de Galliata, au bas des Monts de l'Apennin, aux extrémités de la Toscane & de la Romagne.

C O N C I L E S.

483. De *Rome*, contre Acacius & Pierre Gnaphée, *ibidem*.
484. De *Rome*, où l'on condamne Vital & Misenus, Légats du S. Siége, pour avoir favorisé Acacius & Pierre le Foulon, *ibid*.
484. * De *Carthage*, en faveur des Ariens, par ordre d'Hunneric, Roi des Vandales, qui exile plus de 400 Evêq. Catholiques, *ibidem*.
487. De *Rome*, sur les Apostats d'Afrique reçus à la Pénitence, *ibid*.
492. De *Constantinople*, pour recevoir le Concile de Chalcédoine, *ibidem, & Baluz. in Collect*.
494. De *Rome*, pour la conservation de la Foi, & pour reconnoître les Livres Canoniques de l'Ecriture Sainte, *ibidem*.
495. De *Rome*, où Misenus, condamné en 484, est absous, *ibidem*.
496. De *Rheims*, indiqué par *Hardoüin Tom. II.*
496. * De *Constantinople*, contre le Concile de Chalcédoine. *Baluz*.
497. * De *Constantinople*, contre le Concile de Chalcédoine. *Baluz*.
497. De *Constantinople*, pour recevoir les Actes du Concile de Chalcédoine. *Regia IX. Labbe IV. Hardoüin II.*
499. De *Constantinople*, où l'on condamne Nestorius & Eutychés, *ib*.
499. * De *Constantinople*, contre le Concile de Chalcédoine. *Baluz*.
499. *Conférence* des Catholiques & des Ariens en préfence de Gondebaud, Roi Arien de Bourgogne; le Chef des Catholiques étoit Avitus, Evêque de Vienne. *Dacheri in Spicilegio*.
499. De *Rome*, contre l'ambition, les intrigues & les abus qui se commettoient en l'Election des Papes. *Reg. IX. Lab. IV. Hardoüin II.*
500. De *Rome*, contre le schisme de Laurent, & en faveur du Pape Symmaque, *ibidem*.

484. Naif-

484. Naissance de *S. Claude*, Ev. de Bezançon.
487. *Boëce*, Philosophe Chrétien, est fait Consul sans Collégue, quoique jeune.
492. *S. Césaire*, Moine de l'Abbaye de Lerins, est ordonné Prêtre à Arles.
493. Ste. Clotilde épouse Clovis, Roi des François.
496. Naissance de *S. Germain*, Ev. de *Paris*, dans le territoire d'Autun.
497. S. Remi, Evêque de Rheims, établit l'Evêché de Laon.
498. *S. Vannes* est fait Evêque de Verdun.
499. *S. Vaast* est ordonné Evêque d'Arras, par S. Remi de Rheims, & envoyé dans l'Artois pour y établir la Foi de Jesus-Christ.

483. *Bannissement* de 4976 Martyrs & Confesseurs d'Afrique, presque tous infirmes, par Hunneric, Roi Arien.
484. *Persécution* des Catholiques, par l'Edit de Hunneric, Roi Arien des Vandales d'Afrique. Cette persécution, qui a été violente, a été décrite par Victor de Vite. Quoique cette persécution ait peu duré, elle a donné beaucoup de Martyrs à l'Eglise.
485. La mort de Hunneric fait rallentir la persécution contre les Catholiques.
496. Trasamond, Roi des Vandales en Afrique, recommence la persécution.
498. S. Eugene, Evêq. de Carthage, est banni dans les Gaules.

ÉCRIVAINS.

485. *Vigile*, Evêque de *Tapse* en Afrique. Divers Ouvrages contre les Nestoriens & les Eutychéens. *Ejus Opera in 40. Divione 1664*, & *in Bibliothecis Patrum*.
485. Le Pape *Félix*, élû Pape l'an 483. Diverses Lettres, *in Collectionibus Conciliorum*.
490. *Eleuthere*, Evêque de Tournai. Sermon sur la Se. Trinité, *in Bibliothecis Patrum*.
492. Le Pape *Gelase*, très savant. Ses Lettres & autres Opuscules, *in Collectionibus Conciliorum*. Il a beaucoup travaillé pour former le Canon des Saintes Ecritures, & pour distinguer les Livres Canoniques des apocryphes.
496. Le Pape *Anastase* II. Quelques Lettres, *in Collect. Conciliorum*.
496. *Pascal*, Diacre de l'Eglise Romaine. Deux Livres sur la Divinité du S. Esprit, *in Collectionibus Conciliorum*.
496. *Julien Pomere*, né en Mauritanie, ordonné Prêtre à Arles dans les Gaules. Il ne reste de lui qu'un Traité de la Vie contemplative, attribué à S. Prosper, *in Bibliothecis Patrum*.
498. *Gennade*, Prêtre de Marseille. Il ne reste de lui que son Catalogue des Ecrivains Ecclésiastiques, & un des Dogmes Ecclésiastiques, *in Biblioth. Patrum*.
499. *Enée* de Gaze. Sur l'Immortalité de l'ame & la Résurrection, *in Biblioth. Patrum*.
500. *Gelase* de Cyzique. Une Histoire, mais peu exacte, du premier Concile de Nicée. *In Collectionibus Conciliorum*. Elle est imprimée aussi in folio, séparément.

PAPES. | RITS ET RELIGIEUX.

SIXIÉME SIÉCLE.

LIV.
514. *Hormisdas*, le 26 Novembre.
Gouverne 8 a. 8 m. 10 j.
* Le 6 Août 533.
Le Siége vaque 6 j.

LV.
523. *Jean* I. le 13 Août,
Gouverne 2 a. 9 m. 13 j.
* Le 27 Mai 526.
Le Siége vaque 1 m. 26 j.

LVI.
526. *Félix* IV. le 24 Juillet.
Gouverne 4 a. 2 m. 2 j.
* Le 25 Septembre 530.
Le Siége vaque 2 j.

LVII.
530. *Boniface* II. le 28 Septembre.
Gouverne 2 a. 1 m. 11 j.
* Le 8 Novembre 532.
Le Siége vaque 2 m. 14 j.
Dioscore, Ve. Antipape, 29 j.

SIXIÉME SIÉCLE.

506. S. Mary est 1er. Abbé de Bodan, ou *Val Benoit*, près Sisteron.
508. Monastére de *Micy*, près d'Orléans, fondé par le Roi Clovis.
512. Le *Grand Monastier*, ou S. Césaire d'Arles, est fondé.
515. L'Abbaye d'*Agaune* dans le Velais, est fondée par S. Sigismond, Roi de Bourgogne.
521. Naissance de *S. Siméon Stylite* le jeune.
528. S. Benoit établit son Ordre au Mont-Cassin.
529. Mort de *S. Théodose*, Chef des Religieux de Palestine.
Les *Lytanies*, établies dans l'Eglise de France.
530. Religieuses de S. Benoit, par Ste. Scholastique sa sœur.
531. Mort de *S. Sabas*, Supérieur des Solitaires de Palestine.

CONCILES.

SIXIÉME SIÉCLE.

501. De *Rome*, contre le Schisme de Laurent. *Reg. X. Lab. IV. H. I.*
502. De *Rome*, en faveur du Pape Symmaque, *ibidem.*
503. De *Rome*, contre les Schismatiques, *ibidem.*
504. De *Rome*, contre les Usurpateurs des biens d'Eglise, *ibidem.*
504. De *la Byzacene* en Afrique, contre le Roi Trasimond, ennemi de la Religion Catholique, qui vouloit supprimer les Evêchés. *Regia, X. Labbe IV. Manque dans Hardoüin.*
506. D'*Agde*, pour la Discipline. *Regia X. Labbe IV. Hardoüin II.*
507. De *Toulouse*, indiqué par Hardoüin Tom II.
511. D'*Orléans*, sur la Discipline, & touchant les Criminels qui se retiroient dans les Eglises. Clovis, premier Roi Chrétien, fit assembler ce Concile. *Regia X. Labbe IV. Hardoüin II.*
512. * De *Saïde*, ou Sidon en Palestine, par les Eutychéens Acéphales, contre le Concile de Chalcédoine, *ibidem, & Baluz. in Collect.*
512. De *la Grande-Bretagne*. *Reg. X. Lab. IV. seuls, & Angl. I.*
515. D'*Illyrie*, contre les Eutychéens. *Baluz.*
515. D'*Agaune*, pour la Fondation de ce Monastére. *L. IV. Hard. II.*
516. D'*Epire*. On y reçoit les 4 premiers Conciles généraux, & l'on y condamne les Conciles hérétiques. *Regia X. Lab. IV. Hard. II.*
516. De *Lyon*, dont on ignore le sujet. *Baluz. in Collectione.*
516. De *Terragone*, en Espagne, sur la Discipline. *R. X. L. IV. H. II.*

La suite, pag. 248.

SIXIÉME SIÉCLE.

502. S. *Céfaire* est Evêque d'Arles.
505. Les *Evêques* d'Afrique, *exilés* par Trafamond, Roi des Vandales, portent le corps de S. Augustin en Sardaigne.
508. *S. Fulgence* est fait Evêque de Ruspe en Afrique.
509. *Martyre d'Anachoretes* en Palestine, par les Sarrasins.
512. Mort de *Ste. Geneviève*, Patrone de Paris, huit jours après le Roi Clovis.
522. Naissance de *S. Cloud*, fils de Clodomir, Roi d'Orléans, & petit-fils du Grand Clovis.
523. Mort de *Ste. Brigide*, Vierge Patrone d'Irlande, à 70 ans.
525. Mort de *S. Avit*, Evêque de Vienne, & de *Boëce* qui avoit été Consul, condamné par le Roi Théodoric Arien.

SIXIÉME SIÉCLE.

513. *Sévere*, Evêque d'Antioche, Arien, déclame avec tant de fureur contre J. C. que l'Empereur Justin lui fait couper la langue. Il veut que le Corps de J. C. soit soumis aux passions, de même que celui des autres hommes.
516. *Pierre d'Apamée* se joignit aux Iconoclastes, & brisa les Images des Saints.
519. *Julien*, Evêque d'Halicarnasse en Asie, suit Eutychés, & prétend que le Corps de J. C. n'avoit pas souffert.
530. *Themistius*, Diacre de l'Eglise d'Alexandrie, Chef des *Agnoëtes*, veut que J. C. n'ait pas eu connoissance des Mystéres, non plus que du jour du Jugement.

ÉCRIVAINS.

SIXIÉME SIÉCLE.

501. *Symmaque* Pape. Plusieurs Lettres, *in Collectionibus Conciliorum*.
501. *S. Céfaire*, Evêque d'Arles depuis l'an 501 jusqu'en 543. Des Homélies & des Traités de piété, *in Bibliothecis Patrum*, & *Baluz. in Homeliis S. Cesarii in* 8°. *Paris* 1669.
502. Alcimus Ecdicius *Avitus*, Evêque de Vienne, mort en 525. Plusieurs Lettres, quelques Traités & Homélies, *in Biblioth. Patrum*, & *apud Syrmundum*.
504. *Ennodius*, Evêque de Pavie. Diverses Lettres & quelques morceaux d'Histoire, *in Biblioth. Patrum*, & *apud Syrmundum*.
504. Le Pape *Hormisdas*. Plusieurs Lettres, *in Collect. Conciliorum*.
510. *Timothée* de Constantinople. Sur les Hérétiques qui se convertissent. *Combèfis*, & *Cottelier*, *Tom. III. Monument. Græcor.*
514. *S. Fulgence*, élû Evêq. de Ruspe en 508, mort en 533. Lettres sur la Grace & l'Incarnation. *Ejus Opera in* 4°. *Paris.* 1685.
514. *Eugippius*, Abbé dans le Royaume de Naples. La Vie de S. Severin, *apud Bollandum*, 28 *Januar*. Un Abrégé de la Doctrine de S. Augustin; Livre très rare.
515. *Ferrand*, Diacre de Carthage, a fait une Collection des Canons. *In Bibliotheca Juris Canonici Justelli, in folio. Paris*... & *ejus Opera in* 4°. *Divione* 1649.
515. *Pierre Diacre*. De l'Incarnation & de la Grace, *apud Fulgentium* & *in Biblioth. Patrum*.

517. De *Girone* en Espagne, sur la Discipline, *ibidem*.
517. D'*Epaone* en France. On y régle les divers Etats de l'Eglise, *ibidem*. On dispute sur le lieu de ce Concile.
517. De *Lyon*, sur la Discipline, *ibidem*.
517. De *Rheims*, à ce qu'on croit, sur la Foi. *Regia X. Labbe IV. seuls*.
518. De *Constantinople*. Ce Concile est en partie Catholique, & en partie Hérétique. Il est Catholique, en ce qu'il reçoit le Concile de Chalcédoine, condamne les Sévériens & les Eutychéens; il est Hérétique, en ce qu'il s'y est fait plusieurs choses contre l'Eglise Romaine. *Regia X. Labbe IV. Hardoüin II.*
518. De *Jerusalem*, moitié Catholique & moitié Hérétique, étant conforme au Concile précédent, *ibidem*.
518. De *Tyr*, moitié Catholique, & moitié Hérétique pour la même raison, *ibidem*.
518. De *Rome*. On y conclut la réunion de l'Orient avec l'Occident, à condition que le Schismatique Acacius sera condamné, *ibidem*.
519. De *la Grande-Bretagne*, contre les Pélagiens. *Regia X. Labbe IV. Manque dans Hardoüin. Anglic. Tom. I.*
520. De *Constantinople*, par Epiphane, touchant son Ordination, *ibid*.
521. De *Sardaigne*, sur la Grace. *Labbe IV. Aguirre II.*
524. De *Lerida*, sur la Discipline. *Regia XI. Labbe IV. Hardoüin II.*
524. De *Valence* en Espag. touchant quelques Cérémonies de l'Egl. *ib.*
524. D'*Arles*, touchant les Ordinations, *ibidem*.
524. *Junke* (Juncense) en Afrique, sur la Discipline, *ibidem*.
524. *Suffet* (Suffetanum) en Afrique... *ibidem*.
525. De *Carthage*, sur la Discipline, *ibidem*.
527. De *Carpentras*, contre l'Evêque Agricius, qui avoit fait des Ordinations contre les régles, *ibidem*.
527. De *Tolede*, sur la Discipline. *Aguirre, Tom. II.*
529. D'*Orange*, 1er. & 2e. contre les Messaliens & demi-Pélagiens. Le deuxiéme Concile d'Orange est un de ceux, où l'on a le mieux examiné les matiéres de la Grace, *ibidem*.
529. De *Vaison* 2e. & 3e. pour la Discipline, *ibidem*.
529. De *Valence* en Dauphiné, sur les matiéres de la Grace, *ibidem*.
529. D'*Angers*, sur la Discipline, *dans Lab. seul T. IV. On le dit douteux.*
530. D'*Angers*. Il en est parlé *dans Hardoüin Tom. II.*
530. De *Rheims*, sur la réformation des mœurs. *Reg. XI. L. IV. H. II.*
530. * De *Rome*, où le Pape Boniface élit son successeur contre les Saints Canons, *ibidem*.
530. De *Rome*, où le Pape Boniface casse cette Election en présence du Clergé & du Sénat Romain, *ibidem*.
531. De *Tolede*, sur la Discipline, *ibidem*.
531. De *Larisse* en Thessalie, pour y ordonner un Evêq. *Baluz. seul.*
531. De *Constantinople*, sur les droits du Patriarchat de Constantinople. *Baluz. in Collectione.*
531. De *Rome*, sur le Gouvernement de l'Illyrie. *Labbe IV. Hardoüin II. Manque in Regia.*
532. De *Rome*, sur les matières de la Foi, contre les Eutychéens. *Regia XI. Labbe IV. Hardoüin II.*

517. *Jean,*

517. *Jean*, Patriarche de Constantinople. 3 Lettres au Pape Hormisdas, *in Collectionibus Conciliorum*.
517. *Epiphane*, Prêtre de Constantinople. Quelques Lettres au Pape Hormisdas, *in Collect. Conciliorum*.
517. *Possessor*, Evêque en Afrique. Lettre à Hormisdas, *in Collect. Conciliorum*.
520. *Jean Maxence*, Moine de Scythie & Diacre d'Antioche Diverses Lettres, Profession de Foi, & Traités contre les Nestoriens & Eutychéens, *in Bibliothecis Patrum*.
520. *Trifolius*, Prêtre. Epître en Vers contre les Eutychéens, *in Collectione Conciliorum Labbæi T. IV*.
520. *Laurent*, Evêque de *Novarre*. Quelques Homélies, *in Biblioth. Patrum, & Analectis Mabillonii*.
521. *Orientius*, Evêque d'Elvire en Espagne. Avertissement aux Fidéles en Vers Héroïques, *in Biblioth. Patrum, & apud Martene*; *in Thesauro Anecdotorum in folio*.
521. *Boëce*, ou Anicius Manlius Torquatus Severinus Boethius. Tel est le nom de cet Ecrivain, qui a donné divers Ecrits de Philosophie & de Théologie & un Livre célébre de Morale, de la consolation de la Philosophie. *Ejus Opera in folio. Basileæ* 1570. *& Venetiis* 1571. *de consolatione in* 8°. *cum Notis Variorum* 1671, *& ad usum Serenissimi Delphini in* 4°. *Paris*. 1680. *Assez rare*.
522. *Théodore*, Lecteur de Constantinople. Histoire Ecclésiastique, dont il ne reste que des *fragmens*, *apud Valesium in Historiis Eccles*.
523. *S. Ephrem*, Evêque d'Antioche, avoit fait plusieurs Traités de Religion contre l'Hérésie des Eutychéens, dont il ne reste que des fragmens, *apud Photium, in Bibliotheca*.
523. *Procope* de Gaze. Un Commentaire sur le Pentateuque & quelques autres Livres de l'Ecriture Sainte, a été imprimé séparément.
525. Le Comte *Marcellin*. Chroniques jusqu'à l'an 535, *apud Syrmundum, & in Eusebio Scaligeri*.
527. *Justinien*, fait Empereur en 527. Plusieurs Edits sur des matiéres Ecclésiastiques, & plusieurs autres Traités sur des matiéres de Religion, qu'il fit faire & qu'il adopta. *In Corpore Juris Civilis, & in Collectionibus Conciliorum*.
527. *Agape*, Diacre de Constantinople. Traité sur le Gouvernement des Etats, *in Auctario Combeficii, Tom. II.*
527. Denys le Petit, Moine de Scythie. Collection des Canons & des Lettres des Papes, *in Bibliotheca Juris Canonici Justelli, in folio. Paris*.
530. *Cassiodore*, nommé Magnus Aurelius Cassiodorus, se fit Moine, & mourut Abbé l'an 565. Plusieurs Lettres très instructives, une Histoire Tripartite, quelques Commentaires sur l'Ecriture Sainte, & divers Traités sur les Sciences & l'Histoire. *Ejus Opera in folio. Rothomagi* 1679. 2 *volum*.
530. *S. Benoit*, le Patriarche de tous les Moines d'Occident, mort en 543. Voyez Mabillon, *Annales Benedict. Tom. I. Sa Régle*, qui se trouve traduite & commentée par ses Disciples.
530. *Montanus*, Evêque de Tolede. Lettres, *in Labbæi T. IV. Conc.*

Q 5   LVIII.

PAPES.

LVIII.
533. Jean II. le 23 Janvier.
Gouverne 2 a. 4 m. 6 j.
* Le 28 Mai 535.
Le Siége vaque 5 j.

LIX.
535. Agapet, le 3 Juin.
Gouverne 10 m. 19 j.
* Le 22 Avril 536.
Le Siége vaque 1 m. 7 j.

LX.
536. Sylvestre, le 30 Mai.
Gouverne 2 a.
Meurt au mois de Juin 538.
Le Siége ne vaque pas.
537. Vigile, VIe. Antipape.

LXI.
538. Vigile devient Pape légitime au mois de Juin.
Gouverne 16 a. 7 m.
* Le 11 Janvier 555.
Le Siége vaque 3 m. 7 j.

LXII.
555. Pélage I. le 18 Avril.
Gouverne 4 a. 10 m. 14 j.
* Le 2 Mars 560.
Le Siége vaque 4 m. 30 j.

LXIII.
560. Jean III. le 1 Août.
Gouverne 12 a. 11 m. 22 j.
* Le 3 Juillet 573.
Le Siége vaque 10 m. 3 j.

RITS ET RELIGIEUX.

533. Mort de S. Lié, Solitaire en Berry.
538. S. *Léonard* établit une Communauté de Solitaires à Vanvre au Maine, il meurt en 570.
540. Religieuses de S. Céfaire d'Arles.
542. Fête de la *Purification* de la Ste. Vierge, établie.
543. Mort de S. *Benoit*, Pere & Chef des Moines d'Occident, & de Ste. Scholastique sa sœur.
544. Ste. Radegonde, Reine de France, quitte le monde & le Roi son mari, à 25 ans, & reçoit des mains de S. Medard le voile sacré.
555. Fondation de l'Abbaye de S. Vincent lès Paris, aujourd'hui S. Germain-Des-Prez, par le Roi Childebert.
557. M. de S. *Cyriaque*, ou *Quiriace*, Solitaire en Palestine.
559. Fondation du Monastére de Sainte Croix de Poitiers, par Ste. Radegonde, femme du Roi Clotaire I.
569. Ste. Radegonde obtient de l'Empereur Justin II. un morceau de la vraie Croix pour son Abbaye de Poitiers, dédiée sous le titre de Sainte-Croix.

CONCILES.

533. *Conférence* entre les Catholiques & les Sévériens. *Regia Tom. XI. Labbe Tom. IV. Hardoüin Tom. II.*
533. D'*Orléans*, sur la Discipline, *ibidem.*
534. D'*Afrique*, ou Carthage, pour recouvrer les biens de l'Eglise, usurpés par les Vandales, *ibidem, & Mabillon in Analectis.*
535. D'*Auvergne*, sur la Discipline Ecclésiastique. *Regia XI. Labbe IV. Hardoüin II.*
536. De *Constantinople*, contre Antime & Sévere, Eutychéens Acéphales. *Regia XI. Labbe V. Hardoüin II.*
536. De *Jerusalem*, sur le même sujet, *ibidem.*
536. * De *Thibe* en Armenie, des Eutychéens. *Pagi ad Baron.*
536. * De *Constantinople*, par les Eutychéens. *Fabricius in Synodico.*
538. De *Syrie*, contre les Origénistes, *ibidem.*
538. De *Constantinople*, contre les Origénist. *Garnier de V. Synodo.*

La suite, pag. 252.

533. Mort

533. Mort de *S. Fulgence*, Evêque de Ruspe en Afrique, & de S. Remy, Evêque de Rheims.
538. *S. Malo* passe de la Grande-Bretagne sur les côtes de la petite-Bretagne, avec quelques Missionnaires, & devient premier Evêque d'Aleth, aujourd'hui S. Malo.
537. Mort de *Ste. Clotilde*, Reine de France, âgée d'environ 66 ans. D'autres néanmoins reculent cette mort jusqu'en 540, ou 549.
539. Le Roi *Childebert* rapporte d'Espagne l'Etole de S. Vincent Martyr; elle est mise dans l'Eglise, qui depuis fut bâtie sous son nom.
544. Naissance de *Gregoire de Tours*, qui est né en Auvergne, & depuis Evêque de Tours.
545. Mort de *S. Medard*, Evêq. de Noyon & de Tournai; Evêchés, réunis en sa personne.
551. *S. Cloud*, petit-fils du Grand Clovis, est ordonné Prêtre à l'âge de 29 ans; il se retire en solitude, & l'on ignore le temps de sa mort.
555. *S. Germain* est fait Evêque de Paris.

535. *Barsaniens* publioient que J. C. n'avoit souffert qu'en apparence.
535. Jacques Barduc *Zanzale*, Syrien & faux Evêque, après avoir été Eutychéen, enseigne de nouvelles erreurs; que le Baptême d'eau étoit inutile, & qu'il falloit baptiser par le feu, ou l'application d'un fer rouge. Ses Disciples, nommés *Zanzaliens*, ou *Jacobites*, ont fait plusieurs branches qui ont augmenté leurs erreurs.
537. Les *Thriteïtes*, dont l'auteur fut Jean Philoponus Grammairien, qui soutenoit dans la Ste. Trinité trois Dieux, & nioit la Résurrection.
538. Les *Origénistes* font beaucoup de bruit.
540. *Monothélites*, qui faisoient une branche des Eutychéens, ne reconnoissent qu'une volonté en J. C. qui étoit la volonté divine. *Théodore*, Evêque de *Pharan* en Arabie, est auteur de cette Hérésie, qui a fait beaucoup de ravage dans l'Eglise, & qui a été condamnée par le Concile général de Constantinople en 680.

ÉCRIVAINS.

536. *Zacharie* le Scholastique, Evêque de Mytilene. Dissertation contre l'Eternité du Monde, *in Biblioth. Patrum*.
538. Le Pape *Vigile*. Quelques Lettres, *in Collectionibus Conciliorum*.
540. *Micetius*, Evêque de Tréves. Un Traité des Veilles & de la Psalmodie, & deux Lettres, *in Spicilegio Dacherii*.
540. *Cosme* Egyptien. Cosmographie Chrétienne, *in Collectione Veterum Patr. Græcor. D. Bernardi de Montfaucon*, *in fol. Paris. 1706*.
542. *Arator*, Intendant des Finances d'Athalaric. Les Actes des Apôtres en Vers, & une Lettre, *in Biblioth. Patrum*.
544. *Juste*, Evêque d'*Urgel*. Une Lettre & un Commentaire sur le Cantique des Cantiques, *in Spicilegio*.
546. *Cyrille*, Moine de Scythople. Vie de l'Abbé Euthime, *in Surio*.
550. *Facundus*, Evêque d'Hermiane en Afrique. Un Ouvrage pour défendre les trois Chapitres, *in Bibl. Patrum*, & *apud Syrmundum*.

La suite, pag. 253.

538. D'Or-

538. D'*Orléans*, pour la Discipline. *Regia Tom. XI. Labbe V. Hard. II.*
540. D'*Orléans*, sur la Discipline, *ibidem.*
540. De *Barcelonne*, sur la Discipline, *ibidem.*
541. De *la Byzacene* en Afrique, pour députer vers l'Empereur Justinien, *ibidem.*
541. D'*Orléans*, sur la Discipline, *ibidem.*
545. D'*Auvergne*, pour la conservation des anciens droits de l'Eglise. *Regia, Tom. XI. Labbe Tom. V. Hardoüin Tom. II.*
545. D'*Orléans*, pour le rétablissement de l'Evêque Marc, *ibidem.*
546. De *Lerida* & de *Valence*, sur la Discipline. *Aguirre II.*
548. De *Constantinople*, où l'on condamne les trois Chapitres, c'est-à-dire les Ecrits de Théodore, Evêque de Mopsueste; Ibas, Evêque d'Edesse; & Théodoret, Evêque de Cyr, *ibidem.* Dispute, qui a fait beaucoup de bruit dans l'Eglise, même dans ces derniers temps.
549. D'*Orléans*, sur la Discipline, *ibidem, & Baluz. in Collect.* Manque dans les trois autres Collections.
549. D'*Auvergne*, où l'on reçoit le Concile d'Orléans de la même année. *Regia XI. Labbe V. & Hardoüin II.*
550. De *Mopsueste*, contre la mémoire de Théodore, qui en étoit Ev. *ibidem.*
550. De *Tulles* en Limosin, sur la Discipline Ecclésiastique. *Regia, T. XI. Labbe Tom. V. Hardoüin Tom. II.*
550. De *Metz*, où l'on sacre Cautinus Evêque d'Auvergne, dans les mêmes Collections.
550. D'*Illyrie*, sur les trois Chapitres. *Baluz. seul.*
551. * D'*Afrique*, où l'on excommunie le Pape Vigile. *Baluz. in Collectione.* Manque dans les autres Collections.
552. D'*Orléans*, contre les Nestoriens & Eutychéens. *Regia XI. L. V. Hardoüin II.*
553. De CONSTANTINOPLE, cinquiéme Concile général, assemblé sous le Pape Vigile & sous l'Empereur Justinien. On y condamne les erreurs d'Origene & les trois Chapitres. *Regia XII. Labbe V. Hardoüin III. & Baluz. in nova Collectione Conciliorum.*
553. De *Jerusalem*, qui reçoit le Concile général de Constantinople, dans les mêmes Collections.
553. * D'*Aquilée.* Les Evêques d'Occident se déclarent contre le cinquiéme Concile général de Constantinople, qu'ils prétendent contraire à celui de Chalcédoine; ce qui occasionna une division qui dura environ un siécle.
553. D'*Arles* en Provence, sur la Discipline Ecclésiastique. *Regia, T. XII. Labbe, Tom. V. Hardouin Tom. II.*
555. De *Paris*, où l'on dépose Saffaracus, Evêque de cette Ville, *ibid.*
555. De la *petite Bretagne*, contre Maclou, Evêque de Vannes. *Labbe V. Hardoüin III.* Manque in Regia.
557. De *Paris*, contre ceux qui perdoient le respect dû aux Eglises, & qui la troubloient par leur ambition. *Reg. XII. Lab. V. Hard. III.*
560. De *Landaff* en Angleterre. On excommunie Mouric, Roi de Clamorgan, pour assassinat, *ibidem, & Anglic. Tom. I.*

La suite, pag. 253.

560. Au-

560. Autre de *Landaff*, où le Roi Morcant reçoit l'absolution d'un meurtre, par lui commis, *ibidem*, & *Anglicana*, *Tom. I.*

560. Troisiéme de *Landaff*, où l'on excommunie Guidnerth, qui avoit assassiné son frere pour parvenir à la Couronne, *ibidem*, & *Anglicana Collectio*, *Tom. I.*

560. * De *Constantinople*, par les Eutychéens, sectateurs de Julien d'Halicarnasse. *In Synodico Veteri*, *apud Albertum Fabricium*, *Tom. XI. Biblioth. Græcæ*. Ce Concile manque dans les autres Collections.

560. D'*Antioche*, pour la défense du Concile de Chalcédoine, *in Synodico Veteri*, *ibidem*.

561. De *Braga* en Portugal, contre les Priscillianistes & quelques autres Hérétiques. *Regia XII. Labbe V. Hardoüin III.*

562. ou 563. De *Xaintes*, où Emmerius, Evêque intrus, fut déposé. *ib.*

567. De *Lyon*, sur la Discipline, *ibidem*.

567. De *Tours*, sur la Discipline, *ibidem*.

569. De *Lugo* en Espagne, pour la division des Diocéses d'Espagne, *ibidem*.

570. De *Lyon*, pour la paix & la conservation de l'Eglise, *ibidem*.

572. De *Braga*, pour la Discipline, *ibidem*.

572. De *Lugo*, sur la Discipline. *Regia XII. Labbe V. Manque dans Hardoüin.*

573. De *Paris*, sur un différend de l'Evêque de Chartres. *Regia XII. Labbe V. Hardoüin III.*

ÉCRIVAINS.

550. *Prædestinatus*. C'est le titre d'un Ouvrage, donné par le P. Syrmond en 1643. & non d'un Auteur.

550. *Paul Silentiaire*. Description du Temple de Ste. Sophie de Constantinople.

553. *Liberat*, Diacre de Carthage, a donné une Histoire abrégée des Nestoriens & des Eutychéens. *Liberati Breviarium*, 8°. *Paris*. 1675.

555. Le Pape *Pélage I*. Plusieurs Lettres, *in Collectionib. Conciliorum.*

558. *Agnellus*, Evêque de Ravenne. Une Lettre touchant la Foi, *in Biblioth. Patrum.*

560. *Bandoninie*, Religieuse. Suite de la Vie de Ste. Radegonde, *in Surio.*

560. *S. Germain*, Evêque de *Paris*. Lettre à la Reine Brunehaut, *in Collection. Concilior.*

560. *Jean le Scholastique*, Patriarche de Constantinople. Collection des Canons, *apud Justellum*, *Biblioth. Juris Canonici.*

560. *Victor*, Evêque de *Tunnone* en Afrique. Une Chronique, qui commence l'an 444, & finit l'an 565. Il est mort en 569. *In Euf.*

565. *Venantius Fortunatus*, Evêque de Poitiers. Des Poésies, plusieurs Vies de Saints. *Ejus Opera* 4°. *Paris*. 1624.

570. *Gregoire*, Evêq. de *Tours* l'an 574. L'Histoire des François, huit Livres des Miracles, & autres Ouvrages. *Ejus Opera in folio. Paris* 1692. Son Histoire a été traduite en François.

570. *Ferreolus*, Evêque d'Uzez, fils d'Ansbert & de Blitilde. Régle pour les Moines. *Holstenius*, *in Codice Regularum.*

LXIV.

PAPES. | RITS ET RELIGIEUX.

LXIV.
574. *Benoit* I. le 27 Mai.
Gouverne 4 a. 1 m. 28 j.
* Le 25 Juillet 578.
Le Siége vaque 4 m. 3 j.

LXV.
578. *Pelage* II. le 27 Novembre.
Gouverne 11 a. 2 m. 16. j.
* Le 12 Février 590.
Le Siége vaque 6 m. 22 j.

LXVI.
590. *S. Gregoire* le Grand, le 3 Sept.
Gouverne 13 a. 6 m. 10 j.
* Le 12 Mars 604.
Le Siége vaque 5 m. 17 j.

581. S. Claude, Evêque de Bezançon, retiré à Condat, dont il devint Abbé. C'est aujourd'hui S. Claude.
587. Mort de Ste. Radegonde, Religieuse à Poitiers, âgée de 68 ans.
590. S. Colomban passe d'Irlande en France, & se retire dans les Déserts d'Austrasie.
592. La Régle de S. Colomban est observée à Luxeuil, au Nord de la Franche-Comté.
597. Religieuses de S. Isidore de Seville en Espagne.

CONCILES.

575. De *Lyon*. Ce fut une assemblée des Etats, *ibidem*.
576. De *Paris*, sur un différend des Rois Gontram & Chilperic, *ibidem*.
577. De *Paris*, contre Prétextat, Evêque de Roüen, *ibidem*.
578. D'*Auxerre*, sur la Discipline, *ibidem*.
579. De *Châlons* sur Saone. On dépose Sagittarius & Salonius, *ibidem*.
579. De *Saintes*, au sujet du Comte d'Angoulême, *ibidem*.
580. De *Brennes*. Gregoire de Tours y est absous, *ibidem*.
581. De *Lyon*, sur les mœurs, *ibidem*.
581. De *Mâcon*, sur les mœurs, *ibidem*..
584. De *Mâcon*, sur les mœurs, *ibidem*.
584. De *Roüen*, sur l'Abbaye de S. Lucien de Beauvais, *Bessin*.
586. D'*Auvergne*, sur l'Evêque de Rhodez. R. XIII. L. V. H. III.
587. De *Constantinople*, en faveur de Gregoire d'Antioche, *ibidem*.
587. De *Lyon*, en faveur des pauvres Ladres, *ibidem*.
588. En *Normandie*, sur Prétextat, Evêq. de Roüen. *Bessin*.
589. De *Valence*, sur les biens d'Eglise. Reg. XIII. Lab. V. Hard. III.
589. De *Tolede*, où les Goths abjurent l'Arianisme, *ibidem*.
589. De *Narbonne*, sur la Discipline, *ibidem*.
589. De *Sauriac*, (Sauriacum) & Gregoire de Tours, Lib. IX.
589. De *Poitiers* & de *Châlons*, contre des Religieuses, *ibidem*.
590. De *Seville*, pour la Discipline. Regia XIV. Labbe V. Hard. III.
590. De *Rome*, pour la réunion des Schismatiques, *ibidem*.
592. De *Poitiers*, contre deux Religieuses rebelles, *ibidem*.
592. De *Metz*, contre Gilles, Evêque de Rheims, *ibidem*.
592. De *Sarragoce*, contre les restes des Ariens, *ibidem*.
592. * De *Numidie*, rejetté par S. Gregoire, *ibidem*.
594. De *Châlons*, sur Saone, sur l'Office divin, *ibidem*.
595. De *Rome*, pour Jean, Prêtre de Chalcédoine, *ibidem*.
597. De *Tolede*, pour la Discipline, *ibidem*. On le croit supposé.
598. D'*Huesca*, pour tenir des Synodes. Reg. XIV. Lab. V. Hard. III.
599. De *Barcelonne*, contre la Symonie, *ibidem*.

576. Mort

576. Mort de *S. Germain*, Evêque de Paris.
580. Naissance de *S. Arnould*, Evêque de Metz, & qui, selon les meilleurs Auteurs, fut Chef de la seconde race des Rois de France.
586. *S. Prétextat*, Evêque de Roüen, est assassiné dans son Eglise.
596. Mort de *S. Gregoire*, Evêque de *Tours*, âgé de 51 ans.
598. Etablissement du Siége Episcopal de *Cantorbery* en Angleterre, par le Moine Augustin Missionnaire.

577. *Contestation* en France & en Espagne pour sçavoir quel jour on devoit célébrer le saint jour de Pàque, ou le 18, ou le 25 Avril.
580. *Leuvigilde*, Roi Goth d'Espagne, & Arien, commence à persécuter les Catholiques ; mais le fort de la persécution fut l'an 584. Elle fut si violente, que ce Prince n'épargna pas même son propre fils Hermenigilde, qu'il fit mourir, soit en haine de la Foi, soit pour lui avoir déclaré la guerre.

ÉCRIVAINS.

578. Le Pape *Pélage* II. Quelques Lettres, *in Collectionib. Concilior.*
578. *Anastase Sinaïte*, Moine du Mont Sinaï, puis Evêque d'Antioche en 561, a écrit contre les Acéphales & sur la Création, avec quelques autres Traités, *in Biblioth. Patrum.*
579. Evagre le Scholastique. Une histoire Ecclésiastique, *apud Valesium in Historicis Ecclef.*
579. *S. Jean*, surnommé *Climaque*, du titre qu'il a donné à son Livre Climax, où l'Echelle des vertus Chrétiennes & Religieuses. *Ejus Opera, Græce & Latine in folio, Paris.* 1633. *Il a été traduit en François par M. Arnaud d'Andilly.*
580. *Jean le Jeûneur*, Patriarche de Constantinople. Des Homélies, *apud Chrysostom.* & deux Penitentiels, *apud Morinum, de Pœnit.*
580. *Eustratius*, Prêtre de Constantinople. Sur l'ame de ceux qui sont morts, & la Vie du Patriarche Eutychius. *Allatius, de Concordia Occidentalium & Orientalium, & Bollandus, in Aprilis mense die 6.*
590. *S. Gregoire*, l'un des plus sçavans Papes & l'un des quatre Docteurs de l'Eglise Latine, a laissé beaucoup d'Ouvrages. Ses Lettres sont très instructives. Dans les Homélies sur l'Ecriture Sainte, il s'attache plus à la Morale qu'à la Lettre. Son Pastoral est un excellent Traité sur les devoirs des Pasteurs, & son Sacramentaire est utile pour l'explication de la Liturgie. *Ejus Opera, a Benedictinis in folio, Paris.* 1705. 4 *volum.*
590. *S. Léandre*, Evêque de Seville. Des divers Traités qu'il avoit faits, il ne reste qu'une Régle pour les Vierges, & un Discours sur la conversion des Goths, *in Bibliothecis Patrum.*
590. Jean *Philopon*, mis pag. 251 au nombre des Trithéïtes, a écrit sur l'Exameron, *in* 4°. *Vindobonæ* 1630. Du même, de l'Eternité du Monde contre le Philosophe Proclus, *in fol. Venetiis* 1535. Il a fait encore d'autres Ouvrages.
593. *S. Siméon Stylite le Jeune*, mort en 595. Une Lettre, *in Concilio II. Nicæno. In Collectionibus Conciliorum.*

PAPES.

SEPTIÉME SIÉCLE.

LXVII.
604. *Sabinien*, le 30 Août.
  Gouverne 1 a. 5 m. 4 j.
  * Le 2 Février 606.
  Le Siége vaque 11 m. 17 j.
LXVIII.
607. *Boniface* III. le 19 Janvier.
  Gouverne 8 m. 22. j.
  * Le 20 Octobre 607.
  Le Siége vaque 10 m. 3 j.
LXIX.
608. *Boniface* IV. le 23 Août.
  Gouverne 6. a. 8 m. 15 j.
  * Le 7 Mai 615.
  Le Siége vaque 5 m. 11. j.
LXX.
615. *Deusdedit*, 19 Octobre.
  Gouverne 3 a. 20 j.
  * Le 7 Novembre 618.
  Le Siége vaque 1 m. 16 j.

RITS ET RELIGIEUX.

SEPTIÉME SIÉCLE.

606. Mort de S. *Jean Climaque*, Abbé du Mont Sinaï.
607. Consécration du *Panthéon* à Rome, par le Pape Boniface, en l'honneur de la Ste. Vierge & des SS. Martyrs.
   S. Colomban, chassé par Thierry, Roi de Bourgogne, se retire dans les Etats de Clotaire II. puis de Théodebert.
612. Après la mort de Théodebert, Roi d'Austrasie, *S. Colomban* se retire à Bobio en Italie, & y fonde une Abbaye.
614. *S. Gal* établit une Abbaye dans le Diocése de Constance.
615. *S. Colomban* meurt à Bobio en Lombardie.
617. *Ste. Fare* fonde *Farmoutier* en Brie, & en est Abbesse.

CONCILES.

SEPTIÉME SIÉCLE.

601. De *Rome*, dit de Latran, en faveur des Religieux. *Regia XIV. Labbe V. Hardoüin III.*
601. De *Rome*, où l'on condamne André, imposteur, *ibidem*.
601. De *Worchester* en Angleterre, sur la Discipline, assemblé par Augustin, 1er. Archevêque de Cantorbery, *ibidem*, & *Anglic. I.*
602. De *la Byzacene*, contre Clementius, accusé de crimes, *ibidem*.
603. De *Châlons sur Saone*, pour la déposition de Didier; Evêque de Vienne, *ibidem*.
604. De *la Numidie*, contre les Symoniaques. *R. XVI. L. V. seuls.*
605. De *Cantorbery*, pour confirmer la Fondation de l'Abbaye de S. Pierre & S. Paul, la premiére qu'on ait bâtie en Angleterre. *Regia, XIV. Labbe, V. Anglic. I. Manque dans Hardoüin.*
605. De *Londres*, par l'Evêque Augustin. *Anglican. Tom. I.*
606. De *Rome*, sur l'Election des Papes. *Regia XIV. Labbe V. seuls.*
610. De *Rome*, en faveur des Moines & sur l'Eglise d'Angleterre. *Regia XIV. Labbe V. Hardoüin III.*
610. De *Tolede*, touchant la Primatie de cette Eglise, *ibidem*.
614. De *Terragone*, pour la Discipline. Ce Concile est aussi nommé *Egarense*, *ibidem*.
615. De *Paris* sur les différends des Evêques, *ibidem*.
617. De la Province de *Kent* en Angleterre, contre la barbarie des Saxons, *ibidem*.

GRANDS HOMMES. HERES. ET PERSEC.

SEPTIÉME SIÉCLE.

601. Mort de S. *Léandre*, Evêque de Séville en Espagne.
604. Mort de S. *Augustin*, Missionnaire Apostolique en Angleterre, & 1er Ev. de Cantorb.
S. *Juste* Missionnaire, est fait Ev. de Rochester en Angleterre, puis de Londres, & de Cantorbery.
608. S. *Jean l'Aumônier* est fait Patriarche d'Alexandrie en Egypte.
609. Mariage de S. *Arnoul*, Chef de la deuxiéme Race des Rois de France, depuis Evêq. de Metz, avec la Bienh. Dode.
614. S. *Arnoul* est élû Evêque de Metz.
616. Mort de S. *Jean l'Aumônier*, Patriarche d'Alexandrie.

SEPTIÉME SIÉCLE.

609. *Mahomet* a fait une Religion nouvelle du Judaïsme & du Christianisme, avec les idées qu'il y a jointes. Il n'admet qu'une Personne en Dieu : il dit que Dieu prédestine les hommes au bien & au mal ; que J. C. étoit le Prophéte du Seigneur, crucifié seulement en apparence ; que quoique J. C. ne soit pas mort, cependant il mourra & ressuscitera ; que les Démons seront sauvés ; que la seule Circoncision est nécessaire. Il permet toute volupté des sens, la Polygamie & le divorce ; enfin il se donne pour le plus grand des Prophétes & l'Envoyé de Dieu. L'*Alcoran* contient sa Religion.

ÉCRIVAINS.

SEPTIÉME SIÉCLE.

601. S. *Isidore*, élû Evêque de *Seville* en 601, mort en 636, dont on a l'Etymologicon, ou Origines sur les Sciences profanes, quelques Traités de Grammaire & de Philosophie, une Chronique jusqu'en 625, une Histoire des Goths & des Vandales, quelques Commentaires sur l'Ecriture Sainte, des Traités de Morale, & des Vies de Saints. *Ejus Opera fol. Paris.* 1580-1601 *a Jacobo du Breul Benedictino, & Coloniæ* 1617.
601. *Nicéphore* d'Antioche. Vie de S. Siméon Stylite le Jeune, *apud Bollandum, Maio mense.*
603. S. *Colomban*, Abbé de Luxeuil & de Bobio. Des Poésies & des Epitres, une Régle & un Penitentiel pour les Moines, avec quelques autres Traités de Doctrine, *in Biblioth. Patrum.*
610. *Hesychius*, Prêtre de Jerusalem. Commentaire sur le Lévitique & quelques Sermons, *in Bibliot. Patrum.* Il est imprimé aussi séparément.
617. *Sophronius*, Evêque de Jerusalem. Une Lettre Synodique & quelques Sermons, *in Auctario Combefisii.*
617. *Paul*, Diacre de Merida. Vie des Peres de Merida, *in 4. Antuerp.* 1635.
617. Jean *Moschus*, Prêtre & Moine. Le Pré spirituel sur la Vie des Peres des Déserts ; mais où M. Arnaud d'Andilly a retranché beaucoup de choses, en le traduisant en François. *Resweidius, in Vitis Patrum, in folio. Antuerpiæ* 1615.

II. Volume.   R   LXXI.

PAPES. RITS ET RELIGIEUX.

LXXI.
618. *Boniface* V. 24 Décembre.
Gouverne 5 a. 10 m.
* Le 24 Octobre 624.
Le Siége vaque 1 a. 3 j.
LXXII.
625. *Honoré* I. 27 Octobre.
Gouverne 12 a. 11 m. 16 j.
* Le 12 Octobre 638.
Le Siége vaque 1 a. 7 m. 17 j.
LXXIII.
640. *Severin*, 28 Mai.
Gouverne 2 m. 5 j.
* Le 2 Août 640.
Le Siége vaque 4 m. 22 j.
LXXIV.
640. *Jean* IV. 24 Décembre.
Gouverne 1 a. 9 m. 18 j.
* Le 12 Octobre 642.
Le Siége vaque 1 m. 12 j.

620. S. Romaric fonde deux Maisons à *Remiremont* en Lorraine; l'une pour des Dames, dont la B. Mactefelde est la premiére Abbesse; & l'autre pour des hommes, dont S. Amat est premier Abbé.
622. Mort de S. *Valery* reclus, au pays de Vimeux.
627. Abbaye de S. *Valery*, fondée par S. Blimond, son Disciple.
629. S. *Arnoul* quitte l'Evêché de Metz & le ministére de l'Etat, pour se retirer dans la solitude.
631. S. *Eloy* fonde l'Abbaye de S. Martial, ou Ste. Aure à Paris.
635. Le Corps de S. *Antoine*, Patriar. des Cénobites, porté d'Alexandrie à Constantinople.

CONCILES.

619. De *Seville*, sur la Discipline & contre les Eutychéens Acéphales. *Regia*, Tom. *XIV. Labbe*, Tom. *V. Hardoüin*, Tom. *III*.
627. De *Mâcon*, en faveur de la Régle de S. Colomban, Fondateur des Abbayes de Luxeuil & de Bobio, *ibidem*.
628. De *Clichy* près Paris (Clipiacum). *Labbe* Tom. *V. Hardoüin* Tom. *III. Manque in Regia*.
630. De *Rheims*, pour la Discipline Ecclésiastique. *Regia*, XIV. *Labbe*, V. *Hardoüin*, III.
630. * D'*Ecosse*, où l'on veut que la Pâque se célébre le XIV. de la Lune de Mars. *Voyez Pagi ad ann.* 633.
633. * De *Constantinople*, par les Monothélites. *R.* XIV. *L. V. H. III.*
633. * D'*Alexandrie*, par Cyrus Monothélite, *ibidem*.
633. De *Tolede*, sur la Discipline, *ibidem*.
633. De *Clichy*. *Labbe* V. *Hardoüin* III. *Manque in Regia*.
634. D'*Orléans*, contre un Hérétique Grec. *R.* XIV. *L. V. Hard.* III.
636. De *Tolede*. On y régle le temps des Lytanies & les priéres pour la prospérité du Roi Chintila, *ibidem*.
636. De *Clichy*, près Paris. *Hardoüin*, III. *Manque in Regia & Labbe*.
637. De *Tolede*, où le Roi Chintilla, où Suintilla, détermine de chasser les Infidéles de ses Etats. *Regia* XIV. *Labbe* V *Hardoüin*, III.
638. De *Paris*. *Labbe*, V. *Hardoüin*, III. *Manque in Regia*.
638. Autre de *Tolede*, sur la Discipline. *Reg.* XIV. *Lab.* V. *Hard.* III.
638. De *Jerusalem*, pour envoyer à Rome les Reliques de S. Ignace Martyr. *Tillemont*, *Mémoires Ecclésiast.* Tom. II.
639.* Deux de *Constantinople*, où l'on confirme l'Ectese, ou Edit de l'Empereur Heraclius en faveur des Monothélites, *ibidem*.
640. De *Rome*. On y condamne le Concile précédent, *ibidem*.

622. S.

622. S. *Arnoul*, Evêque de Metz, est premier Ministre de Dagobert, Roi d'Austrasie.
626. Naissance de *Ste. Vaudru*.
628. Recouvrement de la vraye Croix, fait par l'Empereur Heraclius sur les Perses, qui l'avoient enlevée de Jerusalem 14 ans auparavant.
633. Transport de la vraye Croix de Jerusalem à Constantinople.
636. M. de *S. Isidore*, Evêque de Seville, âgé de 80 ans.
638. Prise de *Jerusalem* par Omar, Prince des Sarrasins Arabes.
640. Mort du B. *Pepin* de Landen, ou de Brabant, Maire du Palais d'Austrasie.
641. M. de *S. Arnoul*, Evêque de Metz, retiré à Remiremont.

622. *Fuite de Mahomet*, où commence l'Epoque, ou Hégire des Arabes, Turcs, Maures, Persans, & généralement de tous les Mahométans. Mais leur année est Lunaire; ainsi, d'onze jours plus courte que l'année des autres Nations. C'est vers ce temps-ci que les Mahométans commencent à faire de grands progrès, & qu'ils étendent leur Religion par la voye des armes.
629. *Sergius*, Patriarche de Constantinople, est un des plus zélés défenseurs des Monothélites, dont les erreurs font dans ce siécle beaucoup de ravages dans l'Eglise. Il trompa par ses Lettres le Pape Honorius.

ÉCRIVAINS.

618. *Jean Philoponus*, Grammairien d'Alexandrie en Egypte. Un Traité de l'ouvrage des six jours, ou de la Création, & plusieurs autres Ouvrages, dont parle *Photius, in Bibliotheca*. On a des Commentaires de cet Auteur sur la Philosophie d'Aristote.
620. *Boniface* V. Lettres sur la conversion des Anglois.
620. *George*, Patriarche d'Alexandrie. Vie de S. Jean-Chrysostôme, & autres Ouvrages, *in Operibus S. Joan. Chrysostomi*.
625. Le Pape *Honorius*. Plusieurs Lettres, *in Collectionib. Conciliorum*.
638. *Braulion*, Evêq. de Sarragoce, a fini les Etymologies de S. Isidore, & a fait l'éloge de ce Saint & la Vie de quelques autres. On a supposé sous son nom quelques Ouvrages, dont les Savans, même en Espagne, reconnoissent la fausseté.
640. *Georges*, Diacre de Constantinople. L'Histoire de la Création du Monde en Vers, Traité de la vanité du monde, aussi en Vers. On lui attribue le *Chronicon Alexandrinum*, & quelques Sermons.
640. *Eugene*, Evêque de *Tolede*. Quelques Poésies, & deux Traités de la Trinité, l'un en Vers, & l'autre en prose.
640. *S. Eloy*, Evêque de Noyon. Quelques Instructions & des Homélies, *in Bibliothecis Patrum*.
641. *Apollonius*, Evêq. de *Novare*. Poëme sur la ruine de Jerusalem, par les Empereurs Tite & Vespasien.
641. Le Pape *Jean* IV. Quelques Lettres, *in Collectionib. Conciliorum*.
641. *George Eleusius*, Prêtre de Constantinople. Vie de S. Théodore, Abbé de Sicé, & depuis Evêque.
641. *Thalasius*, Moine Grec. Quelques Traités de piété, *in Auctario Græco Lat. Biblioth. Patr. Froutonis Ducæi in folio*, Paris. 1624.

PAPES. RITS ET RELIGIEUX.

LXXV.
642. *Théodore*, 24 Novembre.
Gouverne 6 a. 5 m. 19 j.
* Le 13 Mai 649.
Le Siége vaque 1 m. 22 j.

LXXVI.
649. *Martin* I. 5 Juillet.
Gouverne 6 a. 2 m. 11 j.
* Le 16 Septembre 656.
Le Siége ne vaque pas.

LXXVII.
654. *Eugene* I. élû du vivant de Martin, peut-être par démission.
Gouverne 2 a. 9 m. 24 j.
* Le 2 Juin 657.
Le Siége vaque 1 m. 28 j.

LXXVIII.
657. *Vitalien*, 30 Juillet.
Gouverne 14 a. 5 m. 29 j.
* Le 27, ou 29 Janvier 672.
Le Siége vaque 2 m. 13 j.

645. M. de *S. Riquier*, qui a fondé l'Abbaye de son nom.
647. *Ste. Gertrude* est faite Abbesse de Nivelle.
652. *S. Guilhain* fonde l'Abbaye, qui porte son nom en Haynaut.
654. Fondat. de *Jumiége*, Abbaye.
656. *Ste. Bathilde*, Reine de France, fonde l'Abbaye de Chelles.
660. Les *Reliques* de *S. Benoit*, portées du Mont-Cassin à l'Abbaye de Fleury, ou S. Benoit sur Loire; & celles de Ste. Scholastique sa sœur, au Mans.
662. Fondation de l'Abbaye de *Hautvillers* en Champagne.
664. Mort de *Ste. Gertrude*.
665. *Ste. Bathilde* quitte la Cour & le Gouvernement, & se fait Religieuse à Chelles.
670. M. de *Ste. Amalberge*, chez les Dames de Maubeuge.

CONCILES.

643. De *Chypre*, contre les Monothélites, *ibidem*.
645. D'*Orléans*, contre les erreurs que l'on répand en France, *ibidem*.
646. De *Numidie*, contre les Monothélites.
646. De *la Byzacene*, contre les mêmes.
646. De *Mauritanie*, contre les mêmes. } *Ibidem*.
646. De *Carthage*, contre les mêmes.
646. De *Tolede*, sur les accidens pendant le S. Sacrifice, *ibidem*.
648. De *Rome*, contre Paul & Pyrrhus Monothélites, *ibidem*.
649. De *Rome*, contre les Monothélites. *Reg. XV. Lab. VI. Hard. III.*
650. De *Châlons sur Saone*, pour la Discipline, *ibidem*.
650. De *Rouen*, sur la Discipline. *Bessin. in Conciliis Normaniæ*.
653. De *Tolede*, sur la Foi & la Discipline. *Reg. XV. Lab. VI. Hard. III.*
655. De *Tolede*, touchant les biens des Prêtres après leur mort, *ibid*.
656. De *Tolede*, sur la Discipline. *D'Aguirre, Tom. II.*
657. De *Sens. Voyez le Cointe, Annal. Francor. ad ann.* 657.
658. De *Nantes*, contre la pluralité des Bénéfices, *ibid*.
659. De *Clichy*. Clovis II. confirme l'exemption de S. Denys, *ibid*.
De *Tolede*, sur la fête de l'Annonciation, *ibidem*.
663. D'*Autun* en Bourgogne, sous S. Leger Evêque.
664. De *Phare*, sur la Pâque. *Reg. XV. & Lab. VI. seuls. Anglic. I.*
666. De *Merida* en Espagne, sur la Discipline. *R. XV. L. VI. H. III.*
667. De *Rome*, pour Jean, Evêq. de Lappa en Crete, ou Candie, *ibid*.
670. D'*Autun*, sur la Discipline. *Regia, XV. Labbe, VI. Hard. III.*
670. De *Sens*, pour l'exemption de l'Abbaye de S. Pierre le vif à Sens. *Dacheri Spicileg. Labbe T. VI. Hard. III. Manque in Regia.*

646. S.

646. S. Eugene est fait Evêque de Tolede en Espagne.
652. Mort de *S. Emmeran*, qui d'Evêque de Poitiers, devint Missionnaire en Bavière.
656. Martyre de *S. Liévin*, Apôtre du Brabant.
659. *S. Leger* est Evêq. d'Autun. Mort de *S. Eloy*, Ev. de Noyon & Tournai, Evêchés unis.
A cette année finit la Période Victorienne de 532 ans, inventée par Victorius d'Aquitaine.
667. Mort de *S. Ildefonse*, Evêque de Tolede en Espagne.
669. *S. Leger* est fait Ministre d'Etat de Childeric II. & rétablit les affaires du Royaume.
670. *Conversion des Pictes*, ou Ecossois, à la Foi de J. C. par les prédications de S. Colomban.

648. Cette année parut un Edit de l'Empereur Constans, nommé le *Type*, & donné en faveur des Monothélites ; mais qui défendoit seulement d'agiter la question des deux volontés en Jesus-Christ. Cet Edit confirmoit l'Edit, ou *Esese* d'Heraclius, composé par le Patriarche Sergius l'an 638, qui défendoit pareillement de parler d'une ou deux opérations, ou volontés en J. C. Ce Type, ou Ordonnance, fut condamné par divers Conciles, & sur-tout par le sixiéme Concile général de l'an 680.
650. *Agionites*, branche des Abstinens, qui se disoient plus parfaits que les autres ; mais cette Héréfie est à peine connue, & n'a eu que très peu de suite.

ÉCRIVAINS.

642. Le Pape *Théodore*. Quelques Lettres, *in Collect. Conciliorum*.
646. *Tayon*, Ev. de Sarragoce. Instructions, tirées du Pape S. Gregoire.
649. Le Pape *Martin I*. Quelques Lettres, *in Collectionib. Concilior.*
650. *Antiochus*. Pandectes de l'Ecriture Sainte sur les devoirs des Chrétiens, *in Biblioth. Patrum*.
650. *Pentaleon*. Des Sermons, *in Biblioth. Patrum*.
651. *Géofride*, ou *Godefrid*, Abbé en Angleterre. Traités sur la Pâque & la tonsure des Clercs, *apud Bedam*.
651. *Adelme*, Abbé de Malmesbury en Angleterre. Traités sur la Pâque & la Virginité, en Vers & en prose, *in Biblioth. Patrum*.
651. *Adaman*, Abbé en Angleterre. Histoire de la Terre Sainte, & la Vie de S. Colomban. *Mabillon*.
652. *Aponius*. Sur le Cantique des Cantiques, *in Biblioth. Patrum*.
652. *Cresconius*, Evêque en Afrique. Collection des Canons, *in Bibliotheca Juris Canonici Justelli*.
652. *S. Oüen*, Evêque de Roüen. Vie de S. Eloy, Evêque de Noyon.
652. *S. Maxime*, né à Constantinople l'an 580, fut Abbé du Monastére de Chrysople. Il a fait divers Ouvrages, tant sur l'Ecriture Sainte que sur la Vie Spirituelle, & contre les Ariens & les Monothélites. *Ejus Opera*, Græco-Latina, *in folio*. Paris. 1675. 2 volum.
656. *S. Fructuose*. Evêque de Braga. Deux Régles, *apud Holstenium*.
657. Le Pape *Vitalien*. Quelques Lettres, *in Collectionib. Concilior.*
658. *S. Ildefonse*, Evêq. de Tolede. Sur les Ecrivains Ecclésiastiques, Lettres & des Sermons, *in Biblioth. Patrum*, & *in Spicilegio*.

262   PAPES.   ÉCRITS ET RELIGIEUX.

LXXIX.
672. *Adeodat*, 11 Avril.
Gouverne 4 a. 2 m. 6 j.
* Le 17 Juin 676.
Le Siége vaque 4 m. 15 j.
LXXX.
676. *Donus*, 2 Novembre.
Gouverne 2 a. 5 m. 10 j.
* Le 11 Avril 679.
Le Siége vaque 2 m. 14 j.
LXXXI.
679. *Agathon*, 26 Juin.
Gouverne 2 a. 6 m. 15 j.
* Le 10 Janvier 682.
Le Siége vaque 7 m. 6 j.
LXXXII.
682. *Léon* II. 17 Août.
Gouverne 10 m. 17 j.
* Le 3 Juillet 683.
Le Siége vaque 11 m. 22 j.

673. Fondation de l'Abbaye de *Montirendé*, ou *Montierender*, Diocése de Châlons, par S. Bercaire.
675. Martyre de S. *Ayou*, Abbé de Lerins, & de plusieurs Religieux, près de l'Isle de Sardaigne.
679. Mort de S. *Dié*, Evêque de Nevers, puis Abbé de Jointure en Lorraine.
680. Mort de Sainte *Bathilde*, Reine de France, & Religieuse à Chelles.
680. Mort de S. *Guilhain*, Fondateur & premier Abbé du Monastére de son nom en Haynaut.
683. S. *Ansbert*, Abbé de S. Vandrille, ou de Fontenelle, est fait Evêque de Roüen.

CONCILES.

673. D'*Herford*, sur la Discipline Anglicane & la Pâq. *Regia*, XV. *Labbe*, VI. *Hardoüin*, III. *Angl*. I.
675. De *Tolede*, sur la Discipline, *ibidem*.
675. De *Braga*, contre la superstition de certains Prêtres, qui vouloient consacrer avec du lait, *ibidem*.
678. De *Rome*, sur Wilfrid, Evêque d'Yorck.
679. D'*Herfeld* en Angleterre, contre les Eutychéens & Monothélités. *Regia* XVI. *Labbe* VI. *Hardoüin* III.
679. De *Milan*, contre les Monothélites, *ibidem*.
679. Des *Gaules*, contre les Monothélites, *ibid*.
679. De *Rome*, contre les Monothélites. R. XVI. Lab. VI. Hard. III.
680. *Romano-Britannique*, sur l'Etat de l'Eglise d'Angleterre, *ibidem*.
680. De CONSTANTINOPLE, sixiéme Concile général, sous le Pape Agathon & sous l'Empereur Constantin Pogonat, finit l'an 681. On y approuva les cinq premiers Conciles généraux; & l'on y décida contre les Monothélites, qu'il y avoit deux volontés en J. C. *ibidem*.
680. D'*Herfeld* en Angleterre, contre Eutychés & les Monothélites. *Angl*. Tom. I.
680. De *Northumberland* en Angleterre. *Angl*. I.
681. De *Tolede*, sur la Discipline. Ervige est reconnu Roi, *ibidem*.
682. De *Roüen*. Voyez ci-après, 693, *c'est le même Concile*.
683. De *Tolede*, pour la famille Royale. Reg. XVII. L. VI. H. III.
684. De *Tolede*, contre les Monothélites, sur les deux natures de J. C. inséparables & parfaites, *ibidem*.
684. De la Province de *Cantorbery*, au *Monasticon Anglicanum*, T. I.
673. S.

673. S. *Leger* est dépouillé de son Evêché, condamné à mort par Childeric II. & renfermé à Luxeuil.
674. Ebroin chasse S. *Lambert* de l'Evêché de Maestricht.
675. S. *Leger*, quoique rétabli dans son Evêché d'Autun, est persécuté, & a les yeux crevés par ordre d'Ebroin.
676. Naiss. de S. *Jean Damascene*, que l'on croit avoir vécu 104 ans.
678. Ebroin fait assassiner S. *Leger* en Artois.
679. Mort de S. *Amand*, Evêque de Maestricht, Ap. des Pays-Bas.
681. Le Corps de S. *Leger* est transferé d'Artois en Poitou.
683. M. de S. *Oüen*, Ev. de Roüen.

680. *Ejeôes*, Moines de Syrie, qui prétendoient que la prière pour être agréable à Dieu, devoit être faite en dansant. Ces Hérétiq. sont peu connus.
Les deux fleaux, dont Dieu afflige son Eglise dans ce siécle, sont le Mahométisme & le Monothélisme. Les *Mahometans*, qui prêchoient leur Religion à main armée, s'emparent de l'Egypte, d'une grande partie de l'Afrique, & de plusieurs Provinces de l'Asie.
Les *Monothélites* ne firent pas moins de ravage, sur-tout parce qu'ils étoient protégés par les Empereurs, & même par quelques Evêques des grands Siéges.

ÉCRIVAINS.

671. S. *Dorothée*. Instructions sur la Vie Religieuse ; elles ont été traduites de Grec en François par M. de Rancé, Abbé de la Trappe.
672. *Anastase*, Moine & Disciple de S. Maxime. Lettres contre les Monothélites, *apud Syrmundum*.
672. *Anastase*, Prêtre de l'Eglise de Rome. Quelques Lettres, *apud Syrmundum*.
672. *Marculphe*, Moine François. Des formules Ecclésiastiques, ou Modéles des Lettres, & autres Actes, *in 40. Paris. 1666. & in calce Capitulariorum Baluzii*, in folio.
672. *Théodose & Théodore*, freres, Disciples de S. Maxime. Traité sur la mort de leur maître, & sur Anastase, imprimé *in Collectaneis Anastasii Bibliothecarii, per Syrmundum*.
673. *Adeodat* Pape. Lettre aux Evêques de France sur le Privilége du Monastére de S. Martin, *au Tom. VI. des Conciles du P. Labbe*.
679. *Agathon* Pape. Plusieurs Lettres, dont une à l'Empereur Constantin, qui est très importante au sujet du VIe. Concile général, est imprimée, *Tom. VI. Collectionis Conciliorum Labbæanæ*.
679. *Mansuetus*, Archevêque de Milan. Lettre à l'Empereur Constantin sur la Foi Catholique, imprimée *Tom. VI. Collect. Labbæanæ*.
679. Le Pape *Agathon*. Quelques Lettres, *in Collectionib. Concilior.*
682. Le Pape *Leon II*. Quelques Lettres, *in Collectionib. Conciliorum.*
682. S. *Julien*, élû Evêque de *Tolede* en 680, a fait plusieurs Traités, dont il nous reste quelques-uns, tant sur la Morale que sur l'Histoire, *in Biblioth. Patrum*.
682. *Théodore*, Evêque de Cantorbery, dont on a un Pénitentiel, le plus ancien de ceux de l'Eglise Latine, *in 40. Paris. 1677. 2 volum.*

PAPES.

LXXXIII.
684. *Benoit* II. 26 Juin.
Gouverne 10 m. 12 j.
* Le 8 Mai 685.
Le Siége vaque 2 m. 14 j.

LXXXIV.
685. *Jean* V. 23 Juillet.
Gouverne 1 a. 9 j.
* Le 2 Août 686.
Le Siége vaque 2 m. 18 j.
Pierre & Théodore, VIIIe. Antipapes.

LXXXV.
686. *Conon*, 21 Octobre.
Gouverne 11 m.
* Le 21 Septembre 687.
Le Siége vaque 2 m. 23 j.

LXXXVI.
687. *Sergius*, 15 Décembre.
Gouverne 13 a. 8 m. 24 j.
* Le 8 Septembre 701.
Le Siége vaque 1 m. 21 j.
Théodore & Pascal, IXe. & Xe. Antipapes.

RITS ET RELIGIEUX.

684. Mort de *Ste. Aldegonde*, première Abbesse de Maubeuge en Haynaut.
685. L'Abbaye de Jarrou, dans la Province de Northumberland en Angleterre, est fondée.
687. Mort de *S. Achard*, Abbé de Jumiéges.
688. Mort de *Ste. Rictrude*, Abbesse de Marchiennes, âgée de 74 ans.
689. *Plectrude*, femme répudiée par Pepin de Heristel, se retire dans une Abbaye de filles.
690. *Beguines* en Flandres, fondées par Ste. Begghe. Ce sont proprement des Chanoinesses roturiéres.
696. Mort de *S. Hadelin*, Abbé de Celles, près Dinant, au Diocése de Liége.
697. Théodon, Duc de Baviére, fonde l'Abbaye de *S. Emmeran* à Ratisbonne.

CONCILES.

685. De *Twifford*, pour l'Election de Cuthbert, *ibid. & Anglic. I.*
685. * Des *Gaules*. On dépose S. Leger & d'autres Evèques, par les intrigues d'Ebroin. *Regia, XVII. Labbe VI. Hardoüin III.*
687. * De *Manafchiert* en Armenie, pour les Acéphales. *Galanus.*
688. De *Tolede*, sur les deux volontés en J. C. On y reçoit les sermens du Roi Egica, *ibidem.*
688. Des *Gaules*, dans le Palais de Thierry. *Lab. T. VI. Hard. T. II.*
691. De *Sarragosse*, sur la Consécration des Egl. *R. XVI. L. VI. H. III.*
692. * De *Constantinople*, nommé le *Quini-Sexte*, ou le Concile *in Trullo*, au Palais de Constantinople. Les Evèques y firent 105 Canons, comme un Supplément des Ve, & VIe. Conciles généraux. Ce Concile est rejetté. *Regia IX. Labbe VI. Hardoüin, III.*
692. De *Beccanceld*, sur les biens de l'Eglise. *Anglicana Collect. I.*
693. De *Roüen*, sur l'exemption de Fecamp, *Bessin.*
693. De *Tolede*. On y dépose l'Evêq. Sisbert. *R. XVII. L. VI. H. III.*
694. De *Tolede*, sur la Discipline, *ibidem.*
696. De *Berghamsted*, sur la Discipline. *Anglic. I.*
697. D'*Auxerre*, sur l'Office divin. *Hardoüin Tom. I. seul.*
697. De *Beccanceld* en Angleterre, sur les immunités de l'Egl. *ibid.*
697. ou 719. D'*Utrecht*, aux Pays-Bas, pour envoyer des Missionnaires dans le Nord. *Reg. XVII. Lab. VI. Hard. III. Douteux.*
698. * D'*Aquilée*, où se fait un schisme, sur la condamnation des trois Chapitres, contre le Concile de Chalcédoine, *ibidem.*

686. Mort

GRANDS HOMMES. HERES. ET PERSEC.

686. Mort de *Ste. Vaudru*, Patrone de la Ville de Mons en Haynaut.
687. Translation du Corps de S. Oüen, Evêque de Roüen.
689. Martyre de *S. Kilien*, Apôtre de Franconie en Allemagne, & de quelques-uns de ses Compagnons.
690. Mort de *S. Julien*, Evêque de Tolede en Espagne.
691. *S. Willebrod* est envoyé Missionnaire dans la Frise, alors idôlatre.
696. Mort de *S. Cloud*, Evêque de Metz, fils de S. Arnoul, agé de plus de 90 ans.
S. Willebrod est sacré à Rome Evêque pour toute la Frise, avec les droits de Métropolit.
693. Mort de *S. Ansbert*, Evêq. de Roüen, & de Ste. Agadreme, Vierge & Abbesse près la Ville de Beauvais.

684. *Polychronius*, Prêtre & Moine, après avoir été interrogé, & ensuite condamné dans le VI. Concile général, persiste dans l'Hérésie des Monothélit.
688. Les *Pauliciens*, nouvelle Secte, qui tire son nom de Paul, Evêque de Samosate en Armenie. Il suivoit les erreurs des Manichéens sur les deux principés, l'un bon & l'autre mauvais. Il nioit que la Ste. Vierge fût la mere de Dieu, attaquoit le mystére de l'Eucharistie, & rejettoit le Baptême. Il prétendoit qu'on pouvoit dissimuler la Foi, & recevoit quelquefois la Communion avec les Fidéles. Ils faisoient baptiser leurs enfans dans les Eglises Catholiques.
690. *Baanes*, Chef d'une Secte de Manichéens, sortie des Pauliciens.

ÉCRIVAINS.

685. *Anastase*, Moine du Mont Sinaï & Patriarche d'Antioche. Plusieurs Traités sur la Religion, *in Biblioth. Patrum.* D'autres sont restés en manuscrit.
685. Le Pape *Benoit* II. Quelques Lettres, *in Collectionibus Conciliorum.*
686. *André*, Archevêque de Crete. On lui attribue un Commentaire sur l'Apocalypse, & quelques Sermons.
688. *Valere*, Moine, puis Abbé dans la Province des Asturies en Espagne. La Vie de S. Fructuose, *saeculo II. Benedictin. a Mabillonio.* Il a fait encore quelques autres Ouvrages.
690. *Ceolfrid*, Abbé de Veremuth, qui fut le maitre du vénérable Bede. Plusieurs Lettres, *in Collect. Concil.*
690. *Baudemond*, Abbé de Blandin, près de Gand. Vie de S. Amand, Evêque de Maestricht.
690. *Ursin*, Prêtre & Moine François, a fait la Vie de S. Leger, Evêq. d'Autun, & Martyr du bien public, par Ebroin, Maire du Palais. Il se trouve, *saeculo II. Benedictinor. a Mabillonio.*
691. *Babolen*, Prêtre & Moine Allemand. La Vie de S. Germain, premier Abbé de Grandval, au Diocése de Bâle. Il se trouve, *T. III. Februarii apud Bollandum, & saeculo II. Benedictinorum, a Joanne Mabillonio.*
693. *Félix*, d'abord Evêque de Seville, puis Archevêque de Tolede. La Vie, ou Eloge de S. Julien Pomere, Archevêque de Tolede.

PAPES. | RITS ET RELIGIEUX.

HUITIÉME SIÉCLE.

LXXXVII.
701. *Jean* VI. 30 Octobre.
Gouverne 3 a. 2 m. 12 j.
* Le 11 Janvier 705.
Le Siége vaque 1 m. 20 j.
LXXXVIII.
705. *Jean* VII. 1 Mars.
Gouverne 2 a. 7 m. 18 j.
* Le 18 Octobre 707.
Le Siége vaque 3 m.
LXXXIX.
708. *Sifinnius,* 19 Janvier.
Gouverne 20 j.
* Le 7 Février 708.
Le Siége vaque 1 m. 17 j.
XC.
708. *Conſtantin,* 25 Mars.
Gouverne 7 a. 15 j.
* Le 9 Avril 715.
Le Siége vaque 1 m. 9 j.
XCI.
715. *Gregoire* II. 19 Mai.
Gouverne 15 a. 8 m. 25 j.
* Le 12 Février 731.
Le Siége vaque 1 m. 5 j.

HUITIÉME SIÉCLE.

702. Mort de *Ste. Bertille*, premiére Abbeſſe de Chelles, près Paris, âgée de 74 ans.
707. Mort de *S. Landelin*, Fondateur des Abbayes de Lobbes, d'Aulne & de Crepin en Haynaut.
707. Mort de *S. Hidulfe*, qui d'Evêque de Trèves ſe fait Solitaire, & devient Abbé de Moyenmoutiers en Lorraine.
708. M. de *S. Bertin*, Abbé de Sithiu, à S. Omer en Artois.
717. M. de *S. Vinox*, premier Abbé de Vormhout en Flandres.
720. Rétabliſſement de l'Ordre de S. Benoît à l'Abbaye du *Mont-Caſſin*, qui avoit été détruite par les Lombards.
Mort de Ste. Odille Vierge, & premiére Abbeſſe de Hohenbourg, près de Straſbourg.
721. Fondation de l'Abbaye de S. Gal en Suiſſe, ſous la protection de Charles Martel.

CONCILES.

HUITIÉME SIÉCLE.

701. D'*Angleterre*, ſur la Diſcipline, *ibidem & Anglic. Tom. I.*
701. ou 704. De *Tolede*. *Reg. XVII. Lab. VI. Hardoüin III.*
705. De *Rome*, ſur le Concile *Quini-Sexte*, & pour Wilfrid, *ibidem.*
705. De la Province de *Mercie* en Anglet. ſur la Pâque, *ib. & Ang. I.*
705. De *Nidde* en Northumberland, ſur Wilfrid d'Yorck, *ib. & Ang. I.*
705. D'*Addebourn. Angl. I.* ────── autre d'Angleterre, *ibidem.*
709. D'*Alne* en Angleterre, ſur le Monaſt. d'Evesham. *Anglic. I.*
712. * De *Conſtantinople*, par les Monothélit. *R. XVII. L. VI. H. III.*
712. De *Londres*, pour les Images: ────── & autre National pour la paix, *ibid. & Anglic. I.*
714. De *Conſtantinop.* contre les Monothél. *R. XVII. L. VI. H. III.*
721. De *Rome*, ſur la Diſcipline. *Reg. XVII. Labbe VI. Hardoüin III.*
724. De *Rome*, Corbinien veut abdiquer l'Evêché de Friſing, *ibidem.*
726. De *Rome*, contre les Iconoclaſtes, *ibidem.*
731. De *Rome*, contre Gregoire, Légat prévaricateur, *ibidem.*
732. De *Rome*, deux Conciles pour les Images, *ibidem.*
738. De *Worcheſter*, ſur la Diſcipline. *Anglicana Colleƈt. Tom. I.*

HUI-

HUITIÉME SIÉCLE.

706. Apparition de *S. Michel* sur un rocher dans la mer, aux côtes de Normandie, à Aubert, Ev. d'Avranches.
708. *S. Lambert*, Evêque de Maestricht, est tué dans le Village de Liége. S. Hubert, mis en sa place.
709. Mort de *S. Wilfrid*, Evêque d'Yorck, dont la vie a été traversée par beaucoup de persécutions.
711. Mort de *Ste. Gudule*, Vierge & Patrone de Bruxelles.
718. M. de *S. Rupert*, Apôt. de Baviére, Evêque de Saltzbourg.
719. Premiére Mission de *S. Boniface* en Allemagne.
721. *S. Hubert*, Ev. de Maestricht, transporte le Corps de S. Lambert au village de Liége, où il établit son Siége Episcopal.
723. Seconde Mission de *S. Boniface*, Apôtre d'Allemagne.
727. Mort de *S. Hubert*, premier Evêque de Liége.

HUITIÉME SIÉCLE.

701. *Agoniclites*, espéce de fanatiques, qui n'ont pas fait de Secte, ne faisoient leurs priéres qu'en dansant, & ne vouloient pas qu'on priât à genoux ; mais cette Hérésie n'a pas eu beaucoup de suite, ni de sectateurs.
711. *Philippique Bardanes*, Usurpateur du Trône Impérial, persécute les Catholiques, & se déclare zélé défenseur des Monothélites. Il fait brûler les Actes du VI. Concile général.
724. *Léon d'Isaurie*, devenu Empereur en 717, détruisit toutes les saintes Images qui étoient dans les Eglises. Il est le Chef des *Iconoclastes*, ennemis du culte qui leur est rendu. Ces Hérétiques ont causé beaucoup de troubles dans l'Eglise. Ils furent principalement condamnés par le second Concile de Nicée en 778, & de Constantinople en 786.

ÉCRIVAINS.

HUITIÉME SIÉCLE.

707. *Félix*, Archevêque de Ravenne. Sermons, dont quelques-uns sont attribués à S. Pierre Chrysologue.
710. *Jean*, Patriarche de Const. Lettre au Pape Constantiu, *in Collectionib. Conciliorum.*
713. *Germain*, Evêque de Constantinople. Quelques Lettres, *in Collectionib. Concilior.* sur les six Conciles généraux, *apud Justellum, Bibliotheca Juris Canonici*, & quelques autres Traités, *in Bibliothecis Patrum.*
715. Les Papes *Gregoire* II. & III. Quelques Lettres, *in Conciliis.*
720. *Cosme de Jerusalem.* Quelques Hymnes, *in Biblioth. Patrum.*
730. *Liber diurnus Pontificum Romanorum*, où sont les formules des Lettres des Papes. Ouvrage anonyme, *in* 4°. Paris. 1680.
730. *George Syncelle* a laissé une Chronique Grecque & Latine *in fol.* Paris. e Typogr. Regia 1655.
730. *Ordo Romanus de Divinis Officiis.* Anonyme, *in Biblioth. Patrum.*
730. *Egbert*, Evêq. d'Yorck en Angleterre. De l'Instruction Ecclésiastique, *in Collectionib. Conciliorum.*

XCII.

PAPES. | RITS ET RELIGIEUX.

XCII.
731. *Gregoire* III. 18 Mars.
Gouverne 10 a. 8 m. 11 j.
* Le 28 Novembre 741.
Le Siége vaque 4 j.

XCIII.
741. *Zacharie*, 3 Décembre.
Gouverne 10 a. 3 m. 13 j.
* Le 15 Mars 752.
Le Siége vaque 11 j.

Quelques Auteurs mettent ici Etienne II. élû Pape au mois de Mars 752, & qui n'a siégé que 4 j. sans avoir été consacré; c'est ce qui fait la différence du nombre dans les Etiennes.

XCIV.
752. *Etienne* II. ou III. 26 Mars.
Gouverne 5 a. 1 m.
* Le 26 Avril 757.
Le Siége vaque 1 m. 1 j.

730. Près de 500 Religieux de l'Abbaye de Lerins, massacrés par les Sarrasins.
737. Fête de tous les SS. à Rome par le Pape Gregoire III.
744. Fondation de la célébre Abbaye de *Fulde*, la premiére & la plus puissante de l'Allemagne, par le Prince Carloman, & S. Boniface. S. Sturme en est fait le premier Abbé.
747. Le Prince Carloman renonce au monde, se retire au Mont Soracte en Italie, puis se fait Moine au Mont-Cassin.
750. Naissance de S. *Benoit d'Aniane*, restaurateur de la Discipline Monastique dans l'Eglise Latine.
755. Le B. Carloman, frere ainé du Roi Pepin, & Religieux du Mont Cassin, meurt à Vienne sur le Rhône.

CONCILES.

742. De *Clovesbowen* en Angleterre, sur la liberté de l'Eglise. *Ang. I.*
742. De *Ratisbonne*, sur la Discipline Ecclésiastique. *Regia XVII. Labbe VI. Hardouin III.*
743. De *Leptines*, ou Liftines, Maison Royale près de Binche en Cambresis. On accorde au Roi des revenus Ecclésiastiques pour les frais de la guerre, & contre Aldebert, Hérétiq. *ibidem*.
743. De *Rome*, sur la Discipline, *ibidem*.
744. De *Soissons*, pour l'extirpation de l'Hérésie, *ibidem*.
744. D'*Allemagne*, contre Aldebert & Clément, Hérétiques, *ibidem*.
745. De *Rome*, contre les mêmes, *ibidem*.
747. De *Clovesbowen* en Angleterre, sur la Discipline Ecclésiastique, *ibidem*, & *Anglican*. Collect. Tom. I.
748. De *Duren*, *Regia XVII. Labbe VI.* Manque dans Hardouin.
752. De *Verberie*, sur la Discipline. *Regia XVII. Lab. VI. Hard. III.*
753. De *Metz*, sur la Discipline, *ibidem*.
754. * De *Constantinople*, contre les Images, appellé faussement le 7e. Concile Oecumenique, *ibidem*.
755. De *Verneuil*, Palais de Pepin, sur la Discipline, *ibidem*.
756. De *Cantorbery*. *Anglic. I.*
756. De *Leptines*, sur la Discipline. *Regia XVII. Labbe VI. Hardouin* l'indique Tom. I.
756. De *Compiegne*, sur la Discipline. *Regia XVII. Labbe VI. Hardouin III.*

730. M.

GRANDS HOMMES. HERES. ET PERSEC.

730. M. de *S. Corbinien*, premier Ev. de Freiſing en Baviére.
739. M. de *S. Willebrod*, Apôtre de la Friſe & premier Evêque d'Utrecht.
740. *Conſtantinople* eſt affligée pendant un an d'un tremblement de terre.
742. *Burckard* eſt fait premier Evêque de Wurtzbourg en Franconie, par S. Boniface, l'Apôtre de l'Allemagne.
743. *Côme* Pat. d'Alexand. & ſon peuple abjurent le Monothél.
747. S. *Boniface* eſt fait Archevêque de Mayence.
748. Différend entre *S. Boniface* & *S. Virgile* Miſſionnaire, ſur-tout parce que ce dernier diſoit qu'il y avoit des Antipodes.
754. Martyre de *S. Boniface*, Apôtre de l'Allemagne, avec 52 Miſſionnaires, ou Fidéles.

742. *Aldebert*, Prêtre François, condamné au Concile de Leptines en 743, décrioit les Egliſes, ou Aſſemblées publiques des Fidéles. Il ſe diſoit Prophéte, excuſoit la fornication & l'adultére; & cependant vouloit paroître d'une morale très auſtére.
Clément, Prêtre Ecoſſois & Héréſiarque, parut en même temps qu'Aldebert. Il ſoutint à peu près les mêmes erreurs, &. fut condamné dans les mêmes Conciles; mais ces deux Héréſiarques firent peu de progrès & eurent très peu de diſciples. Leur vie corrompue les fit regarder avec horreur, & ils furent condamnés encore par les Conciles de Soiſſons, d'Allemagne & de Rome en 744 & 745.

ÉCRIVAINS.

730. *Théodulphe*, Evêque d'Orléans. Diverſes Inſtructions & Poéſies, *apud Syrmundum.*
731. *Barthelemy*, Moine d'Edeſſe en Syrie. Réfutation de l'Alcoran de Mahomet, imprimée per Stephanum le Moine, *in Variis Sacris, in* 4. *Lugduni Batavorum* 1685.
731. S. *Jean Damaſcene*, ou de Damas, eſt le Théologien de l'Egliſe Grecque, & zélé défenſeur des ſaintes Images. Il a écrit auſſi pluſieurs Traités contre les Héréſies. *Ejus Opera a P. le Quien Dominicano, Græc. Latina, in folio. Pariſiis* 1712. 2 volum.
735. *S. Boniface*, Archevêque de Mayence, l'Apôtre de l'Allemagne. Quelques Vies de Saints, des Sermons & des Lettres, *in* 4. *Moguntiæ edita per Nicolaum Serrarium, Soc. Jeſu.* 1605.
736. *Bede*, Prêtre & Moine Anglois, ſurnommé *le Vénérable*, a compoſé un grand nombre d'Ouvrages ſur la Grammaire, la Philoſophie, l'Hiſtoire, l'Ecriture Sainte, & un Martyrologe en Vers. *Ejus Opera in folio. Coloniæ* 1612. 4 *volumes.*
750. *S. Iſidore*, Pacenſis, a donné la ſuite de la Chronique d'Eſpagne, commencée par *Idacius.*
751. *Anaſtaſe*, Abbé en Paleſtine. Traité contre les Juifs, *in Bibliot. Patrum.*
755. *S. Willebaud*, Evêque d'Aichtet en Allemagne. Vie de *S. Boniface*, Archevêque de Mayence, *cum S. Bonifacii Operibus.*
756. *Gotteſcalque*, Diacre & Chanoine de Liége. Vie de S. Lambert, publiée par *Chapeauville.*

XCV.

PAPES. | RITS ET RELIGIEUX.

XCV.
757. *Paul* I. 28 Mai.
Gouverne 10 a. 1 m. 1 j.
* Le 29 Juin 767.
Théophilade, onziéme,
Conſtantin, douziéme,
Philippe, XIIIe. Antipapes.
Le Siége vaque 1 a. 1 m. 6 j.
XCVI.
768. *Etienne* III. ou IV. 5 Août.
Gouverne 3 a. 5 m. 27 j.
* Le 1 Février 772.
Le Siége vaque au plus 7 jours.
Conſtantin, XIVe. Antipap.
XCVII.
772. *Adrien* I. 9 Février.
Gouverne 23 a. 10 m. 18 j.
* Le 26 Décembre 795.
Le Siége ne vaque pas.
XCVIII.
795. *Léon* III. 26 Décembre.
Gouverne 20 a. 5 m. 18 j.
* Le 12 Juin 816.
Le Siége vaque 10 j.

757. Réformation des *Chanoines Réguliers* dans les Egliſes Cathédrales, par la Régle de S. Chrodegrand.
758. Mort de S. *Pyrmin*, Abbé & Réformateur de l'Ordre Monaſtique en Allemagne.
759. Mort de S. *Othmar*, premier Abbé de S. Gal en Suiſſe.
760. Quelques Auteurs placent ici les Religieuſes *Acemetes*, marquées à l'an 420.
766. Mort de S. Chrodegrand, Réformateur des Chanoines.
770. M. de *Ste. Opportune*, Abbeſſe de Montreuil, Diocéſe de Seez. Perſécution de Conſtantin Copronyme contre les Moines.
779. Mort de S. *Sturme*, premier Abbé de Fulde en Allemagne.
790. Mort de S. *Sol*, Solitaire en Allemagne.
799. S. *Théodore* eſt fait Abbé de Stude à Conſtantinople.

CONCILES.

758. De *Compiegne*, ſur la Diſcipline. *Reg. XVII. Lab. VI.* Manque dans *Hardoüin*.
759. * D'*Allemagne*, contre Othmar, Abbé de S. Gal. *Reg. XVII. L. VI. Hardoüin, VIII.*
761. De *Rome*, ſur le Monaſtére de S. Hilaire. *Regia XVII. Labbe VI.* Manque dans *Hardoüin*.
761. De *Volvic*, près de Rion en Auvergne. *Labbe ſeul VI.*
761. Aſſemblée de *Duren*, dans le pays de Juliers, par le Roi Pepin, ſur les affaires de l'Etat. *Regiq XVII. Labbe VI. Hardoüin III.*
763. Aſſemblée de *Nevers*, par le Roi Pepin, où il eſt réſolu de punir les infidélités de Gaifer, Duc d'Aquitaine. Taſſillon y prête ſerment de fidélité au Roi pour le Duché de Bavière.
764. De *Jeruſalem*, contre les Iconoclaſtes, en faveur des ſaintes Images. *Ex Epiſtola Adriani I. Papæ.*
764. De *Worms*, où Pepin prend la réſolution de punir les infidélités de Gaifer & de Taſſillon. *Reg. XVII. Lab. VI. Hard. III.*
765. D'*Attigni*, ſur la Diſcipline & quelques autres matiéres Eccléſiaſtiques, *ibidem*.
766. D'*Orléans*, dans lequel Pepin détermine la guerre contre Gaifer, Duc d'Aquitaine, & marche contre lui, *ibidem*. Ces trois derniers Conciles ſont des aſſemblés des Etats, auſſi-bien que celles de Duren & de Nevers de 761 & 763.

La ſuite, pag. 272 & 273.

762. L'Em-

GRANDS HOMMES. HERES. ET PERSEC.

762. L'Empereur *Conſtantin* perſécute les Moines, défenſeurs des ſaintes Images.
771. S. *Sturme*, Abbé de Fulde, fait la paix entre Charlemagne & Taſſillon Duc de Baviére.
780. Mort de *S. Jean de Damas*, Pere de l'Egliſe Grecque, & grand défenſeur des ſaintes Images.
780. *S. Virgile*, Evêque de Saltzbourg, convertit la Carinthie.
785. *Wittikind*, Prince des Saxons, embraſſe, au moins à l'extérieur, la Religion Chrétienne & permet aux Miſſionnaires de prêcher l'Evang. dans ſes Etats.
790. On prétend que l'Univerſité de Paris fut établie cette année. D'autres la remettent au XIIe. Siécle.
799. Naiſſance de *S. Ignace*, fils de l'Empereur Michel I. & depuis Patriarche de Conſtantinople.

790. *Pauli-Joanniſtes*, Diſciples de Paul & Jean Arméniens, ſuivoient les erreurs de Valentin & de Manès.
792. *Félix d'Urgel*, Eſpagnol, prétendoit que J. C. n'étoit que Fils adoptif de Dieu; de plus, il attaquoit le culte des ſaintes Images. Il fut condamné au Concile de Ratiſbonne en Allemagne, l'an 792, à celui de Rome en 799. & en d'autres. Mais après ſa condamnation, il renonça extérieurement à ſes erreurs; & l'on doute de la ſincérité de ſa converſion.
798. *Elipand*, Evêque de Tolede, tomba dans les mêmes égaremens, & les ſoutint avec encore plus d'obſtination. On croit cependant qu'il ſe convertit ſincérement. Leurs Héréſies furent condamnées en divers Conciles.

ÉCRIVAINS.

760. *S. Chrodegrand*, Ev. de Metz. Régle pour les Chanoines, *in Spic.*
760. *Fredegaire.* Chroniq. pour l'Hiſt. de France.
760. *Athanaſe* le Jeune. Quæſtiones in Scripturam, *apud Athanaſ.*
760. *Ambroiſe Autbert*, Abbé de Benevent, mort en 778. Commentaire ſur l'Apocalypſe, *in Biblioth. Patrum.*
770. *Paul Diacre* d'Aquilée. Hiſtoire des Lombards, la Vie du Pape S. Gregoire, & pluſieurs autres Ouvrages Hiſtoriques.
771. *Alcuin*, Diacre de l'Egliſe d'Yorck en Angleterre. Pluſieurs Commentaires ſur l'Ecriture Ste. Traité de la Trinité, & contre Felix d'Urgel, un Sacramentaire. *Ejus Opera in folio*, Paris 1617.
785. *Taraſius*, Patriarche de Conſtantinople en 785. Quelques Lettres, *in Collectionib. Concilior.*
785. *Théophanes* de Conſtantinople. Une Chronique *in folio*, Paris *e Typograp. Regia* 1655.
787. *Elie*, Archevêque de Crete. Des Commentaires Grecs ſur S. Gregoire de Nazianze, *cum Gregorio Nazianzeno.*
794. *Paulin*, Evêque d'*Aquilée*, a écrit contre l'erreur de Félix & de l'Archevêq. Elipand, *imprimé avec Alcuin.*
794. *Etherius*, Prêtre Eſpagnol. Deux Livres contre les erreurs d'Elipand.
797. *S. Benoit* d'Aniane. *Concordia Regularum in* 4. Paris. 1663.
798. *Leidrade*, Archevêque de Lyon. Traité ſur le Baptême, & quelques Lettres, *in Bibliothecis Patrum.*

767. De

767. De *Gentilly*, près Paris, par le Roi Pepin, sur la Sainte Trinité & sur la particule *Filioque*, les Images, *ib.*

767. * De *Rome*, par l'Antipape Constantin, mais dont les Actes furent brulés par le Concile de Rome de l'an 769.

767. De *Bourges*. Labbe seul, Tom. *VI.*

768. Assemblée de *S. Denys*, où Pepin partage son Royaume à ses enfans Charles & Carloman. *Regia XVII. Labbe VI. Hard. III.*

769. De *Bourges*, indiqué par Hardoüin, *T. I.*

769. De *Rome*, touchant l'Election du Pape & le culte des Images, *ibidem*, & imprimé *in folio* à Rome, *ex Codice Veronensi*, 1735.

770. De *Worms*, sur le Rhin, par Charlemagne, sur la Discipline Ecclésiastique, & dont on ne sçait que le nom & la date. *Regia XVI. Labbe II. Hardoüin III.*

771. De *Valenciennes*, par Charlemagne, mais dont les Actes sont perdus, *ibidem.*

772. De *Worms*, sur la Discipline, avant que Charlemagne commençât la guerre de Saxe. *Reg. XVII. L. VI. H. III.*

772. De *Bavière* (à Dingelfind.) On accorde divers Droits à l'Eglise. Ce Concile fut assemblé par Tassillon, Duc de Bavière; avec quelques réglemens faits par ce Duc, *ibidem.*

773. De *Rome*, où le Pape Adrien accorde, dit-on, à Charlemagne le droit de nommer l'Evêque de Rome; mais quoiqu'il soit rapporté dans le Décret de *Gratien*, *Distinct.* 63. *cap. Hadrianus*, on le croit au moins douteux.

773. De *Genève*, par Charlemagne dans le voyage qu'il fit en Italie, pour défendre l'Eglise Romaine contre Didier, Roi des Lombards, *ibidem.*

775. De *Duren*, lorsque Charlemagne alla faire la guerre aux Saxons, *ibidem.*

776. De *Worms*, dans la guerre que Charlemagne fit contre les Saxons, *ibidem.*

777. De *Paderborn*, pour établir la Foi dans la Saxe, indiqué seulement par Hardoüin, *in Indice Tom. III.*

779. De *Duren*, dans la guerre de Charlemagne contre les Saxons, *ibidem.*

780. De *Lipstad*, en Allemagne, pour établir des Evêchés dans la Saxe. *Regia XVIII. Labbe VI.* Manque dans *Hardoüin.*

781. D'*Antioche*, pour les saintes Images. Dans Hardoüin seul, *T. III.*

782. De *Cologne*, sur la Discipline, assemblé par ordre de Charlemagne, & tiré de l'Historien *Eginhart. Regia, XVIII. Labbe VI.* Manque dans *Hardoüin.*

782. De *Lipstad*, sur la Discipline, *idem.* Manque dans *Hard.*

785. De *Paderborn*, pour l'établissement de la Religion en Saxe. *Regia XVIII. Labbe VI. Hardoüin III.*

785. De *Lichefeld*, pour faire un Archevêque. *Anglic. I.*

786. De *Worms*, en faveur des Saxons convertis, & de Wittikind leur Duc; mais dont on n'a point les Actes, *ibidem.*

787. De *Chelchyth* en Cumberland, Province d'Angleterre, sur la Discipline, *ibid. Anglic. I.*

787. De

787. De NICE'E IIe. septiéme Concile général, convoqué sous le Pape Adrien & sous l'Empereur Constantin, fils de Léon & d'Irene. Il fut commencé à Constantinople en 786, & transféré à Nicée en 787. On y affermit le culte des saintes Images contre les Iconoclastes. Il étoit composé de 350 Evéques. *Regia XIX. Labbe VII. Hardoüin IV.*

787. De *Worms*, sur Tassillon, Duc de Baviére. *Regia XX. Labbe VII. Hardoüin IV.*

788. D'*Ingelheim* en Allemagne, où Tassillon, Duc de Baviére, convaincu de perfidie envers Charlemagne, Roi des François, est obligé d'entrer dans un Monaftére, *ibidem*.

788. De *Narbonne*, contre l'Héréfie de Félix, Evêque d'Urgel, *ibidem*. Douteux. *Voyez Pagi, ad ann.* 788.

788. De *Finckley* en Angleterre. *Anglic. I.*

789. D'*Aix-la-Chapelle*, par ordre de Charlemagne, fur la Difcipline. *Labbe feul, Tom. VII.*

790. De *Worms*.

791. De *Narbonne. Labbe Tom. VII.*

791. De *Friuli*, ou Ciudad de Friuli (Foro Julienfe), fur le Myftére de la Ste. Trinité, l'Incarnation du Verbe, & la Difcipline. *Regia XX. Labbe VII. Hardoüin IV.* On le croit de l'an 796.

792. De *Ratisbonne* en Allemagne, contre l'Héréfie de Félix, *ibidem*.

793. De *Verlam-Cafter*, fur la sépulture de S. Albans, *ibidem*.

794. Au même lieu, pour fonder l'Abbaye de S. Albans, *ibid*.

794. De *Francfort* en Allemagne, contre l'Héréfie de Félix d'Urgel. Le deuxiéme Canon de ce Concile fouffre quelque difficulté, parce qu'il paroît contraire au Concile de Nicée, *ibidem*.

794. De *Chelchyth* en Angleterre, pour dôter le Monaft. de S. Albans. *Anglic. I.*

796. De *Cantorbery*, pour les immunités Ecclésiastiques. *Anglic. I.*

797. Capitulaire de *Théodulfe*, Evêque d'Orléans, pour le gouvernement de son Diocése. *Reg. XX. Labbe VII. Hard. IV.*

798. D'*Aix-la-Chapelle*, pour la fondation du Monaftére de S. Paul à Rome, *ibidem*.

799. De *Finckley*, fur la célébration de la Pâque, *ibidem*.

799. De *Beccanceld*, pour la confervation des biens de l'Eglife, *ibidem*, *Anglic. I.*

799. D'*Torck*, fous l'Archevêque Eambauld.

799. D'*Urgel*, contre l'Héréfie de Félix. *Baluz. in notis ad Agobard.*

799. De *Rome*, contre Félix d'Urgel & Elipand de Tolede, *ibidem*.

799. D'*Aix-la-Chapelle*, où Félix d'Urgel est déposé, *ibidem*.

800. De *Mantes*, fur la Difcipline.

800. De *Cloveshowen*, en Angleterre, pour la confervation des biens de l'Eglife, *ibidem*, *Anglic. I.*

800. Des *Gaules*, fur la juftification des Prêtres, *ibidem*.

800. De *Tours*, où Charlemagne partage ses Etats à ses enfans. *Regia XX. Labbe VII. Hardoüin l'indique Tom. II.*

800. De *Rome*, où le Pape fe juftifie folemnellement. *Regia XX. Labbe VII. Hardoüin IV.*

PAPES. | RITS ET RELIGIEUX.

NEUVIÉME SIÉCLE.

XCIX.
816. *Etienne* IV. ou V. 22 Juin.
   Gouverne 7 m. 1 j.
   * Le 22 Janvier 817.
   Le Siége vaque 2 j.
C.
817. *Paschal* I. 25 Janvier.
   Gouverne 7 a. 3. m. 17 j.
   * Le 11 Mai 824.
   Le Siége vaque 24 j.
CI.
824. *Eugene* II. 5 Juin.
   Gouverne 3 a. 2 m. 23 j.
   * Le 27 Août 827.
   Le Siége vaque 4 j.
824. Zizimus, XVe. Antipape.
CII.
827. *Valentin*, 1. Septembre.
   Gouverne 40 j.
   * Le 10 Octobre 827.
   Le Siége vaque 2 m. 25 j.
CIII.
828. *Gregoire* IV. 5 Janvier.
   Gouverne 16 a. 7 j.
   * Le 11 Janvier 844.
   Le Siége vaque 15 j.

NEUVIÉME SIÉCLE.

Le Symbole, chanté à l'Eglise.
805. S. *Benoit*, Abbé d'*Aniane*, Diocése de Montpellier, réforme les Moines; meurt en 821.
809. Chevaliers du *Chardon*, ou de S. *André* d'Ecosse.
812. M. de S. Guillaume, Duc d'Aquitaine, & Religieux à Gelonne.
813. On rétablit la Fête de l'Assomption de la Ste. Vierge,
   L'Empereur Michel I. renonce à l'Empire, & se fait Religieux; il est suivi par son épouse & ses enfans, entre autres par S. Ignace.
822. *Raban* est fait Abbé de Fulde.
822. *Corbie*, ou *Corwei*, Abbaye en Allemagne, fondée.
827. M. de S. *Adelard*, Abbé de Corbie, & parent de Charlemagne.
830. Chanoines Réguliers de S. Jacques de la Spada, par Dom Ramire, Roi de Léon, & approuvés depuis par Alexandre III.

CONCILES.

NEUVIÉME SIÉCLE.

802. D'*Altino*, par Paulin, Evêque d'Aquilée, pour implorer le secours de Charlemagne contre Jean, Duc de Venise, qui tyrannisoit les Evêques. *Regia XX. Labbe VII. Hardoüin IV.*
802. D'*Aix-la-Chapelle*, sur le serment qu'on doit faire à l'Empereur. *Lab. VII. Hard. IV. Baluz. in Capitular. Manque in Regia.*
803. De *Ratisbonne*, sur les Corevesques. *Reg. XX. Lab. VII. H. IV.*
803. De *Cloveshowen*, sur l'Eglise de Cantorbery, *ibidem, Anglic. I.*
806. * De *Constantinople*. On y rétablit le Prêtre Joseph, justement interdit par le Patriarche Tarasius. *Reg. XX. Lab. VII. Hard. IV.*
806. De *Saltzbourg*, sur les Décimes, *ibidem.*
806. De *France*, où Charlemagne partage son Royaume, *ibidem.*
808. * De *Constantinople*. On y confirme le mariage de Constantin avec Théodora, sa concubine, *ibid.*
809. D'*Aix-la-Chapelle*, sur la procession du S. Esprit, *ibidem.*
809. Conférence de Rome, sur la particule *Filioque, ibidem.*
811. De *Mercie*, pour la consécration d'une Eglise. *Angl. I.*

La suite, pag. 276.

GRANDS HOMMES. | HERES. ET PERSEC. 275

NEUVIÉME SIÉCLE.

802. Mort de *S. Paulin*, Evêque d'Aquilée.
804. Mort du Bienh. *Alcuin*, âgé de 67 ans, dans l'Abbaye de S. Martin de Tours, dont il étoit Administrateur.
806. Mort de S. Taraise (*Tarasius*), Patriarche de Constantinople.
807. Les Reliques de S. *Cyprien* de Carthage sont apportées à Compiegne, par Isaac, Ambassadeur de Charlemagne.
809. Mort de *S. Lutger*, premier Evêque de Munster.
821. Mort de S. *Théophanes*, Conf.
825. Le Corps de *S. Hubert*, premier Evêq. de Liége, porté à l'Abbaye d'Andam, qui depuis a pris le nom de ce Saint.
826. Des Grecs, venus en France avec les Ambassadeurs de Michel le Begue, y apportent les Ouvrages, attribués à *S. Denys* l'Aréopagite.
Danois convertis se font baptiser à Mayence.

NEUVIÉME SIÉCLE.

825. *Claude Clément* Espagnol, Evêque de Turin, suivoit les mêmes erreurs que Félix d'Urgel, & prêchoit contre les Images. Il s'emporta même avec fureur contre les représentations de la Croix. Il fut d'abord réfuté par l'Abbé Théodomir, auquel il répondit. Sa réponse fut dénoncée à l'Empereur Loüis le Débonnaire, qui l'avoit fait Evêque de Turin: L'Empereur la fit examiner par les Evêques, qui la condamnérent.
Jonas, Evêq. d'Orléans, & *Dungale* Diacre écrivirent contre cet Hérétique.
Clément avoit fait plusieurs Commentaires sur l'Ecriture Sainte. Ce qu'il a écrit sur l'Epitre aux Galates, est imprimé dans les *Bibliothéq. des Peres*. Ses autres Ouvrages sur l'Ecriture Sainte sont restés en manuscrit.

ÉCRIVAINS.

NEUVIÉME SIÉCLE.

801. *Charlemagne*, né en 747, devient Roi de France en 768, Empereur l'an 800, meurt en 814. Il fit faire beaucoup de Loix Ecclésiastiques, sous le nom de Capitulaires, donnés *par M. Baluz. in folio. Paris* 1677. 2 *vol.* & le Codex Carolinus, ou Lettres écrites au nom de ce Prince, publiées à Ingolstadt en 1634, mais fort imparfaitement par Gretzer.
806. *Nicéphore*, Patriarche de Constantinople. Un Abrégé d'Histoire, *Græc. Latine, in folio. Paris.* 1648. quelques Traités contre les Iconoclastes, *in Biblioth. Patrum*, & d'autres Ouvrages.
806. *Théodore Studite*, Abbé l'an 800, & mort l'an 826. Plusieurs Sermons & des Lettres, un Traité sur le culte des Images, *in Bibliothecis Patrum*, & *apud Baronium*.
809. *Théodore*, défenseur des Images, & Martyr l'an 821. Deux Piéces sur le culte des Images. *Combefis. in Auctario Biblioth. Patrum.*
810. *Amalarius* Fortunatus, Evêq. de Trèves. Traité sur les Cérémonies du Baptême, *apud Canisium, in Lectionibus Antiquis.*

813. D'Ar-

813. D'*Arles*, fur la Difcipline, *ibidem.*
813. De *Tours*, fur la Difcipline, *ibidem.*
813. De *Châlons*, fur Saone, pour la Difcipline, *ibidem.*
813. De *Mayence*, fur la Difcipline, *ibidem.*
813. De *Rheims*, fur la Difcipline, *ibidem.*
813. De *Roüen*, fur la Difcipline. *B.ffin. in Conciliis Norman.*
814. De *Conftantinople*, pour les faintes Images. *R. XX. L. VII. H. IV.*
814. * De *Conftantinople*, par les Iconoclaftes, où l'on dépofe le Patriarche S. Nicéphore, *ibid. & in Synodico Veteri Fabricii.*
814. De *Thionville*, en faveur des Prêtres maltraités, *ibidem.*
814. De *Noyon*, pour régler les bornes des Diocéfes de Noyon & de Soiffons, *ibidem.*
814. De *Troyes.*
814. De *Lyon.* Agobard eft élû Archevêq. de cette Ville. *Hard. T. II.*
816. De *Chelchyth*, en Angleterre, fur les mœurs. *Anglic. I.*
816. D'*Aix-la-Chapelle.* On y régle l'état des Chanoines & des Religieufes. *Regia XX. Labbe VII. Hardoüin IV.*
817. D'*Aix-la-Chapelle*, fur la Régle de S. Benoit. *R. XXI. L. VII. H. IV.*
817. D'*Ingelheim*, contre les Ufurpateurs des biens d'Eglife, *ibidem.*
818. De *Vannes*, fur la fondation de l'Abbaye de Redon, *ibidem.*
820. D'*Angleterre.*
821. De *Thionville*, fur la Difcipline. *R. XXI. L. VII. Hard. IV.*
821. Affemblée de *Nimegue*, où Loüis le Débonnaire partage fes Etats à fes enfans. *Chifflet folus, in quatuor Opufculis,* 8. *Paris.* 1679.
821. D'*Oftaveshlen* en Angleterre. *R. XXI. L. VII. H. IV. Angl. I.*
822. D'*Attigni*, où Louïs le Débonnaire fe repent d'avoir maltraité Bernard, & d'avoir mal régi fes Etats, *ibidem.*
822. De *Cloveshowen*, fur les mœurs & fur Wilfrid, *ibidem, Anglic. I.*
823. De *Compiegne*, fur le mauvais ufage des chofes faintes, *ibidem.*
824. De *Cloveshowen*, fur les mœurs & fur Wilfrid, *ibidem, Anglic I.*
825. * De *Paris*, touchant les Images, contraire au feptiéme Concile général. *Goldafte, in Decretis Imperialibus de Imaginibus, in* 8°. *Francof.* 1608. *Manque dans les trois Collections des Conciles.*
826. D'*Ingelheim*, contre ceux qui font des déprédations dans le Royaume. *Regia XXI. Labbe VII. Hardoüin IV.*
826. De *Mantoüe*, fur les Patriarches d'Aquilée & de Grado, *ibidem.*
828. D'*Aix-la-Chapelle*, *ibidem.*
829. De *Paris*, fur la Difcipline, *ibidem.*
829. De *Worms*, contre le Divorce, *ibidem.*
830. De *Langres*, fur la fondation de l'Abbaye (Bezvencis). *Labbe, VII. Hardoüin IV. Manque in Regia.*
831. De *Noyon*, où l'on dépofe Jeffé, Evêque d'Amiens, comme criminel de Léze-Majefté, *ibidem, & manque in Regia.*
832. *De *Conftantinople*, contre les faintes Images, *apud Fabricium.*
832. De *Paris*, fur les Moines de S. Denys. *Labbe VII.*
833. De *Worms*, fur l'Abbaye de S. Remy de Sens. *Labbe VII. Hardoüin IV. Manque in Regia.*
833. De *Londres* en Angleterre, fur les déprédations des Danois, & fur l'Abbaye de Croyland. *R. XXI. L. VII. H. IV. Anglic. I.*

CONCILES.

833. De *Compiegne*, où l'Empereur Louïs fut déposé, *ibidem.*
834. Assemblée de S. *Denys*, où Louïs le Débonnaire est admis à la Communion de l'Eglise, & rétabli dans ses Etats, *ibidem.*
834. De *Metz*, où l'Empereur, excommunié par Ebbon, Archevêque de Rheims, est absous. *Regia XXI. Labbe VII. seuls.*
834. D'*Attigny*, sur Louïs le Débonnaire. *Labbe seul Tom. VII.*
835. De *Metz*, indiqué par Hardoüin *Tom. II.*
835. De *Mantoüe*, sur le Patriarche de Grade. *Le Cointe, Annal. T. VIII.*
835. De *Thionville*, où Ebbon est dépouillé de l'Archevêché de Rheims, pour conspiration contre Louïs le Débonnaire. *Reg. XXI. Labbe VII. Hardoüin IV.*
836. D'*Aix-la-Chapelle*, sur la Discipline, *ibidem.*
836. De *Straminiac*, près de *Lyon*, sur les différends des Eglises de Lyon & de Vienne, *ibidem.*
837. De *Chiersi*, *Carisiacum.*
838. De *Kingston* en Angleterre, sur les biens d'Eglise, *ib. Anglic. I.*
839. De *Châlons* sur Saône, sur quelques matiéres Ecclésiastiques, & sur Louïs le Débonnaire, *ibidem.*
840. De *Kenet* en Ecosse, *ibidem.*
841. D'*Aix-la-Chapelle*, contre Lothaire, *ibidem.*
841. D'*Auxerre*, où l'on prescrit un jeûne de 3 jours pour les affaires présentes de l'Etat, *ibidem.*
842. De *Constantinople*, en faveur des Images, *ibidem.*
842. De *Germigny*, dans le territoire d'Orléans, sur les besoins de l'Eglise & de l'Etat, *ibidem.*
842. De *Bourges*, où l'on approuve la déposition d'Ebbon. *Labbe VII. Hardoüin IV. Manque in Regia.*
843. De *Germigny*. *Mabillon, sæculo IV. Benedict. Tom. II.*
843. De *Coulaine* en France, *Coloniense.*

ÉCRIVAINS.

810. *Jessé*, Evêque d'Amiens, sur les Cérémonies du Bapt. *Bibl. Patr.*
821. *Claude* Clément, Evêque de Turin. Comment. sur l'Epitre aux Galates, *in Bibl. Patrum*, & quelques Préfaces de ses autres Commentaires, *in Analectis Mabillonii. Voyez les Hérétiques.*
822. *Dungale*, Moine de S. Denys, écrit pour les Images contre Claude de Turin, *in Biblioth. Patrum.*
822. *Jonas*, Evêque d'Orléans, écrit contre Claude de Turin; de plus, un Traité de Morale, *in Biblioth. Patr. & Spicilegio.*
823. *Ansegise*, Abbé de S. Vandrille, a recueilli les Capitulaires de Charlemag. & des autres Empereurs. *Capitular. Regum Francor.*
823. *Halitgaire*, Evêq. de Cambrai. Un Penitentiel, *in Bibl. Patrum, & apud Morinum de Pœnitentia.*
824. *Hilduin*, Abbé de S. Denys. Les Aréopagitiques, *in Bibliothecis Patrum.*
830. *Agobard*, Archevêque de Lyon, mort en 840, écrit contre les Juifs, contre Félix d'Urgel, & autres Traités Dogmatiques. *Ejus Opera a Stephano Baluzio in 8°. Paris. 1666. 2 vol.*

S 3   CIV.

PAPES. RITS ET RELIGIEUX.

C I V.
844. *Sergius* II. 27 Janvier.
Gouverne 3 a. 1 j.
* Le 27 Janvier 847.
Le Siége vaque 2 m. 15 j.
Jean, Diacre de l'Eglise Romaine, cause des troubles.

C V.
847. *Léon* IV. 12 Avril.
Gouverne 8 a. 3 m. 6 j.
* Le 17 Juillet 855.
Le Siége vaque 1 m. 14 j.
Entre Léon IV. & Benoît III, plusieurs Auteurs, même Catholiques, ont placé la Fable de la Papesse Jeanne.

C V I.
855. *Benoît* III. 1 Septembre.
Gouverne 2 a. 6 m. 10 j.
* Le 10 Mars 858.
Le Siége vaque 14 j.
Anastase, XVIe. Antipape.

C V I I.
858. *Nicolas* I. 25. Mars.
Gouverne 9 a. 7 m. 19 j.
* Le 12 Novembre 867.
Le Siége vaque 1 m. 1 j.

C V I I I.
867. *Adrien* II. 14. Décembre.
Gouverne 4 a. 11 m. 12 j.
* Le 25 Novembre 872.
Le Siége vaque 18 j.

---

844. S. *Pascase Rathert* est fait Abbé de Corbie.
845. Mort de S. *Joannice*, Solitaire en Bythinie.
846. Translation du Corps de S. *Bertin*, Fondateur de l'Abbaye de Sithiu, à S. Omer en Artois.
849. *Gottescalq*, Moine d'Orbais, est dégradé de la Prêtrise & foüeté publiquement devant le Roi Charles le Chauve, à la sollicitation d'Hincmar de Rheims, qui l'envoye prisonnier dans l'Abbaye d'Hauvillers, pour avoir semé des erreurs sur la grace.
857. Religieuses de S. Laurent de Venise.
859. S. *Adon*, Moine de Ferriéres en Gatinois, est fait Archevêq. de Lyon.
865. M. de S. *Pascase Rathert*, Abbé de Corbie en France.
866. L'Abbaye de *Casaure* en Italie, fondée par l'Empereur Louïs.
868. Mort de S. *Nicolas*, Abbé de Stude à Constantinople, & défenseur des saintes Images.
On croit que dans ce temps on commença à porter la *Croix* devant le Pape.

CONCILES.

844. De *Thionville*. Les enfans de Louïs le Débonn. s'y trouvent, *ib.*
844. De *Verneuil*, Palais des Rois, sur la Discipline, *ibidem.*
845. De *Beauvais*. Hincmar est élû Archevêque de Rheims, *ibidem.*
845. De *Meaux*, sur la Discipline. On y trouve les Canons des Conciles de Cologne, Launac, Thionville & Beauvais, *ibidem.*
846. De *Paris*, où le Concile de Meaux fut achevé & publié, *ibid.*
846. De *Vannes*, par Nomenoé, Prince des Bretons. *R. XXI. L. VII.*
847. De *Paris*. On y confirme Hincmar dans son Archevêché de Rheims, & sur l'exemption de l'Abbaye de Corbie en France. *Regia XXI. Labbe VII. Hardoüin IV.*
848. De *Vannes*, indiqué par Hardoüin Tom. II.
848. De *Mayence*, contre Gottescalq, *ibidem.*
848. De *Lyon*, où l'on absoud le Prêtre Godelcaire, *ibidem.*
848. De *Limoges*, où les Chanoines de S. Martial demandent à être mis en régle, *ibidem.*

La suite, pag. 280.   846. S.

GRANDS HOMMES. HERES. ET PERSEC. 279

846. *S. Ignace* est fait Patriarche de Constantinople.
847. Le *B. Raban* est fait Archevêque de Mayence, & meurt l'an 856.
848. *Nomenoé*, Prince Breton, ayant pris la qualité de Roi, veut établir de son autorité une Métropole à l'Abbaye de Dol; ce qui occasionne beaucoup de mouvemens.
850. Cette année & les suivantes les Sarrasins font beaucoup de *Martyrs en Espagne*.
859. Martyre de *S. Euloge*, Prêtre de Cordoüe, par les Sarrasins.
861. Mort de *S. Prudence*, Evêque de Troyes.
864. On transporte les Reliques de *Ste. Reine*, Vierge & Martyre, de son Tombeau près d'Alise, au Monastére de Flavigny.
865. Mort de *S. Anschaire*, premier Archêv. de Hambourg.
Le Corps de *Ste. Helene*, mere de Constantin, est enlevé secretement de Rome, apporté en France, & mis dans l'Abbaye d'Hautvillers en Champ.
867. *Photius*, faux Patriarche de Constantinople, a la témérité d'excommunier le Pape.

847. *Thiota*, fausse Prophétesse, attira beaucoup de Peuple, & même beaucoup d'Ecclésiastiques, auxquels elle annonçoit que la fin du Monde alloit arriver cette même année. Elle s'attira beaucoup de présens; mais déferée au Concile, elle y fut condamnée & fustigée par ordre des Evêques.
847. *Gottescalq*, Moine Benedictin de l'Abbaye d'Orbais, Diocése de Soissons, soutenoit que les damnés étoient prédestinés à la réprobation; que J. C. n'est mort que pour les Elûs, & que l'homme avoit perdu sa liberté. Il fut condamné plus d'une fois, & enfermé dans une étroite prison, où il est mort.
850. *Photius*, faux Patriarche de Constantinople, a formé le schisme qui subsiste encore aujourd'hui entre les Eglises Grecque & Latine, en refusant l'obéissance dûe au S. Siége. Il ne regardoit pas le Pape comme Chef visible de l'Eglise. Il a été condamné par le Concile général de Constantinople de l'an 876.

ÉCRIVAINS.

844. *Smaragdus*, Abbé de S. Michel dans le Barrois. Un Traité du devoir des Princes, adressé à Louïs le Débonnaire, des Sermons, un Commentaire sur la Régle de S. Benoit, un Traité sur la procession du Saint-Esprit, & autres Ouvrages, *in Spicilegio. Rabanus Maurus, & in Collect. Conciliorum.*

844. *Amalarius*, Diacre de l'Eglise de Metz, a écrit sur les Offices de l'Eglise, & une Régle des Chanoines.

844. *Amolon*, ou *Amulon*, Archevêque de Lyon après Agobard. Sur la Grace & la Prédestination contre Gottescalq, & quelques autres Ouvrages dogmatiques, *in Agobardo Baluzii* 8. *& in Bibliothecis Patrum.*

844. *Haymon*, Moine de Fulde, puis Evêque d'Halberstat en Allemagne. Sur les Pseaumes & sur S. Paul, un Traité du Corps & du Sang de N. Seigneur. *Spicileg.* un Abrégé de l'Hist. de l'Eglise.

La suite, pag. 281.

849. De *Tours*, contre Nomenoé, ennemi de l'Eglife. *Regia XXI. Labbe VIII. Hardoüin V.*

849. De *Chartres*, où l'on donne la tonfure à Charles, frere cadet de Pepin, Roi d'Aquitaine, *ibidem.*

849. De *Chierfy*, aujourd'hui *Tierfy* (Carifiacum), Maifon Royale fur l'Oife, Diocéfe de Soiffons, contre Gottefcalq relaps, *ibidem.*

850. De *Pavie* (Regia-Ticina), pour la réformation des mœurs, *ib.*

850. De *Murrit*, dans la Diocéfe de Sens. *L. VIII. H. V. feuls.*

850. De *Benningdon* en Angleterre, contre les Danois. *Regia XXI. Labbe VIII. Hardoüin V. Anglic. I.*

851. De *Kingsbury*, fur l'exemption de l'Abb. de Croyland, *ib. Angl. I.*

851. De *Soiffons*, où Pepin le Jeune, Roi d'Aquitaine, eft dépouillé & enfermé au Monaftére de S. Medard, *ibidem.*

852. De *Cordoüe*, contre les Martyrs volontaires & leur culte, *ibidem.*

852. De *Mayence*, fur la Difcipline, *ibidem.*

853. De *Sens*, fur l'exemption de l'Abbaye de S. Remy de Sens, *ibid.*

853. De *Sens*, pour l'Ordination de l'Evêque de Chartres, *ibidem.*

853. De *Paris*, fur la Difcipline, *ibidem.*

853. * De *Soiffons*. On y rejette les Ordinations, faites par Ebbon, *ib.*

853. De *Chierfy*, contre Gottefcalq. *L. VII. H. V. feuls.*

853. De *Verberie*, fur la Difcipline. *Labbe VIII. Hardoüin V.*

853. De *Rome*. On y dépofe Anaftafe, Cardinal de S. Marcel, *ibidem.*

854. De *Conftantinople*. On dépofe Grégoire, Evêque de Syracufe, *ib.*

855. De *Bonnœüil*, fur la Marne, à 3 lieuës au-deffus de Paris, fur la Difcipline. *Martene Tom. IV. Thefauri p. 59.*

855. De *Valence*, en Dauphiné, contre des Hérétiques Ecoffois & fur la Difcipline. *Regia XXI. Labbe VIII. Hardoüin V.*

855. De *Pavie*, fur la Difcipline, *ibidem.*

855. De *Winchefter*, fur l'Abbaye de Weftminfter, *ibid. & Anglic. I.*

856. De *Chierfy*, (Carifiacum), fur la Difcipline, *ibidem.*

857. De *Mayence*, pour les droits de l'Eglife. *R. XXII. L. VII. feuls.*

858. * De *Conftantinople*. Photius eft inftallé Patriarche par le Schifmatique Gregoire. *Regia XXII. Labbe VIII. Hardoüin V.*

858. De *Soiffons*, par Louïs, Roi de Germanie, *ibidem.*

858. De *Chierfy*, *Voyez les Capitulaires, & Pagi, ad hunc annum.*

858. De *Tours*, fur l'Archevêque Girard. *Labbe VIII.*

859. De *Toul*, ou *Savoniéres*, contre Venillon, Evêque de Sens, *ibid.*

859. De *Metz*, pour réconcilier Louïs de Germanie & Charles le Chauve, *ibidem.*

859. De *Langres*, fur la Difcipline, *ibidem.*

859. De *Sifterce* (Siftercienfe), fur le Privilége d'une Abbaye. *Mabillon, fæculo IV. Bened. Part. II. p. 500.*

860. Deux Conciles d'*Aix-la Chapelle*, dans la caufe de Thietberge, femme de Lothaire. *Regia XXII. Labbe VIII. Hardoüin V.*

860. De *Touffi*, près de Toul en Lorraine, fur la Difcipline. *Syrmund. Tom. III. Concil. Galliæ. Mabillon in Analectis.*

860. De *Coblentz*. La paix y fut conclue entre Louïs de Germanie, Lothaire, & les fils de Charles le Chauve. *R. XXII. L. VIII. H. V.*

861. * De *Conftantinople*. Photius excommunie le Pape, *ibidem.*

La fuite, pag. 282.

845. *Rabanus Maurus*, Abbé de Fulde, puis Archevêque de Mayence en 847. Plusieurs Ouvrages sur l'Ecriture Ste. sur la Doctrine & la Discipline, *in folio. Coloniæ* 1627. 3. *volum.*

846. *Methodius*, Moine & Patriarche de Constantinople. Des Canons de la Pénitence, *apud Zonaram.*

846. *Walfride Strabon*, Moine de Fulde, mort Abbé de Reichnaw, Diocése de Constance, en 847. La glose ordinaire sur l'Ecriture Sainte, quelques Vies de Saints, & autres Ouvrages. *Ejus Opera in folio, Paris.* 1624. *Tom. X.*

848. *Pascase Ratbert*, Abbé de Corbie en Picardie, l'an 844. Quelques Commentaires sur l'Ecriture Sainte, un Traité du Corps & du Sang du Seigneur, quelques Vies de Saints, & un Traité de Partu Virginis. *Ejus Opera in folio, Paris.* 1618. *& in Spicilegio.*

848. *Ratramne*, ou *Bertram*, Moine de Corbie, puis Abbé d'Orbais en 840. Il a écrit sur la Prédestination contre les Grecs, sur la Nativité de J. C. & un Traité célébre du Corps & du Sang du Seigneur. *Vide Biblioth. Patrum & Spicileg.*

850. *Jean Scot*, ou *Erigene*, Ecossois de naissance, retiré en France, a écrit du Corps & du Sang du Seigneur, sur S. Matthieu, & autres Ouvrages, ou perdus, ou non imprimés; un Traité de la Prédestination, *apud Mauguinum*, de la nature des choses. *fol. Oxonii.* 1681.

850. *Prudence*, fut fait Evêque de Troyes en 840. Il a écrit sur la Prédestination, *apud Mauguinum*, & autres Traités, *Biblioth. Patrum.*

850. *Florus*, Diacre de l'Eglise de Lyon, a écrit sur la Prédestination; il a fait une explication du Canon de la Messe, & un Commentaire sur S. Paul, *apud Bedam. Vide Mauguinum, & Biblioth. Patrum.*

850. *Remi*, Archevêque de Lyon en 853. Il a écrit sur la Prédestination, & autres Traités, *apud Mauguinum, & in Bibliothec. Patrum.*

850. *Loup*, élû Abbé de *Ferrières* en 842. Lettres & Traités de Doctrine. *Ejus Opera, studio Baluzii in* 8°. *Lipsiæ* 1710.

850. *Isidore Mercator*, ou *Peccator*, est l'Auteur des fausses Lettres, ou Décrétales des premiers Papes.

850. *André*, Archevêq. de Créte. Le Grand Canon de l'Eglise Grecque, *Græce & Latine apud Combefis. in fol. Paris.* 1644.

850. *Vandalbert*, Moine de l'Abbaye de Pruym. Un Martyrologe en vers, & quelques Vies de Saints.

850. *Angelome*, Moine de Luxeu. Commentaire sur les Livres des Rois, *in folio. Romæ* 1565. & autres Ouvrages.

854. *Enée*, Evêque de Paris. Réponse aux objections des Grecs, *in Spicilegio & in Collectionib. Concilior.*

857. *Hincmar*, Evêque de Laon, neveu d'Hincmar de Rheims, a fait quelques Ecrits, qui sont imprimés, *avec Hincmar de Rheims.*

863. *Photius*, faux Patriarche de Constantinople, a fait une Bibliothéque, où il a conservé beaucoup de fragmens d'anciens Ecrivains, & des Lettres très curieuses. On a de lui un Recueil de Canons, *in Bibliotheca Juris Canonici Justelli in folio, & apud Balzamonem,* & autres Traités dogmatiques. *Vide Photii Bibliothecam Græco-Latinam in folio, Rothomagi* 1653. *Photii Epistolæ in folio, Londini* 1651, *& Canisii Lectiones Antiquas in folio.*

861. De *Rome*, contre Jean, Evêque de Ravenne, qui maltraitoit ses Diocésains, *ibidem*.
861. De *Pistres*, (Pistense) en Normandie, près le Pont-de-l'Arche. Sur les maux de l'Eglise & de l'Etat. *Beffin. in Conciliis Norman.*
861. * De *Soissons*. Rothard est déposé, *indiqué par Hardoüin T. II.*
862. * D'*Aix-la-Chapelle*, qui favorise le mariage de Lothaire & de Valdrade. *Regia XXII. Labbe VIII. Hardoüin V. & XI.*
862. De *Sens*, où l'on dépose Herman, Evêque de Nevers, *ibidem*.
862. De *Savoniéres*, près de Toul, où la paix est conclue entre Louïs, Charles & Lothaire, en présence des Evêques, *ibidem*.
862. De *Soissons*, contre Baudoüin, Comte de Flandres, ravisseur de Judith, fille de Charles le Chauve, *ibidem*.
862. * Autre de *Soissons*, où l'on excommunie Rothard, Evêq. de Soissons, *ibidem*.
863. * De *Metz*, où les Légats du Pape confirment le mariage de Lothaire avec Valdrade sa concubine, *ibidem*.
863. De *Rome*. On y dépose les Archevêques Gontaire & Theudgaud, qui avoient reconnu le mariage de Lothaire & de Valdrade, *ibid.*
863. De *Rome*, où Zacharie, Légat du S. Siége, est excommunié comme prévaricateur, Photius condamné, & S. Ignace rétabli sur le Siége de Constantinople, *ibidem*.
863. De *Schirwan* en Armenie, où l'on condamne Nestorius, Eutychés, Dioscore & d'autres Hérétiques. *Hardoüin seul Tom. V.*
863. D'*Aquitaine*, contre Etienne, Comte d'Auvergne. *Regia XXII. Labbe VIII.*
863. De *Verberie*, sur un différend de l'Evêque du Mans avec quelques Religieux, *ibidem*.
863. * De *Senlis*. Hincmar dépose Rothard, Evêque de Soissons, *ibid.*
863. De *Rome*. Rothard y est rétabli dans son Siége, *ibidem*.
864. De *Pistres*, pour les affaires de l'Eglise & de l'Etat. *Beffin.*
864. De *Rome*, où l'on confirme la déposition de Guntarius, Evêque de Cologne. *Pagi, ad hunc annum.*
865. De *Rome*, où Rothard est rétabli une seconde fois, *ibidem*.
866. De *Soissons*, dans l'affaire de Wulfrad, Evêque de Bourges, & sur les Ordinations faites par Ebbon, Evêque déposé, *ibidem*.
867. * De *Constantinople*, où Photius a la témérité d'excommunier le Pape Nicolas, *ibidem*.
867. Autre de *Constantinople*, où Photius est déposé, & S. Ignace rétabli sur le Siége Patriarchal. *Pagi, ad hunc annum.*
867. De *Troyes* en Champagne, sur Wulfrad & Ebbon, *ibidem*.
868. De *Rome*, contre Photius, *ibidem*.
868. De *Chiersy*, ou *Thiersy* (Carisiacum) pour l'examen de Willebert pour l'Evêché de Châlons, *ibidem*.
868. De *Worms*, sur la Discipline Ecclésiastique, *ibidem*.
869. De CONSTANTINOPLE, VIIIe. Concile général, convoqué sous le Pape Adrien II. & l'Empereur Basile, contre le Schismatique Photius, qui fut déposé & envoyé en éxil; & S. Ignace, rétabli dans le Siége Patriarchal de Constantinople, *ibidem*.
869. De *Pistres*, sur la Discipline, *ibidem*, & *Beffin.*

869. * De *Metz.* On y défere la Couronne à Charles, au préjudice de Louis II. *ibidem.*
870. * De *Verberie.* Hincmar, Evêque de Laon, déposé, appelle au S. Siége, *ibidem.*
870. * D'*Attigni.* Hincmar, Evêque de Laon, déposé, a les yeux crevés, *ibidem.*
870. De *Cologne*, sur la Discipline, *ibidem.*
870. De *Vienne*, en Dauphiné, sur les Priviléges Monastiques, *ibid. & Mabillon seul IV. Benedict. Part. II. pag. 296.*
871. * De *Douzi.* Hincmar, Evêq. de Laon, est déposé, *ibidem.*

ÉCRIVAINS.

854. S. *Ignace*, Patriarche de Constantinople. Quelques Lettres aux Papes, *in Collectionib. Conciliorum.*
860. *Nicetas David.* Vie de S. Ignace, Patriarche de Constantinople. *A Combeficio in Auctario novissimo Bibl. Patrum*, *in folio. Paris.* 1672. 2 *vol.* & plusieurs Sermons.
860. *Pierre* de Sicile. Histoire des Manichéens, *in Bibl. Patrum.*
861. *Théodore Abucara.* Traité de la Religion contre les Mahométans & les diverses Sectes de l'Orient, *in* 40. *Ingolstadii per Gretzerum* 1606.
861. *Usuard*, Moine de S. Germain-des-Prez à Paris. Un Martyrologe *in* 40. *Paris* 1718.
867. *Basile* le Macédonien, Empereur. Exhortations à son fils, *in* 4°. *Græc. Lat. Hamburgi* 1633. divers autres Ouvrages, *in Collectionibus Conciliorum, & in Jure Græco Romano.*
870. Michel *Psellus.* De Operationibus Dæmonum.
870. *Métrophanes*, Evêq. de Smyrne, opposé à Photius. Une Lettre très estimée, *dans les Collections des Conciles.*
870. *Théophanes* le Ceraméen. Homélies sur les Evangiles. *Græce & Latine in folio, Paris.* 1644.
870. *Aelfred*, Roi d'Angleterre, surnommé le Grand. Une Paraphrase en Langue Saxone de l'Hist. Ecclésiast. du Vénérabe Bede, *in folio. Cantabrigiæ* 1644. Version Saxone de Paul Orose, est restée en manuscrit. Le Psautier en Langue Saxone, *in* 4°. *Londini* 1640. Plusieurs Loix, avec sa Paraphrase de Bede, & autres Ouvrages. On a la Vie de ce Prince, *in Scriptoribus Anglicis.*
870. *Epiphane*, Archevêque de Constance dans l'Isle de Chypre. Plusieurs Sermons, avec les Oeuvres de S. Epiphane, données par le P. *Petau*, *in folio. Paris.* 1622. 2 *volum.*
871. *Notkerus* le Begue, Moine de S. Gal. Un Martyrologe, & quelques Vies de Saints, imprimées en plusieurs Recueils.
871. *Hincmar*, Moine Bénédictin, puis Archevêque de Rheims en 844, mort l'an 882, grand Canoniste & mauvais Théologien, homme très violent. Il a écrit sur beaucoup de matiéres de Doctrine, de Discipline & de Morale. *Ejus Opera studio Jacobi Sirmundi, in folio. Paris.* 1645. 2 *volumes.* On a depuis retrouvé un grand nombre d'autres Ouvrages, qui feroient encore deux Volumes.

C I X.

PAPES.

CIX.
872. *Jean* VIII. 14 Décembre.
Gouverne 10 a. 2 j.
* Le 15 Décembre 882.
Le Siége vaque 7 j.

CX.
882. *Marin*, ou *Martin* II.
Elû le 23 Décembre,
Gouverne 1 a. 2 m. 1 j.
* Le 23 Février 884.
Le Siége vaque 6 j.

CXI.
884. *Adrien* III. 1 Mars.
Gouverne 1 a. 4 m. 8 j.
* Le 8 Juillet 885.
Le Siége vaque 6 j.

CXII.
885. *Etienne* V, ou VI. 25 Juillet.
Gouverne 6 a. 14 j.
* Le 7 Août 891.
Le Siége vaque 1 m. 11 j.
885. Anaſtaſe, XVIIe. Antip.

CXIII.
891. *Formoſe*, 19 Septembre.
Gouverne 4 a. 6 m. 17 j.
* Le 4 Avril 896.
Le Siége vaque 6. j.
Sergius, Antipape.

RITS ET RELIGIEUX.

876. Fondation de l'Abbaye de Ste. Marie de Compiegne, nommée depuis S. Corneille, ſous le regne de Charles le Chauve.
Les *Cloches* commencent à être en uſage dans l'Egliſe Grecque.
884. Fondation de l'Abbaye d'*Orilhac*, aujourd'hui dans le Diocéſe de S. Flour, par S. Geraud, Seigneur de ce lieu, & ſéculariſée pour des Chanoines.
886. L'Abbaye & l'Egliſe de S. *Medard* de Soiſſons, brûlées par les Normands, qui renverſent & ſaccagent pluſieurs autres Monaſtéres.
887. L'Abbaye de *Doncheri* ſur la Meuſe, bâtie par les Moines de S. Medard, qui avoient été obligés d'abandonner leur Maiſon.
894. Zuintibold, fils naturel de l'Empereur Arnoul, donne l'Abbaye de *Moyenmoutiers* à un Seigneur ſéculier, qui en chaſſe l'Abbé & les Moines pour y mettre des Chanoines.

CONCILES.

872. De *Rome*, dans l'affaire de l'Empereur Louïs contre Aldegiſe, Duc de Benevent. *Pagi ad ann.* 873.

873. D'*Oviedo* en Eſpagne, (Covetenſe), *ibidem*, *& d'Aguirre in Concil. Hiſp.*

873. ou 883. De *Touloufe*, au ſujet des plaintes des Juifs contre les Chrétiens. *Labbe IX. Hardoüin VI. Manque in Regia.*

873. De *Châlons* ſur Saone, touchant l'Egliſe de S. Marcel. *Regia, XXIV. Labbe IX. Hardoüin VI.*

873. De *Cologne*, ſur la Diſcipline Eccléſiaſtique. *Labbe IX. Hard. VI. Manque in Regia.*

873. De *Senlis*, où Carloman, fils du Roi Charles, & qui étoit Diacre, fut réduit à la Communion Laïque. *Regia, XXIV. Labbe IX. Hardoüin VI.*

874. De *Douzi*, contre les mariages inceſtueux, & les déprédations des biens de l'Egliſe, *ibidem.*

874. De *Rheims*, ſur la Diſcipline, *ibidem.*

874. De *Ravenne*, ſur les conteſtations du Patriarche de Grade & du Doge de Veniſe, *ibidem.*

La ſuite, pag. 286.

875. Mort

GRANDS HOMMES. HERES. ET PERSEC. 285

875. Mort de S. *Remy*, Archevêq. de Lyon.
876. La *Russie*, alors idolâtre, reçoit l'Evangile par les Missionnaires qu'y envoye S. Ignace, Patr. de Constantinople.
878. Mort de S. *Ignace*, Patriarche de Constantinople. Photius, qui lui succéde, commence le schisme qui subsiste encore aujourd'hui entre l'Eglise Grecque & Latine.
880. Les *Normands* Infidèles ravagent la Flandre, prennent la Ville de Tournai, & ruinent toutes les Abbayes qui étoient sur la Scarpe.
884. S. *Bertaire*, Abbé du Mont-Cassin, est martyrisé par les Sarrasins.
886. *Photius*, accusé de Félonie, est envoyé en éxil, & y meurt.
887. Le Corps de S. *Martin* est reporté d'Auxerre à Tours. Par crainte pour les Norm. on l'avoit fait porter à Auxerre l'an 856.
888. S. *Antoine* est fait Patriarche de Constantinople.

878. *Jean Erigene*, dit l'*Ecossois*, a écrit contre la présence réelle de J. C. dans le Sacrement de l'Eucharistie. *Berenger* se servit extrêmement du Livre de Jean Scot pour se confirmer dans ses égaremens. Ce Livre, qui a été imprimé en Angleterre, fit beaucoup de bruit vers la fin du IX. siécle, & fut solidement réfuté par *Adrevald*, Moine Bénédictin de l'Abbaye de Fleury, ou S. Benoit sur Loire, & a été publié par Dom Luc *Dacheri* dans le *Spicilege*. Les erreurs de Scot Erigene sur la Prédestination n'étoient pas moins grandes. Non seulement il ôtoit le péché originel & l'éternité des peines ; mais il établissoit encore une Prédestination absolue, & ôtoit le péché. Il fut réfuté par tous les grands Evêques de son temps. Quoiqu'il n'ait aucune autorité, nous l'avons mis, pag. 281. dans les Ecriv.

ÉCRIVAINS.

875. *Euloge* de Cordoüe. Livres sur les Martyrs, *in Bibliot. Patrum*.
875. *Drutmare*, Moine de Corbie. Commentaire sur S. Matthieu, *in Biblioth. Patrum*.
877. *Reginon*, Abbé de Pruym. Une Collection de Canons, *a Baluzio in* 80. *Paris*. 1671, & une Chronologie jusqu'à l'an 907, *in Scriptoribus Germanicis*.
877. *Adrevald*, Moine de Fleury. Du Corps & du Sang de J. C. contre Jean Scot, *in Spicilegio*.
877. *Eginhart*, Sécretaire de Charlemagne. Histoire de ce Prince, *in* 40. *Ultrajecti* 1711, des annales jusqu'à l'an 829, & des Lettres, *in Collectione Andreæ du Chéne*.
878. *Adon*, Archevêque de *Vienne*, mort en 880, a fait un Martyrologe, imprimé par Rosweide Jésuite, après celui de Baronius, *in folio. Antuerpiæ* 1613, une Chronique, *in Bibliothecis Patrum*, & quelques Vies de Saints.
880. *Anastase*, Abbé & *Bibliothécaire* de l'Eglise Romaine, a fait quelques traductions de Grec en Latin, & a donné plusieurs Piéces sur les Monothélites, l'Histoire des Papes. *Ejus Opera in folio, Romæ* 1718 &c. 4 *volumes*.

875. De

875. De *Châlons fur Saone*, touchant les biens de l'Abbaye de Tournus. *Labbe IX. Hardoüin IV. Manque in Regia.*
876. De *Pavie*. Charles, fils de Loüis le Débonnaire, y eft proclamé Empereur. On y publie quelques Capitulaires de ce Prince, *ibid.*
876. De *Pontyon*, Diocéfe de Châlons fur Marne, où l'Election de Charles fut confirmée, *ibidem.*
877. De *Rome*, où l'on confirme l'Election de Charles le Chauve pour Empereur, *ibidem.*
877. De *Ravenne*, par le Pape Jean VIII. fur la Difcipline Ecclésiaftique, *ibidem.*
877. De *Compiegne*, contre les Idolâtres.
878. De *Neuftrie*, ou Normandie, contre Hugues, fils naturel de Lothaire, *ibidem.*
878. De *Troyes* en Champagne. Le Pape, qui s'y trouva, excommunia les ennemis du S. Siége, & rétablit Hincmar, Evêque de Laon. *ibidem.*
878. De *Roüen*, fur la Difcipline. *Hardoüin feul, Tom. VI.*
879. De *Rome*, pour l'Election d'un Empereur, après la mort de Loüis le Begue; Election, qui n'eut point lieu alors. *Regia XXIV. Labbe IX. Hardoüin VI.*
879. Autre de *Rome*, d'où l'on envoye Pierre pour abfoudre Photius, Patriarche de Conftantinople, *ibidem.*
879. * De *Conftantinople*, nommé fauffement VIII. Concile général. Photius y eft rétabli fur le Siége de Conftantinople, après la mort de S. Ignace. On y fupprime la particule *Filioque* du Symbole, *ibidem*, mais plus exaêtement dans *Hardoüin*, Tom. VI.
879. De *Montala*, Diocéfe de Vienne, où l'on accorde à Bofon le titre de Roi, *ibidem.*
879. De *Rheims. Labbe Tom. IX.*
881. De *Macra*, ou de Fimes, Diocéfe de Rheims, fur l'autorité des Princes & des Evêques, *ibidem.*
881. De *Rome*, où l'on excommunie Athanafe, Evêque de Naples, qui avoit fait alliance avec les Sarrafins, *indiqué par Hardoüin T. VI.*
883. De *Toulouse*, contre les plaintes des Juifs. Ci-deffus, 873.
886. D'*Italie*, au fujet des biens de l'Eglife de S. Martin de Tours. *Martene, in Thefauro Tom. IV.*
886. De *Châlons* fur Saone, pour l'exemption de l'Abbaye de Charlieu. *Regia XXIV. Labbe IX. Hardoüin VI.*
886. De *Nîmes*, ou de *Portes*, contre Selva Efpagnol, qui infultoit l'Archevêque de Narbonne, *ibidem.*
887. De *Cologne*, contre les Ufurpateurs des biens Eccléfiaftiques, & les mariages inceftueux, *ibid*
887. De *Châlons* fur Saone, touchant les biens & immunités de l'Eglife. *Martene, in Thefauro Tom. IV.*
887. De *Landaff*, où l'on excommunie Teudur. *Anglic. I.* Autres Conciles de la même année. *Anglic: I.*
888. De *Mayence*, fur la Difcipline. *Regia XXIV. Labbe IX. Hardoüin VI.*
888. De *Metz*, fur la Difcipline, *ibidem.*

888. D'A-

888. D'*Agaune*, ou *S. Maurice*, dans lequel Rodolphe eft élû & couronné Roi de Bourgogne. *Labbe IX. Hardoüin VI.*
890. De *Valence*, où l'on reçoit Loüis, fils de Boſon, pour Roi d'Arles. *Regia XXIV. Labbe IX. Hardoüin VI.*
890. De *Worms*, ſur la conteſtation de l'Archevêque de Cologne & de l'Evêque de Hambourg, au ſujet de l'Evêché de Brême, dont la ſupériorité étoit prétendue par ces deux Métropolitains, *ibid.*
891. De *Cantorbery*, ſur la Diſcipline, par Edoüard, Roi d'Angleterre, pour obtenir la levée de l'Interdit, mis par le Pape Formoſe ſur l'Angleterre. *Douteux, ibidem.*
891. De *Meun* ſur Loire, pour l'Election de l'Abbé de S. Pierre de Sens. *Labbe IX. Hardoüin VI. Manque in Regia.*
892. De *Vienne*, ſur la Diſcipline. *Regia XXIV. Labbe IX. Hardoüin VI.*
892. De *Rheims*, en faveur de Charles le Simple, fils de Loüis le Begue, que l'on déclare Roi de France, *ibid.*
893. De *Rome*, ſous le Pape Formoſe. *Flodoard, Lib. IV.*
894. De *Châlons* ſur Saone, où le Moine Gerfroi ſe purge de l'accuſation d'aſſaſſinat, *ibidem.*
894. De *Jonquiéres*, Dioceſe de Montpellier.
895. De *Nantes*, ſur la Diſcipline Eccléſiaſtique. *Labbe Tom. IX. Hard. Tom. VI.*
895. ou 897. De *Tribur*, près Mayence, ſur la Diſcipline, *ibidem.*

ÉCRIVAINS.

882. *Aimon*, Religieux de S. Germain-des-Prez à Paris, a écrit ſur les Miracles de S. Germain, quelques Vies de Saints & ſur les tranſlations de diverſes Reliques. *Tom. III. & IV. ſæculorum Benedictinorum in folio.*
882. *Georges*, Archevêque de Nicomedie, ami de Photius. Divers Sermons, *in Auctario noviſſ. Bibl. Patr. Combeficii in fol. Paris. 1648. Tom. I.*
886. *Léon le Sage*, Empereur d'Orient. Quelques Diſcours ſur divers Saints & ſur les Myſtéres, avec quelques Lettres. *Vide Combefic. in Auctario, & in Biblioth. Patrum.*
887. *Abbon*, Moine de S. Germain-des-Prez. Hiſtoire du Siége de Paris par les Normands en 887, & quelques autres Ouvrages, *apud Andr. du Chêne, Tom. 2. Hiſtor. Francor. & du Breul, in Editione Aimoini.*
890. *Guillaume*, Bibliothécaire de l'Egliſe Romaine. Vies des Papes, depuis Nicolas I. juſques à Etienne V. *cum Anaſtaſio Bibliothecario Fabrotti in fol. Paris. 1648.*
894. *Auxilius*, Prêtre de Rome, ordonné par le Pape Formoſe. Un Traité ſur les Ordinations de ce Pape, *apud Morinum de Ordinationibus. Biblioth. Patrum, & Mabillon. in Analectis.*
895. *Formoſe* Pape, nommé auparavant Damaſe, Evêque de Porto. Vies des Papes, *in quibuſdam Conciliorum Editionibus, & in 8. Venetiis 1547.*

CXIV.

PAPES.

CXIV.
896. *Boniface* VI. 11 Avril.
Gouverne 15 j.
Est regardé par quelques-uns comme Antipape.
* Le 25 Avril 896.
Le Siége vaque 6 j.

CXV.
896. *Etienne* VI. ou VII. 2 Mai.
Gouverne 3 m.
Etranglé en prison au mois d'Août 897.
On ignore combien le Siége a été vaquant.

CXVI.
897. Romain, Antip. 17 Sept.
Usurpe pendant 4 m. 23 j.
* Le 8 Février 898.
Le Siége vaque 3 j.

CXVII.
898. *Théodore* II. 12 Février,
Gouverne 20 j.
* Le 3 Mars 890.
Le Siége vaque 8 j.

CXVIII.
898. *Jean* IX. 12 Mars.
Gouverne 2 a. 15 j.
* Le 26 Mars 900.
Le Siége vaque 10 j.

RITS ET RELIGIEUX.

898. Les Freres servans les infirmes, à Sienne en Italie; mais approuvés en 1191.

900. Baudoüin le Chauve, Comte de Flandres, fait transporter le Corps de S. *Vinox*, de l'Abbaye de S. Bertin, au Château de Berg, qui en porte le nom.

On prétend que les *titres des Cardinaux* ont commencé à être en usage vers le milieu de ce siécle.

900. Grimlaïc fait une Régle pour les Solitaires, tirée pour la plus grande partie de la Régle de S. Benoit, qui étoit regardée comme la plus sage qu'il y eût alors dans l'Eglise.

900. On établit en ce siécle beaucoup de *jeûnes de trois jours*, quelquefois par les Evêques, & quelquefois par les Rois mêmes, avec des Lytanies, des priéres & des Processions. Ces jeûnes ne se pratiquoient pas seulement dans les temps de pénitence & de calamité; mais encore dans les temps de prospérité & de joye.

CONCILES.

897. De *Portes*, près de Nîmes, au sujet de la Paroisse de S. Jean. *Balaz. in Conciliis Gall. Narbon. Hardoüin Tom. VI.*

897. * De *Rome*, où le Pape Etienne condamne injustement la mémoire du Pape Formose, & traite avec cruauté le cadavre de ce Pape. *Regia XXIV. Labbe IX. Hardoüin VI.*

898. De *Rome*, où l'on casse tout ce qui a été fait dans le Concile de la même Ville de l'année précédente, au sujet de Formose. *Pagi, ad hunc annum.*

898. De *Ravenne*, sur le même sujet. *Pagi, ad hunc annum.*

899. De *Constantinople*, contre les quatriémes nôces. *Labbe T. IX.*

900. De *Rheims*, où l'on excommunie les assassins de l'Archevêque Foulques. *Labbe IX. Hardoüin VI. Manque in Regia.*

900. De *Normandie*, dont le lieu & le tems sont incertains, mais que l'on croit du IXe. à Xe. Siécle, sur la Discipline. *Bessin. in Conciliis Normaniæ.*

900. De *Compostelle* en Espagne, pour l'Election de l'Evêque de Tarragone. *Regia XXIV. Labbe IX. Hardoüin VI.*

896. Les

896. Les *Bulgares* Chrétiens remportent une grande victoire sur les Avares.
Léon, Empereur de Constantinople, envoye deux Généraux, Eustathius & Andronicus, pour attaquer les Sarrasins.
Arnoul, Empereur d'Allemagne, vient pour la 2e. fois en Italie, prend Rome, & met en liberté le Pape Formose, persécuté par Sergius.

898. *Eudes*, ou *Odo*, Roi de France, meurt, après un Regne de 10 ans, & déclare à sa mort que le Sceptre devoit être remis à Charles le Simple, à qui il appartenoit; ce qui fut éxécuté unanimement par la Nation.
Translation des Reliques de S. *Marcoul*, de Nanteuil au Diocéfe de Coutance, à Corbigny dans le Diocéfe de Laon.

899. S. *Ratbod* est fait Evêq. d'Utrecht, & gouverne 19 ans.

899. Naissance de Constantin, fils de Léon, Empereur Grec.

900. Les *Hongrois* rentrent en Italie & y font des ravages.

896. Quoique l'Eglise Catholique n'ait pas été affligée par de nouvelles Hérésies; cependant les années précédentes, aussi-bien que dans le commencement de celle-ci, le S. Siége fut agité par des schismes & des persécutions, aussi fâcheuses que l'Hérésie même. Ce fut l'ambition de ♦Antipape Sergius qui rompit l'unité Ecclésiastique; & il fallut même que l'Empereur Arnoul, du sang de Charlemagne, vint à Rome pour faire cesser les divisions, soutenues par Lambert, qui tyrannisoit Rome & l'Italie. mais le Pape Formose ne joüit pas long-tems de la paix qu'Arnoul lui avoit procurée, étant mort le 4 Avril 896. On croit même que cet Empereur fut empoisonné d'un poison lent, à la sollicitation d'Engeltrude, veuve de Guy, Roi d'Italie.

900. Une armée de *Sarrasins* vient d'Afrique en Calabre, & y cause du désordre.

ÉCRIVAINS.

896. *Herempert*, Moine du Mont-Cassin. Hist. des Lombards, in 40. *ab Antonio Caracciolo*, Neapoli 1626, & plusieurs Ouvrages sur l'Histoire Ecclésiastique.

896. *Nicolas le Mystique*, Patriarche de Constantinople. Quelques Lettres, in Conciliis, in Jure Græco-Romano, & apud Baronium.

896. *Etienne* VI. Pape. Quelques Lettres, in Conciliis.

897. *Gregoire*, Moine Grec. Vie de S. Basile, surnommé le Jeune, dont il fut Disciple. Bollandus, Tom. III. Martii.

897. *Remy*, Moine de S. Germain d'Auxerre. Plusieurs Commentaires sur l'Ecriture Sainte, dont quelques-uns ont été imprimés. Les autres sont restés en manuscrits.

897. *Alman*, Moine d'Hauvillers en Champagne. Quelques Vies de Saints Evêques, & de Saints Moines, ou Solitaires. *Vide Mabillon. sæculo IV. Benedict. & in Analectis*.

898. *Nicéphore*, Philosophe & Rhéteur. Vie de S. Antoine de Caulée, Patriarche de Constantinople. Voyez Bollandus, Tom. II. Februarii.

898. *Jean* IX. Pape. Quelques Lettres, in Conciliis.

PAPES.

DIXIÉME SIÉCLE.

CXIX.
900. *Benoit* IV. 6 Avril.
Gouverne 4 a. 6 m. 15 j.
* Le 20. Octob. 904.
Le Siége vaque 7 j.

CXX.
904. *Léon* V. ●. Octob.
Gouverne 39 j.
* Le 6 Décemb. 904.
Le Siége vaque 6 m. 2 j.
904. *Christophle* XIXe.
Antipape, 9 Décemb.
Usurpe 6 mois.
* Juin 905.
Le Siége, non rempli.

CXXI.
905. *Sergius* III. 9 Juin.
Gouverne 7 a. 5 m. 27 j.
* Le 6 Décemb. 912.
Le Siége vaque 9 m. 28 j.

RITS ET RELIGIEUX.

DIXIÉME SIÉCLE.

902. Fondation de l'Abbaye de S. *Trutpert* en Brisgau, par Lutfrid, Comte d'Habsbourg.
905. Etablissement du culte de S. *Marcoul* à Corbigni en Laonois. Nos Rois y vont, ou y envoyent un de leurs Aumôniers, pour en obtenir le don de toucher les malades des écroüelles.
906. Naiss. de S. *Mayeul*, IVe. Abbé de Clugny, & de S. *Nil*, Abbé Grec de Grotta Ferrata, près Frescati en Italie.
910. Guillaume le *Pieux*, Duc d'Aquitaine, Comte d'Auvergne, fonde l'Abbaye de Clugny, & y établit pour premier Abbé Bernon, qui projette l'établissement de sa Congrégation.

CONCILES.

DIXIÉME SIÉCLE.

901. D'*Oviedo*. Cette Eglise, faite Métropole. *Pagi ad hunc ann. Douteux.*
902. De *Narbonne*, sur l'Abbaye de Quarante. *Martene, in Thes. T. IV.*
904. De *Rome*, pour Formose, contre le Concile de la même Ville de l'an 897. *Reg. XXIV. Labbe IX. Hardoüin VI.*
904. D'*Angleterre*, pour de nouveaux Evêchés. *Pagi ad ann.* 894.
904. De *Ravenne*, pour rétablir la mémoire de Formose, *ibidem.*
905. D'*Angleterre*, pour le Roi Edoüard. *Anglic. I.*
906. Jugement sur les Chanoines de S. Vincent de Mâcon, & les Moines de *S. Oyant*. *Labbe IX. Hardoüin VI. Manque in Regia.*
906. De *Barcelone*, sur la prétention de l'Archevêque de Narbonne. *Lab. IX. Hard. VI. Manque in Reg. Martene, Coll. nova, Tom. VII.*
906. De *Scoan* en Ecosse, sur la Discipline. *Angl. I.*
906. De *Narbonne*, contre l'Archevêque Arnoul. *Labbe Tom. IX.*
906. De *Rome*, où l'on rétablit l'Evêque de Langres. *Lab. Tom. IX.*
907. De *Vienne*, sur la Discipline. *Martene, Collectio nova, Tom. VII.*
907. De *S. Tibery*, contre l'Archev. de Narbonne *L. IX. H. VI.*
907. De *Vienne*, sur des différends entre Abbés. *Hard. seul, Tom. VI.*
909. De *Soissons*, sur la Discipline. *Reg. XXIV. Lab. IX. Hard. VI.*
909. De *Maguelone*, contre Arnoul, Arch. de Narbonne. *L. T. IX. & Bal.*
909. De *Trosley*, Diocése de Soissons. *R. XXIV. L. IX. H. VI.*
911. De *Narbonne*, contre l'Arch. Arnoul. *Mariana, L. VIII. C. V.*
912. De *Tours*, sur la Fête de S. Martin. *Labbe Tom. IX.*

DIXIÉME SIÉCLE.

902. *Nicolas le Myflique* refuse la Communion à l'Empereur Léon, pour avoir épousé successivement quatre femmes.
903. L'Eglise de *S. Martin* de Tours est brûlée de nouveau par les Normands.
904. *Ramire*, Roi de Castille, défait & prend Banaïa, Roi des Maures de Sarragosse.
905. Les *Hongrois* s'établissent en Pannonie le long du Danube, où ils sont encore.
909. Mort de *S. Geraud*, Baron d'Orilhac, Fondateur de l'Abbaye de ce nom.
911. *Wimon*, Moine de Corbic en Saxe, est élu Archevêque de Brême, & va prêcher la Foi aux Goths, ou Suédois.

DIXIÉME SIÉCLE.

901. Ce Siécle est qualifié de Siécle d'*ignorance*, parce qu'il y a eu plus de désordres, & moins de grands hommes & de Savans, que dans les autres Siécles. Il n'a pas produit de nouvelle *Hérefie*.
901. Les *Hongrois*, alors idolâtres, ravagent l'Italie, y font beaucoup d'Esclaves, & l'an 907. ils firent la même chose en Baviére.
904. Le S. Siége, affligé par l'Antipape Christophle, qui met le Pape Léon V. en prison, où il le fait mourir.
905. *Sergius* III. fait déterrer le Corps du Pape Formose, contre lequel il commet beaucoup de cruautés.

ÉCRIVAINS.

DIXIÉME SIÉCLE.

902. *Valerius*, Archi-Prêtre d'Astorga en Espagne. Vies des Saints Peres, fort différentes de celles qui sont imprimées, se trouvent manuscrites dans la Bibliothéque de l'Eglise de Tolede.
904. *Jean Cameniata*, Lecteur de l'Eglise de Thessalonique. Histoire de la prise de cette Ville. *Allatius in Symmictis*, in 8. *Coloniæ* 1653.
904. *Siméon Métaphrafte*, Officier du Palais de l'Empereur Léon, a fait beaucoup de Vies de Saints, non pas telles qu'elles ont été, mais telles qu'il a cru qu'elles devoient être; ainsi, ce sont plûtôt des Eloges que des Vies, *in Menæis Græcorum*.
904. *Etienne*, fait Abbé de Lobes l'an 903. Vie de S. Lambert, *apud Surium*.
910. *Jean Malela*, d'Antioche. Chronique Universelle, *in 80. Gr. & Latine, Oxonii* 1691.
911. *Hugbaldus*, Moine de l'Abbaye d'Annon. Vie de Ste. Rictrude, Abbesse de Marchiennes, & autres Vies de Sts. *Mab. sæculo II. Bened*.
911. *Bertharius*, Prêtre de l'Eglise de Verdun. Hist. des Evêques de Verdun. *Dacheri, in Spicilegio*.
911. *Constantin* Porphyrogenete, Empereur. Histoire de l'image de J. C. *apud Combefisium in Auctario*, & autres Ouvrages.
911. *Notker*, Moine de S. Gal en Suisse, mort l'an 912. Un Martyrologe, *apud Canisium*.
912. *Bouvon*, ou *Bavon*, Abbé de Corbie. Histoire de son temps.

PAPES.

CXXII.
913. *Anastase* III. 4 Octobre.
Gouverne 8 m. 3 j.
* Le 6 Juin 914.
Le Siége vaque 5 m. 27 j.
CXXIII.
914. *Lando*, 4 Décembre.
Gouverne 4 m. 22 j.
* Le 25 Avril 915.
Le Siége vaque 4 j.
CXXIV.
915. *Jean* X. 30 Avril.
Gouverne 13 a. 2 m. 3 j.
* Le 2 Juillet 928.
Le Siége vaque 3 j.
CXXV.
928. *Léon* VI. 6 Juillet.
Gouverne 6 m. 15 j.
* Le 29 Janvier 929.
Le Siége vaque 11 j.
CXXVI.
929. *Etienne* VII, ou VIII. 1 Fév.
Gouverne 2 a. 1 m. 12 j.
* Le 12 Mars 931.
Le Siége vaque 7 j.
CXXVII.
931. *Jean* XI. 20 Mars.
Gouverne 4 a. 10 m. 15 j.
* Le 5 Février 936.
Le Siége vaque 8 j.

RITS ET RELIGIEUX.

917. Transport du Corps de S. Gildas de Ruys, qui se fait de la Bretagne en Berry, où on le dépose près du Bourgdieux sur Indre, & il s'y forme une autre Abbaye de son nom.

921. Translation du Corps de Ste. Marie de Bethanie (nommée Ste. Magdeleine), par Baidilon, Abbé de Leuse en Haynaut.

923. Fondation de l'Abbaye de *Gemblours* en Brabant.

925. Les *Huns* ravagent & pillent l'Abbaye de S. Gal en Suisse.

927. Mort du B. Bernon, premier Abbé de Clugny. S. Odon lui succéde, & forme la Congrégation de Clugny.

931. *Alphonse*, Roi d'Espagne, laisse la Couronne à son frere Don Ramire, au préjudice de son propre fils Ordonio; mais depuis se repentant de sa générosité, & voulant remonter sur le trône, il est arrêté, & on lui creve les yeux.

932. Les Reliques de S. Wenceslas, Duc de Bohéme & Martyr, sont transferées dans l'Eglise de Prague.

CONCILES.

915. De *Châlons* sur Saone, sur les différends de quelques Curés. *Regia XXV. Labb. IX. Hardoüin VI. & Martene, in Thesauro Tom. IV.*
916. D'*Althaim*, dans la Rhétie. Voyez *Pagi, ad hunc ann.*
921. De *Trosley*. Un mort absous. *Reg. XXV. Lab. IX. Hard. VI.*
922. De *Coblentz*, sur la Discipline, *ibidem.*
924. De *Rheims*, sur Charles le Simple & Robert, *ibidem.*
924. De *Trosley*, en faveur de l'Evêque de Cambrai, *ibidem.*
925. De *Tours*, sur les Dixmes. *Martene, in Thesauro, T. IV. & H. T. VI.*
926. De *Charlieu*, en faveur de cette Abbaye. *R. XXV. L. IX. H. VI.*
926. De *Duysburg*, pour Bennon, Evêque de Metz, *ibidem.*
927. De *Trosley*, contre la pluralité des femmes, *ibidem.*
928. De *Gratlei* en Angleterre, sur la Discipline, *ibidem, Anglic. I.*
931. D'*Althaim*, dans la Rhétie. *Voyez Pagi, ad hunc ann.*
932. D'*Erford* en Allemagne, sur la Discipline, *ibidem.*
932. De *Ratisbonne*, sur la Discipline. *Martene, Nov. Collect. T. VII.*
933. De *Château-Thierry*, en Champagne. *R. XXV. L. IX. H. VI.*
935. De *Fismes*, près Rheims, sur la Discipline, *ibidem.*

918. Gil-

918. Gilles, Evêque de Tuſculane & Légat du Pape, fait une Miſſion en Pologne, & convertit le Roi Miéciſlas.
921. Les Bohémiens embraſſent la Religion Chrétienne.
922. Martyre de Ste. Ludmille, Ducheſſe de Bohéme, par ordre de ſa belle-mere, idolâtre.
924. S. Ulric, âgé de 31 ans, eſt fait Evêque d'Augſbourg.
925. Naiſſance du B. Brunon, fils du Roi Henri l'Oiſeleur, & qui devient enſuite Archevêque de Cologne, & Duc de la Lorraine Haute & Baſſe.
927. Mort de Guillaume, Duc d'Aquitaine, Fondateur de l'Abbaye de Clugny.
929. S. Wenceſlas, Duc de Bohéme, eſt tué par ſon frere Boleſlas, en haine de la Religion.
930. Mort de Nicolas le Myſtique, Patriarche de Conſtantinople.
932. L'Empereur Henri porte les Rois de Dannemarck & de Norwegue à embraſſer le Chriſtianiſme.
933. Artold, Archevêque de Rheims, reçoit le Pallium du Pape.

913. Les Hongrois reviennent en Italie, & y cauſent beaucoup de ravages; l'an 914. ils déſolent l'Allemagne.
920. L'Empereur Henri, pour ſe venger des Habitans de la Poüille & de la Calabre, appelle les Sarraſins, qui reſtent en Italie & y commettent beaucoup de déſordres.
921. Les Sarraſins, qui s'étoient fixés en Italie, viennent juſques à Rome; mais quoique battus, ils reſtent en Italie.
922. Les Hongrois, appellés en Italie par Alberic, Marquis de Toſcane, & en 924, par Berenger, y commettent beaucoup de déſordres; ils ſont battus au-deçà des Alpes.
927. Les Sarraſins font de nouveaux ravages en Italie; mais ils ſont battus par le Pape.
928. & 929. Guy, Marquis de Toſcane, & ſa femme Marozia perſécutent les Papes, pour mettre leur fils ſur le S. Siége.
933. Ratherius, Evêq. de Verone, réfute les Antropomorphites.

ÉCRIVAINS.

915. Jean, Archidiacre de Capoüe, puis Abbé du Mont-Caſſin. Des Perſécutions du Mont-Caſſin, & des Miracles qui s'y ſont faits; Chronique des Comtes de Capoüe. Voyez Chronicon Caſſinenſe, & Peregrinus, de Principibus Longobardicis in 40.
926. Odon, Abbé de Clugny. Vie de S. Geraud, Comte d'Orilhac. De la Tranſlation des Reliques de S. Martin, de Bourgogne à Tours, & autres Ouvrages. Voyez Bibl. Cluniacenſis in fol. Paris. 1614.
931. Hippolyte de Thébes. Fragment d'une Chronique. Vide Caniſium in Lectionibus Antiquis, Tom. III. editionis Baſnagii in fol. Anſtælodami 1725. Lambecius, Lib. III. Biblioth. Vindobon. & Emmanuelem Schelſtrate, in Appendice ad Opus Chronolog.
932. Gerard, Moine de S. Medard de Soiſſons, à ce que l'on croit. Vie de S. Romain, dont le Pere Mabillon a donné le Prologue.
932. Ratherius, Evêque de Verone & de Liége. Traité ſur les Canons, & une Lettre du Corps & du Sang du Seigneur, in Spicilegio.
932. Odillon, Moine de S. Medard de Soiſſons. Sur les tranſlations de Reliques des Saints, apud Surium.

PAPES.   RITS ET RELIGIEUX.

CXXVIII.
936. *Léon* VII. 14 Février.
Gouverne 3 a. 6. m. 10 j.
* Le 23 Août 939.
Le Siége vaque 8 j.

CXXIX.
939. *Etienne* VIII. ou IX. 1 Sept.
Gouverne 3 a. 4 m. 15 j.
* Le 15 Janvier 943.
Le Siége vaque 6 j.

CXXX.
943. *Marin*, ou *Martin* III.
Elû le 22 Janvier.
Gouverne 3 a. 6 m. 14 j.
* Le 4 Août 946.
Le Siége vaque 4 j.

CXXXI.
946. *Agapet* II. 9 Août.
Gouverne 9 a. 7 m. 10 j.
* Le 18 Mars 956.
Le Siége vaque 4 j.

936. Origine de la Ville de S. Pons de Tomiéres en Languedoc, par la fondation d'un Monaſtére du nom de ce Martyr.
940. Réformation de l'Ordre de S. Benoit dans les Pays-Bas, la Picardie & le bas Rhin, par S. Gerard.
942. Mort de S. Odon, ſecond Abbé de Clugny.
947. *Odon*, Moine de S. Benoit ſur Loire, mais Anglois, eſt fait Archevêq. de Cantorbery, & projette la réforme de l'Ordre Eccléſiaſtique.
950. Hugues, Duc de France, & pere de Hugues Capet, fait transferer de Normandie beaucoup de Corps ſaints.
952. Fondation de l'Abbaye de S. Vannes.

CONCILES.

940. De *Narbonne*, pour les limites de quelques Diocéſes, *ibidem*.
940. *Cambricum*, ou Cambrige. *Spelman*, *Tom. I*.
941. De *Soiſſons*, ſur les prétendans à l'Egliſe de Rheims, *ibidem*.
942. De *Bonne*, ſur la Diſcipline. *L. IX. H. VI. Manque in Regia*.
944. De *Londres*, ſur la Diſcipline. *R. XXV. L. IX. H. VI. Angl. I.*
944. De *Tournus*, (Trenorchianum), en faveur de cette Abbaye, *ib.*
944. * De *Conſtantinople*, contre Tryphon, véritable Patriarc. *ibidem.*
944. D'*Elne*, ſur les Evêques de Gironne & d'Urgel. *Aguir. T. III.*
947. De *Fontanis*, Diocéſe d'Elne, ſur la Diſcipline. *L. IX. H. VI.*
947. De *Verdun*, ſur les prétendans à l'Egliſe de Rheims. *Reg. XXV. Labbe IX. Hardoüin VI.*
947. D'*Aſtorga* en Eſpagne, dont les Actes ſont perdus.
948. De *Mouſon*, ſur la Diſcipline. *R. XXV. L. IX. H. VI.*
948. D'*Ingelheim*, pour Artaud, Archevêq. de Rheims, *ibidem.*
948. Aſſemblée de S. Vincent de *Laon* contre le Comte Hugues, *ib.*
948. De *Tréves*, contre le Comte Hugues, qu'on excommunie, *ib.*
948. De *Londres*, ſur la Diſcipline, *ibidem*, & *Anglic. I.*
949. De *Rome*, où l'on confirme les Conciles d'Ingelheim & de Tréves de l'année précédente, *ibidem.*
950. De *Landaff*, ſur les biens de l'Egliſe, *ibidem*, & *Anglic. I.*
952. D'*Augsbourg*, ſur la Diſcipline. *R. XXV. L. IX. H. VI.*
953. De *Rheims*, ſur les biens de l'Egliſe, *ibidem.*
954. De *Ravenne*, ſur les biens de l'Egliſe. *L. IX. H. VI. ſeuls.*
955. De *Landaff*, ſur un homicide. *R. XXV. L. IX. H. VI. Angl. I.*
955. De *Bourgogne*, ſur les biens de l'Egliſe, *ibidem.*

939. L'Em-

939. L'Empereur *Othon* établit la Ville de Magdebourg pour capitale de la Vandalie.
Don Ramire, Roi de Léon, défait entiérement les Maures, à Simancas.
944. *Théophilacte*, fils de l'Empereur Romain, est fait Patriarche de Constantinople.
949. L'Empereur *Constantin* fait revivre les Sciences en Gréce.
950. *Louis d'Outremer*, Roi de France, par la médiation de l'Empereur Othon, fait la paix avec le Duc Hugues le Blanc, pere de Hugues Capet, contre qui il faisoit la guerre depuis long-tems.
953. Le B. *Brunon*, frere de l'Emper. Othon, est Archev. de Cologne, & Duc de Lorraine.

937. Les *Hongrois* pénétrent jusques dans la Bourgogne, & y font beaucoup de désordres.
939. Une troupe de *Normands* descend en Gallice, y cause beaucoup de ravages; mais elle est défaite par le Comte de Castille.
948. Les *Hongrois*, battus en Baviére, veulent entrer en Italie, d'où on les fait sortir, soit par argent, soit par des victoires remportées sur eux.
949. Dispute, arrivée en Angleterre sur la Doctrine de l'*Eucharistie* ; mais sans aucune suite.
950. Haliatan, Chef des *Sarrasins* d'Espagne, persécute les Chrétiens pour les obliger de renoncer au Christianisme.

ÉCRIVAINS.

936. *Nicolas*, Patriarche de Constantinople. Plusieurs Lettres.
937. *Eutychius*, Patriarche d'Alexandrie. Hist. de son Eglise, & une Hist. universelle, *in* 4°. *Londini* 1642. —— *& Oxonii* 1659.
940. *Flodoard*, Chanoine de Rheims, mort en 966. Histoire de Rheims, & une Chronique, *in Biblioth. Patrum, & apud Syrmundum.*
940. *Gregoire*, Prêtre de Césarée. Vie de S. Grégoire de Nazianze, & autres Piéces, *apud Combefic. & in Operibus Greg. Nazianzen.*
940. *Jean*, Moine de Clugny. Vie d'Odon de Clugny, *in Bibliotheca Cluniacensi, & Mabillonius, sæculo V. Benedictinor.*
940. *Joseph Genesius*, ou de *Byzance*. Histoire de l'Empire Grec, depuis le commencement de Léon d'Arménie, jusqu'à la mort de Basile le Macédonien, *in* 4°. *Venetiis* 1570. Extrêmement rare, & qu'on devoit réimprimer en Hollande dans une édition nouvelle de l'*Hist. Byzant.*
941. *Jean Cameniate* de Thessalonique. Histoire de la prise de Thessalonique en 904, par les Sarrasins, *apud Allatium.*
942. *Odon*, Archevêq. de Cantorbery. Constitutions Ecclésiastiques.
948. *Luitprand*, Evêque de Cremone. Une Histoire de son temps, & quelques Ambassades. *Ejus Opera, in folio. Antuerp.* 1640.
950. *Atton*, Evêq. de Verceil. Régles pour son Clergé, *in Spicilegio.*
950. *Bernerus*, Moine de S. Remi de Rheims. Vie & translation de Ste. Hunnegunde. *Vide Mabillonium, sæculo II. & V. Benedictinorum.*
955. *Georges*, Moine Grec. Vies des derniers Empereurs Grecs. Dans les Ecrivains après *Théophanes*, par *le P. Combefis, in fol. Paris* 1685.
955. *Epiphanes*, Moine de Jerusalem. Syria & Urbs sancta, *in Symmictis Allatii.* Il avoit fait aussi la Vie de la Ste. Vierge, & de S. André Apôtre.

PAPES. RITS ET RELIGIEUX.

CXXXII.
956. *Jean* XII. 23 Mars.
Gouverne 7 a. 8 m. 13 j.
* Le 5 Décembre 963.
Le Siége vaque 5 m. 13 j.
963. *Léon*, Antipape, élu le 6 Décembre, & chaffé le 25 Février 964.
CXXXIII.
964. *Benoit* V. 19 Mai.
Gouverne 18 jours.
Chaffé 5 Juin 964.
Le Siége vaque 18 j.
CXXXIV.
964. *Léon* VIII. 24 Juin.
Gouverne 9 mois.
* Avril 965.
Le Siége vaque peu de jours.
CXXXV.
965. *Benoit* V. derechef en Mai.
Gouverne environ 1 mois.
* Le 5 Juillet 965.
Le Siége vaque 2 m. 25 j.
CXXXVI.
965. *Jean* XIII. 1 Octobre.
Gouverne 6 a. 11 m. 6 j.
* Le 6 Septembre 972.
Le Siége vaque 15 j.

956. Naiffance de *S. Romuald*, Fondateur des Camaldules.
959. Mort de *S. Gerard*, Fondateur & premier Abbé de Brogne près Namur, Réformateur de l'Ordre de S. Benoit.
962. Naiff. de *S. Odillon*, Abbé de Clugny, & mort de S. Guibert, ou Wibert, Moine de Gorze en Lorraine, puis Fondateur de l'Abbaye de Gemblours en Brabant.
960. Rétabliffement de l'Abbaye de Fontenelle, brûlée depuis 100 ans par les Normands.
963. *S. Ethelwold*, Evêque de Winchefter en Angleterre, chaffe les Chanoines Séculiers, & met en leur place des Moines Bénédictins dans fa Cathédrale.
967. Fondation de l'Abbaye de *S. Vincent de Metz*, par Thierry, qui en étoit Evêque.
970. Réformation générale du Clergé d'Angleterre. Les Chanoines font chaffés des Cathédrales, pour y mettre des Moines.

CONCILES.

959. De *Brandfort* en Angleterre, fur les biens d'Eglife. *Angl. I.*
962. De *Meaux*, fur l'Eglife de Rheims. *R. XXV. L. IX. H. VI.*
963. * De *Rome*, pour l'Antipape Léon, ibidem.
963. De *Conftantinople*, fur le mariage de Nicéphore Phocas avec Théophane, veuve de Romain, Empereur d'Orient, ibidem.
964. De *Rome*, contre l'Antipape Léon, ibidem.
964. De *Brandfort* en Angleterre, contre Eduin, frere d'Edgar, *ibid.*
965. * De *Rome*, par l'Antipape Léon, contre le Pape Benoit V. *ibid.*
965. De *Cologne*, en faveur du Chapitre de S. Martin de Liége. *Martene, Collectio Nova, Tom. VII.*
967. De *Ravenne*, fur la Difcipline. *Reg. XXV. Lab. IX. Hard. VI.*
969. D'*Angleterre*, contre l'incontinence des Prêtres, *ib. Angl. I.*
969. De *Rome*. L'Evêché de Benevent eft érigé en Archevêché. *Labbe IX. Hardoüin, VI. Manque in Regia.*
971. De *Londres*, fur les Priviléges de l'Abbaye de Glafton. *Regia XXV. Labbe IX. Hardoüin VI. Anglic. I.*
971. De *Rome*, pour confirmer les Priviléges de Glafton, ibidem.
971. De *Compoftelle* en Efpagne. Voyez *Pagi*, ad ann. 900.
956. Les

956. Les Reliques de *Ste. Afre* sont découvertes par S. Ulric, Evêq. d'Augsbourg, sous les ruines de sa Ville, ravagée par les Hongrois.

959. *Helene*, Reine de Russie, envoye des Ambassadeurs à l'Empereur Othon pour avoir des Missionnaires pour instruire son Peuple.

962. Mission dans la Russie, par S. *Adelbert*, qui a été Archev. de Magdebourg.
Mission de *S. Nicon* d'Armenie en l'Isle de Crete, après qu'on l'eut reprise sur les Sarrasins.

964. Mort du *B. Brunon*, frere de l'Empereur Othon, I. Archev. de Cologne & Duc de Lorraine.

968. Mort de *Ste. Mathilde*, Reine d'Allemagne, à Quedlimbourg en Saxe.
Magdebourg est érigée en Métropole, par le Pape Jean XIII.

971. Le Corps de *S. Arnoul* est transféré du Château de Warc à Mouson.

958. *Constantin*, Empereur de Grèce, envoye une armée, qui défait entiérement les *Sarrasins*; mais d'autres troupes des Chrétiens sont battues dans l'Isle de Crete.

959. Les *désordres des Moines* sont si grands en Angleterre, que Serlon écrivit contre eux de fortes invectives.

961. *Dunstan*, Archevêq. de Cantorbery, chasse des Cathédrales les *Prêtres mariés*, & met des Moines en leur place.

963. L'Empereur *Othon* fait inutilement des remontrances au Pape Jean XII. qui commet même des cruautés à Rome, en faisant crever les yeux à un Cardinal, & couper les mains à un autre; puis se retire à Capoüe, & l'Empereur fait élire un Antipape.

966. *Almansor*, Roi Maure de Cordoüe, fait des Conquétes sur les Chrétiens d'Espagne.

967. Les *Sarrasins* brûlent vif le Patriarche de Jerusalem.

ÉCRIVAINS.

960. *Abbon*, Abbé de Fleury sur Loire. Un Apologétique & quelques Lettres, & un Recueil de Canons, *apud Baluzium, in Miscellaneis, & Mabillonium, in Analectis*.

961. S. *Dunstan*, Archevêque de Cantorbery. Une Concorde des Régles, *in* 8°. *Duaci* 1626.

963. S. *Ulric*, Evêque d'Augsbourg. Quelques Sermons & une Lettre sur le célibat des Prêtres.

967. *Edgar*, Roi d'Angleterre. Des Constitutions Ecclésiastiques.

968. *Wittekind*, Moine de Corbie en Saxe. L'Histoire des Saxons, & quelques Vers, *in folio. Francofurti* 1577. *& in Collectionibus Scriptorum Germaniæ*.

968. *Rosweide*, Religieuse Allemande. Des Poésies sur l'Empereur Othon & sur quelques Saints, *in Collectione Historicorum Henrici Meibomii*.

968. *Notker*, Evêque de Liége. Histoire des Evêques de Maestricht, ou Liége, *in* 4°. *Leodii* 1612.

969. *Leonce de Byzance*. Une Chronographie. *Græce & Latine in folio. Paris. e Typographia Regia, cum Theophane.*

PAPES. | RITS ET RELIGIEUX.

CXXXVII.
972. *Benoit* VI. 22 Septemb. Gouverne 1 a. 6 m.
* Mars 975.
Le Siége vaque environ 1 m.
974. *Boniface VII. Antipape*, 1 Mars, & *chaſſé* 21 *Juillet* 975.
CXXXVIII.
974. *Domnus*, ou *Domnio* II. 5 Avr. Gouverne 1 a. 6 m.
* Octobre 975.
Le Siége vaque environ 2 m.
CXXXIX.
975. *Benoit* VII. 19 Décemb. Gouverne 8 a. 6 m. 23 j.
* Le 10 Juillet 984.
Le Siége vaque 3 m. 8 j.
CXL.
984. *Jean* XIV. 19 Octobr. Gouverne 8 mois.
* Juin 985.
Le Siége vaque environ 10 m.
985. *Boniface, dérechef Antipape en Janvier; meurt en Décemb.* 985.
985. *Joan fr. Robert* .. Décembre, *gouverne 5 mois. Il n'a pas été ſacré, & n'eſt pas compté.*
* Le 9 Avril 986.

973. Mort du *B. Jean*, Abbé de Gorze en Lorraine.
974. Converſion de S. *Romuald*.
975. *S. Edward*, Roi d'Anglet. bâtit beaucoup de Monaſtéres.
976. *Perſécution* en Angleterre contre les Moines.
977. Abbaye du *Mont S. Quentin* près Perone rétablie.
On bâtit beaucoup de *Monaſtéres en Gaſcogne*, & dans les Provinces voiſines.
978. *S. Romuald* entre dans la ſolitude, ſous le Solitaire Marin, ſur les terres de Veniſe.
979. Abbaye de *S. Magloire*, fondée près le Palais à Paris, par Hugues Capet, Duc de France & Comte de Paris.
980. *S. Nil*, Abbé Grec de Calabre, quitte cette Province & ſon Abbaye, va au Mont-Caſſin, dont l'Abbe lui donne un territoire, pour s'y retirer avec quinze Moines.
982. Conſécration & Dédicace de l'Abbaye de *Clugny*, ſous l'Abbé S. Mayeul, qui meurt l'an 991.

CONCILES.

972. De *Mont Sainte-Marie*, Diocéſe de Rheims, ſur la réformation de l'Abbaye de Mouſon, *ibidem*.
972. D'*Ingelheim*, dont on ne trouve pas les Actes, *ibidem*.
973. De *Marzaille*, ſur les différends de pluſieurs Evêques d'Italie, *ib.*
973. De *Bath* en Angleterre, on y couronne Edgar. *Anglic. I.*
973. De *Modene*, ſur des différends d'Evêq. *R. XXV. L. IX. H. VI.*
975. De *Rheims*, contre l'Uſurpateur de l'Evêché d'Amiens, *ibidem.*
975. De *Conſtantinople*, contre le faux Patriar. Baſile. *R. XXV. L. IX.*
975. De *Wincheſter*, en faveur des Moines. *Regia XXV.* Labbe IX: Hardoüin VI. *Anglic. I.*
977. De *Kitzington*, pour les Pelerinages de dévotion, *ibid. Angl. I.*
977. De *Ripoll*, en Catalogne. *Aguirre Tom. III.*
978. De *Caln*, contre les Moines, en faveur des Prêtres Séculiers. *Ang. I.*
978. D'*Ambresbir*, dans le Diocéſe de Wincheſter, *ibidem, Anglic. I.*
980. De *Sens*, ſur les biens de S. Pierre le Vif, *ibidem.*
982. De *Landaff*, ſur les mœurs. *Anglicana Collect. I.*
983. De *Rome*, contre les Symoniaques. *R. XXV. L. IX. H. VI.*

973. Mort

GRANDS HOMMES. HERES. ET PERSEC. 299

973. Mort de *S. Ulric*, Evêque d'Augsbourg.
974. L'Empereur *Zemiscès* triomphe des Bulgares, des Moscovites & des Sarrasins.
676. Le Doge de Venise, *Orseolo*, quitte le Gouvernement, & se retire dans une solitude en Aquitaine.
977. Mort de *Saint Edoüard* le Martyr, Roi d'Angleterre, assassiné par les ordres de sa belle-mere.
979. *Albert*, Comte de Bamberg, est investi de l'Autriche.
980. Naissance d'*Avicenne*, le Chef des Médecins Arabes, à Boccara dans le Chorasan, Province de Perse.
981. La Ville de *Halle* en Saxe est bâtie.
981. *Adelbert*, premier Archevêque de Magdebourg, meurt en pleine campagne, dans le cours de ses visites.
983. On leve publiquement le Corps de *S. Burchard*, premier Evêque de Wurtzbourg : c'étoit la forme de la Canonisation.

974. Le Pape *Benoit* VI. est persécuté, & emprisonné dans le Château S. Ange, où Cinthius, l'un des plus puissans de Rome, le fait mourir de misére le 19. Mars, à ce qu'on croit. L'*Antipape Boniface*, monstre de cruauté, se met en sa place; mais il s'enfuit peu après, emportant les Trésors de S. Pierre. Dans la suite il revient & persécute le S. Siége.
975. Le différend des *Prêtres mariés* & des Moines recommence en Angleterre, & les premiers sont condamnés dans plusieurs Conciles.
978. *Abdemelic*, Roi de Cordoüe, fils d'Almansor, est défait par le Roi Veremund.
985. Le Pape *Jean XIV.* saint personnage, est persécuté par l'Antipape Boniface, qui rentre dans Rome à main armée. Le Pape est tiré du Château S. Ange, & mis dans une affreuse prison, où on lui creve les yeux, & où on le fait mourir misérablement.

ÉCRIVAINS.

976. *Fulcuin*, ou *Folcoin*, Abbé de Lobbes. Histoire de son Abbaye, & les Vies de quelques Saints, *in Spicilegio*.
977. *Sévere* Egyptien. Histoire des Sarrasins & de l'Eglise d'Alexandrie. *Vide Abraham Echellensem*.
978. *Romerius*. Suite de l'Hist. de Réginon, ab ann. 907. ad 977.
979. *Suidas* Grammairien. Un Lexicon, ou Dictionnaire, dans lequel on trouve beaucoup de fragmens sur les matiéres Ecclésiastiques, *in folio*, *Græco-Latine*. *Cantabrigiæ* 1705. 3 *volum*.
980. *Aimoin*, Moine de Fleury. L'Histoire des François, Vie d'Abbon de Fleury, Miracles de S. Benoit, avec des Poésies, *in Collect. Historicor. Francorum, & in sæculo III. & IV. Benedictinor.*
980. *Olympiodore*. Commentaire sur l'Ecclésiaste & sur Jerémie, *in Bibliot. Patr. & inter Origenis Opera*.
981. *Moyse Bar-Cepha*, Evêque en Syrie. Traité du Paradis terrestre, *in Biblioth. Patrum*.
982. *Oecumenius*. Commentaires sur les Actes des Apôtres & sur les Epitres S. Paul & les Canoniques, *in fol. Græc. Lat. Paris.* 1631. 2. *v.*

CXLI.

PAPES.   RITS ET RELIGIEUX.

CXLI.
986. *Jean* XV. ou XVI. 25 Avril.
 Gouverne 10 a. 5 j.
 * Le 30 Avril 996.
 Le Siége vaque 16 j.

CXLII.
996. *Gregoire* V. 17 Mai.
 Gouverne 2 a. 9 m. 2 j.
 * Le 18 Février 999.
 Le Siége ne vaque pas.
996. *Jean*, Antipape.

CXLIII.
999. *Sylveſtre* II. 19 Février.
 Gouverne 4 a. 2. m. 22 j.
 * Le 12 Mai 1003.
 Le Siége vaque 23 j.

993. Canoniſation de S. Ulric, Evêque d'Augſboug, au Concile de Rome. On prétend que c'eſt le premier Saint canoniſé hors de ſon Diocéſe.
995. Le Roi Hugues Capet fait mettre la *Réforme* à S. Denys.
998. Etabliſſement de la Commémoration des Fidéles *Trépaſſés*, d'abord dans l'Abbaye de Clugny, par S. *Odillon*.
1000. Moines de la Congrégation de Ste. Colombe en Italie.
 Chanoines de S. Ruf, près Avignon, par quelques Chanoines d'Avignon.

CONCILES.

986. De *Sens*, ſur la Diſcipline. *Voy. la Chronique de S. Pierre le Vif.*
988. De *Landaff*. On excommunie le Roi Arthmail, *ibidem*.
989. De *Rome*, en faveur de S. Adelbert, Evêque de Prague, *ibidem*.
989. De *Caroſé*, Diocéſe de Poitiers, en faveur de ce Monaſtére. *Lab. IX. Hardoüin VI. Manque in Regia.*
989. De *Rheims*. On élit Archevêque, Arnoul, fils de Lothaire, *ibid.*
990. De *Narbonne*, contre les Uſurpateurs des biens de l'Egliſe. *Regia XXV. Labbe IX. Hardoüin VI.*
990. De *Senlis*, pour Arnoul, Archevêque de Rheims, *ibidem*.
990. D'*Anſe* ſur Saone, entre Lyon & Mâcon, ſur les biens de l'Abbaye de Clugny. *Martene, in Theſauro Tom. IV.*
991. D'*Urgel*, ſur la Diſcipline. *Aguirre Tom. III.*
991. De *Cantorbery*, ſur la Diſcipline. *Anglic. I.*
992. * De *Rheims*, dans l'Abbaye de S. Baſle. On dépoſe Arnoul, & l'on élit Gerbert. *Regia XXV. Labbe IX. Hardoüin VI.*
993. De *Rome*, Canoniſation de S. Ulric d'Augſbourg, *ibidem*.
994. De *Narbonne*, contre les Uſurpateurs des biens de l'Egliſe.
994. De *Limoges*.
994. D'*Anſe*, ſur la Diſcipline. *Martene, in Theſauro, Tom. IV.*
995. De *Mouſon*, contre Gerbert, Arch. de Rheims. *L. X. H. VI.*
995. De *Rheims*, contre Gerbert de Rheims. *R. XXV. L. IX. H. VI.*
995. De *S. Denys*, ſur les Dixmes.
996. De *Rome*, ſur les affaires de l'Egliſe, *ibidem*.
996. Autre de *Rome*, ſur les Electeurs de l'Empire, *ibid. Douteux.*
997. De *Ravenne*, ſur la Diſcipline, *ibidem*.
997. De *Pavie*, contre Creſcentius, ennemi du Pape, *ibidem*.
997. De *S. Denys*, ſur les Dixmes. *L. IX. H. VI. ſeuls.*
998. De *Rome*, ſur Robert, Roi de France. *R. XXV. L. IX. H. VI.*
998. Autre de *Rome*, ſur la Diſcipline. *Baluz. Tom. VII. Miſcellan.*
999. De *Rome*, contre Giſler, Ev. de Merſbourg. *R. XXV. L. IX. H. VI.*
1000. De *Poitiers*, ſur la Diſcipline. *L. IX. H. VI. ſeuls.*

988. Mort

988. Mort de *S. Dunstan*, Archev. de Cantorbery.
996. *S. Adelbert* renonce à son Evêché de Prague, va prêcher l'Evangile en Prusse, & y souffre le Martyre l'an 997.
997. *S. Etienne* devient Duc des Hongrois, par la mort de son pere Geysa.
999. Mort de la *B. Adelaïde*, Impératrice d'Allemagne, femme de Lothaire, Roi d'Italie, puis de l'Empereur Otton I.
1000. *S. Etienne* reçoit du Pape Sylvestre II. la Couronne de Roi de Hongrie.

986. Les *Sarrasins* causent de grands désordres dans la Calabre, où ils prennent plusieurs Villes.
989. Les *Soudans* de Damas, de Tyr, de Tripoli & de Baruth, informés des guerres civiles des Grecs, attaquent la Ville d'Antioche & en levent le siége.
991. *Wolodimere*, Prince de Russie, est baptisé à Constantinople. Il prend le nom de Basile, épouse la Princesse Anne, & adopte le Schisme des Grecs.
1000. Les *Sarrasins* désolent la Syrie & l'Afrique.

ÉCRIVAINS.

990. *Heriger*, Abbé de Lobbes. Livre du Corps & du Sang du Seigneur, *in Historia Gotteschalchi, a Cellotio, in folio. Paris.* 1655. Histoire des Evêques de Liége, *in* 4°. *Leodii* 1613. & quelques Vies de Saints.

990. *Alfric*, Archevêque de Cantorbery. Quelques Lettres & Sermons, *in Collectionibus Conciliorum.*

990. *Thomas Syrien*, & Monothélite. Quelques Ecrits en faveur de sa Secte, *apud Echellensem.*

990. *Jean*, Abbé de Gorze. Vie de Ste. Glodesinde, Abbesse à Metz.

991. *Odillon*, Abbé de Clugny. Vies de S. Mayol, & de l'Impératrice Adelaïde, avec quelques Lettres & Sermons, *in Bibliotheca Cluniacensi, in folio. Paris.* 1614. *& in Bibliotheca Patrum.*

992. *Gerbert*, Archevêque de Rheims, puis de Ravenne, & enfin Pape l'an 999. Plusieurs Lettres & Discours, *in Collectione Andreæ Duchêne, Bibliotheca Patrum, & in Collect. Conciliorum.*

992. *Oswalde*, Moine Bénédictin d'Angleterre. Vie d'Osvald, Archevêque d'Yorck en Angleterre.

992. *Jean Smera* Polovefchi. Lettre sur la Conversion de la Russie à la Religion Chrétienne. *Sandius, in Appendice ad Hist. Ecclesiasticam*, p. 61.

993. *Dudon*, Chanoine, puis Doyen de S. Quentin en Vermandois. Histoire des premiers Ducs de Normandie. *Duchêne, in Scriptoribus Normanicis.*

994. *Sisinnius*, Patriarche de Constantinople. Un Traité du Mariage entre cousins, *apud Leunclavium, in Jure Græco-Romano, in folio.*

996. *Brunon*, Pape, sous le nom de *Gregoire* V. Plusieurs Lettres, *in Collectionibus Conciliorum.*

996. *Burchard*, Evêque de *Worms*. Une Collection des Canons, ou Décrets, tant des Conciles que des Papes; mais dans laquelle il y a des fautes, *in folio. Coloniæ* 1548. *& Paris.* 1549.

PAPES. | RITS ET RELIGIEUX.

ONZIÉME SIÉCLE.

CXLIV.
1003. *Jean* XVII. ou XVIII. 6 Juin
Gouverne 4 m. 26 j.
* Le 31 Octobre 1003.
Le Siége vaque 4 m. 18 j.
CXLV.
1004. *Jean* XIX ; mais XVIII, suivant ses propres Bulles, ou Diplômes.
Elu le 19 Mars.
Gouverne 5 a. 4 m.
* Le 18 Juillet 1009.
Le Siége vaque 2 m. 23 j.
CXLVI.
1009. *Sergius* IV. 11 Octob.
Gouverne 2 a. 9 m. 3 j.
* Le 13 Juillet 1012.
Le Siége vaque 6 j.

ONZIÉME SIÉCLE.

1007. Chanoines Réguliers de S. Jean de Chartres. Ives, Evêq. de Chartres, y fait venir ensuite des Chanoines de S. Quentin de Beauvais.
1007. Fondation de l'Abbaye de Beaumont près Tours, pour des Religieuses, par Hervé, Trésorier de S. Martin de Tours. Fondation de l'Abbaye de Beaulieu, près de Loches, par Foulques, Comte d'Anjou.
1007. Abbaye de *Polirone*, ou *San-Benedetto*, près de Mantoue, fondée par le Marquis Teudald.
1007. Naissance de S. Pierre Damien, qui depuis est devenu Cardinal.

CONCILES.

ONZIÉME SIÉCLE.

1001. De *Rome*, sur les plaintes de l'Evêque d'Hildesheim. *Regia XXV. Labbe* IX. *Hardoüin VI.*
1001. De *Tudert*, sur le même sujet, dont on n'a ni les Actes, ni les Canons. *Hardoüin seul Tom. VI.*
1002. De *Rome*, sur l'exemption de l'Abbaye de Perouse. *Regia XXV. Labbe* IX. *Hardoüin VI.*
1002. Divers Conciles de *France*, sur les jeûnes de la Pentecôte, sur l'Hymne *Te Deum*, autres matiéres Ecclésiastiques, *ibidem*.
1005. De *Dortmond*, ou Trotmon, sur la Discipline, mais sans aucun Acte. *Hardoüin Tom. VI.*
1007. De *Francfort*, pour ériger l'Eglise de Bamberg en Siége Episcopal. *Reg. XXV. Lab. IX. Hard. VI.*
1008. Du Palais de *Chelles* (*Kalense*,) en présence du Roi Robert, en faveur de l'Abbaye de S. Denys. *Labbe* IX. *Hardoüin VI. Manque in Regia.*
1009. De *Barcelone*, sur les Donations faites à cette Eglise. *Regia XXV. Labbe* IX. *Hardoüin VI.*
1009. D'*Enham* en Angleterre, sur la Discipline Ecclésiastique, *ibidem, Anglic. I.*
1011. De *Bamberg*, sur les-différends de quelques Evêques, *ibidem*.
1012. De *Léon* en Espagne, sur la Discipline, sous le Roi Alphonse V. *ibidem.*
1012. De *Pavie*, sur la Continence des Clercs. *Labbe* IX. *Hardoüin VI. Manque in Regia.*

GRANDS HOMMES. HERES. ET PERSEC. 303

ONZIÉME SIÉCLE.

1002. Naiſſance de *S. Léon*, à Dapsbourg, ſur les frontiéres de la Lorraine, du Palatinat & de l'Alſace. Il fut depuis Pape, ſous le nom de Léon IX.
1003. Miſſion Apoſtolique en Pruſſe, par *S. Brunon*.
1004. *S. Abbon*, Abbé de Fleury, eſt mis à mort par les Gaſcons, au Monaſtére de la Réole en Gaſcogne.
1006. Mort de *S. Fulcran*, Evêque de Lodeve.
1007. *Bamberg* en Franconie, érigé en Evêché, à la ſollicitation de l'Empereur S. Henri.
1009. Martyre de *S. Brunon*, Apôtre de la Pruſſe.

ONZIÉME SIÉCLE.

1001. Il n'y eut point d'Héréſies juſques vers l'an 1015.
1003. *Giula*, Duc de Tranſylvanie & idolâtre, ſe révolte contre ſon oncle Etienne, Roi de Hongrie, en haine de la Religion Chrétienne que profeſſoit Etienne ; mais Giula fut battu & fait priſonnier.
1008. Les *Sarraſins* d'Afrique viennent en Italie, aſſiégent les Villes de Capoüe & de Bari. Ils prennent la premiére, & ſont contraints par les Vénitiens de lever le ſiége de la ſeconde.
1010. Les *Maures de Cordoüe* défont entiérement les Chrétiens d'Eſpagne.

ÉCRIVAINS.

ONZIÉME SIÉCLE.

1001. *Godehart*, fait Evêque d'Hildesheim en Allemagne l'an 993. Cinq Lettres, *in Analectis Mabillonii*.
1002. *Othlon*, Moine de Fulde. Vie de S. Pyrmin, Réformateur de l'Ordre Monaſtique en Allemagne. *Mabillon. ſæculo III. Benedictin.*
1003. *Goibert*, Abbé de Tergeruſée. Quelques Lettres, *in Analectis Mabillonii*.
1005. *Erchenfroi*, Abbé de Melck en Autriche ſur le Danube. Vie de S. Coliman, *apud Lambecium, Tom. II. Bibliot. Vindob.*
1007. *Fulbert*, Evêque de *Chartres*. Des Lettres & autres Ouvrages, *in 8°. Paris* 1608. & *in Bibliothecis Patrum*.
1008. *Adelbold*, Evêque d'Utrecht. Vie de l'Empereur Henri II. *apud Caniſium & Surium*.
1010. *Syrus*, Moine de Clugny. Vie de S. Mayeul, Abbé de Clugny. *Mabillon. ſæculo V. Benedictinorum*.
1010. *Maginfroid*, Moine de Fulde. Vie de S. Emmeran de Ratiſbonne.
1011. *Arnoul*, Moine Allemand. Des Miracles de S. Emmeran.
1011. *Tangmar*, Prêtre d'Hildesheim. Hiſt. des Evêq. d'Hildesheim, *in Syderibus Germaniæ, a Brouwero in* 4°. *Moguntiæ* 1605.
1013. *Léon le Grammairien*. Chronique, depuis l'an 813 juſqu'en 1013. *in folio, Græco-Latin. cum Theophane, Paris*.
1014. *Brunon*, Moine de S. Gal. Traité de l'Office de la Ste. Meſſe, & autres Ouvrages, *in Biblioth. Patrum*.
1014. *Dithmar*, Evêque de Merſbourg. Hiſt. de ſon temps, *in folio. Francofurti* 1588. & *in Collectionibus Scriptorum Germaniæ*.

CXLVII.

304 PAPES. | RITS ET RELIGIEUX.

CXLVII.
1012. *Benoit* VIII. 20 Juillet.
Gouverne 11 a. 11 m. 21 j.
* Le 10 Juillet 1024.
Le Siége vaque 8 j.
1012. *Léon*, ou *Gregoire*, Ant.
CXLVIII.
1024. *Jean* XIX. ou XX. 19 Juil.
Gouverne 9 a. 3. m. 19. j.
* Le 6 Novemb. 1033.
Le Siége vaque 1 m. 2 j.
CXLIX.
1033. *Benoit* IX. âgé de 10 ans.
Elû 9 Décemb.
Siége 10 a. 4 m. 20 j.
Abdiq. ou est dépofé le 1.
Mai 1044.
Le Siége vaque 1 a. moins 2 j.
1044. *Sylvestre* & *Jean*, Antip.
pendant 99. j.
CL.
1045. *Gregoire* VI. 28 Avril.
Gouverne 1 a. 7 m. 20 j.
Abdique le 17 Décemb. 1046.
Le Siége vaque 7 j.
CLI.
1046. *Clément* II. 25 Décemb.
Gouverne 9 m. 15. j.
* Le 9 Octob. 1047.
Le Siége vaque 29 j.
CLII.
1047. *Benoit* IX. derechef.
Elû le 8 Novemb.
Gouverne 8 m. 10 j.
* Le 17 Juillet 1048.
Le Siége ne vaque pas.

1012. Fondation de l'Ordre des Hermites Camaldules, par S. Romuald, approuvé en 1072 par Alexandre III.
1017. L'Ordre des Humiliés, établi à Milan par Jean de Meda, confirmé par Innocent III. l'an 1200, aboli l'an 1571 pour un attentat contre le Cardinal S. Charles Borromée.
1020. Chanoines Réguliers de S. *Lo* de Roüen, mais ne fe font mis en régle qu'en 1114.
Dédicace de l'Eglife Cathédrale de *Bamberg* en Allemagne, fous l'invocation de S. Etienne, par le Pape Benoit VIII.
1026. Ordre de *Grammont*, par S. Etienne de Muret, fous la Régle de S. Benoit; il a été réformé au commencement du XVe. Siécle par le Pape Jean XXIII.
1027. Mort de S. *Romuald*, Fondateur des Camaldules.
1030. Chevaliers de *S. Jacques* en Espagne, pour s'opposer aux Maures.
1031. Moines de *Vallombreufe*, fous la Régle de S. Benoit, par S. Jean Gualbert de Florence, approuvé en 1055.
1040. Chevaliers du *Lys* en Efpagne par Sanche, Roi de Navarre.
1047. S. Pierre Damien fort de folitude, par ordre de Clément II.

CONCILES.

1012. *Abamenfe* en Angleterre, fur la Difcipline. *Labbe* IX.
1014. De *Ravenne*, contre ce qui s'étoit paffé fous l'Archev. Adelbert. *ibidem*.
1015. De *Rome*, fur les immunités d'une Abbaye, *ibidem*.
1015. De *Rheims*, fur les biens de l'Eglife, en faveur de l'Abbaye de Moufon. *Martene, in Thefaur, Tom. IV*.
1017. D'*Orléans*, contre deux Hérétiques Manichéens, brûlés par ordre du Roi Robert. *Labbe IX. Haraduin VI. Manque in Regia*.
1020. D'*Airiac*, Diocéfe d'Auxerre, en préfence du Roi Robert. On y apporte des Reliques de Saints de divers endroits, *ibidem*.
1020. De *Pavie*, fur la Difcipline, *Labbe T. IX.*

1014. S.

GRANDS HOMMES. HERES. ET PERSEC. 305

1014. *S. Henri*, Roi de Germanie & d'Italie, avec Ste. Cunegonde son épouse, couronné Empereur à Rome par Benoit.

1016. *Fulbert* est élù Évêque de Chartres.

1016. *St. Etienne*, premier Roi de Hongrie, publie des Loix fort utiles pour la Religion & le bien de l'Etat.

1017. *S. Olaf* est établi Roi de Norwegue, & en devient le Missionnaire & le Catéchiste.

1023. Entrevûe de l'Empereur *S. Henri*, & de *Robert*, Roi de France, sur les frontiéres de Champagne.

1024. Mort de *S. Henri*, Empereur d'Allemagne.

1026. *Brunon*, depuis Pape Léon IX. est fait Evêque de Toul.

1028. *S. Olaf*, Roi de Norwegue, mis à mort par Canut, Roi de Dannemarck.

1029. *Fulbert* de Chartres meurt.

1030. Mort de *S. Emmeri*, fils d'Etienne, Roi de Hongrie.

1038. Mort de *S. Gothard*, ou *Godard*, Evêq. d'Hildesheim dans la Basse-Saxe.

1038. Mort de *S. Etienne*, premier Roi de Hongrie & l'Apôtre de son Royaume, âgé de 60 ans.

1040. Mort de *Ste Cunegonde*, Impératrice d'Allemagne, veuve de S. Henri.

1015. Nouveaux *Manichéens* en France & en Italie. Les Chefs furent *Etienne*, Ecolâtre de S. Pierre le Puellier, & *Lisotus*, Chanoine de Ste. Croix d'Orléans. Ils rejettoient l'Ancien Testament, nioient que J. C. fût né de la Sainte Vierge, ni qu'il eût souffert pour les hommes, ni qu'il fût mort & ressuscité. Ils n'admettoient pas l'efficacité du Baptême, ils nioient la transubstantiation, l'invocation des Saints, le mérite des bonnes œuvres. Ils s'assembloient nuitamment & en secret. Enfin ils se livroient à toutes sortes d'impuretés. Robert, Roi de France, en sollicita la condamnation l'an 1017, au Concile d'Orléans; ils furent livrés au bras séculier, & brûlés.

1025. Héréfie, publiée dans le Diocése de Cambrai, par *Gandulfe*, qui rejettoit tous les Sacremens, le culte des Saints, des Images & de la Croix, & prétendoit que pour être justifié & sauvé, il suffisoit d'avoir une justification particuliére, qu'il s'attribuoit, indépendamment de toutes les pratiques reçues universellement dans l'Eglise. Il fut condamné par le Concile d'Arras, de l'an 1025.

ÉCRIVAINS.

1029. *Ademar*, ou *Aimar* des Chabanois, Moine de S. Cibar d'Angoulême. Chronique, depuis 829, jusqu'en 1029. *apud Labbæum, Tom. II. Bibliothecæ manuscript.*

1030. *Guy Aretin*, Moine d'Italie, a inventé les notes de la Musique, & a, dit on, écrit contre l'Hérétique Berenger.

1032. *Oderan*, Moine de S. Pierre le Vif, à Sens. Une Chronique, qui finit l'an 1032, *in Collectione Andreæ Duchêne.*

1033. *Eugefippe*. Traité Géographique de la Terre Sainte, *apud Allatium, Tom. I.*

1033. *Brunon* de Wurtzbourg. Sur les Pseaumes, *in Bibl. Patr.*

II. Volume. V 1020. De

1020. De *Dijon*, de *Beaulne* & de *Lyon*. Ces Conciles font cités dans l'Hiſtoire des Evêques d'Auxerre.
1020. Aſſemblée de *Toulouſe*, contre quelques Enchanteurs, *ibidem*.
1021. De *Wincheſter*, pour confirmer l'exemption de l'Abbaye de S. Edmond. *Regia* XXV. *Labbe* IX. *Hardoüin* VI. *Anglic.* I.
1022. De *Seligenſtad*, ou *Mayence*, ſur la Diſcipline, *ibidem*.
1022. De *Leyra* en Navarre, ſur les Priviléges de l'Abbaye de S. Sauveur. *Aguirre Tom. III.*
1023. D'*Aix la-Chapelle*, ſur le différend de l'Archevêque de Cologne & de l'Evêque de Liége. *R.* XXV. *L* IX. *H.* VI.
1023. De *Mayence*, dans la cauſe du Comte Haniſtein, *ibidem*.
1023. De *Poitiers*, au ſujet de S. Martial. *Pagi*, *ad hunc annum*.
1024. De *Paris*, ſur le même ſujet. *Pagi*, *ad hunc annum*.
1025. D'*Anſe*, ſur l'Ordination des Moines de Clugny. *Labbe* IX. *Hardoüin* VI.
1025. D'*Arras*, ſur la Diſcipline. *Hardoüin ſeul*, *Tom.* VI.
1027. De *Francfort*, où l'on donne la tonſure Cléricale à Godhard, frere de l'Empereur Conrad. *Labbe* IX. *Hardoüin* VI. *ſeuls*.
1027. D'*Elne* en Rouſſillon, ſur la Diſcipline. *Labbe* IX. *Hard.* VI.
1027. *Auſonenſe*. *Aguirre Tom. III.*
1028. De *Mayence*, ſur l'aſſaſſinat du Comte Sigefroi. *Regia* XXV. *Labbe* IX. *Hardoüin* VI.
1028. De *Carroſé*, ſur la Foi Catholique, *ibidem*.
1029. De *Limoges*, ſur l'Apoſtolat de S. Martial, *ibidem*.
1029. Aſſemblée d'*Orléans*, pour la Dédicace de l'Egliſe de S. Aignan, *ibidem*.
1029. De *Palithi*, où ſe fait la réconcilation de l'Archevêque de Mayence avec l'Evêque d'Hildesheim, *ibidem*.
1030. De *Poitiers*, ſur les biens Eccléſiaſtiques. *Martene*, *in Theſauro*, *Tom.* IV.
1031. De *Limoges*, ſur l'Apoſtolat de Martial & ſur la Diſcipline. *Regia* XXV. *Labbe* IX. *Hardoüin* VI.
1031. De *Narbonne*, en faveur de l'Abbaye de S. Martin du Mont Canigou, en Rouſſillon. *Martene*, *Collectio Nova*, *Tom.* VII.
1031. De *Bourges*, ſur l'Apoſtolat de S. Martial & ſur la Diſcipline. *Labbe* IX. *Hardoüin* VI. *Manque in Regia.*
1031. De *Beaulieu*, près Limoges, dont on n'a pas les Actes, *ibidem*.
1031. De *Tribur*, près Mayence, ſur le jeûne du Carême, *ibidem*.
1031. De *France*. Il ſe tint divers Conciles ſur divers ſujets, *ibidem*.
1031. De *Compoſtelle* en Eſpagne, ſur la Diſcipline. *Reg.* XXV. *Labbe* IX. *Hardoüin* VI.
1032. De *Poitiers*, ſur la Foi Catholique, & ſur la conſervation des biens Eccléſiaſtiques. *Labbe* IX. *Hardoüin* VI. *Manque in Regia.*
1032. De *Pampelune*, ſur le rétabliſſement du Siége de cette Egliſe, *ibidem*.
1032. Aſſemblée des Evêques à *Ripol* en Catalogne, pour la Dédicace de cette Egliſe, *ibidem*.
1034 De *Landaff*, où l'on excommunie le Roi Mouric. *Anglic.* I.
1035. De *Tribur*, ſur la Diſcipline Eccléſiaſtique. *R.* XXV. *L.* IX. *H.* VI.

1036. De

1036. De *Poitiers*, fur la Difcipline, *ibidem*.
1037. De *Rome*, fur l'exemption d'une Abbaye, *ibidem*.
1038. Affemblée des Evêques de la *Gaule Narbonnoife*, pour la Dédicace de l'Eglife de Gironne, *ibidem*.
1040. De *Venife*, fur la Difcipline. *Hard. T. VI.*
1040. Affemblée des Evêques, pour la Dédicace de l'Eglife d'Urgel. *ibidem*.
1040. Affemblée des Evêques, pour la Dédicace de l'Eglife de la Trinité de Vendôme, *ibidem*.
1040. De *Vannes*, fur la Difcipline. *Regia XXV. Labbe IX. Hardoüin VI.*
1041. De *Cefene* en Italie, pour l'établiffement d'une Communauté de Clercs. *Labbe IX. Hardoüin VI. Manque in Regia. Ughellus, Tom. II.*
1041. Divers Conciles des Gaules, fur la paix du Royaume, *ibidem*.
1043. De *Narbonne*, fur les biens de l'Abbaye de S. Michel de Cuxa, en Rouffillon, *ibidem*, & *Martène in Thefauro, Tom. IV. Manque in Regia.*
1043. Autre de *Narbonne*, de la même année, fur une donation faite à l'Eglife de Carcaffone. *Martene, in Thefauro Tom. IV. Voyez le P. Bouges, Hift. de Carcaffone* 1741. p. 525.
1044. De *Conftance*, pour établir la paix. *Labbe IX. Hardoüin VI. Manque in Regia.*
1045. De *Narbonne*, fur les Priviléges de l'Abbaye de S. Michel de Cuxa. *Hard. VI.*
1046. De *Sutri*, près de Rome, où Gregoire VI. abdiqua le Pontificat, & où Clément II. fut élû. *Regia XXV. Labbe IX. Hardoüin VI.*
1046. Affemblée des Evêques en l'Abbaye d'*Arles* en Rouffillon, pour la Dédicace de fon Eglife. *Labbe IX. Hardoüin VI. feuls.*
1046. De *Pavie*, dont on n'a point les Actes, *ibidem*.
1046. De *Rome*, fur le rang des Evêques de Ravenne, de Milan & d'Aquilée, *ibidem*.
1047. De *Rome*, contre les Symoniaques. *R. XXV. L. IX. H. VI.*
1048. De *Sens*, pour confirmer la fondation de l'Abbaye de Provins, *ibidem*.
1048. De *Mersbourg* en Saxe.

ÉCRIVAINS.

1035. *Alexis*, Patriarche de Conftantinople. Décrets fur des matiéres Ecclésiaftiques, *in Jure Græco-Romano Leunclavii, in folio*.
1040. *Herman* le Raccourci, ou *Contractus*. Refte de lui une Chronique, *in Biblioth. Patrum & in Scriptoribus Germanicis in fol.*
1040. *Dominique*, Patriarche de Grado. Sur les différends de l'Eglife Latine & de la Grecque, *apud Cottelerium & Allatium*.
1045. *Michel Cerularius*, Patriarche de Conftantinople en 1050. Lettres & Traités contre l'Eglife Romaine.
1045. *Pierre*, Patriarche d'Antioche. Lettre à Dominique de Grado & à Cerularius fur les différends de l'Eglife Grecque, *ibidem*.

CLIII.

C L I I I.
1048. *Damase* II. 17 Juillet.
Gouverne 21 j.
* Le 8 Août 1048.
Le Siége vaque 6 m. 3 j.
C L I V.
1049. *Léon* IX. 11 Février.
Gouverne 5 a 2 m. 8 j.
* Le 19 Avril 1054.
Le Siége vaque 11 m. 25 j.
C L V.
1055. *Victor* II. 13 Avril.
Gouverne 2 a. 3 m. 16 j.
* Le 28 Juillet 1057.
Le Siége vaque 4 j.
C L V I.
1057. *Etienne* IX. ou X. 2 Août.
Gouverne 7 m. 27 j.
* Le 29 Mars 1058.
Le Siége vaque 10 m. 1 j.
1058. *Benoit*, Ant. 9 m. 20 j.
C L V I I.
1058. *Nicolas* II. 6 Décembre.
Mais sacré le 31 Janv. 1059.
Gouverne 2 a. 4 m. 26 j.
* Le 24 Juin 1061.
Le Siége vaque 3 m. 5 j.
C L V I I I.
1061. *Alexandre* II. 30 Septemb.
Gouverne 11 a. 6 m. 22 j.
* Le 20 Avril 1073.
Le Siége vaque 1 j.
1061. Cadalous, dit Honoré, II. Antipape.

1048. Abbaye de *S. Salve*, près Florence, est fondée.
1049. Rétablissement de l'Abbaye d'Hirsauge en Allemagne.
1049. Abbaye de Westminster, près Londres, rétablie.
1050. Abbaye de Troarn, Diocèse de Bayeux, fondée.
1051. Moines de *Vallombreuse* en Toscane, établis par S. Jean Gualbert.
1052. Fondation de l'Abbaye de la Chaise Dieu, Auvergne.
1054. Mort d'*Hermannus Contractus*, Moine d'Auge la riche.
1056. Fondation du Prieuré de la Charité, sur Loire.
1059. Ce fut, dit-on, cette année que l'on mit la réforme dans les Chapitres des Cathédrales.
1060. Le Monastére de S. Martin-des-Champs à Paris, est transporté dans le lieu où il est.
1063. Abbayes de S. Etienne & de la Trinité à Caen, fondées par Guillaume, Duc de Normandie, & Mathilde son épouse.
1066. Chanoines Réguliers de S. Aubert de Cambrai, établis dans cette Ville.
1069. Chanoines Réguliers de S. Jean-Baptiste de Coventry, en Angleterre, autorisés par Bulle de Martin V. l'an 1425.

CONCILES.

1048. De *Senlis*, en faveur de S. Medard de Soissons. *Martene, in Collectione Nova*, Tom. *VII*.
1049. De *Rome*, contre les Symoniaques. *Regia XXV. Labbe IX. Hardoüin VI*.
1049. De *Rheims*, sur la Discipline, *ibidem*.
1049. De *Mayence*, contre la Simonie, *ibidem*.
1049. De *Pavie*, sur la Discipline. *Labbe IX. Hardoüin VI. seuls*.
1049. De *Roüen*, sur la Discipline. *Bessin. in Conciliis Norman*.
1049. De *Rome*, mais l'année incertaine. *Labbe IX. Hardoüin VI*.
1050. De *Narbonne*, contre les Usurpateurs des biens de l'Abbaye d'Arles en Roussillon.
1050. De *Roüen*, sur la Discipline. *Labbe IX. Hardoüin VI. seuls*.

1048. Mort

GRANDS HOMMES. HERES. ET PERSEC. 309

1048. Mort de *S. Odillon*, Abbé de Clugny, à la fin du dernier jour de Décembre.

1050. *S. Gerard*, Evêq. de Toul, mort en 994. canonifé par le Pape S. Léon, qui étoit en même temps Evêque de Toul.

1052. Le Pape *S. Léon* réconcilié André, Roi de Hongrie, avec l'Empereur Henri IV.

1053. Le Pape *S. Léon* eſt arrêté par les Normands, & mis priſonnier auChâteau deBenevent.

1055. *S. Maurille* eſt fait Archevêque de Roüen.
S. Annon eſt fait Archevêque de Cologne, & reçoit l'inveſtiture de Henri III. Empereur.

1063. Ferdinand I. Roi de Caſtille & de Léon, fait tranſporter de Seville à Léon le Corps de *S. Iſidore*, Evêq. de Seville.
Le *B. Pierre Damien*, Légat du S. Siége en France, tient un Concile à Châlons ſur Saone.

1066. *S. Edoüard*, le Confeſſeur & Roi d'Anglet. déclare ſon ſucceſſeur Guillaume Duc de Normandie, & meurt.

1068. *Guillaume*, Roi d'Angleterre, réforme toutes les Egliſes de ſon Royaume.

1071. *S. Staniſlas* eſt fait Evêque de Cracovie en Pologne.

1048. Michel *Cerularius*, Patriarche de Conſtantinople, confirma les Grecs dans le *Schiſme*, commencé par Photius. Il accuſa même l'Egliſe Latine de pluſieurs erreurs imaginaires; par exemple, de ce que les Latins faiſoient raſer leur barbe, de jeûner le Samedi, de prononcer à haute voix quelques paroles du Canon de la Se. Meſſe, de ſe donner le baiſer de paix dans l'Egliſe, de ne pas chanter l'*Alleluya* dans le Carême, & autres de cette nature. Ce Patriarche fut excommunié par le Pape Léon IX. Cependant le Schiſme n'étoit pas univerſel.

1048. *Berenger*, Archidiacre d'Angers, eſt regardé comme le Chef des *Sacramentaires*. Il prétendoit que le Sacrement de l'Euchariſtie n'étoit qu'une figure du Corps & du Sang de Jeſus-Chriſt, & qu'il n'y avoit pas de changement dans la ſubſtance du pain & du vin. La révolte fut générale contre lui; il ſe rétracta, &' retomba pluſieurs fois dans les mêmes égaremens. Enfin il mourut pénitent, l'an 1088.

1065. Symoniaques en Italie.

ECRIVAINS.

1048. *Hugues de Breteuil*, Evêque de Langres. Traité du Corps & du Sang du Seigneur contre Berenger, *apud Lanfrancum, & in Biblioth. Patrum*.

1048. *Euſebe* Brunon, Evêque d'Angers.
Adelman, Evêq. de Breſce.
Aſcelin, Moine de S. Evroul.
Hugues, Evêque de Langres

} Ont écrit chacun une Lettre à Berenger, ſur la préſence réelle, *in Biblioth. Patrum*.

1048. *Glaber Radulphe*, ou Raoul, Moine de Clugny. Une Hiſtoire, depuis l'an 900. juſqu'en 1045, *in Collectione Andreæ Duchêne*.

1049. *Déodvin*, Evêque de Liége. Sur l'Euchariſtie. Mabillon. *in Analectis*.

La ſuite, pag. 313.

1050. De

1050. De *Rome*, contre l'Héréſie de Berenger. *Regia XXV. Labbe IX. Hardoüin VI.*
1050. De *Brionne* en Normandie, contre Berenger. *Labbe IX. Hardoüin VI. Manque in Regia.*
1050. De *Verceil* en Italie, contre Berenger & Jean Erigene, dit Scot. *Regia XXV. Labbe IX. Hardoüin VI.*
1050. De *Paris*, contre Berenger. *Labbe IX. Hardoüin VI. Manque in Regia.*
1050. De *Coyace*, dans le Diocéſe d'Oviedo en Eſpagne, ſur la Diſcipline. *Regia XXV. Labbe IX. Hardoüin VI.*
1050. De *Siponto*, (Sipontinum) contre deux Archevêques Symoniaques. *Labbe IX. Habdoüin VI. Manque in Regia.*
1051. De *Rome*, contre Gregoire, Evêque de Verceil, adultére, & contre les Symoniaques. *Regia XXV. Labbe IX. Hardoüin VI.*
1052. De *Limoges*, ſur l'Ordination d'un Evêque. *Labbe T. IX.*
1052. De *Mantoüe*, interrompu par des Evêques réfractaires. *Labbe IX. Hardoüin VI. Manque in Regia.*
1053. De *Rome*, contre Berenger, & pour la Canoniſation de S. Girard, Evêque de Toul. *Regia XXV. Labbe IX. Hardoüin VI.*
1053. *Aſſemblée de S. Denys*, pour reconnoître les Reliques de ce Saint. *Labbe IX. Hardoüin VI. Manque in Regia.*
1054. De *Narbonne*, ſur la Diſcipline, *ibidem.*
1054. De *Barcelonne*, contre les Uſurpateurs des biens de cette Egliſe, *ibidem.*
1054. * De *Conſtantinople*, contre l'Egliſe Romaine. *Hard. ſeul VI.*
1055. De *Mayence*, où l'on élit le Pape Victor II, *ibidem.*
1055. De *Florence*, contre Berenger & contre les aliénations des biens de l'Egliſe. *Regia XXV. Labbe IX. Hardoüin VI.*
1055. De *Lyon*, pour dépoſer pluſieurs Evêques, *ibidem.*
1055. De *Tours*, contre Berenger, *ibidem.*
1055. De *Cologne*, pour la réconciliation du Comte de Flandres avec Henri, Roi de France, *ibidem.*
1055. D'*Angers*, contre Berenger. *Pagi, ad hunc annum.*
1055. De *Roüen*, ſur la Diſcipline. *Beſſin. in Conciliis Normaniæ.*
1055. De *Lizieux* en Normandie, contre Malgerius, Archevêque de Roüen, *ibidem.*
1056. De *Touloufe*, contre la Symonie de l'Archevêque de Narbonne. *Regia XXV. Labbe IX. Hardoüin VI. & Baluz. in Conciliis Galliæ Narbonenſis.*
1056. De *S. Gilles* en Languedoc, ſur la Paix & la Trève. *Labbe IX. Hardoüin VI. Manque in Regia.*
1056. De *Landaff* en Angleterre, où l'on excommunie la famille Royale, pour avoir inſulté un Médecin, neveu de l'Evêque de Landaff. *Regia XXV. Labbe IX. Hardoüin VI.*
1056. De *Compoſtelle* en Eſpagne, ſur la Diſcipline, *ibidem.*
1056. De *Touloufe*, en faveur de l'Abbaye de Clugny. *Martene in Theſauro, Tom. IV.*
1056. De *Châlons* ſur Saone, en faveur des Chanoines de Romans. *Martene in Theſauro, Tom. IV.*

1057. De

1057. De *Rome*, sur l'Evêché de Marsi en Italie ; Evêché, qui n'est plus. *Regia XXV. Labbe IX. Hardoüin VI.*
1058. Assemblée de la Province de Narbonne, à *Elne* en Roussillon, pour la Dédicace de son Eglise. *Labbe IX. Hard. VI. seuls.*
1058. Autre à *Barcelonne*, sur la Discipline, *ibidem.*
1058. De *Sarragoce*, sur une ligue contre les Maures. *Aguirre T. III.*
1059. De *Suri.* On dépose l'Antip. Benoit. *R. XXV. L. IX. H VI.*
1059. De *Rome.* Berenger y abjure son Hérésie pour la troisiéme fois, & sur la Discipline, *ibid. & Martene, in Collect. Tom. VII.* Il paroit qu'alors les Chanoinesses sont inconnues au-deçà du Rhin.
1059. D'*Amalfi*, dans la Poüille. L'Evêque de Terni est déposé, *ib.*
1059. De *Landaff*, où l'on excommunie la famille Royale. *Angl. I.*
1059. De *Rheims*, pour le Couronnement de Philippe I. Roi de France, *ibidem.* Il est mal qualifié Concile de *Paris*, par Binius.
1059. De *Benevent*, en faveur de l'Abbaye de S. Vincent. *Labbe IX. Hardoüin VI. Manque in Regia.*
1060. De *Tours*, sur la Discipline. *Reg. XXV. Lab. IX. Hard. VI.*
1060. De *Vienne* en Dauphiné, contre les Symoniaques, *ibidem, & Martene Thesauri, Tom. IV.*
1060. De *Jacca* en Espagne, où l'on abroge le rit Ecclésiastique des Goths, pour adopter celui de Rome, & pour transferer le Siége de Huesca à Jacca. *Labbe IX. Hardoüin VI. Manque in Regia.*
1060. D'*Avignon*, sur l'Eglise de Cisteron. *Bouche, Hist. de Provence.*
1061. De *Benevent*, pour les droits de quelques Abbayes. *R. XXV. Labbe IX. Hardoüin VI.*
1061. * De *Bâle* en Suisse, qui prétendoit que le Pape devoit être Lombard, *ibidem.*
1061. De *Caen* en Normandie, sur la Discipline. *Bessin.*
1061. De *Rome*, sur la Discipline. *Pagi, ad hunc annum.*
1061. D'*Autun*, sur la Discipline. *Pagi, ad hunc annum.*
1062. De *Benevent*, en faveur de l'Abbaye de S. Vincent. *Regia XXV. Labbe IX. Hardoüin VI.*
1062. D'*Osbori* en Allemagne, sur la question de l'Election du Pape, si le consentement de l'Empereur y étoit nécessaire, *ibidem.*
1062. * De *S. Jean de la Rocca* en Arragon, qui prétend que les Evêques d'Arragon soient tirés de ce Monastére, *ibidem.*
1062. De *Pavie* & de *Florence*, contre l'Antipape Cadalous.
1063. De *Rome*, contre Pierre, Evêque de Florence, accusé d'Hérésie & de Simonie, *ibidem.*
1063. De *Châlons* sur Saone, en faveur de l'Abbaye de Clugny. *Lab. IX. Hardoüin III. Manque in Regia.*
1063. De *Roüen*, contre Berenger & sur la Discipline. *Hardoüin seul, Tom. VI. & Bessin. in Conciliis Norman.*
1063. Assemblée des Evêques, pour la consécration de l'Eglise de *Moyssac*, dans le Quercy. *Labbe IX. Hardoüin VI. Manque in Reg.*
1063. De *Jacca* en Espagne, où l'on reconnoît le Pape Alexand. II.
1064. De *Bari*, sur Arnoul, Vicaire du Pape Alexandre II.
1064. De *Mantoüe*, contre l'Antipape Cadalous, & en faveur du Pape Alexandre II. *Regia XXV. Labbe IX. Hardoüin VI.*

1064. De

1064. De *Barcelonne*, où l'on quitte les Rits & Cérémonies des Chrétiens Goths, pour prendre celles de Rome, *ibidem, & Pagi*.

1064. De *Bari*, sous l'Archevêque André. *Anonym. Barrens.*

1065. De *Rome*, I. & II. contre les Incestueux, c'est-à-dire contre les Jurisconsultes, qui vouloient compter les dégrés de consanguinité par le Droit Civil, & non par le Droit Canonique, *ibidem*.

1065. D'*Autun*, pour la réconciliation de l'Evêché de cette Ville, avec le Duc de Bourgogne. *Labbe IX. Hardoüin VI. Manque in Regia.*

1065. D'*Elne*, en Roussillon, pour la confirmation de la Paix, *ibidem*.

1066. De *Westminster*, près Londres, pour les Priviléges de cette Abbaye. *Regia XXV. Labbe IX. Hardoüin VI. Anglic. I.*

1066. De *Lillebonne* en Normandie, avant l'expédition de Guillaume le Bâtard en Angleterre. *Bessin. in Conciliis Norman.*

1068. D'*Aufch*, pour les Dixmes des Eglises Cathédrales de la Gascogne. *Labbe IX. Hardoüin VI. Manque in Regia.*

1068. De *Toulouse*, pour rétablir l'Evêché de Lectoure, *ibidem*.

1068. Divers Conciles, tenus en *Espagne* pour abroger les Cérémonies Ecclésiastiques des Chrétiens Goths, & introduire celles de Rome, *ibidem*.

1068. De *Gironne* en Espagne, sur la Discipline. *Hard. seul T. VI.*

1068. De *Bourdeaux*, en faveur de l'Abbaye de la Trinité de Vendôme. *Martene in Thesauro, Tom. IV.*

1069. De *Mayence*, sur la répudiation que l'Empereur Henri IV. vouloit faire de Berthe, qu'il avoit épousée deux ans auparavant. *Hardoüin Tom. VI.*

1069. De *Roüen*, pour l'Election d'un Archevêque de cette Ville. *Bessin. in Conciliis Norman.*

1070. De *Winchester*, contre Stigand, Usurpateur du Siége de Cantorbery. *Regia XXV. Labbe IX. Hardoüin VI. Anglic. I.*

1070. De *Rome*, sur l'Abbaye de Vissegrad. *Pagi, ad hunc ann.*

1070. D'*Anse*, sur une Donation, faite à l'Abbaye de l'Isle-barbe. *Labbe IX. Hardoüin VI. Manque in Regia.*

1070. De *Windsor* en Angleterre, sur la dégradation de quelques Prélats, *ibidem*.

1070. De *Normandie*, sur la consécration de Lanfranc, nommé Archevêque de Cantorbery. *Bessin. in Conciliis Norman.*

1070. De *Londres*, sous Lanfranc, pour rétablir dans les Villes les Siéges Episcopaux. *Labbe IX. Hardoüin VI. Manque in Regia.*

1071. De *Pedredan* en Angleterre, pour la nomination de quelques Evêques, *ibidem, & Anglic. I.*

1071. De *Mayence*, contre Charles, Evêque de Constance, accusé de Simonie & de Sacrilége. *Regia XXV. Labbe IX. Hardoüin VI.*

1072. D'*Angleterre*, où l'Archevêque de Cantorbery est déclaré Primat de celui d'Yorck, *ibidem*.

1072. De *Roüen*, sur la Discipline, *ibidem, & Bessin. in Concil. Norman.*

1072. De *Châlons sur Saone*, en faveur des Chanoines de Romans. *Martene in Thesauro, Tom. IV.*

1072. De *Rome*, sur l'Eglise de Milan. *Pagi, ad hunc ann.*

1049. Ni-

1049. *Nicetas*, Moine de Constantinople, contre les Latins, *in Lectionibus Antiquis Canisii.*
1050. *Nilus*, Doxopatrius, Archimandrite, ou Abbé. Un Traité sur les grands Patriarchats, *apud Stephanum le Moine*, *Varia sacra in* 4. *Lugduni Batavorum* 1685.
1051. *Siméon* le jeune, Abbé du Monastére de Clérocerce, à Constantinople, auteur des Moines Taborites de la Gréce. Plusieurs Traités de Spiritualité, extrêmement Métaphysiques.
1051. *Léon*, Archevêque d'*Acre* en Bulgarie. Quelques Lettres contre les Latins. *Voyez Léon Allatius, de Consensu Ecclesiæ Latinæ & Græcæ*, 4°. *Coloniæ* 1648.
1052. *Jean Jeannolin*, Abbé d'Ebrestein. Priéres, tirées des SS. Peres. *Mabillon. in Analectis.*
1055. *Helgaud*, Moine de Fleury. Vie du Roi Robert, *in Collectione Andreæ Duchêne.*
1057. *Pierre Damien*, Cardinal Evêque d'Ostie. Huit Livres de Lettres, plus de 90 Opuscules sur des matiéres de Religion & de piété, avec quelques Vies des Saints. *Ejus Opera in folio, Romæ* 1606-1608-1615. —— *Lugduni* 1623. —— *& Paris.* 1642. *&* 1663.
1057. *Alfanus*, Moine du Mont-Cassin & Archevêque de Salgine. Poésies sur divers sujets de piété. *Ughellus*, *Tom. II. Italiæ Sacræ.*
1058. *Wippo*, Chapelain de l'Empereur Henri III. a fait la Vie de l'Empereur Conrad & le Panégyrique de Henri III. *apud Canisium, & in Scriptoribus Germaniæ.*
1060. *Guitmond*, Evêque d'*Averse* en Italie. Sur le Corps & le Sang du Seigneur, en trois Livres; une Exposition de la Foi sur la Trinité & l'Incarnation, *in Bibliotheca Patrum.*
1060. *Alberic*, Moine du Mont-Cassin, a écrit contre Berenger, & sur plusieurs autres matieres Ecclésiastiques.
1060. *Michel Psellus*, Sénateur de Constantinople. Une Paraphrase Poétique, & un Commentaire sur le Cantique des Cantiques, Questions sur la Trinité & l'Incarnation, Dialogue de l'opération des Démons, & quelques autres Ouvrages.
1063. *Lanfranc*, Abbé du Bec & de S. Etienne de Caen, enfin Archevêque de Cantorbery en 1070. Plusieurs Lettres, un Commentaire sur S. Paul, un Traité du Corps & du Sang du Seigneur, contre Berenger. *Vide ejus Opera in folio. Paris.* 1648.
1068. *Manassés*, Archevêque de Rheims. Une Lettre & son Apologie, *Collect. Conciliorum, & apud Mabillonium in Diario Italico.*
1069. *Guibert*, Archid. de Toul. Vie du Pape Léon IX. *in Syrmund.*
1070. *Théophilacte*, Archevêque d'Acride en Bulgarie Commentaires sur le Nouveau-Testament & sur quatre petits Prophétes, *in folio. Paris.* 1631. *in folio Londini* 1636. & autres Ouvrages.
1071. *Anselme de Lucques*, en Italie, a écrit contre l'Antipape Guibert, *apud Canisium, & in Biblioth. Patrum.*
1072. *Samours*, Archevêque de Gaze. Dispute, où il est prouvé que le pain & le vin sont changés au Corps & au Sang de J. C. *in Auctario Bibl. Patrum Frontonis Ducæi.*
1072. *Durand* de Troarn. Traité contre Berenger d'Angers.

PAPES. | RITS ET RELIGIEUX.

CLIX.
1073. *Gregoire* VII. 22 Avril.
Gouverne 11 a. 10 m. 26 j.
Le 25 * Mai 1085.
Le Siége vaque 1 a.
1080. Guibert, ou Clément, Antipape.
Le Schisme dure 40 ans.
CLX.
1086. *Victor* III. 24 Mai.
Sacré le 9 Mai 1087.
Gouverne 4 m. 7 j.
* Le 15 Septembre 1087.
Le Siége vaque 5 m. 26 j.
CLXI.
1088. *Urbain* II. 12 Mars.
Gouverne 11 a. 4 m. 18 j.
* Le 29 Juillet 1099.
Le Siége vaque 15 j.
CLXII.
1099. *Pascal* II. 14 Août.
Gouverne 18 a. 5 m. 5 j.
* Le 18 Janvier 1118.
Le Siége vaque 6 j.
Albert & Théodoric, Antipape après Guibert.

1076. Fondation de l'Ordre de Grammont en France, par S. Etienne de Muret.
1077. Etablissement de l'Abbaye de *Schiren* en Baviére.
1079. Fondation de l'Abbaye d'Anchin en Flandres.
1080. Religieuses Hospitaliéres de Jerusalem.
1084. Ordre des Chartreux, par S. Bruno, approuvé par Alexandre III. l'an 1178.
1086. Religieuses Camaldules, par Raoul, Prieur de Camaldoli.
1095. Chanoines de S. Antoine de Viennois, pour secourir les Infirmes, n'a été autorisé que l'an 1297. par Boniface VIII.
1098. Ordre de Citeaux par S. Robert, Abbé de Molesme, au Diocése de Châlons en Bourgogne.
1100. Ordre de Fontevrauld, par le B. Robert d'Arbrissel.
1100. Religieuses de Vallombreuse en Italie.

CONCILES.

1073. De la *Guyenne*, (Novem populonia), sur diverses plaintes, portées vers le Pape, *ibidem*.
1074. De *Roüen*, sur la Discipline, *ibidem*, & *Bessin*.
1074. De *S. Genés*, près Lucques, contre les Chanoines de Lucques. *Regia XXVI. Labbe X. Hardoüin VI.*
1074. De *Rome*, pour la Discipline, contre la Simonie & l'incontinence des Clercs, *ibidem*.
1074. * D'*Angleterre*, où l'on dépose injustement S. Ulstan, *ibidem*.
1075. De *Rome*, sur la réformation des mœurs, *ibidem*.
1075. De *Mayence*, pour y publier le Concile de Rome de l'an 1074, contre les Prêtres Concubinaires, *ibidem*.
1075. De *Benevent*, en faveur de l'Abbaye de Ste. Sophie, *ibidem*.
1075. D'*Angleterre*, sur les femmes & les Vierges, à qui la crainte avoit fait prendre le voile de la Religion, *ibidem*, *Anglic. I.*
1075. De *Londres*, sur les mœurs du Clergé, *ibidem*, *Anglic. I.*
1075. De *Poitiers*, contre Berenger. *L. X. H. VI. Manque in Regia.*
1075. De *S. Maixant* en Poitou, contre l'Hérésie de Berenger, *ibidem*.
1076. De *Winchester*, contre l'incontinence des Chanoines, *ibidem*, *Anglic. I.*
1076. Autre de *Winchester*, *Anglicana Collect. Tom. I.*

1075. Mort

GRANDS HOMMES. | HERES, ET PERSEC. 315

1075. Mort de *S. Annon*, Archevêque de Cologne.
1079. *S. Stanislas*, Evêq. de Cracovie, tué par Boleslas II. Roi de Pologne.
1080. Naiss. de *S. Norbert*, Archevêque de Magdebourg.
1087. Mort de *S. Canut*, Roi de Dannemarck, tué par ses Sujets rebelles.
1089. Mort de *S. Lanfranc*, Archevêque de Cantorbery, & Ecrivain Ecclésiastique.
1091. *Ives* est Evêq. de Chartres. Naissance de *S. Bernard*, Abbé de Clervaux.
1092. Naiss. de *Pierre* le Vénérab. de l'illustre Maison de Montboissier en Auvergne, & ensuite Abbé de Clugny.
1093. Mort de *Ste. Marguerite*, Reine d'Ecosse.
S. Anselme est fait Archevêq. de Cantorbery.
1095. M. de *S. Ladislas*, Roi de Hongrie.

1081. *Jean Philosophe*, surnommé l'Italien, a voulu soutenir la Métempsychose, ou la transmigration des ames selon Pythagore, & introduire les idées de Platon dans la Religion. Il fut condamné à Constantinople en 1084.
1085. *Wecelin*, nommé Archevêque de Mayence, soutint qu'on ne pouvoit excommunier ceux qui n'avoient aucuns biens temporels. Il fut condamné par le Concile de Quedlinbourg en Saxe, l'an 1085. mais il n'a pas fait de Secte.
1090. *Roscelin*, Philosophe, Chef des *Nominaux*, a semé des erreurs sur la Ste. Trinité, en soutenant que les trois Personnes étoient trois Dieux. Il fut condamné au Concile de Soissons en 1092, où il se rétracta, & retomba depuis dans ses erreurs; il fut le maitre d'Abelard.

ÉCRIVAINS.

1073. Le Pape *Gregoire* VII. Beaucoup de Lettres, *in Collectionibus Conciliorum*.
1074. *Hugues*, Evêque de Die en 1074, & Archevêque de Lyon en 1083. Plusieurs Lettres au Pape Gregoire VII. *in Collectione Conciliorum*.
1075. *Bennon*, Cardinal. Deux Livres contre le Pape Gregoire VII. *in 4º. per Goldastum, Hanoviæ* 1611. Peu commun.
1078. *Samuel* de Maroc, Juif converti. Un Traité de la venue du Messie, *in Bibliotheca Patrum*.
1078. S. *Anselme*, Abbé du Bec, & Archevêque de Cantorbery en 1093. Plusieurs Lettres, des Traités Dogmatiques, & Ouvrages de Spiritualité. ——— *Ejus Opera in folio*. Paris. 1675 ——— & 1721. *Vide Spicilegium, & Miscellanea Baluzii*.
1079. *Eadmer*, Disciple de S. Anselme. Une Histoire de son temps, & quelques Ouvrages de piété, *cum Anselmo*, anni 1675 &c.
1079. *Gaunillon*, Moine Anglois, a écrit sur l'Existence de Dieu.
1079. *Nicétas* Serron, Archevêque d'Héraclée. Commentaire sur S. Gregoire de Nazianze.
1080. *Bonizon*, Evêque de Plaisance en Italie, a écrit en faveur du Pape Gregoire VII. & composé d'autres Ouvrages.
La suite, pag. 319.

1076. De

1075. *De *Worms*, de *Mayence* & de *Maeftriecht*, contre le Pape Gregoire VII. R. XXVI. L. X. H. VI.
1076. De *Tribur*, où l'on prétend qu'il fut queftion de la dépofition de l'Empereur Henri IV. *ibidem*.
1076. De *Rome*, où Gregoire VII. excommunie Henri IV, *ibidem*.
1076. * De *Pavie*, où l'on excommunie Gregoire VII, *ibidem*.
1077. D'*Anfe*, près Lyon, fur la Difcipline. L. X. H. VI. feuls. Baluz. Tom. VI. Mifcellaneorum.
1077. D'*Autun*, fur la Difcipline. Hard. Tom. VI. & Pagi.
1077. D'*Auvergne*, ou de Clermont, fur la Difcipline. Baluz. *ibidem*.
1077. De *Weftminfter*, fur cette Abbaye. Anglic. I.
1078. De *Poitiers*, fur la Difcipline. L. X. H. VI. Manque in Regia.
1078. De *Rome*, où l'on excommunie les Partifans de l'Empereur Henri IV. Regia XXVI. Labbe IX. Hardoüin VI.
1078. Autre de *Rome*, contre les Simoniaques, *ibidem*.
1078. De *Rome*, où Berenger abjure. Mabillon. in Analectis.
1078. De *Bourdeaux*, fur la Difcipline. Hardoüin feul, Tom. VI.
1078. De *Londres*, où l'on établit des Evêques en plufieurs Villes. Labbe X. Hardoüin VI. Manque in Regia.
1078. De *Gironne*, en Efpagne Hardoüin feul, Tom. VI.
1078. De *Poitiers*, contre la Simonie.
1079. De *Rome*, où Berenger abjure fon Héréfie pour la quatriéme fois. R. XXVI. L. X. H. VI. & Martene in Thefauro, Tom. VI.
1079. De *la Bretagne* Armorique en France, contre les dehors d'une fauffe Penitence, *ibidem*.
1079. De *Bourdeaux*, où Berenger s'explique fur fa créance, *ibidem*.
1080. De *Rome*, où l'on excommunie les Partifans de Henri IV. Regia XXVI. Labbe X. Hardoüin VI.
1080. De *Wurtzbourg*, où l'Empereur Henri IV. eft reçû à la Communion de l'Eglife, *ibidem*.
1080. * De *Mayence*, en faveur de l'Empereur, *ibidem*.
1080. * De *Breffanon*, ou *Brixen*. On élit l'Antip. Guibert, *ib.* & Pagi.
1080. De *Lyon*, contre Manaffés, intrus dans l'Eglife de Rheims, *ibid.*
1080. De *Sens*, dont on n'a plus les Actes, *ibidem*.
1080. De *Meaux*, où Arnoul eft eft fait Evêque de Soiffons, *ibidem*.
1080. D'*Avignon*, où Hugues eft fait Evêque de Grenoble. Labbe X. Hardoüin VI. Manque in Regia.
1080. De *Langres*, contre les Inveftitures des Laïcs, *ibidem*.
1080. De *Burgos* en Efpagne, où l'on abroge les Cérémonies Gothiques, *ibidem*.
1080. De *Saintes*, en faveur de l'Abbaye de Fleury, *ibidem*, & Martene in Thefauro, Tom. IV.
1080. De *Lillebonne*, fur la Difcipline & la Politique, *ibidem*, & Martene, Thefauri Tom. IV. & Beffin. in Conciliis Norman.
1081. De *Rome*, contre l'Empereur Henri. Regia XXVI. Labbe X. Hardoüin VI. & Martene, in Collectione Tom. VII.
1081. D'*Iffoudun*, (Exoldunenfe) près Bourges, en faveur de l'Abbaye de Marmoutier. Labbe X. Hardoüin VI.
1082. De *Carrofé*, au Diocéfe de Poitiers, contre Bofon, Evêque de Saintes, que l'on dépofe, *ibidem*.

1082. De

1082. De *Meaux*, pour l'Ordination de Robert, Evêque de cette Ville, *ibid. m.*
1082. D'*Oiffel*, (Oxella), près de Rouen, sur le différend de l'Archevêque de Rouen & de l'Abbé de Fontenelles. *Beffin.*
1083. De *Rome*, contre l'Empereur Henri & l'Antipape Guibert. *Regia XXVI. Labbe X. Hardouin VI.*
1083. Autre de *Rome*, sur la Discipline, *ibidem.*
1083. De *Saintes*, pour ordonner un Evêque de cette Ville, en la place de Boson. *Labbe X. Hardouin VI. Manque in Regia.*
1084. De *Rome*, contre l'Antipape Guibert & Henri IV. *Regia XXVI. Labbe X. Hardouin VI.*
1085. De *Quedlinbourg*, contre Henri & ses Partisans, *ibidem.*
1085. * De *Mayence*, contre le Pape Gregoire VII. & pour l'Antipape Guibert, *ibidem.*
1085. De *Compiegne*, en faveur des Abbayes de S. Corneille de cette Ville, & de S. Acheul d'Amiens. *L. X. H. VI. Manque in Regia.*
1085. De *Glocester*, en Anglet. pour l'Election d'un Evêque. *Angl. I.*
1085. Divers Conciles, tenus par Lanfranc. *Angl. I.*
1086. De *Ravenne*, en faveur de cette Eglise, par l'Antipape Guibert. *Regia XXVI. Labbe X. Hardouin VI.*
1087. De *Capoüe*, pour rétablir Victor III. Pape, *ibidem.*
1087. De *Benevent*, où l'on excommunie l'Antipape Guibert, *ibid.*
1089. De *Rome*, où l'on confirme ce qui avoit été fait contre l'Antipape Guibert & l'Empereur Henri, *ibidem.*
1089. De *Troye*, dans la Poüille, sur les divers dégrés de Parenté, *ib.*
1089. D'*Amalfi*, dans la Pouille, sur la Discipline, *ibidem.*
1089. De *Saintes*, pour donner un Archevêque à Bourdeaux. *Labbe X. Hardouin VI. Manque in Regia.*
1090. De *Narbonne*, en faveur de l'Abbaye de Grasse, & contre la Simonie. *Labbe X. Hard. VI. Baluz. in Concil. Gall. Narbon.*
1090. De *Tolede*, mal qualifié Toulouse en quelques Collections, sur la Discipline, & pour réformer les Cérémonies de cet Archevêché. *Regia XXVI. Labbe X. Hardouin VI.*
1090. De *Beziers*, sur les biens de l'Eglise. *Martene Thesauri, T. IV.*
1091. De *Léon* en Espagne, pour suivre dans les Cérémonies le Rit de S. Isidore de Seville. *Labbe X. Hardouin VI. Manque in Regia.*
1091. De *Rouen*, pour l'Election d'un Evêque de Séez. *Beffin.*
1091. De *Benevent*, sur la Discipline, & contre l'Antipape Guibert. *Regia XXVI. Labbe X. Hardouin VI.*
1092. De *Soissons*, contre le Trithéisme de Roscelin de Compiegne. *Labbe X. Hardouin VI. Manque in Regia.*
1092. De *Rheims*, contre Robert, Comte de Flandres, qui s'emparoit du bien de tous les Ecclésiastiques qui décédoient, *ibidem.*
1092. D'*Estampes*, contre l'Ordination d'Ives de Chartres, *ibidem.*
1092. De *Paris*, sur l'Abbaye de S. Corneille de Compiegne, *ibid.*
1092. De *Worchester*, sur le Privilége de l'Eglise de Ste. Helene. *Angl. I.*
1093. Assemblée des Evêques d'*Angleterre*, pour ordonner S. Anselme, Archevêque de Cantorbery, *ibidem*, *Angl. I.*
1094. De *Rheims*, sur la Discipline. *Hardouin Tom. VI.*
1094. De *Brives*, sur l'Abbaye de Marmoutiers, près Tours, *ibidem.*

1094. De

1094. De *Dol*, sur le même sujet, *ibidem*.
1094. D'*Autun*, sur la Discipline. *Baluz. Tom. VI. Miscellaneorum, & Regia XXVI. Labbe X.*
1094. De *Roquingham* en Angleterre, où l'on décide qu'Anselme, Archevêque de Cantorbery, ne sauroit, sans le consentement du Roi, demander le Pallium au Pape Urbain II. que le Roi n'avoit pas encore reconnu. *Regia XXVI. Labbe X. Hard. VI. Anglic. I.*
1094. De *Constance*, sur la Discipline, *ibidem*.
1095. De *Plaisance* en Italie, contre Henri IV. qui avoit répudié Praxede sa femme; pour donner du secours à l'Empereur d'Orient; contre l'Antipape Guibert, & autres Hérésies, *ibidem*.
1095. De *Clermont* en Auvergne, sur la Discipline; contre le Roi Philippe; la Croisade y est résolue, *ibidem*.
1095. * D'*Angleterre*, où l'on renvoye Anselme, Archevêque de Cantorbery, pour avoir soutenu le parti du Pape.
1095. De *Limoges*, pour la Croisade. *L. X. H. VI. Manque in Regia.*
1095. D'*Auvergne*, pour établir une trêve dans le Royaume. *Martene, Thesauri Tom. IV.*
1096. De *Tours*. Le Roi Philippe y est absous, & la Croisade résolue. *Regia XXVI. Labbe X. Hardoüin VI.*
1096. De *Roüen*, sur la Discipline. *Labbe X. Hardoüin VI. & Bessin. in Concil. Norman. Manque in Regia.*
1096. De *Saintes*, en faveur de l'Abbaye de Vendôme, & sur les jeûnes de la veille des Fêtes des Apôtres, *ibidem*.
1096. De *Nîmes*, sur une donation, faite à l'Abbaye de Clugny, & sur la Discipline, *ibidem, & Baluz. Tom. VII. Miscellaneorum.*
1096. De *Clermont*, sur la Discipline Monastique. *Baluz. Tom. VII. Miscellaneorum.*
1097. De *Bari*, sur la réunion des Grecs. *R. XXVI. L. X. H. VI.*
1097. D'*Irlande*. On demande qu'Anselme de Cantorbery ordonne l'Evêque de Waterford. *L. X. H. VI. Manque in Regia. Angl. I.*
1097. De *Gironne*, pour la liberté Ecclésiastique, *ibidem*.
1098. De *Rome*, sur une trêve dans la cause de S. Anselme. *Regia XXVI. Labbe X. Hardoüin VI.*
1098. Autre de *Rome*, contre l'Antipape Guibert, *ibidem*. Pagi prétend qu'il n'y eut qu'un Concile à Rome cette année.
1098. De *Bourdeaux*, dont on n'a point d'Actes. *Labb. X. Hard. VI. Manque in Regia.*
1099. De *Rome*, contre les Simoniaques & contre l'Antipape Guibert. *Regia XXVI. Labbe X. Hardoüin VI.*
1099. De *Jerusalem*, où l'on établit Patriarche de cette Ville, Théodebert, en la place d'Arnoul Usurpateur, *ibidem*.
1099. De *S. Omer*, pour la conservation de la paix. *Labbe X. Hard. VI. Manque in Regia.*
1099. D'*Estampes*, sur la Discipline. *Hardoüin, Tom. VI. ex Ivone Carnot. ibidem.*
1100. De *Valence*, contre Nerigaud, Evêque d'Autun, & Hugues, Abbé de Flavigny, Simoniaques, *ibidem*.
1100. De *Poitiers*, sur la Discipline, & contre Philippe, Roi de France, qui avoit repris Bertrade, *ibidem*.

1080. Os-

ECRIVAINS.

1080. *Osberne*, Moine & Sous-Chantre de Cantorbery. Vie & Miracles de S. Dunſtan, Archev. de Cantorbery, & autres Ouvrages.
1080. *Jean Scylitzes*, Curopalates. Hiſt. depuis l'an 813, juſqu'en 1081. *Græc. Lat. in fol. Paris. e Typogr. Reg.* 1648.
1080. *Jean Xiphilin*, Patriarche de Conſtantinople. Quelques Décrets, *in Jure Græco-Romano*, & pluſieurs Homélies.
1080. *Antonius Meliſſa*, Moine Grec. Des Sermons, *in Biblioth. Patr.* & autres Ouvrages de piété.
1080. *Berthold* de Conſtance. Traités en faveur de Gregoire VII.
1081. *Pierre Cardinal*, & Bibliothécaire de l'Egliſe Romaine. Vie du Pape Gregoire VII.
1082. *Nicétas*, Archidiacre de l'Egliſe de Conſtantinople, a écrit contre Jean le Philoſophe, placé ci-deſſus au rang des Hérétiq. *Voyez Lambecius Lib. III. Bibliothecæ Vindobonenſis.*
1082. *Gregoire* & *Deus dedit*, tous deux Cardinaux. Une Collection des Canons, qui ſont l'une & l'autre parmi les manuſcrits du Vatican.
1083. *Coſme*, Doyen de l'Egliſe de Prague. Une Chronique du Royaume de Bohéme, *in Scriptoribus Hiſt. Bohemicæ*, in folio. *Hanoviæ* 1602.
1083. *George*, Moine Grec. Chronique, depuis Adam juſques à l'an 1081. *in folio. Paris. in Scriptoribus poſt Theophanem* 1685.
1084. *Paul*, Prevôt de Benriede de l'Ordre de S. Auguſtin. Hiſt. du Pape Gregoire VII. *in 4. a Gretzero, Ingolſtadii* 1610.
1085. *Robert*, Abbé de S. Vigor de Bayeux. Commentaire ſur le Cantique des Cantiques, *apud Caſimir. Oudin. Tom. II. in Scriptoribus Eccleſiaſticis, in folio. Lipſiæ* 1722.
1088. *Urbain* II. Un grand nombre de Lettres, *in Collectione Conciliorum, & apud Martene, Tom…*
1088. Le *Micrologue*, Micrologus. Ouvrage célébre, mais anonyme, ſur l'Office de l'Egliſe, *in Bibliothec. Patrum.*
1089. *Nicolas*, Evêq. de *Methone*. Traité de la vérité du Corps & du Sang de Jeſus-Chriſt dans l'Euchariſtie, *in Auctario Biblioth. Patr. in folio* 1624. & un Traité de la proceſſion du S. Eſprit. *Vide Allatium.*
1090. *S. Bruno*, Fondateur des Chartreux. Deux Lettres & une Confeſſion de Foi. *Vide Mabill. in Analectis.* On lui attribue d'autres Ouvrages, un Commentaire ſur les Pſeaumes & ſur S. Paul, &c. mais ils ſont de *Bruno de Segni*.
1090. *Jean*, Patriarche d'*Antioche*. Traité ſur les Donations, faites à des Moines, *apud Cottelerium, in Monumentis Eccleſiæ Græcæ*, Queſtions ſur l'Ancien & le Nouveau-Teſtament, *apud S. Athanaſium*, & pluſieurs autres Ouvrages.
1090. *Anaſtaſe*, Archevêque de Céſarée en Paleſtine. Divers Traités ſur le jeûne, *apud Cottelerium, in Monumentis Græcis.*
1093. *Irene*, Ducas, femme de l'Empereur Alexis Comnene. Régle pour des Religieuſes. *Montfaucon, Analect. Græc. in 4°. Paris.* 1688.
1099. *Nagold*, Moine de Clugny. Vie d'Odon & de S. Mayol de Clugny. *Mabillon. & Bollandus.*

DOU-

DOUZIÉME SIÉCLE.

CLXIII.
1118. *Gelafe* II. 25 Janvier.
Gouverne 1 a. 4. j.
* Le 29 Janvier 1119.
Le Siége vaque 2 j.
Maurice Burdin, dit Gregoire, Antipap.

CLXIV.
1119. *Calixte* II. 1. Février.
Gouverne 5 a. 10 m. 13 j.
* Le 12 Décembre 1124.
Le Siége vaque 8 j.

DOUZIÉME SIÉCLE.

1101. Mort de *S. Bruno*, à 50 ans.
1112. Guillaume de Champeaux fonde S. Victor de Paris.
1113. Religieufes de *Citeaux*, par S. Bernard.
1113. Ordre de S. Jean de Jerufalem, ou Malthe.
1118. Ordre des *Tempeliers*, mais aboli en 1311.
1120. Chanoines Réguliers de *Prémontré*, par S. Norbert, à Prémontré en Picardie.

CONCILES.

DOUZIÉME SIÉCLE.

1101. De *Milan*, contre l'Archevêque de Milan, Simoniaque. *Regia XXVI. Labbe X. Hardoüin VI.*

1101. De *Windfor*, fur l'Eglife de Norwick. *Angl. I.*

1102. De *Latran*, ou de *Rome*, contre l'Empereur Henri IV. *ibid.*

1102. De *Londres* I. fur la Difcipline. On y dépofe plufieurs Eccléfiaftiques vicieux. *ibidem*, *Angl. I.*

1102. De *Londres* II. pour réformer la Difcipline, *ibidem*.

1103. De *Rome*, où l'on maintient l'Archevêque de Milan dans fon Siége, quoique réputé Simoniaque. *R. XXVI. L. X. H. VI.*

1103. De *Marfeille*, fur les Priviléges de l'Abbaye de Clugny. *Martene, Thefauri Tom. IV.*

1103. De *Londres*, fur les Inveftitures. *Angl. I.*

1104. De *Troyes*. L'Evêque de Senlis s'y juftifie du crime de Simonie. *Regia XXVI. Labbe X. Hardoüin VI.*

1104. De *Latran*, ou de *Rome*, dans lequel on excommunie ceux qui favorifent les Inveftitures Laïques. *Labbe X. Hardoüin VI. Manque in Regia.*

1104. De *Beaugenci*, fur la Loire, dans la caufe de Philippe, Roi de France, & de Bertrade. *Regia XXVI. Labbe X. Manque in Hard.*

1104. De *Fuffel* en Efpagne, fur les limites des Diocéfes de Burgos & d'Ofma. *Dans Hardoüin feul, Tom. VI.*

1105. De *Rome*, contre les Inveftitures. *Eadmer, Lib. IV. Hift.*

1105. De *Florence*, contre l'Evêque de cette Ville, qui prétendoit que l'Ante-Chrift étoit déjà né. *Regia XXVI. Labbe X. Hardoüin VI.*

1105. De *Quedlinbourg*, pour la réformation des mœurs, *ibidem*.

1105. Affemblée de *Mayence*, où Henri IV. fe démet de l'Empire, qu'il remet à fon fils Henri V, *ibidem*.

1105. De *Paris*, où l'on abfoud Philippe, Roi de France, & Bertrade. *Labbe X. Hardoüin VI. Manque in Regia.*

1106. De *Poitiers*, pour envoyer du fecours en Paleftine, *ibidem*.

GRANDS HOMMES. HERES. ET PERSEC.

DOUZIÉME SIÉCLE.

1106. Mort de *S. Bennon*, Evêque de Meiſſen en Saxe, à 96 ans.
1109. Mort de *S. Anſelme*, Archevêque de Cantorbery.
1113. Mort de *Ste. Ide*, mere de Godefroi de Bouillon.
1114. Converſion de *S. Norbert*.
1116. Mort d'*Ives* de Chartres.
1117. Mort de *Robert d'Arbriſſel*. Naiſſ. de *S. Thomas* de Cantor.
1122. Le *B. Pierre Maurice* eſt fait Abbé de Clugny.

DOUZIÉME SIÉCLE.

1110. *Baſile*, Médécin, Chef des Bogomilles, Manichéen, brûlé à Conſtantinople, en 1118.
1122. *Pierre de Bruys*, de Dauphiné, Chef des *Petrobruſſiens*, attaque le Baptême, l'Euchariſtie, les Egliſes & la Croix. Brûlé vif en 1146.
1123. *Arnaud de Breſſe* ſoutenoit les erreurs des Petrobruſſiens, & attaquoit ſur tout l'Ordre Hiérarchique de l'Egliſe.

ÉCRIVAINS.

DOUZIÉME SIÉCLE.

1101. *Lambert*, Evêque d'Arras en 1093. Hiſtoire des Evêques d'Arras. Baluzius, Tom. *V. Miſcellaneor.*
1101. *Geoffroi*, Abbé de *Vandôme*, dès l'an 1093. Lettres & divers Traités. *Ejus Epiſtolæ in 8°. Paris.* 1610. *& apud Syrmundum.*
1101. *Yves de Chartres.* Des Lettres, une Collection, des Décrets & des Conciles. *Ejus Opera in folio. Paris.* 1647.
1101. *Radulphus Ardens.* La Guerre Ste. & Sermons. *Coloniæ* 1602.
1102. *Hildebert*, Evêque du Mans, & Archevêque de Tours. Lettres & divers autres Ouvrages. *Ejus Opera in folio. Paris.* 1708.
1102. *Brunon*, Moine d'Aſt en Italie, puis Evêque de Signi, a diſputé contre l'Hérétique Berenger; il a donné des Commentaires ſur l'Ecriture Ste. & des Traités de Doctrine. *Ejus Opera in folio. Venetiis.*
1105. *Odon*, Abbé de S. Martin de Tournay, Evêque de Cambrai en 1105. Expoſition du Canon de la Meſſe, *in Biblioth. Patrum.*
1105. *Guibert*, fait Abbé de *Nogent.* Hiſtoire de la premiére Croiſade. Traité des Reliques des Saints. *Ejus Opera in folio. Paris.* 1652.
1106. *Gilbert*, ou *Gilesbertus*, Abbé de Weſtminſter l'an 1106. Traité de la Foi contre les Juifs, *inter Opera S. Anſelmi, Paris.* 1675.
1106. *Hugues*, Abbé de *Flavigni.* Chronique de Verdun.
1107. *Euthymius Zigabenus*, Moine Grec. Panoplie, ou Recueil de paſſages des SS. Peres ſur la Religion, *in Biblioth. Patrum.*
1112. *Sigebert* de Gemblours. Une Chronique.
1120. *Etienne* d'Autun. Du Corps & du Sang de J. C. *in Bibl. Patr.*
1120. *Michel Glycas.* Annales juſqu'en 1118. *in fol. Paris.* 1660.
1120. *Nicéphore Brienne.* Hiſt. de ſon temps, *in fol. Paris.* 1661.
1120. *George Cedrenus*, Moine. Hiſt. Univerſ. *in fol. Paris.* 1661.
1120. *Jean Zonare*, Moine Grec. Annales du Monde, *in fol. Paris.* 1686. 2 vol. Commentaires ſur les Canons, *in folio. Oxon.* 1672.
1121. *Guigues*, Prieur de la Grande Chartreuſe. Statuts de ſon Ordre, *in fol. Baſil.* 1510. Très rare.

II. Volume.   X   1106. De

1106. De *Guastalla*, contre les Investitures, *ibid. & Martene Th. IV.*
1106. De *Lizieux*, pour la paix de Normandie, *ibid. & Bessin.*
1107. De *Jerusalem*, pour le Patriar. Daibert. *R. XXVI. L. X. H. VI.*
1107. De *Londres*, contre les Investitures des Laïcs, *ibidem, Angl. I.*
1107. De *Troyes*, sur la Discipline & contre les Symoniaques, *ibidem, & Martene Collectio Nova, Tom. VII. Pagi, ad hunc ann.*
1107. Assemblée des Evêques à l'*Abbaye de Fleury*, sur la Loire, pour y recevoir le Corps de S Benoit, apporté du Mont-Cassin. *Labbe Tom. X. Hardoüin VI. Manque in Regia.*
1108. De *Londres*, contre l'incontinence des Clercs, *ibidem, Angl. I.*
1108. De *Roüen*, sur les nécessités de l'Eglise. *Hardoüin VI.*
1108. De *Benevent*, contre les Investitures des Laïcs. *Regia XXVII. Labbe X. Hard. VI.*
1109. De *Londres*, dans la cause de l'Archevêque d'Yorck, *ibidem, Angl. I.*
1109. De *Rheims*, dans la cause de Godefroi, Evêque d'Amiens, *ibid.*
1109. De *Loudun*, pour l'Eglise de Tornus. *L. X. H. VI. seuls.*
1109. De *Poitiers*. Robert d'Arbrissel soumet à l'Evêque de Poitiers les Monast. de son nouvel Ordre. *Jean de la Mainferme, Clypeus Fontebrald. in 8°. T. I. p. 2. pag. 128-129.*
1110. De *Rome*, ou de *Latran*, en faveur de l'autorité Episcopale, *ib.*
1110. De *Clermont*, pour l'Eglise de Mauriac, *ibidem.*
1110. De *Fleury*, sur le même sujet, *ibidem.*
1110. De *Toulouse*, dont les Actes sont perdus, *ibidem.*
1111. De *Jerusalem*, contre les Investitures, & contre l'Empereur Henri. *Regia XXVI. Labbe X. Hard. VI.*
1111. De *Latran*, ou de *Rome*, sur le même sujet, *ibidem.*
1112. De *Vienne* en Autriche, sur le même sujet, *ibidem, & Martene in Collectione, Tom. VII.*
1112. D'*Anse*, contre les Investitures. *Labb. X. Hard. VI. seuls.*
1112. D'*Aix* en Provence, sur la Discipline. *Martene, Thes. T. IV.*
1112. D'*Usneach* en Irlande, sur les mœurs. *Angl. I.*
1113. De *Benevent*, en faveur de l'Abbaye du Mont-Cassin. *Reg. XXVI. Labbe X. Hard. VI.*
1114. De *Beauvais*, contre l'Empereur Henri V. *ibidem.*
1114. De *Ceperano*, dans la Campagne de Rome (Ciperanum) pour casser les vœux Monastiques, faits par violence, *ibidem.*
1114. De *Windsor* en Angleterre, pour l'Election de Raoul, Archevêque de Cantorbery. *Labbe X. Hard. VI. Manque in Regia.*
1114. De *Palentia* en Espagne, où l'on choisit un Evêque pour le Siége de Lugo. *Hard. seul VI.*
1114. De *Compostelle*, sur la Jurisdiction. *Hard. seul, Tom. VI.*
1114. D'*Elne* en Roussillon, sur le différend qui étoit entre les Abbayes de S. Michel de Cuxa & d'Arles. *Marten. in Thes. T. IV.*
1115. De *Syrie*, ou *Palestine*, pour la déposition d'Arnoul, Patriarche de Jerusalem. *Regia XXVI. Labbe X. Hard. VI.*
1115. De *Troye* dans la Pouille, pour la Paix & la Trêve, *ibidem.*
1115. De *Rheims*, contre Henri V. Empereur, & pour obliger Godefroi, Evêq. d'Amiens, à rentrer dans son Diocése, *ibidem.*

1115. De

1115. De *Soiſſons*, ſur le même ſujet. *Labbe X. Hard. VI. ſeuls.*
1115. De *Cologne*, contre Henri V. *ibidem.*
1115. De *Châlons*, ſur Marne, contre Henri V. *ibidem.*
1115. De *Tornus*, (Trenorcienſe), ſur les différends des Egliſes de S. Jean & de S. Etienne de Beſançon, *ibidem.*
1115. De *Dijon*, ſur le même ſujet. *Pagi, ad hunc annum.*
1115. D'*Oviedo*, en Eſpagne, ſur la Diſcipline. *Hard. ſeul T. VI.*
1116. De *Cologne*. Henri V. eſt excommunié. *R. XXVI. L. X. H. VI.*
1116. De *Cologne*, ſur l'Archevêq. de Mayence. *Urſperg. in Chron.*
1116. De *Latran*, où l'on confirme celui de l'an 1111. *ibidem.*
1116. De *Rome*, qui permet à l'Abbé du Mont-Caſſin de ſe nommer l'Abbé des Abbés, *ibidem.*
1116. De *Salisbury* en Angleterre, où Guillaume & Henri ſon fils ſe font mutuellement ſerment. *Labbe X. Hard. VI. ſeuls.*
1116. De *Langres*, ſur diverſes matiéres Eccléſiaſtiques, *ibidem.*
1117. De *Tornus*, en faveur de l'Egliſe de S. Etienne de Dijon, *ibid.*
1117. De *Milan*, *Pagi, ad hunc annum.*
1117. De *Benevent*, contre l'Antipape Burdin. *R. XXVI. L. X. H. VI.*
1118. De *Capoüe*, contre l'Empereur Henri V. & l'Antipape Burdin. *R. XXVII. L. X. Hard. VI.*
1118. De *Cologne*, contre Henri V. *ibidem.*
1118. De *Fritſlar*, contre Henri V. *ibidem.*
1118. De *Roüen*, pour la Diſcipline. *Lab. X. Hard. VI. Beſſin. ſeuls.*
1118 De *Toulouſe*, pour une Croiſade en Eſpagne contre les Sarraſins, & contre Pierre de Bruys, *ibidem.*
1118. D'*Angoulême*, pour la Confirmation de quelques Evêques, *ibidem.*
1119. De *Vienne*, dont il ne reſte point d'Actes. *R. XXVI. L. X. H. VI.*
1119. De *Toulouſe*. Pierre de Bruys, livré au bras ſéculier & brûlé, & ſur la Diſcipline, *ibidem*, *mais les Canons manquent in Regia.*
1119. De *Rheims*, contre les Inveſtitures, la Simonie & l'Empereur Henri V. *Labbe X. Hard. VI. Manque in Regia.*
1119. De *Rome*, *ibidem.*
1119. De *Roüen*, contre l'incontinence des Prêtres, *ibidem.*
1119. De *Benevent*, contre les voleurs, *ibidem.*
1119. De *Beauvais*, ſur la Diſcipline, *ibidem.*
1120. De *Napoſi* en Samarie, ſur la Diſcip. *R. XXVII. L. X. H. VI.*
1120. De *Soiſſons*, contre Abelard. On en trouve une fort belle deſcription dans cet Auteur. *Labbe X. Hard. VI. Manque in Regia.*
1121. De *Quedlinbourg*, ſur l'Etat de l'Empire & les Inveſtitures, *ibid.*
1122. De *Worms*, ſur les Inveſtitures, *ibidem.*
1122. De *Rome*, en faveur du Mont-Caſſin. *R. XXVII. L. X. H. VI.*
1122. De LATRAN, IXe. Concile général, ſous le Pape Calixte II. pour le recouvrement de la Terre Sainte & ſur la Diſcipline, *ibidem, & Martene in Collectione, Tom. VII.*
1122. De *Gloceſter*, pour faire un Archevêq. de Cantorbery. *Angl. I.*
1123. De *Rome*. Le Pape & l'Empereur ſe réconcilient.
1123. De *Bourges*, Siméon de Dunelm, de Geſt. *Angl. I.*
1124. De *Toulouſe*, ſur les Sacremens. *Hard. l'indique Tom. XI.*
1124. Divers Conciles, de *Chartres*, *Clermont*, *Beauvais*.

X 2   CLXV.

CLXV.
1124. *Honoré* II. 21 Décemb.
Gouverne 5 a. 1 m. 25 j.
* Le 16 Février 1130.
Le Siége ne vaque pas.
Calixte, Antipape.
CLXVI.
1130. *Innocent* II. 17 Février.
Gouverne 13 a. 7 m. 6. j.
* Le 24 Septembre 1143.
Le Siége ne vaque pas.
Pierre Léon, ou Anaclet, &
Victor Antipapes.
CLXVII.
1143. *Célestin* II. 25 Septembre.
Gouverne 5 m. 15 j.
* Le 9 Mars 1144.
Le Siége vaque 2 j.
CLXVIII.
1144. *Luce* II. 12 Mars.
Gouverne 11 m. 14 j.
* Le 25 Février 1145.
Le Siége vaque 1 j.
CLXIX.
1145. *Eugene* III. 27 Février.
Gouverne 8 a. 4 m. 11 j.
* Le 6 Juillet 1153.
Le Siége vaque 4 m. 27 j.

1124. Chevaliers de S. Lazare de Jerusalem., par le Roi Baudoüin II. unis en 1490 à l'Ordre de S. Jean de Jerusalem.
1130. Chanoines Réguliers de Chancelade, près Cahors, par Guillaume de Rocheblanche, Evêq. de Perigueux.
1131. Chanoines Réguliers de Ste. Croix de Conimbre en Portugal, établis par Tellez, Chanoine Séculier de cette Eglise.
1136. Chanoines Réguliers de Ste. Marie du Rhin.
1140. Chanoines Réguliers de Closterneubourg, près de Vienne en Autriche, par Léopold, Marquis d'Autriche.
1147. Chanoines Réguliers de Ste. Geneviéve à Paris, mis en la place des Chanoines Séculiers, tirés de l'Abbaye de S. Victor. Réformés en 1622, sous le titre de Congrégation de France, qui s'est fort étendue.
1148. Chanoines Régul. de *Sempingam*, en Angleterre.
1150. Religieuses de *Sempingam*.

CONCILES.

1124. De *Vienne* en Dauphiné, en faveur de l'Eglise de Romans, *Martene Thesauri*, Tom. *IV*.
1126. De *Londres*, ou *Westminster*, sur la réformation des mœurs. *Regia XXVII. Labbe X. Hardoüin VI. Angl. I.*
1126. De *Rocheborough* en Ecosse, pour la paix de l'Eglise. *Angl. I.*
1127. De *Nantes*, sur la Discipline. *Labbe X. Hardoüin VI. seuls.*
1127. De *Londres*, sur les mœurs. *R. XXVII. L. X. H. VI. Angl. I.*
1127. D'*Orléans*, sur la Discipline. *Pagi, ad ann.* 1126.
1127. De *Nantes*, sur le mariage entre parens.
1128. De *Troyes*. On donne l'habit blanc aux Templiers, *ibidem*.
1128. De *Ravenne*, Archevêq. de Venise & d'Aquilée, déposés, *ibidem*.
1128. De *Roüen*, sur la Discipline. *Bessin. in Conciliis Normaniæ.*
1128. De *Dol* en Bretagne. *Baluz. Tom. I. Miscellan.*
1129. De *Paris*, sur le Prieuré d'Argenteuil. *Lab. X. Hard. VI.*
1129. D'*Orléans*. On en ignore le sujet, *ibidem*.
1129. De *Toulouse*, contre les Hérétiques, *ibidem*.
1129. De *Londres*, sur l'incontinence des Clercs. *R. XXVII. L. X. H. VI. Angl. I.*
1129. De *Placentia*. Merida, donnée à l'Eglise de Compostelle.

GRANDS HOMMES. HERES. ET PERSEC.

1126. *S. Norbert* est fait Archevêque de Magdebourg.
1127. *Charles le Bon*, Comte de Flandres, & assassiné.
1130. Mort de S. *Isidore Laboureur*, & Patron de Madrid.
Le *B. Thomas* de S. Victor, assassiné à Gournay sur Marne.
1132. Mort de *S. Hugues*, Evêque de Grenoble.
1134. Mort de *S. Norbert*.
1135. Mort de *Ste. Raingarde*, mere du B. Pierre le Vénérable.
1136. Mort de *S. Léopold*, Marquis d'Autriche.
1138. Mort de Guillaume, dernier Duc de Guyenne, Pénitent.
1141. *S. Heric*, ou *Henri*, est élu Roi de Suéde pour son mérite.
1142. Mort édifiante de Pierre *Abailard*, à Chalons sur Saone.
1146. *Croisade* des Latins pour secourir l'Orient.
1148. Mort de *S. Malachie*.
1151. *S. Héric*, *Eric*, ou Henri, Roi de Suéde, tué par les Rebelles.
1153. Mort de *S. Bernard* de Clervaux, âgé de 62 ans.

1124. *Tanchelin*, ou *Tanquelin*, parut dans les Pays-Bas, d'une vie déréglée. Il rejettoit le Sacrifice de la Sainte Messe & le Sacrement de l'Ordre. Il fut assommé dans les Pays-Bas. C'est de lui que sont venus les nouveaux *Adamites*, & *Multiplians*.
1139. *Pierre Abailard*, ou *Abelard*. De Professeur en l'Université de Paris, il se fit Bénédictin. Il hazarda quelques propositions singuliéres sur la Trinité ; mais il se soumet, & meurt l'an 1142 à S. Marcel, près de Châlons sur Saone.
1140. *Gilbert Porretan*, ou de la Porrée, Evêque de Poitiers, disoit que les trois Personnes de la Ste. Trinité ne sont pas une seule substance. Gilbert se rétracta.
1146. *Eon*, Gentilhomme Breton, se disoit le Messie, qui devoit juger tous les hommes.
1147. *Henriciens*, viennent d'Henri l'Hermite, Pétrobrussien.

ÉCRIVAINS.

1124. *Pierre Alphonse*, Juif converti. Dialogue contre les Juifs, *in Bibl. Patrum*.
1124. *Pierre de Honestis*. Régle pour les Chanoines, *inter Opera S. Petri Damiani*, *in folio. Paris*. 1642.
1124. *Pierre*, surnommé le *Vénerable*, élû Abbé de Clugny en 1123. Traité contre les Juifs, un autre contre l'Alcoran, plusieurs Lettres & Traités, *in Bibliotheca Cluniacensi*, *in folio. Paris*. 1614.
1124. *Anaclet*, Antipape. Ses Lettres, données par le P. Lupus, après le Concile d'Ephese, *in* 4°.
1128. *Dreux*, ou *Drogo*, Abbé de S. Jean de Laon, Cardinal & Evêque d'Ostie en 1136. Un Traité de l'Office divin, un des sept Dons du S. Esprit, & quelques autres Traités.
1129. *Albert*, ou *Alberic*, Chanoine d'Aix. Histoire de la premiére Croisade. *Gesta Dei per Francos*, *in fol. Hanoviæ* 1611.
1130. *Foucher*, de Chartres. Histoire de la Croisade, *ibidem*.
1130. *Gautier*, Hist. de la Croisade de 1115, jusqu'en 1124, *ibidem*.
1130. *Alger*, Diacre de l'Eglise de Liége, puis Moine de Clugny, mort en 1130. Traité du Corps & du Sang de Notre-Seigneur, contre Berenger, *in Bibliotheca Patrum*.

1129. De *Châlons*, contre Henri, Evêq. de Verdun. *Pagi, ad hunc ann.*
1130. De *Wurtzbourg*, contre l'Antipape Anaclet. *Pagi, ad hunc ann.*
1130. De *Clermont*, sur la Discipline, & contre l'Antipape Anaclet. *Baluz. Tom. VII. Miscellaneorum.*
1130. Du *Puy* & d'*Etampes*, contre l'Antipape Anaclet. *Labbe X. Hardoüin VI. Manque in Regia.*
1131. De *Rheims*, contre l'Antipape Anaclet, *ibidem*, *mais manquent in Regia les Canons sur la Discipline.*
1131. De *Liége*, en faveur d'Otton, Evêque d'Halberstadt, & contre l'Antipape Anaclet, *ibidem.*
1131. De *Mayence*, contre Brunon, Evêque de Strasbourg, *ibidem.*
1132. De *Cressi*, près Narbonne. *Labbe IX. App.*
1132. De *Placentia*, contre l'Antipape Anaclet, *ibidem.*
1132. De *Rheims*, en faveur de l'Abbaye de Marmoutier. *Martene Thesauri, Tom. IV.*
1132. De *Thionville*, en faveur du Chapitre de S. Dié en Lorraine. *Martene Thesauri, Tom. IV.*
1132. De *Londres*, pour la paix de l'Eglise. *Angl. I.*
1133. De *Joüarre*, Diocése de Meaux, sur les Immunités de l'Eglise. *Regia XXVII. Labbe X. Hardoüin VI. Pagi, ad ann.* 1135.
1133. De *Northampton* en Angleterre, pour la consécration & bénédiction d'Evêques & Abbés. *Regia XXVII. Labbe X. Hard. VI.*
1134. De *Pise*, contre l'Antipape Anaclet, *ibidem.*
1134. De *Narbonne*, sur les malheurs du Diocése d'Elne en Roussillon, exposé aux courses des Sarrasins. *Labbe X. Hardoüin VI. Manque in Regia.*
1136. D'*Antioche*, où l'on dépose le Patriarche intrus de cette Ville, nommé Radulphe, *ibidem.*
1136. De *Jerusalem*, sur les Articles contestés entre les Catholiques & les Arméniens, *ibidem.*
1136. De *Burgos* en Espagne. *Hardoüin seul, Tom. VI.*
1136. De *Westminster*, pour élire un Evêq. de Londres. *Angl. I.*
1137. D'*Herford* en Angleterre. *Angl. I.*
1137. De *Valladolid* en Espagne. *Regia XXVII. Labbe X. Hard. VI.*
1137. De *Bourdeaux*, sur la Discipline. *Martene in Collectione, Tom. VII.*
1138. De *Londres*, sur la Discipline. *Regia XXVII. Labbe X. Hard. VI. Mais in Regia manquent les Canons. Angl. I.*
1138. De *Northampton*, sur la Discipline, *ibidem*; mais d'autres le rapportent à l'an 1383. *Angl. I.*
1138. De *Westminster*, sur la Discipline. *Angl. I.*
1138. De *Karlel* en Ecosse. *Angl. I.*
1138. Autre de *Westminster*, sur la Canonisat. de S. Edward. *Angl. I.*
1139. De LATRAN, Xe. Concile général, assemblé par Innocent II. contre l'Antipape Anaclet, & pour la conservation des biens Ecclésiastiques, *ibidem*, & *Martene Thesauri, Tom. IV.*
1139. De *Winchester*, pour l'immunité des Eglises, *ibidem.*
1140. De *Sens*, contre Pierre Abelard, *ibidem.*
1140. De *Constantinople*, contre quelques Hérétiques. *Allatius, de Consensione Eccles. Græc. & Lat. Lib. II. Cap. 11.*

1130. *Elis*

ECRIVAINS.

1130. *Elie de Crete.* Commentaire fur S. Gregoire de Nazianze, *cum Operibus S. Gregorii, in fol. Paris.* 1609 & 1630.
1130. *Hugues de Fleury.* De la Puiffance Royale & Sacerdotale. *Bal. Tom. IV. Mifcellan.*
1130. *Donnizon*, Prêtre. Vie de la Comteffe Mathilde, en vers. *A Tengnagelio in* 4°. *Ingolftad.* 1612.
1130. *Herman*, Abbé de S. Martin de Tournai. Chronique de fon Abbaye, *in Spicilegio.*
1130. *Baldric de Dol*, en Bretagne. Hift. de la Guerre Sainte, imprimée par *Bongars, in Geftis Dei, fol.* 1611.
1130. *Etienne Harding*, Anglois. Abbé de Citeaux. Conftitutions de fon Ordre, *in Menologio Ciftercienfi, in fol. Antuerp.* 1635.
1130. *Hugues Metel*, Abbé de S. Léon de Toul, Prémontré. Des Lettres, publiées par *l'Abbé Hugo, in fol.*
1130. *Bernard de Compoftelle*, Cartulaire, dont on a imprimé quelque chofe *in Hifpania illuftrata, Tom. IV.*
1130. *Hariulphe*, Moine de S. Riquier. Sa Chronique, *in Spicilegio.*
1130. *Siméon*, Moine de Durham en Angleterre. Hiftoire de fon Abbaye, *inter Scriptores Hiftoriæ Anglicanæ in folio.* 1652.
1130. *Hervé*, Moine du Bourg de Dol. Commentaire fur S. Paul, *inter Opera S. Anfelmi.*
1130. *Hugues*, Chanoine de *S. Victor* de Paris. Des Commentaires fur l'Ecriture, & autres Traités. *Ejus Opera in folio, Rothomagi* 1648.
1132. *Anne Comnene*, fille de l'Empereur Alexis Comnene, a écrit l'Hiftoire de fon pere. *Græce & Latine in folio, Paris.* 1651.
1132. *Ifaac*, Evêque Catholique d'Armenie. Deux Traités contre les Arméniens, *apud Combefcium, in Auctario Tom. II.*
1135. *Rupert*, Abbé de Duitz. Commentaires fur l'Ecriture, Traités de la Trinité, &c. *Ejus Opera in folio, Paris.* 1638. 2 *volum.*
1140. *Philippe de Haruing.* Abbé de Bonne Efperance, Lettres, Commentaires fur le Cantiq. des Cant. *Ejus Opera in folio, Duaci* 1620.
1140. *Nilus*, ou *Nicolaus*, Moine, puis Secrétaire du Patriarche de Conftantinop. Traité des Patriarchats. *Allatius de Concordia, & Steph. le Moine, Varia Sacra, T. I.*
1140. *Théophanes.* Des Homélies, *in fol. Gr. Lat. Paris* 1644.
1140. *Benoit*, Chanoine de S. Pierre de Rome. Des Cérémonies de l'Eglife Romaine, *Tom. II. Mufæi Italici Mabillonii in* 4. 1689.
1141. *Anfelme de Gemblours*, continue la Chronique de Sigebert.
1142. *Pierre Abelard*, Moine de S. Denys, puis de Clugny, mort en 1142. Des Lettres, un Traité fur la Trinité, & quelques autres Ouvrages. —— *Ejus Opera in* 4°. *Paris.* 1616.
1142. *S. Bernard*, Moine de Citeaux, puis Abbé de Clervaux en 1115. Des Lettres très curieufes, Traités de Doctrine & de Spiritualité, & des Sermons. *Ejus Opera in folio, Paris* 1690. &c. 2 vol.
1142. *Orderic Vital.* Une Hiftoire Eccléfiaftique, *apud Andream du Chêne, in Scriptoribus Hiftoriæ Normaniæ, in folio. Paris.* 1619.
1142. *Suger*, Abbé de S. Denys, & Miniftre d'Etat. Ses Lettres & fon Hiftoire, *apud And. du Chêne, in Collect. Scriptorum Franci.*
1142. *Samfon*, Archevêque de Rheims. Lettres au Pape Innocent II.

X 4

1140. De

1140. De *Veroli*, Campag. de Rome, (Verulenſe), ſur l'obéiſſance Ecléſiaſtique. *Hard. ſeul, Tom. VI. Mabillon, in Diar. Italico T. I.*
1141. De *Londres, Angl. I.*
1142. De *Wincheſter*, pour la liberté du Roi Etienne. *Regia XXVII. Labbe IX. Hardoüin VI.*
1142. De *Weſtminſter*, ſur les plaintes du Roi Henri. *Angl. I.*
1142. D'*Antioche*, contre le Patriarche Radulphe, accuſé de Simonie. *ibidem.*
1142. De *Lagni*, ſur les différends de l'Evêque d'Arras & de l'Abbaye de Marchienne. *Labbe IX. Hardoüin VI. Manque in Regia.*
1142. De *Weſtminſter*, où le Roi Etienne ſe plaint des vexations de ſon peuple, *ibidem.*
1143. De *Jeruſalem*, contre les erreurs des Arméniens. *Hardoüin ſeul, Tom. VI.*
1143. De *Conſtantinople*, où l'on dépoſe deux Evêques ordonnés contre les Canons & contre les Bogomiles, *ibidem.*
1143. De *Londres* contre les violences faites à l'Egliſe. *R. XXVII. Labbe IX. Hardoüin VI. Angl. I.*
1143. De *Wincheſter*, ſur l'Egl. de Cantorbery. *Labbe IX. Hardoüin VI. Manque in Regia. Angl. I.*
1145. Aſſemblée de *Bourges*. On indique le Concile de Vezelay, *ibid.*
1146. De *Vezelay* en Bourgogne, pour la Croiſade contre les Turcs. *Regia XXVII. Labbe IX. Hardoüin VI.*
1146. Aſſemblée en *Bavière* pour le même ſujet.
1146. De *Laon* en Picardie, pour le même ſujet.
1146. De *Chartres*, pour le même ſujet, *ibidem.*
1146. De *Terragone*, dont nous n'avons pas les Actes. *Labbe IX. Hardoüin VI. Manque in Regia.*
1147. D'*Etampes*, ſur la Croiſade, *ibidem.*
1147. De *Paris*, contre Gilbert Porretan, ou Porrée, Evêque de Poitiers. *Regia XXVII. Labbe IX. Hard. VI.*
1147. De *Conſtantinople*, contre les erreurs de Bogomiles. *Hard. ſeul Tom. VI.*
1148. De *Rheims*, contre Gilbert de la Porrée, & ſur la Diſcipline, *ibidem, & Martene Theſauri, Tom. IV.*
1148. De *Tréves*, où le Pape permet à Ste. Hildegarde de mettre par écrit ſes révélations. *Regia XXVII. Labbe IX. Hardoüin VI.*
1148. De *Lincoping* en Suéde, pour l'établiſſement de l'Evêché de Lunden en Archevêché. *Labbe IX. Hard. VI. Manque in Regia.*
1151. De *Beaugenci*, où l'on caſſe le Mariage de Loüis le jeune, Roi de France, & d'Eléonor, fille du Duc d'Aquitaine, pour conſanguinité, du conſentement des Parties. *Reg. XXVII. Lab IX. Hard. VI.*
1151. De *Londres*, ſur la Diſcipline. *Baluz. Tom. VII. Miſcellaneorum, & Labbe IX. Hard. VI. Manque in Regia. Angl. I.*
1151. D'*Hybernie*, où l'on établit quatre Métropolitains pour l'Irlande. *Labbe IX. Hard. VI. Manque in Regia. Angl. I.*
1152. De *Tréves*, en faveur du Chapitre de Remiremont en Lorraine. *Martene in Collectione, Tom. VII.*
1152. De *Milfort*, en Irlande. *Pagi, ad hunc ann.*

1143. *Guillaume de Sommerset*, Moine de Malmesburi. Histoire d'Angleterre jusqu'en 1143, & l'Histoire des Evêques de ce Royaume, *inter Scriptores Angliæ*, *in fol. Londini* 1596. & *Francofurti* 1601.
1144. *Eugene* III. Pape. Beaucoup de Lettres, *in Collect. Conciliorum*.
1144. *Robert Pullus*, ou *Pulleynus*, Anglois Cardinal. Il ne reste de lui qu'un Livre des Sentences, ou Théologie Scholastique, & quelques Sermons. —— *Ejus Opera in folio. Paris.* 1655.
1146. *Othon*, Evêque de *Freisingue*. Une Chronologie jusqu'à l'an 1146, & l'Histoire de Fréderic Barberousse, *in Script. Germaniæ*.
1149. *Nicetas* de Constantinople. Apologie du Concile de Chalcédoine contre les Arméniens. *Allatius, Græcia Ortod. & de Consensu*.
1150. *Philippe*, Evêque de *Tarente*. Lettres dans le *Bibliothec. Cisterciensi in folio.*
1150. *Constantin* Herménopule, Juge de Thessalonique. Profession de Foi, & un Traité des Sectes des Hérétiques.
1150. *Pierre Lombard*, Evêque de Paris. Commentaire sur les Pseaumes & sur S. Paul, & le Livre des Sentences en quatre parties, qui a servi de base à tous les Scholastiq. *in* 40. *Paris.* 1564 & 1577.
1150. *Gratien*, Moine Bénédictin à Boulogne en Italie, a fait la Collection des Décrets des Papes & des Conciles, qui fait la premiére partie du Corps du Droit Canonique, imprimé plusieurs fois, sur-tout à Rome en 1582 —— & à Paris en 1685.
1150. *Arnoul*, ou *Arnulphus*, Evêque de *Lizieux*. Un Recueil de Lettres très utiles, *in* 80. *Paris.* 1585 —— & *in Spicilegio.*
1151. *Anselme*, Evêq. d'*Havelberg* en Brandebourg. Dialogues sur les différends des Grecs & des Latins, *in Spicilegio.*
1151. *Arnauld* de Bonneval, au Diocèse de Chartres. Quelques Traités de Spiritualité, *in Editione S. Cypriani, folio. Oxonii* 1682.
1151. *Gilbert*, Abbé d'Hoiland, a continué le Commentaire de S. Bernard sur les Cantiques, & a fait quelques Traités de Spiritualité, *in Operibus S. Bernardi* 1690.
1151. *Etienne*, Evêque de *Paris*. Plusieurs Lettres, *in Spicilegio.*
1152. *Ste. Elizabeth*, Abbesse de Schonaw. Des Lettres & ses visions, *in fol. Coloniæ* 1628.
1152. *Ekbert*, Abbé de S. Florin. Vie de S. Elizabeth de Schonaw, qui étoit sa sœur.
1152. *Hugues*, Archevêque de Roüen. Trois Livres contre les Hérétiques de son temps.
1153. *Nicolas*, Moine de Clervaux, Secretaire de S. Bernard. Sermons & Lettres, *in Bibliot. Cisterciensi, & in Baluzii Miscellaneis.*
1154. *Henri de Hungtington*, Chanoine de Lincolne. Histoire de sa nation & un Traité du mépris du Monde, *in Spicilegio, & in Collect. Histor. Angliæ, in fol. Londini* 1596 & *Francofurti* 1601.
1154. Le Pape *Adrien IV*, Plusieurs Lettres, *in Collect. Conciliorum.*
1154. *Robert*, Moine de S. Remi. Histoire de la premiére Croisade, depuis 1095 jusqu'en 1099. *Gesta Dei per Francos, in folio.*
1155. *Lucas*, Chrysoberge, Patriarche de Constantinople. Statuts sur la Discipline, *apud Leunclavium, Jus Græco-Romanum.* De plus, Institutions Ascétiques en manuscrit, Bibliothéque de Vienne.

330 PAPES. | RITS ET RELIGIEUX.

CLXIX. *
1153. *Anastase* IV. 9 Juillet.
Gouverne 1 a. 4 m. 24 j.
Décemb. 1154. Vaque peu.
CLXX.
1154. *Adrien* IV. 4 Décemb.
Gouverne 4 a. 8 m. 29 j.
* Le 1 Sept. 1159. Vaque 5 j.
CLXXI.
1159. *Alexandre* III. 7 Sept.
Gouverne 21 a. 11 m. 21. j.
* Le 27 Août 1181. Vaque 1 j.
Victor, *Pascal*, *Calixte* & *Innocent*, *Antipapes*.
CLXXII.
1181. *Luce* III. 29 Août.
Gouverne 4 a. 2 m. 28 j.
* Le 25 Nov. 1185. Ne vaque pas.
CLXXIII.
1185. *Urbain* III. 25 Novemb.
Gouverne 1 a. 10 m. 25 j.
* Le 19 Oct. 1187. Ne vaque pas.

1155. Ordre de *S. Guillaume*, par S. Guillaume, uni aux Augustins dans le XVIe Siécle.
1156. Chevaliers d'Alcantara, pour s'opposer aux Maures d'Espagne, approuvés en 1177.
1158. Ordre Militaire de Calatrava, pour s'opposer aux Maures d'Espagne.
1158. Religieuses de *Calatrava*.
1159. Religieuses *Humiliées* de Milan.
1162. Chanoines Réguliers du S. Sépulcre en Bohéme, Pologne & Russie.
1162. Ordre Militaire d'Avis en Portugal, par le Roi Alphonse.
1171. Ordre des *Carmes*, tiré des Solitaires du Mont Carmel, par le Bienh. Albert.
1171. Chevaliers de S. Michel de Portugal.

CONCILES.

1154. De *Londres*, où l'on confirme diverses Loix d'Angleterre, tant Ecclésiastiques, que politiques. *L. IX. H. VI. seuls. Angl. I.*
1154. De *Soissons*, sur la paix de l'Etat, *ibidem*.
1154. De *Constantinople*, contre quelques Prêtres d'Antioche qui étoient dans l'erreur. *Hardoüin seul, Tom. VI.*
1155. De *Valladolid*, Provincial. *Pagi, ad hunc ann.*
1157. De *Northampton*. *Angl. I.*
1157. De *Chester*, sur l'exemption de quelques Abbayes. *Labbe IX. Hardoüin VI. Manque in Regia. Angl. I.*
1157. De *Rheims*, sur la discipline. *Martene, Collectio Nova T. VII.*
1158. De *Waterford* en Irlande, sur l'arrivée des Anglois dans cette Isle. *Labbe IX. Hardoüin VI. Manque in Regia. Manque in Anglic.*
1158. De *Roscoman* en Irlande, sur la discipline, *ibidem*, *Angl. I.*
1158. De *Rheims*, sur le différend de l'Evêque de Laon avec l'Abbé, *ibidem*.
1160. * De *Pavie*, de l'Antipape Victor. *R. XXVII. L. X. H. VI.*
1160. De *Nazareth* en Palestine, où les Orientaux reconnoissent la Primatie du Siége Apostolique de Rome. *L. X. H. VI. seuls.*
1161. * De *Lodi* en Italie, pour l'Antipape Victor. *Regia XXVII. Labbe X. Hardoüin VI.*
1161. D'*Oxford*, contre les erreurs des Vaudois que l'on avoit introduites en Angleterre. *Labbe X. Hard. VI. Manque in Regia. Manque in Anglic.*
1161. De *Toulouse*, pour le Pape Alexand. III. *L. X. H. VI. seuls.*

1156. Mort

GRANDS HOMMES. | HERES. ET PERSEC.

1156. Mort du *B. Pierre Maurice*, Abbé de Clugny.
1159. *S. Eberard*, Archev. de Saltzbourg, s'oppose au Schisme.
1161. *S. Edoüard*. Roi d'Angleterre, est canonisé.
1162. *S. Thomas* Becquet est fait Archevêq. de Cantorbery.
1164. Mort de *S. Eberard*, Archevêque de Saltzbourg.
1166. Translation du Corps de *Charlemagne* à Aix-la-Chapelle par l'Archevêq. de Cologne.
1170. Naissance de *S. Dominique*. *S. Thomas* de Cantorbery est assassiné dans son Eglise.
1173. *S. Thomas* de Cantorb. est canonisé.
1177. *S. Benezet* se présente pour bâtir le Pont d'Avignon, & meurt l'an 1184.
1182. Naiss. de *S. François* d'Assise.

1160. *Albigeois*, ainsi nommés de la Province d'Albi, où ils se distinguérent le plus. Espéce de Manichéens, qui admettoient la Métempsychose, rejettoient l'Ancien Testament, les priéres pour les Morts, la présence de J. C. dans l'Eucharistie, l'autorité de l'Eglise, & soutenoient plusieurs autres erreurs.
1167. *Niquinta* Antip. ou prétendu Pape des Albigeois, ordonne des Ev. de sa Secte, & tient la même année un Concile *Le P. Bouges, Hist. de Carcassonne*.
1170. *Pierre Valdo*, né au Bourg de Vaud en Dauphiné, Chef des Vaudois, ou Pauvres de Lyon, vouloit obliger tous les Chrétiens à ne rien posseder en propre; il égaloit les Laïcs aux Evêques, & abolissoit le Baptême.

ÉCRIVAINS.

1160. *Baudry, Baldericus*, Evêq. de Noyon. Chronique des Evêques de Cambrai & d'Arras, in 8. *Duaci* 1655.
1160. *Aelrede*, ou *Aethelrede*, Anglois, mort en 1166. Sermons, & Traités de Doctrine, *in Bibliotheca Patrum*.
1160. *Léon de Marsy*, Cardinal Evêque d'Ostie.
1160. *Richard*, Chanoine de *S. Victor* à Paris. Livres sur la Vie Spirituelle, Commentaires sur l'Ecriture Sainte, &c. *Ejus Opera in folio, Rothomagi* 1650.
1170. *Pierre de Poitiers*, Chancelier de l'Eglise de Paris, a fait un Livre des Sentences. Ce Théologien est Scholastique.
1170. *Sylvestre Girauld*, Evêque de S. Davids. Sur la Conquête de l'Irlande, *inter Scriptores Angliæ, in folio. Francofurti* 1601.
1170. *Sainte Hildegrade*, Abbesse du Mont S. Rupert sur le Rhin. Des Lettres, & visions, *in Bibliotheca Patrum*.
1170. *Adam de Prémontré*. Traités sur la Vie Spirituelle, Morale. *Ejus Opera in folio, Antuerpiæ* 1659.
1170. *Pelage*, Evêque d'*Oviedo*. Une Chronique générale du Monde, ad. ann. 1170. *Concil. Hispan. Cardinal Aguirre, in folio, Romæ*.
1170. *S. Thomas* de Cantorbery. *Ejus Epistolæ in* 40. *Bruxell.* 1682.
1178. *Jean de Salisbery*, Evê de Chartres. Lettres in 4°. *Paris.* 1611. *Policraticus in* 8°. *Lugduni Batav.* 1639.
1179. *Geoffroi*, Abbé de Clairvaux. Le troisième Livre de la Vie de S. Bernard, Traités contre Gilbert de la Porrée, & autres Ouvrages, *inter Opera S. Bernardi*.

1161. De *New-Market* en Angleterre, contre l'Antipape Victor. *Regia XXVII. Labbe X. Hardoüin VI. Angl. I.*
1161. De *Beauvais*, contre le même, *ibidem.*
1161. De *Toulouse*, contre l'Antipape Victor. *L. X.*
1162. De *Londres*, où Thomas Becquet est élû Archevêque de Cantorbery, *ibidem.*
1162. De *Montpellier*, contre l'Antipape Victor. *L. X. H. VI. seuls.*
1163. De *Tours*, contre l'Antipape Victor, & sur la Discipline. *Regia XXVII. Labbe X. Hardoüin VI. & Martene Thesauri, T. IV.*
1163. De *Clermont*, contre l'Antipape.
1164. De *Clarendon* en Angleterre, où l'on établit des Maximes conformes aux droits d'Angleterre, qui sont désapprouvées par le Pape, *ibidem, Angl. I.*
1164. * De *Northampton*, contre S. Thomas de Cantorbery, que l'on condamne, parce qu'il n'observoit pas ce qu'il avoit signé au Concile de Clarendon, *ibidem, Angl. I.*
1164. De *Rheims*, pour secourir la Palestine. *Pagi, ad hunc ann.*
1166. * De *Wurtzbourg* en Allemagne, pour l'Antipape Pascal, *ibidem.*
1166. De *Constantinople*, sur des calomnies, avancées par quelques Théologiens. *Hardoüin seul, Tom. VI.*
1166. D'*Oxford*, contre les Vaudois. *Angl. I.*
1167. * Assemblée de *Chinon* en France, sur le différend d'Henri II. Roi d'Angleterre, & de S. Thomas de Cantorbery. *Lobbe IX. Hardoüin VI. Manque in Regia. Pagi.*
1167. D'*Angleterre*, où les Evêques veulent poursuivre S. Thomas de Cantorbery devant le Pape, *ibidem, Pagi.*
1167. * De *S. Félix*, en Lauragais, assemblé par Niquinta, prétendu Pape des Albigeois. *Le P. Bouges, Hist. de Carcassonne, pag. 541.*
1167. De *Latran*, où l'Empereur Fréderic est excommunié. *Regia XXVII. Labbe X. Hardoüin VI.*
1168. * De *Constantinople*, où le Schisme des Grecs est entiérement formé. *Hardoüin seul, Tom. VI.*
1170. De *Paris*, contre une proposition de Pierre Lombard, Evêque de Paris, dit le Maître des Sentences. *L. X. H. VI. seuls.*
1170. Assemblée des Evêques pour la Dédicace de l'Eglise de S. Amant de *Bresse*, *ibidem.*
1170. D'*Angouléme*, sur une Donation, faite à cette Eglise, *ibidem.*
1170. De *Londres. Angl. I.*
1171. D'*Armach* en Irlande sur la Discipline, *ibidem, Angl. I.*
1172. De *Cassel* en Irlande, pour la Discipline, *ibidem, Angl. I.*
1172. D'*Avranches*, où Henry II. Roi d'Angleterre, est absous de l'assassinat de S. Thomas de Cantorbery. *Regia XXVII. Labbe X. Hardoüin VI. & Bessin. in Concil. Norman.*
1173. De *Westminster*, pour un Archevêque à Cantorbery, *Angl. I.*
1173. De *Caen*, sur Henri II. Roi d'Angleterre. *Bessin.*
1175. De *Londres*, ou *Westminster*, sur la Discipline. *Regia XXVII. Labbe X. Hardoüin VI. Anglic. I.*
1175. De *Windsor* en Angleterre, où le Roi d'Hybernie se soumet au Roi d'Angleterre. *Labbe X. Hardoüin VI. Manque in Reg. Angl. I.*

1176. De *Dublin* en Irlande. *Angl. I.*
1176. De *Northampton*, où l'Eglife d'Ecoffe fe fépare de celle d'Angleterre, *ibidem. Angl. I.*
1176. De *Weftminfter*, où l'on termine le différend des Archevêques de Cantorbery & d'Yorck, *ibidem; Angl. I.*
1176. De *Lombez*, contre les Albigeois. *R. XXVII. L. X. H. VI.*
1177. De *Northampton*, fur la Difcipline & la Jurifdiction Ecclésiastique. *Labbe X. Hardouin VI. Manque in Regia. Angl. I.*
1177. De *Londres*, ou *Weftminfter*, fur la guerre des Rois de Caftille & de Navarre, *ibidem, Angl. I.*
1177. D'*Edimbourg*, ou d'*Ecoffe*. On fufpend un Evêque, *ibid. Angl. I.*
1177. De *Venife*, pour régler l'accommodement du Pape Alexandre III. & de l'Empereur Fréderic. *Regia XXVII. Labb. X. Hard. VI.*
1178. De *Touloufe*, contre les Albigeois.
1178. De *Hohenaw* en Allemagne, fans Actes. *L. X. H. VI. feuls.*
1179. De LATRAN, XIe. Concile général, affemblé par le Pape Alexandre III. contre les Vaudois & Albigeois, & contre les Schifmatiques ordonnés par l'Antipape Victor III. *Reg. XXVII. Labb. X. Hardouin VI. & Martene in Collectione, Tom. VII.*
1182. De *Caen*, pour maintenir la paix en Angleterre, & en Normandie. *Beffin. in Concil. Norman.*
1182. De *Marleberg. Anglic. I.*
1182. De *Segni*, où l'on canonife l'Ev. S. Bruno. *Pagi, ad ann. 1125.*
1183. D'*Angleterre. Angl. I.*
1183. De *Dublin. Angl. I.*
1184. De *Windfor. Angl. I.*
1184. De *Verone* en Italie, pour réconcilier ceux qui avoient été ordonnés par les Antipapes. *L. X. H. VI. Manque in Regia.*
1184. D'*Aquilée*, contre les Incendiaires & les Sacriléges, *ibidem.*
1185. De *Londres*, Voyez *Pagi ad hunc annum.*
1186. De *Paris*, pour la Croifade. *R. XXVIII. L. X. H. VI.*
1186. De *Charrou*, fur la Difcipline. *L. X. H. VI. Manque in Regia.*
1186. D'*Egenesham. Angl. I.*
1186. D'*Irlande*, ou *Dublin*, fur la Difcipline.
1186. De *Moufon*, fur le Schifme de Tréves. *Pagi, ad hunc ann.*
1187. De *Parme*, contre les violences des Laïcs, faites à des Ecclésiastiques. *Regia XXVIII. Labbe X. Hardouin VI.*

ÉCRIVAINS.

1179. *Conftantin Manaffés.* Chronique ad 1081. *in fol. Paris.* 1655.
1179. *Pierre de Celles*, Abbé de Celles à Troyes, Evêque de Chartres en 1182. *apud Syrmundum, & in 80. Paris.* 1611.
1180. *Arfenius*, Moine Grec. Collection de Canons. *Juftel. & Cott.*
1180. *Georges*, Archev. de Corfou. Contre les Latins. *Baronius ad hunc ann.*
1180. *Théodore Balzamon.* Sur les Canons, *in fol. Oxonii* 1672.
1182. Jean *Cinnamus.* Hift. des Emper. Grecs, *in fol. Paris.* 1670.
1182. *Guillaume* de Tyr. Hift. de la Croifade, *in fol. Hanov.* 1611.
1183. *Baudouin*, Archev. de Cantorbery. Traités de piété. *Bibl. Patr. CLXXIV.*

C L X X I V.
1187. *Gregoire* VIII. 20 Octob.
Gouverne 1 m. 26 j.
* Le 15 Décemb. 1187.
Le Siége vaque 3 j.

C L X X V.
1187. *Clément* III. 19 Décemb.
Gouverne 3 a. 3 m. 7 j.
* Le 25 Mars 1191.
Le Siége vaque 2 j.

C L X X V I.
1191. *Céleſtin* III. 28 Mars.
Gouverne 6 a. 9 m. 11 j.
* Le 7 Janvier 1198.
Le Siége ne vaque pas.

1188. Religieuſe de Malthe, filles Nobles, par Sanchia, Reine d'Arragon.
1190. Ordre de Citeaux de la Réforme de Flores en Italie, par l'Abbé Joachim, approuvé en 1220, réuni à Cîteaux dans le XVe. Siécle.
1191. Chevaliers *Teutons* en Allemagne.
1194. Chanoines Réguliers de S. Marc, par Albert Spinola, confirmé en 1204. par Innocent III. & en 1218 par Honoré III.

C O N C I L E S.

1188. Aſſemblée de *Giſors*, pour la réconciliation des Rois de France & d'Angleterre, pour les faire croiſer. *L. X. Hard. VI. ſeuls.*
1188. Aſſemblée *du Mans*, où les Evêques & les Seigneurs d'Angleterre décident de donner du ſecours pour la Terre-ſainte, *idem.*
1188. De *Lanciski* en Pologne. Décimes pour la Guerre ſainte, *ibid.*
1188. D'*Angleterre*, à *Guntington*, dans le Northampton, pour les levées néceſſaires à la Guerre ſainte, *ibidem, Angl. I.*
1188. De *Paris*, pour établir les Dixmes Saladines, pour ſecourir la Terre-Sainte. *Regia XXVIII. Labbe X. Hardoüin VI.*
1189. De *Roüen*, ſur la Diſcipline. *Hardoüin ſeul, Tom. VI. & Beſſin.*
1189. De *Pipewel* en Angleterre, ſur quelques différends entre les Evêques. *Regia XXVIII. Labbe X. Hardoüin VI. Angl. I.*
1189. De *Cracovie* en Pologne, touchant les impoſitions ſur le Clergé pour la Guerre ſainte, *ibidem.*
1189. De *Cantorbery. Angl. I.*
1190. De *Weſtminſter. Angl. I.* —— 1190. De *Gloceſter*, *ibidem.*
1190. De *Roüen*, pour la Croiſade. *Pagi, ad hunc ann.*
1191. De *Londres*, pour un Archevêque à Cantorbery, *ibid.*
1193. De *Cantorbery, ibidem.*
1195. D'*Torck* en Angleterre, ſur la réformation, *ibidem, Angl. I.*
1195. De *Montpellier*, ſur la Diſcipline, & pour déterminer la guerre contre les Sarraſins. *Labbe X. Hardoüin VI. Manque in Regia.*
1196. De *Paris*, ſur le mariage de Philippe Auguſte, *ibidem.*
1197. De *Lanciski*, ſur l'incontinence des Clercs, & les mariages, *ib.*
1198. De *Sens*, contre les Publicains, eſpéce d'Albigeois, *ibid.*
1199. De *Weſtminſter. Anglic. I.*
1199. Aſſemblée pour la paix en France. *R. XXVIII. L. XI. H. VI.*
1199. De *Dioclée* en Dalmatie, ſur la Diſcipline, *ibidem.*
1199. De *Dijon* & de *Vienne*, ſur le mariage de Philippe Auguſte. *Mart. Theſ. IV.*
1200. De *Londres*, ſur les mœurs. *R. XXVIII. L. X. H. V. Angl. I.*
1200. De *Nivelle*, ſur l'Interdit de France. *L. XI. H. V. ſeuls.*

1185. S. Etienne de Muret, Fondateur de Grammont, canonifé.
1186. Evêché, établi à Riga en Livonie.
1188. Sanche de Portugal enleve l'Algarve aux Sarrafins.
1191. La Ville de Berne en Suiffe eft fondée par Berthold, Duc de Zeringen.
1192. Lauro Malipiero, Doge de Venife, fait Moine.
1193. S. Jean Gualbert, Chef de Vallombreufe, canonifé.
1195. Naiffance de S. Antoine de Pade, à Lifbonne.

1195. Joachim, Abbé de Flores dans la Calabre, au Royaume de Naples, fans être Hérétique, a publié quelques erreurs ; favoir, que comme il y avoit 3 Perfonnes dans la Ste. Trinité, il devoit y avoir 3 effences.
1197. Tiric, François, Chef d'une bande d'Albigeois, ou nouveaux Manichéens, fut arrêté & brûlé, auffi-bien que deux femmes qui le fuivoient. A l'une il avoit donné le nom de Sainte Vierge, & à l'autre celui de Sainte Eglife.

ÉCRIVAINS.

1187. *Jean Phocas*, Moine Grec. Voyage de la Terre Sainte, *in Symmictis Leonis Allatii, in 80. Coloniæ 1653.*

1190. *Pierre Comeftor*, Doyen de Troyes en Champagne, mort en 1198. a fait une Hiftoire Scholaftique, ou Ecclefiaftique, *in 8°. Lugduni 1543.*

1190. *Etienne*, Abbé de Ste Geneviéve de Paris, élû Evêque de Tournai l'an 1192. Nombre de Lettres, *in 80. Paris. 1682.*

1190. *Geoffroi de Viterbe*. Une Chronique Univerfelle, nommée *Panthéon*, depuis la Création jufques en 1186. ⸺ *in folio, Francofurti 1584, & inter Scriptores Germaniæ.*

1191. *Waultier*, ou *Gautier*, Chanoine de S. Victor de Paris. Contre les quatre Labyrinthes de France ; favoir, Pierre Abelard, Pierre Lombard, Pierre de Poitiers & Gilbert de la Porrée. ⸺ *Vide Mabillon. in Analectis.*

1192. *Othon de S. Blaife*. Continuation de la Chronique d'Othon de Frifingue, jufqu'à l'an 1190.

1192. Gautier de Châtillon. L'Alexandréide, & Dialogues contre les Juifs. ⸺ *Oudin, in Opufculis Sacris in 80. Lugduni Batavorum 1692.*

1192. *Guillaume de Neubrige* en Angleterre. Hiftoire d'Angleterre, depuis 1066. jufqu'à 1198. ⸺ *in 80. Paris. 1610.*

1193. *Pierre de Blois*, mort en Angleterre l'an 1200. Des Lettres, des Sermons, quelques Traités de piété & de Doctrine. ⸺ *Ejus Opera in folio, Paris. 1667.*

1194. *Gervais*, Moine de Cantorbery. Une Chronique des Archev. de Cantorbery, depuis 1122 jufqu'à 1199.

1194. *Georges Xiphilin*, Patriarche de Conftantinople. Ordonnances Ecclefiaftiques, *in Jure Græco-Romano.*

1195. *Jacques de Vitry*, Curé d'Argenteuil, puis Cardinal. Etat des Eglifes d'Orient & d'Occident. ⸺ *in 80. Duaci 1597.* ⸺ *& in Gefta Dei per Francof. in folio, Hanoviæ 1611.*

CLXXVII.

CLXXVII.
1198. *Innocent* III. 8 Janv.
Gouverne 18 a. 6 m. 13 j.
* Le 20 Juillet 1216.
Le Siége ne vaque pas.

TREIZIÉME SIÉCLE.

CLXXVIII.
1216. *Honoré* III. 21 Juillet.
Gouverne 10 a. 7 m. 26. j.
* Le 18 Mars 1227.
Le Siége vaque 1 j.

CLXXIX.
1227. *Gregoire* IX. 20 Mars.
Gouverne 14 a. 5 m. 3 j.
* Le 22 Août 1241.
Le Siége vaque 28 j.

CLXXX.
1241. *Célestin* IV. 20 Septemb.
Gouverne 19 j.
* Le 8 Octob. 1241.
Le Siége vaque 1 a. 8 m. 16 j.

1197. Chevaliers de Livonie (*Ensiferi*).
1198. Ordre de la *Trinité* Rédemption des Captifs, par S. Jean de Matha & Félix de Valois.

TREIZIÉME SIÉCLE.

1201. Chanoines Réguliers du *Val des Ecoliers*, Diocéfe de Langres, approuvés en 1218.
1204. *Hospitaliers du S. Esprit* à Rome, par Innocent III.
1207. Religieuses de *S. Dominique* en Languedoc.
1207. Religieux du *Val des Choux* en Bourgog. Régle de Citeaux.
1209. Ordre de *S. François*, par S. François d'Assise en Italie, confirmé en 1210, & 1223.
1212. Religieuses de *Ste. Claire*.
1216. Ordre des *Freres Prêcheurs*, par S. Dominique.

CONCILES.

TREIZIÉME SIÉCLE.

1201. De *Soissons*, sur le mariage de Philippe Auguste, Roi de France. Labbe XI. Hardoüin VI. Manque in Regia.
1201. De *Paris*, où l'on condamne un Gentilhomme, nommé Elgaud, de la Secte des Bulgares, ou Vaudois, ibidem.
1201. De *Perth*, en Ecosse, sur la réformation du Clergé, ib. Angl. I.
1202. De *Londres*, sur la Discipline.
1203. D'*Ecosse*, sur la célébration du Dimanche. Reg. XXVIII. Labb. XI. Hardoüin VI.
1204. De *Meaux*, sur la paix entre les Rois de France & d'Angleterre. Labbe XI. Hardoüin VI. Manque in Regia.
1205. D'*Antioche*, contre le Roi d'Armenie. Raynaldi ad ann. 1210.
1206. De *Perth*. Angl. I.
1206. De *Lambeth*, Diocéfe de Cantorbery, sur la Discipline, ibid.
1206. *Albanense*, ou S. Albans. Angl. I.
1206. De *Rading* en Angleterre, sans Actes, ibidem, Anglic. I.
1207. De *Londres* & d'*Oxford*. Angl. I.
1208. De la Province de *Narbonne*, sur les Albigeois, ibidem.
1209. De *Montil*, (Montiliense) dans la Province de Narbonne, où l'on impose une penitence au Comte de Toulouse, protecteur des Albigeois, ibidem.
1209. D'*Avignon*, sur la Foi & la Discipline, ibidem.
1209. De *Paris*, contre les erreurs d'Amauri, ibidem.
1210. D'*Avignon*, contre les Albigeois, ibid.

1198. S. *Ladiflas*, Roi de Hongrie, canonifé.
1200. *Hofpitaliéres* du S. Efprit *in Saffia*, fous Innocent III.
1200. *Ste. Cunegunde*, canonifée.

1198. *Orbibariens*, efpéce de Vaudois, libertins, ou vagabonds.
1198. *Gazares*, efpéce de Vaudois & Albigeois, qui parurent en Dalmatie.

TREIZIÉME SIÉCLE.

1218. Ordre de la *Mercy*, Rédemption des Captifs.
1219. Religieufes de *Calatrava* en Efpagne, Régle de Citeaux.
1221. Religieufes du *Tiers Ordre* de S. François.
1226. Mort de S. *François d'Affife*, & canonifé en 1228.
1232. *Chartreufes* en Dauphiné.
1233. Ord. des *Servites* d'Italie.
1233. Ordre des *Croifiers* d'Italie.
1234. Moines *Sylveftrins*, par Sylveftre Guzzolini.
1234. Ordre du *Genet* en France.
1236. Religieufes *Trinitaires*.

TREIZIÉME SIÉCLE.

1204. *Amaury*, ou *Almaric*, Profeffeur en l'Univerfité de Paris, fut condamné en 1206 ; au Concile de Latran en 1215. Il attaquoit la préfence de J. C. dans l'Euchariftie, la réfurrection des morts, le culte des Images, la penitence, & vouloit que toutes les Créatures rentraffent en Dieu, d'où elles étoient forties.
1204. *David de Dinant*, Sectateur d'Amaury, dit que Dieu eft la matiére de tous les Etres.
1230. *Stadings*, forte d'Albigeois.

ÉCRIVAINS.

TREIZIÉME SIÉCLE.

1201. *Odon*, Abbé de S. Martin de Tournai. Explication du Canon de la Meffe, *in Bibliotheca Patrum*.
1201. L'*Abbé Joachim*. Concorde de l'Ancien & du Nouveau Teftament, & Commentaires fur l'Ecriture Ste. *in fol. Venetiis* 1519.
1202. *Jean de Citri*, Evêque en Macédoine l'an 1203. Sur les Rits & Ufages Eccléfiaftiques, *apud Leunclavium, in Jure Græco-Romano*.
1202. *Demetrius Chomatenus*, Archevêque de Bulgarie l'an 1203. Traité fur le mariage, *in Jure Græco-Romano Leunclavii*.
1203. *Marc*, Patriarche d'Alexandrie. Queftions & Réponfes fur le Droit Canonique, *in Jure Græco-Romano*.
1206. *Michel Choniat*, Evêque d'Athénes. Hiftoire d'Orient, depuis l'an 1118, jufqu'en 1206. *Græce & Latine, in folio. Paris.* 1647.
1207. *Joël*, Hiftorien Grec. Chronique jufques à l'an 1204. *Græce & Latine in folio. Paris. Typographia Regia* 1651.
1207. *Guillaume de Segnelai*, fait Evêque d'Auxerre en 1206, mort à S. Cloud en 1223. Somme Théologique, *in folio. Paris.* 1500, & Commentaire fur le Maître des Sentences.
1207. *Gervais*, Evêq. de Séez. Ses Lettres, *in* 40. *Montib.* 1662.
1207. *Etienne Langton*, Chancelier de l'Eglife de Paris en 1206. Divers Commentaires fur l'Ecriture Sainte, Tranflation de S. Thomas de Cantorbéry, *cum Epiftolis S. Thomæ, Bruxell.* 4°. 1682. Conftitutions Synodales, *in Collect. Concil.*

1210. De *S. Gilles*, contre Raymond, Comte de Toulouse. *L. XI.*
1210. De *Londres. Anglic. Collect. I.*
1210. D'*Arles*, sur les propositions, faites inutilement à Raymond, Comte de Toulouse, pour son absolution. *L. XI. H. VI.*
1210. Assemblée de *Narbonne*, dans la cause des Comtes de Toulouse & de Foix, *ibidem.*
1210. De *Rome*. L'Empereur Othon, déposé. *R. XXVIII. L. XI. H. VI.*
1211 De *Northampton*, sur la Discipline. *Angl. I.*
1211. De *Perth* en Ecosse. *Angl. Tom. I.*
1212. De *Paris*, sur la Discipline, pour les différens ordres de l'Eglise. *Labb. XI. Hard. VI. Martene. Collect. T. VII. Manque in Reg.*
1212. Assemblée de *Pamiers*, où les Evêques & les Grands se soumettent à Simon, Comte de Montfort, *ibidem.*
1213. *Albanense*, (S. Albans). *Anglic. I.*
1213. De *Londres. Anglic. I.*
1213. De *Westminster. Anglic. I.*
1213. De *Rading. Anglic. I.*
1213. De *Lavaur*, dans la cause de Pierre, Roi d'Arragon, Protecteur de Raymond, Comte de Toulouse. *Lob. XI. Hardouin VI.*
1213. De *Muret* en Languedoc, où l'on prend les moyens d'appaiser Pierre, Roi d'Arragon, *ibidem.*
1214. De *Dunstable* en Angleterre, où l'on appelle du Légat au Pape, *ibidem*, *Angl I.*
1214. De *Londres*. Le Roi Jean, absous. *R. XXVIII. L. XI. H. VI. Angl. I.*
1214. De *Montpellier*, sur la Discipline. *Baluz. Conc. Gal. Narbon.*
1214. De *Roüen*, sur la Discipline Ecclésiastique. *Bessin.*
1215. De *Montpellier*. Simon, Comte de Monfort, y est déclaré Comte Souverain des terres dont il avoit chassé les Albigeois, *ibid.*
1215. De *Bourges*, ordonné par le Légat du Pape, mais qui n'eut pas son effet, *ibidem.*
1215. Tenu en *Espagne*, sur la Discipline. *Martene Thesauri, T. IV.*
1215. De LATRAN XIIe. Concile général, sous le Pape Innocent III. & l'Empereur Fréderic II. contre les erreurs des Albigeois & de l'Abbé Joachim. C'est le premier Concile, où l'on trouve le terme de transsubstantiation, quoiqu'il soit en des Auteurs qui vivoient 100 ans avant ce Concile. Il y assiste 1283. Prélats, dont 673 Evêq. *Regia XXVIII. Labbe XI. Hardouin VII.*
1216. De *Bristol*, sur la Discipline. *Angl. I.*
1217. De *Melun*, sur la Discipline. *Reg. XXVIII. Lab. XI. Hard. VI.*
1219. De *Toulouse*, sur la Discipline. *Martene Collectionis, Tom. VII.*
1220. De *Cantorbery*. Translation du Corps de S. Thomas. *Angl. I.*
1220. De *Durham*, sur la Discipline. *Anglic. I.*
1221. De *Perth* en Ecosse. *Angl. I.*
1222. De *Cantorbery. Angl. I.*
1222. D'*Oxford*, sur la Discipline, *ibidem.*
1222. De *Salisbury*, sur la Discipline. *Labb. XI.*
1223. De *Roüen*. On reçoit le Concile général de Latran. *Hard. seul VII. Martene Thesaur. T. IV. Bessin.*
1223. De *Paris*, contre les Albigeois. *L. XI. H. VII. seuls.*

1224. De

CONCILES. 339

1224. De *Paris*, dans la cauſe de Raymond, Comte de Touloufe, Protecteur des Albigeois, *ibidem*, & *Baluz*. *Concil. Gall. Narbon.*
1224. De *Montpellier*, ſur le même ſujet, *ibidem*, & *Baluz. in Concil. Galliæ Narbonnenſis.*
1224. & 1225. Trois Conciles de *Paris*, ſur les Albigeois & ſur les différends de la France avec l'Angleterre. *Lab. XI. Hard. VII. ſeuls.*
1225. De *Melun*, ſur la Juriſdiction Eccléſiaſtique, *ibidem*.
1225. De *Bourges*, où l'on rend à Raymond, Chef des Albigeois, le Comté de Toulouſe, *ibidem*.
1225. D'*Allemagne*, contre la Simonie, *ibidem*.
1225. De *S. Quentin*, ſur les Reliques de ce Saint. *Raynaldi ad hunc annum.*
1225. De *Londres*, ſur la Diſcipline. *Anglic. I.*
1225. De *Weſtminſter*. *Anglic. I.*
1225. D'*Ecoſſe*. *Anglic. I.*
1226. Deux Conciles de *Paris*, contre les Albigeois. *L. X. H. VII.*
1226. De *Cremone*, ſur l'extirpation des Héréſies en Italie, & ſur les Croiſades de la Terre-Sainte, *ibidem*.
1226. De *Liége*, contre les Freres de l'Empereur Fréderic, qui avoient tué l'Archevêque de Cologne, *ibidem*.
1226. De *Foix*, où l'on abſoud d'Héréſie Bernard, Comte de Foix, qui feint de faire penitence, *ibidem*.
1226. De *Weſtminſter*. Le Pape y fait demander le revenu de deux Prébendes dans chaque Cathédrale, & de deux places Monacales dans chaque Abbaye. *Reg. XXVIII. Labb. XI. Hard. VII. Angl. I.*

ÉCRIVAINS.

1209. *Gervaſius Tilberienſis.* Chronique de tous les Rois de l'Europe, in 4°. *Helmſtad.* 1678.
1209. *Gunthier*, Moine de Cîteaux. Hiſtoire de la priſe de Conſtantinople par les François, *apud Caniſium*.
1212. *Pierre des Vaux de Cernay*. Hiſtoire des Albigeois & de la Croiſade, *in* 8o. *Trecis* 1615. & *in Biblioth. Ciſtercienſi*, T. VII.
1213. *Roger de Croyland*. Martyre de S. Thomas de Cantorbery; il eſt reſté en manuſcrit.
1213. *Robert*, Chanoine d'*Auxerre*. Chronique juſqu'à l'an 1212. *in* 4o. *Trecis* 1608.
1215. *Alain des Iſles*, (*de Inſulis*), Docteur de Paris, puis Moine de Cîteaux. Commentaire ſur le Cantique des Cântiques, Traité contre les Vaudois, & autres. *Ejus Opera in fol. Antuerpiæ* 1653.
1217. S. *Antoine de Pade*, ou Padoüe. Ordre de S. François. Sermons & Commentaires ſur l'Ecrit. Sainte. *Ejus Opera in folio*, *Paris.* 1641.
1220. *Germain*, Patriarche de Conſtantinople. Diſcours ſur la Dédicace d'une Egliſe de la Ste. Vierge, & autres Diſcours, *apud Combeficium, & Frontonem Ducæum*.
1223. *Jourdain*, de l'Ordre de S. Dominique, & le premier Général après le S. Fondateur. L'Hiſtoire de ſon Ordre, & un Traité de piété, *in* 8o. *Placentia* 1599. & *in* 4o. *Roma* 1587.

1227. De

1227. De *Narbonne*, contre Raymond, Comte de Touloufe. *Labb. XI. Hardoüin VII. Manque in Regia.*
1227. De *Tréves*, fur la Difcipline. *Martene in Collecione , Tom. VII.*
1228. De *Rome*, contre l'Empereur Fréderic II. *L. XI. H. VII. feuls.*
1228. Affemblée de *Baffege*, continuée à *Meaux*, & terminée à *Paris*, où Raymond, Comte de Touloufe, eft admis a la Communion & rentre en grace avec S. Louïs, Roi de France, *ibidem.*
1228. De *Bourges*, où l'Archevêque de cette Ville eft fufpendu de fa Jurifdiction de Métropolitain, *ibidem.*
1229. De *Touloufe*, contre les Hérétiques & fur la Difcipline, *ibid.*
1229. D'*Orange*, pour admettre à la pénitence les Albigeois, ou ceux qui font fufpects d'Héréfie, *ibidem.*
1229. De *Lerida. Aguirre, Tom. III.*
1229. De *Tarrazona* en Arragon, fur le mariage de Jean, Roi d'Arragon, & de Léonore de Caftille, *ibidem.*
1229. De *Weftminfter. Anglic. I.*
1229. De *Terragone*, où il fe tint plufieurs Conciles dans ce temps. *Hardoüin feul, Tom. VII.*
1230. De *France*, fur les guerres du Royaume. *Raynaldi ad hunc ann.*
1231. De *Rheims*, tenu à S. Quentin, fur la Difcipline, & dans la caufe de Milon, Evêque de Beauvais. *Hardoüin feul, Tom. VII.*
1231. *Albanenfe*, (S. Albans) en Angleterre. *Anglic. I.*
1231. De *Roüen*, fur la Difcipline. *Hardoüin feul, T. VII. Martene Thefauri, T. IV. Beffin. in Conciliis Norman.*
1231. De *Château Gontier*, fur la Difcipline. *L. XI. H. VII. feuls.*
1231. De *S. Quentin*, de *Laon* & de *Noyon*, en faveur de Milon, Evêque de Beauvais, *ibidem.*
1231. De *Tours*, fur la Difcipline.
1232. De *Melun*, contre Raymond, Comte de Touloufe. *L. XI. H. VII. feuls.*
1233. De *Beziers*, contre les Hérétiques Albigeois, *ibidem.*
1233. * De *Nymphée* en Bythinie, pour la réunion des Grecs & des Latins, *ibidem.* Mais fans fuccès.
1233. De *Mayence*, contre une forte de Manichéens, ou Albigeois, nommés Stadings, de la Ville de Stade en Allemagne, *ibidem.*
1233. De *Terragone*, fur la Difcipline. *Martene Collec. Novæ, T. VII.*
1234. De *Rome*, ou *de Spolette*, pour l'expédition de la Terre-Sainte. *Regia XXVIII. Labbe XI. Hardoüin VII.*
1234. D'*Arles* en Provence, fur la Difcipline; on y reçoit le Concile général de Latran de 1215. *Labbe XI. Hardoüin VII. feuls.*
1234. * De *Mayence*, où l'on donne l'abfolution aux Stadings, fans aucune converfion, *ibidem.*
1235. De *Narbonne*, où l'on prend des mefures pour détruire l'Héréfie des Albigeois, *ibidem.*
1235. De *Scherung* en Dannemarck, fur la Difcipline. *Olaus Magn. Hift. Got. Lib.* 19.
1235. De *Rheims*, à S. Quentin, en Vermandois, fur la liberté des Eglifes ; ce qui occafionna une affemblée à Melun, *ibidem.*
1235. De *Rheims*, à *Compiegne*, pour des remontrances au Roi, *ib.*

1235. De

CONCILES. 341

1235. De *Rheims*, tenu à Senlis, pour obtenir le confentement des Evêques de la Province, *ibidem*.
1236. De *Rheims* à S. Quentin, pour les immunités de l'Eglife, *ibid.*
1236. De *Tours*, fur la Difcipline, *ibidem*.
1237. De *Londres*, pour la réformation des mœurs, *ibid. Angl. I.*
1238. De *Londres. Anglic. I.*
1238. De *Cognac* en Angoumois, fur la Difcipline, *ibidem*.
1238. De *Tréves*, fur la Difcipline. *Mart. Collect. VII. Thef. IV.*
1239. De *Sens*, fur la Difcipline. *Martene Collectionis, Tom. VII.*
1239. De *Londres. Anglic. I.*
1239. De *Tours*, fur la Difcipline. *Labbe XI. Hardoüin VII. feuls.*
1239. De *Rheims*, à S. Quentin, pour les immunités de l'Eglife, *ibid.*
1239. D'*Edimbourg. Anglic. I.*
1239. De *Terragone*, fur la Difcipline. *Aguirre*, Tom. III.
1240. De *Terragone*, fur l'Archevêque de Tolede. *Aguirre*, Tom. III.
1240. Affemblée de *Paris*. On y condamne des propofitions erronées.
1240. De *Worcefter* en Angleterre, fur la Difcipline. *Regia XXVIII. Labbe XI. Hardoüin VII.*
1240. De *Metz*, contre l'Empereur Fréderic.
1240. De *Senlis*, pour accorder au Pape des fecours d'argent, *ibidem*.
1240. De *Rading. Anglic. I.*
1240. De *Northampton. Anglic. I.*
1240. De *Valence* en Efpagne, fur la Difcipline. *Martene*, *Thef. T. IV.*
1241. D'*Oxford. Anglic. I*
1242. De *Terragone*, contre les Vaudois. *R. XXVIII. L. XI. H. VII.*
1242. De *Laval* au Mans, fur la Difcipline. *L. XI. H. VII. feuls.*
1242. De *Perth* en Ecoffe. *Angl. I.*

ÉCRIVAINS.

1225. *Cefarius*, Moine de Citeaux. Un Traité des Miracles & des Vifions de fon temps; Livre plein de Fables, *in 80. Coloniæ* 1591.
1225. *Rigordus*, Moine de S. Denys. Hiftoire de Philippe Augufte, *in Collectione Andreæ Duchéne, & D. Martini Bouquet, in folio.*
1225. *Guillaume le Breton.* Hift. de Philippe Augufte, en vers, *ibidem.*
1227. Le Pape *Gregoire IX.* Un grand nombre de Lettres, *in folio. Antuerpiæ* 1572, *& in Collect. Concil. apud Wadingum & alias.*
1228. *Guillaume d'Auvergne*, Evêque de Paris. Divers Traités de Doctrine. *Ejus Opera in folio, Paris.* 1674. 2 *volum.*
1228. S. *Raymond de Pegnafort.* Une Somme de Droit Cânonique fur la Penitence & fur le Mariage, *in folio.*
1230. *Alexandre de Hales*, Docteur de Paris, & de l'Ordre de S. François. Commentaire fur l'Ecriture Ste. Somme de Théologie, ou Comment. fur les Sentences, *in folio. Coloniæ* 1622. 4 *volum.*
1230. *Pierre des Vignes*, Chancelier de l'Empereur. Fréderic II. Un Volume de Lettres, *in 80. Bafileæ* 1566. Les ms. font plus amples.
1231. *Thomas de Spalatro.* Hift. des Evêques de cette Ville, *in Hift. Dalmatiæ Lucii in fol. Amftælod.* 1666.
1231. Edmond *Rich*, A. de Cantorbery. *Speculum Ecclef. in Bibl. Patr.* CLXXXI.

PAPES. RITS ET RELIGIEUX.

CLXXXI.
1243. *Innocent* IV. 24 Juin.
  Gouverne 11 a. 5 m. 20 j.
  * Le 13 Décemb. 1254.
  Le Siege vaque 11 j.
CLXXXII.
1254. *Alexandre* IV. 25 Décemb.
  Gouverne 6 a. 5 m. 1 j.
  * Le 25 Mai 1261.
  Le Siége vaque 3 m. 3 j.
CLXXXIII.
1261. *Urbain* IV. 29 Août.
  Gouverne 3 a. 1 m. 4 j.
  * Le 2 Octob. 1264.
  Le Siége vaque 4 m. 2 j.
CLXXXIV.
1265. *Clément* IV. 5 Février.
  Gouverne 3 a. 9 m. 25 j.
  * Le 29 Novemb. 1268.
  Le Siége vaque 2 a. 9 m. 2 j.
CLXXXV.
1271. *Gregoire* X. 1 Septemb.
  Gouverne 4 a. 4 m. 11 j.
  * Le 11 Janvier 1276.
  Le Siége vaque 8 j.
CLXXXVI.
1276. *Innocent* V. 20 Janvier.
  Gouverne 5 m. 3 j.
  * Le 22 Juin 1276.
  Le Siége vaque 11 j.
CLXXXVII.
1276. *Adrien* V. 4. Juillet.
  Gouverne 19 j.
  * Le 22 Juillet 1276.
  Le Siége vaque 1 m. 13 j.
1276. *Vicedominius*, 5 Sept.
  * Le 6 Se. non compté. Vaque 6

1243. S. *Bonaventure* entre dans l'Ordre de S. François.
1244. S. *Thomas* entre dans l'Ordre de S. Dominique.
1245. Religieuses *Urbanistes*.
1248. Les *Polonois* quittent le *Rit Grec*, & suivent le Latin. Chevaliers de la *Pénitence* des SS. Martyrs en Palestine, sous la Régle de S. Augustin.
1253. Mort de *Ste. Claire*, Fondatrice de Religieuses. Chevaliers Hospitaliers de S. Lazare, Régle de S. Augustin, approuvé en 1355.
  Ste. *Claire* canonisée.
1256. Mort de S. *Pierre Nolaque*, Fondateur de la Mercy.
1256. Religieuses *Augustines*, par Alexandre IV.
1260. *Religieuses de la Merci* en Espagne, approuvées en 1265.
1263. Institution générale de la *Fête du S. Sacrement*, établie à Liége dès 1246.
1267. Mort de S. *Sylvestre Guzzolin*, Fondateur des Sylvestins.
1268. Ordre de l'Etoile, fondé par Charles, Roi de Sicile.
1268. Chevaliers du *Croissant*, par Réné d'Anjou, Roi de Naples & de Sicile.
1274. Mort de S. *Thomas* d'Aquin.
  Mort de S. *Bonaventure*.
1274. *Célestins*, par Pierre Moron, Pape Célestin en 1294.

CONCILES.

1244. De *Terragone*, sur la Discipline. *Aguirre*, Tom. III. Martene, Thes. Tom. IV.
1244. De *Rochester*, sur la Discipline. Angl. I.
1244. De *Londres*, pour secourir le Roi. Angl. I.
1245. *Othomense* en Dannemarck, contre les Usurpateurs des biens de l'Eglise. Hardoüin seul, Tom. VII.
1245. De LYON, XIIIe. Concile général, sous Innocent IV. pour l'expédition de la Terre-Sainte. On y veut déposer l'Empereur Fréderic, & l'on y accorde le Chapeau rouge aux Cardinaux. Reg. XXVIII. Labbe XI. Hardoüin VII.

La suite, pag. 344. 1243. *Aton,*

1243. *Azon*, célébre Jurifconfulte, vivoit alors. C'eft depuis Azon qu'eft venue cette foule de Juriftes, qui n'ont fait qu'obfcurcir les Loix Romaines.

1244. On fait brûler à Paris tous les Exemplaires du *Talmud*.

1248. *Ferdinand*, Roi de Caftille, fe rend maitre de *Seville*.

1251. *Ste. Marguerite*, Reine d'Ecoffe, canonifée.

Les *Florentins* commencent cette année à fe former en République libre.

1252. Le Pape Innocent réprouve les *duels*, autorifés alors juridiquement en France.

1253. Les *Juifs* font pourfuivis en France, par ordre du Roi S. Loüis.

On commence, dit-on, cette année à bâtir la Ville de *Stockolm* en Suéde.

1259. *Albert* le Grand, élû Evéq. de Ratifbonne.

1263. *Albert* le Grand quitte volontairement l'Evêché de Ratifbonne.

1269. Conradin, petit-fils de l'Empereur Frédéric II. eft battu l'an 1268. & pris par Charles d'Anjou, qui lui fait couper la tête cette année.

1271. Mort de la Bienheureufe Ifabelle de France, fœur de S. Loüis, à Longchamps, qu'elle avoit fondé.

1248. *Nouveaux Circoncellions*, qui parcouroient l'Allemagne pour y femer leurs erreurs, qui étoient celles des Vaudois & des Albigeois. Ils étoient protegés par Conrad, fils de Frédéric II. & publioient que le Pape étoit Hérétique, & les Prélats Simoniaques & Hérétiques; que c'étoit une Héréfie de dire qu'ils pouvoient excommunier; que les Prêtres en péché mortel n'avoient pas le pouvoir d'abfoudre, ni de confacrer l'Eucharistie; qu'eux feuls pouvoient prêcher la vérité, & accorder de véritables Indulgences.

1250. Paroit alors le Livre de l'*Evangile Eternel*, où l'on avançoit que la Loi de J. C. étoit imparfaite, qu'elle devoit finir en 1260, qu'après paroîtroit la Loi du S. Efprit, plus parfaite que toutes les autres. Il fut condamné & brûlé à Rome. On attribua fauffement cet Ouvrage aux Religieux de S. Dominique, ou de S. François. Guillaume de S. Amour écrivit contre.

1260. Les *Flagellans* paroiffent, & prétendent que le Baptême d'eau eft inutile, & qu'il faut employer la flagellation, qui eft le Baptême de Sang, en quoi confifte toute la Religion.

ÉCRIVAINS.

1243. Le Pape *Innocent* IV. Commentaire fur les cinq Livres des Décretales, *in fol. Venetiis* 1570. ———— 1578. & *Lugduni* 1578. quelques Lettres, *in Collect. Conciliorum*, & *apud Wadingum*.

1243. *Jean de Sancto Geminiano* Une Somme, ou Collection d'exemples, *in fol. Lugduni & Antuerp. & Sermones in* 8. *Coloniæ* 1612.

1244. *Roderic Ximenès*, Archev. de Tolede. Hift. d'Efpag. *Tom. II. Hifpan. illuftrata*; & Hift. des Arabes.

1244. *Alberic* de trois Fontaines, Moine de Citeaux. Chronique Univerfelle, *in* 4. *Hanoveræ* 1698.

La fuite, pag. 345.

1246. De

1246. De *Lanciski* en Pologne, contre Conrad, Duc de Mazovie, Usurpateur des biens de l'Eglise. *Labbe* XI. *Hardoüin* VII. *seuls.*
1246. D'*Arles*, sur la Discipline, *ibidem. Hardoüin l'indique Tom. XI.*
1246. De *Beziers*, pour l'extirpation de l'Hérésie.
1246. De *Londres. Angl. I.*
1246. De *Lerida* en Espagne, où l'on absout le Roi d'Arragon, excommunié pour avoir fait couper la langue à l'Evêque de Gironne. *Hardoüin seul, Tom. VII. Aguirre, T. III. Marca Hisp.*
1246. De *Terragone. Aguirre, Tom. III.*
1247. De *Terragone*, sur la Discipline. *Martene Thesauri, Tom. IV.*
1248. De *Terragone*, sur la Discipline. *Martene, ibidem.*
1248. De *Paris*, sur la Discipline. *Martene Collectionis, Tom. VII.*
1248. De *Scheninghen* en Suéde, contre le mariage des Prêtres. *Labbe* XI. *Hardoüin* VII. *Manque in Regia.*
1248. De *Valence* en Dauphiné, sur la Foi, & les Immunités de l'Eglise, *ibidem.*
1248. De *Breslaw* en Silésie, où l'on accorde au Pape la 5e. partie des revenus Ecclésiastiques de Pologne, *ibidem.*
1250. D'*Oxford*, sur la liberté des Chapelles Royales. *Angl. I.*
1251. De *Lille*, Province d'Arles. *R. XXVIII. L. XI. Hard. VII.*
1251. De *Provins*, sur l'excommunication. *Mart. Collect. VII.*
1251. De *Rheims.*
1252. De *Sens*, pour obliger le Comte Thibaud de Champagne à restituer les biens de l'Eglise. *Labbe* XI. *Hardoüin* VII. *seuls.*
1252. De *Londres. Angl. I.*
1252. D'*Torck*, sur la Discipline. *Labbe* XI.
1253. De *Ravenne*, pour les Immunités des Eglises de la Province, *ibidem.*
1253. De *Paris*, sur le Chapitre de Chartres. *Martene, Collect. VII.*
1253. De *Saumur*, sur la Discipline. *R. XXVIII. L. XI. Hard. VII.*
1253. De *Château Gontier*, sur la Discip. *R. XXVIII. L. XI. H. VII.*
1253. De *Terragone*, sur la Discipline. *Aguirre, Tom. III.*
1254. D'*Albi*, pour l'extirpation de l'Hérésie, *ibidem.*
1254. De *Coignac*, sur la Discipline. *Labbe* XI.
1255. De *Paris*, sur l'assassinat du Chantre de l'Eglise de Chartres, *ibidem, & Martene, Collectionis Tom. VII.*
1255. De *Bourdeaux*, sur la Discipline. *R. XXVIII. L. XI. H. VII.*
1255. De *Beziers*, pour l'extirpation de l'Hérésie des Albigeois & sur la réformation des mœurs, *ibidem, & Baluz. in Concil. Gal. Narbonensis.*
1255. De *Norwich*, sur le revenu des Eglises vacantes. *Angl. I.*
1255. De *Londres. Angl. I.*
1255. De *Londres. Angl. I.*
1256. De *Westminster. Angl. I.*
1256. De *Durham*, sur la Discipline. *Labbe* XI.
1256. De *Sens*, sur l'homicide d'un Ecclésiastique. *Martene, Collectionis Tom. VII.*
1257. De *Lerida*, pour les Priviléges des Evêques. *Aguirre, Tom. III.*
1257. De *Pontaudemer* en Normandie, sur la Discipline. *Bessin.*

La suite, pag. 346.

1245. Vi-

1245. *Vincent de Beauvais*, Dominicain, né en Bourgogne, mais demeurant ordinairement à Beauvais, où il eſt mort en 1256. Quatre Miroirs; le premier Hiſtorial, ou Hiſtoire du Monde juſques à ſon temps; le ſecond, Phyſique traitant de la Philoſophie; le 3e. Moral, où il traite des paſſions, mais qui n'eſt pas tout de lui; le 4e. Doctrinal ſur les Sciences, *in folio*, Duaci 1624. 4 *volum*.

1245. *Hugues de S. Cher*, ou de Thier, Dominicain, Docteur de Paris. Notes & Concordance de la Bible. *Ejus Opera in folio.*

1247. *Jean de Dieu*, Eſpagnol, Chanoine de Bologne. Un Pénitentiel, avec celui de Théodore, *in 4°. Paris.* 1677. 2 *volum.*

1248. *Thibaud d'Eſtampes*, Prêtre Anglois. Cinq Livres, *in Spicileg.*

1248. *David D'Augsbourg*, Cordelier. Pluſieurs Traités ſur les Religieux, *in Bibliotheca Patrum*.

1248. *Jean Serveca*, ou *Teutonicus*, a fait la Gloſe ſur le Décret de Gratien, imprimée avec les gloſes du Droit Canonique.

1250. *Ste. Gertrude*, Abbeſſe en Allemagne. Traités de piété, avec les œuvres de Louis *Bloſius*, *in fol. Antuerp.* 1632.

1252. *Robert Sorbon*, né au Village de Sorbonne, Diocéſe de Sens, Chanoine de l'Egliſe de Paris, Fondateur de la Sorbonne, a fait quelques Opuſcules, *in Bibliotheca Patrum*.

1254. *Guillaume de S. Amour* écrit contre les Religieux. *Ejus Opera in* 40. *Conſtantiæ* 1632.

1254. *Humbert des Romans*, (de Romanſis), Général des Dominicains. Pluſieurs Traités ſur l'Etat Religieux, *in Bibliotb. Patrum.*

1254. *Théodore Laſcaris*, le Jeune, écrit contre les Latins ſur la proceſſion du S. Eſprit, & autres Traités Dogmatiques.

1255. *Nicéphore Blemmidas*, Moine Grec, a écrit contre les Latins ſur la proceſſion du S. Eſprit. *Raynaldus, in Continuatione Baronii.*

1256. *S. Thomas d'Aquin*, le plus grand Théologien, & le plus fertile Ecrivain de ſon Siécle, Docteur de Paris, & de l'Ordre de S. Dominique, ſurnommé le Docteur Angélique, a donné beaucoup d'Ouvrages de Théologie, de Philoſophie & de Morale; mais ſon chef-d'œuvre eſt ſa Somme Théologique, *in folio. Paris. la Noue* 1638. 2 *volum. in fol. cum Notis Nicolai in fol. Paris.* 1663. *Ejus Opera in folio, Romæ* 1570. 17 *volum. Edition très eſtimée. Idem in folio, Venetiis* 1594, & *Antuerpiæ* 1612. plus ample l'une & l'autre que celle de Rome, *idem in folio, Paris.*

1256. *S. Bonaventure*, de l'Ordre S. François, nommé le Docteur Séraphique, & Cardinal. Commentaires ſur la Théologie, & autres Ouvrages, *in folio. Romæ* 1588. 8 *volum*. Bonne édition.

1257. *Thomas Cantinpré*, Dominicain. Recueil d'Exemples. *Bonum univerſale de Apibus, in* 80. *Duaci* 1597-1605-1627.

1257. *Richer*, Moine de S. Pierre le Vif à Sens, a fait la Chronique de l'Egliſe de Sens, *in Spicilegio Dacheri.*

1257. *Albert le Grand*, Allemand de Nation, de l'Ordre de S. Dominique & Evêque de Ratisbonne. Commentaires ſur l'Ecriture Sainte, Sermons, Commentaires ſur les Sentences, & autres Traités. *Ejus Opera in folio, Lugduni* 1651. 21. *volum.*

1257. *Bonnaventure Brocard*, de Strasbourg, Dominicain. Deſcription de la Terre-Ste. *in* 80. *Ingolſtadii* 1604. & *Coloniæ* 1624.

1257. De *Dannemarck*, pour les Evêques du Royaume. *L. XI. H. VII. seuls.*
1257. De *Londres. Angl. I.*
1257. De *Cantorbery*, sur la Discipline. *Angl. I.*
1257. De *Lanciski*, contre Boleslas, Duc de Siléfie, qui tenoit prisonnier l'Evêq. de Breslaw. *L. XI. H. VII.*
1258. De *Montpellier*, sur la liberté de l'Eglise. *Labbe XI.*
1258. De *Merton*, en Anglet. pour révoquer les Dixmes, accordées au Pape, *ibid. & Angl. I.*
1258. De *Ruffec*, sur la Discipline, *ibidem.*
1258. De *Ravenne*, sur les Ordres de S. Dominique & S. François, *ib.*
1258. D'*Oxford. Angl. I.*
1259. D'*Ecosse, Angl. I.*
1260. De *Cologne*, sur la Discipline, *ibid.*
1260. De *Coignac*, (Copriniacum) sur la Discipline, *ibidem.*
1260. De *Paris*, pour s'opposer aux Tartares. *Lab. XI.*
1260. D'*Arles*, contre l'Abbé Joachim, & sur la Discip. *L. XI. H. VII.*
1260. De *Cypres. Hardoüin seul*, *T. VII.*
1260. De *Bourdeaux*, pour s'opposer aux Tartares. *Mart. Coll. VII.*
1261. De *Lambeth*, sur la Discipline. *L. XI. H. VII. Angl. I.*
1261. De *Londres, Angl. I.*
1261. *Pontanum. Angl. I.*
1261. On tint plusieurs Conciles pour s'opposer aux courses des Tartares, savoir à *Londres*, à *Beverlac*, à *Mayence*, & ailleurs.
1261. De *Mayence.*
1261. * De *Constantinople*. On y dépose injustement le Patriarche Arsenius. *Pachimer. Lib. III.*
1262. De *Coignac*, sur la Discipline, *ibidem.*
1263. De *Paris*, pour secourir la Terre-Sainte, *ibidem.*
1263. De *Viterbe*. Le Pape Urbain accorde le Royaume de Sicile à Charles d'Anjou, frere de S. Loüis. *S. Antonin, Hist. 3. part. tit.* 19.
1263. De *Bourdeaux*, sur les Rits Ecclésiastiq. *Labbe T. XI.*
1264. De *Nantes*, sur la Discipline, *ibidem.*
1264. De *Paris*, contre les Juremens & les Blasphêmes, *ibidem.*
1264. De *Boulogne* sur mer, pour Henri, Roi d'Angleterre, *ibidem.*
1265. De *Londres*. On excommunie les Ennemis du Roi, *ibidem.*
1265. De *Northampton. Angl. I.*
1266. De *Cologne*, sur la réformation des moeurs, *ibidem.*
1266. De *Terragone*, sur la Discipline. *Martene Collectionis, Tom. VII.*
1267. De *Seden*, (Sedenense) Province d'Arles. *L. XI. H. VII. seuls.*
1267. De *Seines* en Dauphiné, sur la Discipline. *Mart. Thes. IV.*
1267. De *Pontaudemer* en Normandie, sur la Discipline. *Labbe XI. Hardoüin VII. & Bessin. in Conciliis Norman. Manque in Regia.*
1267. De *Northampton*, où l'on excommunie les Ennemis du Roi d'Angleterre Henri III. *Labbe XI. Hard. VII. Manque in Regia.*
1267. De *Breslaw* en Siléfie, pour accorder quelques secours aux Chrétiens de la Terre-Sainte, *ibidem.*
1267. De *Vienne* en Autriche, sur la réformation. *Regia XXVIII. L. XI. H. VII. Lambecius en donne quelques corrections.*

1268. De

CONCILES.

1268. De *Château Gontier*, fur la Difcipline, *ibidem*.
1268. De *Perth* en Ecoffe. *Angl. I.*
1269. De *Cantorbery Angl. II.*
1269. D'*Angers*, fur la correction des mœurs, *ibidem*.
1269. De *Sens*, contre l'incontinence des Clercs, *ibidem*.
1270. De *Ravenne*, contre les Ufurpateurs de l'Evêché de Cefenne.
1270. De *Compiegne*, contre les Ufurpateurs des biens d'Eglife, *ibidem*.
1270. D'*Avignon*, fur la Difcipline, *ibidem*.
1271. De *S. Quentin*, fur la Difcipline. *R. XXVIII. L. XI. H. VIII.*
1272. De *Noyon*, fur la Difcipline.
1272. De *Cantorbery*. On accorde des Décimes au Roi. *Angl. I.*
1272. De *Norwick*, fur la Difcipline. *Angl. I.*
1273. De *Rennes*, fur la Difcipline. *Labb. XI. Hard. VII. feuls.*
1274. De LYON, XIVe. Concile général, fous Gregoire X. contre les erreurs des Grecs pour la réunion & pour la Terre-Sainte *Regia XXV III. L. XI. H. VII. Martene, Collea. VII.*
1275. De *Saltzbourg*. On reçoit le Concile de Lyon, *ibidem*.
1275. D'*Arles*, fur la Difcipline. *Labbe XI. Hard. VII. feuls.*
1275. De *Perth* en Ecoffe, fur la Difcipline. *Angl. I.*
1276. De *Durham*, fur les Immunités Eccléfiaftiques, *ibidem*.
1276. De *Saumur*, fur l'Abbé de S. Florent.

ÉCRIVAINS.

1258. *Albert*, Moine Bénédictin. Une Chronique générale jufques à l'an 1256. *in Wittenberg*. 1608.
1258. *Jean de Galles*, Moine Anglois, & Docteur de Paris en 1260. *Margarita Doctorum in folio. Lugduni* 1612. *Collectio Decretalium ab Anton. Auguftino, in folio. Lugduni* 1570, & *Paris*.
1260. *Gilbert*, ou *Guibert*, Cordelier, Docteur de Paris. Du devoir des Evêques, & quelques Traités de Morale, *in Bibliotheca Patrum*.
1261. *George Acropolyte*. Hiftoire de Conftantinople, depuis 1203 jufqu'en 1261. *Græce & Latine in folio. Paris.* 1651. Rare.
1261. *Henri de Segufio*, Evêque d'Embrun, & Cardinal Evêque d'Oftie. Une Somme Canonique. *Summa Aurea Hoftienfis*, *in fol. Lugduni* 1588 & 1597. & fur les Décretales, *in folio. Venetiis* 1581.
1263. *Bernard*, Moine & Abbé de Lerins, puis du Mont-Caffin, a écrit fur l'Etat Monaftique. *Speculum Monachorum in Venetiis* 1520. ——— Commentaire fur la Régle de S. Benoit, & fur les Bénéfices à la Nomination du Mont-Caffin.
1270. *Joannes Beccus*, ou *Veccus*. Carthophilace de l'Eglife de Conftantinople, fur l'union des deux Eglifes Grecque & Latine, & fur la proceffion du S. Efprit, *apud Leonem Allatium*.
1273. *Simon*, Moine d'Orient, & depuis Dominicain. Traité de la proceffion du S. Efprit contre les Grecs, *apud Allatium*.
1274. *Martin*, Polonois, Dominicain, & Archevêque de Gnefne en Pologne l'an 1277, a écrit une Chronique, depuis J. C. jufqu'à l'an 1271. *in* 8o. *Antuerpiæ* 1574 & *Coloniæ* 1616. Chronique célébre, connue fous le nom de Chronique Martinienne.

CLXXXVIII.

348 PAPES. | RITS ET RELIGIEUX.

CLXXXVIII.
1276. *Jean* XXI. 13 Septemb.
Gouverne 8 m. 4 j.
* Le 16 Mai 1277.
Le Siége vaque 6 m. 8 j.
CLXXXIX.
1277. *Nicolas* III. 25 Novemb.
Gouverne 2 a. 8 m. 28 j.
* Le 22 Août 1280.
Le Siége vaque 6 m.
CXC.
1281. *Martin* IV. 22 Février.
Gouverne 4 a. 1 m. 8 j.
* Le 29 Mars 1285.
Le Siége vaque 3 j.
CXCI.
1285. *Honoré* IV. 2 Avril.
Gouverne 2 a. 2 j.
* Le 3 Avril 1287.
Le Siége vaque 10 m. 18 j.
CXCII.
1288. *Nicolas* IV. 22 Février.
Gouverne 4 a. 1 m. 14 j.
* Le 4 Avril 1292.
Le Siége vaque 2 a. 3 m. 2 j.
CXCIII.
1294. *Célestin* V. 7 Juillet.
Gouverne 5 m. 7 j.
Abdique le 13 Décemb. 1294.
Meurt le 19 Mai 1296.
Le Siége vaque 10 j.
CXCIV.
1294. *Boniface* VIII. 24 Décemb.
Gouverne 8 a. 9 m. 18 j.
* Le 11 Octob. 1303.
Le Siége vaque 9 jours.

1280. Chevaliers de *S. Georges*, établis par l'Empereur Rodolphe.
1280. Chevaliers de *S. Jacques* en Portugal, par le Roi Denys.
1284. Religieuses *Servites* en Italie.
1284. Religieuses du *Tiers Ordre des Servites*, en Italie.
1286. Mort de S. Philippe Beniti, Fondateur des *Servites*.
1291. Origine de la Dévotion à la Sainte Chapelle de Notre-Dame de *Lorette*, d'abord dans la Dalmatie, puis en 1294 dans la Marche d'Ancone en Italie, près la mer Adriatique.
1292. Le Pape Nicolas IV. approuve le Tiers Ordre des Pénitens de S. François.
1296. Religieuses *Sylvestrines*, en Italie.
1297. Commencement de l'Ordre des Religieux, ou Chanoines de S. Antoine en Dauphiné, Régle de S. Augustin.
1300. Freres de *S. Alexis* en Flandres, approuvés seulement en 1450.
1300. Etablissement du Jubilé parmi les Chrétiens, institué par le Pape Boniface VIII. sur la fin de chaque siécle. Il fut mis depuis à cinquante ans, puis enfin à 25 ans, où il est aujourd'hui fixé.

CONCILES.

1276. De *Saumur*, sur la Discipline. *Lab. X. Hard. VII.*
1276. De *Bourges*, sur la Discipline Ecclésiastique, *ibidem.*
1276. De *Tribur*, sur la Discipline, *Lambert d'Aschaffenburg.*
1277. De *Compiegne*, sur les Chanoines des Cathédrales, *ibidem.*
1277. De *Constantinople*, pour l'extinction du Schisme, *ibidem.*
1277. * De *Constantinople*, par les Schismatiques. *Pachimer, Lib. V.*
1277. De *Constantinople*, où l'on excommunie ceux qui rejetteront l'union de l'Eglise Grecque avec la Romaine, *ibidem.*
1278. De *Langés*, sur la Discipline, *ibidem.*
1278. D'*Aurillac*, contre les exemptions. *Martene, Thes. Tom. IV.*
1277. Pier-

GRANDS HOMMES. | HERES. ET PERSEC. 349

1277. Pierre de la *Brêche*, Surintendant des Finances, pendu pour trahison.
1282. *Albert* le Grand meurt à 75 ans.
1284. Mort de *Roger Bacon*, Cordelier Anglois, & grand Philosophe.
1286. Raymond *Lulle*, né dans l'Isle Maïorque, est alors estimé pour sa piété, & ses lumiéres sur la Religion & la Philosophie.
1290. *Juifs*, chassés d'Angleterre.
1293. *Humbert*, Dauphin de Viennois, quitte sa Principauté & se retire dans un Monastére de Chartreux.
1295. On croit que cette année commencent les disputes des *Scotistes*, qui étoient de l'Ordre de S. François, & des *Thomistes* de l'Ordre de S. Domin.
1296. S. *Pierre Célestin* meurt dans la prison, où Boniface VIII. l'avoit resserré.
1297. Mort de S. *Louïs*, Evêq. de Toulouse, & neveu du Roi S. Louïs.
S. *Louïs*, Roi de France, canonisé par Boniface VIII.
1298. Boniface VIII. publie le *Sexte*, ou 6e. Livre des Décretales, mais il n'est point reçû.
1300. Cette année commence la Domination des Turcs.

1277. Etienne, Evêq. de Paris, condamne la proposition qui marque qu'il y a des choses vrayes selon la Philosophie, qui ne le sont point selon la Foi.
1285. Les *Apostoliques*, espéce de Fanatiques, ont pour Auteur Gerard *Sagarel* de Parme, qui, ayant été refusé dans l'Ordre de S. François, s'habilla comme il prétendoit qu'étoient les Apôtres, & disoit que le temps du S. Esprit & de la Charité étoit enfin arrivé. *Dulcino* fut un de ses Disciples ; c'étoit une espéce d'Albigeois, ou Vaudois. Sagarel fut brûlé vif l'an 1300.
1294. Les *Fratricelles* commencent par deux Religieux de S. François Apostats, qui prétendoient que le Pape même ne pouvoit interpréter la Régle de S. François ; qu'eux seuls faisoient la vraye Eglise, que nul autre ne se pouvoit dire ni Pape, ni Evêque. Ils étoient une branche des Vaudois.
1297. Les *Bégards* & autres Hérétiques, sortis des Apostoliques & des Fratricelles, prétendent que l'on peut arriver en ce monde à une si grande perfection, qu'on devient impeccable. Ils suivent d'autres erreurs, renouvellées par Molinos.

ÉCRIVAINS.

1276. *Geofroi* de Beaulieu, Jacobin. Vie de S. Louïs, Roi de France. Tom. V. *Andreæ Duchêne.*
1236. *Raymond Martin*, Jacobin, savant dans la Langue Hébraïque. Traité contre les Juifs, intitulé *Pugio Fidei*, in folio. Paris 1651 & in folio. *Lipsiæ* 1686.
1276. *Henri de Gand*, Docteur de Paris. Somme Théologique sur le Maître des Sentences, &c. *in folio. Paris.* 1518-1520.
1280. *Gregoire*, ou *Georges de Cypre*, Patriarche de Constantinople en 1284. Une Histoire, des Lettres & des Décrets. *Vide Allatium.*
1280. *Sainte Mechtilde*, Religieuse Bénédictine. Plusieurs révélations, *in folio. Paris.* 1513 ——— & *Coloniæ* 1536.

La suite, pag. 351.   1278. De

1278. De *Windsor* en Angleterre, sur la Discipline. *Angl. I.*
1279. De *Beziers*, pour la tenue d'un Parlement. *Labb. XI. H. VII. Baluz. Conc. Gal. Narbon.*
1279. De *Londres. Angl. I.*
1279. D'*Austh*, sur les droits de l'Eglise de Bazas, *ibidem.*
1279. De *Pontaudemer*, sur la Discipline, *ibidem*, & *Bessin.*
1279. D'*Avignon*, sur la Croisade & les Priviléges des Religieux, *ib.*
1279. De *Reding*, sur la Discipline & les Etudes d'Oxford, *ib. Angl. I.*
1279. De *Bude*, sur la Discipline, & qui fut interrompu par Ladislas, Roi de Hongrie, *ibidem.*
1279. D'*Angers*, sur la Discipline, *ibidem.*
1279. De *Tarragone*, pour canoniser S. Raymond de Pegnafort. *Regia XXVIII. Labbe XI. Hardoüin VII.*
1280. De *Cologne*, sur la Discipline & l'administration des Sacremens. *Labbe XI. Hard. VII. Manque in Regia.*
1280. De *Lambeth*, sur la Discipline Ecclésiastique, *ibid.* & *Angl. I.*
1280. De *Beziers*, sur la Métropole de Narbonne, *ibidem*, & *Baluz.*
1280. De *Constantinople*, sur la procession du S. Esprit, *ibidem.*
1280. De *Ravenne*, dont on n'a pas les Actes, *ibidem.*
1280. De *Saintes*, sur diverses matiéres Ecclésiastiques, & sur-tout en faveur des Religieux, *ibidem.*
1280. De *Poitiers*, sur la Discipline, *ibidem.*
1280. De *Noyon*, sur la Discipline, *Hardoüin seul*, *Tom. VII.*
1280. De *Sens*, sur quelques violences, faites dans une Eglise du Diocése de Chartres. *Martene Collectionis*, *Tom. VII.*
1280. De *Perth. Angl. I.*
1281. De *Saltzbourg*, sur la Discipline. *R. XXVIII. L. XI. H. VII.*
1281. De *Lambeth*, sur la Discipline & la liberté des Eglises. *Labb. XI. Hardoüin VII. Manque in Regia*, & *Angl. I.*
1282. D'*Avignon*, sur la Discipline, *ibidem.*
1282. De *Saintes*, sur la Discipline, *ibidem.*
1282. De *Tours*, sur la Discipline, *ibidem.*
1282. De *Terragone*, sur la Discipl. *Martene, Thes. IV.* & *Col. VII.*
1284. De *Paris*, sur la Discipline, dont il ne reste aucun Acte. *Labbe XI. Hardoüin T. VII. Manque in Regia.*
1284. De *Nîmes*, sur les Sacremens & la Discipline, *ibidem.*
1284. De *Poitiers*, sur la Discipline, *ibidem.*
1284. * De *Constantinople*, par les Schismatiques. *Raynaldi, ad hunc annum.*
1284. De *Melfe*, sur la particule *Filioque*. *Martene Collectionis Nova*, *T. VII.*
1285. De *Lanciski*, sur les Immunités de l'Egl. *L. XI. H. VII. seuls.*
1285. De *Mâcon.*
1285. De *Constantinople*, *Hardoüin seul*, *Tom. VII.*
1285. De *Riez* en Provence, sur la Discipline. *Martene Thes. T. IV.*
1286. De *Ravenne*, sur les mœurs. *R. XXVIII. Labb. XI. Hardoüin VII.*
1286. De *Bourges*, contre les exemptions. *Martene Thesauri*, *T. IV.*
1287. D'*Oxford*, sur la Discipline, les usages & les Fêtes de l'Eglise. *Labbe XI. Hardoüin VII. Manque in Regia. Angl. I.*

La suite, pag. 352.

1280. Re-

1280. *Rodolphe d'Habsbourg*, Empereur, Chef de l'Auguste Maison d'Autriche. 149. Lettres, qui sont restées en manuscrit dans la Bibliothéque de cette Maison à Vienne.

1280. *Jean*, Métropolitain d'*Ephese*. Traité contre les Schismatiques Grecs; Ms. dans la Bibliothéque de Vienne en Autriche.

1280. *Pierre Ducros*, ou d'*Auvergne*, Evêque de Clermont & Jacobin. Le Supplément de la Somme de S. Thomas, dont il étoit Disciple.

1281. *Gautier de Bruges*, Evêque de Poitiers. Commentaire sur le Maître des Sentences; il est resté en manuscrit à Bruges.

1281. *Richard*, ou *Ricold de Florence*, Jacobin. Réfutation des erreurs des Mahométans, *in* 4°. *Venetiis* 1607.

1281. *Jean Peckam*, Archev. de Cantorbery. Office de la Ste. Trinité, Constitutions pour son Diocése, & plusieurs autres Ouvrages.

1281. *Joannes Januensis de Balbis*, Jacobin. Catholicon, ou Dictionnaire, *in folio. Moguntiæ* 1460, Ouvrage très rare.

1281. *Guy Colomne*, de Messine en Sicile. Histoire de Troye, qui a été traduite en François.

1281. *Pierre Jean d'Olive*, Cordelier. Un commentaire sur l'Apocalypse, où l'on a trouvé quelques erreurs.

1286. *Guillaume Durand*, Evêque de Mandes. Miroir & Répertoire de Droit... Un Traité sur l'Office Divin.

1287. *Thiery de Apoldia*, Dominicain Allemand. Vie de Ste. Elizabeth, Reine de Hongrie, *apud Canisium*, & Vie de S. Dominique, *apud Surium*.

1287. *Augustin Triumphus*, Hermite de l'Ordre de S. Augustin. Traité de la Puissance Ecclésiastique. —— *in folio, Romæ* 1474. & 1582. Extrait des Ouvrages de S. Augustin, *Milleloquium S. Augustini, in folio*.

1288. *Jean de Paris*, Dominicain & Docteur de Paris. Traité de la Puissance du Roi & du Pape, où il défend l'autorité de l'un & de l'autre. —— *in* 8. *Paris* 1506. —— & *in Goldasti Monarchia Imperiali*. Traité de la maniére dont J. C. est dans l'Eucharistie, *in* 80. *Londini* 1686 —— & des remarques sur la Doctrine de S. Thomas, *in* 80. *Coloniæ* 1524.

1290. *Raoul de Colonne*, Chanoine de Chartres. De la Translation de l'Empire des Grecs aux Latins. *Vide Goldastum, Monarchiæ Imperialis in folio*, Tom. II.

1290. *Jacques de Voragine*, Dominicain & Archevêque de Gènes. Une Légende, ou Vie des Saints, remplie de fables. *Historia Longobardica, seu Legenda Aurea Sanctorum in folio, Norimbergæ* 1478 & 1493. —— *Venetiis* 1483. —— *Basileæ* 1486. —— *Argentorati* 1496. Ce sont-là les meilleures Editions. Un Ouvrage sur les Loüanges de la Ste. Vierge. *Mariale Aureum de Laudibus Matris Dei, in folio. Venetiis* 1497. Sa Légende a été traduite en Italien & en François.

1290. *Richard de Mediavilla*, ou *Midleton*, de l'Ordre de S. François & Docteur de Paris. Un Commentaire sur le Maître des Sentences, quelques Commentaires sur l'Ecriture Sainte, & autres Traités de Théologie. *La suite*, pag. 353.

1287. De *Rheims*, en faveur des Religieux de S. Dominique & de St François, *ibidem*.
1287. De *Wurtzbourg*. On refuse au Pape & à l'Empereur les contributions qu'ils demandent. *Reg. XXVIII. Labb. XI. Hard. VII.*
1287. De *Milan*, sur la Discipline, *ibidem, & Tom. VIII. Collectionis Italiæ Muratori.*
1287. De *Rheims*, sur les affaires de cette Métropole. *Martene Thesauri, Tom. IV.*
1288. De *Lille*, de la Province d'Arles, sur la Discipline. *Labbe XI. Hardoüin VII. Manque in Regia.*
1289. De *Chester*, (Cicestrense) sur la Discipline, *ibidem.*
1289. De *Vienne* en Dauphiné, sur la Discipline, dont il ne reste point d'Actes, *ibidem.*
1290. De *Nougaro*, Diocèse d'Ausch, contre les Usurpateurs des biens Ecclésiastiques, *ibidem.*
1290. De *Paris*, sur la Discipline, dont on n'a point les Actes, *ibid.*
1290. D'*Ambrun* en Dauphiné, sur la Discipline. *Martene Thesauri, Tom. IV.*
1290. De *S. Léonard le Noblat*, (Nobiliacum) Diocèse de Limoges, sur les revenus Ecclésiastiques. *Martene Thesauri, Tom. IV.*
1291. De *Terragone*, sur la Discipline. *Martene Collectionis Novæ, Tomo VII.*
1291. De *Saltzbourg*, pour réunir les Templiers & les Chevaliers Teutoniques. *Regia XXVIII. Labbe XI. Hard. VII.*
1291. De *Londres*, pour chasser les Juifs d'Angleterre, *ibid. Angl. I.*
1291. De *Milan*, pour secourir les Chrétiens de la Terre-Sainte, *ib.*
1292. D'*Aschaffenbourg* en Allemagne, pour la Discipline, *ibidem.*
1292. De *Lyon*, pour la Discipline.
1292. De *Terragone*, sur la Discipline. *Martene Thesauri, Tom. IV.*
1292. De *Chester*, sur la Discipline. *Labbe XI. Hardoüin VII. seuls.*
1294. De *Saumur*, sur la Discipline, *ibidem.*
1294. D'*Aurillac* en Auvergne, pour secourir le Roi dans les besoins de l'Etat. *Martene Thesauri, Tom. IV.*
1295. De *Clermont* en Auvergne. *Martene Thesauri, Tom. IV.*
1297. De *Londres*, contre les Usurpateurs des biens Ecclésiastiques. *Labbe XI. Hardoüin VII. Manque in Regia. Angl. I.*
1297. De *Lyon*, contre les Princes qui mettent des impositions sur le Clergé. *Regia XXVIII. Labbe XI. Manque dans Hardoüin. Le P. Labbe le croit supposé.*
1298. De *Saintes*, sur la Discipline. *Labbe XI. Hardoüin VII. seuls.*
1299. De *Roüen*, sur la Discipline, *ibidem.*
1299. De *Beziers*, sur la Discipline, & sur le différend de l'Archevêque de Narbonne avec le Vicomte, *ibidem, & Baluzius in Concil. Gall. Narbon. & Martene, Collect. Tom. VII.*
1300. De *Melun*, sur les mœurs. *Lab. XI. Hardoüin VII. seuls.*
1300. De *Merton* en Angl. sur la Discipline, *ibidem, Angl. I.*
1300. De *Cologne*, sur la Discipline. *Labbe XI. Hardoüin VII. seuls.*
1300. De *Bayeux*, sur la Discipline, *ibidem.*
1300. D'*Ausch*. Constitutions sur la Province, *ibidem.*

1291. Guy

1291. *Guy*, Moine de S. Germain d'Auxerre. L'Histoire de son Abbaye, depuis 1189. jusqu'en 1277. *au Tome I. du Bibliotheca Manuscriptorum Philip. Labbæi*, in folio, Paris. 1657.

1291. *Henri Suso*, de l'Ordre de S. Dominique, a fait plusieurs Traités mystiques sur la Vie Spirituelle, des Lettres & des Sermons.

1291. *Pierre de Belleperche*, Chancelier de France, mort en 1308. Commentaires sur le Droit.

1291. *Guy de Castres*, Abbé de S. Denys en France l'an 1294. Une Vie des SS. mais qui est de peu d'autorité; elle est restée en manuscrit.

1291. *Richard de S. Ange*, Moine du Mont-Cassin. Commentaire sur la Régle de S. Benoit, manuscrit, à S. Germain-des-Prez.

1292. *Nicolas de Fractura*, Abbé de S. Vincent de Volturno. Commentaire sur la Régle de S. Benoit. Ms. à S. Germain-des-Prez.

1292. *Athanase* de Macédoine, fait Patriarche de Constantinople. Plusieurs Lettres sur la résidence des Evêques, *in Biblioth. Patrum*, & autres Ouvrages. Voyez *Banduri, in Imperio Orientali, & Boivin. ad Nicephorum Gregoram*.

1293. *Suffridus*, Prêtre Allemand. Chronique Universelle ad ann. 1307. Voyez *Georg. Fabricium, in Historia Saxonica, edita Lipsiæ in folio. 1519. & in folio*, Ienæ 1598.

1293. *Constantin Acropolite*, grand Logothete de Constantinople, fils de l'Historien George Acropolite. Eloge de Sainte Théodosie, Vierge & Martyre de Constantinople, *Tom. VII. mensis Mai Actorum Bollandi. Vide Lambecium, Lib. IV. Biblioth. Vindobonensis.*

1294. *Barthelemi Cotton*, Moine de Norwich. Histoire d'Angleterre, Normandie, & Norwich. *Warton, in Anglia, Tom. I.*

1294. *Sozomene*, Prêtre Italien. Une Chronique Universelle jusques à son temps, manuscrite chez les Chanoines Réguliers de Fiosoli, près Florence. Voyez *Mabillon. in Itinere Italico*.

1294. Le Pape *Boniface* VIII. Plusieurs Lettres, *in Collectione Conciliorum, & apud Bzovium*, des Statuts pour les Docteurs & les Etudians en Théologie. *Romæ* 1579. Le sixiéme Livre des Décretales du Droit Canonique, *in 8o*. & en quelques éditions du Droit Canonique.

1295. *Gregoire* d'Arménie. Lettre sur l'Eglise d'Arménie, & Cantiques à l'usage de son Eglise. Voyez *Clément Galanus, Conciliatio Ecclesiæ Armenæ, Part. I.*

1295. *Engelbert*, Moine de S. Benoit en Styrie. De l'origine, du progrès & de la fin de l'Empire Romain, *in 8o. Basileæ* 1553. *in 8o. Offenbachii* 1610, & *Tom. XXV. Bibliot. Patrum*. Panégyrique de l'Empereur Rodolphe d'Hasbourg, *in Scriptorib. Germanicis*.

1296. *Gilles Colomne*, de l'Ordre des Hermites de S. Augustin, & Docteur de Paris, a écrit contre Boniface VIII. en faveur de Philippe le Bel, sur la puissance du Pape & du Roi, *in Monarchia Imperiali Goldasti, in folio Tom. II.* Un Commentaire sur le Maître des Sentences, *in folio. Romæ* 1523, & plusieurs autres Traités de Théologie.

1299. *Thomas Wicke*, Anglois, Moine Augustin. Chronique d'Angleterre, *in Scriptorib. Historicor. Angliæ.*

PAPES.

QUATORZIÉME SIÉCLE.

C X C V.
1303. *Benoit* XI. 21 Octob.
Gouverne 8 m. 17 j.
* Le 7 Juillet 1304.
Le Siége vaque 1 a. 13 j.
Les Papes suivans siégent à AVIGNON, *jusques à Gregoire XI. qui rentre à Rome le 17 Janvier 1337.*
C X C V I.
1305. *Clément* V. 21 Juillet.
Gouverne 8 a. 9 m.
* Le 20 Avril 1314.
Le Siége vaque 2 a. 3 m. 17 j.
C X C V I I.
1316. *Jean* XXII. 7 Août.
Gouverne 18 a. 3 m. 29 j.
* Le 5. Décemb. 1334.
Le Siége vaque 14 j.
1328. Pierre de *Corbario*, Antipape, qui meurt en Septemb. 1333.

RITS ET RELIGIEUX.

QUATORZIÉME SIÉCLE.

1307. Les Chevaliers *Templiers*, accusés d'abominations, sont tous arrêtés en France.
1312. Religieuses de S. Jacques de *la Spada*, en Espagne.
1318. Chevaliers de *Montese* au Royaume de Valence, fondés des biens des Templiers.
1319. Ordre du *Mont Olivet*, près de Monte Alcino, par le B. Bernard, de la famille des Tolomei de Sienne, sous la Régle de S. Benoit.
1320. Chevaliers de l'*Echarpe*, par Alphonse XI. Roi de Castille.
1320. L'Ordre Militaire de *Christ* en Portugal, par le Roi Denys.
1321. Franciscains du *Tiers Ordre*, ou *Penitens*, établis en régle par Nicolas IV.
1324. Religieuses du *Mont Olivet* en Italie.

CONCILES.

QUATORZIÉME SIÉCLE.

1301. De *Compiegne*, sur la Discipline, *ibidem*.
1301. De *Pergame*, sur la Discipline, *Tom. IX. Collectionis Muratorii.*
1302. De *Paris*, sur le différend de Boniface VIII. & de Philippe le Bel. *Reg. XXVIII. Lab. XI. Hard. VII.*
1302. De *Pannasiel*, sur la Discipline, *ibidem*.
1302. De *Rome*, contre Philippe le Bel. *R. XXVIII. L. XI. H. VII.*
1303. De *Nougaro*, sur la Discipline. *Lab. XI. Hard. VII. seuls.*
1303. D'*Huesca*, pour réparer les désordres des Sarrasins. *Aguirre III.*
1304. De *Ruffec*, sous Bertrand Got, depuis Pape Clément V. *L. XI.*
1304. De *Compiegne*, sur la réformation des mœurs, *ibidem*.
1304. De *Pinterville* en Normandie, sur la Discipline. *Bessin*.
1305. De *Pontaudemer*, sur la Jurisdiction Ecclésiastique. *Bessin*, *ib*.
1305. De *Londres*. *Angl. I.*
1306. De *Rippon*. *Angl. I.*
1306. De *Cologne*, contre les Begards.
1307. De *Sise* en Arménie, pour la réunion. *Galant. Concil. Armen.*
1307. De *Terragone*, sur la Discipline. *Martene Thesauri*, Tom. IV.
1307. D'*Torck*. *Angl. I.*
1307. De *Ravenne*, sur la Discipline. *Lab. XI. Hard. VII. seuls.*
1308. D'*Ausch*, sur la Discipline, *ibidem*.
1308. D'*Ecosse*. *Angl. I.*

QUA-

QUATORZIÉME SIÉCLE.

1305. *Dulcin*, né à Novarre en Italie, fous un extérieur compofé, donnoit dans les plus grands excès de libertinage. Il prétendoit que fa Doctrine étoit une troifiéme Loi, qui perfectionnoit celle de J. C.

1309. *Arnaud de Villeneuve*, Médecin célébre, foutenoit que la nature humaine de J. C. étoit égale à la nature divine, & rejettoit l'obéiffance dûe au S. Siége.

1310. *Marguerite Porrete*, née en Haynau, vint à Paris, où elle publia plufieurs erreurs, furtout, que quand on étoit en ce monde parvenu à l'amour parfait, on ne péchoit plus, quelque mauvaife action que l'on commit. Elle fut brûlée à Paris en 1310.

1311. Cette année les *Begards* font condamnés par le Concile général de Vienne.

1315. *Waltero*, ou *Gautier*, Laïc, foutenoit que Lucifer avoit été chaffé injuftement du Ciel. Il attaquoit prefque tous les Sacremens de l'Eglife, & l'Eglife même, tant dans fon Chef que dans les autres Pafteurs. Il renouvella l'Héréfie des *Lollards*, & fut brûlé à Cologne en 1322.

1318. *Henri Ceva*, Francifcain Apoftat, établit une Eglife Charnelle, & une Spirituelle.

1327. *François Ceccus*, ou *Afculan*, Calabrois, Aftrologue, qui régloit la Religion par l'Aftrologie, condamné & brûlé en 1327.

1328. *Jean de Polieu*, dont quelques propofitions furent condamnées par Jean XXII.

ÉCRIVAINS.

QUATORZIÉME SIÉCLE.

1301. *Jean le Moine*, Cardinal. Commentaire fur le Sexte des Décrétales, *in folio. Paris.* 1535. *& in fol. Venet.* 1586.

1301. *Gervais Ricobold* de Ferrare, Chanoine de Ravenne. Chronique du Monde jufques à fon temps; elle eft reftée en manufcrit.

1302. *Matthieu de Wefiminfier*. Hiftoire d'Angleterre, *in fol. Londini* 1567, *& in folio. Francofurti* 1601.

1302. *Jean Scot*, ou Jean Duns, Ecoffois, de l'Ordre de S. François & Docteur de Paris, nommé le Docteur fubtil, a écrit fur la Théologie & fur la Philofophie d'Arifote. Ses Commentaires fur l'Ecriture Sainte n'ont pas été imprimés. *Ejus Opera in folio. Lugduni* 1639. 12 *volum.* Il mourut l'an 1308.

1302. *André de Neucaftle*, Dominicain Anglois; d'autres le font du Neuf-Chàteau en Lorraine. Un Commentaire fur le Livre des Sentences, *in folio, Paris.* 1514.

1303. *Reinier de Pife*, Dominicain. Une Somme Théologique, Pantheologia, feu Summa univerfæ Theologiæ, *in folio. Tiguri* 1574 *in* 4. *Brixiæ* 1581. 2 *volum.*

1303. *Théodore Metochita*, grand Logothete de l'Empereur Andronique, a fait un Abrégé de l'Hiftoire Romaine, *in* 40. *Lugduni Batavorum* 1618.

1309. De *Londres*, Provincial, fur la Difcipline. *ibid. Angl. I.*
1309. De *Presbourg*, approuvé par Clément VI. en 1346. *L. XI.*
1310. De *Saltzbourg* I. fur les Dixmes, accordées au S. Siége. *Regia XXVIII. Labbe XI. Hardoüin VII.*
1310. De *Saltzbourg* II. pour réformer les mœurs du Clergé, *ibidem.*
1310. De *Cologne*, fur les Immunités. *L. XI. H. VII.*
1310. De *Ravenne*, 1 & 2.
1310. De *Salamanque.* } Dans l'affaire des Templiers, *ib.*
1310. De *Paris.*
1310. De *Mayence*, fur le même fujet. *R. XXVIII. L. XI. H. VII.*
1310. De *Senlis*, fur le même fujet. *Raynaldi, ad hunc ann.*
1310. De *Tréves.* On abfout les Templiers. *Serr. Hift. Mogunt. L. V.*
1310. De *Roüen*, fur les Templiers.
1310. De *Beziers*, fur la Difcipline. *Martene Thefauri, Tom. IV.*
1310. De *Tréves*, fur les biens d'Eglife. *Martene Thefauri, Tom. IV.*
1311. De VIENNE en Dauphiné, XVe. Concile général, fous le Pape Clément V. qui en fut le Préfident. Les Rois de France & d'Arragon y affiftérent, auffi-bien que les Patriarches d'Alexandrie & d'Antioche, & plus de 300. Evêques. On y abolit l'Ordre des Templiers, on y condamna les Siéfies des Fratricelles, des Dulciniftes & Begards, & l'on inftitua la Proceffion folemnelle du S. Sacrement. *Regia XXVIII. Labbe XI. Hard üin VII.*
1311. De *Cantorbery*, contre les Templiers, *Angl. I.*
1311. D'*Torck. Angl. I.*
1312. De *Terragone*, en faveur des Templiers. *Hard. feul Tom. VII.*
1312. De *Ravenne*, fur les mœurs. *R. XXVIII. L. XI. H. VII.*
1312. De *Salamanque*, pour fon Univerfité. *Aguirre, T. III.*
1312. De *Bourges.* On reçoit le Concile de Vienne.
1312. De *Nougaro.*
1313. De *Nicofie* en Chypre, fur la Difcipline. *Labbe XI.*
1313. De *Roüen*, fur la Difcipline. *Beffin. in Concil. Norman.*
1314. De *Paris*, fur la Difcipline & la Jurifdiction. *Labbe XI. Hard. VII. Martene Thefauri, Tom. IV.* Manque *in Regia.*
1314. De *Ravenne*, fur la Difcipline. *R. XXVIII. L. XI. H. VII.*
1315. De *Saumur*, fur la Jurifdiction. *L. XI. H. VII. feuls.*
1315. De *Nougaro*, en faveur des Eccléfiaftiques, *ibidem.*
1315. De *Senlis*, dans la caufe de Pierre de Latilli, Evêque de Châlons fur Marne, foupçonné de la mort de Philippe le Bel. *ibidem.*
1316. De *Weftminfter*, fur la Difcipline. *Labb. XI.*
1316. D'*Adan* en Armenie, fur la réunion. *Galant. Conc. Arman.*
1317. De *Senlis*, contre les Ufurpateurs des biens d'Eglife.
1317. De *Ravenne*, affemblé à Boulogne, fur la Foi & la Difcipline. *Regia XXIX. Labbe XI. Hardoüin VII.*
1317. De *Terragone*, contre les Begards & Beguines, & fur la Difcipline. *Martene, Colleð. Tom. VII.*
1318. De *Cantorbery. Angl. II.*
1318. De *Sarragoce*, fous Pierre de Lune. *Aguirre, III.*
1318. De *Terragone*, fous Ximenès de Lune. *Aguirre, III.*
1319. De *Tolouse*, dont on n'a point les Actes. *L. XI. H. VII. feuls.*

La fuite, pag. 358.

1304. *Ray-*

1304. *Raymond Lulle*, Catalan, a beaucoup écrit sur la Philosophie & sur la Chymie. Il a donné aussi des Livres de Doctrine, de Morale & de piété ; sçavoir, une Explication des Articles de la Foi: des différens états des hommes ; des Méditations & Contemplations: de l'Immaculée Conception de la Sainte Vierge, des Traités contre les Grecs & les Juifs. Il est martyrisé par les Maures d'Afrique.

1304. *George Pachimere*. L'Histoire des Empereurs de Constantinople, Michel & Andronique Paléologue, depuis l'an 1258 jusqu'en 1308. —— *Græce & Latine in folio, Romæ* 1666. & 1669. Un Traité de la procession du S. Esprit. *Græce & Latine apud Allatium.* Paraphrase de S. Denys l'Aréopagite, *in folio*, Paris. 1644.

1305. *Guillaume de Nangis*, Moine de S. Denys. Chronologie, depuis le commencement du Monde jusqu'en 1301. *in Spicilegio.* Vie de S. Loüis & de ses enfans, *in Collectione Andreæ Duchêne.*

1305. *Henri Stero*, Bénédictin Allemand. Histoire d'Allemagne, depuis l'an 1152. jusqu'en 1273. *apud Canisium.*

1305. *Guillaume Mandagote*, Archevêque d'Ambrun en 1295. Traité des Elections des Prélats. *Coloniæ* 1573.

1306. *Jacques de Beneditüs*, Cordelier Italien, a écrit plusieurs Hymnes, entre autres *Stabat Mater*, & un Traité du mépris du Monde.

1306. *Dinus Mugellanus*, Professeur en Droit à Boulogne. Commentaire sur le sixiéme Livre des Décrétales, sur les Régles du Droit Canonique, & quelques Ouvrages sur le Droit Civil, *in folio. Lugduni* 1617.

1306. *Evrard*, Moine Bénédictin de Ratisbonne. Annales des Ducs d'Autriche, de Baviére & de Soüabe, depuis 1273. jusqu'en 1305. *apud Canisium.*

1306. *Ptolomée de Lucques*, en Italie, Dominicain. Des Annales, depuis l'an 1060 jusqu'en 1303, *in Biblioth. Patrum.* Chronique des Papes & Empereurs. —— *in* 40. *Lugduni* 1619. Il prêcha à Mantoüe que J. C. avoit été formé dans le cœur de la Sainte Vierge, & non dans ses entrailles.

1306. *Jean de Fribourg*, Dominicain, puis Evêque en Hongrie l'an 1302. Une Somme pour les Prédicateurs, une autre pour les Confesseurs, des Gloses sur la Somme de S. Raymond de Pegnafort, & sur le Décret de Gratien, avec un Commentaire sur le Maitre des Sentences.

1308. *Nicéphore Callixte.* Une suite des Patriarches de Constantinople, & une Hist. Ecclésiastique, *in folio*, 1630 2 *volum.*

1310. Le Pape *Clément* V. Plusieurs Lettres & Décrets, *in Collectionibus Conciliorum, apud Bzovium & Wadingum*, &c. Un septiéme Livre des Décrétales.

1310. *Thomas Joysius*, Dominicain. Divers Commentaires sur l'Ecriture Sainte, dans les Oeuvres de S. Thomas.

1310. *Guillaume de Paris*, Dominicain, Inquisiteur de la Foi. Traités sur les Sacremens, attribués à Guillaume, Evêq. de Paris.

1310. *Nicolas Triveth*, Dominicain Anglois. Chronique d'Angleterre de 1135. à 1307. *Spicileg.* & Commentaire sur la Cité de Dieu & de S. Augustin, *in folio. Tolosæ* 1488. & *Venetiis* 1489.

La suite, pag. 359.

1320. De

1320. De *Sens*, sur la Discipline, *ibidem*.
1320. De *Nicosie*, sur la Discipline. *Lab. XI.*
1320. D'*Adan* en Armenie, pour confirmer le Concile de Sise. *Galan. Conciliat. Armen.*
1321. De *Lizieux*, sous Hugues d'Harcourt.
1321. De *Cantorbery. Angl. II.*
1321. De *Perth* en Ecosse. *Angl. II.*
1321. De *Roüen*, sur la Discipline. *Bessin. in Concil. Norman.*
1322. De *Valladolid*, sur la Discipline. *R. XXIX. L. XI. H. VII.*
1322. De *Londres*, ou *Cantorbery*, sur l'obéissance dûe aux Loix de l'Etat, *ibidem*, & *Angl. II.*
1322. D'*Torck*, en Angleterre. *Anglic. II.*
1322. De *Cologne*, sur la Discipline. *R. XXIX. L. XI. XI. H. VII.*
1323. De *Paris*, sur la Discipline. *Labbe XI. Hardoüin VII. seuls.*
1323. De *Terragone*, sur la Discipline. *Martene Collectionis*, *T. VII.*
1323. De *Tolede*, sur la Discipline. *Aguirre*, *Tom. III.*
1323. De *Cantorbery. Angl. II.*
1323. D'*Torck. Angl. II.*
1324. De *Schone* en Ecosse. *Angl. II.*
1324. De *Tolede*, sur la Discipline. *R. XXIX. L. XI. H. VII.*
1325. De *Westminster* près Londres. *Angl. II.*
1325. D'*Alcala*, sur les mœurs des Ecclésiastiq. *Aguirre*, *Tom. III.*
1326. De *Tolede. Aguirre, Tom. III.*
1326. De *Lambeth*, près Londres. *Angl. II.*
1326. D'*Avignon*, sur la Discipline. *Labb. XI. Hard. VII. seuls.*
1326. De *Marsiac* en Guyenne, sur la Discipline, *ibidem*.
1326. De *Senlis*, sur la réformation des mœurs, *ibidem*.
1326. De *Cantorbery. Angl. II.*
1326. D'*Alcala*, sur les Immunités de l'Eglise, *ibidem*.
1326. De *Ruffec* en Guyenne, sur les droits de l'Eglise, *ibidem*.
1327. De *Toulouse*, où l'on défend de se faire des funérailles avant sa mort. *Hardoüin seul*, *Tom. VII.*
1327. D'*Avignon*, contre l'Antipape Pierre de Corbario. *Regia XXIX. Labbe XI. Hardoüin VII.*
1328. De *Londres*, ou *Cantorbery*, sur les Fêtes de l'Eglise. *Labbe XI. Hardoüin VII. Manque in Regia. Angl. II.*
1329. De *Compiegne*, sur la Discipline, *ibidem*.
1329. Assemblée de *Paris*, en présence de Philippe de Valois, sur la Jurisdiction Ecclésiastique, *ibidem*.
1329. De *Marsiac*, sur l'assassinat de l'Evêque d'Aire, *ibidem*.
1329. De *Terragone*, sur divers points de Discipline. *Martene Thesauri, Tom. IV. Les dérangemens de l'Eglise de Terragone ont occasionné beaucoup d'autres Conciles, dont les dates sont inconnues.*
1329. *Vintonicnse. Angl. II.*
1330. De *Lambeth*, sur la Discipline. *L. XI. Hard. VII. seuls.*
1331. D'*Torck. Angl. II.*
1331. De *Benevent*, contre la Simonie. *Synodicon. Benevent.*
1332. De *Magfeld*, sur les Fêtes, & autres matiéres, *ibid. Angl. II.*
1333. D'*Alcala*, sur la Discipline. *Aguirre*, *Tom. III.*

1310. Hay-

1310. *Hayton*, Arménien. Voyage & Hift. des Tartares, *in* 4º. *Bafil.*
1311. *Antoine André*. Commentaire fur le Maître des Sentences.
1311. *Guillaume Durand*, le Jeune, Evêque de Mande. Maniére de célébrer le Concile, *in* 8º. *Paris.* 1671.
1311. *Marin Sanutus*, Vénitien. Traité fur la maniére de recouvrer la Terre Sainte. *Bongars, Gefta Dei per Francos.*
1312. *Alexandre de S. Elpide.* Traité de la puiffance des Rois & de l'autorité du Souverain Pontife. *Lugduni* 1498.
1312. *Jean de Naples*, Jacobin. Queftions Philofophiques & Théologiques, *in folio, Neapoli* 1618.
1312. *Philippe*, Evêq. d'Eifchtet. Hift. des Saints de fon Eglife, *in* 4º. *a Gretzero, Ingolftadii.*
1312. *Jean Vital du Four (a Furno).* Des Commentaires Moraux fur l'Ecriture Sainte, *in folio. Venetiis* 1594.
1315. *Noël Hervé*, Docteur de Paris, & Général des Dominicains. Commentaire fur le Maître des Sentences, & plufieurs Queftions Théologiques, la défenfe de fon Ordre, & deux Traités, l'un de la puiffance du Pape, *in* 8º. *Paris.* 1647, l'autre de la Puiffance du Pape & du Roi, *in* 8º. *Venetiis* 1513 ——— & 1516.
1315. *Hugues du Pré-Fleuri*, Dominicain. Un Traité contre les Juifs. *Victoria contra Judaicam perfidiam*, *in folio. Parifiis* 1520, & des Sermons.
1315. *François Mayron*, Cordelier, Docteur de Paris. Un Commentaire fur le Maître des Sentences, *in folio, Venetiis* 1567, & plufieurs autres Traités Dogmatiques.
1315. *Ubertin de Cafal*, Cordelier. Queftions fur la Pauvreté de J. C. *apud Wadingum*, des fept Etats de l'Eglife. *Venetiis.*
1316. *Jean Glycas*, Patriarche de Conftantinople. Son Ambaffade en Armenie, & fon Teftament, *apud Nicephorum Gregoram, L. VI.*
1316. Le Pape *Jean XXII*. Plufieurs Lettres, *in Collectionibus Conciliorum, apud Bzovium & Wadingum, & in Epiftolis Pontificum*; des Conftitutions, nommées Extravagantes dans le Droit Canonique ; fa rétractation, *apud Joan. Villanum, Hift. Florent. Lib. II.*
1316. *Albert de Padoüe*, de l'Ordre de S. Auguftin, & Docteur de Paris. Commentaire fur le Maître des Sentences.
1318. *Michel de Cefene*, Cordelier, a écrit contre le Pape Jean XXII. & fur les biens Eccléfiaftiques. *Tom. II. Golftadi in fol.* Un Commentaire fur le Maître des Sentences, & des Sermons.
1318. *Aftefanus*, Cordelier d'Italie. Une Somme des Cas de Confcience, *in folio, Venetiis* 1519.
1318. *Jacques de Laufanne*, Dominicain, Docteur de Paris. Un Livre de Moralité.
1319. *Bertrand de la Tour*, Cordelier, Docteur de Paris. Commentaires fur le Maître des Sentences, & des Sermons.
1319. *Maxime Planude*, Moine Grec, Grammairien, Philofophe & Théologien. Divers Traités de Théologie, fur-tout contre les Latins, fur la proceffion du S. Efprit, *apud Arcadium*, & plufieurs autres Livres de Littérature. Il a traduit en Grec les Livres de la Cité de Dieu de S. Auguftin.

1320. *Durand de S. Porcien*, Dominicain. Commentaire sur le Maître des Sentences, *in folio. Venetiis* 1571. Il a des singularités Théologiques, qui font rechercher son Ouvrage. Il a fait un Traité de la Jurisdiction Ecclésiastique & des Loix, *in 8°. Paris* 1506.

1320. *Nicolas de Lira*, Cordelier, Docteur de Paris, a fait des Notes très estimées sur toute l'Ecriture Sainte, *in folio, Duaci* 1617. *in Biblia Maxima in folio. Paris.* 1660. & quelques autres Traités de Doctrine, sur-tout un contre les Juifs; lui-même l'avoit été.

1321. *Pierre de Aquila*, Cordelier. Commentaire sur le Maître des Sentences, *in 4°. Spiræ* 1480. & Questions sur le Livre des Sentences, *Venetiis* 1584. & *in 8°. Parisiis* 1585.

1321. *Albertinus Mussatus*, Italien, a écrit l'Histoire de l'Empereur Henri VII, *in folio. Venetiis* 1636.

1321. *André Horne*, Anglois. Un Traité des Loix & des Jugemens, *Speculum Justitiarium, Londini* 1642.

1321. *Jean Bassolis*, Cordelier. Commentaire sur le Maître des Sentences, *in folio, Paris.* 1617.

1321. *Pierre Aureolus de Verberie*, Cordelier; d'autres disent qu'il étoit Religieux du Val des Ecoliers, Docteur de Paris. Commentaire sur le Maître des Sentences, *in folio, Romæ* 1595. & Traité de l'Immaculée Conception, *Tolosæ* 1514.

1322. *Landulphe Colomne*, Chanoine de Chartres. Chronique jusqu'au Pape Jean XXII. *apud Labbæum, in Bibliotheca manuscriptorum in folio.*

1322. *Orderic de Forli*, dans le Frioul. Ses Voyages, ou Traité des Merveilles du Monde, *ad 24 Januarii Bollandi.*

1322. *Jean de Paris*, Chanoine Régulier de S. Victor de Paris. Mémorial Historique, *in Collectione Andreæ Duchêne.*

1323. *Bernard Guido*, Dominicain de Limoges. Histoire de l'Ordre de Grammont, *apud Labbæum, in Bibliotheca manuscriptorum, Tom. II.* & plusieurs Traités de Doctrine & d'Histoire.

1323. *Marsile de Padoüe*, Jurisconsulte. Traité de la puissance du Pape & des Princees, & autres Traités. *Defensor Pacis, in folio.* Idem *in 8°.* & *Tom. I. Monarchiæ Goldasti.*

1324. *Jean Canon*, Cordelier, Docteur de Paris. Commentaire sur le Maître des Sentences.

1324. *Gerard Odon*, Cordelier. Commentaire sur le Maître des Sentences, & un Office des Stygmates de S. François, qui est dans le Bréviaire des Cordeliers.

1325. *Jean Calecas*, Patriarche de Constantinople. Traité sur les Patriarches de son Eglise, Concile de Constantinople contre Barlaam, & autres Ouvrages du Droit Canonique des Grecs; est manuscrit, *in Bibliotheca Vindobonensi.*

1325. *Manuel Philes*, Grec, Philosophe, Poëte & Théologien. La plûpart de ses Ouvrages sur l'Ecriture Sainte sont restés en manuscrit dans la Bibliothéque du Roi, & ailleurs.

1325. *Gregoire Palamas*, qui est devenu Archevêque de Thessalonique, a écrit contre les Latins, & a donné dans quelques erreurs au sujet des Taborites.

1325. *Jean*

1325. *Jean Bâcon*, Anglois, Carme & Docteur de Paris. Commentaire sur le Maître des Sentences, *in folio*, *Cremonæ* 1618, quelques Questions Théologiques & Traités d'Histoire.
1325. *Andronique*, de Constantinople. Dialogue contre les Juifs, *in Bibliotheca Patrum*.
1326. *Pierre de Duisbourg*, Chevalier Teuton. Histoire de l'Ordre Teutonique, depuis 1190 jusqu'en 1326. *in* 4°. *Ienæ* 1679.
1326. *Pierre Bertrand*, Evêque d'Autun. Fondateur du Collége d'Autun à Paris. Deux Traités de la Jurisdiction Ecclésiastique, contre Pierre de Cugneres, *in Bibliotheca Patrum*.
1327. *Guillaume Ockam*, Cordelier Anglois, Docteur de Paris. Questions & Commentaires sur le Maître des Sentences, *in folio. Lugduni* 1495. Assez rares. Traité sur les deux Puissances, temporelle & spirituelle, *in folio*, Paris. 1498. & *Tom. I. Goldasti*. Il a beaucoup écrit, tant contre le Pape Jean XXII. que pour l'Empereur Louïs de Baviére.
1328. *Ludolphe Saxon*, Chartreux, a écrit la Vie de J. C. tirée des quatre Evangiles, *in fol. Paris*. 1490. &c. Il a été traduit & imprimé à Paris, sous le titre de *Grand Vita Christi*.
1329. *Guy de Perpignan*, Carme & Docteur de Paris, a fait une Histoire, mais peu exacte, de toutes les Hérésies, & une Concorde des Evangiles, *in folio. Coloniæ* 1631, & autres Ouvrages.
1329. *Armand de Beauvoir* (de Bellovisu), Jacobin. Notes sur les Pseaumes. *Mogantiæ* 1503. Sermons, *in* 4°. *Brixiæ* 1610.
1330. *Jacques Cajetan*, Cardinal. Traité du Jubilé, *Tom. XXV. Biblioth. Patrum*, Vie du Pape S. Célestin. *Papebroch. Tom. IV. Maii*. Le Rituel de l'Eglise de Rome, & autres Ouvrages.
1330. *Bonagratia*, Cordelier, éleve de Michel de Cesene. Quelques Traités, *apud Baluz. Tom. I. Miscellaneor*.
1330. *Jacques de Viterbe*, Archevêque de Naples. Commentaire sur le Maître des Sentences, & autres Ouvrages.
1330. *Pierre de Palude* (*Paludanus*), Dominicain, & Docteur de Paris. Un Commentaire sur le Maître des Sentences, *in folio*, Paris. 1530, des Sermons, un Traité de la Puissance Ecclésiastique, & quelques autres.
1330. *Monaldus*, Cordelier. Une Somme des cas de conscience, *in folio. Lugduni* 1616.
1330. *Barthelemi de Sainte Concorde*, Dominicain. Une Somme des cas de conscience, *in folio. Lugduni* 1519.
1331. *Pierre de Sittavia*, Abbé, près de Prague en Bohéme. Voyage de la Terre-Sainte. *Voyez le Recueil de Canisius*.
1333. *Richard Buri*, Evêque Anglois. Un Traité sur l'amour des Livres *Philobiblon*, *in* 4°. *Spiræ* 1483 —— & *Paris* 1500 & *ailleurs*.
1333. *Gaultier Burley*, Anglois & Docteur de Paris. Commentaire sur le Maître des Sentences.
1333. *Arnaud de Cescomes*, Archevêque de Terragone. Deux Lettres sur les Sarrasins. *Vide Miscellanea Baluzii*.
1333. *Simon de Cremone*, Augustin d'Italie. Sermons sur les Epîtres des Dimanches, *in* 4. *Reutlingæ* 1484. & autres Ouvrages.

CXCVIII.
1334. *Benoit* XII. 20. Décemb.
Gouverne 7 a. 4 m. 6 j.
* Le 25 Avril 1342.
Le Siége vaque 13 j.
CXCIX.
1342. *Clément* VI. 9 Mai.
Gouverne 10 a. 6 m. 23 j.
* Le 1 Décemb. 1352.
Le Siége ne vaque pas.
CC.
1352. *Innocent* VI. 1 Décemb.
Gouverne 9 a. 9 m. 11 j.
* Le 11 Septemb. 1362.
Le Siége vaque 15 j.
CCI.
1362. *Urbain* V. 27 Septemb.
Mais son Election ne lui est déclarée que le 27 Octob. 1362.
Gouverne 8 a. 1 m. 23 j.
* Le 19 Décemb. 1370.
Le Siége vaque 10 j.
CCII.
1370. *Gregoire* XI. 30 Décembre.
Rentre à Rome le 17 J. 1377.
Gouverne 7 a. 2 m. 27 j.
* Le 28 Mars 1378.
Le Siége vaque 20 j.

1349. Chanoines Réguliers *Vallis Viridis*, près Bruxelles, sous la Régle de S. Augustin.
1350. Chevaliers de la *Jarretiére*, par Edoüard III. Roi d'Angleterre.
1352. L'Ordre Milit. de l'*Etoile*, par Jean, Roi de France.
1355. Ordre des *Jesuates* en Italie, par S. Jean Colombin, supprimé par Clément IX. en 1668.
1366. Ordre de S. *Jerôme* en Espagne, par Pierre Fernandez, approuvé par Gregoire XI. en 1373.
1366. Chevaliers de Ste. *Brigitte* de Suéde.
1367. Religieuses *Jesuates* en Italie.
1375. Religieuses de S. *Jerôme* en Espagne.
1375. Ordre de Ste. *Brigitte*, approuvé par Urbain VI.
1376. *Freres de la Vie Commune*, approuvés par Gregoire XI. dans les Pays-Bas.
1376. Ordre de S. *Ambroise* au bois, très ancien, réformé.

CONCILES.

1335. De *Roüen*, en faveur des Religieux Mandians, *ibid. & Bessin*.
1335. De *Salamanque*, sur la réformation des mœurs. *H. seul VII*.
1336. De *Roüen*, sur la Discipline. *Lab. XI*.
1336. De *Bourges*, ibidem, & *Baluz. in Historia Tutelensi*.
1336. De *Château Gontier*, sur les Immunités Ecclésiastiques, *ibidem*.
1337. D'*Avignon*, sur la Discipl. *ibid. & Bal. in Concil. Gal. Narb*.
1338. De *Spire*, sur Louïs de Baviére. *Raynald. ad hunc ann*.
1339. De *Barcelonne*. *Aguirre*, Tom. III.
1339. De *Tolede*, sur divers points de réformation, *ibidem*.
1340. De *Nicosie*, dans l'Isle de Chypre, sur la Foi & la Discipline. *Regia XXIX. Labbe XI. Hardoüin VII*.
1340. * De *Constantinople*, en faveur des erreurs de Gregoire de Palamas, *ibidem*.
1341. * De *Constantinople*, en faveur des Palamites. *Raynaldi, ad hunc ann*.
1341. D'*Angleterre*, ou *Cantorbery*, contre ceux qui briguent les Bénéfices du vivant des possesseurs. *L. XI. H. VII. seuls, Anglic. II*.
1342. De *Londres* I. & II. sur la Discipline, *ibidem*, *Angl. II*.

1336. Mort

1336. Mort de Sainte *Elizabeth*, veuve & Reine de Portugal, âgée de 65 ans.
1340. *Guillaume*, Evêque de *Paris*, condamne les erreurs des Arméniens & de Gregoire de Palamas.
1345. La *Gabelle* est établie en France par le Roi Jean.
1347. Canonisation solemnelle de *S. Ives*, Official & Curé en Bretagne, 44 ans après sa mort, le 19 Mai, par Clément VI. à Avignon.
1347. *Cola Renso* se fait *Tyran* de la Ville de Rome.
1348. Jean *Bocace* & François *Petrarque*, Restaurateurs des Lettres, paroissent.
1350. Second *Jubilé*, parmi les Chrétiens, réduit à 50 ans par le Pape Clément VI.
1352. Turcs entrent en Europe.
1376. Les *Florentins*, excommuniés par le Pape, députent vers le S. Siége Ste. Catherine de *Sienne*, de l'Ordre de S. Dominique, pour leur réconciliation.

1337. *François de Pistoye*, de l'Ordre de S. François, brûlé à Venise pour ses erreurs.
1340. *Regnier*, Hermite, né à Perouse en Italie, fut une espéce d'enthousiaste. Il suivoit la Doctrine des *Flagellans*, marqués ci-dessus, pag. 343.
1340. *Hésicastes*, Moines Grecs contemplatifs, qui demeuroient dans une perpétuelle oisiveté. Ils croioient, après Palamas, Archevêq. de Thessalonique, que la lumiére, vûe sur le Tabor par les Apôtres, étoit Dieu même. Condamnés plusieurs fois à Constantinople.
1356. Le Pape Innocent VI. fait enfermer *Jean de Rupescissa*, Cordelier, qui faisoit le Prophéte, & donnoit dans les erreurs des Fratricelles.
1359. *Martin Gonzalve* & *Nicolas de Calabre* disent que Martin étoit frere de S. Michel & le fils immortel de Dieu, & que leurs priéres sauveront les Démons, &c.

ÉCRIVAINS.

1324. *Guillaume Balde*, Cardinal. Voyage de la Terre-Sainte. *Vide Canisium*.
1335. *Jean André*, Jurisconsulte. Commentaire sur les cinq Livres des Décrétales, *in folio*, *Venetiis* 1581. Gloses sur le Sexte & les Clémentines, *in fol. Lugduni* 1572. & autres Ouvrages du Droit Canonique.
1355. *Nicéphore Calixte*, Moine de Constantinople. Histoire de l'Eglise, en Grec & en Latin, *in folio*, *Paris* 1630 *&* 1648. 2 volum.
1335. *Matthieu Blastares*, Moine Grec & Canoniste. Table Alphabétique des Canons, *in Collectione Beveregii in folio*, *Oxonii* 1672. Causes & questions sur le Mariage, *in Jure Gr. Rom. Leunclavii*.
1336. Le Pape *Benoit* XII. Docteur de Paris. Plusieurs Lettres, deux Livres de Constitutions, ou Extravagantes, *Paris* 1517, Vie de S. Jean Gualbert, *apud Surium & Bollandum*, ad 12 *Julii*. *Vide Collect. Concil. Bzovium, Wading, & Baluzii Miscellanea*.
1336. *Jean de Gand*, Docteur, écrit en faveur de Louïs de Baviére, Empereur. *Tom. I. Monarch. Melchior. Goldasti*.
1336. *Gaultier Burley*, Docteur d'Oxford. Commentaire sur le Maître des Sentences, & autres Ouvrages de Philosophie.

La suite, pag. 365. 1344. De

1344. De *Noyon*, pour empêcher qu'on ne publie de nouveaux Miracles sans approbation des Evêques. *Labbe XI. Hard. VII. seuls.*
1344. De *Cantorbery*, sur la Discipline. *Angl. II.*
1344. D'*Torck*, sur la Discipline. *Angl. II.*
1345. De *Cantorbery*, sur la Discipline. *Angl. II.*
1345. De *Constantinople*, contre les erreurs de Gregoire de Palamas. *Boivin. in notis ad Nicephorum Gregoram. Manque dans les Conciles.*
1346. D'*Torck*, sur la Discipline. *Angl. II.*
1346. De *Paris*, sur quelques pratiques de piété. *L. XI. H. VII. seuls.*
1347. De *Tolede*, sur les Immunités de l'Eglise. *R. XXIX. L. XI.*
1347. De *Cantorbery*, sur la Discipline. *Angl. II.*
1347. * De *Constantinople*. Le Patriarche Calecas déposé. On approuve les erreurs de Gregoire de Palamas. *H. seul Tom. VII. & Lamb. Tom. VI. Biblioth. Imperialis.*
1347. * Autre de *Constantinople*, en faveur des Palamites. *Cantacusen. Lib. III. Histor. & Allatius de Consensione.*
1348. D'*Torck*, sur la Discipline. *Angl. II.*
1350. * De *Constantinople*. On approuve les erreurs de Gregoire de Palamas. *H. seul T. VII. & XI. & Combefic. in Auctario.*
1350. De *Padoüe*, sur la Discipline. *L. XI. H. VII. seuls.*
1351. De *Beziers*, sur divers points & contestations de Discipline. *ibid. & Baluz. in Concil. Gall. Narbon. & Martene, Thes. T. IV.*
1351. De *Constantinople*, contre Gregoire de Palamas. *Hard. seul VII.*
1351. De *Lambeth*, sur l'exemption des Clercs. *L. XI. H. VII. seuls.*
1351. De *Seville*, en Espagne. *Aguirre Tom. III.*
1351. D'*Torck*, sur la Discipline. *Angl. III.*
1355. De *Tolede*, sur les Constitutions Synodales. *R. XXIX. L. XI.*
1356. De *Cantorbery*, sur la Discipline. *Angl. III.*
1356. D'*Torck. Angl. III.*
1357. D'*Torck. Angl. III.*
1359. D'*Torck. Anglic. III.*
1362. De *Magfeld* en Angleterre, sur la célébration des Fêtes, *ibid.*
1362. De *Lambeth*, sur l'honoraire des Prêtres, *ibidem.*
1363. De *Rheims*, sous l'Archevêq. Jean de Craon.
1365. D'*Angers*, sur la réformation des mœurs, *ibidem.*
1365. D'*Apt* en Provence, sur la Discipline. *Martene Thesauri, T. IV.*
1367. De *Poitiers*.
1367. D'*Torck*, sur quelques abus. *Labb. XI.*
1368. De *Lavaur*, sur la Foi. *R. XXIX. L. XI. H. VII. Baluz.*
1368. De *Lambeth*, où l'on condamne 30 propositions erronées. *ib.*
1369. De *Terragone*, sur la Discipline. *Martene Collectionis, Tom. VII.*
1371. De *Cantorbery* à *Londres. Anglic. III.*
1373. D'*Torck. Angl. III.*
1374. De *Benevent*, sur la Discipline. *Synodicon Beneventan.*
1374. De *Narbonne*, sur les mœurs. *L. XI. H. VII. seuls, & Baluz.*
1374. D'*Aix* en Provence, sur la Discipline.
1375. De *Winuwski* en Pologne, sur la Discipline, *ibid.*
1376. De *Cantorbery*, sur la Discipline. *Angl. III.*
1377. Deux d'*Torck*, sur la Discipline. *Anglic. III.*
1377. De *Cantorbery*, sur la Discipline. *Anglic. III.*

1336. Ba

1336. *Barlaam*, Moine Grec de S. Basile, a écrit pour la primauté du Pape, & sur la procession du S. Esprit contre les Grecs, *apud Bzovium*. Depuis il a écrit contre la Primauté du Pape, *in* 4°. *Lugduni Batavorum* 1645.

1337. *Thomas de Galles*, (Gallensis, ou Wallensis) célébre Théologien. Sur le premier Livre des Sentences, *in folio. Venetiis* 1523 & autres Ouvrages manuscrits.

1337. *Guillaume de Baldensel*. Voyage de la Terre-Sainte, *in Canisio*.

1338. *Guy de Montrocher* (de Monterocherio). *Manipulus Curatorum, in folio. Venetiis* 1491, & autres Ouvrages.

1340. *Gregoire Acyndinus*, Moine Grec, a écrit contre les erreurs de Gregoire de Palamas, *apud Gretzerum*.

1340. *Arnauld de Verdala*, Evêque de Montpellier. Histoire des Evêques de cette Ville, *in Bibliotheca manuscriptorum Labbæi*.

1340. *Nicolas Cabasilas*, Archevêque de Thessalonique. Explication de la Liturgie, Traité des trois premiers Sacremens, de la vie en J. C. ——— *Vide Auctarium Biblioth. Patrum*. Traité contre la Primauté du Pape, *in* 4°. *Lugduni Batavorum* 1645.

1341. *Richard Hampolus*, Anglois, de l'Ordre de S. Augustin. Quelques Commentaires sur l'Ecriture Sainte, & des Traités de Morale, *in Bibliotheca Patrum*.

1341. *Robert Holkot*, Dominicain Anglois, a écrit sur le Maître des Sentences, & quelques Commentaires sur l'Ecriture Sainte, qui ont été imprimés plus d'une fois à Lyon & à Paris.

1341. *Henri de Urimaria*, Hermite de S. Augustin, Docteur de Paris, a écrit sur les Sentences, Sermons & Traités de Doctrine.

1341. *Lupolde*, ou *Ludolphe de Bebemberg*, Evêque de Bamberg. Traités sur les Empereurs d'Allemagne & les Rois de France, *in Bibliotheca Patrum*, & un Traité des Droits de l'Empire, *in* 8° *Paris* 1540 *& ailleurs*.

1342. *Alvarus Pelagius*, Cordelier, Evêque de Sylves en Portugal, a fait un Livre de *Planctu Ecclesiæ*, *in folio. Ulmæ* 1474, *& ailleurs*; une Somme Théologique, & Bouclier de la Foi, *Collyrium fidei adversus Hæreses*.

1342. Le Pape *Clément VI*. Lettre contre les Hérétiques Flagellans, autre sur l'Evêché d'Ostie, & plusieurs autres Lettres. *Vide Collect. Conciliorum*, *Bzovium*, *Wading*, *Epistolas Pontificum*, *Baluz. in Miscellaneis & Vitis Paparum Avenionens*.

1343. *Barthelemi d'Urbin*, Hermite de S. Augustin, Evêque d'Urbin, a fini le *Milleloquium* de S. Augustin & celui de S. Ambroise.

1343. *Nicéphore Gregoras*, Carthophilace de l'Eglise de Constantinople, a écrit l'Histoire de l'Empire Grec depuis 1204. jusqu'en 1341. *in folio. Græce & Latine* 1702. 2 *volum. e Typographia Regia*, & plusieurs autres Traités & Lettres, restés en manuscrits.

1345. *Thomas de Strasbourg*, Hermite de S. Augustin, Docteur de Paris. Un Commentaire sur le Maître des Sentences, *in folio. Argentinæ* 1490.

1347. *Theophanes*, Archevêque de *Nicée*, a écrit contre les Juifs, & fait quelques Poësies, Lettres, & autres Traités.

1347. *Tho-*

1347. *Thomas Bradwardin*, Cordelier & Archevêque de Cantorbery. Traité de la Grace contre les Pélagiens, *in folio. Oxonii* 1618.

1347. *Richard*, ou *Radulphus*, Armacanus. *Defensorium Curatorum contra Mendicantes*, in 8°. *Paris.* 1496. Traité contre les erreurs des Arméniens, *in folio Paris.* 1512. Rares l'un & l'autre.

1347. *Alberic de Rosate*, sur les Décrétales, *in folio. Venetiis* 1573 & 1584.

1350. Jean *Taulere*, Dominicain Allemand. Traités de Spiritualité, *in* 8°. *Coloniæ* 1548 & 1603.

1352. Le Pape *Innocent* VI. Beaucoup de Lettres, *in Collect. Concilior.*

1355. *Pierre de Collombario*, Evêq. d'Ostie. L'Histoire de son Voyage à Rome pour couronner l'Empereur Charles IV. *apud Labbæum in Biblioth. manuscriptorum.*

1355. *Nicolas Eymeric*, Dominicain & Grand Inquisiteur, a fait le Directoire des Inquisiteurs, Livre assez curieux, *Directorium Inquisitorum*, *in folio. Romæ* 1587.

1357. *Demetrius Cydonius*, qui, d'Officier de la Cour Impériale de Constantinople, se fit Moine, a écrit contre Gregoire de Palamas quelques Traités en faveur des Latins sur la procession du S. Esprit, & autres Ouvrages. *Vide Arcudium, & Biblioth. Patrum.*

1357. *Jean Cantacusene*. Histoire des deux Andronique, Empereurs de Constantinople, *in folio, Græce & Latine* 1645, 3 *volum.* Traité contre l'Alcoran & les Sarrasins, *in folio. Basileæ* 1555.

1360. *François Petrarque*, de Florence. Des Lettres, plusieurs Traités de Morale, un Voyage en Syrie, & autres Ouvrages. *Ejus Opera Latina*, *in folio. Basileæ.*

1360. *Gregoire de Rimini*, Hermite de S. Augustin & Docteur de Paris. Commentaire sur le Maître des Sentences, qui est estimé, & plusieurs autres Traités.

1360. *Alphonse de Vargas*, Augustin Espagnol, Docteur de Paris & Archevêque de Seville. Un Commentaire sur le Maître des Sentences, *in folio. Paris.* 1545 & autres Ouvrages.

1360. *Nilus*, Métropolitain de Rhodes. Abrégé des Conciles généraux, *apud Justell. Biblioth. Juris Canonici.*

1362. *Jean Wiclef*, Docteur d'Oxford en Angleterre, Hérétique condamné en plusieurs Conciles, a fait plusieurs Ouvrages, qui presque tous sont restés manuscrits; quelques-uns ont été imprimés, & sont très rares, in 4°.

1362. *Jean Calderinus*, Canoniste Italien. Réponses & Consultations Canoniques, *in folio, Venetiis* 1582. Commentaire sur les Décrétales, *in folio. Spiræ* 1481.

1362. *Pierre Berchorius*, Moine Bénédictin & Prieur de S. Eloy à Paris. Répertoire, ou Dictionnaire de Morale; *Repertorium Morale Biblicum*, *in folio.*

1363. *Jean Cyparissote*, Grec, a fait quelques Traités de Théologie, *in Biblioth. Patrum*, & des Sermons, *in Combeficii Auctario.*

1363. *Manuel Calecas*, Auteur Grec & Dominicain. Traités sur la procession du S. Esprit, *in Biblioth. Patrum*, & plusieurs autres Traités de Théologie, *in Auctario Combeficii* 1672.

1363. *Phi-*

1363. *Philotheus*, Moine Grec du Mont Athos. Traité fur la Liturgie & l'Ordination des Diacres, & quelques Sermons, *in Bibliot. Patrum, & in Auctario Frontonis Ducæi*, & autres Traités.

1363. *Amaulry Auger*, Auguftin de Beziers. Chronique des Papes, *apud Baluzium, in Vitis Paparum Avenion.*

1364. *Nicolas Orefme*, Docteur de Paris, & depuis Evêque de Lizieux. Traité du changement des Monnoies, *in Biblioth. Patrum*, une Verfion Françoife de la Bible, & plufieurs Traités de Philofophie & de Théologie.

1364. *Jean Rusbrock*, Chanoine Régulier. Divers Traités de Spiritualité, contre lefquels Gerfon a écrit. Ils ont fait du bruit dans l'affaire du Quiétifme. *Ejus Opera in* 4°. *Coloniæ* 1609.

1364. *Ste. Brigitte*. Vifions & Révélations, *in fol. Lubecæ* 1492.

1365. *Jean de Lignano*. Sur la pluralité des Bénéfices, & autres Traités, *in folio. Lugduni* 1649. *& in Tractatu Tractatuum.*

1367. *Ste. Catherine de Sienne*, de l'Ordre de S. Dominique. Lettres, Traités Dogmatiques, & Révélations recueillies par fon Confeffeur.

1368. *Philipp. Ribot*, Carme Efpagnol. L'Hiftoire de fon Ordre, *in folio. Antuerpiæ* 1680, imprimée avec de pareils Ecrivains.

1370. *Gerardus Magnus*, ou *de Groot*. Maniére d'étudier l'Ecriture.

1370. *Philothée Achillinus*, ou *Philippe de Maiziéres*, Chancelier du Roi de Chypre, a fait un Traité fur les deux Puiffances Royale & Sacerdotale. *Tom. I. Goldafti in Monarchia &* dans la derniére édition des *Libertés de l'Eglife Gallicane in folio*, 4 volum. Il eft auffi imprimé en François fous le titre de Songe du Verger, *in folio. Paris.* Très rare.

1371. Le Pape *Gregoire* XI. dont on a beaucoup de Lettres dans les différens Recueils; fçavoir, *in Collection. Concilior. Bzovium, Wading. & Epiftolis Pontificum.*

1371. *Jordan de Quedlinbourg*, Auguftin Allemand. Hiftoire des Religieux de fon Ordre, & autres Ouvrages.

1372. *Jean d'Hildesheim*, Carme Allemand. Hiftoire de la Tranflation des trois Mages, *Coloniæ*, & autres Ouvrages manufcrits.

1373. *Barthelemi Albici* de Pife, Cordelier, a fait deux Ouvrages, l'un des conformités de S. François avec J. C. & l'autre, des conformités de la Ste. Vierge avec J. C. *Conformitates S. Francifci cum Vita D. N. Jefu Chrifti, in folio. Mediolani* 1510. C'en eft la bonne édition, & qui eft très rare. *Conformitates Beatæ Virginis cum D. N. Jefu-Chrifto, in folio. Venetiis* 1596.

1373. *Thomas Stubos*, Dominicain Anglois. Hiftoire des Archevêques d'Yorck, jufques à l'an 1373. ——— *Inter Scriptores Anglicanos, in fol. Londini* 1652.

1374. *Matthieu de Cracovie*, Docteur de Prague, a écrit fur la célébration de la Meffe & la Communion, *in* 4. *Memminghem* 1494.

1374. *Ifaac Agirus*, Moine Grec. Traités de la Vie Monaftique, quelques Sermons, & deux Computs, ou maniére de compter la Pâque, *apud Scaligerum.*

1375. *Albert de Strasbourg*. Chronique des Empereurs, depuis 1270, jufqu'en 1378. *inter Scriptores Germanicos.*

Les

PAPES. | PAPES D'AVIGNON.

Les Papes suivans siégent à Rome; mais sur ceux d'Avignon, voyez la colonne qui est ci à côté.	Papes, qui siégent à Avignon, & reconnus par une partie de l'Eglise.
CCIII.	1378. *Clément* VII. élu à Fundi en Italie le 20 Septemb. par les mêmes Cardinaux qui ont élu Urbain VI. Tient 15 a. 11 m. 28 j. Meurt le 16 Septemb. 1394.
1378. *Urbain* VI. 18 Avril. Gouverne 11 a. 5 m. 28 j. Meurt le 15 Octobre 1389. Le Siége vaque 17 j.	
CCIV.	1394. *Benoit* XIII. à Avignon, le 28 Septemb.
1389. *Boniface* IX. 2 Novemb. Gouverne 14 a. 11 m. * Le 1 Octobre 1404. Le Siége vaque 15 j.	1398. L'obédience de Benoit est suspendue.

CONCILES.

1378. De *Glocester* en Angleterre, sur les mœurs, *ibidem*.
1379. De *Cantorbery* à Londres. *Angl. III.*
1379. Autre de *Cantorbery* à Londres, contre Wiclef. *Angl. III.*
1379. De *Paris*, en faveur d'Urbain VI. *Paul Emil. in Carolo V.*
1379. D'*Alcala*, sur le Schisme. *Aguirre, Tom. III.*
1379. De *Tolede*, sur le Schisme. *Aguirre, Tom. III.*
1379. D'*Illescas*, contre l'Antipape Clément. *Aguirre, Tom. III.*
1379. De *Burgos*, sur le Schisme. *Aguirre, Tom. III.*
1380. De *Cantorbery. Anglic. III.*
1380. D'*Torck. Anglic. III.*
1380. De *Medina del Campo*, contre le Schisme. *Aguirre, Tom. III.*
1381. * De *Salamanque*, pour l'Antipape Clément. *Aguirre, Tom. III.*
1381. * De *Santaren* en Portug. sous Pier. de Lune. *Rayn. ad hunc ann.*
1382. D'*Oxford*, contre Wiclef. *Henri Knygton, de Eventib. Angl.*
1382. De *Londres*, contre les erreurs de Wiclef, *ibidem*.
1385. D'*Torck. Angl. III.*
1386. De *Saltzbourg*, sur les mœurs. *R. XXIX. L. XI. H. VII.*
1387. De *Navarre* & de *Barcelonne*, pour l'Antipape. *Aguirre, T. III.*
1387. De *Poitiers*.
1388. De *Palentia*, sur la Discipline, *ibidem*.
1389. De *S. Tibery*, sur la Discipline. *Martene Thesauri, Tom. IV.*
1391. De *Londres*, contre les Prêtres Mercenaires. *L. XI. H. VII.*
1391. De *Paris*, pour l'extinction du Schisme, *ibidem*.
1391. D'*Utrecht*, contre Jacq. de Juliers, Cordelier. *Chron. Belg.*
1394. De *Paris. Raynald. ad hunc ann.*
1395. De *Paris*, contre l'Antipape Benoit. *Raynaldi, ad hunc ann.*
1396. De *Poitiers*, sous Thierri de Montreuil.
1396. De *Londres*, contre 18 Articles des erreurs de Wiclef, *ibidem*.
1397. De *Rome*. On répond à des Ambassadeurs. *Rayn. ad hunc ann.*
1398. De *Paris*, contre l'Antipape. *Rayn. ad hunc ann.*
1399. De *Cantorbery*, sur les plaintes du Clergé, opprimé par les Envoyés du Pape & les Ministres du Roi, *ibidem*.
1400. D'*Angleterre*, sur une Décime & demie, accordée au Roi, *ibid.*

1380. Her-

RITS ET RELIGIEUX. | HERES. ET PERSEC.

1380. *Hermites de Montebello*, par Pierre Gambacurta.
1382. Ord. Milit. de la *Navire*, par Charles III. Roi de Naples.
1386. Congrégation de *Windefeim*, près Zwol, Régle de S. Augustin, par Gerard Groot, Evêque d'Utrecht.
1390. Ord. Milit. de la *Colombe*, par Jean I. Roi de Castille.
1393. Congrégation d'*Avellana*.
1490. Chanoines de *S. Georges in Alga* à Venife, éteints en 1668.

1370. *Raymond Lulle*, de Terragone en Catalogne, différent de Raymond Lulle Philofophe. De Juif il fe fit mauvais Chrétien. Il dit quon pouvoit renier Dieu en public, pourvû qu'on l'adorât dans le cœur; que la Loi de Mahomet étoit auffi bonne que celle de J. C.
1372. Jean *Dabantonne*, Auteur des *Turlupins*, fuivoit les erreurs des Begards.

La fuite, pag. 371.

ÉCRIVAINS.

1378. *Jean Fabri*, Evêque de Chartres. Traité de ce qui fe paffa en France en 1378, avec un Difcours au Pape Gregoire XI.
1380. *Baldus-Ubaldus*, Jurifconfulte Italien. Sur les Décrétales, le Code, le Digefte, & autres Traités, *in folio*. *Venetiis* 1595 & 1600.
1381. *Michel Angrianus*, Carme Italien, Docteur de Paris. Sur le Maitre des Sentences, fur la Conception de la Ste. Vierge, fur les Pfeaumes, fous le titre d'*Incognitus in Pfalmos*, *in fol. Lugd*. 1652.
1382. *Marfile ab Ingen*, Docteur de Paris & Tréforier de S. André de Cologne. Sur le Maitre des Sentences, *in fol. Argentor*. 1501.
1382. *Jean Tambac*, Dominic. de Strafbourg. Miroir de Patience.
1382. *Raymond Jordan*, ou *Idiota*, Chanoine Régulier d'Uzez. Traités fur la Contemplation, & autres Ouvrages de Spiritualité, *in Bibl. Patrum*, & *in folio*, Paris. 1654.
1383. *Jacques de Theramo*, Archidiacre d'Averfa. Commentaire fur le Maitre des Sentences, *in folio*. *Augufta Vindelicorum* 1472. Un Traité de la Monarchie du Pape. *De Romani Pontificis Monarchia*.
1383. *Jean de Burgo*, Anglois. Explication des fept Sacremens, & autres Traités Dogmatiques. *Paris.* 1510.
1384. *Manuel Chryfoloras*, Grec. Parallèle de Rome & de Conftantinople, & fur la proceffion du S. Efprit.
1385. *Raoul de Rivo*, Doyen de Tongres, près de Liége, a écrit fur l'Office divin, *in Biblioth. Patrum*, & fur les Evêques de Liége.
1390. *Guillaume Wilfort*, Cordelier Anglois, a écrit contre Wiclef.
1396. *Pierre d'Ailli*, Docteur de Paris, Grand Maitre du Collége de Navarre, Evêque de Cambrai & Cardinal. Sur le Maitre des Sentences, & fur quelques Livres de l'Ecriture Sainte. *Ejus Opera in fol.* Paris. 1498. & *Venetiis* 1508. & quelques-uns *inter Opera Gerfonii*.
1399. *Nicolas de Gorham*, Dominicain. Commentaire fur le Nouveau Teftament, & Sermons, *in folio. Antuerpiæ* 1617-1620.
1400. *Antoine de Butrio*, Canonifte Italien. Commentaires fur les Décretales, & Traité du Patronage, *in fol. Venetiis* 1575 & 1582.
1400. *François Zabarelle*, Canonifte Italien, a écrit fur les Décrétales & fur les Clémentines, avec un Traité fur le Schifme.

PAPES. | PAPES D'AVIGNON.

QUINZIÉME SIÉCLE.

C C V.
04. *Innocent* VII. 17 Octob.
Gouverne 2 a. 21 j.
* Le 6 Novemb. 1406.
Le Siége vaque 23. j.

C C V I.
1406. *Gregoire* XII. 30 Novemb.
Gouverne 2 a. 6 m. 5 j.
Est déposé le 5 Juin, au Concile de Pise en 1409.
* L'an 1417 le 2 Juillet, réconcilié à l'Eglise.
Le Siége vaque 20 j.

C C V I I.
1409. *Alexandre* V. élû au Concile de Pise le 26 Juin.
Gouverne 10 m. 8 j.
* Le 3 Mai 1410.
Le Siége vaque 13 j.

C C V I I I.
1410. *Jean* XXIII. 17 Mai.
Gouverne 5 a. 15 j.
Abdique au Concile de Constance le 31 Mars 1415 pour la paix de l'Eglise.
Meurt l'an 1419 réconcilié à l'Eglise.
Le Siége vaque 2 a. 5 m. 8 j.

C C I X.
1417. *Martin* V. élu le 11 Nov. au Concile de Constance.
Gouverne 13 a. 4 m. 12 j.
* Le 20 Février 1431.
Le Siége vaque 11 j.

QUINZIÉME SIÉCLE.

1403. Le 28 Mai on reprend l'obédience de Benoit.
1405. *Benoit* est déposé au Concile de Pise.
1417. Le 18 Mars *Benoit* est déposé au Concile de Constance.
1423. 23 Mai *Benoit* meurt dans le Schisme.
1424. *Clément* VIII. élu, mais n'est pas reconnu.
1429. Le Schisme est éteint.

RITS ET RELIGIEUX.

1403. Chevaliers du *Chardon* de la Ste. Vierge, en France.
1406. Religieuses de *Ste. Claire*, réformées par la Bienh. Colette.
1408. *Bénédictins* de *Ste. Justine* de Padoüe, unis au Mont-Cassin en 1504.
1409. Congrégation de S. *Jerôme* de Fiesoli, supprimée en 1669.
1409. Ord. Milit. de l'*Annonciade* de Savoye, par Amedée VI.
1413. *Carmes de Mantoüe*, par le B. Ange, Augustin.
1425. *Religieuses Oblates*, par Ste. Françoise, Dame Romaine.
1426. Ord. de S. *Jerôme* réformé.
1429. Chevaliers de *la Toison d'Or*, par Philippe le Bon, Duc de Bourgogne.

CONCILES.

QUINZIÉME SIÉCLE.

1402. D'*Angleterre* à Londres, sur des contributions, contre les Révoltés, *ibidem*, & *Angl. III.*
1402. D'*Torck*. *Angl. III.*
1402 De *Senlis*, sur le Schisme.
1403. * De *Valladolid*, en faveur de l'Antipape. *Aguirre*, T. III.
1404. De *Langres*, sous Louïs de Bourbon. *Raynald. ad hunc ann.*
1404. D'*Angleterre*, sur le même sujet, *ibidem*, *Angl. III.*
1404. De *Paris*, sur les Priviléges dans le tems du Schisme, *ibidem.*
1404. D'*Torck*, sur le même sujet. *Angl. III.*

SUI-

SUITE DU XIV. SIÉCLE.

1377. *Jean Wiclef*, Prêtre, Docteur en Théologie en l'Université d'Oxford en Angleterre, avança un grand nombre de propositions dangereuses contre l'Eglise, le Pape, les Ordres Religieux, & contre la Hiérarchie Ecclésiastique. Il n'est pas Orthodoxe sur la Puissance de Dieu, sur les Sacremens & sur d'autres sujets. Le Concile de Constance en 1414. condamna les plus pernicieuses de ses propositions, particuliérement celles qui étoient contre la Transsubstantiation, & contre le pouvoir de l'excommunication qui réside dans l'Eglise & dans ses Chefs. Il soutenoit que Dieu doit obéir au Diable; que toute Puissance supérieure est interdite, quand elle est en péché mortel; que toutes choses arrivent par une absolue nécessité.

1384. Mort de l'Hérétique *Wiclef*. Ses Ecrits brûlés en Angleterre, & lui-même déterré & brûlé en 1428.

1399. *Abbati*, espéce de Vaudois qui s'étoient répandus en Italie, & qui se livroient à toute sorte de brutalité, furent détruits en peu de temps.

QUINZIÉME SIÉCLE.

1410. *Jean Hus*, né en Bohéme, a soutenu un grand nombre d'erreurs, non seulement contre l'Eglise, qu'il ne composoit que des Prédestinés; mais contre le Chef de l'Eglise & les autres Pasteurs. Il anéantissoit les Loix Ecclésiastiques, l'Excommunication & les Censures, & soutenoit les erreurs de Wiclef. Jean Hus fut cité au Concile de Constance en 1414, & condamné en 1415. Il persista dans ses erreurs, & fut brûlé.

1415. *Jerôme de Prague* soutenoit les erreurs de J. Hus. Il fut brûlé à Constance en 1416.

1415. *Picard*, ou *Pikard*, Laïc des Pays-Bas, a renouvellé les impuretés des Adamites & des Nicolaïtes. Il prétendoit que les femmes devoient être communes. Ses Disciples furent détruits en Bohémie en 1420.

1420. *Calixtins*, sorte de Hussites. Roquesanne leur Chef, & les autres Députés souscrivirent au Concile de Bâle, où on leur permit la communion sous les deux espéces.

1420. *Jean Ziska* de Bohéme se fait Chef armé des Hussites, nommés *Taborites*, de la Ville de *Tabor*.

ÉCRIVAINS.

QUINZIÉME SIÉCLE.

1401. *Paulus Anglicus*, Docteur en Droit, a écrit contre les abus de la Cour de Rome, dans la distribution des Bénéfices, des Indulgences, & contre la Simonie.

1402. *Jean Charlier*, dit *Gerson*, du lieu de sa naissance au Diocése de Rheims, Docteur & Chancelier de l'Université de Paris, a travaillé sur un grand nombre de sujets de Doctrine & de Piété. On lui attribue le Livre de l'Imitation de J. C. que l'on croit qu'il a fait en François. *Ejus Opera in folio. Antuerpiæ* 1706. 5 et. um.

1405. De

1405. De *Prague*, contre Pierre de Lune, Antip. *Labb. XI. Hard. VII.*
1405. De *Poitiers*, sur la Discipline Eccléf.
1406. Assemblée de *Paris*, sur la conduite qu'on doit tenir dans le Schisme. *Dans les Libertés de l'Egl. Gallicane.*
1408. De *Prague.* On brûle les Ecrits de Wiclef. *Cochlaus, Hist. Huss.*
1408. D'*Arragon*, en faveur de Pierre de Lune, Antipape.
1408. De *Rheims*, sur la Discipline. *Martene, Collect. VII. Hard. VII.*
1408. D'*Oxford*, contre Wiclef. *Labbe XI. Hardoüin VII. seuls.*
1409. D'*Aquilée*, ou *d'Udine*, pour l'extinction du Schisme. *Regia XXIX. Labbe XI. Hardoüin VII.*
1409. * De *Perpignan* en Roussillon, par Pierre de Lune, *ibidem.*
1409. De *Francfort*, pour l'extinction du Schisme. *L. XI. H. VII. seuls.*
1409. De PISE, pour l'extinction du Schisme. On dépose Gregoire XII. & Benoît XIII. On élit Alexandre V. qui indique le Concile de Constance. *R. XXIX. L. XI. H. VIII. & Mart. Coll. VII.*
1409. De *Londres*, contre les Wicléfistes & le Schisme. *Angl. III.*
1409. D'*Autriche*, contre le Concile de Pise. *Lab. XI.*
1410. * De *Salamanque*, en faveur de Pierre de Lune. *Aguirre, T. III.*
1411. D'*Orléans*, contre Jean, Duc de Bourgogne, sur la mort du Duc d'Orléans. *Juvenal des Ursins, Hist. de Charl. VI.*
1412. De *Petricovie* en Pologne, sur la Discipline.
1412. * De *Seville* en Espagne, pour Pierre de Lune.
1412. & 1413. Quelques Conciles contre Wiclef & les Hussites, par Jean XXIII. Pape. Ils sont rappellés dans la Bulle *in Eminenti* de Martin V.
1413. D'*Torck. Angl. III.*
1413. De *Londres*, contre les Lolards, Disciples de Wiclef. *Regia XXIX. Labbe XI. Hardoüin VIII. Angl. III.*
1414. De CONSTANCE, XVIe. Concile général, assemblé par Jean XXIII. successeur légitime d'Alexandre V. Jean XXIII. se démet du Pontificat pour rendre la paix à l'Eglise. On y élit Martin V. qui approuve tout ce qui s'étoit fait dans ce Concile. On y condamne les Hérésies de Wiclef & de Jean Hus. Il dure depuis 1414. jusqu'en 1418. *Regia XXIX. Labbe XII. Hardoüin VII. Herman Vonder Hardt, Acta Concil. Constantiensis.* 6 volum. in folio 1698. M. Bourgeois du Chastenet en a donné quelques-uns dans son Histoire du Concile de Constance *in* 40. *Paris.* 1718, & le Pere *Martene, Tom. IV. Thesauri Anecdotorum.*
1414. D'*Torck. Angl. III.*
1415. De *Bourges*, sur l'imposition sur le vin. *L. XII. H. VIII. seuls.*
1415. De *Londres*, pour députer au Concile de Constance. *L. XIII.*
1415. * De *Peniscola* en Esp. par Pierre de Lune. *Rayn. ad hunc ann.*
1416. De *Londres*, sur la Jurisdiction Eccléf. *Labbe XII. Angl. III.*
1416. De *Perth* en Ecosse. *Angl. III.*
1417. De *Londres*, sur les Priviléges des Universités. *Angl. III.*
1417. Assemblée de *Paris*, contre les réserves. *Mémoires du Clergé.*
1417. D'*Torck. Anglic. III.*
1419. De *Cantorbery*, contre un Magicien. *R. XXIX. L. XII. seuls.*
1420. De *Saltzbourg*, sur la Foi & les Mœurs. *R. XXIX. L. XII. H. VIII.*

1420. De

CONCILES.

1420. De *Califch*, Diocéfe de Gnefne en Pologne, fur l'élection de l'Evêque de Strigonie en Hongrie. *L. XII. H. VIII. feuls.*
1420. De *Mayence*, fur la Difcipline. *Serrar. Hift. Moguntina.*
1420. De *Riga* en Pomeranie. *Labbe feul·XII. Crantzii Vandalia XI.*
1421. * De *Prague*, par les Huffites. *R. XXIX. L. XII. feuls.*
1421. D'*Torck*, fur la Difcipline. *Angl. III.*
1422. De *Vernon*, pour députer au Concile de Pavie. *Beffin.*
1423. De *Gefne*, contre les Huffites. *R. XXIX. L. XII. feuls.*
1423. De *Mayence*, de *Cologne* & de *Tréves*. *Labbe XII.*
1423. De *Lanciski*, en Polog. contre les Huffites. *Cochlæus, Hift. Huffit.*
1423. De *Pavie*, indiqué à Conftance, transféré à Sienne. *Reg. XXIX. Labbe XI. Hardoüin VIII.*
1424. De *Sienne*, fuite de celui de Pavie, *ibidem.*
1424. De *Lyon*, contre quelques impoftures. *Raynald. ad hunc ann.*
1425. De *Coppenhague*, fur les mœurs. *L. XII. H. VII. feuls.*
1426. D'*Torck*, fur la Difcipline. *Anglic. III.*
1428. De *Cantorbery* à Londres, fur les mœurs. *Anglic. III.*
1429. De *Paris*, ou de *Sens*, fur la réformation, *ibidem.*
1429. De *Tortofe* (Dertufanum), pour l'extinction du Schifme. L'Antipape Clément VIII. fe démet, & l'on reconnoît Martin V. pour Pape. *Labbe XII. Hardoüin VIII. feuls.*
1430. De *Cantorbery*, contre les faux poids & mefures. *R. XXIX. L. XII. H. VIII.*
1430. De *Terragone*, fur la liberté de l'Eglife. *Raynaldi ad hunc ann.*
1430. De *Narbonne*, fur la Difcipline. *Martene Thefauri, Tom. IV.*

ÉCRIVAINS.

1403. *Herman de la Pierre* (de Petra), Chartreux près de Bruges. Sur l'Oraifon Dominicale & fur l'Immaculée Conception. *Ejus Opera Aldenardæ & Lovanii* 1480 & 1484. *Rares.*
1404. *Thierri de Niem*, Evêque de Cambrai en 1408. Hiftoire du Schifme d'Occident, depuis 1378 jufques en 1410, *in folio. Norimbergæ* 1532. Vie du Pape Jean XXIII, *in* 80. *Francofurti* 1620. Droits de l'Empire fur les Inveftitures, *in* 80. *Bafileæ* 1557.
1405. *Thomas Valdenfis*, Carme Anglois, a écrit contre Wiclef & les Huffites. *Doctrinale antiquitatum Fidei Catholicæ Ecclefiæ in. fol. Paris.* 1532. 3 volum. & *Salmantiæ* 1556. 3 volum. & ailleurs. Rare.
1409. Le Pape *Alexandre V*. Commentaire fur le Maître des Sentences, des Queftions Théologiques, des Sermons & des Lettres.
1409. *Siméon*, Archev. de *Theffalonique*. Sur la Liturgie, *in Bibl. Patr.*
1410. *Henri de Balma*, Cordelier. Quelques Traités fur la Vie Myftique, *inter S. Bonaventuræ Opera fol.*
1412. *Jean Capreolus*, Dominicain. Sur le Maître des Sentences, & Apologie de S. Thomas, *in folio. Venetiis* 1484-1514-1558.
1419. S. *Vincent Ferrier*, Dominicain Efpagnol. Plufieurs Sermons, *in* 4°. *Venetiis* 1485-1537 & 1606.
1420. *Gobellinus Perfona*, Allemand. Chronique du Monde, intitulée, *Cofmodromium, in folio. Francofurti* 1599.

CCX.
1431. *Eugene* IV. 3 Mars.
Gouverne 15 a. 11 m. 20 j.
✱ Le 23 Février 1447.
Le Siége vaque 10 j.
En 1439 *Amedée VIII.* Duc de *Savoye*, ou *Félix V.* eſt élu le 17 Novembre au Concile de Bâle. *Abdique le 7 Avril* 1449, *meurt en* 1451.

CCXI.
1447. *Nicolas* V. 6 Mars.
Gouverne 8 a. 19 j.
✱ Le 24 Mars 1455.
Le Siége vaque 14 j.

CCXII.
1455. *Calixte* III. 8 Avril.
Gouverne 3 a. 3 m. 29 j.
✱ Le 6 Août 1458.
Le Siége vaque 12 j.

1435. Ordre des *Minimes*, établis par S. François de Paule, né en Calabre; approuvé en 1474 & en 1492.
1436. Chevaliers de l'*Hermine*, par Ferdinand, Roi d'Arragon.
1440. Chevaliers de *S. Maurice* & *S. Lazare*, par Amedée VIII.
1445. Chevaliers de *S. Hubert.*
1445. Chevaliers de l'*Eperon d'Or.*
1448. Chevaliers du *Croiſſant*, par Réné d'Anjou.
1450. Le Pape Nicolas réforme les Chevaliers de *Rhodes.*
1450. Ordre de l'*Hermine*, par François I. Duc de Bretagne.
1452. Chevaliers de *S. Georges*, à Génes.
1453. Le Saint *Suaire*, porté à Turin.

CONCILES.

1431. De BALE, XVIIIe. Concile général, commence à Pavie, puis à Sienne, aſſemblé à Bâle par Eugene IV. qui en approuva les XVI. premiéres Seſſions, quoiqu'il y en ait XLV. On n'a reconnu en France que les 26 premiéres, qui regardent preſque toutes la condamnation des Bohémiens. Le Pape Eugene transfera ce Concile à Ferrare, puis à Florence. On y dépoſe Eugene, & l'on élit Félix V. *Reg. XXX. Labbe XII. Hard. VIII.*
1432. Concile, ou Aſſemblée de *Bourges.* On y ſoutient le Concile de Bâle. *Raynald. ad hunc annum.*
1434. De *Prague*, pour la réunion des Huſſites.
1436. De *Perth* en Ecoſſe. *Angl. III.*
1438. De *Ferrare*, auquel ſe trouvérent l'Empereur d'Orient Jean Paléologue, le Patriarche de Conſtantinople, auſſi-bien que les Arméniens. *Regia XXXII. Labbe XIII. Hardoüin IX.*
1439. De *Mayence*, au ſujet du Concile de Bâle.
1439. De *Cantorbery*, ſur la Diſcipline. *Labbe XIII.*
1439. ✱ De *Moſcovie.* On y fait priſonniers l'Evêque de Iovie, Légat du Pape. *Raynaldi ad hunc annum.*
1439. De FLORENCE, Concile général, ſuite de celui de Ferrare. On y continue le deſſein de la réunion des Grecs & des Arméniens. Néanmoins l'accord ſe fit, mais il ne dura pas; ce qui donna lieu à pluſieurs Grecs célébres de reſter en Europe, *ibidem.*
1440. De *Friſingue* en Allemagne, ſur la réformation, *ibidem.*
1441. De *Mayence*, ſur le Concile de Bâle.
1441. D'*Avignon*, ſur les mœurs.
1442. ✱ De *Conſtantinople*, ſur la réunion des Grecs. *Ce Concile eſt ſuppoſé.*

1433. S.

1433. S. *Laurent Justinien* est fait Evêque de Venise.
1440. Mort de *Ste. Françoise*, Dame Romaine.
1440. L'*Imprimerie* est trouvée à Mayence par Jean Faust & Jacques Guttemberg, selon l'Abbé Trytheme.
1444. Mort de *S. Bernardin de Sienne*, Religieux de S. François, Réformateur de son Ordre en 1439.
1447. *S. Nicolas* de Tolentin, canonisé.
1450. *S. Bernardin* de Sienne, canonisé.
1455. Mort de *S. Laurent Justinien*, premier Patriarche de Venise.
1455. *S. Vincent Ferrier*, canonisé.

1434. Le Pape *Eugene* IV. persécuté par les Colonnes, abandonne Rome.
1435. *Augustin de Rome* dit que J. C. pêche tous les jours, parce que ses membres péchent, & que les seuls Elus sont membres de J. C. Il est condamné au Concile de Bâle.
1440. *Marc*, Evêque d'*Ephese*, rompt l'union des Grecs, faite au Concile de Florence.
1446. *Laurent Valla* évite le feu à Naples, en abjurant ses erreurs.
1448. *Hussites* se soulevent en Bohême.
1452. *Juifs*, brûlés en Silésie, pour avoir outragé l'Eucharistie.

ÉCRIVAINS.

1431. *Pierre de Ancharano*, Jurisconsulte Italien. Sur les Décrétales les Clémentines, *in folio. Lugduni* 1549 & 1553. *& ailleurs.*
1431. *Nicolas de Clémengis*, Docteur de Paris. Lettres & Traités sur le Schisme & les mœurs. *Ejus Opera in* 4°. *Lugduni Batav.* 1613.
1431. *Henri de Hesse*, ou *Langestein*, Chartreux. Traités sur l'Immaculée Conception & sur la Morale, *in* 40. *Mediolani* 1480.
1431. *Thierri Urias*, Allemand. Hist. du Concile de Constance, sous le titre *de Consolatione Ecclesiæ.*
1432. *S. Bernardin de Sienne.* Traités Spirituels, *in fol. Paris* 1636.
1432. *Nicolas Tudesque*, ou *Panorme*, Cardinal en 1440. Sur les Décrétales &c. *in folio. Venetiis* 1592 *&* 1617. 4 *volum.*
1432. *Jordan de Bresse*, contre le Concile de Bâle. *Miscellanea Bas.*
1433. *S. Laurent Justinien.* Traités Spirituels, *in fol. Venet.* 1606.
1433. *Gilles Charlier.* Traités de Doctrine & Morale, *in fol. Bruxell.* 1478.
1434. *Alphonse Tostat*, Evêq. d'Avila en Espagne. Comment. sur l'Ecrit. Ste. & sur *Eusebii Chronicon, in fol. Venetiis* 1596. 17 *volum.*
1434. *Jean Patriarche d'Antioche.* De la supériorité du Concile sur le Pape, *in Collectionib. Concilior.*
1434. *Nicolas Plow*, Evêque de Posnanie en Pologne. Sermons, Traités des Sacremens & autres Ecrits, *in* 4°. *Argentorati* 1498.
1436. *Marc d'Ephese.* Lettres sur le Concile de Florence, & autres Traités, *in Collect. Concilior.*
1436. *Bessarion*, Moine Grec, puis Cardinal. Traités pour les Latins.
1438. *George Scholarius*, Grec. Contre le Concile de Florence.
1438. *George Gemistus.* Contre la procession du S. Esprit.

1443. De

1443. * De *Constantinople*. Métrophane, Patriarche, y est déposé. *Allatius, de Consensione Lib. III.*
1444. De *Latran*. On dépose l'Evêq. de Grenoble. *Rayn. ad hunc ann.*
1445. De *Roüen*, sur la Discipline. *Lab. XIII. Hard. IX. & Beffin.* Manque in Regia.
1448. De *Lausanne*, sur le Schisme, *ibidem*.
1448. D'*Angers*, ou de *Tours*, sur les mœurs. *Regia XXXIV. Labbe XIII. Hardoüin IX.*
1449. De *Lyon*, d'autres disent de *Lausane*. L'Antipape Félix V. abdique, *ibidem*, *& Martene Thes. IV.*
1450. * De *Constantinople*, contre l'union avec l'Eglise Latine. *Lab. XIII. Hardoüin IX.*
1451. De *Magdebourg*, sur la Discipline. *Chron. Belg. & Raynald. ad ann. 1450.*
1452. De *Cologne*, sur la Discipline. *L. XIII. H. IX. seuls.*
1452. De *Langres*, sous Philippe de Vienne. *L. XI.*
1453. D'*Torck*, sur la Discipline. *Angl. III.*
1453. De *Cashel* en Irlande, sur la Discipline. *Angl. III.*
1455. De *Langres*, sur la Discipline.
1455. De *Vannes*, ou *Tours*, sur la Translation de S. Vincent Ferrier.
1456. De *Petricovie* en Pologne, sur la Discipline.
1456. De *Soissons*, sur les mœurs. *L. XIII. H. IX. seuls.* D'autres le mettent en 1455.
1457. De *Lambeth*. On y dépose l'Evêque de Chester pour erreur. *Harpfeld, Hist. Wiclef. c. 6.*
1457. D'*Avignon*, sur la Discipline, *ibid. & Marten. Thes. IV.*

ÉCRIVAINS.

1440. *Jean de Turrecremata*, Dominicain Cardinal. Sur le Décret de Gratien, *in folio. Venetiis* 1578. Plusieurs Traités de Doctrine très curieux, *in folio*, *Augusta Vindelicorum* 1471.
1440. *George de Trebisonde*. Traité de la procession du S. Esprit, & Traductions de quelques Peres Grecs.
1440. *Joseph de Methone*, Grec, a écrit contre Marc d'Ephese, & a fait l'Apologie du Concile de Florence, *in Collect. Concilior*.
1440. *Gregoire Melissene*, surnommé *Mammas*, Pénitencier de Constantinople. Apologie du Concile de Florence, *in Collect. Concil*.
1442. *Jean de Anania*. Commentaire sur les Décrétales, *in folio. Lyon* 1492. & autres Ouvrages.
1443. S. *Jean Copistran*, de l'Ordre S. François. De l'autorité du Pape, *in 4°. Venetiis* 1584.
1444. *Laurent Valle* a écrit contre la prétendue donation de Constantin, & autres Ouvrages.
1444. *Ambroise*, Général des *Camaldules*, a traduit en Latin beaucoup de Peres Grecs.
1445. *Jean de Segovie*, Chanoine de Toléde. Concordance de la Bible, Actes du Concile de Bâle, & autres Ouvrages.
1445. *François de la Place*, Cordelier Italien. Une Somme de la Religion, des Sermons & Traités de la restitution, de l'usure, &c.
1445. Re-

1445. *Regnauld Pavo*, Evêque de S. Afaph en Angleterre. Dialogues fur la Foi, & un Ouvrage contre Wiclef.
1446. *Léonard de Utino*, Dominicain Italien, a écrit beaucoup de Sermons, *in* 4. *Ulmæ* 1478.
1446. *Pierre de Polichdorf*. Traités contre les Vaudois & les Pauvres de Lyon, *in Biblioth. Patrum*.
1446. *S. Antonin*, Archevêque de Florence. Une Somme Hiſtorique, *in folio*. *Lugduni* 1586. une Somme Théologique très eſtimée & rare. *Venetiis* 1592 ——— & 1596. & autres Traités.
1448. *Maphée Vegius*, Chanoine de Rome. Pluſieurs Traités de Morale, *in Biblioth. Patrum*.
1448. *Nicolas Cardinal de Cuſa*, Evêque de Brixen. Des Lettres, une réfutation de l'Alcoran, des Traités de Théologie & autres Ouvrages. *Ejus Opera in folio*. *Paris* 1514. ——— *& Baſileæ* 1565.
1450. *Thomas à Kempis*, Chanoine Régulier. Pluſieurs Traités de Spiritualité, une traduction de François en Latin du Livre de l'Imitation de J. C. *Ejus Opera in* 8°. *Duaci* 1635.
1450. *Antonius de Roſelis*, Italien, a écrit en faveur de l'autorîté Royale ——— *Ejus Monarchia in folio*. *Venetiis* 1483. ——— *& Goldaſtus, Tom. II. Monarchiæ*.
1450. *Denys Rickel*, ou le *Chartreux*. Commentaire fur le Maître des Sentences, fur l'Ecriture Ste. Traité aſſez rare contre l'Alcoran, & autres Ouvrages. *Ejus Opera, edita pluribus in locis*.
1451. *Jean Canales*, Cordelier de Ferrare. Divers Traités de Morale. *Venetiis* 1492.
1451. *Guillaume Vorilongus*, Cordelier Breton. Commentaire fur le Maître des Sentences.
1451. *Jean Pluſiadenſis*, Grec. Apologie du Concile de Florence, *apud Allatium*, & autres Traités.
1452. *Ducas*. Hiſtoire Byzantine, depuis 1431. juſqu'en 1462. *Aſſez rare*. *Græce & Latine in folio*. *Paris*. 1649.
1453. *Benoit de Accoltis*, Florentin. Hiſtoire des Croiſades, *in folio*. *Florentiæ* 1623.
1453. *George Scholarius*, Moine Grec. Divers Traités en faveur de l'Eglife Latine, *in Collect. Conciliorum, & apud Allatium*.
1455. *Nicolas de Orbellis*, Cordelier, Docteur de Paris. Commentaire fur le Maître des Sentences, & pluſieurs Sermons.
1457. *Guillaume de Houpelande*, Docteur & Curé de S. Severin de Paris. De l'Immoralité de l'Ame & de l'Etat de l'autre Vie. *Paris*. 1499.
1457. *Jacques de Paradis (de Paradiſo)*, Chartreux Anglois. De l'autorité de l'Eglife & de fa réformation. *Cum Goldaſti Monarchia, T. II*.
1457. *Æneas Sylvius* Picolomini, ou le Pape *Pie* II. Il a été un très favant Pape. Il avoit été Sécretaire du Concile de Bâle, dont il a fait l'Hiſtoire & l'Apologie, & depuis s'en eſt rétracté. Il a donné beaucoup de Lettres, divers Traités de Doctrine contre les Hérétiques de Bohéme, ou Taborites, un autre contre les Mahométans, auſſi-bien que pluſieurs autres Ouvrages de Littérature. *Vide Ejus Opera, in folio*. *Baſileæ* 1532 ——— *&* 1575.

Aa 5   CCXIII.

378 PAPES.   RITS ET RELIGIEUX.

CCXIII.
1458. *Pie* II. 19 Août.
    Gouverne 5 a. 11 m. 29 j.
    * Le 16 Août 1464.
    Le Siége vaque 14 j.
CCXIV.
1464. *Paul* II. 31 Août.
    Gouverne 6 a. 10 m. 26 j.
    * Le 28 Juillet 1471.
    Le Siége vaque 12 j.
CCXV.
1471. *Sixte* IV. 9 Août.
    Gouverne 13 a. 4 j.
    * Le 12 Août 1484.
    Le Siége vaque 11 j.
CCXVI.
1484. *Innocent* VIII. 24 Août.
    Gouverne 7 a. 11 m. 2 j.
    * Le 25 Juillet 1492.
    Le Siége vaque 15 j.
CCXVII.
1492. *Alexandre* VI. 11 Août.
    Gouverne 11 a. 8 j.
    * Le 18 Août 1502.
    Le Siége vaque 1 m. 4 j.

1465. Ord. de *Fontevraud*, réformé.
1467. *Carmelites* de la Congrégation de France, par Françoise d'Amboife, Ducheffe de Bretagne.
1469. Chevaliers de *S. Michel* en France, par Louïs XI.
1484. Religieufes de la *Conception*, par Béatrix de Sylva Portugaife, approuvées en 1489.
1491. Filles de *Ste. Agnés*, à Dordrecht, Régle de S. Auguftin.
1492. Chevaliers de *S. George*, par Alexandre VI.
1494. Chevaliers de *S. George* en Allemagne, par l'Empereur Maximilien I.
1495. Religieufes de l'Ordre des *Minimes*, approuvées par Alexandre VI. & réformées par Jules II. en 1506.
1496. Ordre des *Apôtres*, ancien; mais autorifé feulement cette année par Alexandre VI. uni aux Barnabites en 1589.

CONCILES.

1459. Affemblée de *Mantoüe*, fur la guerre contre les Turcs, *ibid.*
1461. De *Sens*, fur la Difcipline & les mœurs, *ibidem.*
1462. De *Lenćiski* en Pologne, fur la Difcipline.
1463. D'*Torck*, fur la Difcipline. *Angl. III.*
1463. De *Cantorbery*, tenu à Londres fur les mœurs, *ibid. & Ang. III.*
1466. D'*Torck*, fur la réformation des mœurs, *ibidem, Angl. I.*
1466. De *Lenćiski* en Pologne, fur les mœurs.
1470. De *Cologne*, fur la Jurifdiction Eccléfiaftiq. *ibidem.*
1470. De *Benevent*, fur les mœurs. *Synodic. Benevent.*
1473. De *Toléde*, fur la Difcipline. *R. XXXIV. L. XIII. H. IX.*
1473. De *Madrid*, contre les défordres du Clergé. *Aguirre, Tom. III.*
1473. De *Toléde*, contre l'ignorance du Clergé, *ibid. & Aguirre III.*
1475. De *Sens*, fur l'Eglife. *Regia XXXIV. Lab. XIII. Hard. IX.*
1476. De *Lambeth*, contre les erreurs de Regnault, Evêque de Chefter. *Labbe XIII. Hardoüin IX. Manque in Regia.*
1476. De *Londres*, fur les funérailles des Evêques, *ibidem.*
1480. D'*Torck*, fur les mœurs. *Angl. III.*
1485. De *Petricovie* en Pologne.
1486. De *Londres*, contre les Prédicateurs féditieux. *Anglic. III.*
1487. De *S. André* en Ecoffe, fur la Difcipline. *Angl. III.*
1488. D'*Torck*, fur la Difcipline. *Angl. III.*
1490. De *Toulouſe*, fous le Cardinal de Joyeufe.

1459. Mort

1459. Mort de S. *Antonin*, Archevêque de Florence.
1461. Ste. *Catherine* de Sienne est canonifée.
1472. La dévotion de l'*Angelus*, établie en France par Louis XI.
1472. Mort du Cardinal *Bessarion*, à Ravenne.
1473. La dévotion du *Rosaire*, rétablie par le Bienh. Alain, Dominicain.
1474. *Augustins Déchaussés*, établis.
1475. La Fête de S. *Charles-Magne*, rétablie en France.
1476. La Fête de la *Conception* de la Ste. Vierge, établie dans toute l'Eglise.
1482. Canonifation de S. *Bonaventure*, mort en 1274.
1485. Canonifation de S. *Léopold*, Marquis d'Autriche.
1488. *Ferdinand*, Roi de Castille, devient Grand-Maître des trois Ordres d'Espagne.

1459. *Zannin Solcia*, de Bergame, difoit que tous les Chrétiens feront fauvés.
1459. Quelques *Vaudois* paroissent au Diocèse d'Arras.
1478. *Jean de Wesel* aux Pays-Bas, Prêtre, soutient que l'Eglife & les Conciles généraux ne sont pas infaillibles, & qu'on n'est pas obligé de leur obéir. Il attaque l'autorité du Pape & des autres Pasteurs, nie le péché originel, rejette les Cérémonies de l'Eglife, la continence des Prêtres, le Carême & les Indulgences. Il se rétracta.
1499. *Herman Ryswick*, Hollandois, attaquoit Moyfe & l'Ancien Testament, aussi-bien que J. C. & son Incarnation. Il soutenoit que Dieu n'avoit créé ni les bons, ni les mauvais Anges, & qu'il n'y avoit pas d'Enfer. Il fut brûlé à la Haye en 1512.

ÉCRIVAINS.

1458. *Benoit de Accoltis*. Traité sur la guerre pour le recouvrement de la Terre Sainte, in 8°. *Florentiæ* 1623.
1459. *Léonard Justinien*, de l'Isle de Chio. Lettre sur la prise de Constantinople par les Turcs en 1453. *In rebus Turc. Leoniceri*.
1460. *Jean Gobelin*, Romain, a fait l'Histoire de ce qui s'est passé en Europe, sous le Pontificat de Pie II. *in folio. Romæ* 1524.
1460. *Alphonse de Spina*, Cordelier Espagnol. Un Ecrit contre les Juifs & les Mahometans. *Fortalitium Fidei contra Judæos, Sarracenos, aliosque Christianæ Fidei inimicos, in folio. Norimbergæ* 1494. Cet Ouvrage n'est pas commun, & a des sentimens singuliers.
1460. *Jacques Picolomini*, Evêque de Pavie, a écrit l'Histoire, depuis 1364. jusqu'en 1469. *Cum Joanne Gobelino in folio. Francofurti* 1614. Un grand nombre de Lettres, *in fol. Mediolani* 1521, & *Francofurti* 1614.
1461. *André Barbatus*, Canoniste Italien. Commentaire sur les Décrétales, & autres Ouvrages imprimés à Venise.
1461. *Gregoire de Heymbourg*, Allemand. Contre l'autorité du Pape, en faveur des Rois, *apud Goldastum, Tom. II. Monarchiæ*.
1461. *Théodore Lelio*, Evêque Italien, a réfuté le Traité de Gregoire de Heymbourg, & a soutenu l'autorité des Papes sur le temporel des Rois, *apud Goldastum, Tom. II. Monarchiæ*.

1462. *Hen-*

1462. *Henri de Gorcum*, Hollandois. Divers Traités sur les Fêtes & les Cérémonies, & un Commentaire sur le Maître des Sentences, *in folio. Coloniæ* 1502, & *Venetiis* 1506.
1462. *Georges Codinus*, Grec. Une Description de l'Eglise de Constantinople & de ses Officiers, & autres Ouvrages Historiques, *in folio. Paris. Typogr. Regia* 1655.
1462. *Jacques Guytrodius*, Chartreux. Divers Ouvrages sur la Vie Spirituelle. *Coloniæ* 1577.
1462. *Augustin Dathus*, de Sienne, Sécretaire du Pape Nicolas V. a fait plusieurs Discours de Piété & des Traités de Morale, des Lettres, & une Histoire de Sienne & de Piombino. *Ejus Opera in folio. Senis* 1503 —— & *Venetiis* 1516.
1463. *Jean Antoine Campanus*. Plusieurs Traités de Doctrine & de Morale, neuf livres de Lettres assez curieuses, la Vie du Pape Pie II. & autres Ouvrages. —— *Ejus Opera in folio. Romæ* 1495. *Rares.*
1464. *Jean Dlugossus*, Chanoine de Cracovie en Pologne. Histoire de Pologne, *in folio. Francofurti* 1711. 2 *vol.*
1465. *Dominique de Dominicis*, Vénitien, Evêque de Bresce. Traité du Sang de J. C. *Venetiis* 1557.
1466. *Roderic Sancius de Arevalo*, Evêque de Zamora. Histoire d'Espagne, depuis son origine jusqu'en 1469. *in folio, inter Scriptores Hispanicos.* Il a fait aussi le Miroir des conditions humaines. *Speculum vitæ humanæ, in fol.* 1459. Livre très rare de cette Edition.
1467. *Alexandre de Imola*, Jurisconsulte & Canoniste Italien. Commentaire sur le Sexte & les Clémentines, aussi-bien que sur le Digeste, *in folio, Venetiis* 1571 —— & 1597.
1467. *Henri Harphius*, Cordelier de l'étroite Observance, à Malines. Traités sur la Théologie Mystique, *in* 40. *Coloniæ* 1555.
1468. *Laonicus Calcondilas*, Athénien. L'Histoire des Turcs. *Græce & Latine in folio. Paris. e Typograph. Regia* 1650.
1469. *Jacques Perez*, Augustin Espagnol. Un Traité contre les Juifs, & Commentaires allégoriques sur les Pseaumes & les Cantiques, *in folio. Paris.* 1498 —— & *Lugduni* 1513.
1469. *Albert Crummedick*, Evêque de *Lubec*. Histoire des Evêques de son Eglise, *inter Script. Germaniæ.*
1470. *Pierre de Natalibus*, Evêque de Chiosa, sous le Patriarche de Venise. Vie des Saints, *in* 40. *Argentorati* 1502.
1470. *Eltwin Herdman*, d'Osnabruc. Hist. des Evêques de cette Ville, *inter Scriptores Germaniæ.*
1472. *Barthelemi*, ou *Baptiste Platina*, a fait l'Histoire des Papes & plusieurs autres Ouvrages. *Il faut avoir son Histoire des Papes, imprimée avant* 1500.
1473. *Pierre Niger.* Dominicain. Contre les Juifs, & le Bouclier des Thomistes. *Venetiis* 1481.
1475. *Ambroise Coriolan*, Hermite de S. Augustin. Commentaire sur la Régle de S. Augustin, & autres Traités. *Romæ* 1481.
1475. *Jean de Cyrcyo*, Moine de Citeaux. Abrégé de la Vie des Saints de son Ordre, & les Priviléges accordés à cet Ordre, *in folio. Divione* 1491.

1476. *Jean.*

1476. *Jean de Wesel* (*de Wesalia*), a écrit plusieurs Traités sur la Religion & les matiéres Ecclésiastiques. Il a donné dans des sentimens singuliers. *Ejus Opera in* 4o.

1477. *Jean Raulin*, Docteur de Paris, puis Moine de Clugny en 1479. a fait beaucoup de Sermons, plusieurs Lettres, & autres Traités de Morale.

1480. *Gabriel Biel*, Docteur de Tubinge en Soüabe. Commentaires sur le Maître des Sentences, l'Explication du Canon de la Messe, & autres Ouvrages.

1480. *Hermolaus Barbarus*, Patriarche d'Aquilée. Outre divers Ouvrages de Littérature, il a donné des Sermons & des Lettres.

1481. *Baptiste de Salvis*, Cordelier. Une Somme de Cas de Conscience, *in folio*. Paris. 1499.

1481. *Pacificus*, Cordelier.
1481. *Ange de Clavasio*, Cordelier. } Des Sommes de Cas de Conscience.
1481. *Baptiste de Trovamala*, Cordelier.

1482. *Bernardin d'Aquilée*, Cordelier. Traités de Doctrine, & Ouvrages Historiques.

1482. *Bernardin de Buslis*, Cordelier. Sermons sur la Ste. Vierge, Traités sur les Monts de Piété. *Mediolani* 1503, & autres Ouvrages.

1482. *Robert Caraccioli*, Cordelier. Un grand nombre de Sermons, *in* 4°. *Venetiis* 1490.

1482. *Michel de Milan*, Cordelier. Traité de Morale, *in* 4°. *Basileæ* 1479.

1483. *Etienne Brulefer*, Cordelier. Sur le Livre des Sentences de S. Bonaventure, & plusieurs Traités de Doctrine.

1483. *André Cardinal de S. Sixte*. Des Lettres, *in* 8. *Tiguri* 1654. & plusieurs Traités sur la réformation de la Cour de Rome.

1433. *Jerôme Savonarole*, Dominicain de Ferrare. Le triomphe de la Foi; de la simplicité de la Vie Chrétienne, divers autres Traités de Morale, & un très grand nombre de Sermons. Il fut brûlé, pour avoir déclamé contre le Pape Alexandre VI.

1484. *Marcile Ficin*, Chanoine de Florence, & grand Philosophe Platonicien, a fait plusieurs Lettres, un Commentaire sur S. Paul, un Traité de la Religion Chrétienne, & autres Traités de Doctrine. —— *Ejus Opera in folio*, *Venetiis* 1516 —— *Basileæ* 1561 —— & *Paris*. 1641.

1484. *Wernier de Laer*, Chartreux de Cologne. Une Chonique, intitulée *Fasciculus temporum*, *inter Scriptores Germanicos*. Elle a été traduite en François, sous le titre de *Fardelet des temps*.

1484. *Jean Trytheme*, Bénédictin Allemand, & Abbé d'Hirsauge. Un Catalogue des Ecrivains Ecclésiastiques, plusieurs Lettres, des Traités de Piété, de Doctrine & de Morale, autres Ouvrages Historiques, & la Chronique d'Hirsauge, *in folio. Paris.* 1601 —— *Moguntiæ* 1604 —— 1605. & *Coloniæ* 1625. &c. *Sancti Galli in Helvetia* 1690. 2 volum.

1485. Fe-

1485. *Felix Fabri*, Dominicain Allemand. Voyage de Jérusalem, in 4°. *Moguntiæ* 1486.
1485. *Jean Pic*, Prince de la Mirandole. Sur les 6 jours de la Création, plusieurs Traités de Morale & de Religion, des Lettres & plusieurs Ouvrages de Philosophie —— *Ejus Opera in folio, Venetiis* 1498 —— *& Basileæ* 1573 —— *&* 1601.
1485. *Pierre Brutus*, Evêque dans l'Etat de Venise, a écrit contre les Juifs. *Victoria pro Christianis, in folio. Vicentiæ* 1489.
1486. *Charles Fernandez*, Professeur à Paris. Traité de l'Immaculée Conception, & quelques Ouvrages de Spiritualité & de Morale. Paris. 1512-1515-1516.
1486. *Antoine de Lebrixa* (*Nebrissensis*), premier Professeur en l'Université d'Alcala en Espagne. Des Notes sur les Epîtres du Nouveau-Testament, quelques Vies de Saints, l'Histoire des Rois Ferdinand & Isabelle, & plusieurs Ouvrages de Littérature.
1487. *Aurelius Brandolinus*, Augustin Italien. Paradoxes Chrétiens, & & autres Traités de Morale. *Basileæ* 1498.
1487. *Arnoldus Borstius*, Carme de Gand, a écrit sur les Hommes illustres des Chartreux & des Carmes, *in* 80. *Coloniæ* 1609. Peu commun.
1488. *Geofroy Boufard*, Docteur de Paris. Du Célibat des Prêtres, & autres Ouvrages Canoniques. Paris. 1505-1511-1519.
1488. *Donatus Bossius*, Milanois. Chronique des Evêques de Milan, in folio. *Mediolani* 1492.
1489. *Marcus Coccius Sabellicus*. Une Chronique générale, une Histoire de Venise, & autres Ouvrages de Littérature. *Ejus Opera in folio. Basileæ* 1560. 4 *volumes.*
1489. *Boniface Simonetta*, Moine de Citeaux. Histoire des Persécutions arrivées dans l'Eglise, —— *in folio. Mediolani* 1492.
1490. *Jean Caroli*, Dominicain de Florence. Des Grands Hommes de son Ordre. *Bononiæ.*
1490. *Matthieu Bossus*, Chanoine Régulier d'Italie. Divers Traités de Morale —— *in folio.*
1491. *Conrad Summenhart*, Allemand. Divers Traités de Morale. *Hagenoæ* 1615.
1492. *Alexandre VI.* Pape. Outre plusieurs Lettres, il a donné un Bouclier de la Foi. *Clypeus defensionis Fidei Romanæ Ecclesiæ. Argentorati* 1497.
1492. *Robert Gaguin*, Général des Trinitaires. Des Poésies, Lettres, Traités de l'Immaculée Conception, *in* 80. *Paris* 1498. & une Histoire de France.
1493. *Felinus Sandeus*, Jurisconsulte Italien. Commentaires sur les Décrétales, sur le Décret, & plusieurs autres matiéres Canoniques.
1493. *Jean Galerus*, de Kayserswerth en Allemagne. Des Sermons, & plusieurs Traités de Morale & de Doctrine. *Argentorati* 1509-1510-1513-1515-1518.
1494. *Jacques Wimphelingius*, Théologal de Spire. Grief de la Nation Allemande contre la Cour de Rome, Vies des Evêques de Strasbourg, & une Chronique des Empereurs.

1494. *Jean*

1494. *Jean Reuchlin*, dit *Capnio*, l'un des plus savans hommes de l'Allemagne. Traités contre la Cabale, sur le Talmud, *de Verbo mirifico*, & autres Traités de Doctrine.

1495. *Olivier Maillart*, Cordelier. Un grand nombre de Sermons, imprimés en plusieurs endroits, & qui sont très recherchés des curieux.

1495. *Jacques Philippe Forestus*, Augustin de Bergame. Une Histoire Universelle, sous le titre de *Supplementum Chronicorum*, *in fol. Brixiæ* 1496. Une Histoire des Femmes Illustres, *in folio. Paris.* 1521. & un Directoire des Confesseurs.

1496. *Antoine Bonfinius*, Italien. Histoire de Hongrie, & un Traité de la Virginité, *in folio. Francofurti* 1587.

1496. *Jovianus Pontanus*, célebre Littérateur Italien, a écrit sur les Belles-Lettres, la Morale, les matiéres Ecclésiastiques, & sur l'Histoire de Naples. ——— *Ejus Opera in* 8°. *Venetiis Aldus* 1519. 3 *volum.* ——— *Ejus Poemata in* 8°. *Venetiis* 1520.

1497. *Nicolas de Simons* (*Simonis*), Carme Hollandois. Des Sermons, Commentaires sur les Décrétales, & un Traité de la puissance du Pape; de l'Empereur & du Concile.

1497. *Jacques Sprengerus*, Dominicain de Cologne, a écrit contre les femmes qui se mêlent de maléfices, *in* 8°. *Venetiis* 1576. ——— *& Lugduni* 1620.

1498. *Henri Institor*, Dominicain. Un Traité sur la puissance du Pape, *in* 8°. *Venetiis* 1499.

1498. *Pierre Dorlandus*, Chartreux de Cologne. Sur les Hommes illustres de son Ordre, *in* 8°. *Coloniæ* 1608.

1498. *Vincent de Bandellis*, Dominicain d'Italie, a écrit sur la Conception de la Sainte Vierge, *in* 4°. *Bononiæ* 1481. ——— *& in* 12. *Rothomagi* 1679. & d'autres Traités.

1499. *Jean Palinodorus*, Carme de Malines. Des Traités Historiques sur son Ordre.

1499. *Jean Blerus*, Bénédictin de Liége. Histoire de la Fête Dieu, *apud Bzovium, ad ann.* 1320.

1499. *Michel Lochmayer*, Chanoine de Passau. Des Sermons, & Traités sur les devoirs des Curés, *in* 4°. *Hagenoæ* 1497. ——— *& Moguntiæ* 1616.

1499. *Jean Nauclere*, Allemand. Chronique Universelle, *in folio. Coloniæ* 1564. ——— 1579.

1499. *Augustin de Pavie* (*Ticinensis*). Une Histoire des Ordres Religieux, & autres Ouvrages. *Brixiæ* 1511.

1499. *Guillaume Pepin*, Dominicain d'Evreux. Un grand nombre de Sermons, *in* 4°. *Antuerp.* 1656. 9 *volum.*

1500. *Claude de Seyssel*, Evêque de Marseille, puis Archevêque de Turin. Traités contre les Vaudois, & autres Traités.

1500. *Jean du Pin*, Evêque de Rieux. Vie de Sainte Catherine de Sienne & autres Femmes illustres, *in folio. Paris.* 1521.

1500. *Paul Cortez*, Protonotaire Apostolique. Commentaires sur le Maître des Sentences, un Traité du Cardinalat, & autres Ouvrages Dogmatiques, *in folio. Basileæ* 1548.

PAPES. | RITS ET RELIGIEUX.

SEIZIÉME SIÉCLE.

CCXVIII.
1503. *Pie* III, 23 Septembre.
  Gouverne 26 jours.
  * Le 18 Octobre 1503.
  Le Siége vaque 13 j.

CCXIX.
1503. *Jules* II. 1 Novemb.
  Gouverne 9 a. 3 m. 21 j.
  * Le 21 Février 1513.
  Le Siége vaque 21 j.

CCXX.
1513. *Léon* X. 15 Mars.
  Gouverne 8 a. 8 m. 17 j.
  * Le 1 Décembre 1521.
  Le Siége vaque 1 m. 7 j.

CCXXI.
1522. *Adrien* VI. 9 Janvier.
  Gouverne 1 a. 8 m. 16 j.
  * Le 24 Septembre 1523.
  Le Siége vaque 1 m. 25 j.

SEIZIÉME SIÉCLE.

1501. Religieuses *Annonciades*, établies à Bourges par la B. Jeanne, Reine de France, Duchesse de Berry, 100 ans avant les Annonciades célestes d'Italie.
1503. Religieux de S. François *Récollets*, approuvés en 1531.
1516. On défend aux *Religieux Mandians* de prêcher, sans l'approbation de l'Ordinaire.
1520. Hermites *Camaldules* réformés du Mont Corona en Italie, approuvés la même année.
1520. *Chevaliers de l'Elephant* en Dannemarck, par le Roi Christiern II. D'autres disent qu'ils furent établis en 1478, par Christiern I.

CONCILES.

SEIZIÉME SIÉCLE.

1509. D'*Avignon*, sur la Discipline. *Martene seul, Thesauri Tom. IV.*
1510. De *Tours*, sur les mauvais traitemens que les François recévoient du Pape Jules II. & des mesures, que l'on devoit prendre à ce sujet. *Regia XXXIV. Labbe XIII. Hard. IX.*
1511. De *Pise* en Italie, assemblé contre le Pape Jules II. par les Cardinaux de Carvajal & Briçonnet. Il fut continué à Milan, *ibidem*. Ce Concile n'est point reçu en Italie, non plus que par quelques Théologiens François, quoique M. Dupuy en ait donné les Actes.
1511. Assemblée d'*Augsbourg*, contre le Concile de Pise.
1512. De *Seville*, sur la Discipline. *Aguirre, Tom. IV.*
1512. De LATRAN, XIXe. Concile général, commencé le 10 Mai 1512 par Jules II. & fini sous le Pape Léon X. le 16 Mars 1517, contre le Concile de Pise, pour la Guerre Sainte & pour supprimer la Pragmatique Sanction de France. Plusieurs Théologiens ne reconnoissent pas ce Concile comme général, & Bellarmin laisse même la liberté d'en douter. *Reg. XXXIV. Labbe XIV. Hard. IX.*
1515. Assemblée de *Vienne* en Autriche, pour la paix entre les Princes Chrétiens. *Raynaldi ad hunc ann.*
1517. De *Florence*, sous le Cardinal Jules de Medicis, depuis Pape.
1518. De *Dublin* en Irlande, sur la réformation des mœurs, *ibidem*.
1522. De *Rouen*, sur la Discipline. *Bessin. in Conciliis Normaniæ.*
1523. De *Lanciski*, contre Luther. *Raynaldi ad hunc ann.*

SEI-

GRANDS HOMMES. HERES. et PERSEC.

SEIZIÉME SIÉCLE.

1504. Mort de la *B. Jeanne* de Valois, fille, fœur & femme de Rois de France.
1507. Mort de *S. François de Paule*, Fondateur des Minimes.
1509. Les Espagnols, sous la conduite du Cardinal Ximenès, enlevent *Oran* aux Infidéles.
1513. Découverte de la *Floride*, Province de l'Amérique.
1514. *S. Bruno*, Fondateur des Chartreux, est canonisé.
1518. Les Espagnols défont quarante mille Maures.
1519. *S. François de Paule* est canonisé.
1521. Le Pape *Léon X.* condamne les erreurs de Luther. Luther est condamné par les Théologiens de Paris.

SEIZIÉME SIÉCLE.

1514. Jean *Pfefferkorn*, Juif baptisé, est brûlé à Hale en Saxe pour avoir fait les fonctions de Prêtre pendant 26 ans, quoiqu'il ne fût pas ordonné.
1517. Martin *Luther*, d'Islebe en Saxe, Augustin, condamné par Léon X. par les Universités, & depuis enfin par le Concile de Trente, attaque l'autorité de l'Eglise & la Prééminence du S. Siége. Il nie le Purgatoire, les Indulgences, & l'efficace des Sacremens; il n'en admet que deux. Il prive l'homme de sa liberté, supprime le culte & l'invocation des Saints, met dans l'Eucharistie J. C. avec le pain, & rejette les Vœux Monastiques.

ÉCRIVAINS.

SEIZIÉME SIÉCLE.

1501. Jean Louis *Vivès*, Espagnol. Commentaire sur la Cité de Dieu de S. Augustin.
1501. *Baptiste Mantuan*, Carme. Vies des Saints, & Poésies.
1502. Jacques *Almain*, Docteur de Paris. Traité sur l'autorité de l'Eglise, imprimé avec les Oeuvres de Gerson.
1502. Albert *Crantzius*, Chanoine de Hambourg. Histoire Ecclésiastique des Peuples du Nord, *in folio. Francofurti* 1574.
1503. Jean *Stella*, Prêtre Vénitien. Vies des Papes, *in* 8°. *Ven.* 1507.
1503. François *Ximenès*, Cordelier & Archevêque de Toledo, a donné une Bible Polyglotte, *in folio. Compluti* (Alcala) 1517.
1504. *Alphonse Zamora*, Juif converti. Traités sur l'Ecriture Ste.
1505. Philippe *Decius*, Docteur en Droit à Pise. De la Supériorité de l'Eglise sur le Pape, *in Goldasti, Tom. II.* & autres Ouvrages.
1507. *Jacques le Fevre* d'Estaples, ou *Faber*. Traductions & Commentaires de l'Ecriture Sainte, & autres Ouvrages Dogmatiques.
1510. *Adrien VI.* Pape. Questions Théologiques & Comment. sur le Maître des Sentences, *in folio. Romæ* 1522.
1510. Jean *Major*, Ecossois. Sur le Maître des Sentences & sur l'autorité des Conciles, *inter Opera Gersonis*.
1517. Thomas de Vio, Cardinal *Cajetan*, Dominicain. Sur l'Ecriture Sainte, sur la Somme de S. Thomas, & autres Traités.
1518. Albert *Pighius*, Flamand. Traité de la Hiérarchie, & autres.

II. Volume.   B b

PAPES. | RITS ET RELIGIEUX.

CCXXII.
1523. *Clément* VII. 19 Novembre.
Gouverne 10 a. 10 m. 7 j.
* Le 25 Sept. 1534. Vaque 17 j.

CCXXIII.
1534. *Paul* III. 13 Octob.
Gouverne 15 a. 28 j.
* Le 10 Novemb. 1549.
Le Siége vaque 2 m. 28 j.

CCXXIV.
1550. *Jules* III. 8 Février.
Gouverne 5 a. 1 m. 16 j.
* Le 23 Mars 1555. Vaque 17 j.

CCXXIV. *
1555. *Marcel* II. 9 Avril.
Gouverne 22 j.
* Le 1 Mai 1555. Vaque 22. j.

CCXXV.
1555. *Paul* IV. 23 Mai.
Gouverne 4 a. 2 m. 27 j.
* Le 18 Août 1559. vaq. 4 m. 7 j.

CCXXVI.
1559. *Pie* IV. 26 Décemb.
Gouverne 5 a. 11 m. 15 j.
* Le 9 Décemb. 1565. Vaq. 28 j.

1524. *Théatins*, par S. Gaëtan de Thienne.
1525. *Capucins*, par le P. Matthieu de Baschi, approuvés en 1526.
1530. *Somasques*, par Jerôme Emiliani, Noble Vénitien.
1532. Franciscains de l'*Etroite Observance*.
1533. *Carmelites*, par Ste. Therese.
1533. ou 1474. *Augustins Déchaussés*.
1534. Société de Jesus, par S. *Ignace*, approuvée en 1540.
1535. Chevaliers de S. André de Bourgogne, par Charles V.
1536. *Barnabites*, par Antoine Marie Zacharie, Milanois.
1537. Religieuses *Ursulines*.
1542. *Capucines*, par Marie Longa. de Naples.
1546. Chevaliers de la Fleur de Lys, par Paul III.
1552. *Hermites du Mont Colorito*, au Royaume de Naples.
1554. Freres de S. Jean de Dieu.

CONCILES.

1523. De *Lanciski* en Pologne, contre Luther. *Raynald. ad hunc ann.*
1523. De *Meaux*, sous Guil. Briçonnet, contre Luther. *Spondanus.*
1524. Assemblée de *Ratisbonne*, où l'Archiduc Ferdinand publie un Edit contre les Luthériens. *Raynaldi ad hunc annum.*
1525. De *Mexique*, sur la Discipline. *Raynaldi ad hunc ann.*
1527. De *Lyon*, contre l'Hérésie de Luther, sur la Discipline, & pour accorder au Roi un subside pour délivrer d'Espagne les enfans de France, en ôtage pour François I. *Martene, Thes. IV.*
1527. De *Rouen*, sur la Doctrine & la Discipline. *Bessin. ibidem.*
1528. De *Bourges*, contre les erreurs de Luther, sur la réformation des mœurs, & pour trouver les moyens de retirer de prison les fils du Roi François I. *Labbe Tom. XIV. Hardoüin IX. seuls.*
1528. De *Sens*, ou de *Paris*, contre les Luthériens, & pour la réformation des mœurs. *Reg. XXXIV. Lab. XIV. Hard. IX. & imprimé séparément à Paris, in folio en* 1529.
1536. De *Cologne*, sur la Doctrine & la Discipline, par Herman, Archevêque de Cologne, qui depuis se fit Luthérien. *Regia XXXV. Labbe XIV. Hardoüin IX. Idem in folio. Coloniæ* 1537.
1538. *Consilium delectorum Cardinalium & aliorum Prælatorum de emendandâ Ecclesiâ.* Manque dans les trois grandes Collections, & ne se trouve que dans l'édition de Crabbe, de l'an 1551.

1528. S.

1528. S. *Ignace de Loyola* vient à Paris, âgé de 37 ans, & y recommence ses Etudes.
1533. S. *Ignace* convertit à Paris S. *François Xavier*.
1537. *Henri* VIII. Roi d'Angleterre, fait briser les Tombeaux & les Chasses des Saints, & fait faire le Procès à la Mémoire de S. Thomas de Cantorbery.
1541. S. *François Xavier* part pour la Mission des Indes.
1547. Mort de S. *Gaëtan* de Thienne, Fondateur des Théatins.
1549. S. *François Xavier* entre au Japon.
1550. Mort de S. *Jean de Dieu*, Fondateur de la Charité.
1552. Mort de S. *François Xavier*, dans l'Isle de Sancian, vis-à-vis de la Chine.
1556. Mort de S. *Ignace de Loyola*.
1562. Les *Huguenots* pillent les Eglises de France.

1523. Philip. *Melanchton*, Luthérien modéré.
1523. Martin *Bucer*, Dominicain, né à Sceleftat en Alsace, embrasse le Luthéranisme. Il étoit plus modéré que Luther, & a établi la Religion Protestante à Strasbourg.
1523. André *Budenstein*, dit *Carlostad*, du lieu de sa naissance en Franconie, Province d'Allemagne. De Prêtre & d'Archidiacre de l'Eglise de Wurtemberg, il se fit d'abord Luthérien; mais il eut de grands différends avec Luther sur la présence de J. C. dans l'Eucharistie, admise par Luther, & rejettée par Carlostad.
1523. Jean Pierre *le Clerc* de Meaux, Cardeur de laine.
1524. Baltazar *Pacimontan*, de Zuric en Suisse, devint un Chef d'Anabaptistes. Il fut brûlé à Vienne en Autriche en 1528.

ÉCRIVAINS.

1523. Jacques *Merlin*, Docteur de Paris. Une Collection des Conciles, *in folio. Paris. 1524. 2 volum.*
1523. *Bernard de Luxembourg*, Dominicain. Catalogue des Hérésies.
1523. Sanctés *Pagninus*, Dominicain. Version de la Bible.
1523. Léon de *Castro*, Docteur de Salamanque en Espagne. Commentaire sur les Prophétes, & une Apologie de la Vulgate.
1523. Didier *Erasme*, de Rotterdam, mort à Bâle en Suisse, a donné plusieurs Editions des Peres de l'Eglise, des Commentaires sur l'Ecriture Sainte, & Traités de Doctrine & de Piété, *in folio. Lugduni Batavorum 1712. 11 volum.*
1524. Augustin *Steuchus*, Evêq. d'Eugubio. Traités de Doctrine.
1524. Matthias *Ugonius*, Evêque de Famagouste en Chypre. *Synodia Ugonia*, ou Traités des Conciles, *in fol. Très rare.*
1524. Sylvestre Mazolin, dit *Prieras*, a écrit contre Luther.
1524. Jean *Driedo*, de Louvain, a écrit sur la Grace, *in folio.*
1528. Jacques *Sadolet*, Cardinal. Traités de Doctrine & des Lettres.
1528. Caspar *Contarini*, Cardinal. Traités de Religion.
1528. Ambroise *Catharin*, de Sienne, Dominicain. Comment. sur l'Ecrit. Ste. & Traités de Doctrine, assez estimés, *in folio.*
1528. François *Titelman*, Cordelier. Comment. sur l'Ecriture Ste. &c.
1529. Josse *Clitou* (Clictoveus). Plusieurs Traités de Controverse.

1538. De

1538. De *Mayence*, d'*Ofnabrug*, de *Munfter*, &c. contre les Hérétiques. *Laurent Surius*, in *Commentariis*.
1539. De *Petricovie* en Pologne, pour le maintien de la Foi.
1540. De *Petricovie*, contre les erreurs de Luther.
1542. De *Petricovie*, contre les Héréfies. *Raynaldi ad hunc ann.*
1545. De *Benevent*, fur les mœurs. *Synodicon Beneventanum.*
1547. De *Gnefne*, pour députer au Concile de Trente. *Raynaldi.*
1548. D'*Augsbourg*, fur la réformation du Clergé. *Reg. XXXV. Labbe XIV. Hardoüin IX.*
1548. De *Tréves*, fur la Doctrine de la Foi & la Difcipline, *ibidem.*
1549. De *Cologne*, fur la Difcipline, *ibidem.*
1549. De *Mayence*, fur la Foi & les mœurs, *ibidem.*
1549. De *Tréves*, fur la Foi & les bonnes mœurs, *ibidem.*
1549. De TRENTE, XXe. ou feulement XVIIIe. Concile général, indiqué à Mantoüe, puis à Vicence, & enfin commencé à Trente le 16 Décembre 1543, & fini en 1563. contre les erreurs de Luther, de Zuingle & de Calvin, & pour la réformation de la Difcipline & des Mœurs. En 1547. on le transfera à Boulogne, & 8 mois après on le remit à Trente; il fut repris & interrompu trois fois. Il eft reçu en France pour le Dogme, & non pour la Difcipline. *Regia XXXV. Labbe XIV. Hard. X. Les plus belles Editions féparées de ce Concile font celle de Rome in folio, par Paul Manuce en 1564. Cette Edition eft l'original que le S. Siége fit envoyer dans toutes les Eglifes particulières, avec un Certificat du Sécretaire du Concile. J'en ai vû plufieurs Exemplaires avec ce Certificat. Idem in 8°. Antuerpiæ 1564. Edition rare & curieufe. Idem in folio. Lovanii 1567. Idem, cura Philippi Chiffletii, Abbatis Balernenfis, in 12. Antuerpiæ Plantin 1640. Belle Edition. Idem in folio. Paris. 1667; cura Philip. Lab. Soc. Jefu.*
1551. De *Narbonne*, fur la Difcipline. *Labbe XV. Hard. X. feuls.*
1551. De *Petricovie*, contre l'Héréfie. *Florimond de Remond*, *de Hæref.*
1552. De *Verone*, fous l'Evêque Jean Matthieu Gisbert.
1552. De *Novarre*, fous le Cardinal Jean de Moron.
1556. National d'*Angleterre*, fous le Cardinal Polus, Légat du S. Siége.
1556. De *Lowitz*, ou de *Leopold*, pour la Foi. *Raynaldi.*
1557. De *Vienne* en Dauphiné, fur les mœurs. *Martene, Thef. T. IV.*
1564. De *Rheims*, fur la réformation des mœurs, fous le Cardinal Charles de Lorraine. *Labbe XV. Hardoüin X. Manque in Regia.*
1565. De *Tolede*, pour l'obfervation du Concile de Trente, *ibidem.*
1565. De *Conftantinople*, où Jofeph, Patriarche de cette Ville, fut dépofé pour Simonie, *ibidem.*
1565. De *Cambrai*, fur la Foi & la correction des Mœurs, *ibidem.*
1565. De *Milan*, I. Concile par S. Charles Borromée, fur la Doctrine & la Difcipline. *Regia XXXV. Labbe XV. Hardoüin X.*
1565. Divers Conciles en *Efpagne.* Voyez *Daguirre*, Tom. IV.
1567. De *Naples*, fous le Cardinal Alfonfe Caraffe. *Labbe in Synopf.*
1569. De *Milan*, II. par S. Charles Borromée, fur la Doctrine, l'Adminiftration des Sacremens & le Devoir des Eccléfiaftiques, *ibidem.*
1570. De *Malines*, fur la Foi, les Sacremens & divers points de Difcipline. *Labbe XV. Hardoüin X. Manque in Regia.*

1532. Léan-

1532. Léandre *Alberti*, Dominicain. Une Histoire de son Ordre, & une Description de l'Italie.
1532. Jean *Groper*, Archidiacre de Cologne. Sur l'Euchariſtie, & autres Traités de Controverſe.
1533. Louïs *Lippoman*, Vénitien, Evêque de Verone, a donné pluſieurs Sermons, & huit Tomes de la Vie des Saints.
1534. *Alphonse de Castro*, Cordelier Eſpagnol. L'Hiſt. des Héréſies.
1535. *Pierre Crabbe*, Franciſcain de Malines. Collection des Conciles.
1536. *Ruard Tapper*, Docteur de Louvain, a écrit contre Luther.
1537. *François Vatable*, Profeſſeur de la Langue Hébr. à Paris. Notes ſur l'Ecriture Sainte.
1545. Barthelemi *Caranza*, Dominicain, Confeſſeur de l'Emp. Charles V. Traité des Sacremens, Somme des Conciles.
1546. Michel *Medina*. Traité conſidérable ſur la Religion.
1547. Antoine de *Mouchi* (*Demochares*), Docteur de Paris. Sur l'Euchariſtie & le Sacrifice de la Sainte Meſſe.
1548. Claude *Despense*, Docteur de Paris. Traités de Théologie.
1549. Onuphrio *Panvini*, Auguſtin de Verone. Une Chronique des Papes, & pluſieurs Traités ſur les matiéres de Religion.
1550. Fréderic *Nausea*, mort au Concile de Trente en 1552. Des Sermons, des Commentaires ſur l'Ecriture Sainte, & quelques Traités de Religion.
1550. Iſidore *Clarius*, Bénédictin du Mont-Caſſin, Evêque de Foligno. Une Verſion de l'Ecriture Sainte, avec quelques Notes, in fol.
1550. *Sixte de Sienne*, Juif converti & rélaps, puis Dominicain. Une Bibliothéque Sainte, ou Introduction à l'Ecriture Sainte.
1550. Nicolas *Sanderus*, Anglois. Traité du Schiſme d'Angleterre, & de la Monarchie viſible de l'Egliſe.
1551. Jean le *Mercier* (*Mercerus*). Commentaire ſur l'Ancien Teſtament.
1552. Guillaume *Lindanus*, Evêque de Ruremonde. Traites de Controverſe, ſous le titre de *Panoplia*.
1553. Thomas *Stapleton*, Anglois. Divers Traités de Controverſe.
1554. Jean *Molanus*, Docteur de Louvain. Le Martyrologe, & quelques Traités de Théologie.
1555. Chrétien *Adricomius*, de Delpht. Géographie & Chronologie Sainte.
1556. Benoit *Arias Montanus*, Eſpagnol, a donné à Anvers la Bible Polyglotte, & quelques Traités ſur l'Hiſtoire Sainte.
1557. André *Masius*. Un Commentaire ſur Job; il a auſſi travaillé à la Polyglotte d'Anvers.
1558. Etienne *Gardiner*, Evêque de Wincheſter en Angleterre. Divers Ecrits contre les Luthériens & les Calviniſtes.
1559. Louïs de *Grenade*, Dominicain. Un Catéchiſme, Traités de Piété, des Sermons, & une Rhétorique Eccléſiaſtique.
1559. Melchior *Cano*, Dominicain, Evêque des Canaries. Traités ſur les Préliminaires de la Théologie. *De Theolologicis*.
1560. André *Vega*, Cordelier. Sur la Juſtification & la Grace.
1561. Charles *Sigonius*. Hiſt. des Ev. de Boulogne, & autres Traités.

1525. Tho-

1525. Thomas *Muntzer*, de Zwikau en Saxe. De Luthérien il se fit Chef des *Anabaptistes*, & ajouta aux erreurs de Luther les suivantes. Il s'opposoit aux Supérieurs temporels, se croyant, lui & les siens, indépendans de toute Puissance. Il disoit que l'Ecriture Sainte n'étoit pas Régle de Foi; qu'il falloit rebaptiser les enfans qui l'avoient été avant l'àge de raison; que le Corps de J. C. n'étoit pas dans la Céne; que J. C. n'avoit pas pris chair dans la Vierge Marie, & qu'on devoit admettre l'opinion des Millénaires. Ses disciples se livroient à toute sorte de cruautés & d'excès.

1525. *Ulric Zuingle*, Curé de Zurich en Suisse, Chef des Zuingliens. A l'exemple de Luther, il attaqua les Indulgences, & devint Chef de parti. D'abord il suivit les erreurs de Luther; mais il tomba depuis en d'autres égaremens: sçavoir, qu'il n'y avoit dans le Sacrement de l'Eucharistie que le pain & le vin, qui étoient la figure de Jesus-Christ, mais sans aucune efficace, ni aucune grace; que l'homme étoit redevable à lui seul de tout le mérite de ses bonnes œuvres; que le péché originel avoit été entiérement effacé par l'Incarnation & les souffrances du Fils de Dieu. Il mourut, les armes à la main, l'an 1531. Ses disciples sont nommés Zuingliens, & même Sacramentaires, parce qu'ils ôtoient toute efficacité & toute grace aux Sacremens; mais sa Doctrine, née en Suisse, y est abandonnée, & l'on y suit la réforme de Calvin.

1525. *Quintin*, Tailleur d'habits de la Province de Picardie, embrassa d'abord les erreurs de Luther, & devint ensuite Chef des *Libertins*, qui soutenoient que J. C. étoit Satan; que tout l'Evangile étoit faux; qu'il n'y avoit dans l'Univers qu'un seul esprit qui étoit Dieu; qu'on ne doit pas punir les méchans; qu'on peut professer toutes sortes de Religions; enfin que l'on peut sans péché se laisser aller à toutes ses passions. Il fut brûlé à Tournai en 1530.

1525. *Jean Oecolampade*, zélé disciple de Zuingle, fut le premier Ministre Prédicant de Bâle, où il mourut l'an 1531.

1525. *David George*, de Gand en Flandres, se disoit le 3e. David, fils de Dieu; qu'il devoit sauver les hommes par la grace, & non par la mort. Il nioit la résurrection des corps & la validité du Baptême; & rejettoit les Livres des SS. Ecritures, aussi-bien que l'existence des Anges & des Démons. Il n'a pas eu de Sectateurs.

1531. *Michel Servet*, Médecin de Terragone, attaqua le Mystére de la Sainte Trinité, n'y reconnoissant qu'une seule Personne. Il regardoit J. C. comme un pur homme, nioit le péché originel & la nécessité du Baptême. Calvin le fit brûler à Genève pour ses impiétés, en 1553.

1532. PERSE'CUTION aux *Indes* contre la Religion Chrétienne.

1534. *Jean de Leyde*, Chef des *Anabaptistes* de Munster, après Muntzer. Il se jetta en diverses erreurs, & pendant un an qu'il fut à la tête de ces Hérétiques, il se livra à toutes sortes d'excès & de violences.

1535. PERSE'CUTION en *Angleterre* contre les Catholiques, dans le Schisme de Henri VIII.

1535. *Jean*

HERESIES ET PERSECUTION.

1535. *Jean Calvin*, Chef des *Calvinistes*, ou *Réformés*, ainsi qu'eux-mêmes se qualifient, commença cette année à semer sa Doctrine en France. Elle s'est étendue en Hollande, en Angleterre, en Suisse & dans quelques parties de l'Allemagne. Il mourut à Genéve en 1564. Ses erreurs attaquent presque toutes les parties de la Doctrine Catholique. Il rejette l'infaillibilité de l'Eglise & des Conciles généraux; il établit chaque particulier Juge de la Foi & Interprête souverain du sens des Ecritures; il nie l'invocation & le culte des Saints, le libre arbitre, la possibilité de pratiquer les Commandemens de Dieu, & ne reconnoit que deux Sacremens; le Baptême & l'Eucharistie. Il ôte même la nécessité & l'efficace du premier, & nie la présence réelle de J. C. dans le S. Sacrement. Il soutient plusieurs autres erreurs, contraires au Dogme Orthodoxe. Les Réformés ont fait plusieurs branches, & ont extrêmement varié dans la Doctrine. Voyez *Bossuet*, en son *Hist. des Variations*.

1540. Gaspar *Swenfeld*, Siléfien. Outre les erreurs des Sacramentaires, ou Zuingliens, il prétendoit que J. C. étoit descendu du Ciel avec le Corps qu'il avoit sur la Terre; qu'après l'Ascension, la Nature Humaine de J. C. avoit été divinisée. Il ajoutoit que tous les hommes sont égaux en grace & en justice.

1540. Jean *Brentius*, qui de Chanoine de Wurtemberg se fit Luthérien, ajouta aux erreurs de ces derniers que J. C. depuis son Ascension, étoit par-tout; ce qui a produit la branche des *Ubiquitaires*, qui néanmoins sont en petit nombre.

1542. *Bernardin Okin*, de Sienne en Italie, de Capucin se fit Apostat. Il embrassa les sentimens de Calvin, & dans la suite il attaqua le péché originel, & soutint la Polygamie.

1546. André *Osiander*, Bavarois, se jetta dans l'Hérésie, suivit quelques-uns des sentimens de Luther, & ajouta que J. C. avoit été Médiateur, non comme homme, mais comme Dieu; que l'homme n'est justifié ni par la Foi, ni par la Grace, mais par une seconde nature communiquée à l'humanité.

1553. *Antitrinitaires*. C'est ainsi qu'on a nommé les Disciples de Michel Servet, Espagnol, qui nioit la Trinité des Personnes en Dieu, & dont nous avons parlé.

1557. George *Blandrat*, de Saluces, Médecin, suivit les erreurs de Servet, & mourut en Pologne.

1558. *Gentilis Valentin*, de Cousance en Italie, Sectateur de Servet, se retira d'abord à Genéve, puis en Transylvanie, & enfin à Berne en Suisse, où il eut la tête coupée pour ses erreurs.

1560. *Huguenots*; nom, qui fut donné aux Calvinistes, ou Réformés François. Ce mot vient de l'Allemand *Eygnoßen*, qui signifie *Associés:* nom, que se donnérent les Réformés en Suisse, d'où il a passé en France.

1567. Condamnation des Propositions de *Michel Bayus*, Docteur de Louvain; mais il se soumet.

1569. *Puritains*. C'est un nom, que se donnent en Angleterre les Calvinistes qui prétendent pratiquer l'Evangile d'une maniére plus pure que les autres Réformés.

Bb 4

PAPES.   RITS ET RELIGIEUX.

CCXXVII.
1566. *Pie* V. 7 Janvier.
Gouverne 6 a. 3 m. 24 j.
* Le 1 Mai 1572.
Le Siége vaque 11 j.
CCXXVIII.
1572. *Gregoire* XIII. 13 Mai.
Gouverne 12 a. 10 m. 29 j.
* Le 10 Avril 1585.
Le Siége vaque 1 j.
CCXXIX.
1585. *Sixte* V. 12 Avril.
Gouverne 5 a. 4 m. 16 j.
* Le 27 Août 1590.
Le Siége vaque 18 j.
CCXXX.
1590. *Urbain* VII. 15 Septemb.
Gouverne 13 j.
* Le 27 Septemb. 1590.
Le Siége vaque 2 m. 7 j.
CCXXXI.
1590. *Gregoire* XIV. 5 Décembre.
Gouverne 10 m. 10 j.
* Le 15 Octobre 1591.
Le Siége vaque 14 j.

1560. Chevaliers de S. Etienne de Florence, par Côme de Medicis, Grand-Duc.
1562. *Carmes Déchauſſés* d'Eſpag.
1562. *Chevaliers de S. Marc*, à Veniſe.
1572. *Doctrine Chrétienne* d'Italie.
1578. Prêtres *Oblats* de S. Ambroiſe à Milan, par S. Charles.
1579. Ord. Milit. du *S. Eſprit*, par Henri III. Roi de France.
1580. *Théatines* de la Conception.
1583. *Feuillantines*, par Marguerite de Polaſtron.
1584. Les *Clercs* pour les *Infirmes*, par Charles de Lellis.
1585. *Auguſtines Déchauſſées* d'Eſpagne.
1585. *Hermites* Réformés de *S. Auguſtin*, approuvés en 1586.
1587. *Feuillans* près Toulouſe, par Don Jean de la Barriere.
1588. *Freres* de la *Charité* pour les malades.
1589. *Clercs Mineurs*, par Auguſtin Adorne, Génois.

CONCILES.

1573. De *Milan*, III. par S. Charles Borromée, ſur la Diſcipline. *Regia* XXXVI. *Labbe* XV. *Hardoüin* X.
1574. De *Malines*, à Louvain, ſur la Diſcipl. *Martene*, *Theſ.* Tom. *IV*.
1575. De *Tortoſe*, ſur la Diſcipline.
1576. De *Milan*, IV. ſous S. Charles Borromée, ſur la Foi & la correction des Mœurs. *Regia* XXXV. *Labbe* XV. *Hardoüin* X.
1579. De *Milan*, V. ſous S. Charles, ſur la Foi & les Mœurs, *ibidem*.
1581. De *Roüen*, ſur la Diſcipline. *Labbe* XV. *Hardoüin* X. *ſeuls*.
1582. De *Milan*, VIe. ſous S. Charles Borromée, ſur la Diſcipline & le Gouvernement. *Regia* XXXVI. *Labbe* XV. *Hardoüin* X.
1582. De *Memphis*, ou *du Caire*, pour concilier les Coptes avec l'Egliſe Romaine, & leur fait abjurer les Héréſies de Neſtorius & de Dioſcore, ou Eutychés. *Labbe* XV. *Hardoüin* X. Manque *in Regia*.
1583. De *Rheims*, pour la Diſcipline & le Concile de Trente, *ibidem*.
1583. De *Bourdeaux*, ſur les Séminaires. R. XXXVI. L. XV. H. X.
1583. De *Tours*, transféré à *Angers* la même année, ſur la Foi, la Diſcipline, & contre la Symonie. R. XXXVI. L. XV. H. X.
1584. De *Bourges*, ſur la Foi & les Mœurs. L. XV. H. X. *ſeuls*.
1585. D'*Aix*, ſur la réformation des Mœurs, *ibidem*.
1585. De *Mexico*, ſur la Diſcipline & les Indiens convertis, *ibidem*.
1586. De *Cambrai*, ſur la Foi & les Mœurs. *Hard. ſeul* X.
1590. De *Toulouſe*, ſur la Diſcipline. *Hard. ſeul* X.

1569. Le

1569. Le Pape *Pie* V. chasse les Juifs de l'Etat Ecclésiastique, & les conserve seulement dans les Villes de Rome & d'Ancone.

1574. Fauste *Socin*, de Sienne en Italie, Chef des *Sociniens*. Il se joignit à Blandrat en Transylvanie, pour attaquer le Mystére de la Sainte Trinité. Il avança donc que J.C. n'étoit pas Dieu; que le Verbe n'avoit pas existé avant l'Incarnation; qu'il étoit seulement supérieur aux autres Créatures en graces & en mérites; que J.C. n'étoit pas Médiateur entre Dieu & les hommes, & qu'il n'avoit pas satisfait pour nos péchés; que les peines de l'Enfer ne seroient pas éternelles. Il suivoit la Doctrine de Zuingle sur l'Eucharistie, & de Calvin sur les autres Dogmes.

1575. *Illuminés*, Hérétiques d'Espagne, qui donnoient dans une spiritualité outrée, en accordant à la priére plus d'efficace qu'aux Sacremens. Ils rejettoient l'obéissance aux Supérieurs Ecclésiastiques, à moins qu'ils ne fussent illuminés; & disoient que dans le dégré de perfection, on ne doit plus faire attention aux œuvres commandées par l'Eglise. Ainsi, par une dévotion mal entendue, ils renversoient les Préceptes & l'œconomie de la Religion. Ces erreurs ont paru en Espagne en 1623, & ont précédé les Quiétistes.

1580. *Ægidius*, espéce d'Anabaptiste, qui parut à Aix-la-Chapelle. Il fut condamné à mort à Anvers; mais n'a point fait de Secte particuliére.

1582. On fait en Angl. des Loix très séveres contre tous les Cathol.

ÉCRIVAINS.

1572. *Barthelemi des Martyrs*, Dominicain, Archevéque de Braga en Portugal. Quelques Traités de Doctrine.

1573. Louïs *Blosius*, Liégeois. Plusieurs Traités de Spiritualité.

1574. Antoine *Bosio*, Italien. Les monumens souterrains de Rome, *Roma subterranea*.

1575. Edmond *Campian*, Jésuite Anglois. Traités de Controverse, & sur le divorce de Henri VIII.

1576. Garcias *Loaysa*, Espagnol. Une Edition des Conciles d'Espagne, avec des Notes.

1577. Ange *Rocca*, Augustin de Rome, a travaillé sur l'Ecriture Ste. & sur les Peres.

1578. Jean Pierre *Maffée*, Jésuite Italien. Histoire des Indes, & la Vie de S. Ignace, en beau Latin.

1579. Josse *Coccius*, Chanoine de Juliers. Traités de Controverse.

1580. Le Cardinal Regnauld *Polus*. Divers Traités de Controverse.

1580. Dominique *Soto*, Docteur de Salamanque. Quelques Traités de Controverse.

1580. Jean *Hessels*, Docteur de Louvain. Catéchisme très estimé.

1581. Le Cardinal Stanislas *Hosius*. Divers Traités de Controverse.

1581. Laurent *Surius*, Chartreux de Cologne. Une Edition des Conciles, les Vies des Saints, & autres Histoires.

CCXXXII.
1591. *Innocent* IX. 30 Octob.
Gouverne 2 m. 2 j.
* Le 31 Décemb. 1591.
Le Siége vaque 29 j.
CCXXXIII.
1592. *Clément* VIII. 30 Janvier.
Gouverne 13 a. 1 m. 7 j.
* Le 5 Mars 1605.
Le Siége vaque 26 j.

DIXSEPTIÉME SIÉCLE.
CCXXXIV.
1605. *Léon* XI. 1 Avril.
Gouverne 26 j.
* Le 27 Avril 1605.
Le Siége vaque 18 j.
CCXXXV.
1605. *Paul* V. 16 Mai.
Gouverne 16 a. 8 m. 13 j.
* Le 28 Janvier 1621.
Le Siége vaque 11 j.
CCXXXVI.
1621. *Gregoire* XV. 9 Février.
Gouverne 2 a. 5 m.
* Le 8 Juillet 1623.
Le Siége vaque 28 j.

1593. Francifcains du Tiers Ordre Réformés, ou *Picquepuz.*
1595. Prêtres de l'*Oratoire* de Rome, par S. Philippe de Neri.
1598. *Doctrine Chrétienne* en Provence, par Céfar de Bus.
1599. *Trinitaires Déchauffés* de la Rédemption des Captifs.
1599. *Chanoineffes de Lorraine*, par Pierre de Mattaincourt.

DIXSEPTIEME SIÉCLE.
1601. Filles du *Calvaire*, par Antoinet. d'Orléans Longueville.
1604. *Annonciades Célestes* d'Ital.
1608. Chevaliers de *S. Lazare* & de Notre-Dame du Mont Carmel.
1612. *Chanoines* Réguliers de *Lorraine*, par Pierre Fourrier de Mattaincourt.
1613. Prêtres de l'*Oratoire* de France, par M. de Berulle.
1616. Religieufes de la *Vifitation*, par S. François de Sales.
1616. *Hofpitaliéres* de S. Gervais; Ste. Cathérine & la Roquette.

CONCILES.

1594. D'*Avignon*, pour l'obfervation du Concile de Trente, *ibidem.*
1596. D'*Aquilée*, pour l'obfervation du Concile de Trente & la Difcipline, *ibidem.*
1599. De *Diamper*, aux Indes Orientales, fur la côte de Coromandel près la Ville de S. Thomas, ou Meliapur, par l'Archevêque de Goa, contre les Neftoriens & autres Hérétiques, *ibidem.*

DIXSEPTIÉME SIÉCLE.

1607. De *Malines*, pour la Difcipline Eccléfiaftique, *ibidem.*
1609. De *Narbonne*, fur la Foi & les Mœurs, *ibidem.*
1612. De *Sens*, ou de *Paris*, contre le Traité de la puiffance Eccléfiaftique d'Edmond Richer, *ibidem.*
1612. D'*Aix*, contre le même Livre, *ibidem.*
1612. De *Méfopotamie*, par Elie, Patriarche de Babylone, pour-recevoir la Profeffion de Foi de Paul V.
1618. * De *Dordrecht*, Synode, ou Concile général des Eglifes Proteftantes, Réformées & Anglicanes, fur les matiéres de la Juftification & de la Grace contre les Sentimens d'Arminius, oppofés à ceux de Luther & de Calvin, *in folio.* Dordraci 1620.

1591. *Epif-*

1591. *Epifcopaux*, font la Communion réformée, qui eft la dominante en Angleterre. Elle joint le Dogme de Calvin avec la plûpart des Cérémonies de l'Eglife Catholique, & a confervé l'Ordre Epifcopal & la Hiérarchie Eccléfiaftique. C'eft la réformation, telle que l'a introduite la Reine Elizabeth.

XVII. SIÉCLE.

1601. Jean *Cameron*, de Glafcou en Ecoffe, Calvinifte modéré fur la Grace & la Juftification, fe rapproche des fentimens de l'Eglife.
1602. *Lelio Socin*, plus habile & plus dangereux que Faufte Socin fon oncle, de Sienne en Italie, fe fit Chef des Sociniens, qui furent auffi nommés *Antitrinitaires*, ou *Unitaires*, & *Freres Polonois*, parce qu'étant chaffés de tous côtés, ils fe réfugiérent en Pologne & en Tranfylvanie.

1608. *Arminius*, Chef des *Arminiens*, ou *Remontrans*, Calviniftes mitigés, en particulier fur la Grace & la Prédeftination, ont ajouté une tolérance générale des autres Religions, & même des Ariens, ou demi-Ariens. On les nomme *Remontrans*, pour la remontrance qu'ils préfentérent aux Etats-Généraux pour en obtenir la tolérance Eccléfiaftique. Ils furent condamnés en 1619 au Synode de Dordrecht, réputé général par les Proteftans. Les *Gomarites*, ou rigides Calviniftes, furent leurs adverfaires.
1608. Conrad *Vorftius*, de Leyde, attaque la fimplicité & l'immenfité de Dieu.
1619. Lucilio *Vanini*, Athée, eft brûlé à Touloufe le 9 Févr.
1620. Robert *Brown*, Anglois, Chef des *Brownifles*, ou *Indépendans*, rejette toute fubordination dans l'Eglife. Ils font peu connus hors de l'Angleterre.

ÉCRIVAINS.

1586. Louïs *Molina*, Jéfuite, a écrit fur les matiéres de la Grace.
1590. Gilbert *Genebrard*, Docteur de Paris. Une Chronique, & un Commentaire fur les Pfeaumes.
1591. Cæfar *Baronius* Cardinal Annal. Eccléfiaft. & Martyrologe.
1592. Robert *Bellarmin*, Cardinal. Traités de Controverfe, &c.
1600. Nicolas *Serrarius*, Jéfuite. Commentaires fur l'Ecriture.

DIXSEPTIÉME SIÉCLE.

1601. Jerôme *Vecchietti*. Chronique, ou *Annus primitivus*, in fol. 1620.
1604. Diégo *Alvarés*, Dominicain. Traité fur la Grace.
1604. Thomas *Lemos*. Traités fur la Grace, contre Molina.
1605. Paolo *Sarpi*, Servite. Hiftoire du Concile de Trente, & autres
1606. Jacq. *David du Perron*, Cardinal. Traités de Controverfe.
1607. Jacq. *Gretzer*, Jéfuite. Anciens Auteurs réimprimés.
1608. Arnaud de *Pontac*. Chronique d'Eufebe.
1608. Gabriel de *Laubepine*. Obfervations Eccléfiaftiques.
1609. Jean *Fillefac*. Differtations Eccléfiaftiques.
1610. Heribert *Rofweide*. Vies des Peres du défert.
1611. Aubert *le Mire*. Traités fur l'Hift. Eccléfiaftiq.

CCXXXVII.
1623. *Urbain* VIII. 6 Août.
Gouverne 20 a. 11 m. 22. j.
* Le 29 Juillet 1644.
Le Siége vaque 1 m. 15 j.

CCXXXVIII.
1644. *Innocent* X. 14 Septemb.
Gouverne 10 a. 3 m. 25 j.
* Le 7 Janvier 1655.
Le Siége vaque 3 m.

CCXXXIX.
1655. *Alexandre* VII. 7 Avril.
Gouverne 12 a. 1 m. 16 j.
* Le 22 Mai 1667.
Le Siége vaque 28 j.

CCXL.
1667. *Clément* IX. 20 Juin.
Gouverne 2 a. 5 m. 19 j.
* Le 9 Décemb. 1669.
Le Siége vaque 4 m. 19 j.

CCXLI.
1670. *Clément* X. 29 Avril.
Gouverne 6 a. 2 m. 23 j.
* Le 22 Juillet 1676.
Le Siége vaque 1 m. 29 j.

CCXLII.
1676. *Innocent* XI. 21 Septemb.
Gouverne 12 a. 10 m. 23 j.
* Le 12 Août 1689.
Le Siége vaque 1 m. 23 j.

CCXLIII.
1689. *Alexandre* VIII. 6 Octob.
Gouverne 1 a. 3 m. 27 j.
* Le 1 Février 1691.
Le Siége vaque 5 m. 10 j.

CCXLIV.
1691. *Innocent* XII. 12 Juillet.
Gouverne 9 a. 2 m. 16 j.
* Le 27 Septemb. 1700.
Le Siége vaque 1 m. 26 j.

1624. Ordre de S. *Basile* en Pologne, &c.
1625. *Peres de la Mission*, par S. Vincent de Paul.
1640. *Chanoines d'Uzez*, en régle.
1647. Chanoinesses de Ste. Geneviéve à Nanterre.
1650. Religieuses du S. Sacrement.
1653. Freres de Bethléem au Mexique, par Pierre de Bethancourt.
1654. Religieuses du S. Sacrement, ou de l'Adoration perpétuelle, par la Reine Anne d'Autriche.
1662. Réforme de Citeaux à l'Abbaye de la *Trappe*, Diocése de Séez, par Armand Jean Bouthillier de Rancé.
1665. *Augustines Déchaussées* de Portugal.
1668. *Hospitaliéres* d'Italie, fondées sur les biens des Jésuates.
1671. Religieuses des sept douleurs en Italie.
1672. L'Ordre Militaire de Dannemarck, renouvellé par Christiern V.
1675. Congrégation des Prêtres de l'hospice de la Trinité des Pellerins à Rome.
1676. Filles Solitaires de S. Pierre d'Alcantara en Italie.
1690. S. *Jean de Dieu*, canonisé.
1690. Religieuses du *Corpus Domini* en Italie.
1693. Ordre de S. Louÿs, par le Roi Louÿs XIV. pour récompenser les Officiers des troupes.

CONCILES.

1624. De *Bourdeaux*, sur la Discipline. *L. XV. H. X. seuls.*
1638. De *Constantinople*, par Cyrille de Berhoé, Patriarche de cette Ville, contre Cyrille de Lucar & la Confession de Foi que ce dernier avoit publiée. *Hard. seul Tom. X.*
1642. De *Gias*, ou *Jassi* en Moldavie, contre Cyrille de Lucar. *H. X.*
1672. De *Jerusalem*, par le Patriarche Dosithée, contre Cyrille de Lucar. *Hardouin seul, Tom. X.*

1635. PER-

1635. PERSE'CUTION au Japon.
1637. PERSE'CUTION à la Chine.
1645. *Menno Simonis*, Frison, Chef des *Mennonites*, espéce d'Anabaptistes en Hollande, n'admettent que le Nouveau Testament, & s'abstiennent du nom de Trinité. Ils croyent que J. C. n'a rien pris de la Sainte Vierge; que le péché ne souille pas l'ame, & prétendent qu'on ne sçauroit porter les armes. Ils reçoivent le Baptême tard.
1650. Jean *Labbadie* quitte les Jésuites & l'Eglise en 1650, & dit que Dieu trompe les Hommes. Il a donné dans d'autres erreurs; il fut Ministre en Holl. mais on le déposa, & y mourut en 1674.
1653. Première condamnation des cinq Propositions de *Jansenius*, & qu'aucun Catholique n'a soutenues depuis.
1655. *George Fox*, espéce d'Anabaptiste, se croit inspiré. Il suit les sentimens de Socin, & condamne les Cérémonies de l'Eglise. Il est Auteur des *Quakers*, ou *Trembleurs*, espéce de Convulsionnaires, assez communs en Hollande & en Angleterre, qui prophétisent avec des Convulsions.
1655. *Isaac de la Peyrere*, Chef des *Préadamites*, meurt converti en 1677.
1656. Deuxiéme condamnation des 5. Propositions de *Jansenius*.
1662. PERSE'CUTION à la Chine.
1670. Benoit de *Spinosa* quitte le Judaïsme, se fait Déiste, & soutient que Dieu n'est autre chose que l'Univers, qui pense dans les Hommes, qui sent dans les Animaux, qui végete dans les Plantes, qui est inanimé dans la Terre; qu'il n'y a qu'une substance diversement modifiée, infinie en tous sens; que Dieu agit nécessairement; que l'existence des êtres est nécessaire & éternelle. Il rejette toute Revélation & Religion, prétend qu'il n'y a aucune peine à craindre après cette vie, qu'il n'y a ni miracles, ni péché. Il meurt, âgé de 44 ans, en 1678.
1680. Mort d'Antoinette de *Bourignon*, fanatique en matiére de Religion. Elle enseigne des vertus chimériques, & admet une tolérance générale de toutes les Religions. Elle a laissé peu de disciples.
1685. Michel *Molinos*, Prêtre, né à Sarragoce, dit que l'anéantissement des fonctions de l'ame, l'union avec Dieu, & l'abnégation de soi, suffisent pour la béatitude. Il rejette la Priére, les bonnes œuvres, la pratique des Sacremens, & est le Chef des *Quiétistes* impurs. Il est mort prisonnier en 1696.
1688. PERSE'CUTION à Siam.
1689. *Camisars* des Cévennes prophétisent avec des Convulsions.

ÉCRIVAINS.

1623. Josep. *Vicecomes*, Milanois. *De Ritibus Ecclesiæ*, 4°. 4 volum.
1623. Nicolas *Coëffeteau*. Plusieurs Traités de Controverse, &c.
1624. François *Collius*, Milanois. *De Animabus Paganorum*, &c.
1624. Pierre *Arcudius*, Grec, a écrit sur les Sacremens.
1624. Guillaume *Estius*. Sur les Sentences, sur S. Paul, &c.
1625. Corneille à *Lapide*, Jésuite. Comment. sur l'Ecriture Sainte.
1628. Matthieu *Marier*, Bénédictin, *Bibliotheca Cluniacensis*.

1629. Si-

1629. Simon de *Muys*, Profeſſeur Royal à Paris pour la Langue Hébraïque. Un Comment. ſur les Pſeaumes, & autres Diſſertations.
1630. Nicolas *Rigaud*. Oeuvres de Tertullien & de S. Cyprien.
1631. Jean *Morin*, Prêtre de l'Oratoire. Bible en Grec, Diſſertations ſacrées, Traités de la Pénitence & des Ordinations.
1632. Denys *Petau*, Jéſuite. Dogmes Théologiques, une Edition de S. Epiphane & de Syneſius, Chronologie, & autres Traités.
1633. Jacques *Syrmond*, Jéſuite. Les Conciles des Gaules, & beaucoup d'Auteurs Eccléſiaſtiq. imprimés en corps en 5 volum. *in fol.*
1634. Jean *Bollandus*, Jéſuite, commence la Collection des Actes, des Vies des Saints, continuée par Henchenius, Papebroch, &c.
1635. Léon *Allatius*, Grec, a écrit ſur les Dogmes & la Doctrine de l'Egliſe, & a recueilli beaucoup d'Auteurs Grecs.
1636. Luc *Holſtein*, de Hambourg, a donné quelques Traités ſur les Antiquités Eccléſiaſtiques.
1637. Ange *Manrique*. Annales de Citeaux, *in folio*, 4 *volum.*
1638. Théophile *Raynaud*, Jéſuite, a écrit ſur toutes ſortes de matiéres Eccléſiaſtiques. *Ejus Opera in folio, Lugduni* 20 *volum.*
1638. Cornelius *Janſenius*, Evêque d'Ypres, a laiſſé un Traité ſur la Grace; il a donné auſſi des Comment ſur l'Ecriture Ste.
1639. Henri *Sponde*, Evêque de Pamiers, a fait un Abrégé des Annales de Baronius, & en a donné la continuation.
1639. Armand de *Richelieu*, Cardinal. Traités de Controverſe, &c.
1640. Luc *Wading*, Franciſcain Irlandois, a fait l'Hiſtoire de ſon Ordre, en 8 volumes *in folio*, ou en 18 *volumes.*
1640. Abraham *Bzovius*, Dominicain Polonois, a fait une continuation des Annales du Cardinal Baronius.
1641. Oderic *Raynaldi*, Prêtre de l'Oratoire de Rome, a donné auſſi une continuation des Annales du Cardinal Baronius.
1642. *De la Haye*, Cordelier. Deux Collections de Comment. ſur la Bible, l'une, *Biblia magna* 5 vol. l'autre, *Biblia maxima* 19. vol.
1643. Ferdinand *Ughelli*, de l'Ordre de Citeaux, a donné l'*Italia Sacra in folio*, 9 *volum.* puis en 10. *volum.*
1644. Antoine *Godeau*, Evêque de Vence. Hiſt. de l'Egliſe, Nouveau-Teſtament, divers Traités de Doctrine.
1646. Jacques *Goar*, Dominicain. L'Euchologe de l'Egliſe Grecque.
1648. François *Combeſis*, Dominicain. Divers Auteurs Grecs.
1650. Luc d'*Acheri*, Bénédictin. Actes originaux des Saints de ſon Ordre, & un grand nombre d'Ecrivains Eccléſiaſtiques.
1652. Henri de *Valois* a donné les Hiſtoriens Eccléſiaſtiques, Euſebe, Socrate, Sozomene & Théodoret.
1653. Adrien de *Valois* a donné une Hiſtoire de la premiére Race des Rois de France, & une Notice des Gaules.
1654. Pierre de *Marca*, Archevêq. de Toulouſe, de Paris. Une Concorde du Sacerdoce, de l'Empire, & autres Ouvrages.
1655. Les Freres de *Sainte Marthe*. Un Etat des Evêchés de France, *Gallia Chriſtiana*, continuée & augmentée par les Bénédictins.
1656. Antoine *Deſchamps*, Jéſuite, a écrit contre Janſenius.
1656. Jean de *Launoy*, Théologien de Paris, a écrit ſur un grand nombre de matiéres Eccléſiaſtiques, *in fol. Genevæ* 10 *volum.*

1660. Ro-

ECRIVAINS.

1660. Robert *Arnaud d'Andilly* a traduit en François beaucoup d'Auteurs Ecclésiastiques, en 8 *volumes in folio*.
1660. Charles *Du Cange* a donné quelques Auteurs Grecs, & deux Glossaires pour l'explication de Termes Ecclésiastiques.
1660. Blaise *Pascal*. Des pensées sur la Religion, & des Lettres.
1661. Jean de *Bona*, Feuillant & Cardinal. Traité de la Liturgie, &c.
1663. Jean *Garnier*, Jésuite. Divers Ouvrages Ecclésiastiques.
1664. Philippe *Labbe*, Jésuite, a donné avec le P. *Cossart*, aussi Jésuite, une Collection des Conciles en 18 *volumes in folio*.
1665. Nicolas *Sanson*, Géographe, a donné une Géographie Sacrée.
1670. Jean Baptiste *Cottelier* a donné les Peres du temps Apostoliques, & un Recueil d'Ecrivains Grecs Ecclésiastiques.
1672. Antoine *Arnaud*, Docteur de Paris. Des Traités de Controverse, & sur les matiéres de Doctrine & de Critique.
1675. Michel *Germain*, Bénédictin, a travaillé à la Diplomatique.
1680. Bernard *Lami*, Prêtre de l'Oratoire. Commentaire sur la Concorde des Evang. Description du Temple de Salomon, &c.
1681. Henri de *Noris*, Augustin Cardinal. Hist. des Pélagiens.
1682. Nicolas le *Tourneux*, Ecclésiastique, a commencé l'année Chrétienne, & a fait d'autres Ouvrages de Piété & de Doctrine.
1682. Isaac *le Maître de Sacy* a commencé la Traduction & le Commentaire de la Bible, qui porte son nom.
1682. Charles le *Cointe*, Prêtre de l'Oratoire. L'Histoire Ecclésiastique de France, en 8 *volumes in folio*.
1683. D'*Aguirre*, Cardinal. Les Conciles d'Espagne, & une Théologie.
1684. Antoine *Pagi*, Cordelier. Une Critique de Baronius.
1685. *Du Bois*, Prêtre de l'Oratoire. L'Histoire de l'Eglise de Paris.
1686. Jean *Mabillon*, Bénédictin. Diplomatique, Oeuvres de S. Bernard, l'Histoire & Actes de son Ordre, &c.
1690. Le P. *le Nain*, Religieux de la Trappe. L'Histoire de Cîteaux.
1692. Louïs *Thomassin*, Prêtre de l'Oratoire. Discipline Ecclésiastique, Dogmes Théologiques, divers autres Traités.
1695. Jean Baptiste *Santeul*, Chanoine de S. Victor. Hymnes des Sts.
1696. *Bourdaloüe*, Jésuite. On a imprimé ses Sermons après sa mort.
1699. Jean Armand *Boutillier de Rancé*, Abbé de la Trappe. Plusieurs Traités sur l'Etat Monastique.
1700. *Félibien*, Bénédictin. Histoire de l'Abbaye de S. Denys.
1700. Jacq. Benigne *Bossuet*, Evêque de Meaux. Beaucoup de Traités de Controverse, & autres Ouvrages de Doctrine.
1700. François de Salignac de la Motte *Fenelon*, Archev. de Cambrai. Traités sur les matiéres de la Grace.
1700. Pierre *Nicole*. Traité de Controverse & de Morale.
1700. Thierri *Ruynart*, Bénédictin. Oeuvres de Gregoire de Tours, & suite de l'Histoire & des Actes de l'Ordre de S. Benoit.
1700. Sébastien le Nain de *Tillemont*. Une Histoire Ecclésiastique, & celle des Empereurs.
1700. Paul *Pezron*, de l'Ordre de Cîteaux. Une Histoire Evangelique, & un Commentaire sur les Prophétes.
1700. Jean Bapt. *Thiers*. Divers Traités sur la Discipline.
1700. Esprit *Flechier* a brillé par la Prédication dans le 17e. Siécle.

DIX-

PAPES.

DIXHUITIÉME SIÉCLE.

CCXLV.
1700. *Clément* XI. 23 Novemb. Gouverne 20 a. 3 m. 25 j.
* Le 19 Mars 1721.
Le Siége vaque 1 m. 19 j.

CCXLVI.
1721. *Innocent* XIII. 8 Mai. Gouverne 2 a. 10 m.
* Le 7 mars 1724.
Le Siége vaque 2 m. 21 j.

CCXLVII.
1724. *Benoit* XIII. 29 Mai. Gouverne 5 a. 8 m. 23 j.
* Le 21 Février 1730.
Le Siége vaque 4 m. 21 j.

CCXLVIII.
1730. *Clément* XII. 12 Juillet. Gouverne 9 a. 6 m. 25. j.
* Le 6. Février 1740.
Le Siége vaque 6 m. 10 j.

CCXLIX.
1740. *Benoit* XIV. 17 Août.

RITS ET RELIGIEUX.

DIXHUITIÉME SIÉCLE.

1703. Chevaliers de S. Rupert de Saltzbourg, par l'Archevêque Jean Ernest de Thun.
1720. Ordre de S. Antoine d'Arménie, transporté à Modon dans la Morée, approuvé cette année par le Pape Clément XI.

CONCILES.

1725. De *Rome*, sous le Pape Benoit XIII. sur la Foi, les Mœurs, & la Discipline Ecclésiastique, in 40. *Romæ* 1725. & *Augustæ Vindelicorum* 1726.
1727. D'*Ambrun*, sur l'acceptation de la Constitution *Unigenitus*, & autres matiéres Ecclésiastiques, in 40. *Ebreduni & Parisiis* 1728. Ces deux derniers Conciles manquent dans toutes les Collections.

ÉCRIVAINS.

DIXHUITIÉME SIÉCLE.

1704. Noël *Alexandre*, Dominicain. Une Histoire Ecclésiastique, & une Théologie.
1705. Louïs Ellies *Dupin*. Bibliothéq, Ecclésiastique, & autres Traités.
1706. Jean *Martianai*, Bénédictin. Une Edition de S. Jerôme.
1707. Etienne *Baluze*. Plusieurs Ouvrages d'Auteurs Ecclésiastiques.
1708. *Fleury* a donné une Histoire Ecclésiastique, & autres Traités.
1709. Richard *Simon* a travaillé sur l'Ecriture Sainte.
1710. Jean *Hardoüin*, Jésuite. Une Edition des Conciles, &c.
1710. Adrien *Baillet*. Vies des Saints, & autres Ouvrages.
1712. Eusebe *Renaudot*. Sur l'Eucharistie, & autres Ouvrages.
1713. Joseph *Dugué*. Plusieurs Traités de Piété.
1720. Pierre *Constant*, Bénédictin. S. *Hilarii Opera*, fol. 1693. *Epistolæ Pontificum in fol.* 1721. Excellentes Editions; il est à souhaiter que le dernier se continue.
1730. Charles de la *Rüe*, Bénédictin. *Origenis Opera in fol. Paris.* 4. vol.
1740. Bernard *de Montfaucon*, Bénédictin. S. *Athanasii Opera*, fol. 3. vol. *Exapla Origenis*, fol. 2 vol. *Collectio Patrum in folio.* 2. vol. S. *Joan. Chrysostomi Opera*, fol. 13 vol. &c.
1740. Augustin *Calmet*. Comment. sur la Bible, & autres Ouvrages.

HIS-

HISTOIRE DE L'EMPIRE.

EMPIRE ROMAIN.

Avant Jesus-Christ.		
31. a.	AUGUSTE, 44 ans depuis la Bataille d'Actium, ou 56, depuis son premier Consulat. *Voyez Suétone; Appian, Guerres Civil. liv. 3. 4. 5. Plutarq. Vies d'Antoine, Ciceron, Brutus. Dion. liv. 46 &c. Tacite; Larrey, Hist. d'Auguste, Hist. du 2e. Triumvirat; Tillemont, des Empereurs Tom. I.*	
Ans. de J. C.		
14.	Tibere. 22. ans 6. mois 23. jours. Lisez *les mêmes Auteurs.*	
37.	Caligula.. 3. a. 10. m. 8. j.	⎫
41.	Claude. . 13. a. 8. m. 19. j.	⎬ Lisez *Suétone; Tacite; Dion, liv. 59. 60. 62. Xiphilin; Tillemont, Tom. I.*
54.	Néron. . 13. a. 7. m. 28. j.	⎭
	L. Clodius Macer. Tyran.	
68.	Galba. - - - 7. m.	⎫
69.	Othon. - - - 3. m.	⎬
69.	Vitellius. - - 8. m. 5. j.	*Avec les Auteurs ci-dessus,* lisez *Josephe, de Bello Judaico,& la Vie d'Agricola, par Tacite.*
69.	Vespasien. 9. a. 11. m. 24. j.	
79.	Titus. - 2. a. 2. m. 20. j.	
81.	Domitien. 15. a. 5. j.	⎭
96.	Nerva. - - - 16. m. 8. j.	⎫
98.	Trajan. 19. a. 6. m. 15. j.	⎬ Lisez *Xiphilin; Dion; Spartian; Jules Capitolin; Panégyrique de Pline, liv. 10. de ses Lettres; Tillemont, Tom. II.*
117.	Hadrien. 20. a. 11. m.	
138.	AntoninPieux. 22. a. 7. m. 26. j.	
161.	Marc Aurele ⎱ 19. a. 10. j.	
161.	Lucius Verus ⎰ 9. a.	⎭
180.	Commode. 12. a. 9. m. 14. j.	⎫
193.	Pertinax. - - 2. m. 28. j.	⎬ Lisez *Hérodien; Xiphilin; Jules Capitolin; Spartian; Zozime; Lampridius; Tillemont, Tom. II. & III.*
193.	Didius Julianus. 2. m. 5. j.	
193.	Pescennius Niger. 1. a. & plus.	
	Clodius Albinus.	
193.	Septime Sévere. 17. a. 8. m. 3. j.	
211.	⎰M. Aureliq. Antonin. 6. 2. 4.	
211.	⎱P. Septimius Geta. 1. an.	⎭ La suite est, pag. 402.

Avant J. C.	PARTHES.		
		49.	Meherdate, *battu par Gotarze.*
36.	Phraatés IV. - - - 40. a.	50.	Vononés II. *peu de mois.*
de J. C.		50.	Vologesés. - - 40. a.
4.	Phraatace, *peu de mois.*	91.	Pacorus II. - - 17. a.
5.	Orodés II. - - - 7. m.	108.	Chozroés. - - 26. a.
6.	Vononés I. - - - 9. a.	116.	Parthanapastés. - 1. a.
15.	Artabanus. - - 29. a.	117.	Chozroés, *rétabli.*
36.	Tyridate, *peu de jours.*	134.	Vologesés II. - - 32. a.
43.	Cinname, *peu de jours.*	166.	Monnesés, *peu de mois.*
43.	Artabanus, *rétabli.*	189.	Vologesés III. - 25. a.
43.	Gotarze, *chassé.*	214.	Artabanus IV. *dernier des Arsacides.* - - - 13. a.
44.	Vardanés, ou Bardanés. 5. a.		

La suite est, pag. 402.

II. Volume.   Cc   217. M.

HISTOIRE DE L'EMPIRE.

217.	M. Opelius Severus Macrinus. - - - - - - - - - 1. a. 1. m. 27. j.	Lisez *Hérodien* ; *Xiphilin* ; *Jules*
218.	M. Aurel. Antoninus *Elagabalus.* - - - - - - - 3. a. 9. m. 4. j.	*Capitolin* ; *Spartien* ; *Zozime* ;
222.	Alexandre Sévere. - - 13. a. 9. j. *Vranius Tyran.*	*Lampridius* ; *Tillemont*, Tom. II.
235.	C. Julius Verus Maximinus. 3. a.	& *III.*
237.	M. Antonius Gordianus Africanus, l'*Ancien.* ⎫ M. Antonius Gordianus Africanus, le *Jeune.* ⎬ 2. m.	
237.	Pupienus & Balbin. 1. a.	
238.	Gordien III. - - - - 5 a. 8. m.	
244.	Philippe, *pere.* 5. ans. *Pagi*, *Ciampini.* Philippe, *fils.* T. Jul. Mar. Pacatianus. P. Carvilius Marinus.	
249.	Decius. - - - 2. a. Herennius Etruscus.	
251.	Hostilien. 18. m. *L. Priscus, Tyran.* *Jul. Valens, Tyran.* *M. Aufidius Perpenna*, *Tyran.* Trebonianus Gallus. Vibius Volusianus.	*Zozime* ; *Aur.* *Victor* ; *Eutrop.* *Trebell. Pollio* ; *Lactant. de Mortib. Pers. Tillemont*, *Hist. des Emp. T. III.*
253.	C. Julius Æmilianus. - - 3. m. Licinius Valerianus, *pere.* 7. ans.	
253.	Licinius Egnatius Gallienus, *fils de Valérien.* - - - - feul 8. a. Licinius Valerianus, *fils de Valérien.* Licinius Saloninus, *fils de Gallien.* Sulpicius Antoninus.	

Les Tyrans sont,
1. Cyriades. 2. Ingenuus. *   17. Hérennien. 18. Timolaüs.
3. 4. Les deux Macriens. *   19. Mœonius. * 20. Lælianus.
5. Quietus. 6. Piso. *   21. 22. Deux Posthumes. *
7. Valens. * 8. Balista. *   23. Lollianus. * 24. 25. Deux
9. Regillien. * 10. Æmilien. *   Victorin * & 26. Victoria.
11. Trébellien. * 12. Celsus. *   27. Marius. * 28. Aureolus.
13. Saturninus. * 14. Odenat.   29. Ap. Claudius Censorinus.
15. Herodianus. 16. Zenobia.   30. Les deux Tetriques.
La suite est, pag. 403.
On les réduit à 18. *marqués d'une étoile.*

ROIS DE PERSE.

Sur ces Rois, lisez le Chronicon Alexandrinum ; *Cedrenus* ; *Agathias*, & *Petrus Bizarus*, *Histor. Persarum.*	226. Artaxare, ou Artaxerxés, Roi des Perses & des Parthes. - - - 15. a. 241. Sapor I. - 31. a.

La suite est, pag. 403.

268. M.

HISTOIRE DE L'EMPIRE.

268.	M. Aurelius Claudius Gothicus. 2. a.	
	Quintillus, frere de Claude. - 17. j.	
270.	Domiti9. Aurelianus. 4. a. 9. m.	
273.	Firmius, *Tyran en Egypte.*	
	Tetricus, *Tyran dans les Gaules.*	
	Athenodorus.	
	Heroias Vabalathus.	
	A. Septimius.	Zozime ; Victor,
275.	Interregne de - - - 8. m.	Eutrop. Treb. Pol-
275.	Tacitus. - - - - 7. m.	lio ; Lactantius ;
276.	Florianus. - - - 3. m.	Vopiscus ; Tille-
276.	Probus. - - 6. a. 4. m.	mont, Tom. III.
	Saturninus. Proculus. Bonosius.	& IV.
282.	M. Aurelius Carus.	
	M. Aurelius Carinus.	
	Numerianus. - - 2. a.	
	M. Aurelius Julianus Sabinus.	
284.	Dioclétien & Maximien Hercule. -	
	20. a. 5. m. 13. j.	
	Selvius Amandus. Pomponius Ælianus. Carausius. Allectus. Epi-	
	dius Achilleus. Domitius Domitianus, *Tyrans.*	
305.	Constantius Chlorus. 15. m. & Galer. Valerius Maximianus.	
	- - - - 6. a.	
	Flav. Valer. Severus.	
	C. Galerius Valerius Maximinus.	
	M. Aurelius Valerius Maxentius.	
	Alexander, *Tyran.*	
	P. Val. Licinianus Licinius César. Pere.	
	Valerius Valens.	
	Martinianus.	
306.	Constantin le Grand. 30. a. 9. m. 28. j. *Tillemont, Tom. IV.*	
337.	{ Constantin le Jeune. 3. a, *meurt en* 340.	Lisez Zozime; Eu-
	{ Constance. 24. a. 5. m. 12. j.	trop. Victor ; La-
	{ Saturninus.	ctance, de Mortib;
	{ Constant. 13. a.	Persecutor. Euseb.
	Magnentius & Nepotia- ⎫	de Vit. Constantin.
	nus. ⎬ *Tyrans.*	Socrat. Zozomene;
	Vetravion & Sylvanus. ⎭	Théodoret ; Am-
361.	Julien l'Apostat. - - - -	mian ; du Cange,
	1. a. 7. m. 23. j.	Familiæ Byz. Til-
363.	Jovien. - - - - 7. m. 20. j.	lemont, T. IV. &c.
	La suite est, pag. 404.	

ROIS DE PERSE.

271.	Hormisdas I.	1. a.	294. Narsés. - 8. a.
273.	Vararanés I. -	3. a. 3. m.	302. Hormisdas II. ou Mysda-
276.	Vararanés II.	17. a.	tés. - 7. a. 9. m.
293.	Vararanés III. -	4. m.	310. Sapor II. 70. a.

La suite est, pag. 404.

364. Valen-

EMPIRE D'OCCIDENT. | EMPIRE D'ORIENT.

de J. C.			
	Valentinien I. 11 a. 8. m. 21. j.	364.	Valens. 14. a. 5. m. 20. j.
364.	Gratien. - 15. a. 8. m.		Procopius, Tyran.
367.	*Magnus Maximus*, Tyran.		
375.	Valentinien II. 16. a. 6. m. 21. j.	379.	Théodose le Grand. 16.
	Fl. Victor. & Eugenius, Tyrans.		a. *Son Hist. par M. Flechier.*
395.	Honorius. - 28. a. 7. m.	395.	Arcadius. 14. a.
	Constantius.		
	Constans.		*Sebastianus.*
	Jovinus.		
	Constantinus.	408.	Théodose le Jeune. 42. a.
	Heraclianus & Attalus.		- - - 3. m.
	Jean, Tyran.		
424.	Valentinien III. 31. a. ou 29. a.	450.	Marcien. 6. a. 6. m.
	- - - 5. m.		
455.	Petronius Maximus. 3. m. 5. j.		
455.	Avitus. - 14. m.		
456.	*Interregne de* - 10. m.	457.	Léon I. 17. a.
457.	Majorien. - 3. a. 4. m.		
461.	Severus. - 3. a. 9. m.		
465.	*Interregne* de plus d'un an.		
467.	Anthemius. 5. a. 3. m.	468.	Ardabure est fait César.
472.	Olybrius. - 3. m. 12. j.		
472.	*Interregne.* - 4. m.		
473.	Glycerius. 1. a.	474.	Léon le Jeune. 10. m.
474.	Julius Nepos. 1. a.	474.	Zénon. 17. a. 3. m.
475.	Romulo. Augustulo. 9. m. 24. j.		{ *Basilisque* } Tyrans. { *Marcien* }

ROIS D'ITALIE.

476.	Odoacre. 16. a. 6. m.		
493.	Théodoric. 33. a. ou 37. a. à compter depuis 489.	491.	Anastase. 27. a. 3. m. 3. j.
		518.	Justin I. 9. a. 1. m.
526.	Athalaric. - 8. a.		*Vitalien*, Tyran.
534.	Théodat. - 2. a.	527.	Justinien I. 38. a. 3. m.
536.	Vitigés. - 4. a.		- - - - 14. j.
540.	Theodebaldus. 1. a.		*Théodebert, Roi de France*
541.	Araric. - 5. m.		*en Austrasie, est marqué*
541.	Totila, ou Boduela. 11. a.		*Auguste dans ses Médailles.*
552.	Teïas, *peu de mois ; il est le dernier Roi des Goths.*		
552.	Narsés gouverne 15. ans.		*La suite est*, pag. 410.

de J. C.	PERSES.		
		458.	Perozés. 24. a.
		482.	Valens, ou Obalas. 4. a.
380.	Artaxerxès II. 4. a.	485.	Cabadés. 11. a.
383.	Sapor III. - 5. a.	496.	Lambadés, ou Zamasphés. - 4. a.
388.	Vararanés IV. 4. a.		
400.	Isdigerdés I. 21. a.	501.	Cabadés. 30. a. rétabli.
421.	Vararanés V. 20. a.		
441.	Isdigerdés II. 17. a.	531.	Cosroës I. 48. a.
			La suite est, pag. 410.

HISTOIRE DE FRANCE. HISTOIRE D'ANGL.

Instruction.

La Collection des Hist. de France de Don Martin *Bouquet* : mais la France a beaucoup d'Histoires générales. Lisez l'Abbé du Bos, *Histoire de l'Origine de la Monarchie Françoise*, qui est excellente ; Mezeray, *Hist. de France* avant Clovis. Continuez par l'Abrégé de Mezeray, plus estimable que sa grande Histoire. L'Abrégé de l'Abbé le Gendre a des traits hardis, celui du P. Daniel est passable.

Instruction.

L'Angleterre a beaucoup de Collections de ses premiers Historiens. L'Hist. de Larrey est abandonnée ; Rapin de Toyras vaut mieux. Les Révolutions du P. d'Orléans sont estimées, même par les Protestans. Buchanan a fait une Hist. d'Ecosse, estimée pour le style & pour la hardiesse. L'Abrégé de Rapin de Toyras est très bon, sa grande Histoire ne convient qu'à ceux qui veulent du détail.

ROIS DE FRANCE.　ROIS D'ANGLETERRE.

PREMIÉRE RACE.

　Pharamond. On doute s'il a été Roi.
414. Clodion. 37 ans. Voyez *Gregoire de Tours* ; *Frédegaire*; *Aimoin* ; le I. & II. vol. de D. *Bouquet*, & l'*Abbé du Bos*.
451. Meroüée. 6. ans.
456. Childeric. 23. ans. Voyez *Anastasis Childerici*.
457. Le Comte Gilles est fait Chef de la Nation, 7 ans.
464. Childeric *rétabli*.
481. Clovis I. *se fait Chrétien en* 495. regne 30. a.
　Partage du Royaume.
511. Thierri à Metz. 23. a. ⎫
511. Clodomir à Orléans. 13. a. ⎬ Fils de Clovis.
511. Childebert à Paris. 47. a. ⎬
511. Clotaire I. à Soissons. 51. a. ⎭
　La suite, pag. 411.

410. Honorius Emper. renonce à la Grande-Bretagne.
426. ou 427. Les Romains quittent l'Angleterre.
445. Vortigerne, élû Roi d'Angleterre.
454. Vortigerne associe Vortimer, son fils, à la Couronne.

LES VII. ROYAUMES.

449. Les Saxons, conduits par Hengist, arrivent dans la Grande-Bretagne, & y établissent sept Royaumes;

SAVOIR,

I. L'an 455. Le Royaume de Kent, par Hengist, premier Roi.

II. L'an 491. Celui de Sussex, par Ella, qui en est premier Roi.

III. L'an 519. Celui de Wessex par Cerdick qui en est premier Roi.

IV. L'an 527. Celui d'Essex, par Ercenwin, premier Roi.

D'ECOSSE.

Les premiers Rois d'Ecosse sont incertains, & nous les rapportons sur la foi de leurs Historiens.
422. Ferguse I. - - - 18. a.
440. Eugene I. - - - 21. a.
461. Dongard. - - - 4. a.
465. Constantin I. - - - 17. a.
482. Congale. - - - 19. a.
501. Conran. - - - 34. a.
535. Eugene II. - - - 33. a.
La suite est, pag. 411.

Instruction.

ALDRETE a sçavamment décrit les Antiquités d'Espagne. L'*Hispania illustrata* du P. André Scotus, *in folio* 4. *volum.* contient une partie des premiers Ecrivains de cette Nation. Mariana Espagnol est plus estimé que le Latin. Joignez-y les Observations de Pedro Mantuano. Ceux qui entendent l'Espagnol, doivent s'attacher à Moralés, Garibai, Florian do Campo, Herrera, Sandoval, Castillo & Castro, Zurita & Argensola.

L'Espagne a beaucoup d'Histoires particuliéres, plus exactes & plus judicieuses que les Hist. générales. Ne négligez pas le Docteur Juan Ferreras, dont *Louïs Ganeau* Libraire imprime une bonne traduction.

ROIS SUEVES.	ROIS GOTHS.	ALAINS.	VANDALES.
409. Hermeneric I. - 18. a.	369. Athanaric. - - 13. a.	Les Alains entrent en Espagne avec les Suéves & les Vandales ; mais ils y font détruits par les Goths. Ils occupoient la Lusitanie.	Les Vandales étoient entrés en Espagne vers l'an 409. & vont en Afrique vers l'an 429.
427. Hermengaire. - 1. a.	382. Alaric. 28. a.		
428. Hermeneric II. - 10. a.	411. Ataulphe. - 4. a.		Godesiclus.
438. Richilla. - - 10. a.	415. Sigeric. 7. j.		406. Gunderic. - 22. a.
448. Ricciarig. - - 9. a.	415. Wallia. 5. a.		
458. Fronton. - - 1. a.	420. Théodoric Ier. - 32. a.	Respendial.	429. Genseric. - 37. a. 3. m.
458. Maldras. 2. a.	451. Thorismond. - 1. a.	415. Atax.	476. Hunneric. - 7. a. 10. m.
460. Frumaricus. - 3. a.	452. Théodoric IIe. - 13. a.	418. Les Alains détruits par Wallia, Roi des Goths. Ainsi il ne reste plus en Espagne que trois Dominations ; sçavoir, celles des *Suéves*, des *Goths* & des *Vandales*: mais ces derniers passent en Afrique, vers l'an 429.	484. Gundabond. - 11. a. 9. m.
463. Remismundus. - 4. a.	466. Evaric. 19. a.		496. Trasamond. 26. a. 8. mois.
Theodomundus.	484. Alaric. 23. a.		523. Hilderic. - 7. a. 3. m.
466. Ricila & Théodomond en même temps, mais douteux.	507. Almalaric. - 25. a.		530. Gilimer. - - 4. a.
	532. Theuda. - - 17. a.		534. Gilimer est défait & pris par Belisaire, Général de Justinien.
	548. Theudegisille. - 1. a.		
Les autres Rois, inconnus jusqu'en 550. Cariaric.	549. Agila. 3. a.		
559. Theodimirus. - 10. a.	552. Athanagilde. 15. a. 6. m.		Ainsi l'Afrique est soumise aux Emper. d'Orient, jusques au VII. Siécle.
	567. Liuba I. 2. a.		

La suite est, pag. 412.

In-

HISTOIRE D'ITALIE. 407

Instruction.

Outre les Rois Goths & Lombards, ci-dessus pag. 404. il y eut encore en Italie plusieurs Souverains ; sçavoir, des Exarques à Ravenne, des Ducs à Spolette & à Benevent. Les Exarques relevoient des Emper. d'Orient. Les Ducs de Spolette & de Benevent étoient indépendans ; c'étoient les Tyrans de l'Italie.

Charlemagne chassa les Exarques, détruisit les Ducs de Spolette, & forma un nouveau Royaume d'Italie, qui fut sujet à beaucoup de troubles. La plûpart des Empereurs Romano-Germaniques en ont été les maîtres. Sur ces Rois, marqués ci-après, pag. 413. colonne 1. voyez Sigonius *de Regno Italiæ*, & les Historiens de l'Empire ; & pour les Sçavans, la Compilation de Struvius, *in folio 2. volumes.*

Les Historiens de Naples parlent des Ducs de Benevent : c'est après eux que se forma le Royaume de Naples & de Sicile, qui sont ci-après pag. 413. colon. 1. On peut donc avoir recours à Caraccioli, Angelo Costanzo, Summonte, Parthenius. Joignez-y pour la suite Albinus, Facius, Sandeus, Pontanus, le Gualdo, le Duc de Guise ; & pour l'Histoire particuliére de Sicile, le Fasellus & les *Scriptores Siculi in folio*, avec Buonfigli, Pyrrhus & Invegés *in fol. 3. vol.* Lisez l'Histoire de Naples de M. Giannoni, que l'on imprime aussi en François en Hollande.

L'Histoire des Rois de Jerusalem, à la p. 425. se peut voir dans les Auteurs qui ont traité des Croisades ; tels sont Bongars dans le *Gesta Dei per Francos*, Reineccius, & le P. Maimbourg, qui n'est pas tout à fait mauvais.

Exarques de Ravenne.	Ducs de Spolette.	Ducs de Benevent.	Venise.
Sur les Exarques de Ravenne, outre Sigonius, de Regno Italiæ, lisez encore la belle Histoire de Ravenne par Rubeus, & l'Historia Insubrica de Puteanus.	*L'Histoire des Ducs de Spoleite est décrite dans Sigonius de Regno Italiæ, dans le Brusoni, & dans Bernardino de Conti di-Campello, en son Historia di Spoleti in 4º. Spoleti 1635.*	*L'Histoire des Ducs de Benevent se trouve, soit dans Sigonius, soit dans les Historiens de Naples.*	Lisez *Contareni, S. Didier,* ou *Amelot de la Houssaye* ; après quoi, examinez le *Squitinio della libertà Veneta* avec les réponses qu'on y a faites. Commencez-en l'Histoire par l'*Abrégé de J. B. Verus*, continuez par le *Doglioni, P. Morosini, Bembo, Paruta, André Morosini & Nani.*

La suite est, pag. 413.

Instruction.

Nous avons déjà marqué que toutes les Monarchies nouvelles avoient été formées par les Peuples du Nord, sur lesquels il faut lire Matthæi Prætorii *Orbis Gothicus in folio*, Livre sçavant & judicieux. Joannes Meſſenius eſt néceſſaire à ceux qui veulent approfondir. Joignez-y Adam Bremenſis, Albert Krantziº. & Laurentiº. Paulinº. Le Rudbeckiº. qui eſt rare, a plus de ſingularité que d'utilité. Le Recueil de Lindenbroge ne convient qu'à ceux qui veulent puiſer dans les ſources; & Olaus Magnus fera plaiſir aux eſprits crédules.

Les Huns, ſortis du Nord, ont établi le Royaume d'Hongrie, colon. 1. On peut en étudier l'Hiſt. avec celle de l'Empire. Commencez par les *Origines Hungaricæ* d'Oſtrockocſi, puis Gothardº. Arthuſiº. Parſchitius, Ens, ou Rewa, Bonfiniº. & Iſthuanfius, ſon Continuateur. Liſez l'Hiſt. de Bohéme dans les Ecrivains, marqués ci-deſſous, col. 2.

HONGRIE.	BOHEME.	POLOGNE.
373. Attila eſt déclaré Roi des Huns.	Les Hiſtoriens de Bohéme ſont en grand nombre, *Theobaldus & Julius Solimanni* ſont d'excellens Abrégés. *Du Bravius & Balbinus* ont plus d'étendue, & ſont comptés entre nos meilleurs Hiſtoriens. *Goldaſtus* ſert autant pour le Droit public, que pour l'Hiſt. *Cochlæus, Camerarius, Theobaldus, & l'Hiſt. du Concile de Conſtance* regardent les troubles de la Religion au XIV. & XV. Siècle. L'Hiſtoire de la Siléſie a été judicieuſement écrite par *Cureus & Mullerus*.	Pour bien lire cette Hiſtoire, commencez par *Cromerus*, le Sr. *Hauteville*, ou *Hartknoch*. Prenez enſuite *Neugebaverus*, *Herbert de Fulſtin*, ou *Vigenere*. Pour plus de détail, liſez *Dlugoſſus*, *Cromerus*, & les Originaux dans *Piſtorius*.
445. Chabas, fils d'Attila, & Roi des Huns en Aſie.		
479. Ed. Vegec.		
Elend. Almus.		
Les autres Rois ſont inconnus, ou la Nation ne s'en choiſit pas.	325. Czechus. 27. a.	
	352. *Interregne*.	
	369. Cracus I. 50. a.	
	418. Cracus II. 62. a.	
	480. Lybiſſa & Premiſlas. 69. a.	

La ſuite eſt, pag. 414.

In=

SUEDE. | DANNEM., NORWEGUE.

Instruction.

Les premiers Historiens de Suéde ont été publiés par Vulcanius & Grotius ; mais Loccenius. peut suffire, en y joignant Ericus Olaus, Joannes Magnus & l'Abbé de Vertot, qui a sû bien peint Gustave Eric-son, le Héros de la Suéde. Ajoutez-y la Laponie de Scheffer, ou de Rudbeckius. Le petit Abrégé de Puffendorf est assez bon.

Instruction.

Les premiers Rois de Dannemarck & de Norwegue ne sont pas connus. Ce n'est pas que ces Peuples ne s'y soient pris de bonne heure, aussi-bien que les autres, pour se donner des Maîtres. Ainsi leur Histoire ancienne est fort obscure. Commencez par la Chronologie de Pontanus, & les petits Traités publiés en 1629. par Stephanius. Continuez par l'Abrégé de Swaning ; joignez-y Langhornius, Wormius, & Winslow, sur les Antiquités de Dannemarck. Lisez ensuite le Pontanus & le Meursius, avec les notes de Stephanius sur Saxon le Grammairien. On doit faire suivre Hamelman & Winckelman.

Huitfeld, Historien exact & judicieux, est utile à ceux qui sçavent le Danois, mais ceux qui sçavent la Langue Latine, se peuvent fixer à Krantzius & à Pontanus, qui sont assez étendus.

On a imprimé en Hollande, & depuis à Paris, un Abrégé de l'Histoire de Dannemarck, qui peut suffire à ceux qui ne sont point obligés d'étudier cette Histoire dans un grand détail. On y a même ajouté dans l'édition de Paris un Etat du Royaume de Dannemarck, qui n'est pas mauvais, avec une petite Chronologie jusqu'à ces derniers temps, & qui est fort utile.

Il y a ici beaucoup d'incertitude.

481. Swartmannus. - - - - - - 28. a.

509. Tordo II. 1. a.

510. Rodolph9. 17. a.

527. Arinus. - 21. a.

548. Attila. - 16. a.

564. Tordus. - 18. a.

La suite est, pag. 415.

EMPIRE D'OCCIDENT. | EMPIRE D'ORIENT.

	ROIS LOMBARDS.	
568.	Alboin. -	3. a. 6. m.
572.	Clephis. -	1. a. 6. m.
	Interregne.	
586.	Antharis. -	6. a.
590.	Agilulfe. -	25. a.
616.	Adaloald.	13. a. ⎫ en même
624.	Ariovald.	6. a. ⎬ temps.
630.	Rotharis. -	16. a. 4. m.
646.	Rodoaldus.	5. a. 5. j.
651.	Aribert. -	9. a.
661.	Gondibert.	1. a.
662.	Grimoald.	9. a.
	Garibald.	
671.	Pertharithe.	17. a.
688.	Cunibert le Pieux.	12. ans.
700.	Luitpert. -	8. m.
701.	Reguibert, *Usurpateur*.	1. a.
702.	Aribert. -	12. a.
712.	Asprand. -	3. m.
712.	Luitprand.	32. a. 7. m.
736.	Hildebrand. 8. ans avec Luitprand.	
744.	Rachis. -	5. a. 6. m.
749.	Astolphe.	7. a.
756.	Didier. -	17. a.

La suite est, pag. 413.

565. Justin II. 12. a. 11. m. 9. j.
578. Tibere II. 3. a. 10. m. 8. j.
582. Maurice. 20. a. 3. m. 22. j.
602. Phocas. - 8. a.
610. Heraclius. 30. a.
641. Constantin. - 3. m. 11. j.
641. Heracléonas. 7. m.
Tibere.
642. Constans. 27. a.
Maurice & Gregoire, Tyrans.
668. Constant. *Pogonat.* 17. a.
Mizzizius, Tyran.
685. Justinien II. 10. a. Tibere.
695. Leontius. 3. a.
697. Absimare Tibere. - 7. a.
705. Justinien II. *rétabli.* 9. a.
711. Philippicus Bardanés.
713. Anastase II. 1. a. 3. m.
714. Théodose. 1. a. 6. m. 21. j.
716. Léon Isaurique. 25. a. 2.
Tibere, Tyran.
741. Constant. Cop. 35. a. 87. j.
Artavasdus. Nicéphor. Léon.
752. Léon Porphyrog. 5. 2. 25.
780. Constantin & Irene. 10. a.
790. Constantin seul. 6. a. 10.
797. Irene seule. 5. a. 2. m. 16. j.

La suite est, pag. 416.

	PERSES.	
579.	Hormisdas III.	12. a.
590.	Cosroés II. -	38. a.
628.	Siroés. -	8. m.
629.	Adeser. 7. m. *& Interregne.*	
630.	Sarbarazas. -	2. m.
630.	Borane, Reine. 7. m. *& Interreg.*	
630.	Hormisdas IV. 2. a.	
632.	Jezagirdés III. dernier Roi.	

	Califes Sarrasins.	
622.	Mahomet. -	9. a. 8. m. 18. j.
632.	Abubecher.	2. a. 4. m.
634.	Omar. -	10. a. 6. m.
645.	Osman. --	10. a.
655.	⎧ Mavia en Egypte. 24. a. ⎨ Hali en Arabie. 5. a.	
660.	Hazen, ou Chazan. 6. m.	
660.	Mavia seul. 20. a.	

La suite est, pag. 416.

	SARRASINS.	
680.	Gesid, ou Izid. -	3. a.
683.	Abdimelec.	21. a. 15. j.
705.	Ulid, ou Walid.	9. a. 8. m.
715.	Soliman, ou Zulima.	2. a.
717.	Omar II.	3. a.
720.	Gesid, ou Izid II.	4. a. 1. m.
724.	Hiscam, ou Isa.	19. a.
743.	Walid II.	1. a.
744.	Gesid, ou Izid III.	5. m.
744.	Ibrahim. -	69. j.
744.	Marvan, au Mavian.	5. a.
749.	Abdalla.	4. a. 9. m.
754.	Abujafar-Almansor.	21. a.
775.	Muhamed.	10. a. 45. j.
785.	Musa, ou Moses. -	
-		1. a. 2. m. 22. j.
786.	Haron-Raschid. -	
-	- -	22. a. 6. m.

ROIS DE FRANCE. | ROIS D'ANGLET.

Autre partage.

561. Cherebert à Paris. - - - - 6. a. ⎫
561. Gontram à Orléans. - - 32. a. ⎬ Fils de Clotaire I.
561. Chilperic I. à Soissons. - - 23. a. ⎬
561. Sigebert à Metz. - - - - - 14. a. ⎭
584. Clotaire II. 44. a. fils de Chilperic I.
628. Dagobert I. 9. a.
638. Clovis II. 18. a. 8. m. 13. j. Lisez *Annal. Fuldenses*, ab. ann. 614. ad ann. 900.
656. Clotaire III. 13. a. 8. m. Childeric II. en Austrasie & Neustrie. 3. a.
670. Thierry II. près d'un an, *déposé, & rétabli.*
690. Clovis III. 4. a. quelq. m.
695. Childebert II. 15. a. 3. m. 20. j.
711. Dagobert II. 4. a. quelq. m.
715. Chilperic II. 5. a. 6. m.
717. Clotaire, déclaré Roi. 2. a.
721. Thierry III. 16. a.
737. *Interregne.* 2. a.
742. Childeric III. 10. a.

SECONDE RACE.

752. Pepin. - - - 16. a. & plus.
768. Charlemagne. 47. ans. Lisez Eginhart, *Annales Francor.* dans Reuberus ; Ott ; Franzius ; Boecler ; Veinckens ; Epistola Pontificum Gretzeri ; Bollandus.

D'ECOSSE.

568. Congale II. - - - 10. a.
572. Chinaule, ou Cumatillo.
580. Aldan. - - - - - 26. a.
606. Clenet.
606. Eugene III. - - - 14. a.
620. Ferchard I. - - - 12. a.
632. Donald I. - - - 15. a.
647. Ferchard II. - - 17. a.

V. L'an 547. Celui de Nortumberland, par Ida, premier Roi.

VI. L'an 571. Celui d'Estanglie, par Uffa, premier Roi.

VII. L'an 584. Celui de Mercie, par Crida, premier Roi.

505. Arthur, élu Roi des Bretons.
542. Mort d'Arthur.
  Interregne de 9. ans.
551. Malgon, élu Roi des Bretons.
585. Malgon meurt. *Les Bretons se retirent au pays de Galles.*
Les Rois de *Wessex* s'étant rendu maîtres des six autres Royaumes, en voici la suite :

ROIS DE WESSEX.

519. Cerdick. - - - - 15. a.
534. Chenrick. - - - - 26. a.
560. Céolin Vaac. - - 32. a.
592. Céolrick. - - - 16. a.
598. Cinigisil. - - - 45. a.
643. Cénowalck. - - - 29. a.
672. Saxburge, Reine.
  Centuin, Census, & Escuin. Cedowalla.
689. Ina. - - - - 38. a.
727. *Ina se fait Moine.*
727. Adelard. - - - 14. a.
741. Cudred. - - - - 13. a.
754. Sigebert, *déposé.*
755. Cénulphe. - - - 19. a.
784. Brihtrich. - - - 16. a.
668. Maldoüin. - - - 20. a.
688. Eugene IV. - - - 4.
692. Eugene V. - - - 7.
699. Amberchelet. - - 2.
700. Eugene VI. - - - 17.
717. Mordac. - - - - 13.
730. Etfinius. - - - 31.
761. Eugene VII. - - 3.
764. Fergus II. - - - 3.
767. Solvatius. - - - 20.
787. Achanis. - - - 22.

La suite est, pag. 417.   569. Mi-

ROIS SUEVES.	ROIS GOTHS.	ALAINS.	VANDAL. EN AFRIQUE.
569. Miron. - - - 13. a.	568. Leuvigilde. - - 17. a.		
582. Evoric. 2. a.	586. Recared I.		Les Vandales ne
583. Andeca, *U-surp.* - 2. a.	- - 15. a.		subsistant plus en Espagne, ni en
583. Ce Royaume est envahi par Leuvigilde.	601. Liuba II. - - - 9. a. 610. Gondemar. - 2. a.	Les Alains étant détruits, on doit trouver à cette 3e. colonn. pag.	Afrique, on trouvera, pag. 418. dans cette colon. les Rois de Portugal.
649. Recesvind. - 23. a. 7. m.	612. Sisebut. 8. a. 621. Recarede II. - - 7. mois.	418. les Comtes de Barcelone.	
672. Wamba. - - - 8. a.	621. Suintilla. - - 10. a.	**BARCELONE.**	
680. Ervige. 7. a. 687. Egiza. 13. a.	631. Sisenand. - 5. a.	*Sur les Comtes de Barcelone & la*	
700. Vitiza. 10. a. *Détrôné par Roderic, en* 710.	636. Chintilla. - - 3. a. 8. m. 640. Tulga. -	*Catalogne, qui doivent suivre à l'an* 801. *pag.* 418.	
710. Roderic. - - - 1. a.	- 2. a. 4. m. 642. Chintasvind.	*voyez Pujades, Diago, Pere Tor-*	
711. Interregne. - - 2. a.	- - 6. a.	*nich, Marca.*	
	Prenez la suite de ces Rois, à la première co-		
LÉON ET ASTURIES.	*lonne de cette page, à l'an* 649. *Recesvind &c.*		
718. Pélage. 19. a.			
737. Favilla. 2. a.			
739. Alfonse le Catholique. -			
- - - 19. a.			
757. Froila. 11. a.			
768. Aurelio. - - - - 5. a.			
774. Silon. - - 9. a. 1. m.			
783. Mauregat, *U-surp.* - 5. a.			
788. Veremond I. - - - 15. a.			
797. Alphonse le Chaste. 46. a.			

La suite est, pag. 418.

568. Lo-

EXARQ. DE RAVENNE.	DUCS DE SPOLETT.	DUCS DE BENEVᴛ.	VENISE.
568. Longinus. 1er. Exarque. - - 15. a.	571. Faroald.		
584. Smaragdo. - - 3. a.		589. Zothus.	
587. Romain. - - - 11. a.			
598. Callinic. 4. a.	590. Ariulphe.		
602. Smaragdo. dérechef. 9. a.	604. Teudolapius.	598. Arichis.	
611. Jo. Lemigius. 4. a. 6. m.		648. Aio.	
616. Eleuther. - - 3. a.		649. Rodoald.	DOGES.
619. Isaacius. - - - 23. a.			La suite des Doges ne commence que sur la fin du 7e. Siécle.
642. Théodore & Calliopas. 8. a.		651. Grimoald.	
650. Olympe. 3. a.			
653. Théodore Calliopas déréchef. 34. a.	661. Zotho. 663. Transfemond.	661. Romuald.	697. P. L. Anafeste.
687. Jo. Platina. - - 15. a.			
702. Theophilactus. - 8. a.			717. M. Tegalliano.
710. Jo. Trizocope. - 5. a.			726. Orso Ipato.
715. Scholasticus. - 10. a.	712. Faroald II. 718. Transfemond II.	704. Gisulfe. 707. Romuald II. 733. Gisulfe II.	737. Mestres de Cavalerie.
725. Paullus. 2. a.			
727. Eutych. - - - 24. a.	738. Hilderic. 739. Transfemond III.	733. Georges. 739. Godescalque.	742. Theodor. Ipato.
752. Fin des Exarques de Ravenne.	742. Asprandus.	742. Gisulfe est rétabli.	752. Galla.
		762. Aragisus. 788. Grimoald II.	753. D. Monegario.
ROIS D'ITALIE.			758. M. Galbaio.
774. Charlemagne. 781. Pepin. 30. a.			

La suite est, pag. 419.

744. Ar-

LES HUNS, OU LA HONGRIE.	DUCS DE BOHEME.	DUCS DE POLOGNE.
		Lechus, au 7e. Siécle.
	598. Mnatha. 53. a.	XII. Palatins.
	651. Vogen. - 38. a.	*Interregne.*
	689. Wniflas. 26. a.	700. Cracus. Lechus II.
	715. Cizezomyflas. - - - 42. a.	750. Venda, Reine.
744. Arfadus commande en Pannonie, pour l'Empereur de Conftantinople. Zultan.	757. Neklan. 51. a.	XII. Palatins gouvernent. 760. Prémiflas. *Interregne.*

La fuite eft, pag. 420.

582. Al-

SUEDE. | DANNEM., NORWEGUE. 415

582. Algot9. II. - -
- - - 24. a.

606. Godftag9. - -
- - - 26. a.

630. Arthus. 19. a.

649. Hacon II. - -
- - - 21. a.
670. Charles IV. -
- - - 6. a.
676. Charles V. - -
- - - 9. a.
685. Birger. 15. a.
700. Eric. - 17. a.
717. Tordo III. - -
- - - 47. a.

764. Biornus III. -

Alaric.

NORWEGUE.

L'Hiftoire de Norwegue fe peut lire d'abord dans *Jonas, Ramus & Sturlæus.* Continuez par la belle Hiftoire de *Torfæus*, folio 4 vol. à laquelle il faut joindre les Hiftoriens d'Iflande, qui font *Blefkenius, Thorlocius, Arngrimus Jonas.* Ceux du Groenland font *Lyfcander, & Torfæus,* qui a publié auffi une excellente Hiftoire des Ifles Orcades qui appartiennent aux Danois.

ROIS DE DANNEMARCK.

714. Gormo. - 50. a.
764. Sigefridus. - 1.
765. Getticus. - 44.

La fuite eft, pag. 421.

800. Char-

EMPER. D'OCCIDENT. | EMPER. D'ORIENT.

800.	Charlemagne. 13. a. 1. mois. *Eginhart, Annales Fuldenses; Rhegino; Bollandus.*	802. Nicéphore & Stauratius. 8. a. 11. m. 2. j. en tout.
		811. Michel Curopal. 1. 9. 9.
814.	Louïs le Débonnaire. 26. a. - - 5. mois. *Schurtzfleisch, & l'Histoire d'Occident par M. Cousin.*	813. Léon l'Arménien. 7. a. Constantin, *fils de Léon*.
		820. Michel le Begue. 8. 9. 9.
		829. Théophile, 12. a. 3. m.
840.	Lothaire. 15. a. 3. m.	842. Michel III. 25. 7. 24.
855.	Louïs II. 20. a. *Pagi, ad ann.* 843.	867. Basile Macédon. 18. 3. 7. Constantin, *fils de Basile*.
875.	Charles le Chauve. 2. a. 7. m.	886. Léon Philosop. 25. a. 2. m.
877.	Louïs le Begue. - 18. m.	Alexandre.
879.	Charles le Gros. 8. a. *déposé*.	911. Constantin. 1. a. 1. m.
888.	Arnoul. - 11. a.	915. Constantin avec Romain. Christophle. Etienne. & Constantin Augustes.
	891. *Guy & Lambert, Usurpateurs.*	
899.	Louïs IV. 12. a. *Regino*.	948. Constantin seul. 11. a.
	916. *Berenger, R. d'Italie, Usurpateur.*	959. Romain II. 3. a. 4. m. 5. j.
		963. Nicéphore Focas. 6. 6. 1.
911.	Conrad I. 7. a. *Otto Frising; Gottofred. Viterb. Conradus Ursperg. Herman.*	969. Jean Zemissés. 6. a. 6. m.
		975. Basile & Constantin. - - 52. 11. 5. *Zoe.*
918.	Henri l'Oiseleur. 18. a. *Wittekindus; Conrad. Ursperg.*	1028. Romain Argyr. 5. a. 4. m.
		1034. Michel IV. 7. 8. m.
936.	Othon le Grand. 37. a. *Hrosvita; Wittekind; Ditmar; Conrad Liechtenau; Otto Frisingensis.*	1041. Michel Calaph. 4. m. 5. j.
		1042. Constantin Monomaque. 12. 5. 19.
		1054. Theodora. 19. m.
973.	Othon II. 10. a. 6. m.	1056. Michel VI. 11. m. 18. j.
983.	Othon III. 18. a. *Cisneros.*	1057. Isaac Comnen. 2. a. 3. m.
1002.	Henri II. 22. a. *Aventinus.*	1059. Constant. Ducas. 7. 6. m.
1024.	Conrad II. 15. a. *Wippo; Guillimann. Otto Frising.*	1067. Michel Andronic. 6. m.
		1068. Romain Diogen. 3. 8. m.
1039.	Henri III. 17. a. *Hermann. Contractus; Lambert Schaff.*	1071. Michel Ducas. 6. a. 6. m. Constantin Ducas.
1056.	Henri IV. 50. a. *Goldastus, &c.*	1078. Nicéph. Boton. 3. a. 6. m.

SARRASINS.

		908. Giafar Abulfadlus, ou Muctarid Billa. 24. a.
809.	Abu-Abdalaaminus, ou Muhamed Ebumusa. 5. a.	932. Cahir9. Billa. 2. a.
813.	Abulabas Almamon. 20. a.	934. Alradi Bellahi. 6. a.
833.	Muhamed Mustasi. 9.	940. Moctafis Billa. 4. a.
842.	Haron Wacic Billa. 5.	944. Almoti, ou Mutius Lilla. - 29. a.
847.	Almontaser. 15. a.	974. Taius Lilla. 17. a.
862.	Almatadadi-Bellahi. - 4. a.	991. Cadir9. Billa. 41. a.
866.	Almotazzo-Bellahi. 3. a.	1031. Caüm Bianrilla. 44. a.
869.	Almotamedo-Bellahi. 23. a.	1074. Muctadis Billa. 19. a.
892.	Mutadid Billa. - 10. a.	*La suite est, pag.* 442.
902.	Mustafis Billa. 6. a.	814. Louïs

FRANCE. ANGLETERRE. 417

814. Loüis le Débonn. 26. a. 5. m.	800. Ecbert. - 38. a.
Thegan, Flodoard, Nithard.	838. Ethelvolf. - 19. a.
840. Charles le Chauve. 37. a. 3. m.	857. Ethelbald. - 3. a.
877. Louïs le Begue. 1. a. 6. m. 3. j.	860. Ethelbert. - 6. a.
879. { Louïs. - 3. a. 3. m. 25. j.	866. Ethelred. - 6. a.
{ Carloman, près de 6. a.	872. Alfred le Grand. 29. a.
884. Charles le Gros. 3. a.	900. Edoard l'Ancien. 25. a.
888. Eudes élû. 9. a. 6. m. 21. j.	925. Adelstand. - 17. a.
896. Charles le Simple. 36. a.	942. Edmond I. - 4. a.
Meurt le 7. Octobre 929.	946. Edred. - 9. a.
922. Robert, usurpe. 11. m. 15. j.	955. Edvy. - - 4. a.
923. Raoul, usurpe. 12. a. 6. m. 3. j.	959. Edgard. - 16. a.
936. Loüis d'Outremer. - - -	975. S. Edoard Martyr. 4. a.
18. a. 3. m. 26. j.	979. Ethelred II. 38. a.
954. Lothaire. 31. a. 4. m. 18. j.	*Siméon, Usurpateur.*
986. Louïs V. 1. a. 3. m. 20. j.	1016. Edmond II. - 7. m.
	1017. Canut, R. de Dannemarc. 22.
	Haralde, Usurpateur. 5. a.
TROISIÉME RACE.	1039. Hardi Canut. 2. a.
	1041. S. Edoüard III. 25. a.
Lisez ici *Vignier, le Duc d'Epernon*	1065. Haralde, usurpe. 1. a.
& le Marquis de S. Aubin.	
987. Hugues Capet. 10. a. 4. m.	
997. Robert. - 33. a. 9. m. 4. j.	
1031. Henri I. 29. a. - 15. j.	1066. Guillaume le Conquérant.
1060. Philippe I. 49. a. 2. m. 6. j.	21. a. *Eadmer, Matthieu Paris.*
	1087. Guillaume II. 13. a.
La suite est, pag. 423.	*La suite est, pag. 423.*

ECOSSE.

809. Congal III. • 5.	968. Duphus. - 5. a.
814. Dongal II. - 6.	973. Cullenus. - 5.
820. Alpin. - - 3.	978. Kenet III. - 17.
823. Kenet II. - - 31.	994. Constantin IV. 2. a.
854. Donald V. - 4.	995. Crimus. - 8.
858. Constantin II. - 16. a.	1003. Malcome II. 30.
874. Ethus I.	1033. Duncan. - 7.
875. Gregoire. - 18.	1040. Machabée, *Tyran.* 17.
893. Donald VI. - 11.	1057. Malcome III. 36. a.
904. Constantin III. 39. a.	1093. Donald VII. 1.
943. Malcome I. - 15.	1094. Duncan II. - 2. a.
958. Indulphe. • 10.	1096. Edgar. - 10.

La suite est, pag. 423.

II. *Volume.*   D d

NAVARRE.	LEON ET ASTURIES.	COMTES DE BARCEL.	PORTUG.
Sur la Navarre, *Voy. Moret, Pierre Olhagaray, Marca, Pagi*. 831. Aznar. 5. a. 836. Sanche. - - 17. a. 853. Garcias Ximenès. 4. a. 857. Garcias I. Roi. - 23. a. 880. Fortunio. - - 26. a. 906. Sanche I. - 20. a. 926. Garcias II. - 40. a. 966. Sanche II. - 28. a. 994. Garcias III. - 5. a. 999. Sanche III. ou le Grand. - 37. a. 1035. Garcias IV. - 19. a. 1054. Sanche IV. - 2. a. 1076. Sanche V. *fils de Ramire, Roi d'Arragon.* - 18. a.	842. Ramire I. - 7. a. 850. Ordonio. - 16. a. 866. Alfonse III. ou le Grand. - 44. a. 910. Garcias. - - 3. a. 913. Ordonio II. 9. a. 6. m. 923. Froila II. - 4. a. 927. Alfonse IV. - 5. a. 7. m. 933. Ramire II. - 17. a. 950. Ordonio III. - 5. a. 955. Ordonio, Usurpateur. 955. Sanche le Gros. 12. a. 967. Ramire III. - 15. a. 982. Veremond II. - 17. a. 999. Alfonse V. - 28. a. 1027. Veremond III. - 10. a. **CASTILLE.** 1033. Ferdinand. - 32. a. 1065. Alfonse VI. - 37. a. 1065. Sanche II. - 6. a. 1072. Alphonse VI. *proclamé derechef.*	801. Bera. 18. a. 820. Bernard. - 23. a. 843. Alderan. - 15. a. 858. Guifroid I. - 14. a. 872. Salomon. - 8. a. 880. Guifroid II. - 31. a. 911. Miron. - 17. a. 928. Singefroid. - 39. a. 967. Borellus. - 26. a. 993. Raymond. - 24. a. 1017. Berenger II. - 18. a. 1035. Raymond II. - 41. a. 1067. Raymond III. - 6. a. 1081. Raymond Berenger IV. - 49. a. 1131. Raymond Berenger V. 31. a. *Meurt en* 1162. **ROIS D'ARRAGON.** 1034. Ramire. - - 36. a. 1070. Sanche. - - 24. a. *La suite, pag.* 424.	Sur le Portugal, voyez, *Resendius, Vasconcellos, le Brito. in fol.* 7. *vol. Lequien de la Neuville.* 4°. 2. *vol.* Voyez aussi l'Histoire de Portugal, par M. *de la Clede, in* 4°. 2. *volumes.* Depuis l'an 711. les Maures furent appellés en Espagne, par le Comte Julien, & ils s'y maintiennent jusques en 1492. que Ferdinand & Isabelle leur enlevent Grenade & mettent fin à leur Empire, qui dura près de 800. ans, & qui pendant cet intervalle fut divisé en plusieurs autres Royaumes. **ROIS DE PORTUGAL.** 813. Ber-

ROIS D'ITALIE. | SAVOYE. | BENEVт. | VENIS.

ROIS D'ITALIE	SAVOYE	BENEVт	VENIS
813. Bernard. 4. a. - - 5. m. 818. Louïs le Débonn. - - 26. a. 5. m. Lothaire, & les 4. Empereurs suivans. Louïs II. Charles le Chauve. Louïs le Begue. 879. Charles le Gros. - - 8. a. 7. m. 888. Guy, Duc de Spolette. - 6. a. 888. Berenger. 35. a. *en même temps, & en troubles.* 894. Lambert. 5. a. 900. Louïs Emp. 3. a. 902. Berenger, seul. 922. Raoul, Roi de Bourgogne. 8. a. *en troubles.* 924. *Berenger est tué.* 924. *Interregne.* 3. a. 926. Hugues, Comte d'Arles. - 20. a. 945. Lothaire, 5. a. seul. 950. Berenger & Adalbert, *environ.* 2. a. 951. Othon I. Emp. 973. Othon II. Emp. 983. Othon III. Emp. 1002. Hardoüin. 14. a. 1002. Henri, Emp. *en même temps.* 1024. Conrad. Emp. - - 15. a. 1039. Henri II. Emp. - - 17. a. 1056. Henri Emp. 50. 1093. *Conrad, Tyran.*	Sur la Savoye, *voyez le Théatre de Savoye, qui est très bien exécuté ; Agostino della Chiesa ; Paradin; Pingonius; Tesauro & Guichenon.* COMTES *de Mauriene & Savoye.* 999. Berthold. On le dit de l'ancienne. Maison de Saxe. 28. a. 1027. Humbert. 22. 1048. Amé & Humbert. 1. 1050. Odon. - - - 10. 1060. Amé II. - - - 20. 1080. Humbert II. - - 23. a.	818. Sico. 839. Sicard. 840. Adelgese I. 840. Siconolfus. 874. Aio II. 891. Simbaticius. 895. Guy. 899. Adelgese II. 899. Athenulphe. 915. Landulphe & Athenulphe II. 968. Pandulphe & Landulphe. 1049. Léon IX. Pape, *le reçoit d'Henri II. Roi d'Italie.* 1053. Rodolfe *le tient de Léon IX.* 1071. Landulphe *est dernier Duc.* NAPLES ET SICILE. 1059. Roger *est Duc de Calabre ; il entre en Sicile.*	804. Ob. Antenorio. 809. A. Participatio. 827. J. Participatio. 829. J. Participatio. 836. P. Gradenigo. 864. O. Participatio. 881. J. Participatio. 887. Pierre, *Tribun.* 909. Ors. Badoaro. 932. Pierre Candien. 939. P. Badoaro. 941. P. Candien II. 952. P. Candien III. 976. P. Orseolo. 978. Vital Candien. 979. *Tribun* Memo. 991. P. Orseolo II. 1009. Ot. Orseolo. 1024. P. Barbolan. 1034. D. Orseolo. 1034. D. Pabianico. 1044. D. Contarini. 1060. D. Silvio.

La suite, pag. 425.

420 HONGRIE. | BOHEME. | POLOGNE.

HONGRIE	BOHEME	POLOGNE
	809. Hostivitus, ou Milchost. - 47. a.	804. Lescus II. 6. a.
		810. Lescus III. 5. a.
	856. Borzivorgius se fait Chrétien, l'an 864. regne. 48. a.	815. Popiel I. 15. a.
		830. Popiel II.
	Stugmir, Usurpateur. - - 10. *mois*.	*Interregne.*
920. Toxis, ou Toxon, pere de Geiza.	904. Spitihnæus. 2. a.	842? Piaste. - 19. a.
	906. Wratislas I. 10. a.	
Geiza Ier. Roi Chrétien.	916. Wenceslas. 20. a.	861. Ziémovite. 31. a.
		892. Lescus IV. 21. a.
997. S. Etienne. 41. a.	938. Boleslas I. 30. a.	913. Ziémomislas. - - 51. a.
	967. Boleslas II. 32. a.	
1038. Pierre - 3. a.	999. Boleslas III. 5. a.	964. Miélas, ou Mieczislas. 35. a. *se fait Chrétien.* 35. a.
Interregne.	1004. Wlademar, ou Wladiboius. 1. a.	
1041. Otton. - 3. a.	1005. Jaromire. 7. a.	
1044. Pierre, *dérechef.* - - 3. a.	1012. Ulric. 25. a.	*Ont le titre de Rois.*
1047. André I. 12. a.	1037. Brzetislas. 18. a.	
1059. Bela. - 4. a.	1055. Spitihnæus II. - - 5. a.	999. Boleslas. 25. a. *a le titre de Roi, l'an* 1024. - 25. a.
1063. Salomon. 10. a.	1061. Wratislas II. *est créé Roi en* 1086. 36. a.	
1073. Geiza I. 3. a.		1025. Mietzislas. 9. a.
1076. S. Ladislas. - - - 19. a.		*Interregne.* - 6. a.
		1041. Casimir. 17. a.
		1059. Boleslas II. *se tue l'an* 1079. 22. a.
	La suite, pag. 426.	813. Bior-

SUEDE. | DANNEMARC. | NORWEG.

813. Biorne IV. 11. a.	809. Olaus III. 1. a.	
824. Bratemunder. 3. a.	810. Hemmingus. 2. a.	
827. Siwaſt. - 15. a.	812. Siwardus, Ringo. } 5. a. entre eux.	
842. Heroth. - 14. a.	817. Harald V. Klack. } 26. a. entre eux.	
856. Charles VI. 27. a.	843. Siwarde III. 3. a.	
883. Ingelde I. - 8. a.	846. Eric I. - - 1. a.	
891. Olaus. - 9. a.	847. Eric II. - 16. a.	
900. Ingelde II. 7. a.	863. Canut I. - 10. a.	
907. Eric VI. 18. a.	873. Frotho. - 16. a.	
926. Eric VII. 14. a.	889. Gormo II. 8. a.	998. Suénon. 13. a.
940. Eric VIII. 40. a.	897. Harald. - 22. a.	1011. Olaus. - 20. a.
980. Olaus II. 38. a.	919. Gormo III 11. a.	1031. Suénon. 8. a.
1018. Amund II. 9. a.	930. Harald. - 50. a.	1039. Magnus. 16. a.
1037. Amund. III.	980. Suénon. - 34. a. & Harald.	1055. Harald. - 15. a.
1037. Hakon II. 17. a.	1014. Canut le Grand. - - - - - 22. a.	1070. Magnus II. 40. a.
1054. Stenchil. 5. a.	1036. Canut III. 12. a.	
1059. Ingelde III. ſe fait Chrétien. 5. a.	1045. Magnus. - 4. a.	
1064. Halften. 16. a.	1048. Suénon II. 26. a.	
1080. Philippe. 30. a.	1074. Harald. - 2. a.	
	1076. S. Canut. 12. a.	
	1088. Olaus. - 7. a.	
	1095. Eric. III. 7. a.	

RUSSIE.
Inſtruction.

Si la Ruſſie avoit toujours eu d'auſſi grands Princes que le Czar Pierre I. ſon hiſtoire en ſeroit, & plus connue & plus intéreſſante. Voyez cependant *Olearius* dans ſon Voyage, auſſi-bien que *Corneille le Brun*. Les anciens Ecrivains Moſcovites ont été recueillis in folio. Mais voyez ſur-tout l'Hiſtoire de Pierre le Grand, Empereur de Ruſſie in 12. 4 volumes. A la tête on trouve un Abrégé de l'Hiſtoire de cette Nation.

861. Burick, Prince de Novogrod.
880. Igor, *fils de Burick*.
943. Swatoſlaw, ou Spendoblos, *introduit la Religion Chrétienne en Ruſſie*.
980. Wlodimir I. *l'Apôtre & le Salomon de la Ruſſie*.
1020. Jeroſlaws.
1043. Wlodimir II. *poſſede toute la Ruſſie*.

La ſuite, pag. 427.

1106. Hen-

422 EMPER. D'OCCIDENT. | EMPER. D'ORIENT.

1106.	Henri V. 19. a. *Aventin.*	1081. Alexis Comn. 36. 4. 15.
		1118. Jean Comn. 24. 8. m.
1125.	Lothaire II. 12. a.	1143. Manuel Comn. 36. 5. 23.
1137.	Conrad III. 14. a.	1180. Alexis Comnene. 3. a.
1152.	Fréderic I. 38. a. *Radevicus,*	1183. Andronic Comn. 1. 11. 12.
		1185. Isaac Ange. 9. a. 8. m.
1190.	Henri VI. 8. ans.	1195. Alexis Ange. 8. a. 3. m.
1197.	Philippe. 11. ans.	1203. Isaac Ange, *rappellé.* 2. m.
1208.	Othon IV. 4. a. *Meibomius.*	1204. Alexis Murtzufl. 11. m.
1212.	Fréderic II. 38. a. *Petrus de Vineis; Matth. Paris &c.*	

Emp. Franç. | Emp. à Nic.

1250.	Guillaume. 6. a.	1204. Baudoüin. 1. 4.	1204. Théodore Lascaris. 18. a.
	Troubles & interregne.		
1273.	Rodolfe d'Habsbourg. 18. a. *Cuspinianus & Ger. de Roo.*	1206. Henri. 10. a. 9.	Théodore Ange.
1291.	Adolfe de Nassau. - - 7. a.	1216. Pierre. - 1. a. 6.	1222. Jean Ducas. 33.
1298.	Albert I. d'Autriche. 10. a.	1219. Robert. 9. a.	1255. Théodore Lascar.
	Interregne.	1228. Baudoüin. II. 30.	
1309.	Henri VIII. 4. a. 8. m. *Albert. Mussatus.*	1259. Jean Lascar. 4. mois.	
	Interregne de 14. mois.	1260. Michel Paléolog. 24. a.	
1314.	Fréderic *n'est pas compté.*	1283. Andronic I. Paléol. 12. a.	
1314.	Louis XV. 33. ans. *Burgundus.*	1295. Michel Andronic. 25. a.	
		1320. Andronic II. Pal. 21. a.	
1343.	Charles IV. 30. a. 5. m.	1341. *Jean Cantacuzene*, Usurp. *sous Jean Paléol.* 14. a.	
1349.	Gunther. de Schwartzbourg.	1341. Jean Paléolog. - 50. a, *Matthieu Cantacuz.* Andronic Paléolog.	
1378.	Wenceslas. 22. a. *déposé.*		
1400.	Fréderic, *n'est pas compté.*		
1400.	Robert Palatin. 10. a.	1391. Manuel II. Paléol. 37. a.	
1410.	Josse de Moravie. 5. mois.		
1410.	Sigismond de Luxemb. 27. a.		

SARRASINS. | OTTOMANS.

1094.	Muctadirg. Billa. - - 24. a.	1300. Ottoman. 28.
1118.	Almostahed. - - - 17. a.	1328. Orchan. - 28.
1136.	Rached. - - - - 3. a.	1355. Amurath. * 30.
1139.	Almoctasi. - - - 22. a.	1385. Bajazeth. 14. a.
1161.	Almostanged. - - - 11. a.	1399. *Est pris par Tamerlan.*
1172.	Almostanzi. - - - 8. a.	1399. Josua Zelebi.
1180.	Nacerladin. - - - 46. a.	1499. Soliman? 11. a.
	Zingiscan vient en Perse.	1410. Musa. - - 3. a.
1226.	Altaher. - - - - 1. a.	1413. Mahomet. 8. a.
1227.	Almostazen. - - - 17. a.	1421. Amurath. II. 30. a. 6. m.
1244.	Abdula. - - - - 14. a.	1451. Mahomet II. 31. a.
		La suite, pag. 428.

1108. Louis

FRANCE. ANGLETERRE.

FRANCE	ANGLETERRE
1108. Louïs VI. *le Gros* - 29. a.	1100. Henri. - - - 35. a.
1137. Louïs VII. *le Jeune*. - - - - - 43. a. 1. m. 17. j.	1135. Etienne. - - 19. a.
1180. Philippe Auguste, ou *Dieudonné*. 42. a. 9. m. 26. j. *Hist. par Bodot de Juilli*.	1154. Henri II. - - 35. a.
1223. Louïs VIII. 3. a. 3. m. 24. j.	1189. Richard, Cœur de Lyon. - - - - - - - 10. a.
1226. S. Louïs IX. 43. a. 9. m. 16. j. *Hist. par Joinville & la Chaize*.	
1270. Philippe III. ou le *Hardi*. - - 15. a. 1. m. 10. j.	1199. Jean. - - - 17. a.
1285. Philippe IV. ou *le Bel*. 29. a. 1. m. 23. j. *Differend avec Boniface VIII. de Dupuy*, ou *Baillet*.	1216. Henri III. 56. a. *Voyez Matthieu de Westmunster*.
1314. Louïs X. *Hutin*. 1. a. 6. m. 6. j.	1272. Edoard I. 35. a.
1316. *Interregne*. - 5. m. 10. j. Jean I. - - - - 8. j.	1307. Edoard II. 20. a. *Voyez Thomas Walsingham*.
1316. Philippe V. *le Long*. - - 5. a. 1. m. 14. j.	
1321. Charles IV. *le Bel*. 6. a. 30. j.	1327. Edoüard III. 50. a. *Voyez Josué Barnes*.
1328. Philippe VI. ou de Valois. 22. a. 5. m. 21. j. *Froissart*.	
1351. Jean II. 13. a. 7. m. 17. j.	1377. Richard II. 23. a.
1364. Charles V. ou le Sage. 16. a. 5. m. 8. j. *Son Hist. par Choisy*.	1399. Henri IV. - 13. a.
1380. Charles VI. bien-aimé. 42. a. 1. m. 6. j. *Hist. par Juvenel des Ursins, autre par le Laboureur*.	1412. Henri V. - 10. a.
1422. Charles VII. Victorieux. 38. a. 9. m. *Monstrelet*, *Alain Chartier*, *Bodot de Juilly*.	1423. Henri VI. 39. a. *Voyez depuis* 1377. *jusqu'en* 1509. *le Biondi, dans son Hist. des Guerres Civiles; & Resemon*.
La suite, pag. 429.	*La suite, pag.* 429.

ECOSSE.

1106. Alexandre. - - 18. a.	1292. Jean Bailleul. - 14. a.
1124. David. - - - 29. a.	1306. Robert I. - - 23. a.
1153. Malcom9. IV. - 12. a.	1329. David II. Edoüard. } 41. a.
1165. Guillaume. - - 49. a.	
1214. Alexandre II. - 35. a.	1370. Robert II. - - 20. a.
1249. Alexandre III. - 36. a.	1390. Jean Robert. - 33. a.
1285. *Interregne*. - - 7. a.	1423. Jacques I. - - 14. a.

La suite, pag. 429.

1094. Pier-

NAVARRE.	LEON ET CASTILLE.	ROIS D'ARRAG.	ROIS DE PORTUG.
1094. Pierre, R. d'Arragon. 10.	1108. Urraca &c. Alfonse VII. 15. a.	1094. Pierre. - - 10. a.	1065. Garcias, fils de Ferdinand, Roi de Castille. 6. a.
1104. Alfonse d'Arragon. 30.	1124. Alphonse VIII.	1104. Alfonse. - 30. a.	
1134. Garcias Ramire. 16. a.	1157. Sanche III. - 1. a.	1134. Ramire II. - 17. a.	1089. Henri, Comte de Portugal. 17. a.
1150. Sanche VI. - - 43. a. 7. m. 6. j.	1158. Ferdinand II, Roi de Léon, comme Régent,	1151. Raimond Berenger. - 11. a.	1112. Alfonse. - 46. a.
1194. Sanche VII. 40. a.	1158. Alfonse. - 55. a.	1162. Raimond, surnommé Alphonse II. - 34. a.	Roi en 1139.
1234. Thibaut I. Comte de Champagne.			1185. Sanche I. - 26. a.
1253. Thibaut II.	1214. Henri I. - 2. a.	1196. Pierre II. - 17. a.	
1272. Henri.	1217. Ferdinand III. 35. a.	1213. Sanche, Régent.	1212. Alphonse II. - 21. a.
1285. Philippe le Bel, du chef de la Reine Jeanne.	Sous lui, Léon & la Castille unies.	1213. Jacques le Victorieux, aussi Roi de Valence, de Murcie, &c.	1233. Sanche II, - 13. a.
			1246. Alphonse III. - 34. a.
1305. Louis Hutin. Interregne.	1252. Alfonse X. ou le Sage. - 32. a.	1276. Pierre III. 9. déposé.	1279. Denys. - - 46. a.
1316. Jean. 8. j.	1284. Sanche IV. - 11. a.	1285. Alphonse III. 6. a.	1325. Alphonse IV. - 32. a. Voyez Ruy de Piana.
1316. Philippe le Long. 7. a.	1295. Ferdinand IV. - 15. a.	1291. Jacques II. - 36. a.	
1321. Charles le Bel.	1311. Alfonse XI. 40. Voy. Jean Nunnez.	1327. Alphonse IV. 9. a.	1357. Pierre le Cruel. 9. a. 10. m.
1328. Philippe & Jeanne.		1336. Pierre IV. - 51. a.	1367. Ferdinand 15. a. 9. m.
1343. Jeanne.	1350. Pierre le Cruel. 19. a.	1387. Jean. 8. 4.	1383. Interreg. 18. m.
1349. Charles le Mauvais. - - 37. a.	1368. Henri II. - 10. a.	1395. Martin. - - 15. a.	1385. Jean I. - 48. a. Voyez Menezès & Lopès.
1386. Charles III.	1379. Jean I. - 11. a.	1410. Ferdinand. - 6. a.	
1425. Jean, fils de Ferdin. R. d'Arrag.	1390. Henri III. - 16. a.	1416. Alphonse V. - 40. a.	1433. Edoard. - - 5. a.
	1406. Jean II. - 47. a.	La suite, pag. 430. 1106. Hen-	

ROIS D'ITALIE. SAVOYE. NAPL. 425

1106. Henri Emp. - 18. a. 9. m.
Et les autres Empereurs, jusqu'en
1190. *à Henri VI. qui est le dernier.*

DE LORRAIN.	DE JERUSAL.		
958. Fréderic.	1099. Godefroi	1103. Amedée III. - 46.	1101. Simon.
984. Thierry.	de Bouillon. 1.		1101. Roger.
Fréderic II.	1100. Baudoüin	1149. Humbert.	1154. Guillaume I. - 12.
1034. Gothelon.	1118. Baudoüin.	III. - 39. a.	1166. Guillaume II. - 20.
1045. Albert.	1131. Foulques.	1188. Thomas.	1186. Tancred.
HÉRÉDIT.	1141. Baudoüin.	- - 45.	1195. Guillaume III.
1048. Gerard	1163. Almeric.	1233. Amedée IV. - 20.	1195. Constance & Henri. 3.
d'Alsace. 22.	1173. Baudoüin.		1198. Fréderic.
1070. Thierry.	1185. Baudoüin.	1253. Boniface.	1250. Conrad.
1115. Simon. 23.	1185. Guy. 10.	- - 10.	1254. Mainfroi.
1138. Matthieu	1194. Almeric II.	1263. Pierre. 5.	1265. Conrad.
I. - 38. a.	1210. Jean de	1268. Philippe.	1265. Charles d'Anjou. 20. a.
1176. Simon. II.	Brienne. 12. a.	1285. Amedée V. - - 38. a.	1284. Charles II. - 25. a. 4. m.
1207. Ferri.	R. DE CHYPR.	1323. Edoüard.	1309. Robert. - - 34. a.
1213. Thibaut.	1191. Guy. 3. a.	1359. Aimon. - - - 14.	1343. Jeanne I. - - 39. a.
1220. Matthieu.	1194. Almeric.		
1250. Ferri II.	1205. Hugues.	1373. Amedée	1382. Charles III. - 4. a.
1303. Thibaut9.	1218. Henri.	VI. - 10. a.	
1312. Ferri. 16.	1254. Hugues II.	1383. Amedée VII. - 8. a.	
1328. Rodolfe.	1264. Hug. III.		1386. Ladislas.
- - 18. a.	1281. Jean. 2. a.	*Ducs.*	- - 28. a.
1346. Jean I. 45.	1283. Henri. 33.	1391. Amedée VIII.	1414. Jeanne II. - - 28. a.
	1316. Hugues IV. - 37. a.		
1391. Charles I.	1353. Pierre. 18.	1440. Louïs. - - 25. a.	
- - 39. a.	1371. Petrin. 12.		
	1383. Jacq. 29.		
	1412. Janus. 28.		

Doges de Venise.		
1083. Vital Falier.	1205. Pier. Ziani.	1342. A. Dandolo.
1096. V. Michiele.	1228. Jacq. Tiepolo.	1354. M. Farlier.
1101. Or. Falier.	1248. M. Morosini.	1355. J. Gradenigo.
1120. D. Michiele.	1252. Regn. Zeno.	1356. J. Delfin.
1131. P. Polani.	1268. Lau. Tiepolo.	1361. Laur. Celsi.
1148. D. Morosini.	1275. J. Contarini.	1365. M. Cornaro.
1156. Michiele II.	1280. J. Dandolo.	1368. A. Contarini.
1173. Seb. Ziani.	*On bat les Ducats.*	1383. M. Morosini.
1178. Or. Malipier, ou	1290. P. Gradenigo.	1384. A. Venier.
Mastropietro.	1302. M. Georgio.	1400. M. Stenon.
1192. H. Dandolo.	1313. J. Soranzo.	1413. T. Mocenigo.
	1329. F. Dandolo.	1423. F. Foscarin.
	1339. B. Gradenigo.	1457. P. Malipiero.

La suite, *pag.* 431.
1095. Co-

Dd 5

HONGRIE. | BOHEME. | POLOGNE.

HONGRIE.

1095. Colomannus. - - - 19. a.
1114. Etienne II. - - - 17. a.
1131. Bela II. 10. a.
1141. Geiza II. 20. a.
1161. Etienne III. 12.
1173. Bela III. 18. a.
1191. Emeric. 9. a.
1200. Ladiflas II. 1. a.
1201. André II. 34. a.
1235. Bela IV. 40. a.
1275. Etienne IV. 3. a.
1278. Ladiflas III. - - - 13. a.
1291. André III. 10. a.
1301. Wenceflas. 3. a.
1304. Othon de Bavière. - - 5. a.
1309. Charles Robert - - 33. a.
1342. Louïs I. 40. a.
1382. Marie, feule. - - - 4. a.
1386. Marie & Sigifmond, Emper. 51. a.

BOHEME.

1095. Conrad I. - - 7. m. 17. j.
1095. Brzetiflas II. - - 5. a.
1100. Wladiflas I. 3. mois.
1100. Borzivorge II. - - 1. a.
1101. Ulric. - 3. a.
1104. Suatopluc. 5. a.
1109. Borzivorge, dérechef. - - 15. a.
1124. Wladiflas I. dérechef. - ; 1. a.
1125. Sobiegas I. 15.
1140. Wladiflas II. 35.
1175. Sobieflas II. - - 5. a.
1180. Fréderic. 10. a.
1190. Conrad II. 1. a.
1191. Wenceflas II. - - 3. m.
1191. *Interregne.*
1193. Brzetiflas Henri Evêq. de Prague. 3.
1196. *Interregne.*
1199. Wladiflas. 5. m.

ROIS.

1199. Przemiflas, ou Ottocarus I. 32. a.
1230. Wenceflas I. 24.
1253. Przemiflas, ou Ottocar II. 25. a.
1278. *Interregne.* 6. a.
1284. Wenceflas II. 21.
1305. Wenceflas III. - - 1. a.
1306. *Rodolfe d'Autriche, Ufurpat.* 1. a.
1305. Henri, ufurpe. 4.
1311. Jean de Luxembourg. - 36. a.
1346. Charles IV. Emp. - 32. a.
1376. Wenceflas. 53.
1419. Sigifmond. 17.

POLOGNE.

Ont titre de Prince.

1082. Wladiflas. 20. a.
1103. Boleflas III. 36.
1140. Wladiflas II. 6. a.
1146. Boleflas IV. 27.
1174. Miéciflas. 4. a.
1178. Cafimir II. 16. a.
1195. Lefcus V. 4. a.
1203. Wladiflas III. - - 3. a.
1226. Boleflas V. 53. a.
1279. Lefcus VI. 10. a.
1289. Boleflas, Henri, Wladiflas, *ont titre de Gouverneurs.*

Rois.

1295. Premiflas. 8. m.
1296. Wladiflas. 4. a. *Eft chaffé.*
1300. Wenceflas, Roi de Bohême. 5. a.
1305. Wladiflas, *dérechef.* - - 28. a.
1333. Cafimir III. 37.
1370. Louïs, Roi de Hongrie. - 12. a.
1383. *Interrègne.* 3. a.
1386. Wladiflas, Duc Lithuanie. 48. a. 3.
1434. Wladiflas II. - - - 10. a.

La fuite, pag. 432.
1110. In-

SUEDE. | DANNEMARC. | NORWEG. 427

SUEDE	DANNEMARC	NORWEG
1110. Ingelde IV. 19.	1102. Nicolas. 32. a.	1110. Magnus III. -
1129. Ragualde.	1134. Eric IV. 5. a.	- - - 28. a.
1129. Magnus. Suercher.	1139. Eric V. 10. a.	
1150. S. Eric. 10. a.	1149. Suénon III. 11.	1138. Haralde II. - -
1160. Charles VII. 8. a.	1149. Ganut V. 7. a. en même temps.	- - - 10. a.
1168. Canut. - 24. a.	1160. Waldemar I. 24.	1148. Magnus III. dérechef. - 10. a.
	1184. Canut VI. 18. a.	1158. Ingo. - 18. a.
1192. Suercher II. 18.		Interregne. - 4. a.
1210. Eric XI. - 8. a.	1202. Waldemar II.	1180. Magnus IV. -
1218. Jean. - 4. a.	- - - 40.	- - - 52. a.
1222. Ericlebegue. 28.		
	1242. Eric VI. - 8. a.	1232. Aquino. Tyran.
1250. Waldemar. 26. a. bâtit Stockholm.	1250. Abel. - 2. a.	- - - 31. a.
	1252. Christophle. 7. a.	
	1259. Eric VII. 27. a.	1263. Olaüs II. 17. a.
1276. Magnus. II. 6.		1280. Eric. - 20. a.
1282. Birger. II. 44.	1286. Eric VIII. 35.	
		1300. Aquinus II. 15.
	1321. Christophle II.	1315. Magnus V. 11. a.
	- - - 12. a.	1326. Aquin. III. 2. a.
1326. Magnus III. 37.	1333. Waldemar III. ou IV. - 42. a.	1328. Magn. VI. 31. a.
1363. Albert. - 24.		1359. Aquin. IV. 16.
1388. Marguerite, Reine de Dannem. 8. a.	1375. Marguerite, Reine de Dann. & de Norwegue. - 37. a.	1375. Olaüs III. 13.
	1381. Olaus, avec sa mere Marguerite. Meurt en 1387.	1389. Marguerite, Reine de Suéde. - 29.
		1417. Eric II. 21. a. La Norwegue est unie au Dannemarck.
1396. Eric XIII. élu Roi de Suéde & de Dannemarck. 42. a.	1412. Eric IX. - 36.	

RUSSIE.

1116. Wsewolode. Sous lui & ses Descendans les Tartares sont maitres de la Russie. Ses enfans forment diverses branches.

George.
Dimitri.
George.
André. } En divers
Jeroslaws. } temps, sans
André. } date.
Michel.
Daniel.
S. Alexandre Nafski.

1300. Daniel, fils de S. Alexandre, prend le titre de Grand-Duc.

1327. George Danielowitz, chassé du Throne.
1330. Dimitri Michaëlowitz.
1330. Iwan Danielowitz, & Iwan & Iwanowitz.
1366. Dimitri Iwanowitz.
1381. Basile Dimitrowitz, & Basile Basilowitz.
1399. Grégoire Dimitrowitz.
1406. Basile Basilowitz.

La suite, pag. 433.

1438. Al-

428 EMP. D'OCCIDENT. | EMP. D'ORIENT.

1438.	Albert II. d'Autriche, 21. m.	*Jean Paléol. fils d'Andronic.*
1440.	Fréderic III. 53. ans. *Voy. Aeneas, Sylvius.*	1421. Jean VI. Paléol. *fils de Manuel.* - - 24. a.
1493.	Maximilien I. 26. ans. *Voyez Cuspinien, Naucler, Freher, Datt & le Teurdank en Allemand.*	1445. Constantin Paléolog. - - - 8. a. 7. m.
1519.	Charles V. 36. ans. *Voyez Sandoval; Sleidan; Paul Jove; de-Thou; Schardius, Tom. II. Dolce; Ulloa; d'Avila; Hortensius.*	**OTTOMANS.**
1557.	Ferdinand I. 7. ans. *Voyez Lundorpius; Ulloa.*	1453. Mahomet *prend Constantinople.*
1564.	Maximilien II. 13. ans. *Lundorpius; de Thou.*	1481. Bajazeth II. - 31. a.
		1512. Sélim. - 8. a. 6. m.
1576.	Rodolfe II. 36. ans. *Lundorp. de Thou.*	1520. Soliman. 46. a. 6. m.
		1566. Sélim II. - - 8. a.
1612.	Mathias. 7. ans. *Ludolphus; Lotichius.*	1574. Amurath. III. - 21. a.
		1595. Mahomet III. - 9. a.
1619.	Ferdinand II. 17. ans. *Kevenhuler: Burgus; Lansbergius.*	1604. Achmeth I. - 13. a.
		1617. Mustapha.
1637.	Ferdinand III. 20. ans. *Bizaccioni; Gualdo; Chemnitz; Brachelius; Tulden; Lotich.*	1617. Osman. - - 5. a.
		1622. Mustapha, *rétabli*. 1. a.
		1623. Amurath IV. - 17. a.
1658.	Léopold I. 47. ans. *Gualdo; Comazzi; Menke; Reina, son Hist. en Espagnol.*	1640. Ibrahim. - 15. a.
		1655. Mahomet IV. - 32. a.
		1687. Soliman II. - 3. a.
1705.	Joseph I. 6. ans. *Son Hist. en Allemand.*	1691. Achmeth II. - 5. a.
		1695. Mustapha II. - 8. a.
1711.	Charles VI. 29. a. 8. j. *Fin de la Maison d'Autriche.*	1703. Achmeth III. 27. a. *déposé.*
1742.	Charles Albert de Baviére.	1730. Mahmout.

	PERSE.	1575. Ismaël II. - - 2. a.
	TAMERLAN, ou TIMURLENCK, occupe la Perse vers l'an 1396.	1577. Mahomet Codabende. - - 8. a.
		1585. Emir Hems.
1469.	Usum Cassan. 9. a.	1585. Ismaël III.
1478.	Jacup. - 7. a.	1585. Abas le Grand. 44. a.
1485.	Julaver. - 3. a.	1629. Mirza. - - 12. a.
1488.	Baysingir. - 2. a.	1642. Abas II. - - 24. a.
1490.	Rustan. - 7. a.	1666. Soleiman. - - 28. a.
1497.	Aghmat, usurp. 6. m.	1694. Schah Hussein. 28. a.
1497.	Alvante. - 1. a. 6. m.	1722. Myrr. Maghmud. 3. a.
	SOPHIS.	1725. *Aszraff, Usurpateur.*
1499.	Ismaël. - - 26. a.	1728. Thamas, *déposé en 1732.*
1525.	Thamas. - - 50. a.	1731. Mirza Abbas.
		1736. Thamas Kouli Kan.

1461. Louis

ROIS DE FRANCE. | ROIS D'ANGLET.

1461. Louïs XI. 22. a. 1. m. 8. j. *Comines.* 8. 5. *vol.*
1483. Charles VIII. 14. a. 7. m. 8. j. *Voy. Jaligny, la Vigne & Godefroi.*
1498. Louïs XII. ou le Pere du Peuple. 16. a. 8. m. 24. j. *Voy. Lettres de Louïs XII. Seiffel, d'Auton, S. Gelais.*
1515. François I. 32. a. 3. m. *Voy. le Feron, Dolet, Paradin, du Bellay, Ribier.*
1547. Henri II. 12. a. 3. m. 10. j. *Voy. la Popeliniere, Rabutin, Villars, de Thou.*
1559. François II. 1. a. 4. m. 26. j.
1560. Charles IX. 13. a. 5. m. 25. j. *Voy. de Thou, Caftelnau.*
1574. Henri III. Roi de Pologne, 15. a. 9. m. 12. j. *Voy. d'Avila, Mémoires de la Ligue, de Thou, Lestoille, Villeroy.*
1589. Henri IV. ou le Grand. 20. a. 9. m. 12. j. *Voy. Perefixe, Mornay, Nevers, Sully, Jeannin, Cayet, Satyre Menipée, Journal de fon Hiftoire,* 4. vol.
1610. Louïs XIII. 33. ans. *Voy. Bernard, tout le Mercure François, le Vittorio Siri, Mémoires de Richelieu, de Mourgues, &c.*
1643. Louïs XIV. ou le Grand. - 72. a. 3. m. 18. j. *Voy. la Rochefoucault, la Barde, le Siri, le Gualdo, Regnier Defmarais, & Larrey.*
1715. Louïs XV.

1461. Edoüard IV. 22. a.
1483. Edoüard V. - - 5. m.
1483. Richard III. - - 2. a.
1485. Henri VII. 25. a. *Voy. le Chancelier Bacon, Marfolier.*
1508. Henri VIII. 38. ans. *Voy. Godvin, Herbert, Sanderus, Heylin, Burnet, le Grand.*
1547. Edoüard VI. 6. ans. *Sur ces trois derniers Rois, voy. Wareus.*
1553. Marie. - - 5. a.
1558. Elizabeth. 44. ans. *Voy. Cambden, Jonfton, Walfingbam, Melvil.*
1602. Jacques I. ou VI. Roi d'Ecoffe. - - - 25. a.
1625. Charles I. 24. *Voy. Clarendon & Manlius, Ludlow, Salmonet. Sur Cromwel, voy. Leti, Clarendon.*

Cromwel, Ufurpateur.

1649. Charles II. *Voyez les Mém. de Burnet.* - - 25. a.
1684. Jacques II. 4. *Sa Vie in* 12.
1688. Guillaume III. & Marie Stuart. - - 14. a. *Son Hiftoire par Sanfon & Lamberti.*

Jacques, fils de Jacques II.

1702. Anne, Reine. *Voyez la fuite de Rapin de Toyras.* 12. a.
1714. George I. - 14. a.
1727. George II.

ECOSSE.

1437. Jacques II. - - 23. a.	1513. Jacques V. - - 29. a.
1460. Jacques III. - - 28. a.	1542. Marie Stuart. 25. a. & Henri.
1488. Jacques IV. - - 25. a.	1567. Jacques VI. - - 58. a.

Les Succeffeurs de Jacques VI. font en même temps Rois d'Angleterre & d'Ecoffe, jufqu'en 1707. que le Royaume d'Ecoffe a été afservi par les Anglois; ainfi l'Ecoffe, de Royaume eft devenue Province.

1467. Gaf-

NAVAR.	CASTILLE	ARRAG.	PORTUG.
1467. Gaston de Foix. 1480. François Phœbus de Foix. - 1. a. 1481. *Interreg.* 1486. Jean d'Albret & Catherine sa femme, *dépouillés de la Haute Navarre en* 1512. 1516. Henri - - - - 39. a. 1555. Jeanne d'Albret & Antoine de Bourbon son mari - 19. a. 1572. Henri de Bourbon. *Les Rois de France héritent du Royaume de Navarre, mais ne possedent que celle qui est au Nord des Pyrenées ; ce qui est au Midi, ayant été usurpé d'abord par les Espagnols, demeure uni au Royaume d'Espagne.*	1454. Henri IV. 20. a. 6. m. 1474. Ferdinand V. ou le Catholiq. *du chef de sa femme Isabelle.* Isabelle *meurt en* 1504. *Les deux Royaumes restent unis.* 1504. Philippe I. d'Autriche. 2. a. 1506. Jeanne sa femme, seule. - - - - - - - 10. a. 1516. Charles I. ou V. Emper. - 39. a. 9. m. *Voy. Sandoval,* &c. 1555. Philippe II. 42. ans. *Voy. Cabrera, Herrera, Campana, Guilimannus.* 1580. Philippe II. *s'empare du Portugal, possédé par les Rois d'Espagne jusqu'en* 1640. *Voy. Connestaggio, Michel d'Aguirre, Herrera.* 1598. Philippe III. 22. a. 6. m. *Voy. Cespedes.* 1621. Philippe IV. 44. a. 6. m. 1665. Charles II. 35. 1700. Philippe. V. *Son Hist. par le Marquis de S. Philip.* 1723. Louïs I. 1724. Philippe V. *derechef.*	1458. Jean II. - - 21. a. 1479. Ferdinand V. ou le Catholiq. *Voy. Anton. Nebrissensis, ou Pulgar, Laur. Valensis. Pet. Martyr.* Meurt en 1506.	1438. Alphonse V. - 43. a. 1481. Jean II. 14. a. 2. *Voy. Resende, Vasconcellos, & Ferreria.* 1495. Emmanuel. 26. ans. *Voy. Osorio & Goés.* 1521. Jean III. - - 36. a. 1557. Sébastien. - - 21. a. *Voy. Sébastien de Mesa.* 1578. Henri Cardinal. 2. a. *Le Portugal, pris par Philippe II.* 1640. Jean, Duc de Bragance. *Voy. le Birago, de Vertot ; Passarelli ; Ménezès.* 1656. Alphonse VI. *déposé en* 1668. 1668. Pierre. 1706. Jean V.

1430. Ré-

LORRAIN. | CHYPRE. | SAVOYE. | NAPL.

1430. Réné & Isabelle. 22. a.	1432. Jean II. 28.	1465. Amedée IX. 7. a.	1434. Alphonse d'Arragon. - - 35. a.
1452. Jean II. - - 18. a.	1460. Charlote. 1463. Jacques. - - 10. a.	1472. Philibert. - - 10. a. 1482. Charles I.	1469. Ferdinand - - 25. a.
1470. Nicolas. 3. 1473. Réné II. - - 35.	1473. Jacques. - - 2. a. 1475. Cathérine Cornaro. 14. a.	- - 7. a. 1490. Charles II. - - 7. a.	1494. Alphonse II. - 1. a.
1508. Antoine. - - 36.		1496. Philippe. I. - 18. m.	1495. Ferdinand, I.
1544. François I. - - 1.	1489. *Elle le cède aux Vénitiens.*	1497. Philibert. II. - 7. a. 1504. Charles III. - 49.	1496. Frédéric. 1506. Ferdinand R. d'Espagne.
1545. Charles II. - - 63.		1553. Emmanuel Philibert. 27. a.	10. *Après lui, les autres Rois d'Espagne.*
1608. Henri. 16. 1624. Charles III. & Nicole - - 51. *Mémoires de Beauvau.*	1571. *Mais les Turcs avoient pris l'Isle de Chypre dès l'an 1571.*	1580. Charles Emmanuel. - - 50. a. 1630. Victor Amé I. 7. a. 1637. François Hyacinthe. 1.	1700. Philippe V. R. d'Espagne. 1707. Charles VI. Emper.
1675. Charles IV. - 15. 1690. Léopold I. - 39. 1729. François II. 1738. Stanislas.		1638. Charles Emmanuel II. - - 37. a. 1675. Victor Amé II. 55. a. 1730. Charles Emman. III.	1733. Charles, Infant d'Espagne.

VENISE.

	1554. F. Venier.	1631. F. Erizzo.
	1556. L. Priuli.	1646. F. Molino.
	1559. J. Priuli.	1655. C. Contarini.
1462. Ch. Moro.	1567. P. Loredano.	1656. B. Falier.
1471. N. Trono.	1570. L. Mocenigo.	1658. J. Pezari.
1473. N. Marcel.	1577. S. Venier.	1659. D. Contarini.
1474. P. Mocenigo.	1578. N. Da Ponte.	1675. N. Sagredo.
1475. A. Vendrammo.	1585. P. Cicogna.	1676. L. Contarini.
1477. J. Mocenigo.	1595. M. Grimani.	1684. M. A. Justiniani.
1485. M. Barbarigo.	1605. L. Donat.	1688. E. Morosini.
1486. I. Barbarigo.	1612. M. A. Memmo.	1694. S. Valier.
1501. L. Loredano.	1615. J. Bembo.	1700. Al. Mocenigo.
1521. A. Grimani.	1618. N. Donat.	1709. J. Cornaro.
1523. A. Griti.	1618. A. Priuli.	1722. L. S. Mocenigo.
1539. P. Lando.	1623. A. Contarini.	1732. C. Ruzzini.
1545. F. Donat.	1625. J. Cornaro.	1735. L. Pisani.
1553. M. A. Trevisan.	1630. N. Contarini.	1741. L. C. Grimani.

1437. Al-

HONGRIE. | BOHEME. | POLOGNE.

HONGRIE	BOHEME	POLOGNE
1437. Albert d'Autriche. - 2. a.	1438. Albert d'Autriche. 1. a. 5. mois.	1444. *Interregne.* 3. a.
1440. Ladiflas IV. 4. a.	1440. Ladiflas. 19. a.	1447. Cafimir IV. 45.
1444. *Jean Corvin Huniades, Régent.*		1492. Jean Albert. 9.
		1501. Alexandre. 5.
1444. Ladiflas V. Roi. - - 14. a.		1507. Sigifmond I. 41.
		1548. Sigifmond II. - - 25.
1457. Matthias Corvin. - - 32. a.	1458. George Podébrac. 13. a.	1573. Henri d'Anjou. - - 5. m.
	1471. Wladiflas. 45. a.	
1490. Wladiflas, ou Ladiflas. VI. - 26.	1517. Louïs. - 9. a.	1576. Etienne Batory, Prince de Tranfylvanie. - 10.
1516. Louïs II. - 11.		
1526. Jean de Zépus. 3. mois.		1587. Sigifmond, *Roi de Suéde.* - 45. a.
		1632. Wladiflas. 17. a.
1527. Ferdinand, *frere de Charles V.* - - - 35. a.	1526. Ferdinand I. Emp. - - 38.	1648. Jean Cafimir. - - 21.
1562. Maximilien. 12.	1564. Maximilien II. Emp. - - 11.	1669. Michel I. 4. a.
1574. Rodolfe. - 35.	1575. Rodolfe II. Emp. - - 36.	1674. Jean Sobiesky. - - 23.
1609. Matthias. - 9.	1611. Matthias Emp. - - 6. a.	
1618. Ferdinand II. - - 17. a.	1617. Ferdinand II. Emp. 10. *Fréderic Palatin eft élu Roi, chaffé en 1620.*	1697. Fréderic Augufte. - - 36. a.
1635. Ferdinand III. - - 11. a.	1637. Ferdinand III. Emp. - - 9.	1705† Staniflas *élu, mais ne poffede pas.*
1647. Ferdinand IV. - - 7. a.	1646. Ferdinand IV. 8. a. *Meurt en 1654.*	1733. Staniflas *eft élu dérechef, & abdique enfuite.*
1656. Léopold. 31. a.	1656. Léopold Emp.	
1687. Jofeph. - 24.	1687. Jofeph.	1733. Fréderic Augufte II.
1711. Charles VI. Empereur. - 29. a.	1711. Charles VI.	
	1741. Charles Albert de Baviére.	

SUÉ-

SUÉDE. | DANNEMARC. NORWEG. 433

1438. Christophle, *Roi de Suéde & de Dannemarck.* - 10. a.	1438. Christophle III. - - -	10. a.
1448. Charles VIII. *élû Roi de Suéde.* 22. a.	1448. Christiern. I. - - -	32. a.
Interrègne. - 13. a.		
1483. Jean, *Roi de Dannemarck.* - 30. a.	1481. Jean. - - - -	32. a.
1513. Christiern II. 8.	1513. Christiern II. - -	9. a.
1521. Gustave Ericson. - 39. a.	1522. Fréderic I. - - -	11. a.
La Suéde se soustrait au Dannemarck.	1533. Christiern III. - - -	26. a.
1560. Eric XV. 7. a.	1559. Fréderic II. - - -	29. a.
1568. Jean III. 24. a.		
1592. Sigismond, *Roi de Pologne.* 7. a.	1588. Christiern IV. - - -	60. a.
1599. Charles IX. 12.		
1611. Gustave Adolp. ou le Grand. 21. a.		
1632. Christine. 22. a.	1648. Fréderic III. - - -	22. a.
1654. Christine abdique. *Voy. Pufendorf.*		
1654. Charles Gustave. 6. a. *Pufendorff, & Oliéquist.*		
1660. Charles XI. 37. a.		
1697. Charles XII. 22. ans. *Son Histoire par Voltaire.*	1670. Christiern V. - - -	29. a.
	1699. Fréderic IV. - -	31. a.
1718. Fréderic & Ulrique Eléonore.	1730. Christiern VI.	

MOSCOVIE, OU RUSSIE.

1450. Iwan Basilowitz *prend le titre de Czar; c'est-à-dire,* Empereur. - - - 55. a.
1505. Basile Iwanowitz. *Maximilien I. lui donne le titre d'Empereur.* - - - 28. a.
1533. Iwan Basilowitz. - 51. a.
1584. Fœdor Iwanowitz. 13. a.
1597. Boris Gadenow, *Usurpateur.*
1605. Fœdor Borissowitz.
1605. Dimitri, *Imposteur.*
1606. Basile Kuski, *Usurpateur.*
1606. Dimitri 2. *Imposteur.*
1610. Dimitri 3. *Imposteur.*
1610. Wladislas, Prince de Polog.
1611. Dimitri 4. *Imposteur.*
1613. Michel Féderowitz. 32. a.
1645. Alexis Michaëlowitz. 31. a.
1676. Fœdor Alexiowitz. 6. a.
1682. Iwan & Pierre I. Alexiowitz ensemble. - - 6. a.
1688. Pierre I. ou le Grand, seul. 37.
1725. Catherine, Veuve de Pier. 2.
1727. Pierre II. Alexiowitz. 2. a. 9. m.
1730. Anne Iwanowna. 10. a. 9. m.
1740. Iwan, ou Jean.
1741. Elizabeth Petrowna.

CALENDRIER ROMAIN

Pour la lecture des Auteurs Latins, Bulles, Diplômes & autres Actes.

Jours du Mois.	JANUARIUS.	Jours du Mois.	FEBRUARIUS.
1.	Calendis Januarii.	1.	Calendis Februarii.
2.	Quarto Nonas Jan.	2.	Quarto Nonas Febr.
3.	Tertio Nonas Jan.	3.	Tertio Nonas Febr.
4.	Pridie Nonas Jan.	4.	Pridie Nonas Febr.
5.	Nonis Januarii.	5.	Nonis Februarii.
6.	Octavo Idus Januarii.	6.	Octavo Idus Febr.
7.	Septimo Idus Jan.	7.	Septimo Idus Febr.
8.	Sexto Idus Jan.	8.	Sexto Idus Febr.
9.	Quinto Idus Jan.	9.	Quinto Idus Febr.
10.	Quarto Idus Jan.	10.	Quarto Idus Febr.
11.	Tertio Idus Jan.	11.	Tertio Idus Febr.
12.	Pridie Idus Jan.	12.	Pridie Idus Febr.
13.	Idibus Januarii.	13.	Idibus Februarii.
14.	Decimo-nono Calendas Februarii.	14.	Decimo-sexto Calendas Martii.
15.	Decimo-octavo Calendas Februarii.	15.	Decimo-quinto Calendas Mart.
16.	Decimo-septimo Calendas Febr.	16.	Decimo-quarto Calendas Mart.
17.	Decimo-sexto Calendas Feb.	17.	Decimo-tertio Calendas Mart.
18.	Decimo-quinto Calendas Febr.	18.	Duodecimo Calendas Martii.
19.	Decimo-quarto Calendas Febr.	19.	Undecimo Calend. Mart.
20.	Decimo-tertio Calendas Febr.	20.	Decimo Calendas Mart.
21.	Duodecimo Calendas Februarii.	21.	Nono Calendas Mart.
22.	Undecimo Calendas Februarii.	22.	Octavo Calendas Mart.
23.	Decimo Calendas Febr.	23.	Septimo Calendas Mart.
24.	Nono Calendas Febr.	24.	Sexto Calendas Mart.
25.	Octavo Calendas Febr.	25.	Sexto Calendas Mart. *Ce chiffre ne se redouble que dans les années Bissextiles, c'est-à-dire tous les quatre ans; excepté à la fin de chaque siécle.*
26.	Septimo Calendas Febr.	26.	Quinto Calendas Mart.
27.	Sexto Calendas Febr.	27.	Quarto Calendas Mart.
28.	Quinto Calendas Febr.	28.	Tertio Calendas Mart.
29.	Quarto Calendas Febr.	29.	Pridie Calendas Mart.
30.	Tertio Calendas Febr.		
31.	Pridie Calendas Febr.		

SUI-

SUITE
DU
CALENDRIER ROMAIN.

Jours du Mois.	MARTIUS.	Jours du Mois.	APRILIS.
1.	Calendis Martii.	1.	Calendis Aprilis.
2.	Sexto nonas Martii.	2.	Quarto Nonas Aprilis.
3.	Quinto Nonas martii.	3.	Tertio Nonas Aprilis.
4.	Quarto Nonas Martii.	4.	Pridie Nonas Aprilis.
5.	Tertio Nonas Martii.	5.	Nonis Aprilis.
6.	Pridie Nonas Martii.	6.	Octavo Idus Aprilis.
7.	Nonis Martii.	7.	Septimo Idus Aprilis.
8.	Octavo Idus Martii.	8.	Sexto Idus Aprilis.
9.	Septimo Idus Martii.	9.	Quinto Idus Aprilis.
10.	Sexto Idus Martii.	10.	Quarto Idus Aprilis.
11.	Quinto Idus Martii.	11.	Tertio Idus Aprilis.
12.	Quarto Idus Martii.	12.	Pridie Idus Aprilis.
13.	Tertio Idus Martii.	13.	Idibus Aprilis.
14.	Pridie Idus Martii.	14.	Decimo-octavo Calendas Maii.
15.	Idibus Martii.	15.	Decimo-septimo Calendas Maii.
16.	Decimo-septimo Calendas Aprilis.	16.	Decimo-sexto Calendas Maii.
17.	Decimo-sexto Calendas Aprilis.	17.	Decimo-quinto Calendas Maii.
18.	Decimo-quinto Calend. Aprilis.	18.	Decimo-quarto Calendas Maii.
19.	Decimo-quarto Calend. Aprilis.	19.	Decimo-tertio Calendas Maii.
20.	Decimo-tertio Calend. Aprilis.	20.	Duodecimo Calendas Maii.
21.	Duodecimo Calendas Aprilis.	21.	Undecimo Calendas Maii.
22.	Undecimo Calendas Aprilis.	22.	Decimo Calendas Maii.
23.	Decimo Calendas Apr.	23.	Nono Calend. Maii.
24.	Nono Calend. Apr.	24.	Octavo Calend. Maii.
25.	Octavo Calend. Apr.	25.	Septimo Calend. Maii.
26.	Septimo Calend Apr.	26.	Sexto Calend. Maii.
27.	Sexto Calend. Apr.	27.	Quinto Calend. Maii.
28.	Quinto Calend. Apr.	28.	Quarto Calend. Maii.
29.	Quarto Calend. Apr.	29.	Tertio Calend. Maii.
30.	Tertio Calend. Apr.	30.	Pridie Calend. Maii.
31.	Pridie Calend. Apr.		

SUITE
DU
CALENDRIER ROMAIN.

Jours du Mois.	MAIUS.	Jours du Mois.	JUNIUS.
1.	Calendis Maii.	1.	Calendis Junii.
2.	Sexto Nonas Maii.	2.	Quarto Nonas Junii.
3.	Quinto Nonas Maii.	3.	Tertio Nonas Junii.
4.	Quarto Nonas Maii.	4.	Pridie Nonas Junii.
5.	Tertio Nonas Maii.	5.	Nonis Junii.
6.	Pridie Nonas Maii.	6.	Octavo Idus Junii.
7.	Nonis Maii.	7.	Septimo Idus Junii.
8.	Octavo Idus Maii.	8.	Sexto Idus Junii.
9.	Septimo Idus Maii.	9.	Quinto Idus Junii.
10.	Sexto Idus Maii.	10.	Quarto Idus Junii.
11.	Quinto Idus Maii.	11.	Tertio Idus Junii.
12.	Quarto Idus Maii.	12.	Pridie Idus Junii.
13.	Tertio Idus Maii.	13.	Idibus Junii.
14.	Pridie Idus Maii.	14.	Decimo-Octavo Calendas Julii.
15.	Idibus Maii.	15.	Decimo-septimo Calendas Julii.
16.	Decimo-septimo Calendas Junii.	16.	Decimo-sexto Calendas Julii.
17.	Decimo-sexto Calend. Junii.	17.	Decimo-quinto Calendas Julii.
18.	Decimo-quinto Calendas Junii.	18.	Decimo-quarto Calendas Julii.
19.	Decimo-quarto Calendas Junii.	19.	Decimo-tertio Calendas Julii.
20.	Decimo-tertio Calend. Junii.	20.	Duodecimo Calendas Julii.
21.	Duodecimo Calendas Junii.	21.	Undecimo Calendas Julii.
22.	Undecimo Calend. Junii.	22.	Decimo Calendas Julii.
23.	Decimo Calendas Junii.	23.	Nono Calendas Julii.
24.	Nono Calendas Junii.	24.	Octavo Calendas Julii.
25.	Octavo Calendas Junii.	25.	Septimo Calendas Julii.
26.	Septimo Calendas Junii.	26.	Sexto Calendas Julii.
27.	Sexto Calendas Junii.	27.	Quinto Calendas Julii.
28.	Quinto Calendas Junii.	28.	Quarto Calendas Julii.
29.	Quarto Calendas Junii.	29.	Tertio Calendas Julii.
30.	Tertio Calendas Junii.	30.	Pridie Calendas Julii.
31.	Pridie Calendas Junii.		

SUITE
DU
CALENDRIER ROMAIN.

Jours du Mois.	JULIUS.	Jours du Mois.	AUGUSTUS.
1.	Calendis Julii.	1.	Calendis Augusti.
2.	Sexto Nonas Julii.	2.	Quarto Nonas Augusti.
3.	Quinto Nonas Julii.	3.	Tertio Nonas Augusti.
4.	Quarto Nonas Julii.	4.	Pridie Nonas Augusti.
5.	Tertio Nonas Julii.	5.	*Nonis Augusti.*
6.	Pridie Nonas Julii.	6.	Octavo Idus Augusti.
7.	*Nonis Julii.*	7.	Septimo Idus Augusti.
8.	Octavo Idus Julii.	8.	Sexto Idus Augusti.
9.	Septimo Idus Julii.	9.	Quinto Idus Augusti.
10.	Sexto Idus Julii.	10.	Quarto Idus Augusti.
11.	Quinto Idus Julii.	11.	Tertio Idus Augusti.
12.	Quarto Idus Julii.	12.	Pridie Idus Augusti.
13.	Tertio Idus Julii.	13.	*Idibus Augusti.*
14.	Pridie Idus Julii.	14.	Decimo-nono Calendas Septembris.
15.	*Idibus Junii.*	15.	Decimo-octavo Calendas Septembris.
16.	Decimo-septimo Calendas Augusti.	16.	Decimo-septimo Calendas Septembris.
17.	Decimo-sexto Calendas Augusti.	17.	Decimo-sexto Calendas Septembris.
18.	Decimo-quinto Calendas Augusti.	18.	Decimo-quinto Calendas Septembris.
19.	Decimo-quarto Calendas Augusti.	19.	Decimo-quarto Calendas Septembris.
20.	Decimo-tertio Calendas Augusti.	20.	Decimo-tertio Calendas Septembris.
21.	Duodecimo Calendas Augusti.	21.	Duodecimo Calendas Septembris.
22.	Undecimo Calendas Augusti.	22.	Undecimo Calend. Septembris.
23.	Decimo Calendas Augusti.	23.	Decimo Calendas Septembris.
24.	Nono Calendas Augusti.	24.	Nono Calendas Sept.
25.	Octavo Calendas Augusti.	25.	Octavo Calendas Septembris.
26.	Septimo Calendas Augusti.	26.	Septimo Calendas Sept.
27.	Sexto Calend Augusti.	27.	Sexto Calendas Sept.
28.	Quinto Calendas Aug.	28.	Quinto Calendas Sept.
29.	Quarto Calendas Aug.	29.	Quarto Calendas Sept.
30.	Tertio Calendas Aug.	30.	Tertio Calendas Sept.
31.	Pridie Calendas Aug.	31.	Pridie Calendas Sept.

SUITE
DU
CALENDRIER ROMAIN.

Jours du Mois.	SEPTEMBER.	Jours du Mois.	OCTOBER.
1.	*Calendis* Septembris.	1.	*Calendis* Octobris.
2.	Quarto Nonas Septembris.	2.	Sexto Nonas Octobris.
		3.	Quinto Nonas Octobr.
3.	Tertio Nonas Septemb.	4.	Quarto Nonas Octobr.
4.	Pridie Nonas Septemb.	5.	Tertio Nonas Octobris.
5.	*Nonis Septembris.*	6.	Pridie Nonas Octobris.
6.	Octavo Idus Septembris.	7.	*Nonis Octobris.*
		8.	Octavo Idus Octobris.
7.	Septimo Idus Septemb.	9.	Septimo Idus Octobris.
8.	Sexto Idus Septemb.	10.	Sexto Idus Octobris.
9.	Quinto Idus Septemb.	11.	Quinto Idus Octobris.
10.	Quarto Idus Septemb.	12.	Quarto Idus Octobris.
11.	Tertio Idus Septemb.	13.	Tertio Idus Octobris.
12.	Pridie Idus Septemb.	14.	Pridie Idus Octobris.
13.	*Idibus Septembris.*	15.	*Idibus Octobris.*
14.	Decimo-Octavo Calendas Octobris.	16.	Decimo-septimo Calendas Novembris.
15.	Decimo-septimo Calendas Octobris.	17.	Decimo-sexto Calendas Novembris.
16.	Decimo-sexto Calendas Octobris.	18.	Decimo-quinto Calendas Novembris.
17.	Decimo-quinto Calendas Octobris.	19.	Decimo-quarto Calendas Novembris.
18.	Decimo-quarto Calendas Octobris.	20.	Decimo-tertio Calendas Novembris.
19.	Decimo-tertio Calendas Octobris.	21.	Duodecimo Calendas Novembris.
20.	Duodecimo Calendas Octobris.	22.	Undecimo Calendas Novembris.
21.	Undecimo Calendas Octobris.	23.	Decimo Calendas Novembris.
22.	Decimo Calendas Octobris.	24.	Nono Calendas Novembris.
23.	Nono Calendas Octobris.	25.	Octavo Calendas Novembris.
24.	Octavo Calendas Octobris.	26.	Septimo Calendas Novembris.
25.	Septimo Calend. Octob.	27.	Sexto Calendas Novembris.
26.	Sexto Calendas Octob.		
27.	Quinto Calendas Octob.	28.	Quinto Calendas Nov.
28.	Quarto Calendas Octob.	29.	Quarto Calendas Nov.
29.	Tertio Calendas Octob.	30.	Tertio Calendas Nov.
30.	Pridie Calendas Octob.	31.	Pridie Calendas Nov.

SUITE

DU

CALENDRIER ROMAIN.

Jours du Mois.	NOVEMBER.	Jours du Mois.	DECEMBER.
1.	Calendis Novembris.	1.	Calendis Decembris.
2.	Quarto Nonas Novembris.	2.	Quarto Nonas Decemb.
3.	Tertio Nonas Novembris.	3.	Tertio Nonas Decemb.
4.	Pridie Nonas Novemb.	4.	Pridie Nonas Decemb.
5.	*Nonis Novembris.*	5.	*Nonis Decembris.*
6.	Octavo Idus Novemb.	6.	Octavo Idus Decembris.
7.	Septimo Idus Novemb.	7.	Septimo Idus Decemb.
8.	Sexto Idus Novemb.	8.	Sexto Idus Decemb.
9.	Quinto Idus Novemb.	9.	Quinto Idus Decemb.
10.	Quarto Idus Novemb.	10.	Quarto Idus Decemb.
11.	Tertio Idus Novemb.	11.	Tertio Idus Decemb.
12.	Pridie Idus Novemb.	12.	Pridie Idus Decemb.
13.	*Idibus Novembris.*	13.	*Idibus Decembris.*
14.	Decimo-octavo Calendas Decembris.	14.	Decimo-nono Calendas Januarii.
15.	Decimo-septimo Calendas Decemb.	15.	Decimo-octavo Calendas Januarii.
16.	Decimo-sexto Calendas Decemb.	16.	Decimo-septimo Calendas Januarii.
17.	Decimo-quinto Calendas Decemb.	17.	Decimo-sexto Calendas Januarii.
18.	Decimo-quarto Calendas Decemb.	18.	Decimo-quinto Calendas Januarii.
19.	Decimo-tertio Calendas Decemb.	19.	Decimo-quarto Calendas Januarii.
20.	Duodecimo Calendas Decemb.	20.	Decimo-tertio Calendas Januarii.
21.	Undecimo Calendas Decembris.	21.	Duodecimo Calendas Januarii.
22.	Decimo Calendas Decembris.	22.	Undecimo Calendas Januarii.
23.	Nono Calendas Decembris.	23.	Decimo Calendas Januarii.
24.	Octavo Calendas Decembris.	24.	Nono Calendas Januarii.
25.	Septimo Calendas Dec.	25.	Octavo Calendas Januarii.
26.	Sexto Calendas Decemb.	26.	Septimo Calendas Jan.
27.	Quinto Calendas Dec.	27.	Sexto Calendas Jan.
28.	Quarto Calendas Dec.	28.	Quinto Calendas Jan.
29.	Tertio Calendas Dec.	29.	Quarto Calendas Jan.
30.	Pridie Calendas Decemb.	30.	Tertio Calendas Jan.
		31.	Pridie Calendas Jan.

TABLE ALPHABETIQUE

Des Matiéres contenues dans le second Volume des Tablettes Chronologiques.

I.
PAPES.

A.

ADEODAT.	262.
Adrien I.	270.
Adrien II.	278.
Adrien III.	284.
Adrien IV.	330.
Adrien V.	342.
Adrien VI.	384.
Agapet.	250.
Agapet II.	294.
Agathon.	262.
Albert, Antipape.	314.
Alexandre I.	214.
Alexandre II.	308.
Alexandre III.	330.
Alexandre IV.	342.
Alexandre V.	370.
Alexandre VI.	378.
Alexandre VII.	396.
Alexandre VIII.	396.
Anaclet.	212.
Anaclet, Antip.	324.
Anastase I.	232.
Anastase II.	244.
Anastase III.	292.
Anastase IV.	330.
Anastase, Antip.	278.
Anastase, Antip.	284.
Anicet.	216.
Anthere.	218.

B.

BENOIT.	254.
Benoit II.	264.
Benoit III.	278.
Benoit IV.	290.
Benoit V. bis.	296.
Benoit VI.	298.
Benoit VII.	298.
Benoit VIII.	304.
Benoit IX. bis.	304.
Benoit X. regardé comme Antipape.	308.
Benoit XI.	354.
Benoit XII.	362.
Benoit XIII.	400.
Benoit XIV.	400.
Benoit, Antip.	308.
Benoit XIII. Antip. d'Avignon.	368.
Boniface I.	236.
Boniface II.	246.
Boniface III.	256.
Boniface IV.	256.
Boniface V.	258.
Boniface VI.	288.
Boniface VII. est Antip. 298. mais il est compté.	
Boniface VIII.	348.
Boniface IX.	368.
Boniface, Antipape.	298.

C.

CADALOUS, Antipape.	308.
Caius.	222.
Calixte I.	218.
Calixte II.	320.
Calixte III.	374.
Calixte, Antip.	324.
Calixte, Antip.	330.
Célestin I.	236.
Célestin II.	324.
Célestin III.	334.
Célestin IV.	336.
Célestin V.	348.
Christophle, Antip. 290. d'autres le regardent comme Pape.	
Clément I.	212.
Clément II.	304.
Clément III.	334.
Clément IV.	342.
Clément V.	354.
Clément VI.	362.
Clément VII.	386.
Clément VIII.	384.
Clément IX.	396.
Clément X.	396.
Clément XI.	400.
Clément XII.	400.
Clément VII. d'Avignon.	368.
Clément VIII. d'Avignon.	370.
Clément, Antipap.	314.
Clet.	212.
Conon.	264.
Constantin.	266.
Constantin, Antip.	270.
Corneille.	220.

D.

DAMASE I.	232.
Damase II.	308.
Denys.	222.
Deus dedit.	256.
Diofcore, Antipape.	246.
Domnus.	298.
Donus.	262.

E.

ELEUTHERE.	216.
Etienne I.	220.

Etien-

TABLE DES PAPES.

Etienne II.	268.	Guibert, Antip.	314.	Innocent VI.	362.
Etienne III.	268.			Innocent VII.	370.
Etienne IV.	270.	**H.**		Innocent VIII.	378.
Etienne V.	274.			Innocent IX.	394.
Etienne VI.	284.	HILAIRE.	240.	Innocent X.	396.
Etienne VII.	288.	Honoré I.	258.	Innocent XI.	396.
Etienne VIII.	292.	Honoré II.	324.	Innocent XII.	396.
Etienne IX.	294.	Honoré III.	336.	Innocent XIII.	400.
Etienne IX. ou X.	308.	Honoré IV.	348.	*Innocent, Antip.*	330.
Evariste.	212.	*Honoré, Antip.*	308.	Jules I.	228.
Eugene I.	260.	Hormisdas.	246.	Jules II.	384.
Eugene II.	274.	Hygin.	214.	Jules III.	386.
Eugene III.	324.				
Eugene IV.	374.	**J.**		**L.**	
Eulalius, Antipape.	236.				
Eutichien.	222.	JEAN I.	246.	LANDO.	292.
		Jean II.	250.	*Laurent, Antip.*	244.
F.		Jean III.	250.	Léon I.	240.
		Jean IV.	258.	Léon II.	262.
FABIEN.	218.	Jean V.	264.	Léon III.	270.
Felix I.	222.	Jean VI.	266.	Léon IV.	278.
Felix II.	228.	Jean VII.	266.	Léon V.	290.
Felix III.	244.	Jean VIII.	284.	Léon VI.	292.
Felix IV.	246.	Jean IX.	288.	Léon VII.	294.
Felix, Antip.	228.	Jean X.	292.	Léon VIII.	296.
Felix V. Antip.	374.	Jean XI.	292.	Léon IX.	308.
Formose.	284.	Jean XII.	296.	Léon X.	384.
		Jean XIII.	296.	Léon XI.	394.
G.		Jean XIV.	298.	*Léon, Antip.*	296.
		Jean XV.	300.	*Léon, ou Gregoire, Antip.*	304.
GELASE I.	244.	Jean XVI.	302.		
Gelase II.	320.	Jean XVII.	302.	Liberius.	228.
Gregoire I. ou le Grand.		Jean XVIII.	302.	Lin.	210.
	254.	Jean XIX.	304.	Luce I.	220.
Gregoire II.	266.	Jean XX.	ibid.	Luce II.	324.
Gregoire III.	268.	Jean XXI.	348.	Luce III.	330.
Gregoire IV.	274.	Jean XXII.	354.		
Gregoire V.	300.	Jean XXIII.	370.	**M.**	
Gregoire VI.	304.	*Jean Diacre trouble l'Eglise.*	278.		
Gregoire VII.	314.			MARCELLIN.	224.
Gregoire VIII.	334.	*Jean Fr. Robert.*	298.	Marcellus.	224.
Gregoire IX.	336.	*Jean, Antip.*	300.	Marc.	226.
Gregoire X.	342.	*Jean, Antip.*	304.	Martin I.	260.
Gregoire XI.	362.	*Jeanne Papesse.*	278.	Martin II. ou Marin.	284.
Gregoire XII.	370.	Innocent I.	236.		
Gregoire XIII.	392.	Innocent II.	324.	Martin III. ou Marin.	294.
Gregoire XIV.	392.	Innocent III.	336.		
Gregoire XV.	394.	Innocent IV.	342.	Martin IV.	348.
Gregoire, Antip.	320.	Innocent V.	342.	Martin V.	370.

Ee 5

Mau-

TABLE DES PAPES.

Maurice Burdin, *Antip.* 320.
Melchiade. 224.

N.

Nicolas I. 278.
Nicolas II. 308.
Nicolas III. 348.
Nicolas IV. 348.
Nicolas V. 374.
Niquinta, Antip. 331.
Novatien, Antip. 220.

P.

Pascal I. 274.
Pascal II. 314.
Pascal, Antip. 264.
Pascal, Antip. 330.
Paul I. 270.
Paul II. 378.
Paul III. 386.
Paul IV. 386.
Paul V. 394.
Pelage I. 250.
Pelage II. 254.
Philippe, Antip. 270.
Pie I. 214.
Pie II. 378.
Pie III. 384.
Pie IV. 386.
Pie V. 392.
S. Pierre. 210.
Pierre, Antip. 264.
Pierre de Corbario, *Antip.* 354.
Pierre Léon, *Antip.* 324.
Pontien. 218.

R.

Romain, *Antip.* 288.

S.

Sabinien. 256.
Sergius I. 264.
Sergius II. 278.
Sergius III. 290.
Sergius IV. 302.
Sergius, Antip. 284.
Severin. 258.
Simplicius. 240.
Siricius. 282.
Sisinnius. 266.
Sixte I. 214.
Sixte II. 222.
Sixte III. 240.
Sixte IV. 378.
Sixte V. 392.
Soter. 216.
Sylvere. 250.
Sylvestre. 226.
Sylvestre II. 300.
Sylvestre, Antip. 304.
Symmaque. 244.

T.

Télesphore. 214.
Théodore I. 260.
Théodore II. 288.
Théodore, Antip. 264.
Théodorit, Antip. 314.
Théophilacte, Antip. 270.

V.

Valentin. 274.
Vicedominius. 342.
Victor I. 216.
Victor II. 308.
Victor III. 314.
Victor, Antip. 324.
Victor, Antip. 330.
Vigile. 250.
Vigile, Antip. 250.
Vitalien. 260.
Urbain I. 218.
Urbain II. 314.
Urbain III. 330.
Urbain IV. 342.
Urbain V. 362.
Urbain VI. 368.
Urbain VII. 392.
Urbain VIII. 396.
Ursicin Antip. 232.

Z.

Zacharie. 278.
Zéphirin. 216.
Zozime. 236.
Zozime, Antip. 274.

II.

LISTE ALPHABETIQUE

Des Rits & Ordres Religieux.

A.

Abbayes d'Agaune. 246.
D'Anchin. 314.
De Beaulieu. 302.
De Beaumont à Tours. 302.
S. Benedetto. 309.
De Bobbio. 256.
De Casaure. 278.
La Chaise Dieu. 308.
De Chelles. 260.
De Cluni. 290.
De Compiegne. 284.
De Corvey. 274.
S. Denys, réformé. 306.
Donchery. 284.
S. Emmeran. 264.
S. Etienne. 308.
Faremoustier. 256.
Fontenelle. 296.
Fulde. 268.
S. Gal. 266.
pillée. 292.
Galliata. 244.
Abbaye de Gemblours. 292.
S. Guilhain. 260.
Hautvillers. 260.
Hirsauge. 308.
De Jarrou. 264.
Jumiége. 260.
S. Magloire. 298.
S. Martial. 258.
S. Medard. 284.
Montcassin. 266.
Mont S. Quentin. 298.
Montirender. 262.
Moyenmoutier. 284.
Orilhac. 284.
Polirone. 309.
Remiremont. 258.
S. Salve. 308.
Schiren. 314.
De la Trappe. 396.
Trinité de Caen. 308.
Troarn. 308.
S. Trutpert. 290.
S. Valery. 258.
S. Vannes. 294.
S. Victor, Marseil. 236.
S. Victor, Paris. 320.
S. Vincent, Metz. 296.
S. Vincent, Paris. 250.
Westminster. 308.
S. Achard. 264.
S. Adelard. 274.
Agapes. 210.
Ste. Aldegonde. 264.
Ste. Amalberge. 260.
S. Ammon. 222.
Annonciades Celest. 394.
S. Ansbert. 262.
S. Antoine Hermite. 220-224-228. Son Corps. 258.
S. Arnoul. 258.
S. Arsenne. 232-240.
S. Athanase. 226.
Augustins Déchauss. 386.
Augustines Déchauffées. 392-396.
S. Ayou Martyr. 262.

B.

Bamberg, dédiée. 304.
Barnabites. 386.
Batême solemnel. 216.
d'Immersion. 210.
Ste. Bathilde. 260.
bis. 262.
Beguines. 264.
Bénédictins dans les Cathédrales. 296. *bis* de Ste Justine. 370.
S. Benoit. 244. Mort. 250. Son corps. 260.
S. Benoit d'Aniane. 268-274.
Ste. Bertille. 266.
S. Bertin. 266-278.
Biens communs. 210.
S. Bonnaventure. 342.
S. Bruno. 314-320.

C.

Camaldules, réformés. 300.
Canonizat. Ste Cunegunde. 337.
S. Ulric. 300.
Cardinaux, leurs titres. 288.
Car-

TABLE DES RITS ET RELIGIEUX.

Carloman Relig. 268. bis.
Carmes de Mantoüe. 370.
Carmes Déchaux. 392.
Carmelites. 226-378.
Cassien. 240.
Chanoines Séculiers, chassés. 296.
Chanoines Réguliers, réformés. 270.
Chanoines Réguliers de S. Antoine en Dauphiné. 348.
S. Antoine Viennois. 314.
S. Aubert, Cambray. 308.
Chancelade. 324.
Closterneubourg. 324.
Conimbre. 324.
Coventri. 308.
Ste. Geneviéve. 324.
S. George in Alga. 369.
S. Jacq. de Spada. 274.
S. Jean à Chartres. 302.
De Latran. 244.
S. Lo. 304.
De Lorraine. 394.
S. Marc. 334.
Ste Marie du Rhin. 324.
S. Maurice. 244.
Prémontré. 320.
S. Ruf. 300.
Sempingam. 324.
S. Sépulcre, Bohême. 330.
Val des Ecoliers. 336.
Vallis Viridis. 362.
D'Uzez. 396.
Chanoinesses Ste Geneviéve. 396.
De Latran. 240.
De Lorraine. 394.

Chant d'Eglise. 210.
à 2. Chœurs. 232.
Chapitres des Cathédrales. 308.
Charité sur Loire. 308.
Chartreuses. 337.
Chevaliers d'Alcantara. 330.
S. André. 386.
De l'Annonciade. 370. bis.
S. Antoine. 400.
D'Avis. 330.
Ste. Brigitte. 362.
Calatrava. 330.
Du Chardon. 274-370.
De Christ. 354.
De la Colombe. 369.
Du Croissant. 342-374.
De l'Echarpe. 354.
De l'Elephant. 384.
De l'Eperon d'or. 374.
S. Esprit. 392.
S. Etienne. 392.
De l'Etoile. 342-362.
De la Fleur de Lys. 386.
S. Georges. 348-374-378.
L'Hermine. 374.
S. Hubert. 374.
S. Jacques. 304-348.
Jarretiére. 362.
S. Jean, ou Malthe. 320.
S. Lazare. 324-342.
Livonie. 336.
S. Louis. 396.
Du Lys. 304.
Malthe. 320.
S. Marc. 392.
S. Maurice. 374.
S. Michel, Portug. 330.
S. Michel, France. 378.
Montese. 354.

La Navire. 369.
De la Penitence. 342.
Rhodes. 374.
S. Rupert. 400.
Templiers. 320.
arrêtés. 354.
Teutons. 334.
De la Toison. 370.
Chrétiens, ce nom. 210.
S. Chrodegrand. 270. bis.
Cimetiéres bénis. 218.
S. Claire. 342.
S. Claude Evêque. 254.
Clercs des Infirmes. 392.
Clercs Mineurs. 392.
Cloches en Grece. 284.
Cluni, dédié. 298.
Cœnobites. 224.
S. Colomban. 254-256. ter.
Confesseurs. 216.
Congrégation d'Avellana. 369.
Ste Colombe. 300.
S. Jerôme. 370.
De Vindesheim. 369.
Croisiers de Syrie. 226.
Croix portée devant le Pape. 278.
Ste. Cunegunde, canonisée. 337.
S. Cyriaq. Solit. 250.

D.

S. **D**IE'. 262.
Dimanche, célébré. 210. chomé. 226.
Doctrine Chrétienne. 392-394.

E.

S. **E**LOY. 258.
Ere de Dioclet. 222.
S. Etien-

TABLE DES RITS ET RELIGIEUX.

S. Etienne de Muret. 304.
Eucharistie aux Enfans. 216.
Ste. Eustochie. 236.
Exorcisme. 212.
Extrême-Onction. 212.

F.

Ste. FARE. 256.
Fête de l'Assomption. 274.
Des Mystéres. 210.
De Noël. 232.
Purification. 250.
S. Sacrement. 342.
La Toussaint. 268.
Des Trépassés. 300.
Feuillans. 392.
Feuillantines. 392.
Filles Solitaires. 396.
Fourier de Mattaincour. 394.
S. François d'Assise. 337.
Freres S. Alexis. 348.
De Bethléem. 396.
De la Charité. 392.
De S. Jean de Dieu. 386.
servans. 288.
De la Vie commu. 362.
S. Fulgence Relig. 244.

G.

S. GERARD. 296.
Ste Gertrude. 260. bis.
S. Gildas. 292.
Gottescalq. 278.
Grand Monastier. 246.
Grimlaïc Solit. 288.
S. Guilhain. 260-262.
Guillaume d'Aquit. 274.
Guillaume le Pieux d'Aquit. 290.

H.

S. HADELIN. 264.
Herman Contractus. 308.
Herm. S. Augustins. 232.
De Montebello. 369.
Du Mont Colorito. 386.
réformés. 392.
S. Hidulfe. 266.
S. Hilarion. 222.
S. Hilarion Solit. 232.
S. Honnorat. 232.
Hospice de la Trinité. 396.
Hospitaliers du S. Esprit. 336-337.
De Jerusalem. 314.
S. Lazare. 342.
Hospitaliéres S. Gervais. 394.
D'Italie. 396.

J.

JEAN Cassien. 240.
S. Jean Climaq. 256.
S. Jean de Dieu, canonisé. 296.
Jean Ab. de Gorze. 298.
S. Jean Gualbert. 308.
Jésuites. 386.
Jeûnes établis. 214.
de trois jours. 288.
Imposition des mains. 210.
S. Joannice Solit. 278.
Jubilé, établi. 348.
Juifs chassés. 216. retournent à Jerusalem. 218.

L.

S. LADISLAS, canonisé. 337.
S. Landelin. 266.

S. Léonard Solit. 250.
Lettres formées. 214.
S. Lié Solitaire. 250.
Litanies établies. 246.
Loix, leur nombre. 218-220.
Lorette. 348.
Luminaires d'Egl. 212.

M.

S. MACAIRE Solit. 236.
S. Marcou. 290.
Ste Marie de Bethanie. 292.
S. Maron Solit. 236.
S. Martin. 228.
S. Martin des Champs. 308.
Martyre. 214.
Martyrs ensévelis. 216.
S. Mary. 246.
S. Mayeul. 290.
Michel Emp. Relig. 274.
Missionaires. 396.
Monastére, le Ier. 220.
Fondés. 224.
Ier. en France. 228.
De Condat. 236.
De Ste Croix. 250.
De Lerins. 236.
De Marmoutiers. 232.
De Mici. 246.

N.

S. NICOLAS Studite. 278.
S. Nil. 240.
S. Nil. 290.
S. Nil au Mont Cassin. 298.
Notaires publics. 112.

O.

OBLATS. 392.
Ste Odille. 266.
S. O-

S. Odillon. 296.	Peres de la Mission. 396.	Jéfuates. 362.
S. Odon. 294.	S. Philip. Beniti. 348.	S. Isidore. 254.
S. Odon de Cantor. 294.	Picquepuz. 394.	S. Laurent. 278.
Ste Opportune. 270.	S. Pierre Damien. 302-	S. Macaire. 228.
Ordre de S. Ambroise.	304.	De Malthe. 334.
362.	S. Pierre Nolasq. 342.	La Mercy. 378.
Des Apôtres. 378.	Plectrude. 264.	Minimes. 378.
De S. Basile. 396.	S. Pons. 294.	Du Mont Olivet. 354.
De S. Benoit. 246.	Prêtre de l'Oratoire.	Oblates. 370.
S. Benoit réform. 294.	394. bis.	S. Sacrement. 396. bis.
Ste. Brigitte. 362.	Prières à l'Orient. 214.	Sempingam. 324.
Camaldules. 304.	Prières des Morts. 216.	Des sept douleurs.
Des Capucins. 386.	S. Pyrmin. 270.	396.
Des Carmes. 330.		Servites. 348. bis.
Des Carmelites. 386.	Q.	Sylvestrines. 348.
Des Célestins. 342.	S. QUIRIACE Solit.	Théatines. 392.
Des Chartreux. 314.	250.	Tiers Ord. S. Fr. 337.
De Citeaux. 314.		Trinitaires. 337-394.
Citeaux, réformé. 334.	R.	Vallombreuse. 304.
Des Croisiers. 337.		314.
S. Dominiq. 336.	RABAN. 274.	Visitation. 394.
Des Feuillans. 392.	Ste Radegonde.	Urbanistes. 342.
De Fontevraud. 314-	250. ter. 254.	Religieux Mandians
378.	Récollets. 384.	comment prêchent.
De S. François. 336.	Religieuses Acemetes.	384.
Grammont. 304-314.	270.	Religieux de Lerin. 268.
S. Guillaume. 330.	S. Agnès. 378.	Remiremont. 258.
Des Humiliés. 304.	S. Ambroise. 228.	Ste Rictrude. 264.
S. Jerôme. 362-370.	Annonciades. 384-	S. Riquier. 260.
La Mercy. 337.	394.	Rit Grec, quitté. 342.
Des Minimes. 374.	S. Antoine. 228.	Robert d'Arbriss. 314.
Du Mont Olivet. 354.	S. Augustin. 236.	S. Robert de Molesm.
Prémontré. 320.	Augustines. 342.	314.
Des Servites. 337.	S. Basile. 228-232.	Rogations. 240.
Des Somasques. 386.	S. Benoit. 246.	S. Romaric. 258.
Des Sylvestrins. 337.	Calatrava. 330-337.	S. Romain. 236-240.
De la Trinité. 336.	Du Calvaire. 394.	S. Romuald.
De Valombreuse. 308.	Camaldules. 314.	296-298-304.
S. Othmar. 270.	Capucines. 386.	
	S. Céfaire. 250.	S.
P.	De Citeaux. 320.	
	Ste Claire. 336-370.	S. SAbas Anach.
S. PACÔME. 220-	De la Conception.	244-246.
224-226. bis. 228.	378.	Sang des animaux. 212.
Panthéon, consacr. 256.	Corpus Domini. 396.	Ste Scholast. 246-260.
Paschase Ratbert. 278.	S. Dominiq. 386.	Signe de la Croix. 214.
Pâque célébrée. 222.	Humiliées. 330.	S. Siméon Stylite. 240.
S. Paul Hermit. 218-228.	S. Jacques. 354.	le jeune. 246.
Ste Paule. 236.	De S. Jerôme. 362.	S. Sol Solit. 270.
		S. Stur-

TABLE DES RITS ET RELIGIEUX.

S. Sturme. 270.	Théodore, sanctifié. 224.	**V.**
S. Suaire à Turin. 374.	Théodore de Stude.	
S. Sylvestre Guzzolin.	270.	VAL des Choux.
342.	S. Théodose Relig. 246.	336.
Symbóle chanté. 274.	Thérapeutes. 210.	S. Valery reclus. 258.
	S. Thomas d'Aq. 342.	Vallombreuse. 304.
T.	Tiers Ordre Penit. 348.	S. Venceslas de Boh.
THEATINS. 386.	Tiers Ordre S. Fr. 354.	292.
Théodon de Bavié-		Vincent de Lerin. 240.
re. 264.		S. Vinoc. 266-288.

III.

LISTE
ALPHABETIQUE
DES
GRANDS-HOMMES.

A.	S. André. 213.	S. Augustin.
	Andronicus. 289.	229-233-237.
ABAILARD. 325.	S. Anien. 213.	Augustin de Cantorbe-
Abbon. 303.	S. Annon. 309-315.	ry. 255-257.
Adelaïde. 301.	S. Ansbert. 265.	Avicenne. 299.
S. Adelbert. 297-299.	S. Anschaire. 279.	S. Avit. 247.
S. Adelbert. 301.	S. Anselme. 315-321.	Azon. 343.
Ste Afre. 297.	S. Antoine *Herm*. 285.	
Ste Agadreme. 265.	S. Antoine *de Pade*. 335.	**B.**
Ste Agathe. 221.	S. Appollinaire. 213.	
S. Albans. 223.	Arbrissel. *Robert*. 321.	S. BABYLAS. 221.
Albert *de Bamberg*. 299.	Arnoul, *Emp*. 289.	Bacon, *Roger*. 349.
Albert le Grand.	S. Arnould. 255-	Bamberg, *Evesbé*. 303.
343-349.	257-259-265-297.	S. Barthelemi. 213.
Alcuin. 275.	S. Arsène. 229.	S. Basile *Martyr*. 229.
S. Alexandre. 221.	Artold *de Rheims*. 293.	S. Basile *le Grand*. 233.
S. Amand. 263.	S. Athanase.	Becquet, *Thomas*. 331.
S. Ambroise. 229-233.	225-227-233.	S. Benezet. 331.
Anachoretes *Martyrs*.	Athénagore. 217.	S. Bennon. 321.
247.	Avares. 289.	S. Bernard. 315-325.
		Ber-

Bernardin de *Sienne.* 375.
Berne, *Ville.* 335.
S. Bertaire. 285.
Berthold *de Zeringen.* 335.
Bocace, *Jean.* 363.
Boëce. 245-247.
Bohémiens. 293.
S. Boniface. 267-269.
Boniface VIII. 349.
Brêche, *Pierre de la.* 349.
Ste Brigide. 247.
S. Bruno, *canonisé.* 385.
Brunon de *Colog.* 293-295-297.
S. Brunon, *Martyr.* 303.
Brunon. 305.
Bulgares. 289.
S. Burckard, ou Burchard. 269-299.

C.

CANTORBERY, *Eveché.* 255.
S. Canut. 315.
Ste Catherine. 363.
Célestin, *S. Pierre.* 349.
S. Césaire. 245-247.
Charlemagne. 331.
Charles le *Simple.* 289.
Charles le *Bon.* 325.
Childebert, *Roi.* 251.
S. Claude. 245.
S. Clément, *Mart.* 213.
S. Clément, *Pape.* 213.
S. Clément, *Catéchiste.* 219.
Ste Clotilde. 245-251.
S. Cloud. 247-251-265.
Cola Renso. 363.
S. Colomban. 261.
Côme, d'*Alex.* 269.
Conradin. 343.
Constantin. 223-225-229.

Constantin, *Porphyr.* 289-295.
Constantinople, *affligée.* 269.
S. Corbinien. 269.
S. Crépin & S. Crépinien. 223.
Croisades. 325.
Croix de J. C. 227.
Ste Cunegonde. 305.
S. Cyprien. 219-221-223-275.
S. Cyrille de *Jérus.* 223.
S. Cyrille d'*Alex.* 237-241.

D.

DANOIS. 275.
S. Denys *Aréopag.* 213-275.
S. Denys de *Paris.* 219-223.
Denys d'*Alex.* 221-223.
S. Dominique. 331.
Duels. 343.

E.

S. EBERARD. 331.
Ebroin. 263.
S. Edoüard Martyr. 299.
Edoüard *Confess. canonisé.* 309. 331.
Egesipe. 217.
Ste Elizabeth. 363.
S. Eloi. 261.
S. Emmeran. 261.
S. Emmeri. 305.
S. Epiphane. 233-237.
S. Etienne *Mart.* 211.
S. Etienne *Roi.* 301-305.
Etienne de *Muret.* 335.
Eudes, *Roi.* 289.
Evèques d'*Afrique*, *exilés.* 247.
S. Eugéne. 241-261.

Ste Eulalie. 225.
S. Euloge. 279.
Ste Euphemie. 225.
Eusebe. 223.
S. Eustache. 215.
Eustathius. 289.

F.

FAUST (*Jean*). 375.
S. Faustin. 215.
Ste Félicité. 217.
Ferdinand I. *Roi.* 309-343.
S. Firmin. 223.
Florentins (les) 343-363.
Floride. 385.
Formose. 289.
S. François d'*Assise.* 331-337.
S. François de *Paule.* 385.
S. François Xav. 387.
Ste Françoise. 375.
Fulbert. 305.
S. Fulcran. 303.
S. Fulgence. 241-247-251.

G.

GABELLE, *établies* 363.
Gaëtan de *Thieune.* 387.
Gamaliël. 211.
S. Gatien. 225.
Ste Geneviéve. 237-247.
S. Genez. 223.
S. Gerard. 309.
S. Geraud. 291.
S. Germain d'*Auxerre.* 237-241.
S. Germain de *Paris.* 245-251-255.
S. Gervais. 211.
Geysa. 301.
Gilles *de Tuseul.* 293.
S. Go-

TABLE DES GRANDS HOMMES.

S. Godard, *ou* Gothard. 305.
Gregoire *Taumat.* 219-223.
Gregoire de Nazian. 227-233.
Gregoire de Nysse. 227.
Gregoire de Tours. 255.
Gualbert, *Jean.* 335.
Ste. Gudule. 267.
Guillaume d'*Aquitaine.* 293.
Guillaume, *Roi.* 309.
Guillaume, *dernier Duc de Guienne.* 325.
Guttemberg. 375.

H.

HALLE en Saxe. 299.
Ste. Heleine. 219-279.
Heleine de *Russie.* 297.
Henri, *Emp.* 293-305.
S. Henri. 305.
Henri VIII. 387.
S. Heric, *ou* Henri. 325.
S. Hieron. 215.
S. Hippolite *Mart.* 221.
Hongrois. 289-291-297.
S. Hubert. 267-275.
Huguenots. 387.
S. Hugues. 325.
Humbert. 349.
S. Hyppolite. 219.

I.

Ste IDE. 321.
Jeanne de Valois. 385.
S. Ignace d'Antioc. 215.
S. Ignace de Const. 271-279.285.

II. Volume.

S. Ignace de Loyola. 287.
S. Ildefonse. 261.
Imprimerie. 375.
Innocent Pape. 343.
S. Irenée. 215-219.
Isaac Ambassad. 275.
Isabelle. 343.
Isidore de *Seville.* 259-303.
S. Isidore *Laboureur.* 325.
Ives de *Chartres.* 315-321.
S. Ives. 363.

J.

S. JACQUES *Maj.* & *Min.* 211.
S. Janvier. 225.
S. Jean Evang. 213
Jean, *Roi de Fr.* 363.
Jean l'*Aumônier.* 257-259.
S. Jean *Bapt.* 211.
S. Jean *Chrysost.* 229-233-237.
Jean *Damasc.* 263-271.
Jean de *Dieu.* 387.
S. Jerôme. 227-233-237.
Jerusalem. 259.
S. Jovite. 215.
Jubilé. 363.
Jules *Afriquain.* 219.
S. Julien. 265.
S. Juste. 225.
S. Juste *Mission.* 257.
Ste Juste. 225.
S. Justin *Philos.* 215-217.

K.

S. KILIEN. 265.

Ff

L.

S. LADISLAS. 315-337.
S. Lambert. 263-267.
Lanfranc. 315.
S. Laurent. 223.
Laurent *Justinien.* 375.
Lazare. 211.
S. Leandre. 257.
S. Leger. 261-263.
Léon, *Emp.* 289.
Léon Pape. 303-309.
Léon X. 385.
S. Léonide. 219.
S. Léopold. 325.
S. Lievin. 261.
Lothaire, *Roi.* 301.
Louis d'*Outremer.* 295.
S. Louÿs. 343-349.
S. Louÿs Evèq. 349.
S. Loup. 241.
Ste. Luce. 225.
S. Lucien. 223.
Ste. Ludmille. 293.
Lulle, *Raymond.* 349.
S. Lutger. 275.
Luther. 385.

M.

MAGDEBOURG, *Ville.* 297.
S. Malachie. 325.
Malipierio, *Lauro,* 335.
S. Malo. 251.
S. Marc *Evang.* 213.
S. Marcoul. 289.
Ste. Marguerite d'*Ecosse.* 315-343.
S. Martin. 227-233-241-285.
Son Eglise. 291.
Ste. Mathilde. 297.
Martyrs Espag. 279.
S. Mau-

TABLE DES GRANDS HOMMES.

S. Maurice, 223.
Maurice, *Pierre*. 321-331.
S. Maurille. 309.
S. Medard. 251.
S. Michel. 267.
Mission aux Indes. 217.
En Russie.
En Crete. 297.
En Prusse. 303.
Ste. Monique. 227-233.

N.

NARCISSE. 217.
Nicolas le *Mystiq.* 291-293.
Nicolas de *Tolent.* 375.
S. Nicon. 297.
Nomenoé. 279.
S. Norbert. 319-321-325.

O.

S. ODILLON. 309.
Odo, *Roi.* 289.
S. Olaf. 305.
Oran. 385.
Origene. 321.
Orseolo. 299.
Othon, *Emp.* 295-297-301.
S. Oüen. 263-265.

P.

S. PANTENE. 217.
219.
S. Papias. 217.
S. Pastour. 225.
S. Patrice. 241.
S. Paul. 211.
Ste. Paule. 229.
S. Paulin. 229-237-275.

Pepin de *Landen.* 259.
Peregrin. 217.
Periode de *Victor.* 261.
Petrarque. 363.
Photius. 279-285.
Pictes. 261.
Pierre le *Vénérable.* 315.
Pierre *Damien.* 309.
S. Polieucte. 223.
S. Polycarpe. 213-217.
S. Potamon. 229.
S. Prétextat. 255.
S. Prosper. 241.
S. Protais. 211.
S. Prudence. 279.
Pulcherie. 233-237.

Q.

QUADRATUS. 215.
S. Quentin. 223.

R.

RABAN Maur. 279.
Ste. Raingarde. 325.
Ramire de Castille. 291.
De Léon. 295.
S. Ratbod. 289.
Ste. Reine. 279.
S. Remi. 241-245-251-285.
S. Rieule. 223.
Riga, *Ville.* 335.
Robert, *Roi.* 305.
Robert *Arbrif.* 321.
Ste. Rufine. 225.
S. Rupert. 267.
Russie *convertie.* 285.

S.

SANCHE de *Portugal.* 335.

Sarrasins. 279-289.
S. Saturnin. 221.
Scotistes. 349.
S. Sébastien. 223.
S. Serapion. 217.
Sergius. 289.
Sexte (le) 349.
Sidoine Apollinaire. 241.
Silas. 211.
S. Siméon. 215.
S. Stanislas. 309-315.
Stockholm, *Ville.* 343.
S. Sturme. 271.
Sylvestre II. 301.

T.

TALMUD, *brûlé.* 343.
S. Taraise. 275.
Ste. Thecle. 211.
S. Theophanes. 275.
Théophilacte. 295.
Thomas *Becquet.* 321-387.
Thomas de S. *Victor.* 325.
Thomistes. 349.
S. Timothée. 213.
Trasamond. 247.
S. Trophime. 219.
Turcs. 349-363.

V.

S. VAAST. 245.
S. Vannes. 245.
Ste. Vaudru. 259-265.
S. Victor. 223.
Victorius d'*Aquitaine.* 261.
S. Vincent. 225-251.
Vincent *Ferrier.* 375.
S. Virgile. 269-271.
S. Ulric. 293-297-299-
Uni-

TABLE DES GRANDS HOMMES. 451

Université de Paris. 271.	S. Willebrod. 265-269.	Ximenès, *Card.* 385.
Vraye Croix. 259.	Wimon. 291.	Z.
	Wittikind. 271.	
W.	**X.**	ZEMISC'ES, *Jean.* 299.
WENCESLAS. 293.	XAVIER, S. François. 387.	
S. Wilfrid. 267.		

I V.

LISTE
ALPHABETIQUE

Des Hérésies & Persécutions.

A.

ABAILARD.	325.
Abbati.	371.
Acaciens.	229.
Adamites.	325.
Aegidius.	393.
Aerius.	229.
Aetius.	229.
Agionites.	261.
Agnoetes.	247.
Agoniclites.	267.
Albigeois.	331.
Aldebert.	269.
Alexandre.	211.
Amauri.	337.
Anabaptistes.	387-390.
bis 397. bis.	
Antitrinitaires	391-395.
Antropomorphites.	229-293.
Apellés.	217.
Apollinaire.	233.
Apostoliques.	219-349.
Arabes.	219.
Arius; Ariens.	227.
Arminius.	395.
Arnaud de Bresse.	321.
Arnaud de Villeneuve.	355.
Audée.	229.
Augustin de Rome.	375.

B.

BAANES.	265.
Bardesanes.	217.
Barsaniens.	251.
Basile d'Ancire.	229.
Basile.	321.
Basilides.	215.
Bayus.	391.
Begards.	349.
Berenger.	285-309.
Bérille.	219.
Bernardin Okin.	391.
Blandrat.	391.
Bourignon.	397.
Brentius.	391.
Broun.	395.
Bucer.	387.

C.

CAINITES.	217.
Calixtins.	371.
Calvin.	391.
Cameron.	395.
Camisars.	397.
Carlostrad.	387.
Cataphryges.	217.
Catarres.	217.
Celicoles.	237.
Cerdon.	215.
Cerinthe.	211.
Cerularius.	309.
Circoncellions.	233-343.
Claude Clément.	275.
Clé.	

Ff 2

TABLE DES HERESIES ET PERSECUTIONS.

Clément. 269.
Clerc (Pierre le). 387.
Colorbase. 217.
Collyridiens. 233.
Coluthe. 227.
Constans, son Type. 261.

D.

DADAES. 233.
David de Dinant. 337.
David Georges. 390.
Demi-Ariens. 229.
Dioscore. 241.
Donat. 225.
Donatistes. 225.
Dulcin. 355.

E.

EBION. 211.
Ejectes. 263.
Elipand. 271.
Elxaï. 215.
Encratites. 217.
Eon. 325.
Episcopaux. 395.
Esquinistes. 221.
Eunomius. 227.
Eusébiens. 227.
Eutychés. 241.

F.

FELIX d'Urgel. 271.
Flagellans. 343.
Foulon (Pier. le). 241.
Fox (Georges). 397.
François Ceccus. 355.
François de pistoie. 363.
Fratricelles. 349.
Freres Polonois. 395.

G.

GANDULFE. 305.
Gazares. 337.

Georges. 390.
Gilbert Porretan. 325.
Gnaphée (Pierre). 241.
Gnostiques. 215.
Gomarites. 395.
Gottescalq. 279.

H.

HELVIDIUS. 233.
Henri de Ceva. 355.
Henriciens. 325.
Herman de Ryswic. 379.
Hermogenes. 219.
Hesicastes. 363.
Hiérax. 225.
Huguenots. 391.
Hussites. 371.
Hymenée. 211.

J.

JACOBITES. 251.
Jansenius. 397. bis.
Iconoclastes. 267.
Jean d'Abantone. 369.
Jean Erigene. 285.
Jean Huff. 371.
Jean de Leyde. 390.
Jean Philosophe. 315.
Jean de Pollieu. 355.
Jean de Rupescissa. 365.
Jean de Wesel. 379.
Jerôme de Prague. 371.
Illuminés. 393.
Indépendans. 395.
Joachim. 335.
Jovinien. 233.
Julien. 247.

L.

LABBADIE. 397.
Léon d'Isaurie. 267.
Libertins. 390.

Lucien. 217.
Lulle, Raymond. 369.
Luther. 385.

M.

MACEDONIENS. 229.
Mahomet. 257.
Manès. 223.
Manichéens. 223-305-335.
Marcion. 215.
Marguerite Porrete. 355.
Martin Gonzalve. 363.
Melanchton. 387.
Melece. 225.
Menandre. 213.
Mennonites. 397.
Molinos. 397.
Monothélites. 251-265.
Montan, Montanistes. 217.
Multiplians. 325.
Muntzer. 390.

N.

NESTORIUS. 237.
Nicolas Diacre. 213.
Nicolas de Calabre. 363.
Niquinta. 331.
Noët. 219.
Novat. 221.
Novatien. 221.

O.

OECOLAMPADE. 390.
Okin. 391.
Ophites. 217.
Orbibariens. 337.
Origenes. 219.
Origénistes. 251.
Osian-

TABLE DES HERESIES ET PERSECUTIONS.

Ofiander.	391.	Philetus.	211.	Spinofa.	397.
Offéens.	211.	Photin.	229.	Stadings.	337.
		Photius.	279.	Swenfeld.	361.

P.

Phrygiens.		217.		T.	
Picards.		371.			
PACIMONTAN.	387.	Pierre d'Apamée.	247.		
Papias.	215.	Pierre de Bruys.	321.	TABORITES.	371.
Pâques.	255.	Pierre le Foulon.	211.	Tanchelin.	325.
Paterne.	237.	Pollieu (*Jean*).	355.	Tatien.	217.
Patrice.	217.	Polychronius.	265.	Tertullien.	219.
Paul de Samofate.	223.	Praxeas.	219.	Themiftius.	247.
Pauli-Joannites.	271.	Préadamites.	397.	Théodote.	217.
Pauliciens.	265.	Prédeftinatiens.	241.	Thiota.	279.
Pelage.	233.	Prifcilliens.	233.	Tiric.	335.
Perfécutions,		Prodicus.	215.	Trembleurs.	397.
1. Des Juifs.	211.	Puritains.	391.	Trithéïtes.	251.
2. Des Juifs.	ibid.			Turlupins.	369.
3. Des Juifs.	ibid.	Q.			
1. De Néron.	ibid.			V.	
2. De Domitien.	213.	QUAKERS.	397.		
3. De Trajan.	215.	Quartodecimans.	217.	VALDO.	331.
4. De Marc Aurel.	217.			Valentin.	215.
5. De Severe.	219.	Quiétiftes.	397.	Valentin Gentilis.	391.
6. De Maximin.	219.	Quintin.	390.	Valefius.	221.
7. De Decius.	221.			Vitalis.	237.
8. De Valérien.	223.	R.		Vanini.	395.
9. D'Aurélien.	223.			Vaudois.	331.
10. De Dioclétien.	225.	RAYMOND, Lulle.		Victor Vincent.	237.
11. De Conftantius.			369.	Vigilance.	237.
	229.	Regnier.	363.	Unitaires.	395.
12. De Julien.	229.	Remontrans.	395.	Vorftius.	395.
Des Vandales.	241. bis.	Rofcellin.	315.	W.	
D'Huneric.	245.	S.			
De Trafamond.	245.			WALTERO.	355.
De Leuvigilde.	255.	SABELLIUS.	220.	Wecelin.	315.
De Bardanes.	267.	Saturnin.	215.	Wefel, *Jean de.*	379.
De Conftantin Copronyme.	270.	Semi-Ariens.	229.	Wiclef.	371.
		Semi-Pelagiens.	933.		
Des Sarrafins.	295.	Sergius.	259.	Z.	
Aux Indes.	390.	Servet.	390.		
En Angleterre.	390.	Sethiens.	217.	ZANNIN de Solcia.	
Au Japon.	397.	Severe.	247.		379.
A la Chine.	397. bis.	Simon Magicien.	211.	Zanzale.	251.
A Siam.	397.	Simoniaques.	309.	Zenon d'Ifaurie.	241.
Peyrere.	397.	Socin, *Faufte.*	393.	Zifka.	371.
Pfefferkorn.	385.	Socin, *Lelio.*	395.	Zuingle.	390.

Ff 3 V. LIS.

V.
LISTE ALPHABETIQUE
DES AUTEURS ECCLESIASTIQUES.

A.

ABBON.	287.	Aimar.	305.	Alfric.	301.
Abbon de *Fleuri*.	297.	Aimoin.	299.	Alger.	325.
		Aimon.	287.	Allatius.	398.
Abdias *de Babyl*.	213.	Alain *de l'Isle*.	339.	Alinain.	385.
Abelard.	327.	Alberic *du Mont Caffin*.	313.	Alman.	289.
Abucara.	383.	Alberic *Rosate*.	366.	Alphonse Spina.	379.
Ben. de Accoltis.	377-379.	Alberic *de Trois Fontaines*.	343.	*Diego* Alvarès.	395.
Luc *d*'Acheri.	398.	Albert, ou Alberic.	325.	Amalarius *Fortunatus*.	275.
Georg. Acropolyte.	347.	Albert *Bénédictin*.	347.	Amalarius *de Metz*.	279.
Const. Acropolyte.	353.	Albert *le Grand*.	345.	S. Ambroise.	235.
Greg. Acyndinus.	365.	Albert *de Padoüe*.	359.	Ambroise *Camaldule*.	376.
Adaman.	261.	Albert *de Strasbourg*.	367.	Ammonius.	219.
Adelbold.	303.	Alberti.	389.	Amolon.	279.
Adelman.	309.	Albertinus *Mussatus*.	360.	Amphiloque.	235.
Adelme.	261.	Albici.	367.	Amulon.	279.
Ademar.	305.	Alcimus *Ecdicius Avitus*.	245.	Anaclet *Antip*.	325.
Adeodat *Pape*.	263.	Alcuin.	271.	Anastase II. *Pape*.	245.
Adon.	285.	Aldreval.	285.	Anastase *d'Ant*.	265.
Adricomius.	389.	Alexandre V. *Pape*.	373.	Anastase *le Biblioth*.	285.
Adrien IV. *Pape*.	329.	Alexandre VI. *Pape*.	382.	Anastase *de Césarée*.	319.
Adrien VI. *Pape*.	385.	Noël Alexandre.	400.	Anastase *Moine*.	263.
Aelfred.	283.	Alexandre. *de Halés*.	341.	Anastase *de Palest*.	269.
Aelrede.	331.	Alexandre *de Imola*.	380.	Anastase *de Rome*.	263.
Aeneas *Silvius*.	377.	Alexandre *de S. Elpide*.	356.	Anastase *Sinaïte*.	255.
Aethelrede.	331.	Alexis *de Const*.	307.	Anatolius *d'Alex*.	223.
Agape.	249.	Alfanus.	313.	Anatolius *de Const*.	243.
Agathon.	263.			Ancharano.	375.
Is. Agirus.	367.			S. André.	213.
Agnellus.	253.			*Antoine* André.	359.
Agobard.	277.			André *Cardinal*.	381.
D'Aguirre.	399.			André *de Crete*.	265-281.
Pierre d'Ailli.	369.				

An=

TABLE DES AUTEURS ECCLESIASTIQUES.

André de Neucaſtle. 355.	Athenagoras. 217.	Arm. de Beauvoir. 361.
S. André. 363.	Atticus. 239.	De Bebemberg. 365.
Andronique. 361.	Atton. 295.	Beccus. 347.
Ange de Clavaſio. 381.	Amaulri Auger. 367.	Bede. 269.
Angelome. 281.	S. Auguſtin. 239.	Bellarmin. 395.
P. Anglicus. 371.	Auguſtin de Pavie. 383.	De Pelleperche. 353.
Mich. Angrianus. 369.	Pier. Aureolus. 360.	Bennon. 315.
Anſegiſe. 277.	Ambroiſe Autbert. 271.	S. Benoit. 249.
S. Anſelme. 315.	Auxilius. 287.	S. Benoit d'Aniane. 271.
Anſelme de Gemblours. 327.	**B.**	Benoit II. Pape. 265.
Anſelme d'Havelberg. 329.	Babolen. 263.	Benoit XII. Pape. 363.
Anſelme de Lucques. 313.	Babon. 291.	P. de Benriede. 319.
Antiochus. 261.	J. Bacon. 361.	Berchorius. 366.
S. Antoine. 227.	Baillet. 400.	S. Bernard.
S. Antoine de Pade 339.	Guy Balde. 363.	Bernard de Com- 327. poſtelle.
Antoine de Lebrixa. 382.	Guy de Baldenſel. 365.	Bernard de Lerins. 347.
S. Antonin. 377.	Baldericus. 331.	Bernardin d'Aquilée. 381.
Apollinaire. 217.	Baldric. 327.	
Apollinaires, pere & fils. 233.	Baldus Ubaldus. 369.	S. Bernardin de Sienne. 375.
Apollonius de Novarc. 259.	H. de Balma. 373.	Bernerus. 295.
Aponius. 261.	Baluze. 400.	Bertharius. 291.
Arator. 251.	Balzamon. 333.	Berthold. 319.
Archelaüs. 223.	Bandoninie. 253.	Bertram. 281.
Arcudius. 397.	Baptiſte Mantouan. 385.	Pier. Bertrand. 361.
Guy Aretin. 305.	Baptiſte de Salvis. 381.	Biel. 381.
Arias Montanus. 389.	Herm. Barbarus. 381.	Matt. Blaſtares. 363.
Ant. Arnaud. 399.	Barbatus. 379.	Niceph. Blemmidas. 345.
Arnaud d'Andilli. 399.	Moyſe Bar Cepha. 299.	
Arnaud de Ceſcomes. 361.	Barlaam. 365.	J. Blerus. 383.
Arnaud de Bonneval. 329.	S. Barnabé. 213.	Bloſius. 393.
Arnaud de Verdala. 365.	Baronius. 395.	Boëce. 249.
Arnobe. 225.	Barthelemi d'Edeſſe. 269.	Du Bois. 399.
Arnobe le jeune. 243.	Barthelemi des Martyrs. 393.	Bollandus. 398.
Arnoul. 303.	Barthelemi d'Urbin. 365.	J. de Bona. 399.
Arnoul de Lizieux. 329.	S. Baſile de Céſ. 233.	Bonagratia. 361.
Arnulphus. 329.	S. Baſile de Seleucie. 243.	S. Bonaventure. 345.
Arſenius. 333.	Baſile d'Ancyre. 229.	Bonfinius. 383.
Aſcelin. 309.	Baſile le Macédon. 283.	S. Boniface de Mayence. 269.
Aſterius. 235.	Baſilides. 223.	Boniface I. Pape. 239.
Aſteſanus. 359.	S. Baſſolis. 360.	Boniface V. Pape. 259.
S. Athanaſe. 227.	Baudemond. 265.	Boniface VIII. Pape. 353.
Athanaſe le jeune. 271.	Baudouin de Cant. 333.	Bonizon. 315.
Athanaſe de Maced. 353.	Baudry. 331.	Borſtius. 382.
	Bavon. 291.	Boſio. 393.
	Geof. de Beaulieu. 349.	Boſſius. 382.

Boſ-

Bossuet. 399.	J. Canon. 360.	Georg. Codinus. 380.
Bossus. 382.	J. Cantacusene. 366.	Coccius *Sabellicus.* 393.
Bourdaloüe. 399.	*Th.* Cantimpré. 345.	Coëffereau. 397.
Bousard. 382.	Capnio. 383.	*Le* Cointe. 399.
Boutillier *de Rancé.* 399.	J. Capreolus. 373.	*Fr.* Collius. 399.
Bouvon. 291.	Capriolus. 241.	Collumbario. 366.
Bradvardin. 366.	Caraccioli. 381.	*Gil.* Colomne. 353.
Brandolinus. 382.	Caranza. 389.	*Guy* Colomne. 351.
Braulion. 259.	J. Caroli. 382.	*Raoul* de Colonne. 351.
Hugues de Breteuil. 309.	J. Cassien. 239.	S. Columban. 257.
Guil. le Breton. 341.	Cassiodore. 249.	Combefis. 398.
Niceph. Brienne. 321.	*Alphonse* de Castro. 389.	*Pier.* Comestor. 335.
Ste. Brigitte. 367.	*Léon* de Castro. 367.	Commodianus. 225.
Brocard. 345.	*Amb.* Catharin. 387.	*Anne* Comnene. 327.
Et. Brulefer. 381.	Ste Catherine de Sienne. 367.	Constantin *Acropolyte.* 353.
S. Bruno. 319.	*Georg.* Cedrenus. 321.	Constantin Emp. 227.
Brunon Pape. 301.	Celestin I. *Pape.* 239.	Constantin *Hermenopule.* 329.
Brunon d'Ast. 321.	Celestius. 237.	
Brunon de S. Gal. 303.	*Pier.* de Celles. 333.	Constantin *Manassés.* 333.
Brunon de *Wurtzbourg.* 305.	Ceolfrid. 265.	
Pier. Brutus. 382.	*Mich.* Cerularius. 307.	Constantin *Porphyr.* 291.
Burchard. 301.	S. Cesaire. 347.	
J. de Burgo. 369.	Cesarius. 341.	*Gasp.* Contarini. 387.
Rich. Buri. 361.	*Mich.* de Cesene. 359.	*Amb.* Coriolan. 380.
Burley. 361-363.	Charlemagne. 275.	S. Corneille. 291.
Bernardin de Bustis. 381.	J. Charlier. 371.	Corneille *à Lapide.* 397.
	G. Charlier. 375.	P. Cortez. 383.
Ant. de Butrio. 369.	D. le Chartreux. 377.	Cosme *Egyp.* 251.
	Gautier de Châtillon. 335.	Cosme *de Jerus.* 267.
C.	S. Chodegrand. 271.	Cosme *de Pragues.* 319.
CABASILAS. 365.	Chomatenus. 337.	J. B. Cottelier. 399.
Jac. Cajetan. 361.	*Mich.* Choniat. 337.	*Pier.* Constant. 400.
Calcondilas *Laonicus.* 380.	*Lucas* Chrysoberge. 329.	*Bar.* Cotton. 353.
	Manuel Chrysoloras. 369.	Crabbe. 389.
J. Calderinus. 366.		Crantzius. 385.
J. Calecas. 360.	S J. Chrysostôme. 337.	Cresconius. 261.
Manuel Calecas. 366.	J. Cinnamus. 333.	Crummedick. 380.
Niceph. Calixte. 363.	J. de Citri. 337.	*Nic. Card.*de Cusa. 377.
Niceph. Callixte. 357-363.	*Isid.* Clarius. 389.	J. Cyparissote. 366.
	Claudianus *Mamertus.* 243.	S. Cyprien. 223.
Calmet. 400.		J. de Cyrcio. 380.
J. Cameniata. 291-295.	*Nic.* de Clémengis. 375.	S. Cyrille *de Jerus.* 323.
J. *Ant.* Campanus. 380.	S. Clément. 219.	S. Cyrille d'*Alex.* 239.
Campian. 393.	*Cl.* Clément. 277.	Cyrille de *Scytople.* 251.
J. Canales. 377.	Clément V. *Pape.* 357.	
Du Cange. 399.	Clément VI. *Pape.* 365.	
Melchior Cano. 389.	*Josse* Clitou. 387.	

D. DA=

TABLE DES AUTEURS ECCLÉSIASTIQUES. 457

D.

Damase, Pape. 233.
Aug. Dathus. 380.
David d'Augsbourg. 345.
Phil. Decius. 385.
Demetrius Chomatenus. 337.
Demetrius Cydonius. 366.
S. Denys Areop. 213.
S. Denys d'Alex. 221.
S. Denys, Pape. 223.
Denys de Corinthe. 217.
Deodvin. 309.
Deschamps. 398.
Despence. 389.
Deusdedit. 319.
Didime. 233.
Dinus Mugellanus. 357.
Diodore. 235.
Dithmar. 303.
Dlugloffus. 380.
Dominique de Grado. 307.
Dominique de Dominicis. 380.
Domnizon. 325.
Dorlandus. 383.
S. Dorothée. 263.
Draconce. 243.
Drogo. 325.
Drutmare. 285.
Ducros. 351.
Ducas. 377.
Dudon. 301.
Dugué. 400.
Dungale. 277.
Duns. 355.
S. Dunstan. 297.
Dupin. 400.
Guil. Durand. 351.
Durand de S. Porcien. 360.
Durand de Troarn. 313.
Durand le jeune. 359.

E.

Eadmer. 315.
Edgar. 297.
Egbert. 267.
Egesipe. 217.
Eginhart. 285.
Ekbert. 329.
Elie de Crete. 271-327.
Ste Elizabeth. 329.
S. Eloy. 259.
Eltvin Herdman. 380.
Enée de Gaze. 245.
Enée de Paris. 281.
Engelbert. 353.
Ennodius. 247.
Ephrem (S). 249.
S. Epiphane. 235.
Epiphane de Conft. 249.
Epiphane de Conftance. 283.
Epiphane de Jeruf. 295.
Erchenfroy. 303.
J. Erigene. 281.
Eftius. 397.
Etherius. 271.
S. Etienne, Pape. 221.
Etienne VI. P. 289.
Etienne d'Autun. 321.
Etienne de Lobes. 291.
Etienne de Paris. 329.
Etienne de Tournay. 335.
Evagre. 235.
Evangiles faux. 213.
S. Eucher. 243.
Eugene III. Pape. 329.
Eugene de Carthage. 243.
Eugene de Tolede. 259.
Eugesippe. 305.
Eugippius. 247.
Euloge. 245.
Evodius. 239.
Evrard. 357.
Eufebe d'Alex. 221.
Eufebe de Céf. 227.
Eufebe d'Emeffe. 229.
Eufebe de Verteil. 235.
Euftathius. 227.
Euftratius. 255.
Euthalius. 243.
Eutychius. 295.
Euthymius Zigabenus. 321.
Eymeric. 366.
Ezéchiel. 217.

F.

Faber. 385.
J. Fabri. 369.
Félix Fabri. 382.
Facundus. 251.
Faftidius. 243.
Faufte de Riez. 243.
Fauftin. 235.
Félibien. 399.
Félinus, Sandeus. 382.
Félix, Pape. 245.
Felix de Ravenne. 267.
Felix de Seville. 265.
Ch. Fernandez. 382.
Ferrand. 247.
Ferreolus. 253.
LeFevre d'Eftaples. 385.
Marcile Ficin. 381.
J. Fillefac. 395.
Firmicus Maternus. 227.
Flavien. 243.
Fléchier. 399.
Fleuri. 400.
Flodoard. 295.
Florus. 281.
Folcoin. 299.
Foreftus. 383.
Formofe, Pape. 287.
Amal. Fortunatus. 275.
Foucher. 325.
Fredegaire. 271.
S. Fructuofe. 261.
Fulbert. 303.
Fulcuin. 299.
S. Fulgence. 247.

G.

Gaguin.	382.	
J. Galerus.	382.	
Gardiner.	389.	
Garnier.	399.	
S. Gaudence.	237.	
Gannillon.	315.	
Gautier.	325.	
Gautier de *Bruges*.	351.	
Gautier de S. *Victor*.	335.	
Gelase, *Pape*.	245.	
Gelase de *Cizique*.	245.	
Gemistus.	375.	
Genebrard.	395.	
Jos. Genesius.	295.	
Gennade.	245.	
Geofride.	261.	
Geofroi de *Clairvaux*.	331.	
Geofroi de *Vendôme*.	321.	
Geofroi de *Viterbe*.	335.	
George d'*Alex*. }	259.	
George de *Const*. }		
George de *Corfou*.	333.	
George de *Chypre*.	349.	
George *Eleusinus*.	259.	
George *Moine Grec*.	295-319.	
George de *Nicomedie*.	287.	
George *Scholarius*.	375-377.	
George *Syncelle*.	267.	
George de *Trebisonde*.	376.	
Gerard de *Soissons*.	293.	
Gerardus *Magnus*.	367.	
Gerbert de *Rheims*.	301.	
Mich. Germain.	399.	
Germain, *Ev. de Const*.	267.	
Germain *Pat. de Const*.	339.	
S. Germain de Paris.	253.	
Gerson.	371.	
Ste. Gertrude.	345.	
Gervais de *Cant*.	335.	
Gervais de *Seez*.	337.	
Gervasius *Tilberiensis*.	339.	
Gilbert de *Vestminster*.	321.	
Gilbert *Cordelier*.	347.	
Gilbert d'*Hoiland*.	329.	
Gilesbertus.	321.	
Girauld.	331.	
Glaber.	309.	
Mic. Glycas.	321.	
J. Glycas.	359.	
Goar.	398.	
Gobelin.	379.	
Gobellinus.	373.	
Godeau.	398.	
Godefrid.	261.	
Godehart.	303.	
Golbert.	303.	
Hen. de Gorcum.	380.	
Nic. de Gorham.	369.	
Gottescalque.	269.	
Gratien.	329.	
S. Gregoire *Taumat*.	221.	
S. Gregoire de *Naz*.	233.	
S. Gregoire, *Pape*.	255.	
Gregoire II. III. *Pape*.		
Gregoire VII. *Pape*.	267. 315.	
Gregoire IX. *Pape*.	341.	
Gregoire XI. *Pape*.	367.	
Gregoire *Acyndinus*.	365.	
Gregoire d'*Arménie*.	353.	
Gregoire *Card*.	319.	
Gregoire de *Céf*.	295.	
Gregoire de Chypre.	349.	
Gregoire de *Heymbourg*.	379.	
Gregoire *Melissene*.	376.	
Gregoire, *Moine Grec*.	289.	
Gregoire de *Rimini*.	366.	
Gregoire de *Tours*.	253.	
Niceph. Gregoras.	365.	
L. de Grenade.	389.	
Gretser.	395.	
Guy d'*Auxerre*.	353.	
Guy de *Castres*.	353.	
Guy de *Perpignan*.	361.	
Guibert, *Cordelier*.	247.	
Guibert de Nogent.	321.	
Guibert de *Toul*.	313.	
Guido.	360.	
Guigues.	321.	
Guillaume d'*Auv*.	341.	
Guillaume *Biblioth*.	287.	
Guillaume de *Houpel*.	377.	
Guillaume de *Neubrige*.	335.	
Guillaume de *Paris*.	357.	
Guillaume de *Semmerset*.	329.	
Guillaume de *Tyr*.	333.	
Guitmond.	313.	
Gunthier.	339.	
Guytrodius.	380.

H.

Halitgaire.	277.
Rich. Hampolus.	365.
Harding.	327.
Hardoüin.	400.
Hariulphe.	327.
Harphius.	380.
De la Haye.	398.
Haymon.	279.
Hayton.	359.
Helgaud.	313.
Helvidius.	239.
Henri de *Gand*.	349.
Henri de *Hesse*.	375.
Henri de *Huntington*.	329.
Henri de *Segusio*.	347.

Hen-

TABLE DES AUTEURS ECCLESIASTIQUES. 459

Henri *Stero*. 357.	**I.**	Jean de *Citri*. 337.
Herdman. 380.		Jean de *Cluni*. 295.
Herempert. 289.	IDACIUS, *Esp*. 235.	Jean I. *Pat. de Const*.
Heriger. 301.	Idacius de *Lugo*. 243.	249.
Herman le *Raccourci*. 307.	*Raym*. Idiota. 369.	Jean II. *Pat. de Const*. 267.
	S. Ignace d'*Ant*. 215.	
Herman de *Tournay*. 327.	S. Ignace de *Const*. 283.	Jean d'*Ephese*. 351.
Hermas. 213.	S. Ildefonse. 261.	Jean de *Fribourg*. 357.
Hermias. 217.	Innocent I. *Pape*. 237.	Jean de *Galles*. 347.
Hermolaus *Barbarus*. 381.	Innocent IV. *Pape*. 343.	Jean de *Gand*. 363.
	Innocent VI. *Pape*. 366.	Jean de *Gorze*. 301.
Hervé. 327.	*H*. Institor. 383.	Jean d'*Hildesheim*. 367.
Noël Hervé. 359.	Irene. 319.	J. Jeannolin. 313.
Hessels. 393.	S. Irenée. 217.	Jean de *Jerusal*. 237.
Hesychius. 257.	Isaac d'*Arm*. 327.	Jean de *Naples*. 359.
S. Hilaire d'*Arles*. 241.	Isaac, *Juif*. 237.	Jean *Plustadensis*. 377.
S. Hilaire de *Poit*. 229.	S. Isidore *Pacensis*. 269.	Jean de *Salisbury*. 331.
Hilaire, *Pape*. 243.	S. Isidore de *Peluse*. 239.	Jean le *Scholastiq*. 253.
Hildebert. 321.	S. Isidore de *Seville*. 257.	Jean de *Segovie*. 376.
Ste. Hildegarde. 331.	Ithacius. 235.	S. Jerôme. 237.
Hilduin. 277.		Jessé. 277.
Hincmar de *Laon*. 281.	**J.**	Jesus-Christ, *Lettre à Abgar*. 213.
Hincmar de *Rheims*. 283.	S. JACQUES. 211.	J. le Jeûneur. 255.
S. Hippolyte. 219.	S. Jacques de *Nisibe*. 227.	*L'Ab*. Joachim. 337.
Hippolyte de *Thebes*. 293.	Jacques de *Benedictis*. 357.	Joannes *Jannensis*. 351.
Rob. Holkot. 365.		Joël. 337.
Luc Holstein. 398.	Jacques de *Lausanne*. 359.	Jonas d'*Orleans*. 277.
Honorat de *Marseille*. 243.	Jacques de *Paradis*. 377.	*Raym*. Jordan. 369.
Antoninus Honoratus. 241.	Jacques de *Theramo*. 369.	Jordan de *Bresse*. 375.
	Jacques de *Viterbe*. 361	Jordan de *Quedlinbourg*. 367.
Honorius, *Pape*. 259.	Jacques de *Vitri*. 335.	Josephe. 213.
Hormisdas, *Pape*. 245.	*Corn*. Jansenius. 398.	Jourdain. 339.
And. Horne. 360.	Jacques de *Vorag*. 351.	*Th*. Joysius. 357.
Hosius, *Card*.	S. Jean. 213.	S. Jude. 213.
Hugbaldus. 291.	S. Jean *Capistran*. 376.	Jules, *Pape*. 229.
Hugues de *Die*. 315.	S. Jean *Chrysostôm*. 237.	Jules, *Africain*. 219.
Hugues de *Flavigny*. 321.	S. Jean *Climaque*. 255.	S. Julien. 263.
Hugues de *Fleuri*. 327.	S. Jean *Damascène*. 269.	Julien, D. de *Pelage*. 239.
Hugues de *Langres*. 309.	S. Jean de *Dieu*. 345.	
Hugues de *Préfleuri*. 359.	Jean IV. *Pape*. 259.	Juste. 257.
	Jean IX. *Pape*. 289.	S. Justin. 217.
Hugues de *Rouën*. 329.	Jean XXII. *Pape*. 359.	Justinien. 249.
Hugues de S. *Cher*. 345.	Jean d'*Anania*. 376.	*Léon* Justinien. 379.
Hugues de S. *Victor*. 327.	Jean I. *Pat. d'Ant*. 239.	Juvencus. 227.
	Jean II. *Pat. d'Ant*. 375.	
	Jean de *Capoüe*. 293.	L. LAB=

460 TABLE DES AUTEURS ECCLESIASTIQUES.

L.

LABBE.	349.
Lactantius.	225.
Lambert.	321.
Lami.	399.
Landulphe Colomne.	360.
Lanfranc.	313.
Langestein.	375.
E. Langton.	337.
Gab. de Laubepine.	395.
J. de Launoi.	398.
S. Laurent Justinien.	375.
Laurent de Novarre.	249.
S. Léandre.	255.
Leidrade.	271.
Th. Lelio.	379.
Th. Lemos.	395.
Léon I. Pape.	241.
Léon II. Pape.	263.
Léon d'Acre.	313.
Léon le Gram.	303.
Léon le Sage.	287.
Léonard de Utino.	377.
Léonce de Byzance.	297.
Liberat.	253.
Liber Diurnus Pont. Rom.	267.
J. de Lignano.	367.
Guil. Lindanus.	389.
L. Lippoman.	389.
Nic. de Lira.	360.
Garcias Loaysa.	393.
Mich. Lochmayer.	383.
S. Loup.	243.
Loup de Ferrieres.	281.
S. Luc.	211.
Lucas.	329.
Lucien.	239.
Lucifer.	229.
Ludolphe Saxon.	361.
Luitprand.	295.
Lupolde, ou Ludolphe.	365.
Ben. de Luxembourg.	387.
Eglise de Lyon.	217.

M.

MABILLON.	399.
Les 3. Macaires.	229.
J. Pier. Maffée.	393.
Maginfroid.	303.
Maillart.	383.
J. Major Ecos.	385.
Le Maitre de Saci.	399.
Ph. de Maiziéres.	367.
Malchion.	223.
J. Malela.	291.
Mamas.	376.
Manassés.	313.
Mandagote.	357.
Manrique.	398.
Mansuetus.	263.
Maphée Vegius.	377.
S. Marc.	211.
Marc d'Alex.	337.
Marc Herm.	235.
Marc d'Ephese.	375.
De Marca.	398.
Marcel d'Ancyre.	227.
Le Comte Marcellin.	245.
Marculphe.	263.
Marier.	397.
Marsile d'Ingen.	369.
Marsile de Padoue.	360.
Léon de Marsy.	331.
Martianay.	400.
Martin I. Pape.	261.
Raym. Martin.	349.
Martin de Gnesne.	347.
And. Masius.	389.
Matronien.	235.
S. Matthieu.	211.
Matthieu de Cracovie.	367.
Matthieu de Westminster.	355.
J. Maxence.	249.
S. Maxime de Turin.	234.
S. Maxime de Const.	261.
Fir. Mayron.	359.
Ste. Mechtilde.	349.
Rich. de Mediavilla.	351.
Mich. Medina.	389.
Melece.	235.
Ant. Melissa.	319.
Isidore Mercator.	281.
Marius Mercator.	239.
J. le Mercier.	389.
Jac. Merlin.	387.
Hug. Metel.	327.
Methodius de Const.	281.
Methodius de Tyr.	223.
Metochita.	355.
Metrophanes.	283.
Micetius.	251.
Michel de Cesene.	359.
Michel de Milan.	381.
Le Micrologue.	319.
Midleton.	351.
Militon.	217.
Minutius Felix.	219.
Le Mire.	395.
Le Moine.	355.
J. Molanus.	389.
Molina.	395.
Monaldus.	361.
Montanus.	249.
Montfaucon.	400.
Montrocher.	365.
Morin.	398.
Moschus.	257.
Mouchi Demochares.	389.
Dinus Mugellanus.	357.
Sim. de Muys.	398.

N.

NAGOLD.	319.
Le Nain.	399.
De Nangis.	357.
Nauclere.	383.
Nausea.	389.
Nestorius.	239.

Nicé-

TABLE DES AUTEURS ECCLESIASTIQUES. 461

Nicéphore d'*Ant.* 257.
Nicéphore de *Conſt.* 275.
Nicéphore *Phil. & Rhet.* 289.
Nicetas de *Conſt.* 329.
Nicetas *Archid. de Conſt.* 319.
Nicetas, *Moine de Conſt.* 313.
Nicetas *David.* 283.
Nicolas de *Clervaux.* 329.
Nicolas de *Conſt.* 295.
Nicolas de *Fractura.* 353.
Nicolas de *Methone.* 319.
Nicolas le *Myſtique.* 289.
Nicolaus *Moine.* 327.
Nicole. 399.
Pier. Niger. 380.
S. Nil. 239.
Nilus, *Doxopatrius.* 313.
Nilus, *ou* Nicolaus. 327.
Nilus de *Rhodes.* 366.
De Noris. 399.
Notker de *Liége.* 297.
Notker de *S. Gal.* 291.
Notkerus. 283.
Novatien. 221.

O.

Guil. OCKAM. 361.
Oderan. 305.
Odilon. 301.
Odillon. 291.
Odon de *Cant.* 295.
Odon de *Cluni.* 293.
Odon I. de *Tournay.* 321.
Odon II. de *Tournay.* 337.
Oecumenius. 299.
Pier. J. d'Olive. 351.
Olympiodore. 299.
Optat. 233.
Nic. de Orbellis. 377.

Ordo *Romanus.* 267.
Orderic de *Forli.* 360.
Orderic Vital. 327.
Nic. Oreſme. 367.
Orientius. 249.
Origene. 221.
P. Oroſe. 239.
Orſiede. 227.
Osberne. 319.
Oſius. 227.
Oſwalde. 301.
Othlon. 303.
Othon de *Freiſingue.* 329.
Othon de *S. Blaiſe.* 335.
S. Oüen. 261.

P.

Georg. PACHIMERES. 357.
S. Pacien. 229.
Pacificus. 381.
S. Pacóme. 227.
Pagi. 399.
Sanctes Pagninus. 387.
Palamas. 360.
Palinodorus. 383.
Palladius. 237.
S. Pamphile. 225.
Pamphile de *Céſarée.* 219.
Panorme. 375.
Pantenus. 217.
Onuph. Panvini. 389.
Papjas. 215.
Jac. de Paradis. 377.
Paris, *Dominicain.* 351.
Paris de *S. Victor.* 360.
Paſcal, *Diacre de Rome.* 245.
Blaiſe Paſcal. 399.
Paſcaſe *Ratbert.* 281.
S. Paul. 211-213.
Paul, *Diacre.* 271.
Paul de *Merida.* 257.
Paul *Silentiaire.* 253.
S. Paulin. 237.
Paulin d'*Aquilée.* 271.

Paulus *Anglicus.* 371.
Regnauld Pavo. 377.
Iſid. Peccator. 281.
J. Peckam. 351.
Pelage I. *Pape.* 253.
Pelage II. *Pape.* 255.
Pelage, *Moine d'Angl.* 237.
Pelage d'*Oviedo.* 331.
Alvar. Pelagius. 365.
Pentaleon. 261.
Guil. Pepin. 383.
Jac. Perez. 380.
Du Perron. 395.
Petau. 398.
Le Petit. 245.
Petrarque. 366.
Pezron. 399.
Phebadius. 229.
Manuel Philes. 360.
Philaſtre. 235.
Philippe d'*Eichſtet.* 359.
Philippe de *Haruing.* 327.
Philippe de *Tarente.* 329.
Philon. 213.
J. Philopon. 255.
J. Philoponus. 259.
Philoſtorge. 241.
Philothée. } 367.
Philotheus.
J. Phocas. 335.
Photius. 281.
Pic, *Prince de la Mirand.* 322.
Picolomini. 379.
S. Pierre. 211.
S. Pierre *Chryſol.* 243.
De la Pierre. 373.
Pierre *du Cros.* 233.
Pierre *Alphonſe.* 325.
Pierre d'*Ant.* 307.
Pierre d'*Auv.* 351.
Pierre de *Blois.* 335.
Pierre *Cardinal.* 319.
Pierre de *Celles.* 333.
Pierre *Damien.* 313.
Pierre *Diacre.* 247.

Pier-

Pierre de *Duisbourg*. 361.
Pierre de *Honestis*. 325.
Pierre *Lombard*. 329.
Pierre de *Natalibus*. 380.
Pierre de *Palude*. 631.
Pierre de *Poitiers*. 331.
Pierre de *Sicile*. 283.
Pierre de *Sittavia*. 361.
Pierre des *Vaux de Cernay*. 339.
Pierre des *Vignes*. 341.
Pighius. 385.
Du Pin. 383.
Fr. de la Place. 376.
Max. Planude. 359.
Bar. Bap. Platina. 380.
Nic. Plov. 375.
Pier. Polichdorf. 377.
Le Card. Reg. Polus. 393.
S. Polycarpe. 217.
Polychronius. 239.
Polycrate. 217.
Julien Pomere. 245.
Ponce. 223.
Arn. Pontac. 395.
Pontanus. 383.
Possessor. 249.
Possidius, *ou* Possidonius. 239.
Prædestinatus. 253.
Priscillien. 235.
Proclus. 241.
Procope de *Gaze*. 249.
S. Prosper. 243.
Prudence, *Poëte*. 235.
Prudence de *Troyes*. 281.
Psellus I. 283.
Psellus II. 313.
Ptolomée de *Lucques*. 357.
Pulleynus, *ou* Pullus. 329.

Q.

QUADRATUS. 215.

R.

RABANUS *Maurus*. 281.
Glab. Radulphe. 309.
Radulphus *Ardens*. 321.
Radulphus *Armacanus*. 366.
Raoul de *Clugny*. 309.
Ratbert. 281.
Ratherius. 293.
S. Raymond de *Pegnafort*. 341.
Ratramne. 281.
Raymond *Lulle*. 357.
Raynaldi. 398.
Raynaud. 398.
Reginon. 285.
Reinier de *Pise*. 355.
S. Remy. 243.
Remy d'*Aux*. 289.
Remy de *Lyon*. 281.
Renaudot. 400.
Reuchlin. 383.
Rheticius. 227.
Ph. Ribot. 367.
Ed. Rich. 341.
Richard *Armacanus*. 366.
Richard de *Florence*. 351.
Richard de S. *Victor*. 331.
De Richelieu. 398.
Richer. 345.
Rickel. 377.
Ricobold. 355.
Ricold de *Florence*. 351.
Rigaud. 398.
Rigordus. 341.
De Rivo. 369.
Robert de S. *Remy*. 329.
Robert de S. *Vigor*. 319.

Rocca. 393.
Rodolphe d'*Habsbourg*. 351.
Roger de *Croyland*. 339.
Romerius. 299.
De Roselis. 377.
Rosweide. 395.
De la Rue. 400.
Rufin. 237.
Rupert. 327.
Rusbrock. 367.
Ruynart. 399.

S.

Guil. de SAINT Amour. 345.
Bart. de Sainte Concorde. 361.
Sainte Marthe *Freres*. 398.
Salvien. 243.
Samours. 313.
Samuel de Maroc. 315.
Sancius de *Arevalo*. 380.
Jean de Sancto Geminiano. 343.
Samson. 227.
Sanderus. 389.
Sanson. 399.
J. B. Santeul. 399.
Sanutus. 359.
Sarpi. 395.
Savonarole. 381.
J. Scot, *ou* Erigene. 281.
J. Scot, *ou* J. Duns. 355.
J. Scylitzes. 319.
Sedulius. 241.
Guil. de Seignelai. 337.
Serrarius. 395.
Nicetas Serron. 315.
J. Servecas. 345.
Severe *Egyp*. 299.
Severe *Sulpice*. 237.
Cl. de Seyssel. 383.
Les Sybilles. 213.
Sigebert de *Gemblours*. 321.
Sigo-

TABLE DES AUTEURS ECCLESIASTIQUES. 463

Sigonius. 389.
S. Siméon *Stylite*. 243.
S. Siméon *Stylite*, le jeune. 255.
Siméon *le jeune*. 313.
Siméon de *Durham*. 327.
Siméon *Métaphraste*. 291.
Siméon de *Thessalonique*. 373.
Rich. Simon. 400.
Simon de *Cremone*. 361.
Simon d'*Orient*. 347.
Simonetta. 382.
Nic. de Simons. 383.
Simplicien. 235.
Simplicius, *Pape*. 243.
Siricius, *Pape*. 235.
Sisinnius. 301.
S. Sixte. 381.
Sixte III. 241.
Sixte de *Sienne*. 389.
Smaragdus. 279.
J. Smera. 301.
Eglise de Smyrne. 217.
Sophronius de *Jerus*. 257.
Robert Sorbon. 345.
Dom. Soto. 393.
Sozoméne. 353.
Sponde. 398.
Sprengerus. 383.
Stapleton. 389.
Stella. 385.
Strabon. 281.
Stubbs. 367.
Suffridus. 353.
Suger. 327.
Suidas. 299.
Conrad Summenhart. 382.
Surius. 393.
Suso. 353.
Le Symbole. 213.
Symmaque *Pape*. 247.
Syrmond. 398.
Syrus. 303.

T.

J. Tambac. 369.
Tangmar. 303.
Ruard Tapper. 389.
Tarasius. 271.
Tatien. 217.
J. Taulere. 366.
Tayon. 261.
Tertullien. 219.
Thalasius. 259.
Théodore, *Pape*. 261.
Théodore d'*Ancyre*. 241.
Théodore de *Cant*. 263.
Théodore de *Const*. 239.
Théodore *Lascaris*. 345.
Théodore de *Mops*. 237.
Théodore *Studite*. 275.
Théodore de Cyr. 241.
Théodose. 263.
Théodotion. 217.
Théodulphe. 269.
Theognostus. 223.
Théophanes. 327.
Théophanes le *Céraméen*. 283.
Théophanes de *Const*. 271.
Théophanes de *Nicée*. 365.
Théophilacte. 313.
Théophile d'*Alex*. 237.
Théophile d'*Ant*. 217.
Thibaud d'*Estamp*. 345.
Thierri de *Apoldia*. 351.
Thierri de *Niem*. 373.
J. B. Thiers. 399.
S. Thomas d'*Aquin*. 345.
S. Thomas de *Cant*. 331.
Thomas à *Kempis*. 377.
Thomas Cantinpré. 345.
Thomas de *Galles*. 365.
Thomas de *Strasbourg*. 365.
Thomas *Syrien*. 301.
Thomas *Valdensis*. 373.

Thomassin. 399.
Tibérien. 235.
Tichonius. 239.
De Tillemont. 399.
Timothée d'*Alex*. 235.
Timothée de *Const*. 247.
Tite. 233.
Tostat. 375.
Bart. de la Tour. 359.
Le Tourneux. 399.
Trifolius. 249.
Trithême. 381.
Triveth. 357.
Triumphus. 351.
De Trovamala. 381.
De Tudesque. 375.
De Turrecremata. 376.

U.

Ubertin de *Casal*. 359.
Ughelli. 398.
S. Ulric. 297.
Uranius. 239.
Urbain II. *Pape*. 319.
Urias. 375.
H. de Urimaria. 365.
Ursin. 265.
Usuard. 283.

V.

Valentin. 390.
Valere, *Moine*. 265.
Valere, *ou* Valérien. 243.
Valerius. 291.
Laur. Valle. 376.
Adrien & *Henri* de Valois. 398.
Vandalbert. 281.
De Vargas. 360.
Vatable. 389.
Vecchietti. 395.
Veccus. 347.
Vega. 379.
Vegius. 377.
Venan-

Venantius *Fortunatus*. 253.	*De* Vio Cajetan. 385.	**X.**
Vicecomes. 397.	Vital *Dufour*. 359.	
Victor d'*Ant*. 241.	Vitalien *Pape*. 261.	Ximene's. 385.
Victor d'Aquit.	J. L. Vivès. 375.	J. Xiphilin. 319.
Victor de *Car-* 243.	*Jac*. de Voragine. 351.	*George* Xiphilin. 335.
tenne.	*Guil*. Vorilongus. 377.	
Victor de *Tunnone*. 253.		**Y.**
Victor de Vite. 243.	**W.**	
Victorin *Af*. 229.	Wading. 398.	Yves de *Chartres*. 321.
Victorin de *Marf*. 241.	Walfride. 281.	
Victorin de *Petau*. 225.	Waultier de S. Victor.	**Z.**
Vigilance. 239.	335.	
Vigile de *Trente*. 235.	Wernier de *Laer*. 381.	Zabarella. 369.
Vigile *Pape*. 251.	J. de Wezel. 381.	Zacharie le *Scholaftique*.
Vigile de Tapfe. 245.	*Th*. Wicke. 353.	251.
S. Vincent *Ferrier*. 373.	Wiclef. 366.	Zamora. 385.
Vincent de *Bandellis*.	*Guil*. Wilfort. 369.	Zonare. 321.
383.	Wimphelingius. 382.	Zozime *Pape*. 239.
Vincent de *Beauvais*.	Wippo. 313.	
345.	Wittekind. 297.	

VI.

LISTE

ALPHABETIQUE

DES

CONCILES.

Les chiffres Romains marquent le Supplément, qui est à la tête de ce Volume, page XVIII. &c.

A.	359. Achaye. 231.	245. Afrique. XVIII.
	1316. Adan. 356.	262. Afrique. 222.
	1320. Adan. 358.	399. Afrique. 234.
1012. Abanense.	705. Addebourn. 266.	401. 403. 404. 405. 407.
304.	Adrumet, *voy*. Hadru-	408. 409. 410. Afri-
250. Achaye. 220.	met.	que. 236.
		417.

TABLE DES CONCILES.

417, 418, 424, 426. Afrique. 238.	Alexandrie. 226.	1167. Angleterre. 332.
534. Afrique. 250.	340. Alexandrie. 228.	1183. Angleterre. 333.
551. Afrique. 252.	362. 363. Alexandrie. 231.	1188. Angleterre. 334.
515. Agaune. 246.	399. Alexandrie. 234.	1341. Angleterre. 362.
888. Agaune. 287.	430. Alexandrie. 238.	1490. Angleterre, à Londres. ⎫
506. Agde. 246.	451. Alexandrie. 242.	1404. Angleterre. ⎬ 370.
1535. Agde. XXII.	632. Alexandrie. 258.	⎭
1020. Ariac. 304.	742. Allemagne.	1556. National d'Angleterre. 388.
1112. Aix. 322.	XVIII.	1118. Angoulême. 323.
1374. Aix. 364.	744. Allemagne. 268.	1170. Augoulême. 332.
1416. Aix. XXII.	759. Allemagne. 270.	990. 994. Anfe. 300.
1585. Aix. 392.	1225. Allemagne. 339.	1025. Anfe. 306.
1612. Aix. 394.	709. Alne. 266.	1070. Anfe. 312.
789, 799. Aix-la-Chapelle. 273.	916. 931. Althaim. 292.	1077. Anfe. 316.
802, 809. Aix-la-Chapelle. 274.	917. 936. Althaim. XIX.	1100. Anfe. XX.
816. 817. 828. Aix-la-Chapelle. 276.	801. Altino. 274.	1112. Anfe. 322.
825. Aix-la-Chapelle. XVIII.	1059. Amalfi. 311.	1299. Anfe. XXI.
836. 841. Aix-la-Chapelle. 277.	1089. Amalfi. 317.	56. Antioche. 210.
838. Aix-la-Chapelle. XIX.	978. Ambresbir. 298.	253. Antioche. 220.
860. Aix-la-Chapelle. 280.	588. Ambrun. XVIII.	264. 268. 269. Antioche. 222.
862. Aix-la-Chapelle. 282.	1159. 1248. 1289. Ambrun. XXI.	328, ou 329. Antioche. 226.
1021. Aix-la-Chapelle. XIX.	1290. Ambrun. 352.	341. 344. 345. Antioche. 228.
1023. Aix-la-Chap. 306.	1583. 1610. Ambrun. XXII.	347. 356. Antioche. 230.
1206. Albanenfe. 336.	1727. Ambrun. 400.	357. 360. 363. Antioche. 231.
1213. Albanenfe. 338.	431. Anazarbe. 238.	367. 377. 379. Antioche. 232.
1231. Albanenfe. 340.	433. Anazarbe. 240.	383. 388. Antioche. 234.
1176. Albi. XXI.	273. 277. Ancyre. 222.	431. Antioche. 238.
1254. Albi. 344.	314. Ancyre. 226.	432. 434. 435. 438. 445. Antioche. 240.
Albi.	358. Ancyre. 231.	448. 451. 472. 478. Antioche. 242.
1325. 1326. 1331. Alcala. 358.	391. Angari. 234.	560. Antioche. 253.
1379. Alçala. 368.	453. Angers. 242.	781. Antioche. 272.
223. 235. Alexandrie. 218.	529. 530. Angers. 248.	1136. Antioche 326.
258. 263. Alexandrie. 222.	1055. Angers. 310.	1142. Antioche. 328.
306. ou 308. Alexandrie. 224.	1269. Angers. 347.	2205. Antioche. 336.
315. 319. 321. 330.	1299. Angers. 350.	1365. Apt. 364.
	1365. Angers. 364.	381. Aquilée. 234.
	1448. Angers. 376.	553. Aquilée. 252.
	701. Angleterre. 266.	698. Aquilée. 264.
	820. Angleterre. 276.	1184.
	904. 605. Angleterre. 290.	
	969. Angleterre. 296.	
	1072. Angleterre. 312.	
	1074. 1075. Angleterre. 314	
	1095. Angleterre. 318.	

II. Volume. G g

TABLE DES CONCILES.

1184.	Aquilée.	333.	vêques de la *Gaule* Narbonnoife. 307.	1326. 1327. Avignon.	358.
1409.	Aquilée.	372.	1188. *Gifors* & du *Mans*. 334.	1334. Avignon.	XXII.
1596.	Aquilée.	394.	1459. De *Mantoue*. 378.	1337. Avignon.	362.
863.	Aquitaine.	282.	1105. De *Mayence*. 320.	1441. Avignon.	374.
249.	Arabie.	218.	1063. Pour *Moiſſac*.311.	1457. Avignon.	376.
314.	Arles.	226.	1210. De *Narbone*. 338.	1509. Avignon.	834.
353.	Arles.	230.	763. De *Nevers*. 270.	1569. Avignon.	XXII.
443.	Arles.	XVIII.	821. De *Nimegue*. 276.	1594. Avignon.	394.
454. ou 452.		455. 463.	1029. D'*Orleans*. 306.	1595. Avignon.	XXII.
475.	Arles.	242.	1212. De *Pamiers*. 338.	1606. 1668. Avignon.	XXII.
524.	Arles.	248.	1240. De *Paris*. 341.	1172. Avranches.	332.
553.	Arles.	252.	1329. Autre. 358.	1278. Aurillac.	348.
554.	Arles.	XVIII.	1406. 1417. Autre. 372.	1294. Aurillac.	352.
813.	Arles.	276	1524. De *Ratisbonn*.386.	1068. Auſch. 312.	& XX.
1049.	Arles.	XX.	1032. De *Ripol*. 306.	1279. Auſch.	350.
1205.	Arles.	XXI.	1170. Pour *S. Amant* de Breſſe. 332.	1300. Auſch.	352.
1210.	Arles.	338.	768. De *S. Denys*. 277.	1303. Auſch.	XXII.
1234.	Arles.	340.	834. De *S- Denys*. 277.	1308. Auſch.	354.
1236.	Arles.	XXI.	1053. De *S. Denys*. 310.	1315. Auſch.	XXII.
1246.	Arles.	344.	948. De *S. Vincent* de Laon. 294.	1364. Auſch.	XXII.
1260.	Arles.	346.	1020. De *Toulouſe*. 306.	1027. *Auſonenſe*.	306.
1275.	Arles.	347.	1040. La *Trinité* de Vendôme. 307.	1409. Autriche.	372.
1171.	Armach.	332.	1515. De *Vienne* en Autriche. 384.	590. Autun.	XVIII.
435.	Armenie.	240.	1040. D'*Urgel*. 307.	661. Autun.	XVIII.
1498.	Arragon.	372.	447. Aſtorga. 242.	663. 670. Autun.	260.
1025.	Arras.	305.	947. Aſtorga. 294.	1055. Autun.	XX.
1490.	Arras.	XXII.	765. Attigni. 270.	1061. Autun.	311.
1292.	Aſchaffenbourg.	352.	822. Attigni. 276.	1065. Autun.	312.
1092.	*Aſſemblées d'An-gleterre*.	317.	833. Attigni. 277.	1072. Aut circa. Au-tun.	XX.
1046.	D'*Arles*.	307.	870. Attigni. 283.	1077. Autun.	516.
1511.	D'*Augsbourg*.	384.	902. Attilli. XIX.	1094. Autun.	318.
1058.	De *Barcelone*.	311.	403. Au Chêne. 236.	535. Auvergne.	250.
1228.	De *Baſſege*.	240.	952. Augsbourg. 294.	545. 549. Auvergne.	252.
1246.	En *Bavière*.	328.	1548. Augsbourg. 388.	586. Auvergne.	254.
1145.	De *Bourges*.	328.	1050. Avignon. XX.	1077. Auvergne.	316.
1432.	Autre.	374.	1060. Avignon. 311.	1095. Auvergne.	318.
1167.	De *Chinon*.	332.	1079. Avignon. XX.	578. Auxerre.	254.
761.	De *Duren*.	270.	1088. Avignon. 316.	698. Auxerre.	264.
1058.	De Narbonne à *Elne*.	311.	1209. 1210. Avignon. 336.	841. Auxerre.	277.
710.	*Aſſemblée* à l'Ab-baye de *Fleuri*.	322.	1270. Avignon. 347.	**B.**	
1190.	*Aſſemblée* pour la paix en France.	334.	1279. 1282. Avignon. 350.	394. **B**AGA.	234.
1028.	*Aſſemblée* des E-			1011. Bamberg.	302. 540.

TABLE DES CONCILES. 467

540. Barcelone. 252.	1595. Bezançon. XXII.	1031. Bourges. 306.
599. Barcelone. 254.	356. Beziers. 230.	1040. De Bourges.
906. Barcelone. 290.	1090. Beziers. 317.	XIX.
1009. Barcelone. 302.	1225. 1243. 1256. 1271.	1123. Bourges. 323.
1054. Barcelone. 310.	1274. 1277. 1281.	1215. Bourges. 338.
1339. Barcelone. 362.	1294. 1295. De Be-	1225. Bourges. 339.
1387. Barcelone. 368.	ziers. XXI.	1228. Bourges. 340.
1064. Bari. 311-312.	1233. Beziers. 330.	1263. Bourges. XXI.
1097. Bari. 318.	1246. 1255. Beziers.	1276. Bourges. 348.
1061. Basle. 311.	344.	1282. Bourges. XXI.
1431. BASLE. 374.	1279. 1280. Beziers.	1286. Bourges. 380.
973. Bath. 298.	350.	1311. Bourges. XXII.
772. Baviére. 272.	1299. Beziers. 352.	1312. Bourges. 356.
1300. Bayeux. 352.	1304. 1315. 1317. 1320.	1336. Bourges. 362.
351. Bazas. 230.	1326. 1327. 1342.	1415. Bourges. 372.
442. Bazas. 240.	1369. 1370. 1375.	1432. Bourges. 374.
529. Bazas. XVIII.	1409. 1426. 1442. Be-	1528. Bourges. 586.
1104. Beaugenci. 320.	ziers. XXII.	1584. Bourges. 392.
1151. Beaugenci. 328.	1310. Beziers. 356.	955. Bourgogne. 294.
1154. Beaugenci. XXI.	1351. Beziers. 364.	411. Braga. 236.
1031. Beaulieu. 306.	393. Bonne. 234.	561. 572. Braga. 253.
1020. Beaulne. 306.	941. Bonne. 294.	675. Braga. 262.
845. Beauvais. 278.	855. Bonnœuil. 280.	959. 964. Brandfort.
1114. Beauvais. 322.	242. Bostra. 218.	296.
1119. 1124. Beauvais.	1264. Boulogne. 346.	588. Brennes. 214.
323.	1548. Boulogne. XXII.	1248. Breslaw. 344.
1123. De Beauvais. XX.	385. Bourdeaux. 234.	1267. Breslaw. 346.
1161. Beauvais. 332.	1068. Bourdeaux. 312.	1080. Bressano. 316.
692. 697. Beccanceld.	1078. 1079. Bourdeaux.	555. La petite Breta-
799. Beccanceld. 273.	316.	gne 252.
1269. Belleville. XXI.	1380. Bourdeaux. XX.	1079. La Bretagne Ar-
1059. 1061. 1062. Be-	1088. Bourdeaux. XX.	morique. 316.
nevent. 311.	1093. Bourdeaux. XX.	1050. Brionne. 310.
1075. Benevent. 314.	1098. Bourdeaux. 318.	1216. Bristol. 338.
1089. 1091. Benevent.	1128. Bourdeaux. XX.	1004. Brives. 317.
317.	1137. Bourdeaux. 326.	1080. Brixen. 316.
1108. 1113. Benevent.	1149. Bourdeaux. XXI.	1279. Bude. 250.
322.	1215. Bourdeaux. XXI.	1076. Burgos. XX.
1117. 1119. Benevent.	1255. Bourdeaux. 344.	1080. Burgos. 316.
323.	1260. 1263. Bourdeaux.	1136. Burgos. 326.
1331. Benevent. 358.	346.	1379. Burgos. 368.
1374. Benevent. 364.	1582. Bourdeaux.	1499. Burgos. XXII.
1470. Benevent. 378.	XXII.	504. Byzacène. 246.
1545. Benevent. 388.	1583. Bourdeaux. 392.	541. Byzacène. 252.
850. Benningdon. 280.	454. 472. Bourges.	602. Byzacène. 256.
696. Berghemsted. 264.	242.	646. Byzacène. 260.
830. Besuence, ou Lan-	767. 769. Bourges.	
gres. 276.	272.	
1261. Beverlac. 346.	842. Bourges. 277.	

C.

393. CABARSUSSITANUM. 234.
1061. Caen. 311.
1173. Caen. 332.
1182. Caen. 333.
1582. Caire. 392.
451. CALCEDOINE. 242.
1420. Califch. 373.
978. Caln. 298.
1064. Cambray. XX.
1383. Cambray. XXII.
1565. Cambray. 388.
1586. Cambray. 392.
465. *Cambricum.* 242.
940. *Cambricum,* ou Cambridge. 294.
Canons des Apôtres. 212.
390. *Codex Canonum Ecclesiæ Africanæ.* 234.
605. Cantorbery. 256.
756. Cantorbery. 268.
796. Cantorbery. 273.
891. Cantorbery. 287.
991. Cantorbery. 300.
1140. Cantorbery. 326.
1189. 1193. Cantorbery. 334.
1220. 1222. Cantorbery. 338.
1257. Cantorbery. 346.
1268. 1272. Cantorbery 347.
1311. 1318. Cantorbery. 356.
1321. 1322. 1323. 1326. 1328. Cantorbery. 358.
1344. 1345. 1347. (1. 2. & 3.) 1350. 1351. 1356. 1371. (à Londres) 1376. 1377. Cantorbery. 364.
1379. (à Londres 1. & 2.) 1380. 1399. Cantorbery. 368.
1419. Cantorbery. 372.
1428. 1430. Cantorbery. 373.
1439. 1442. Cantorbery. 374.
1463. Cantorbery. 378.
389. Capoue. 234.
1087. Capoue. 317.
1118. Capoue. 323.
527. Carpentras. 248.
989. Carrofé, Charrou. 300.
1028. Carrofé. 306.
1082. Carrofé, Charrou. 316.
215. 217. Carthage. 218.
251. 252. 253. 254. 255. 256. Carthage. 220.
311. 312. Carthage. 224.
333. 334. Carthage. 226.
348. Carthage. 230.
389. 390. 393. 394. 397. *ou* 398. 399. Carthage. 234.
401. 403. 404. 412. Carthage. 236.
416. 417. 418. 419. 420. Carthage. 238.
484. Carthage. 244.
525. Carthage. 248.
646. Carthage. 268.
1453. Cashel. 376.
1172. Cashel en Irlande. 332.
394. Caverne. 234.
794. Celchyth. 273.
816. Celchyth. 276.
1114. Ceperano. 322.
197. Céfarée. 216.
334. Céfarée. 226.
363. Céfarée. 231.
1041. Cefene. 307.
907. Cefferon près Agde. XIX.
1115. Châlons fur Marne. 323.
470. Châlons fur Saône. 242.
577. 644. *ou* 648. Châlons fur Saône. XVIII.
579. 589. 594. Châlons fur Saône. 254.
603. Châlons fur Saône. 256.
644. *ou* 648. Châlons fur Saône. XVIII.
650. Châlons fur Saône. 260.
813. Châlons fur Saône. 276.
839. Châlons fur Saône. 277.
873. Châlons fur Saône. 284.
875. 886. 887. Châlons fur Saône. 286.
880. Châlons fur Saône. XIX.
894. Châlons fur Saône. 287.
915. Châlons fur Saône. 292.
1056. Châlons fur Saône. 310.
1063. Châlons fur Saône. 311.
1072. Châlons fur Saône. 312.
1129. Châlons fur Saône. 326.
1064. 1073. Châlons fur Saône. XX.
906. Jugement fur les *Chanoines* de S. Vincent de Mâcon. 290.
926. Charlieu. 292.
983. Charrou. XIX.
1082. Charrou. 316.
1186. Charrou. 333.
Voyez aussi Caroffé. 1123.

TABLE DES CONCILES. 469

1123. Chartres. XX.
1231. Château-Gontier. 340.
1253. Château-Gontier. 344.
1268. Château-Gontier. 347.
1336. Château-Gontier. 362.
933. Château-Thierry. 292.
849. Chartres. 280.
1124. Chartres. 323.
1146. Chartres. 328.
787. Chelchyth. 272.
1008. Au Palais de *Chelles*. 302.
1157. Chester. 330.
1289. 1292. Chester. 352.
837. Chiersy. 277.
838. Chiersy. XIX.
849. 856. 858. Chiersy. 280.
868. Chiersy. 282.
423. Cilicie. 238.
305. Cirtes. 224.
412. Cirthe. 238.
1164. Clarendon. 332.
525. Clermont. XVIII.
535. Clermont. ⎫
594. Clermont. ⎬ 212.
584. Clermont. ⎭
1077. Clermont. 316.
1094. Clermont. XX.
1095. 1096. Clermont. 318.
1097. Clermont. XX.
1110. Clermont. 322.
1124. Clermont. 323.
1129. Clermont. XX.
1130. Clermont. 326.
1163. Clermont. 332.
1263. Clermont. XXI.
1295. Clermont. 352.
628. 633. 636. Clichy. 258.
659. Clichy. 260.
800. Cloveshowen. 273.

803. Cloveshowen. 274.
822. 824. Cloveshow. 276.
742. 747. Cloveshowen. 268.
860. Coblents. 280.
922. Coblents. 292.
1012. Coblents. XIX.
1238. Coignac. 381.
1254. Coignac. 344.
1260. 1262. Coignac. 346.
346. Cologne. 228.
782. Cologne. 272.
870. Cologne. 283.
873. Cologne. 284.
887. Cologne. 286.
965. Cologne. 296.
1055. Cologne. 310.
1076. Cologne. XX.
1115. 1116. (1. & 2.)
1118. Cologne. 323.
1260. 1266. Cologne. 346.
1280. Cologne. 350.
1300. Cologne. 352.
1306. Cologne. 354.
1310. Cologne. 356.
1322. Cologne. 358.
1423. Cologne. 373.
1452. Cologne. 376.
1470. Cologne. 378.
1491. Cologne. XXII.
1536. Cologne. 386.
1549. Cologne. 388.
756. Compiegne. 268.
758. Compiegne. 270.
833. Compiegne. 277.
877. Compiegne. 286.
1031. Compiegne. 306.
1085. Compiegne. 317.
1256. Compiegne. XXI.
1270. Compiegne. 347.
1277. Compiegne. 348.
1301. 1304. Compiegne. 354.
1329. Compiegne. 358.
900. Compostelle. 288.
971. Compostelle. 296.

1056. Compostelle. 310.
1114. Compostelle. 322.
411. Conférence de *Carthage*. 236.
499. Conférence entre les *Catholiques* & les Ariens. 244.
533. Conférence entre les *Catholiques* & les Severiens. 250.
809. Conference de *Rome*. 274.
1538. *Consilium delectorum Cardinalium.* &c. 386.
1044. Constance. 307.
1094. Constance. 318.
1414. CONSTANCE. 372.
336. Constantinople. 226.
340. 341. Constantinople. 228.
359. 362. Constantinople. 231.
381. CONSTANTINOPLE. 232.
382. 383. 370. 394. 400. Constantinople. 234.
403. Constantinople. 236.
426. 428. 431. Constantinople. 238.
438. 439. Constantinople. 240.
448. 449. 450. 451. 459. 478. Constantinople. 242.
492. 496. 497. 499. Constantinople. 244.
518. 520. 531. Constantinople. 248.
536. 538. Constantinople. 250.
548. Constantinople. ⎫
553. CONSTANTINOPLE. ⎬ 252.
560. ⎭

Gg 3

470 TABLE DES CONCILES.

560. Constantinople. 253.
587. Constantinople. 254.
633. 639. Constantinopl. 258.
680. CONSTANTINOPLE. 262.
692. Constantinople. 264.
712. 714. Constantinople. 266.
954. Constantinople. 268.
806. 808. Constantinople. 274.
814. 832. Constantinople. 276.
842. Constantinople. 277.
854. 858. 861. Constantinople. 280.
867. Constantinople. ⎫
869. CONSTANTINOPLE. ⎬ 282.
879. Constantinople. 286.
899. Constantinople. 288.
944. Constantinople. 294.
963. Constantinople. 296.
1044. Constantinople. 307.
1054. Constantinople. 310.
1143. 1147. Constantinople. 328.
1154. Constantinople. 335.
1165. 1168. Constantinople. 332.
1261. Constantinople. 346.
1277. (1. 2. & 3.) Constantinople. 348.

1280. 1284. 1285. Constantinople. 350.
1340. 1341. Constantinople. 362.
1344. 1345. 1347. (1. & 2.) 1350. 1351. Constantinople. 364.
1442. Constantinople. 374.
1443. 1450. Constantinople. 376.
1565. Constantinople. 388.
1638. Constantinople. 396.
Constitutions Apostoliques. 212.
1425. Coppenhague. 373.
347. Cordoue. 220.
852. Cordoue. 280.
197. Corinthe. 216.
843. Coulaine. 277.
1050. Coyace. 310.
1189. Cracovie. 334.
836. Cremieu (*Straminiacense*). 277.
1226. Cremone. 339.
1192. Cressi. 326.
399. Cypre. 234.
643. Cypre. 266.
1260. Cypre. 346.
372. Cyzique. 232.

D.

1114. DALONNE. XX.
1257. Dannemarck. 346.
1599. Diamper. 394.
1414. Digne. XXII.
1020. Dijon. 306.
1115. Dijon. 332.
1117. Dijon. XX.
1119. Dijon. 334.
1200. Dijon. XXI.
1199. Dioclée. 334.
415. Diospolis. 238.

1094. Dol. 318.
1128. Dol. 324.
348. Des Donatistes. 230.
414. Des Donatistes. 238.
1618. Dordrecht. 394.
1005. Dortmond. 302.
660. Douzi. XIX.
871. Douzi. 283.
874. Douzi. 284.
1176. 1183. Dublin. 333.
1518. Dublin. 384.
1214. Dunstable. 338.
748. Duren. 268.
775. 779. Duren. 272.
1220. Durham. 338.
1256. Durham. 334.
1276. Durham. 347.
926. Duysbourg. 292.

E.

630. ECOSSE. 258.
1203. Ecosse. 336.
1225. Ecosse. 339.
1259. Ecosse. 346.
1308. Ecosse. 354.
1177. Edimbourg. 333.
1239. Edimbourg. 341.
1186. Egenesham. 333.
944. Elne. 294.
1027. Elne. 306.
1065. Elne. 312.
1114. Elne. 322.
313. Elvire. 224. &
XVIII. Embrun, *voyez* Ambrun.
1009. Enham. 302.
517. Epaone. 248.
245. Ephese. 218.
402. Ephese. 236.
431. Ephese. ⎫
431. EPHESE. ⎬ 238.
440. Ephese. 240.
447. 449. Ephese. 242.
1516. Epire. 246.
932.

TABLE DES CONCILES. 471

932. Erford. 292.
1074. Erford. XX.
1159. Erford. XXI.
1068. Plusieurs en Espagne. 312.
1215. En Espagne. 338.
1565. En Espagne. 388.
703. Estreveld. XVIII.
1092. Etampes. 317.
1099. Etampes. 318.
1130. Etampes. 326.
1147. Etampes. 328.

F.

1438. FERRARE. 374.
935. Fimes. 292.
788. 799. Finckley. 273.
1110. Fleuri. 322.
1055. Florence. 310.
1062. Florence. 311.
1105. Florence. 320.
1439. Florence. 374.
1517. Florence. 384.
1226. Foix. 339.
949. Fontanis. 294.
911. Fontis cooperti. XIX.
890. Forchaim. *Ibidem.*
806. En France. 274.
1002. Plusieurs en France. 302
1031. En France. 306.
1230. En France. 340.
794. Francfort. 273.
1006. Francfort. 302.
1007. Francfort. 302.
1027. Francfort. 306.
1409. Francfort. 372.
1118. Fritslar. 323.
1440. Frisingue. 374.
791. Friuli. 273.
1104. Fussel. 320.

G.

324. GANGRES. 226.
375. Gangres. 232.
429. Gaules. 238.
679. Gaules. 262.
605. 688. Gaules. 264.
800. Gaules. 273.
1041. Plusieurs des Gaules. 307.
773. Genève. 272.
767. Gentilli. 272.
767. Gentilli. 272.
842. 843. Germigni. 277.
1642. Gias. 396.
517. Gironne. 248.
1068. Gironne. 312.
1078. Gironne. 316.
1097. Gironne. 318.
1085. Glocester. 317.
1122. Glocester. 323.
1378. Glocester. 368.
1423. Gnesne. 373.
1547. Gnesne. 388.
449. Grande Bretagne. 242
512. Grande Bretagne. 246.
519. Grande Bretagne. 248.
1610. Grasse. XXII.
928. Gratlei. 292.
1106. Guastalla. 322.
1073. Guyenne. 314.

H.

347. HADRUMETTE. 230.
394. Hadrumette. 234.
679. 600. Herfeld. 262.
673. Herford. 262.
1137. Herford. 326.
1151. Hibernie. 328.
173. Hiéraples. 216.
445. Hiéraples. 240.

394. 395. Hippone. 234.
426. Hippone. 238.
1178. Hohenaw. 333.
598. Huesca. 254.
1303. Huesca. 354.

I.

1060. *ou* 1003. IACCA. 218.
235. Iconium. 218.
1379. Illescas. 368.
365. Illyrie. 231.
515. Illyrie. 246.
515. Illyrie. 152.
788. Ingelheim. 273.
817. 826. Ingelheim. 276.
948. Ingelheim. 294.
972. Ingelheim. 298.
980. Ingelheim. XIX.
456. Irlande. 242.
1097. Irlande. 318.
1186. Irlande. 333.
1081. Issoudun. 316.
686. Italie. 286.
1307. Yorck. 354.
1322. 1233. 1330. Yorck. 358.
1344. 1346. 1348. 1351. 1356. 1357. 1359. 1367. 1373. 1377. (1. &2.) Yorck. 364.
1380. 1385. Yorck. 368.
1402. 1404. Yorck. 370.
1413. 1414. 1417. Yorck. 372.
1421. 1426. Yorck. 373.
1453. Yorck. 376.
1463. 1466. 1480. 1488. Yorck. 378.

J.

1060. 1063. JACCA. 311.
1642. Jaffi. 396.
33. 49. 58. Jerusalem. 219. 335.

TABLE DES CONCILES.

935. Jerusalem.	226.	1188. 1197. Lanciski.		1513. Latran.	Idem.
348. 350. Jerusalem.			334.	1242. Laval.	341.
	230.	1246. Lanciski.	344.	1168. 1212. Lavaur.	XXI.
415. 416. Jerusalem,		1257. Lanciski.	346.	213. Lavaur.	338.
	238.	1285. Lanciski.	350.	1368. Lavaur.	364.
438. Jerusalem.	242.	1423. Lanciski.	373.	1448. Lausanne.	376.
518. Jerusalem.	248.	1466. Lanciski.	378.	1012. Leon.	202.
536. Jerusalem.	250.	1523. (1. & 2.) Lanciski.		1091. Leon.	317.
553. Jerusalem.	252.		364.-386.	1290. S. Leonard le	
658. Jerusalem.	258.	560. (1. & 2.) Landaff.		Noblat.	352.
764. Jerusalem.	270.		252-253.	556. Leopold.	388.
1099. Jerusalem.	318.	887. Landaff.	286.	743. 756. Leptine près	
1107. Jerusalem.	322.	950. 955. Landaff.	294.	Cambray.	268.
1136. Jerusalem.	326.	982. Landaff.	298.	524. Lerida.	248.
1143. Jerusalem.	328.	988. Landaff.	300.	546. Lerida.	152.
1672. Jerusalem.	596.	1034. Landaff.	306.	1229. Lerida.	340.
894. Jonquiéres.	287.	1056. Landaff.	310.	1246. 1257. Lerida.	
909. Jonquiéres.	XIX.	1059. Landaff.	311.		344.
1133. Jouarre.	326.	1085. Tenus par Lanfranc.		1022. Leyra.	306.
524. Junke.	248.		318.	1070. Leyra.	XX.
		1278. Langés.	348.	785. Lichfeld.	272.
K.		830. Langres.	276.	1131. Liege.	326.
		859. Langres.	280.	1226. Liege.	339.
		1080. Langres.	316.	1251. Lille.	344.
1138. KARIEL.		1116. Langres.	323.	1288. Lille.	352.
	326.	1404. Langres.	370.	1066. Lillebonne.	312.
840. Kenet.	277.	1452. 1455. Langres.		1080. Lillebonne.	316.
617. Kent.	256.		376.	848. Limoges.	278.
851. Kingsburi.	280.	320. Laodicée.	236.	994. Limoges.	300.
838. Kingston.	277.	364. Laodicée.	231.	1031. Limoges.	306.
977. Kitzington.	298.	1146. Laon.	328.	1052. Limoges.	310.
		1231. Laon.	340.	1095. Limoges.	318.
		531. Larisse.	248.	1148. Lincoping.	328.
L.		347. Latopolis.	230.	780. 782. Lipstad.	272.
		1102. Latran.	320.	1055. Lizieux.	310.
1142. LAGNI. 328.			XXI.	1106. Lizieux.	322.
940. Lambeth.		1110. 1111. Latran.		1321. Lizieux.	358.
	218.		322.	1325. Lodeve (Leutevense)	
1206. Lambeth.	336.	1116. Latran.			XXII.
1261. Lambeth.	346.	1132. LATRAN.	323.	1161. Lodi.	330.
1280. 1281. Lambeth.		1135. Latran.	XXI.	1165. Lombez.	XXI.
	381.	1139. LATRAN.	326.	1176. Lombez.	333.
1326. 1330. Lambeth.		1167. Latran.	332.	605. Londres.	256.
	358.	1179. LATRAN.	333.	712. Londres.	266.
1351. 1362. 1368. Lambeth.		1180. Latran.	XXI.	853. Londres.	276.
	364.	1215. LATRAN.	338.	944. 948. Londres.	
1457. Lambeth.	376.	1216. Latran.	XXI.		294.
1476. Lambeth.	378.	1444. Latran.	376.	971. Londres.	296.
364. Lampsac.	231.	1512. LATRAN.	384.	1070. Londres.	312.
					1075.

TABLE DES CONCILES.

1075. Londres. 314.	460. 475. Lyon. 242.	1570. Malines. 388.
1078. Londres. 316.	516. Lyon. 246.	1574. Malines. 392.
1102. Londres. 320.	717. Lyon. 248.	1607. Malines. 394.
1107. 1108. 1109. Londres. 322.	567. 570. Lyon. 253.	687. Manaſchiert. 264.
1126. 1127. 1129. Londres. 324.	575. 581. 587. Lyon. 254.	1511. Mans. XXII.
1132. 1138. Londres. 326.	583. Lyon. XVIII.	879. Mantala. 286.
1141. 1143. 1151. Londres. 328.	814. Lyon. 276.	800. Mantes. 233.
1154. Londres. 330.	828. 829. 846. Lyon. XIX.	826. Mantoue. 276.
1162. 1170. 1775. Londres. 332.	848. Lyon. 278.	835. Mantoue. 277.
1177. 1185. Londres. 333.	1020. Lyon. 306.	1052. Mantoue. 310.
1191. 1200. Londres. 334.	1055. Lyon. 310.	1064. Mantoue. 311.
1202. 1207. Londres. 336.	1080. Lyon. 316.	335. Maréote. 226.
1210. 1213. 1214. Londres. 338.	1098. 1099. Lyon. XX.	678. Marlac. XVIII.
1237. 1238. 1239. Londres. 341.	1245. LYON. 342.	1182. Marleberg. 333.
1225. Londres. 339.	1274. LYON. 347.	1103. Marſeille. 320.
1244. Londres. 342.	1292. 1297. Lyon. 352.	1363. Marſeille. XXII.
1246. 1252. 1255. Londres. 344.	1209. Lyon. XXI.	1326. 1329. Marſiac. 358.
1257. 1261. 1264. Londres. 346.	1424. Lyon. 373.	973. Marzaille. 298.
1179. Londres. 350.	1449. Lyon. 376.	584. Mâcon. 284.
1291. 1297. Londres. 352.	1511. Lyon. XXII.	579. 583. 586. 623. Mâcon. XVIII.
1305. Londres. 354.	1527. Lyon. 386.	1153. 1286. 1299. Mâcon. XXI.
1309. Londres. 356.	**M.**	1076. Maeſtricht. 316.
1322. 1318. Londres. 358.	414. MACEDOINE. 238.	646. Mauritanie. 260.
1342. (1. & 2.) Londres. 362.	581. 584. Mâcon. 254.	813. Mayence. 276.
1382. 1391. 1396. Londres. 368.	579. 583. 586. 623. Mâcon. XVIII.	828. ou 829. 847. 858. Mayence. XIX.
1409. 1413. 1415. 1416. 1417. Londres. 372.	627. Mâcon. 258.	848. Mayence. 278.
1476. 1486. Londres. 873.	1153. 1286. 1299. Mâcon. XXI.	852. 857. Mayence. 280.
1109. Loudun. 322.	1285. Mâcon. 350.	888. Mayence. 286.
1556. Lowitz. 388.	881. Macra. 286.	1023. 1028. Mayence. 306.
569. Lugo. 253.	1473. Madrid. 378.	1049. Mayence. 308.
197. Lyon. 217.	1451. Magdebourg. 376.	1055. Mayence. 310.
	1331. Magfeld. 358.	1069. 1071. Mayence. 312.
	1362. Magfeld. 364.	1075. Mayence. 314.
	909. Maguelone. 290.	1076. 1080. Mayence. 316.
	1220. Maguelone. XXI.	1085. Mayence. 317.
	1075. Maixant. 314.	1131. Mayence. 326.
	351. Malaria. 230.	1225. Mayence. XXI.
	1570. Malines. 388.	1233. 1234. Mayence. 340.
		1261. Mayence. 346.

Gg 5

TABLE DES CONCILES.

1310. Mayence.	356.	1217. Milan. 352.	990. 994. Narbonne. 300.
1420. 1423. Mayence.	373.	1565. 1569. Milan. 388.	1031. Narbonne. 306.
1439. Mayence.	374.	1573. 1576. 1579. 1582. Milan. 392.	1043. Narbonne. 307.
1538. 1546. Mayence.	388.	402. Milève. 236.	1050. Narbonne. XX.
845. Meaux.	278.	416. Milève. 238.	1053. Narbonne. 308.
962. Meaux.	296.	1162. Milfort. 328.	1054. Narbonne. 310.
1080. Meaux.	316.	975. Modéne. 298.	1055. 1091. 1125. 1129. Narbonne. XX.
1082. Meaux.	317.	879. Montala. 286.	1090. Narbonne. 317.
1204. Meaux.	336.	1209. Montil. 336.	1134. Narbonne. 326.
1523. Meaux.	386.	1260. Montluçon. XXI.	1227. 1235. Narbonne. 340.
1380. Medina del Campo.	368.	1134. 1269. 1303. Montpellier. XXI.	1140. 1207. 1212. 1226. 1244. 1251. 1272. 1274. 1277. 1280. Narbonne. XXI.
1284. Melfe.	350.	1162. Montpellier. 332.	
1217. Melun.	338.	1195. Montpellier. 354.	
1225. Melun.	339.	1214. Montpellier. 338.	
1232. Melun.	340.	1215. Montpellier. 338.	
1300. Melun.	352.	1224. Montpellier. 339.	1309. 1328. Narbonne. XXII.
1582. Memphis.	392.	1258. Montpellier. 346.	
811. Mercie.	274.	1321. 1339. Montpellier. XXII.	1374. Narbonne. 367.
666. Merida.	260.		1430. Narbonne. 373.
1048. Mersbourg.	307.	972. Mont Saint Marie. 298.	1551. Narbonne. 388.
1258. Merton.	346.	550. Mopfueste. 252.	1609. Narbonne. 394.
1300. Merton.	353.	1439. Moscovie. 374.	1635. 1671. 1699. 1706. Narbonne. XXII.
188. Méfopotamie.	216.	948. Moufon. 294.	
177. Méfopotamie.	222.	995. Moufon. 300.	1387. Navarre. 368.
1616. Méfopotamie.	394.	1186. Moufon. 333.	1160. Nazareth. 330.
		1538. Munfter. 388.	314. Néocefarée. 226.
550. Metz.	252.	1213. Muret. 338.	878. Neuftrie. 286.
592. Metz.	254.	850. Murrit. 280.	1161. New-Market. 332.
753. Metz.	268.		
834. Metz.	277.	**N.**	325. NICE'E. 226.
859. Metz.	280.		369. Nicée. 231.
863. Metz.	282.	895. NANTES. 287.	787. NICE'E. 373.
869. Metz.	283.	1120. Nantes. XX.	328. ou 329. Nicomedie. 226.
888. Metz.	286.	1263. Nantes. 346.	
1240. Metz.	341.	1567. Naples. 388.	1313. Nicofie. 356.
891. Meun.	287.	1120. Napoli. 323.	1340. Nicofie. 362.
1525. Mexique.	386.	257. Narbonne. 222.	705. Nidde. 266.
1585. Mexico.	392.	452. Narbonne. 242.	386. Nimes. 234.
340. Milan.	248.	589. Narbonne. 254.	886. Nimes. 286.
347. 355. Milan.	230.	788. 791. Narbonne. 273.	1096. Nimes. 318.
380. Milan.	232.		1284. Nimes. 350.
390. 400. Milan.	234.	902. 906. 911. Narbonne. 290.	1302. Nimes. XXI.
451. Milan.	242.	940. Narbonne. 294.	1364. Nimes. XXII.
679. Milan.	262.	947. 1032. Narbonne. XIX.	1200. Nivelle. 334.
1101. Milan.	328.		1290. Nobiliacum. 352.
1117. Milan.	323.		588. Normandie. 254.
			900. Normandie. 288.
			1070.

TABLE DES CONCILES. 473.

1070. Normandie. 312.	634. Orléans. 258.	825. 829. 822. Paris.
1133. Northampton. 326.	645. Orléans. 260.	276.
1157. Northampton. 330.	766. Orléans. 270.	828. Paris. XIX.
	1017. Orléans. 304.	846. 847. Paris. 278.
1164. Northampton. 332.	1022. Orléans. XIX.	853. Paris. 280.
	1127. 1129. Orléans. 324.	1024. Paris. 306.
1176. 1177. Northampton. 333.	1411. Orléans. 372.	1050. Paris. 310.
1211. Northampton. 338.	1073. Orrea. XX.	1092. Paris. 317.
	1061. Oshori. 311.	1105. Paris. 320.
1240. Northampton. 341.	197. Ozroéne. 216.	1129. Paris. 324.
	821. Oflaveshlen. 276.	1147. Paris. 328.
1265. 1267. Northampton. 346.	1538. Ofnabrug. 388.	1170. Paris. 332.
	1245. *Othonienfe*. 342.	1186. Paris. 333.
680. Northumberland. 262.	873. Oviedo. 284.	1188. 1196. Paris. 334.
	901. Oviedo. 290.	1201. 1209. Paris. 336.
1255. Norwic. 344.	1115. Oviedo. 323.	1219. 1223. Paris. 338.
1272. Norwic. 347.	1161. Oxford. 330.	1224. 1225. 1226. Paris. 339.
1552. Novare. 388.	1166. Oxford. 332.	1248. 1253. 1255. Paris. 344.
1290. Nougaro. 352.	1207. Oxford. 336.	1260. 1263. 1264. Paris. 346.
1303. Nougaro. 354.	1222. Oxford. 338.	1284. Paris. 350.
1312. 1315. Nougaro. 356.	1241. Oxford. 341.	1290. Paris. 352.
	1250. Oxford. 344.	1296. Paris. XXI.
814. 831. Noyon. 276.	1258. Oxford. 346:	1302. Paris. 354.
1231. Noyon. 340.	1287. Oxford. 350.	1310. 1314. Paris. 356.
1271. Noyon. 347.	1382. Oxford. 368.	1323. Paris. 358.
1280. Noyon. 350.	1480. Oxford. 372.	1346. Paris. 364.
1344. Noyon. 364.		1379. 1391. 1394. 1394. 1395. 1398. Paris. 368.
592. Numidie. 254.	**P.**	
604. Numidie. 256.		
646. Numidie. 260.	777. 785. PADERBORN. 272.	1404. Paris. 370.
1233. Nymphée. 340.	1350. Padoüe. 364.	1408. Paris. XXII.
	1114. Palentia. 322.	1429. Paris. 373.
O.	1388. Palentia. 363.	1528. Paris. 386.
	318. Paleftine. 226.	1612. Paris. 394.
1082. OISSEL. 317.	1115. Paleftine. 322.	1187. Parme. 333.
441. Orange. 240.	1029. Palithi. 306.	777. Patrisbrunnenfe. XVIII.
501. Orange. XXII.	1032. Pampelune. 306.	
529. (1. & 2.) Orange. 248.	1302. Pannafiel. 354.	850. 855. Pavie. 280.
	366. Paris. 231.	876. Pavie. 286.
1229. Orange. 340.	562. Paris. XVIII.	877. Pavie. XIX.
160. En Orient. 216.	551. Paris. XVIII.	997. Pavie. 300.
427. En Orient. 238.	555. 557. Paris. 252.	1012. Pavie. 302.
511. Orléans. 246.	573. Paris. 253.	1020. Pavie. 304.
533. Orléans. 250.	576. 577. Paris. 254.	1046. Pavie. 307.
536. Orléans. XVIII.	615. Paris. 256.	1049. Pavie. 308.
538. 540. 541. 545. 549. 552. Orléans. 252.	638. Paris. 258.	1062. Pavie. 311.
		1076. Pa-

TABLE DES CONCILES.

1076. Pavie. 316.	1094. Poitiers. XX.	**Q.**
1159. Pavie. XXI.	1075. Poitiers. 314.	
1160. Pavie. 330.	1078. Poitiers. 316.	1085. QUEDLIN-
1423. Pavie. 373.	1100. Poitiers. 318.	BOURG.
1071. Pedredan. 312.	1105. Poitiers. 320.	317.
1167. Pelicience. XXI.	1109. Poitiers. 322.	1105. Quedlinbourg.
1415. Peniscola. 372.	1280. 1284. Poitiers.	320.
152. Pergame. 216.	350.	1121. Quedlinbourg.
1301. Pergame. 354.	1304. Poitiers. XXII.	323.
1365. Perigueux. XXII.	1367. Poitiers. 364.	
1409. Perpignan. 372.	1387. 1396. Poitiers.	**R.**
1201. 1206. Perth. 336.	368.	1206. RADING. 336.
1211. 1221. Perth. 338.	1405. Poitiers. 372.	1213. Rading. 338.
1242. Perth. 341.	197. Pont. 216.	1240. Rading. 341.
1268. 1275. Perth. 347.	1294. Pont. XXI.	742. Ratisbonne. 268.
1280. Perth. 350.	1261. *Pontanum.* 346.	792. Ratisbonne. 273.
1321. Perth. 358.	1257. Pontaudemer.	932. Ratisbonne. 292.
1416. Perth. 372.	344.	419. Ravenne. 238.
1436. Perth. 374.	1267. Pontaudemer.	874. Ravenne. 284.
1412. Petricovie. 372.	346.	877. Ravenne. 286.
1456. Petricovie. 376.	1279. Pontaudemer.	898. Ravenne. 288.
1485. Petricovie. 378.	350.	904. Ravenne. 290.
1491. Petricovie. XXII.	1305. Pontaudemer.	954. Ravenne. 294.
1539. 1540. 1542. 1551.	354.	967. Ravenne. 296.
Petricovie. 388.	876. Pontyon. 286.	997. Ravenne. 300.
664. Phare. 260.	823. Portes. XVIII.	1014. Ravenne. 304.
242. Philadelphie. 218.	886. Portes. 286.	1086. Ravenne. 317.
347. Philippopolis.	897. Portes. 288.	1128. Ravenne. 324.
330.	1405. 1408. Pragues.	1253. Ravenne. 344.
1304. Pinterville. 354.	372.	1258. Ravenne. 346.
1189. Pipewel. 334.	1421. Pragues. 373.	1270. Ravenne. 347.
1134. Pise. 326.	1434. Pragues. 374.	1280. 1286. Ravenne.
1409. PISE. 372.	1309. Presbourg. 356.	350.
1423. Pise. XXII.	684. Province de Can-	1307. Ravenne. 354.
1511. Pise. 384.	torbery. 262.	1310. 1312. 1314. 1317.
861. 864. 869. Pistres.	705. Province de Mer-	Ravenne. 356.
282.	cie. 266.	1279. Reding. 350.
1129. Placentia. 324.	1208. Province de Nar-	496. Rheims. 244.
1132. Placentia. 326.	bonne. 336.	517. 530. Rheims. 248.
1095. Plaisance. 318.	1251. Provins. 344.	625. Rheims. XVIII.
355. Poitiers. 230.	411. Ptolémaide. 236.	630. Rheims. 258.
589. 592. Poitiers. 254.	1130. Puy. 326.	767. 769. 773. Rheims.
937. 1010. Poitiers.	990. 994. 1025. Du	272.
XIX.	Puy. XIX.	813. Rheims. 276.
1000. Poitiers. 300.	1222. Du Puy. XXI.	874. Rheims. 284.
1023. 1030. 1032. Poi-	368. Puza. 232.	879. Rheims. 286.
tiers. 306.		892. Rheims. 287.
1036. Poitiers. 307.		894. 923. Rheims. XIX.
1073. 1074. ou 1075.		900.

TABLE DES CONCILES. 477

900. Rheims. 288.	1244. Rochester. 342.	853. Rome. 289.
924. Rheims. 292.	1022. Rodes. XIX.	861. 863. 864. 865.
953. Rheims. 294.	146. Rome. 214.	868. Rome. 282.
975. Rheims. 298.	170. 197. 198. Rome. 216.	872. Rome. 284.
989. 992. Rheims. 300.	237. Rome. 218.	877. 879. 881. Rome. 286.
1015. Rheims. 304.	250. 251. 252. 256. Rome. 220.	893. Rome. 287.
1049. Rheims. 308.	257. ou 258. 260. 268. Rome. 222.	897. 898. Rome. 288.
1059. Rheims. 311.	313. Rome. 224.	904. 906. Rome. 290.
1092. 1094. Rheims. 317.	320. 324. 325. Rome. 226.	949. Rome. 294.
1109. 1115. Rheims. 322.	337. 341. 342. Rome. 228.	964. 965. 969. 971. Rome. 296.
1119. Rheims. 323.	349. 352. Rome. 230.	983. Rome. 298.
1129. Rheims. XX.	358. Rome. 231.	989. 993. 995. 996. 998. 999. Rome. 300.
1131. 1132. Rheims. 326.	366. 367. 368. 369. 370. 373. 378. Rome. 232.	1001. 1002. Rome. 302.
1147. Rheims. 328. & XXI.	382. 386. 390. 400. Rome. 234.	1015. Rome. 304.
1148. 1151. Rheims. ibid.	417. 418. 430. 431. Rome. 238.	1037. 1047. Rome. 307.
1157. 1158. Rheims. 330.	433. 444. 445. Rome. 240.	1049. Rome. 308.
1164. Rheims. 332.	449. 451. 465. Rome. 242.	1050. Rome. XX.
1231. 1235. Rheims à S. Quentin. ⎫ 1235. Rheims à Compiegne. ⎬ 340. ⎭	483. 484. 487. 494. 495. 499. 500. Rome. 244.	1050. 1051. 1053. Rome. 310.
1235. 1239. Rheims à S. Quentin. ⎫ 1235. Rheims à Senlis. ⎬ 341. ⎭	501. 502. 503. 504. Rome. 246.	1057. 1059. 1063. Rome. 311.
1257. Rheims. XXI.	518. 530. 531. 532. Rome. 248.	1065. (1. & 2.) 1070. Rome. 212.
1287. Rheims. 352.	590. 595. Rome. 254.	1074. 1075. Rome. 314.
1391. Rheims. XXI.	601. 606. 610. Rome. 256.	1076. 1078. (1. 2. & 3.) 1080. 1081. Rome. 316.
1363. Rheims. 364.	640. Rome. 258.	1083. (1. & 2.) 1084. 1089. Rome. 317.
1408. Rheims. 372.	648. 649. 667. Rome. 260.	1093. Rome. XX.
1564. Rheims. 388.	687. 679. Rome. 262.	1098. (1. & 2.) 1099. Rome. 318.
1583. Rheims. 392.	680. Rome. XVIII.	1103. 1105. Rome. 320.
1273. Rennes. 347.	705. 721. 724. 726. 731. 732. Rome. 266.	1110. 1111. Rome. 322.
439. Riez. 240.	769. Rome. 272.	1116. 1119. 1122. 1123. Rome. 323.
1285. Riez. 350.	743. 745. Rome. 268.	1138. 1179. Rome. XXI.
1420. Riga. 373.	761. Rome. 270.	1210. 1214. Rome. 338.
359. Rimini. 231.	799. 800. Rome. 273.	1216. Rome, ou Latran. XXI.
977. Ripol. 298.		1240. Rome. XXI.
1306. Rippon. 354.		1228. 1234. Rome. 340.
1126. Rocheborough. 324.		1302. Rome. 354.
		1397. Rome. 368.
		1515. Rome. XXII.
		1725. Rome. 400. 1094.

TABLE DES CONCILES.

1094. Roquingham. 318.	1074. S. Genès. 314.	1291. Saltzbourg. 352.
1158. Roscoman. 330.	1042. 1115. S. Gilles. XX.	1310. Saltzbourg. 356.
584. Rouen. 254.	1056. Saint Gilles. 310.	1386. Saltzbourg. 368.
650. Roüen. 260.	1210. Saint Gilles. 338.	1420. Saltzbourg. 372.
682. Roüen. 262.	1034. S. Jean de Pena. XIX.	1381. Santaren. 368.
693. Roüen. 264.	1062. Saint Jean de la Rocca. 311.	581. Sardaigne. 248.
813. Roüen. 276.		347. Sardique. 230.
878. Roüen. 286.		380. Sarragoce. 232.
1049. 1050. Roüen. 308.	1290. Saint Léonard le Noblat. 352.	592. Sarragoce. 254.
1055. Roüen. 310.	1074. ou 1075. S. Maixant. XX.	691. Sarragoce. 264.
1063. Roüen. 311.		1058. Sarragoce. 311.
1069. Roüen. 312.	888. Saint Maurice. 287.	1318. Sarragoce. 356.
1074. Roüen. 314.		1253. Saumur. 344.
1091. Roüen. 317.	1099. Saint Omer. 318.	1276. Saumur. 347.
1096. Roüen. 318.	997. S. Paul de Gormery. XIX.	1276. Saumur. 348.
1108. Roüen. 322.		1294. Saumur. 352.
1118. 1119. Roüen. 323.	1225. Saint Quentin. 339.	1315. Saumur. 356.
1128. Roüen. 324.		859. Savoniéres. 280.
1189. 1190. Roüen. 334.	1231. Saint Quentin. 340.	862. Savoniéres. 382.
1223. Roüen. 338.	1256. S. Quentin. XXI.	589. Sauriac. 354.
1231. Roüen. 340.	1271. Saint Quentin. 347.	1235. Scherung. 340.
1299. Roüen. 352.		863. Schirwan. 282.
1310. Roüen. 356.	1349. S. Quentin. XXII.	1324. Schone. 358.
1321. Roüen. 358.	907. Saint Tibery. 290.	906. Scoan. 290.
1335. 1336. Roüen. 362.	1050. Saint Tibery. XX.	1267. Seden. 346.
1445. Roüen. 376.	1389. Saint Tibery. 368.	1182. Segni. 333.
1522. Reuen. 384.	579. Saintes. 254.	1267. Seines. 346.
1527. Roüen. 386.	1080. Saintes. 316.	359. Seleucie. 231.
1581. Roüen. 392.	1983. 1089. Saintes. 317.	1022. Seligenstad, ou Mayence. 306.
1258. Ruffec. 346.	1096. Saintes. 318.	861. Senlis. XIX.
1304. Ruffec. 354.	1097. Saintes. XX.	863. Senlis. 282.
1326. Ruffec. 358.	1280. 1282. Saintes. 350.	873. Senlis. 284.
1334. 1337. Rossiacense. XXII.	1298. Saintes. 352.	1048. Senlis. 308.
	1310. 1312. Salamanque. 358.	1240. Senlis. 341.
S.	1335. Salamanque. 362.	1310. 1315. 1317. Senlis. 356.
512. SAIDE, ou Sidon. 246.	1381. Salamanque. 368.	1313. 1318. Senlis. XXII.
446. Saint Albans. 240.	1409. 1410. Salamanque. 372.	1326. Senlis. 358.
1487. Saint André. 378.	1116. Salisbury. 323.	1402. Senlis. 370.
991. S. Basle. 300.	1222. Salisbury. 338.	657. 670. Sens. 260.
995. 997. Saint Denys. 300.	806. Saltzbourg. 274.	833. Sens. XIX.
1167. Saint Felix en Lauragais. 332. & XXI.	1274. Saltzbourg. 347.	853. (1. & 2.) Sens. 280.
	1281. Saltzbourg. 350.	862. Sens. 282.
		980. Sens. 298.
		986. Sens. 300.
		1048. Sens. 307. 1080.

TABLE DES CONCILES. 479

1080. Sens. 316.	836. Straminiac, ou Cremieux. 277.	814. 821. Thionville. 276.
1140. Sens. 326.	524. Suffet. 248.	835. Thionville. 277.
1198. Sens. 334.	1046. Sutri. 307.	844. Thionville. 278.
1239. Sens. 341.	1059. Sutri. 311.	1132. Thionville. 326.
1248. 1252. 1256. Sens. 344.	235. Synade. 218.	417. Thusdrit. 238.
1269. Sens. 347.	538. Syrie. 250.	366. Thyane. 232.
1280. Sens. 350.	1115. Syrie. 322.	388. 400. Tolede. 234.
1320. Sens. 358.		406. Tolede. 236.
1429. Sens. 373.		527. 531. Tolede. 248.
1475. Sens. 378.	**T.**	589. 597. Tolede. 254.
1528. Sens. 386.		610. Tolede. 256.
1612. Sens. 394.	1498. TALAGA. XXII.	633. 636. 637. 738. Tolede. 258.
590. Seville. 254.	1229. Tarrazona. 340.	646. 553. 655. 656. 659. Tolede. 260.
619. Seville. 258.	431. Tarse. 238.	
1351. Seville. 364.	434. Tarse. 240.	675. 680. 681. 683. 684. Tolede. 262.
1412. Seville. 372.	418. Telepte. 238.	
1512. Seville. 384.	465. Terragone. 242.	688. 693. 994. Tolede. 264.
125. Sicile. 214.	516. Terragone. 246.	
366. Sicile. 232.	614. Terragone. 256.	701. ou 704. Tolede. 266.
383. Sida. 234.	1146. Terragone. 328.	1090. Tolede. 317.
512. Sidon. 246.	1233. Terragone. 340.	1323. 1324. 1326. Tolede. 358.
1423. Sienne. XXII.	1239. 1240. 1242. 1244. Terragone. 342.	
1424. Sienne. 373.		1339. Tolede. 362.
367. Singedun. 232.	1246. 1247. 1253. Terragone. 344.	1347. 1355. Tolede. 364.
303. Sinuesse. 224.		1379. Tolede. 368.
1050. Siponto. 310.	1266. Terragone. 346.	1473. (1. & 2.) Tolede. 378.
349. 351. Sirmich. 230.	1279. 1282. Terragone. 350.	
357. 359. Sirmich. 231.		1565. Tolede. 388.
1307. Sise en Armenie. 354.	1291. 1292. Terragone. 352.	1429. Tortose. 373.
859. Sisterce. 280.	1307. Terragone. 354.	1575. Tortose. 392.
853. Soissons. XIX.	1212. 1317. 1318. Terragone. 356.	859. Toul. 280.
644. Soissons. 268.		866. Toul, ou Tousi. XIX.
851. 853. 858. Soissons. 280.	1323. 1329. Terragone. 358.	1223. Toulon. XXI.
861. 862. 866. Soissons. 282.	1369. Terragone. 364.	507. Toulouse. 246.
899. Soissons. XIX.	1430. Terragone. 373.	828. 829. 879. 1005. Toulouse. XIX.
909. Soissons. 290.	1564. Terragone. XXII.	873. ou 883. Toulouse. 284.
941. Soissons. 294.	363. Tevest. 231.	883. Toulouse. 286.
1092. Soissons. 317.	797. *Capitulaire* de Théodulphe. 273.	1056. Toulouse. 310.
1115. 1120. Soissons. 323.		1068. Toulouse. 312.
1154. Soissons. 330.	435. Thessalonique. 240.	1079. 1090. Toulouse. XX.
1201. Soissons. 336.		
1456. Soissons. 376.	451. Thessalonique. 242.	1110. Toulouse. 322.
1338. Spire. 362.		1118. 1119. 1124. Toulouse. 323.
1234. Spolette. 340.	536. Thibe. 250.	1129.

1129. Toulouſe. 324.	1423. Trêves. 373.	474. Valence. XVIII.
1160. Toulouſe. XXI.	1548. 1549. Trêves.	524. 529. Valence. 248.
1161. Toulouſe. 330.	388.	546. Valence. 252.
1162. Toulouſe. 332.	895. *ou* 897. Tribur.	584. Valence. XVIII.
1178. Toulouſe. 333.	287.	589. Valence. 254.
1219. Toulouſe. 338.	1031. 1035. Tribur. 306.	855. Valence. 280.
1229. Toulouſe. 340.	1076. Tribur. 316.	890. Valence. 287.
1319. Toulouſe. 356.	1276. Tribur. 348.	1100. Valence. 318.
1327. Toulouſe. 358.	909. Troſley. 290.	1240. Valence. 341.
1490. Toulouſe. 378.	921. 924. 927. Troſley.	1248. Valence. 344.
1590. Toulouſe. 392.	292.	771. Valenciennes.272.
944. Tournus. 294.	814. Troyes. 276.	1137. Valladolid. 326.
948. *ou* 949. Tournus.	867. Troyes. 282.	1155. Valladolid. 330.
XIX.	878. Troyes. 286.	1322. Valladolid. 358.
1115. Tournus. 323.	1089. Troyes. 317.	1403. Valladolid. 370.
461. Tours. XVIII.	1104. Troyes. 320.	465. Vannes. 242.
482. Tours. 242.	1107. 1115. Troyes.	818. Vannes. 276.
567. Tours. 253.	322.	846. 848. Vannes. 278.
570. Tours. XVIII.	1127. Troyes. XX.	1040. Vannes. 307.
800. Tours. 273.	1128. Troyes. 324.	1455. Vannes. 376.
813. Tours. 276.	1001. Tudert. 302.	1040. Veniſe. 307.
849. 858. Tours. 280.	550. Tulles. 252.	1177. Veniſe. 333.
912. Tours. 290.	1041. Tulugienſe (*Tu-lujes*) en Rouſſillon.	752. Verberie. 268.
925. Tours. 292.		853. Verberie. 280.
1055. Tours. 310.	XX.	860. 866. *ou* 869. Verberie. XIX.
1060. Tours. 311.	397. Turin. 234.	
1096. Tours. 318.	685. Twifford. 264.	863. Verberie. 283.
1163. Tours. 332	335. Tyr. 226.	870. Verberie. 283.
1231. Tours. 340.	448. Tyr. 242.	1050. Verceil. 310.
1236. 1239. Tours. 341.	518. Tyr. 248.	947. Verdun. 294.
1282. Tours. 350.		446. Verlam-Caſter.
1448. Tours. 376.	U.	240.
1467. Tours, ſes Etats. XXII.	1409. UDINE. 372.	793. 794. Verlam-Caſter. 273.
1510. Tours. 384.	799. Urgel. 273.	755. Verneuil. 268.
1583. Tours. 392.	800. Urgel. XVIII.	844. Verneuil. 278.
860. Touſſi, *ou* Tuſi *près Toul.* 280.	991. Urgel. 300.	1422. Vernon. 373.
	1112. Uſneach. 322.	1140. Veroli. 328.
866. Touſſi, *ou* Toul XIX.	697. *ou* 719. Utrecht. 264.	1184. Verone. 333.
		1552. Verone. 388.
1035. Tremeaigues. XIX.	1391. Utrecht. 368.	1146. Vezelay. 328.
	1139. Uzez. XXI.	444. Vienne. 240.
1549. TRENTE. 388.		474. Vienne. 242.
386. Trêves. 234.	V.	517. Vienne, *ou* Epaone. XVIII.
948. Trêves. 294.	442. VAISON. 240.	
1148. 1152. Trêves. 328.	519. (1. & 2.) Vaiſon.	870. Vienne. 283.
1227. Trêves. 340.	248.	892. Vienne. 287.
1238. Trêves. 341.	374. Valence. 232.	907. Vienne. 290.
1310. Trêves. 356.		1060. Vienne. 311.
		1112.

TABLE DES CONCILES.

1112. Vienne. 322.
voyez.   XX.
1119. Vienne.   323.
1124. Vienne.   324.
1199. Vienne.   334.
1267. Vienne.   346.
1307. Vienne.   XXII.
1311. Vienne.   356.
1557. Vienne.   388.
886. Ville portus. 286.
1329. *Vintonienſe.* 358.
1263. Viterbe.   346.

W.

1158. Waterford. 330.
1066. Weſtminſter. 312.
1077. Weſtminſter. 316.
1136. 1138. (1. & 2.) Weſtminſter. 326.
1142. (1. & 2.) Weſtminſter. 328.
1173. Weſtminſter. 332.
1176. 1177. Weſtminſter. 333.
1190. 1199. Weſtminſter. 334.
1213. Weſtminſter. 338.
1225. 1226. Weſtminſter. 339.

1229. Weſtminſter. 340.
1259. Weſtminſter. 344.
1316. Weſtminſter. 356.
1325. Weſtminſter. 358.
1412. & 1413. Contre Wiclef & les Huſſites. 372.
855. Wincheſter. 280.
975. Wincheſter. 298.
1021. Wincheſter. 306.
1070. Wincheſter. 312.
1076. Wincheſter. 314.
1139. Wincheſter. 326.
1142. 1143. Wincheſter. 328.
1070. Windſor. 312.
1101. Windſor. 320.
1114. Windſor. 322.
1175. Windſor. 332.
1184. Windſor. 333.
1278. Windſor. 350.
1373. Winuwski. 36.
761. Wolvic. 270.
601. Worcheſter. 256.
738. Worcheſter. 260.
1092. Worcheſter. 317.
1240. Worcheſter. 341.
764. Worms. 270.
770. 772. 776. Worms. 272.

787. 790. Worms. 276.
829. 833. Worms. 276.
868. Worms. 282.
890. Worms. 287.
833. *ou* 835. Worms. 273.
1076. Worms. 316.
1122. Worms. 323.
1080. Wurtzbourg. 316.
1130. Wurtzbourg. 326.
1166. Wurtzbourg. 332.
1287. Wurtzbourg. 352.

X.

562. *ou* 563. Xaintes. 253.

Y.

1195. Yorck. 334.
1252. Yorck. 344.
1311. Yorck. 356.

Z.

386. Zelle. 234.
432. Zeugma. 240.

II. Volume.   Hh   VII.

VII.
TABLE ALPHABETIQUE
DU
SUPPLEMENT DES AUTEURS
ECCLESIASTIQUES,

Qui est au commencement de ce Volume.

A.

Abelly.	46.
Abram.	41.
Jos. Acosta.	31.
Acugna.	41.
Adrien VI. *Pape.*	24.
Agellius.	31.
Fr. Agricola.	34.
Alanus.	29.
Louis Ch. d'Albert.	46.
Albizzi.	44.
Alcasar.	32.
Bern. Alderete.	42.
Jer. Aleandre.	37.
Alegambe.	41.
Alexandre VI. *Pape.*	23.
Alfort.	41.
Almain.	23.
Altamura.	45.
Amelote.	46.
De S. Amour.	46.
Val. André.	40.
Annat.	43.
Anthelmi.	46.
Arboreus.	26.
Arias Montanus.	30.
Arsenius.	40.
Fr. Aubertin.	23.
Ant. Augustino.	29.
Azor.	31.
Azpilcueta.	29.

B.

Bail.	43.
Mich. Baius.	29.
Vinc. de Bandellis.	23.
Bannez.	31.
Guill. Barclay.	32.
Jean Barclay.	34.
Barcos.	44.
Barbosa.	39.
Barnès.	35.
Baron.	44.
Barradius.	33.
Bartolocci.	46.
Beaucaire de *Peguilion.*	28.
Becan.	33.
Belarin.	31.
Fr. de Bellegarde.	48.
Oct. de Bellegarde.	39.
Benoit XIII. *Pape.*	48.
Benoit XIV. *Pape.*	48.
René Benoit.	32.
Bentivoglio.	39.
Bernard de *Luxembourg.*	24.
Bérulle.	36.
Ste Beuve.	44.
Beyerlinck.	35.
Billy.	28.
Binsfeld.	34.
Bisciola.	36.
Bivar.	38.
Le Blanc.	43.
Boileau.	47.
Bolduc.	39.
Bonacina.	36.
Bonartius.	41.
Bonfrerius.	35.
Borromée.	36.
Boschaert.	36.
Bosio.	30.
Bosquet.	44.
Bossius.	30.
Bouchel.	36.
Boucher.	43.
Boverio.	38.
Bouhours.	47.
Du Boulai.	44.
Boullanger.	36.
Arm. de Bourbon P. de Conty.	43.
Bourzeis.	43.
Boussard.	24.
Bralion.	43.
Brancacio.	44.
Etienne Brice.	48.
Briçonnet.	24.
Brouverus.	33.
Brulefer.	23.
Louis le Brun.	47.

Pier-

Pierre le Brun. 48.	Choquet. 34.	*And.* Delvaux. 38.
Bulteau. 46.	*Alph.* Ciacconius. 30.	Dempster. 35.
Buſée. 32.	*Pier.* Ciacconius. 27.	Diana. 40.
Bzovius. 38.	Ciampini. 47.	Drexellius. 38.
	Ciron. 40.	Driedo. 24.
C.	Clément VIII. *Pape.* 32.	*Fr.* Duaren. 26.
		Fronton du Duc. 33.
CABASSUTIUS. 46.	Clément XI. *Pape.* 48.	Dufoſſé. 47.
Conſt. Cajetan. 37.	*Conrard* Clingius. 26.	Dumouſtier. 37.
Calaſio. 34.	Coccius. 29.	Dupin. 48.
Campanella. 37.	Cochlée. 25.	Dupont. 35.
Laur. Campege. 24.	Cognatus. 36.	*Pier.* Dupui. 41.
Th. Campege. 26.	*Diego* Collado. 37.	Durand de *Villegagnon*. 27.
J. Pier. Camus. 41.	De Colombi. 42.	Duranti. 28.
Henri Caniſius. 31.	*Aſc.* Colonne. 32.	Duval. 38.
Jacq. Caniſius 39.	Colveneer. 34.	
Pier. Caniſius. 30.	Comitolus. 35.	**E.**
Canterus. 27.	Coninck. 37.	
Capelle. 34.	*Flor.* Conrius. 36.	ECKIUS. 25.
Capiſucchi. 46.	Contenſon. 44.	Eder. 27.
Capnion. 23.	Contzen. 38.	Eiſengrein. 27.
Caraffe. 28.	Coquée. 33.	Emmanuel Sa. 29.
Caramuel Lobkowitz. 45.	*Guy* Coquille. 31.	*Boet.* Epo. 30.
	Fr. Coriolan. 35.	Erythræus. 40.
Cariophile. 37.	Coronelli. 30.	Eſcobar. 43.
Cartagena. 30.	*Pyrrhus* Corradus. 43.	Eudæmon Jean. 35.
Jean Carthagene. 33.	*Greg.* Corteſe. 25.	
Caſalius. 40.	*Paul* Cortez. 23.	**F.**
Caſtelio. 35.	*Hilar.* de Coſte. 43.	
Caſtro. 29.	Cotton. 35.	FABER. 24.
Caſſander. 26.	Couſin. 47.	Fagnani. 43.
Cauſſin. 41.	Cratepole. 30.	Farinacius. 33.
Cellot. 42.	Creſol. 36.	Ferrarius. 27.
Rob. Cenalis, *ou* Cenaux. 26.	Crombach. 44.	Ferus. 26.
	Curtius. 37.	Feuardent. 32.
La Cerda. 39.		Le Fevre. 32.
S. Charles Borromée. 28.	**D.**	Feydeau. 46.
		Fiſcher. 25.
Le Charron. 31.	D'HAUTESERRE. 45.	Fiſen. 39.
Chaſteignier. 41.	Dandini. 37.	*Fr.* Florent. 41.
Cheminais. 46.	Daniel. 48.	Folengio. 26.
Chepeauville. 33.	Dartis. 41.	Fontaine. 47.
La Chieſa. 40.	Dathus. 23.	S. François de *Sales*. 34.
J. Jacq. Chifflet. 40.	Davenport. 40.	
Phil. Chifflet. 42.	*Fr.* Davila. 31.	S. François *Xavier*. 24.
Pier. Fr. Chifflet. 45.	Dauſqueius. 34.	
Gilb. de Choiſeul. 45.	*Phil.* Decius. 24.	Fraſſen. 47.
De Choiſi. 47.	Del-Rio. 32.	Friſon. 41.

G.

GABRIEL, Grec.	24.
Gabriel Severe.	30.
Gagnée.	25.
Galanus.	42.
Galantes.	37.
Galatin.	24.
Galefius.	47.
Gallonius.	31.
Gamache.	35.
Gardiner.	26.
Gavantus.	38.
Gaudence.	40.
Fr. Genet.	47.
Gerbais.	47.
Gerberon.	47.
Gibieuf.	41.
Gigas.	27.
Gillot.	33.
Giflerius.	33.
Goar.	41.
Gobinet.	46.
Goibaut du Bois.	46.
Gonon.	37.
Gondren.	38.
De Gondrin.	44.
Fr. de Gonzague.	28.
Gonzales de Santalla.	48.
Gratien.	31.
Grenade.	29.
Gretzer.	34.
Groper.	26.
Grotefte Defmahis.	46.
Guevara.	25.
Guillaud.	25.

H.

HABERT.	44.
Hallier.	42.
Halloix.	42.
Hamon.	45.
Hangeft.	25.
Harée.	36.
Harlay.	41.

Harpsfeld.	29.
Haufeur.	40.
De la Haye.	43.
Heliot.	48.
Henri VIII. R. d'*Ang.*	25.
Henri Emmanuel R. de Port.	28.
Henrici.	37.
Henriquez.	37.
Henfchenius.	45.
Herman.	46.
Herrera.	42.
Hervet.	28.
Hifpaniolus Mant.	23.
Hocftrat.	24.
Holftenius.	43.
Hugo.	48.
Hurtado.	39.

J.

JAGOBATIUS.	24.
Cornel. Janfenius.	27.
Nic. Janfenius.	37.
Janfonius.	35.
S. Ignace de *Loyola*.	26.
Th. Illyricus.	24.
Inchoffer.	39.
Inftitor.	23.
Cl. Joli.	46.
Jongelin.	42.
Pier. de S. Jofeph.	42.
Ifambert.	39.
Junius.	37.
S. Jure.	42.
Juftiniani.	33.
Aug. Juftinien.	25.

K.

KIRCHER.	44.

L.

LABATH.	43.
Lallemand.	45.
Lambertini.	48.
Lamy.	48.
Lancelotti.	27.
La Lane.	43.
Lanoue.	35.
Lanfperge.	25.
Lanffelius.	36.
Laubepine.	35.
Layman.	35.
Ael. Ant. de Lebrixa.	24.
Ledefma.	27.
Lenfée.	29.
Léon X. *Pape*.	23.
Leffius.	34.
Leunclavius.	29.
Lizet.	26.
Jufte Lipfe.	32.
Loayfa.	30.
Lopez.	30.
Lopez Stunica.	25.
Lorichius.	30.
Lorin.	37.
Lottier.	43.
Loyaerz.	33.
De Lugo.	41.
Jean de Lugo.	41.
Lupus.	45.

M.

Le MAIGNAN.	44.
Oliv. Maillard.	23.
Maimbourg.	45.
Jean Major.	26.
Ant. le Maitre.	42.
Malderus.	37.
Maldonat.	28.
Mansfeld.	40.
Maracci.	40.
Mariana.	33.
Marlot.	44.
Marfile.	31.
Marfile Colonne.	30.
Marfolier.	48.
Martene.	48.
Ste Marthe.	47.
Malvenda.	36.
Barth. Medina.	28.

Jean

SUPPL. DES AUTEURS ECCLESIASTIQUES. 485

Jean. de Medina. 25.	**P.**	
Menard. 39.		*Fr.* **Q**UARESME. 39.
Ferd. de Mendoza. 31.	**P**ALAFOX. 42.	*Pasquier*
Fr. de Mendoza. 35.	Palavicin. 43.	Quesnel. 47.
Menochius. 41.	Paleotti. 30.	*Fr.* de Quignonez. 25.
Mich. Menot. 24.	Paludanus. 35.	*Ferd.* Quirin de Sala-
Ger. Mercator. 29.	Pamelius. 29.	zar. 39.
Merlin. 26.	*Jos.* Pamphyle. 30.	
Merlo Horstius. 39.	Panigarole. 29.	**R.**
Le Merre. 47.	*Flamin.* Parisius. 33.	
Mersenne. 39.	Pascaligus. 40.	**R**ADERUS. 38.
Le Mire. 38.	*Fr.* Passerin. 43.	Raissius. 37.
Ant. Molina. 33.	Pavillon. 44.	Rapin. 45.
Du Monceaux. (Mon-	Paul IV. *Pape.* 26.	Rapine. 40.
cœus. 33.	Paul V. *Pape.* 32.	*Jean* Raulin. 23.
Pier. du Mont (de *Mon-*	Paul de *Middelbourg.*	*Pier.* Rebuffe. 28.
te. 23.	24.	*Anton.* Reginaldus. 42.
Th. Morus. 25.	Poussines. 44.	*And.* Resendus. 27.
Cl. du Moulinet. 45.	Payva d'Andrada. 27.	*Jean* Reuchlin. 23.
Sylvest. Mozolin. 23.	*Fr.* Pegna. 32.	*Neoph.* Rhodinus. 38.
Muratori. 48.	Pellisson. 42.	*Pier.* Ribadeneyra. 32.
Mussus. 27.	Peltanus. 28.	*Fr.* Ribera. 29.
	Gab. Pennot. 36.	*Nic.* Riccardi. 38.
N.	*Guill.* Pepin. 24.	*Jean* Richard. 45.
	Ben. Pererius. 32.	*Edmond.* Richer. 37.
NACLANTUS. 27.	*Ant.* Perez. 39.	*Mart.* de Roa. 38.
Natalis. 27.	Petitdidier. 48.	*J. Th.* Roccaberti. 47.
Ferd. Navarette. 44.	*Suffridus* Petri. 29.	*Emman.* Rodriguez. 31.
Navarre. 29.	*Henri* Philippe. 36.	*Alph.* Rodriguez. 33.
Nebrissensis. 24.	*Corn.* de la Pierre (*à*	*Victorio* de Rossi. 40.
Neercassel. 45.	*Lapide*). 38.	*Mich.* Roussel. 34.
Nicolai. 44.	Pineda. 35.	*Ant.* Rusca. 34.
Euseb. de Nieremberg.	*Alb.* Pio. 25.	
39.	*Jean* Pistorius. 32.	**S.**
Jean Nithard. 46.	*Fr.* Pithou. 34.	
Le Nourri. 47.	*Pier.* Pithou. 29.	**S**ADOLET. 25.
Novarinus. 35.	Plantavitius. 41.	*Cl.* de Saintes. 28.
	Platus. 28.	*Fr.* Salgado. 43.
O.	Du Plessis d'*Argentré.*	*Jacq.* Salian. 37.
	48.	Salmeron. 28.
OLEASTER. 26.	*Ren.* Polus. 26.	*Th.* Sanchez. 32.
Opmer. 29.	*Basile* Ponce. 36.	Sanctius. 36.
Orlandin. 32.	Pontas. 48.	Sandæus. 42.
Pier. Jos. d'Orléans. 46.	Porrus. 30.	Sanderus. 40.
Vinc. Mar. Orsini. 48.	Possevin. 32.	Sannazar. 24.
Ortuin Gratius. 24.	Prateolus. 28.	Sasbouth. 26.
Jer. Osorio. 27. 28.	Prieras. 23.	*And.* du Saussai. 44.
Pelbart de Temesvart.		De la Saussaye. 34.
25.		*For-*

H h 3

Fortun. Scacchus.	37.	Ascan. Tamburin.	38.	Victorelli.	31.
Schelstrate.	46.	Tannerus.	36.	Fr. Victoria.	25.
And. Schott.	36.	Tena.	34.	Marian. Victorius.	27.
Schulting.	31.	Ste Therese.	28.	Simon Vigor.	27-36.
Victor Scialac.	34.	Thomas à Jesu.	33.	Viguier.	25.
Scribanius.	36.	Nic. de Thou.	30.	Villalpand.	32.
Sedulius.	32.	Thyrée.	30.	Pier. de Villars.	32.
Segneri.	46.	Du Tillet.	27.	Villethierry.	48.
Seissel.	24.	Cl. Tiphaine.	38.	Pier. de Villiers.	48.
Senaut.	43.	Tirin.	38.	Th. Cajetan.	24.
Sepulveda.	27.	Bertr. Tissier.	42.	Vivaldus.	23.
Seripand.	26.	Fr. Titelman.	25.	J. Louis Vives.	25.
Hyac. Serri.	47.	Fr. Tolet.	29.	J. Ger. Vos, ou Vossius.	32.
Hyac. Serroni.	45.	Torniel.	33.		
Jacq. Severt.	36.	Louis Torres.	38.	Jos. Voysin.	45.
Sinnick.	40.	Fr. Turrianus.	28.	Urbain VIII. Pape.	39.
Smising.	35.				
Rich. Smith,	40.	**V.**		**W.**	
Sonnius.	27.				
Louis Sotelo.	34.	VALEMBOURG.	43.	WADING.	42.
Pier. Soto.	26.			Georg. Wicelius.	27.
Soutwel.	44.	Greg. de Valentia.	31.		
Staphyle.	27.	Valerius.	32.	Widmanstad.	26.
Stellartius.	35.	Van Espen.	47.	Wiggers.	38.
Charl. Stengelius.	36.	Varet.	44.	Wimphelinge.	24.
Georg. Stengelius.	41.	Vargas.	26.	Arnoul de Wion.	30.
Stevart.	34.	Varrerius.	30.		
Steuchus Eugub.	26.	Vasquez.	31.	**X.**	
Strozza.	34.	Vavasseur.	45.		
Stunica.	38.	And. Vega.	26.		
Fr. Suarez.	33.	Vega.	37.	Jean. XIMENES.	34.
Jos. Mar. Suarez.	39.	Dieg. de la Vega.	31.		
Pier. Sutor.	25.	Du Verger de Hauranne.	39.	**Z.**	
Fr. Sylvius.	40.				
Melcce Syrigue.	33.	Veron.	40.	ZACAGNI.	47.
		Cl. de Vert.	48.	Alph. Zamora.	23.
T.		Ughelli.	42.		
		Ugolin.	31.	Lelio Zecchi.	30.
Th. TAMBOURIN.	44.	Ugonius.	23.	Th. Zerola.	31.
		Charl. Vialart.	39.		

VIII. LIS-

VIII.
LISTE ALPHABETIQUE
DES
EMPEREURS, ROIS et DUCS &c.
DEPUIS J. C. JUSQU'A L'AN 1742.

Les Royaumes, ou Principautés de ces Rois font diſtinguées par les premiéres Lettres de l'État qu'ils ont poſſédé.

A.

Abas le Grand, *Soph.* 428.
Abas II. *Soph.* 428.
Abdalla, *Calif.* 410.
Abdimelec, *Calif.* 410.
Abdula, *Calif.* 422.
Abel, *Dan.* 427.
Abſimare Tibere, *Or.* 410.
Abu-Abdalaaminus, ou Muhamed Ebumuſa, *Calif.* 416.
Abubecher, *Calif.* 410.
Abujafar Almanſor, *Calif.* 410.
Abulabas Almamon *Calif.* 416.
Achanis, *Ecoſ.* 411.
Achmet I. *Ott.* 428.
Achmet II. *Ott.* 428.
Achmet III. *Ott.* 428.
Adalbert, *Ital.* 419.
Adaloaldus, *Lomb.* 410.
Adelard, *Ecoſ.* 411.
Adelgeſe I. *Benev.* 419.
Adelgeſe II. *Benev.* 419.
Adelſtan, *Angl.* 417.

Adeſer, *Perſ.* 410.
Adolfe de Naſſau, *Occ.* 422.
Æmilianus Tyran. 402.
Agila, *Ott.* 406.
Agilulfe, *Lomb.* 410.
Aghmat Uſurpat. 428.
Aimon, *Sav.* 425.
Aio, *Benev.* 413.
Aio II. *Benev.* 419.
Alaric, *Got.* 406.
Alaricus, *Sued.* 405.
Albert d'Autr. *Occ.* 422.
Albert II. d'Autr. *Occ.* 428.
Albert, *Lor.* 425.
Albert d'Aut. *Bohem.* 432.
Albert, *Sued.* 427.
Alboin, *Lomb.* 410.
Aldan, *Ecoſ.* 411.
Alderan, *Barc.* 418.
Alexandre Severe, *Emp.* 402.
Alexandre I. *Ecoſ.* 423.
Alexandre II. *Ecoſ.* 423.
Alexandre III. *Ecoſ.* 423.
Alexandre, *Pol.* 432.

S. Alexandre Nuskhi, *Ruſ.* 427.
Alexandre Tyran. 403.
Alexis Ange, *Or.* 422.
Alexis Comnene, *Or.* 422.
Alexis Murtzuﬂ, *Or.* 422.
Alfonſe Cathol. *Leon.* 412.
Alfonſe Chaſte. *Leon.* 412.
Alfonſe III. *Leon.* 418.
Alfonſe IV. *Leon.* 418.
Alfonſe V. *Leon.* 418.
Alfonſe VI. *Caſt.* 418.
Alfonſe VII. *Caſt.* 424.
Alfonſe VIII. *Caſt.* 424.
Alfonſe IX. *Caſt.* 424.
Alfonſe X. le Sage, *Caſt.* 424.
Alfonſe XI. *Caſt.* 424.
Alfonſe I. *Arr.* 424.
Alfonſe II. *Arr.* 424.
Alfonſe III. *Arr.* 424.
Alfonſe IV. *Arr.* 424.
Alfonſe V. *Arr.* 424.
Alfonſe I. *Port.* 424.
Alfonſe II. *Port.* 424.

Hh 4   Alfon-

488 LISTE DES EMPEREURS, ROIS ET DUCS &c.

Alfonse III. *Port.* 424.	Amurat I. *Ott.* 422.	Artazare, *ou* Artaxer-
Alfonse IV. *Port.* 424.	Amurat II. *Ott.* 422.	xès, *Pers.* 402.
Alfonse V. *Port.* 430.	Amurat III. *Ott.* 422.	Artaxerxés II. *Pers.*
Alfonse VI. *Port.* 430.	Amurat IV. *Ott.* 422.	404.
Alfonse d'Arragon, *Napl.* 413.	P. L. Anafeste, *Ven.* 413.	Arthur, *Angl.* 411.
		Arthus, *Sued.* 415.
Alfonse II. d'Arr. *Napl.* 431.	Anastase, *Or.* 404.	Asprand, *Lomb.* 410.
	Anastase II. *Or.* 410.	Asprandus, *Spol.* 413.
Alfred le Grand, *Angl.* 417.	Andeca, *Suev.* 412.	Astolfe, *Lomb.* 410.
	André, *Hong.* 420.	Aszraff Usurp. *Soph.* 428.
Algotus II. *Sued.* 415.	André II. *Hong.* 426.	
Alleaus. 403.	André III. *Hong.* 426.	Ataulphe, *Got.* 406.
Almatadadi - Bellahi, *Calif.* 416.	André, *Russie.* 427.	Atax, *Alain.* 406.
	Andronic I. Paléol. *Or.* 422.	Athalaric, *Ital.* 404.
Almeric, *Jerus.* 425.		Althanagilde. *Got.* 406.
Almeric, II. *Jerus.* 425.	Anne, *Angl.* 429.	Athanaric, *Got.* 406.
Almeric, *Cypr.* 425.	Anne Iwanowna, *Rus.* 433.	*Arthenodore.* 403.
Almoctasis, *Calif.* 422.		Athenulfe, *Benev.* 419.
Almontaser, *Calif.* 416.	Ob. Antenorio, *Ven.* 419.	*Attalus.* 404.
Almostahed, *Calif.* 422.		Attila, *Hun.* 408.
Almostanged, *Calif.* 422.	Antharis, *Lomb.* 410.	Attila, *Sued.* 409.
Almostanzi, *Calif.* 422.	Anthemius, *Occ.* 404.	Auguste, *Emp.* 401.
Almostasen, *Calif.* 422.	Antoine de Bourb. *Nav.* 430.	Avitus, *Occ.* 404.
Almotamedo - Bellahi, *Calif.* 416.		*A. Septimius.* 403.
	Antoine, *Lor.* 431.	Aurelio, *Leon.* 412.
Almotazzo - Bellahi, *Calif.* 416.	Antonin pieux. *Emp.* 401.	*Aureolo Tyran.* 402.
		Aznar, *Nav.* 418.
Almoti, *ou* Mutius Lila, *Calif.* 416.	*Ap. Claud. Censorin. Tyran.* 402.	
Almus, *Hong.* 408.	Aquinus I. *Norv.* 427.	**B.**
Alpin, *Ecos.* 417.	Aquinus II. *Norv.* 427.	Ors. **B**ADOARO, *Ven.* 419.
Alradi-Bellahi, *Calif.* 416.	Aquinus III. *Norv.* 427.	P. Badoaro, *Ven.* 419.
Altaher, *Calif.* 422	Aquinus IV. *Norv.* 427.	Bajazet, *Ott.* 422.
Alvante, *Pers.* 428.	Aragise, *Benev.* 413.	Bajazet II. *Ott.* 428.
Amalaric, *Got.* 406.	*Aralde Usurp.* 417.	Balbin, *Emp.* 402.
Amberchelet, *Ecos.* 411.	Araric, *Ital.* 404.	*Balista Tyrans.* 402.
	Arcadius, *Or.* 404.	L. Barbarigo, *Ven.* 431.
Amé I. *Sav.* 419.	Ardabure, *Ces.* 404.	M. Barbarigo, *Ven.* 431.
Amé II. *Sav.* 419.	Aribert, *Lomb.* 410.	P. Barbolan, *Ven.* 419.
Amédée III. *Sav.* 425.	Arichis, *Benev.* 413.	Bardas, *Ces.* 416.
Amédée IV. *Sav.* 425.	Arinus, *Sued.* 409.	Basile, *Or.* 416.
Amédée V. *Sav.* 425.	Ariovalde, *Lomb.* 410.	Basile Macedon. *Or.* 416.
Amédée VI. *Sav.* 425.	Ariulfe, *Spol.* 413.	Basile Basilowitz, *Rus.* 427.
Amédée VII. *Sav.* 425.	Arnoul, *Occ.* 416.	
Amédée VIII. *Sav.* 425.	Arsadus, *Hong.* 414.	Basile Demetrowitz, *Rus.* 427.
Amédée IX. *Sav.* 431.	Artaban, *Part.* 401.	
Amund II. *Sued.* 421.	Artaban IV. *Part.* 401.	Basile Iwanowitz, *Rus.* 433.
Amund III. *Sued.* 421.	*Artavasdus.* 410.	
		Basi-

LISTE DES EMPEREURS, ROIS ET DUCS &c.

Basile Zuskhi *Usurp.* 433.
Basilisque Tyran. 404.
Baudoüin I. *Or.* 422.
Baudoüin II. *Or.* 422.
Baudoüin I. *Jerus.* 425.
Baudoüin II. *Jerus.* 425.
Baudoüin III. *Jerus.* 425.
Baudoüin IV. *Jerus.* 425.
Baudoüin V. *Jerus.* 425.
Baysingir, *Pers.* 428.
Bela, *Hong.* 420.
Bela II. *Hong.* 426.
Bela III. *Hong.* 426.
Bela IV. *Hong.* 426.
S. Bembo, *Ven.* 431.
Bera, *Barc.* 418.
Berenger, *Ital.* 419.
Berenger II. *Barc.* 418.
Berenger Usurp. 416.
Bernard, *Ital.* 419.
Bernard, *Barc.* 418.
Berthold, *Sav.* 419.
Biorne III. *Sued.* 415.
Biorne IV. *Sued.* 421.
Birger, *Sued.* 415.
Birger II. *Sued.* 427.
Boleslas I. *Boh.* 420.
Boleslas II. *Boh.* 420.
Boleslas III. *Boh.* 420.
Boleslas, *Pol.* 420.
Boleslas II. *Pol.* 420.
Boleslas III. *Pol.* 426.
Boleslas IV. *Pol.* 426.
Boleslas V. *Pol.* 426.
Boniface, *Sav.* 425.
Bonosius. 403.
Borane, *Pers.* 410.
Borellus, *Barc.* 418.
Boris Gadenow Usurp. 433.
Borzivorg, *Boh.* 420.
Borzivorg II. *Boh.* 426.
Bratemunder, *Sued.* 421.
Brihtrich, *Angl.* 411.
Brzetislas, *Boh.* 420.
Breztislas II. *Boh.* 426.

Brzetislas Henri, *Boh.* 426.
Burick, *Rus.* 421.

C.

CABADE'S, *Pers.* 404.
Cadirus-Billa, *Calif.* 416.
Cazirus-Billa, *Calif.* 416.
C. Jul. Æmilianus. *Emp.* 402.
Caligula, *Emp.* 401.
Callinic, *Exarq.* 413.
Calliopas, *Exarq.* 413.
P. Candien, *Ven.* 419.
P. Candien II. *Ven.* 419.
P. Candien III. *Ven.* 419.
Vit. Candien, *Ven.* 419.
Canut, *Sued.* 427.
Canut, *Dan.* 417-421.
Canut le Grand, *Dan.* 421.
Canut III. *Dan.* 421.
S. Canut, *Dan.* 421.
Canut V. *Dan.* 427.
Canut VI. *Dan.* 427.
Carausius Tyran. 403.
Cariaric, *Suev.* 406.
Carinus, *Emp.* 403.
Carloman, *Fr.* 417.
Carus, *Emp.* 403.
Casimir, *Pol.* 420.
Casimir II. *Pol.* 426.
Casimir III. *Pol.* 426.
Casimir IV. *Pol.* 432.
Catherine, *Nav.* 430.
Catherine Cornaro, *Cypr.* 331.
Catherine, *Rus.* 433.
Caum Bianrilla, *Calif.* 416.
Cedowalla, *Angl.* 411.
Lan. Celsi, *Ven.* 425.
Celsus Tyran. 402.
Census, *Angl.* 411.

Cenowalek, *Angl.* 411.
Centuin, *Angl.* 411.
Cenulphe, *Angl.* 411.
Ceolin Vaac, *Angl.* 411.
Ceolrick, *Angl.* 411.
Cerdick, *Angl.* 405-411.
Chabas, *Hun.* 408.
Charlemagne, *Occ.* 411-416.
Charles le Chauve, *Occ.* 416-417-419.
Charles le Gros, *Occ.* 416-417-419.
Charles IV. *Occ.* 422.
Charles-Quint, *Occ.* 426.
Charles VI. *Occ.* 428-430.
Charles Alb. de Bav. *Occ.* 428.
Charles le Simple, *Fr.* 417.
Charles IV. le Bel, *Fr.* 423-424.
Charles V. le Sage, *Fr.* 423.
Charles VI. bien aimé, *Franc.* 423.
Charles VII. Victorieux, *Fr.* 423.
Charles VIII. *Fr.* 429.
Charles IX. *Fr.* 429.
Charles I. *Angl.* 429.
Charles II. *Angl.* 429.
Charles le Mauvais, *Nav.* 424.
Charles III. *Nav.* 424.
Charles II. *Esp.* 430.
Charles I. *Lor.* 425.
Charles II. *Lor.* 431.
Charles III. *Lor.* 431.
Charles IV. *Lor.* 431.
Charles I. *Sav.* 431.
Charles II. *Sav.* 431.
Charles III. *Sav.* 431.
Charles Emman. *Sav.* 431.

Char-

LISTE DES EMPEREURS, ROIS ET DUCS &c.

Charles Emman. II. Sav. 431.	Christophle II. Dan. 427.	Constantin Cpor. Or. 410.
Charles Emman. III. Sav. 431.	Christophle III. Dan. 427.	Constant. Ducas, Or. 416.
Charles d'Anjou, Napl. 425.	P. Cicogna, Ven. 431.	Constant. Monom. Or. 416.
Charles II. Napl. 425.	Cinigifil, Angl. 411.	Constant. Paléol. Or. 422-428.
Charles III. Napl. 425.	Cinname, Part. 401.	
Charles Inf. d'Esp. Napl. 431.	Cizezomyslas, Boh. 414.	Constant. Pogon. Or. 410.
Charles Robert, Hong. 426.	Claude, Emp. 401.	
	Clenet, Ecos. 411.	
	Clephis, Lomb. 410.	Constantin. 404.
	Clodion, Fr. 405.	Constant. fils de Leon. 416.
Charles IV. Sued. 415.	Clodius Albin. Tyran. 401.	
Charles V. Sued. 415.	Clodomir, Fr. 405.	Constantin I. Ecos. 405.
Charles VI. Sued. 421.	Clotaire I. Fr. 405.	Constantin II. Ecos. 417.
Charles VII. Sued. 427.	Clotaire II. Fr. 411.	
Charles VIII. Sued. 433.	Clotaire III. Fr. 411.	Constantin III. Ecos. 417.
Charles IX. Sued. 433.	Clovis I. Fr. 405.	
Charles Gustave, Sued. 433.	Clovis II. Fr. 411.	Constantin IV. Ecos. 417.
	Clovis III. Fr. 411.	
	Colomannus, Hongr. 426.	Constantius. 404.
Charles XI. Sued. 433.		A. Contarini, Ven. 425.
Charles XII. Sued. 433.	Commode, Emp. 401.	A. Contarini II. Ven. 431.
Charlotte, Cypr. 431.	Congal, Ecos. 405.	
Chenrick, Angl. 411.	Congal II. Ecos. 411.	C. Contarini, Ven. 431.
Cherebert, Fr. 411.	Congal III. Ecos. 417.	D. Contarini, Ven. 419.
Childebert, Fr. 405.	Conrad I. Occ. 416.	D. Contarini II. Ven. 431.
Childebert II. Fr. 411.	Conrad II. Occ. 416.	
Childeric, Fr. 405.	Conrad III. Occ. 422.	J. Contarini, Ven. 425
Childeric II. Fr. 411.	Conrad, Napl. 425.	L. Contarini, Ven. 431.
Childeric III. Fr. 411.	Conrad I. Boh. 426.	N. Contarini. Ven. 431.
Chilperic I. Fr. 411.	Conrad II. Boh. 426.	J. Cornaro, Ven. 431.
Chilperic II. Fr. 411.	Conrad Tyran. 419.	M. Cornaro, Ven. 425.
Chinaule, ou Cumatillus, Ecos. 411.	Conradin, Napl. 425.	Cosroès I. Pers. 404.
	Conran, Ecos. 405.	Cosroès II. Pers. 410.
Chintasvind, Got. 412.	Constance Chlore, Emp. 403.	Cracus I. Boh. 408.
Chintilla, Got. 412.		Cracus II. Boh. 408.
Chozroés, Part. 401.	Constance, Emp. 403.	Cracus, Pol. 414.
Christiern I. Dan. 433.	Constance, Napl. 425.	Crida, Angl. 411.
Christiern II. Dan. 433.	Constans, Or. 410.	Crimus, Ecos. 417.
Christiern III. Dan. 433.	Constans. 404.	Cromwel Usurp. 429.
Christiern IV. Dan. 433.	Constant, Emp. 403.	Cudred, Angl. 411.
	Constantin le Grand, Emp. 403.	Cullenus, Ecos. 417.
Christiern V. Dan. 433.		Cunibert pieux, Lomb. 410.
Christiern VI. Dan. 433.	Constantin le Jeune, Emp. 403.	
		Cyriades Tyran. 402.
Christine, Sued. 433.	Constantin, Or. 410-416.	Czechus, Boh. 410.
Christophle, Or. 416.		
Christophle, Dan. 427.	Constantin, Aug. 416.	

D. DA-

LISTE DES EMPEREURS, ROIS ET DUCS &c.

D.

Dagobert I. *Fr.* 411.
Dagobert II. *Fr.* 411.
A. Dandolo, *Ven.* 425.
Fr. Dandolo, *Ven.* 425.
H. Dandolo, *Ven.* 425.
J. Dandolo, *Ven.* 325.
Daniel, *Ruf.* 427.
N. Da Ponte, *Ven.* 431.
David I. *Ecof.* 423.
David II. *Ecof.* 423.
Decius, *Emp.* 402.
J. Delfin, *Ven.* 425.
Denys, *Port.* 424.
Didier, *Lomb.* 410.
Didius Julianus, *Emp.* 401.
Dimitri, *Ruf.* 427.
Dimitri Iwanowitz. *Ruf.* 427.
Dimitri Michaelowitz, *Ruf.* 427.
Dimitri Impoft. 433.
Dimitri II Impoft. 433.
Dimitri III. Impoft. 433.
Dimitri IV. Impoft. 433.
Dioclétien, *Emp.* 403.
Domitien, *Emp.* 401.
Domitius Aurel. *Emp.* 403.
Domitius Domitianus. 403.
Donald, *Ecof.* 411.
Donald V. *Ecof.* 417.
Donald VI. *Ecof.* 417.
Donald VII. *Ecof.* 417.
T. Donat, *Ven.* 431.
L. Donat, *Ven.* 431.
N. Donat, *Ven.* 431.
Dongal, *Ecof.* 405.
Dongal II. *Ecof.* 417.
Duncan, *Ecof.* 417.
Duncan II. *Ecof.* 417.
Duphus, *Ecof.* 417.

E.

Ecbert, *Angl.* 417.
Ed, *Hong.* 408.
Edgar, *Angl.* 417.
Edgar, *Ecof.* 417.
Edmond I. *Angl.* 417.
Edmond II. *Angl.* 417.
Edoard I. *Angl.* 423.
Edoard II. *Angl.* 423.
Edoard III. *Angl.* 423.
Edoard, *Port.* 424.
Edoüard l'Ancien. *Angl.* 417.
S. Edoüard, *Angl.* 417.
S. Edoüard III. *Angl.* 417.
Edoüard IV. *Angl.* 429.
Edoüard V. *Angl.* 429.
Edoüard VI. *Angl.* 429.
Edoüard, *Ecof.* 423.
Edoüard, *Sav.* 425.
Edred, *Angl.* 417.
Edvy, *Angl.* 417.
Egiza, *Suev.* 412.
Elend, *Hong.* 408.
Ella, *Angl.* 405.
Elèeter. *Exarq.* 413.
Elizabeth, *Angl.* 429.
Emeric, *Hong.* 426.
Emir-Hems, *Soph.* 428.
Emmanuel, *Port.* 430.
Emmanuel Philib. *Sav.* 431.
Epidius Achilleus. 403.
Ercenwin, *Angl.* 405.
Eric, *Sued.* 415.
Eric VI. *Sued.* 421.
Eric VII. *Sued.* 421.
Eric VIII. *Sued.* 421.
S. Eric, *Sued.* 427.
Eric XI. *Sued.* 427.
Eric le Bégue, *Sued.* 427.
Eric XIII. *Sued.* 427.
Eric XIV. *Sued.* 433.
Eric I. *Dan.* 421.
Eric II. *Dan.* 421.
Eric III. *Dan.* 421.
Eric IV. *Dan.* 427.
Eric V. *Dan.* 427.
Eric VI. *Dan.* 427.
Eric VII. *Dan.* 427.
Eric VIII. *Dan.* 427.
Eric IX. *Dan.* 427.
Eric I. *Norv.* 427.
Eric II. *Norv.* 427.
F. Erizzo, *Ven.* 431.
Ervige, *Suev.* 412.
Efcuin, *Angl.* 411.
Ethelbald, *Angl.* 417.
Ethelbert, *Angl.* 417.
Ethelred, *Angl.* 417.
Ethelred II. *Angl.* 417.
Ethelvolf. *Angl.* 417.
Ethus I. *Ecof.* 417.
Etienne, *Aug.* 416.
Etienne, *Angl.* 423.
S. Etienne, *Hong.* 420.
Etienne II. *Hong.* 426.
Etienne III. 426.
Etienne IV. *Hong.* 426.
Etienne Batory, *Pol.* 432.
Etrufcus, *Cef.* 402.
Etfinius, *Ecof.* 411.
Evaric, *Got.* 406.
Eudes, *Fr.* 417.
Eudocia, *Or.* 416.
Eugene I. *Ecof.* 405.
Eugene II. *Ecof.* 405.
Eugene III. *Ecof.* 411.
Eugene IV. *Ecof.* 411.
Eugene V. *Ecof.* 411.
Eugene VI. *Ecof.* 411.
Eugene VII. *Ecof.* 411.
Eugene Tyran. 404.
Evoric, *Suev.* 412.
Eutychius, *Exarq.* 413.

F.

D. Fabianico. *Ven.* 419.
B. Falier, *Ven.* 431.
M. Falier, *Ven.* 425.
Or. Falier, *Ven.* 425.
V. Fa-

V. Falier, *Ven.* 425.
Faroald, *Spol.* 413.
Faroald, *Spol.* 413.
Favilla, *Leon.* 412.
Ferchard I. *Ecoſ.* 411.
Ferchard II. *Ecoſ.* 411.
Ferdinand I. *Occ.* 428-432.
Ferdinand II. *Occ.* 428-432.
Ferdinand III. *Occ.* 428-432.
Ferdinand I. *Caſt.* 418.
Ferdinand II. *Caſt.* 424.
Ferdinand III.*Caſt.*424-
Ferdinand IV.*Caſt.* 424.
Ferdinand V. Cathol. *Caſt.* 430.
Ferdinand, *Arr.* 424.
Ferdinand, *Port.* 424.
Ferdinand, *Napl.* 431.
Ferdinand I. *Napl.* 431.
Fergus I. *Ecoſ.* 405.
Fergus II. *Ecoſ.* 411.
Ferri I. *Lor.* 425.
Ferri II. *Lor.* 425.
Ferri III. *Lor.* 425.
Firmius *Tyran.* 403.
Firmius *Tyran.* 404.
Fl. Val. Severus, *Ceſ.* 403.
Florien, *Emp.* 403.
Fœdor Alexiowitz, *Ruſ.* 433.
Fœdor Boriſſowitz, *Ruſ.* 433.
Fœdor Iwanowitz, *Ruſ.* 433.
Fortunio, *Nav.* 418.
F. Foſcarini, *Ven.* 425.
Foulques, *Jeruſ.* 425.
François I. *Fr.* 429.
François Phœbus, *Nav.* 430.
François I. *Lorr.* 431.
François II. *Lorr.* 431.
François Hyac.*Sav.*431.
Frederic I. *Occ.* 422.

Frederic II. *Occ.* 422.
Frederic III. *Occ.* 428.
Frederic I. *Lorr.* 425.
Frederic II. *Lorr.* 425.
Frederic, *Napl.* 425.
Frederic, *Napl.* 431.
Frederic, *Boh.* 426.
Frederic Aug. *Pol.* 432.
Frederic Aug. II. *Pol.* 432.
Frederic, *Sued.* 433.
Frederic I. *Dan.* 433.
Frederic II. *Dan.* 433.
Frederic III. *Dan.* 433.
Frederic IV. *Dan.* 433.
Froila, *Leon.* 412.
Froila II. *Leon.* 418.
Fronton, *Suev.* 406.
Frotho, *Dan.* 421.
Frumaricus, *Suev.* 406.

G.

GAINAS *Tyran.* 404.
Galba, *Emp.* 401.
M. Galbaio, *Ven.* 403.
Galere Maximien, *Emp.* 403.
Galere Maximin, *Ceſ.* 403.
Galla, *Ven.* 413.
Gallus, *Emp.* 402.
Gallus, *Ceſ.* 403.
Garcias II. *Nav.* 418.
Garcias III. *Nav.* 418.
Garcias IV. *Nav.* 418.
Garcias Ramire, *Nav.* 424.
Garcias Ximenès, *Nav.* 418.
Garcias, *Leon.* 418.
Garcias, *Port.* 424.
Garibald, *Lomb.* 410.
Gaſton de Foix, *Nav.* 430.
Geiſa, *Hong.* 420.
Geiza, *Hong.* 420.
Geiza II. *Hong.* 426.
Genſeric, *Vand.* 406.
Georges I. *Angl.* 429.

Georges II. *Angl.* 429.
Georges, *Benev.* 413.
Georges Podebrac, *Boh.* 432.
Georges, *Ruſ.* 427.
Georges Danielowitz, *Ruſ.* 427.
M. Georgio, *Ven.* 425.
Gerard d'Alſace, *Lor.* 425.
Geſid, *ou* Iſid,*Calif.* 410.
Geſid, *ou* Iſid II. *Calif.* 410.
Geſid, *ou* Iſid III. *Calif.* 410.
Getricus, *Dan.* 415.
Giafar Abulfadlus, *ou* Muctarid-Billa, *Calif.* 416.
Gildo *Tyran.* 404.
Gilimer, *Vand.* 406.
Giſulfe I. *Benev.* 413.
Giſulfe II. *Benev.* 413.
Glycerius, *Occ.* 404.
Godefroi de Bouillon, *Jeruſ.* 425.
Godeſcalque, *Benev.* 413.
Godeſiclus, *Vand.* 406.
Godſtagus, *Sued.* 415.
Gondemar, *Got.* 412.
Gondibert, *Lomb.* 410.
Gontram, *Fr.* 411.
Gordiens, *Emp.* 402.
Gordien le Jeune, *Emp.* 402.
Gormo, *Dan.* 415.
Gormo II. *Dan.* 421.
Gormo III. *Dan.* 421.
Gotarze, *Part.* 401.
Gothelon, *Lor.* 425.
B. Gradenigo, *Ven.*425.
J. Gradenigo, *Ven.* 425.
P. Gradenigo, *Ven.*425.
Gratien. 404.
Gratien, *Emp.* 404.
Gregoire, *Ecoſ.* 417.
Gregoire Demitrowitz, *Ruſ.* 427.

Gre-

LISTE DES EMPEREURS, ROIS ET DUCS &c.

Gregoire Tyran. 410.
A. Grimani, *Ven.* 431.
M. Grimani, *Ven.* 431.
Chev. Grimani, *Ven.* 431.
Grimoald, *Lomb.* 410.
Grimoald I. *Benev.* 413.
Grimoald. II. *Benev.* 413.
A. Griti, *Ven.* 431.
Gui, *Spol.* 419.
Gui, *Benev.* 419.
Gui, *Jerus.* 425.
Gui, *Cypr.* 425.
Gui Usurp. 416.
Guifroid, *Barc.* 418.
Guifroid II. *Barc.* 418.
Guillaume, *Occ.* 422.
Guillaume Conquer. *Angl.* 417.
Guillaume II. *Angl.* 417.
Guillaume III. *Angl.* 429.
Guillaume, *Ecos.* 423
Guillaume I. *Napl.* 425.
Guillaume II. *Napl.* 425.
Guillaume III. *Napl.* 425.
Gundabond, *Vand.* 406.
Gunderic, *Vand.* 406.
Gunter de Schwartzbourg, *Occ.* 422.
Gustave Adolfe, *Sued.* 433.
Gustave Ericson, *Sued.* 433.

H.

HADRIEN, *Emp.* 410.
Hakon I. *Sued.* 415.
Hakon II. *Sued.* 421.
Hali, *Calif.* 410.
Halsten, *Sued.* 421.

Harald, *Dan.* 421.
Haralde, *Norv.* 421.
Haralde II. *Norv.* 421.
Haralde Usurp. 417.
Hardi-Canut, *Angl.* 417.
Hardouïn, *Ital.* 418.
Haron-Raschid, *Calif.* 410.
Haron Vacic Billa. *Calif.* 416.
Hazen, *ou* Chazan, *Calif.* 410.
Hemmingus, *Dan.* 421.
Hengist, *Angl.* 405.
Henri, *Occ.* 422.
Henri l'Oiseleur. *Occ.* 416-419.
Henri II. *Occ.* 416-419.
Henri III. *Occ.* 416-419.
Henri IV. *Occ.* 416.
Henri V. *Occ.* 422.
Henri VI. *Occ.* 422.
Henri VII. *Occ.* 422.
Henri I. *Fr.* 417.
Henri II. *Fr.* 429.
Henri III. *Fr.* 429.
Henri IV. le Grand, *Fr.* 429.
Henri I. *Angl.* 423.
Henri II. *Angl.* 423.
Henri III. *Angl.* 423.
Henri IV. *Angl.* 423.
Henri V. *Angl.* 423.
Henri VI. *Angl.* 423.
Henri VII. *Angl.* 429.
Henri VIII. *Angl.* 429.
Henri, *Ecos.* 429.
Henri, *Nav.* 424.
Henri, *Nav.* 430.
Henri de Bourbon, *Nav.* 430.
Henri I. *Cast.* 424.
Henri II. *Cast.* 424.
Henri III. *Cast.* 424.
Henri IV. *Cast.* 430.
Henri, *Port.* 424.
Henri Card. *Port.* 430.
Henri I. *Cypr.* 425.

Henri II. *Cypr.* 425.
Henri, *Napl.* 425.
Henri d'Anjou. *Pol.* 432.
Henri Usurp. 426.
Heracleonas, *Or.* 410.
Heraclianus. 404.
Heraclius, *Or.* 410.
Herennien, *Emp.* 402.
Hermeneric I. *Suev.* 406.
Hermeneric II. *Suev.* 406.
Hermengaire, *Suev.* 406.
Herodien, *Emp.* 402.
Heroias Vabalatus. 403.
Heroth, *Sued.* 421.
Hildebrand, *Lomb.* 410.
Hilderic, *Vand.* 406.
Hilderic, *Spol.* 413.
Hiscam, *ou* Isa, *Calif.* 410.
Honorius, *Occ.* 404.
Hormisdas I. *Pers.* 403.
Hormisdas II. *Pers.* 403.
Hormisdas III. *Pers.* 410.
Hormisdas IV. *Pers.* 410.
Hostilien, *Emp.* 402.
Hostivitus, *ou* Milchost, *Boh.* 420.
Hugues Capet, *Fr.* 417.
Hugues, *Ital.* 419.
Hugues I. *Cypr.* 425.
Hugues II. *Cypr.* 425.
Hugues III. *Cypr.* 425.
Hugues IV. *Cypr.* 425.
Humbert I. *Sav.* 419.
Humbert II. *Sav.* 419.
Humbert III. *Sav.* 425.
Hunneric, *Vand.* 406.

I.

IBRAHIM, *Calif.* 410.
Ibrahim, *Ott.* 428.

Ida,

Ida, *Angl.* 411.
Igor, *Ruf.* 421.
Ina, *Angl.* 411.
Indulphe, *Ecof.* 417.
Ingelde I. *Sued.* 421.
Ingelde II. *Sued.* 421.
Ingelde III. *Sued.* 421.
Ingelde IV. *Sued.* 427.
Ingenuus Tyran. 402.
Ingo, *Norv.* 427.
Orf. Ipato, *Ven.* 413.
Theod. Ipato, *Ven.* 413.
Irene, *Or.* 410.
Ifaac Comnene, *Or.* 416.
Ifaacius, *Exarq.* 413.
Ifabelle, *Caft.* 430.
Ifabelle, *Lor.* 430.
Ifdigerdes I. *Perf.* 404.
Ifdigerdes II. *Perf.* 404.
Ifmaël I. *Soph.* 428.
Ifmaël II. *Soph.* 428.
Ifmaël III. *Soph.* 428.

J.

JACQUES I. *Angl.* 429.
Jacques II. *Angl.* 429.
Jacques fils de Jacques II. 429.
Jacques I. *Ecof.* 423.
Jacques II. *Ecof.* 429.
Jacques III. *Ecof.* 429.
Jacques IV. *Ecof.* 429.
Jacques V. *Ecof.* 429.
Jacques VI. *Ecof.* 429.
Jacques I. Victor, *Arr.* 424.
Jacques II. *Arr.* 424.
Jacques, *Cypr.* 425.
Jacques, *Cypr.* 431.
Jacup II. *Cypr.* 431.
Jacup, *Perf.* 428.
Jaromire, *Boh.* 420.
Jean Comnene, *Or.* 422.
Jean Lafcaris, *Or.* 422.
Jean Paléolog. *Or.* 422.
Jean Paléolog. *Or.* 428.

Jean VI. Paléolog. *Or.* 428.
Jean Vatace, *ou* Ducas, *Or.* 422.
Jean Zemiffes, *Or.* 416.
Jean Tyran. 404.
Jean Cantacuz. Ufurp. 422.
Jean I. *Fr.* 423.
Jean II. *Fr.* 423-424.
Jean, *Angl.* 423.
Jean Bailleul, *Ecof.* 423.
Jean Robert, *Ecof.* 423.
Jean, *Nav.* 424.
Jean d'Albret, *Nav.* 430.
Jean I. *Caft.* 424.
Jean II. *Caft.* 424.
Jean, *Arr.* 424.
Jean II. *Arr.* 430.
Jean I. *Port.* 424.
Jean II. *Port.* 430.
Jean III. *Port.* 430.
Jean de Brag. *Port.* 430.
Jean IV. *Port.* 430.
Jean V. *Port.* 430.
Jean I. *Lor.* 425.
Jean II. *Lor.* 431.
Jean de Brienne, *Jeruf.* 425.
Jean, *Cypr.* 425.
Jean II. *Cypr.* 431.
Jean Corvin Hun. *Hong.* 432.
Jean de Zepus, *Hong.* 432.
Jean de Luxemb. *Boh.* 426.
Jean Albert, *Pol.* 432.
Jean Cafimir, *Pol.* 432.
Jean Sobieski, *Pol.* 432.
Jean, *Sued.* 427.
Jean III. *Sued.* 433.
Jean, *Dan.* 433.
Jeanne, *Nav.* 424.
Jeanne d'Albret, *Nav.* 430.
Jeanne, *Efp.* 430.
Jeanne I. *Napl.* 425.

Jeanne II. *Napl.* 425.
Jeroflaws, *Ruf.* 421.
Jezagirdes III. *Perf.* 427.
Jofeph I. *Occ.* 428-432.
Joffe de Morav. *Occ.* 422.
Jofua Zelebi, *Ott.* 422.
Jovien, *Emp.* 403.
Jovin. 404.
Julaver, *Perf.* 428.
Julien l'Apoftat. 403.
Jul. Nepos, *Occ.* 404.
Jul. Verus, *Emp.* 402.
Jul. Valens Tyran. 402.
Juftin I. *Or.* 404.
Juftin II. *Or.* 410.
M. A. Juftiniani, *Ven.* 431.
Juftinien I. *Or.* 404.
Juftinien II. *Or.* 410.
Juan Bafilowitz. *Ruf.* 433.
Iwan, *ou* Jean, *Ruf.* 433.
Iwan Alexiowitz, *Ruf.* 433.
Iwan Bafilowitz, *Ruf.* 433.
Iwan Danielowitz, *Ruf.* 427.
Iwan Iwanowitz, *Ruf.* 427.

K.

KENET II. *Ecof.* 417.
Kenet III. *Ecof.* 417.
Klack, *Dan.* 421.

L.

LADISLAS; *Napl.* 425.
S. Ladiflas, *Hong.* 420.
Ladiflas II. *Hong.* 426.
Ladiflas III. *Hong.* 426.
Ladiflas IV. *Hong.* 432.

La-

LISTE DES EMPEREURS, ROIS ET DUCS &c.

Ladiſlas V. *Hong.* 432.
Ladiſlas, *Boh.* 432.
Lalianus Tyran. 402.
Lambadès, ou Zamaſ-
  phés, *Perſ.* 404.
Lambert, *Ital.* 416.
Lambert *Uſurp.* 419.
P. Lando. *Ven.* 431.
Landulphe, *Benev.* 419.
Jo. Lemigius, *Exarq.*
  413.
Leon I. *Or.* 404.
Leon Armen. *Or.* 416.
Leon le Jeune, *Or.* 404.
Leon Iſaur. *Or.* 410.
Leon Philos. *Or.* 416.
Leon Porphyr. *Or.* 410.
Leon. 410.
Leontius, *Or.* 410.
Leopold I. *Occ.* 428-
  432.
Leopold I. *Lor.* 431.
Leſchus, *Pol.* 414.
Leſchus II. *Pol.* 414-
  420.
Leſchus III. *Pol.* 420.
Leſchus IV. *Pol.* 420.
Leſchus V. *Pol.* 426.
Leſchus VI. *Pol.* 426.
Leuvigilde, *Got.* 412.
Licinien, *Ceſ.* 403.
Licinius Gallien, *Emp.*
  402.
Licinius Salonin, *Emp.*
  402.
Licinius Valer. pere,
  Emp. 402.
Licinius Valer. fils,
  402.
Liuba, *Got.* 406.
Liuba II. *Got.* 412.
Lollien Tyran. 402.
Longin, *Exarq.* 413.
L. Loredano, *Ven.* 431.
D. Loredano, *Ven.* 441.
Lothaire, *Occ.* 416-419.
Lothaire II. *Occ.* 422.
Lothaire, *Fr.* 417.
Lothaire, *Ital.* 419.

Louis Débonn. *Occ.*
  416-417-419.
Louïs II. *Occ.*
  416-417-419.
Louïs le Bégue, *Occ.*
  416-417-419.
Louïs IV. *Occ.*
  416-417-422.
Louïs d'Outremer, *Fr.*
  417.
Louïs V. *Fr.* 417.
Louïs VI. le Gros, *Fr.*
  423.
Louis VII. *Fr.* 423.
Louïs VIII. *Fr.* 423.
S. Louïs IX. *Fr.* 423.
Louïs X. Hutin, *Fr.*
  423-424.
Louïs XI. *Fr.* 429.
Louïs XII. pere du Peu-
  ple. *Fr.* 429.
Louïs XIII. *Fr.* 429.
Louïs XIV. le Grand,
  Fr. 429.
Louïs XV. *Fr.* 429.
Louïs I. *Eſp.* 430.
Louïs, *Sav.* 425.
Louïs I. *Hong.* 426.
Louïs II. *Hong.* 432.
Louïs, *Boh.* 432.
Luc. Sev. Aurel. Ho-
  ſtil. *Emp.* 402.
Luc. Verus, *Emp.* 401.
Luc. Val. Valen. 403.
Luitpert, *Lomb.* 410.
Luitprand, *Lomb.* 410.
Lybiſſa, *Boh.* 408.

M.

MACHABE'E *Tyran.*
  417.
Macolme, *Ecoſ.* 423.
Macriens Tyrans. 402.
Magnence Tyran. 403.
Magnus, *Sued.* 427.
Magnus II. *Sued.* 427.
Magnus III. *Sued.* 427.
Magnus, *Dan.* 421.

Magnus I. *Norv.* 421.
Magnus II. *Norv.* 421.
Magnus III. *Norv.* 427.
Magnus IV. *Norv.* 427.
Magnus V. *Norv.* 427.
Magnus VI. *Norv.* 427.
Mahmout, *Ott.* 428.
Mahomet, *Calif.* 410.
Mahomet I. *Ott.* 422.
Mahomet II. *Ott.* 422.
Mahomet III. *Ott.* 428.
Mahomet IV. *Ott.* 428.
Mahomet Cadab. *Soph.*
  428.
Majorien, *Occ.* 404.
Maldoüin, *Ecoſ.* 411.
Maldras, *Suev.* 406.
Malgon, *Angl.* 411.
Or. Malipier, ou Ma-
  ſtropietro, *Ven.* 425.
Manfredi, *Napl.* 425.
Manuel Comn. *Or.* 422.
Manuel II. Paléol. *Or.*
  422.
Marc. 404.
Marc Aurele, *Emp.* 401.
N. Marcel, *Ven.* 431.
Marcien, *Or.* 404.
Marcien Tyran. 404.
M. Aund. Perpenna,
  Emp. 402.
M. Aurelius, *Emp.* 403.
M. Aurel. Antonin.
  Emp. 401.
M. Aurel. Ant. Elaga-
  balus, *Emp.* 402.
M. Aur. Claudius, *Emp.*
  403.
M. Aurel. Julianus,
  403.
M. Marcius Tyran. 402.
M. Opel. Macrinus,
  Emp. 402.
M. Opel. Anton. Dia-
  dumen. *Emp.* 402.
Marguerite, *Sued.* 427.
Marie, *Angl.* 429.
Marie Stuart, *Angl.*
  429.
Ma-

Marie Stuart, *Ecos.* 429.
Marie, *Hong.* 426.
Marius Tyran. 402.
Martin, *Arr.* 424.
Martina, *Or.* 410.
Martinianus. 403.
Mar van, *ou* Mavian, *Calif.* 410.
Matthias, *Occ.* 428. 432.
Matthias Corvin. *Hong.* 432.
Matthieu I. *Lor.* 425.
Matthieu II. *Lor.* 425.
Matthieu Cantacuz. 422.
Mavia, *Calif.* 410.
Mauregat, *Leon.* 412.
Maurice, *Or.* 410.
Maurice Tyran. 410.
Maxence Tyran. 403.
Maxime, *Emp.* 402.
Maxime Tyran. 404.
Maximien, *Emp.* 403.
Maximilien I. *Occ.* 428.
Maximilien II. *Occ.* 432.
Maximin. *Emp.* 402.
Maximus, *Occ.* 404.
Maximus. 404.
Meherdate, *Part.* 401.
Memo, *Ven.* 419.
M. A. Memino, *Vén.* 431.
Merouée *Fr.* 405.
Michel Curopal. *Or.* 416.
Michel le Begue. *Or.* 416.
Michel III. *Or.* 416.
Michel IV. *Or.* 416.
Michel Calaph. *Or.* 416.
Michel VI. *Or.* 416.
Michel Andronic. *Or,* 416.
Michel Ducas, *Or.* 416
Michel Paléol. *Or.* 422.
Michel Andronic, *Or.* 422.
Michel I. *Pol.* 432.
Michel, *Ruſ.* 427.

Michel Fedewowitz. *Ruſ.* 433.
D. Michiele, *Ven.* 425.
V. Michiele, *Ven.* 425.
V. Michiele. II. *Ven.* 425.
Mieciſlas, *Pol.* 426.
Mielas, *ou* Mieczislas, *Pol.* 420.
Mietziſlas, *Pol.* 420.
Miron, *Suev.* 412.
Miron, *Barc.* 418.
Mirza, *Soph.* 428.
Mirza-Abas, *Soph.* 428.
Mizzizius Tyran. 410.
Mnatha, *Boh.* 414.
Al. Mocenigo, *Ven.* 431.
J. Mocenigo, *Ven.* 431.
L. Mocenigo, *Ven.* 431.
L. S. Mocenigo, *Ven.* 431.
P. Mocenigo, *Ven.* 431.
T. Mocenigo, *Ven.* 431.
Moctaſis-Billa, *Calif.* 416.
Mæonius Tyran. 402.
E. Molino, *Ven.* 431.
D. Monegario, *Ven.* 413.
Monneſés, *Part.* 401.
Mordac, *Ecos.* 411.
F. Moroſini, *Ven.* 431.
Muctadis-Billa, *Calif.* 416
Muctaditus-Billa, *Calif.* 422.
Muctaſis-Billa, *Calif.* 416.
Muhamed, *Calif.* 416.
Muhamed Muſtaſi, *Calif.* 416.
Muſa, *ou* Moſes. *Calif.* 410.
Muſa, *Ott.* 422.
Muſtapha, *Ott.* 422.
Muſtapha II. *Ott.* 422.
Mutadid-Billa, *Calif.* 416.

N.

NACERLADIN, *Calif.* 422.
Narſès, *Perſ.* 403.
Narſès, *Ital.* 404.
Neklan, *Boh.* 414.
Nepotien, *Emp.* 403.
Neron, *Emp.* 401.
Nerva, *Emp.* 401.
Nicephore, *Or.* 416.
Nicephore Phocas, *Or.* 416.
Nicephore Boton. *Or.* 416.
Nicephore. 410.
Nicolas, *Lor.* 431.
Nicolas, *Dan.* 427.
Nicole, *Lor.* 431.
Numerien, *Emp.* 403.

O.

ODENAT *Tyran.* 402.
Odoacre, *Ital.* 404.
Odon, *Sav.* 419.
Olaus I. *Sued.* 421.
Olaus II. *Sued.* 421.
Olaus, *Dan.* 421.
Olaus III. *Dan.* 421.
Olaus IV. *Dan.* 427.
Olaus, *Norv.* 421.
Olaus II. *Norv.* 427.
Olaus III. *Norv.* 427.
Olybrius, *Occ.* 404.
Olympe, *Exarq.* 413.
Omar, *Calif.* 410.
Omar II. *Calif.* 410.
Orchan, *Ott.* 422.
Ordonio, *Leon.* 418.
Ordonio II. *Leon.* 418.
Ordonio III. *Leon.* 418.
Ordonio Uſurp. 418.
Orodès II. *Part.* 401.
D. Orſeolo, *Ven.* 419.
Ott. Orſeolo, *Ven.* 419.
P. Orſeolo, *Ven.* 419.

P. Or-

LISTE DES EMPEREURS, ROIS ET DUCS &c. 497

P. Orseolo II. *Ven.* 419.
Osman, *Calif.* 410.
Osman, *Ott.* 428.
Othon, *Emp.* 401.
Othon le Grand, *Occ.* 416-419.
Othon II. *Occ.* 416-419.
Othon III. *Occ.* 416-419.
Othon IV. *Occ.* 422.
Othon de Baviére, *Hong.* 426.
Ottoman, *Ott.* 422.
Otton, *Hong.* 420.

P.

PACORUS II. *Part.* 401.
Pandulphe, *Benev.* 419.
Parthanapaste, *Part.* 401.
A. Participatio, *Ven.* 419.
J. Participatio, *Ven.* 419.
O. Participatio, *Ven.* 419.
Paullus, *Exarq.* 413.
Pelage I. *Leon.* 412.
Pepin, *Fr.* 411.
Perozès, *Pers.* 404.
Pertharite, *Lomb.* 410.
Pertinax, *Emp.* 401.
Pescen Niger, *Emp.* 401.
Petrin, *Cypr.* 425.
J. Pezari, *Ven.* 431.
Pharamond, *Fr.* 405.
Philibert, *Sav.* 431.
Philibert II. *Sav.* 431.
Philippe pere, *Emp.* 402.
Philippe fils, *Emp.* 402.
Philippe, *Occ.* 422.
Philippe I. *Fr.* 417.
Philippe Aug. *Fr.* 423.
Philippe III. le Hardi, *Fr.* 423.
Philippe IV. le Bel, *Fr.* 423-424.
Philippe V. le Long, *Fr.* 423-424.

Philippe VI. de Valois, *Fr.* 423-424.
Philippe I. d'Autr. *Esp.* 430.
Philippe II. *Esp.* 430.
Philippe III. *Esp.* 430.
Philippe IV. *Esp.* 430.
Philippe V. *Esp.* 431.
Philippe, *Sav.* 425.
Philippe, *Sav.* 431.
Philippe, *Sued.* 421.
Philippicus Bardanes, *Or.* 410.
Phocas, *Or.* 410.
Phraatace, *Part.* 401.
Phraatès IV. *Part.* 401.
Piaste, *Pol.* 420.
Pierre, *Or.* 422.
Pierre le Cruel, *Cast.* 424.
Pierre I. *Arr.* 424.
Pierre II. *Arr.* 424.
Pierre III. *Arr.* 424.
Pierre IV. *Arr.* 424.
Pierre le Cruel, *Arr.* 424.
Pierre, *Port.* 420.
Pierre, *Cypr.* 425.
Pierre, *Sav.* 425.
Pierre, *Ven.* 419.
Pierre, *Hong.* 420.
Pierre I. Alexiowitz, *Ruf.* 433.
Pierre II. Alexiowitz, *Ruf.* 433.
Piso *Tyran.* 402.
P. Polani, *Ven.* 425.
Pompon. Aelianus. 403.
Popiele I. *Pol.* 420.
Popiele II. *Pol.* 420.
Posthumes Tyrans. 402.
Premiflas, *Boh.* 408.
Premiflas, *Pol.* 414.
Premiflas, *Pol.* 426.
Priscus Attalus. 404.
A. Priuli, *Ven.* 431.
J. Priuli, *Ven.* 431.
L. Priuli, *Ven.* 431.
Probus, *Emp.* 403.

Procope Tyran. 404.
Proculus. 403.
Prezemiflas, ou Ottocar I. *Boh.* 426.
Prezemiflas II. *Boh.* 426.
P. Carv. Marinus, *Emp.* 402.
P. Sept. Geta, *Emp.* 401.

Q.

QUIETUS *Tyran* 402.
Quintillus, *Emp.* 403.

R.

RACHED, *Calif.* 422.
Rachis, *Lomb.* 410.
Ragnalde, *Sued.* 427.
Ramire I. *Leon.* 418.
Ramire II. *Leon.* 418.
Ramire III. *Leon.* 418.
Ramire, *Arr.* 418.
Ramire II. *Arr.* 424.
Raoul, *Fr.* 417.
Raoul, *Bourg.* 419.
Raymond, *Barc.* 418.
Raymond II. *Barc.* 418.
Raymond III. *Barc.* 418.
Raymond IV. *Barc.* 418.
Raymond V. *Barc.* 418.
Raymond Berenger, *Arr.* 424.
Raymond, ou Alf. II. *Arr.* 424.
Recarede I. *Got.* 412.
Recarede II. *Got.* 412.
Regillianus Tyran. 402.
Regnibert, *Lomb.* 410.
Rémifmundus, *Suev.* 406.
René I. *Lor.* 431.
René II. *Lor.* 431.
Respendial, *Alain.* 406.
Ricciarus, *Suev.* 406.
Richard Cœur de Lion, *Angl.* 423.

II. Volume. I i Ri-

Richard II. *Angl.* 423.
Richard III. *Angl.* 429.
Richilla, *Sued.* 406.
Ricila, *Suev.* 406.
Ringo, *Dan.* 421.
Robert, *Or.* 422.
Robert Palat. *Occ.* 422.
Robert, *Fr.* 417.
Robert I. *Ecof.* 423.
Robert II. *Ecof.* 423.
Robert, *Napl.* 425.
Roderic, *Suev.* 412.
Rodoald, *Benev.* 413.
Rodoaldus, *Lomb.* 410.
Rodolfe d'Habsbourg, *Occ.* 422.
Rodolfe II. *Occ.* 428-432.
Rodolfe, *Benev.* 419.
Rodolfe, *Lor.* 425.
Rodolfe d'Autr. Ufurp. 426.
Rodolphus, *Sued.* 409.
Roger, *Sicil.* 419.
Roger, *Napl.* 425.
Romain, *Or.* 416.
Romain Argyr. *Or.* 416.
Romain Diog. *Or.* 416.
Romain *Exarq.* 412.
Romuald, *Benev.* 413.
Romuald II. *Benev.* 413.
Romul. Auguftulus, *Occ.* 404.
Rotgaris, *Lomb.* 406.
Ruftan, *Perf.* 428.
C. Ruzzini, *Ven.* 431.

S.

N. Sagredo, *Ven.* 431.
Salomon, *Bart.* 418.
Salomon, *Hong.* 420.
Sanche, *Nav.* 418.
Sanche I. *Nav.* 418.
Sanche II. *Nav.* 418.
Sanche III. *Nav.* 418.
Sanche IV. *Nav.* 418.
Sanche V. *Nav.* 418.
Sanche VI. *Nav.* 427.
Sanche VII. *Nav.* 427.
Sanche le Gros, *Leon.* 418.
Sanche II. *Caft.* 418.
Sanche III. *Caft.* 424.
Sanche IV. *Caft.* 424.
Sanche, *Arr.* 418-424.
Sanche I. *Part.* 424.
Sanche II. *Part.* 424.
Sapor I. *Perf.* 402.
Sapor II. *Perf.* 403.
Sapor III. *Perf.* 404.
Sarbarazas, *Perf.* 410.
Saturnin Tyran. 402.
Saturninus. 403.
Saxburge, *Angl.* 411.
Schah Huffein, *Soph.* 428.
Scholafticus, *Exarq.* 413.
Sebaftianus. 404.
Sebaftien, *Port.* 430.
Selim I. *Ott.* 428.
Selim II. *Ott.* 428.
Selvius Amandus. 403.
Sept. Severe, *Emp.* 401.
Severus, *Occ.* 404.
Sicard, *Benev.* 419.
Sico, *Benev.* 419.
Siconolfus, *Beuev.* 419.
Sigebert, *Fr.* 411.
Sigebert, *Angl.* 411.
Sigefridus, *Dan.* 415.
Sigeric, *Got.* 406.
Sigifmond de Lux. *Occ.* 422-426.
Sigifmond I. *Pol.* 432.
Sigifmond II. *Pol.* 432.
Sigifmond R. de Sued. *Pol.* 432.
Silon, *Leon.* 412.
D. Silvio, *Ven.* 419.
Simbaticius, *Benev.* 419.
Simeon *Ufurp.* 417.
Simon, *Napl.* 425.
Simon I. *Lor.* 425.
Simon II. *Lor.* 425.
Singefroid, *Bart.* 418.
Siroès, *Perf.* 410.
Sifebut, *Got.* 412.
Sifenand, *Got.* 412.
Siwaft, *Sued.* 421.
Siwardus, *Dan.* 421.
Siwarde III. *Dan.* 421.
Smaragdus, *Exarq.* 413.
Sabieflas I. *Boh.* 426.
Sobieflas II. *Boh.* 426.
Soleyman, *Soph.* 428.
Soliman, ou Zulima, *Calif.* 410.
Soliman, *Ott.* 422.
Soliman I. *Ott.* 428.
Soliman II. *Ott.* 428.
J. Boranzo, *Ven.* 425.
Solvatius, *Ecof.* 411.
Spitithnœus, *Bob.* 420.
Spitithnœus II. *Bob.* 420.
Staniflas, *Lor.* 431.
Staniflas, *Pol.* 432.
Stauratius, *Or.* 416.
Stenchil, *Sued.* 421.
M. Stenon, *Ven.* 425.
Stugmir Ufurp. 420.
Suatopluc, *Boh.* 426.
Suenon, *Dan.* 421.
Suenon II. *Dan.* 421.
Suenon III. *Dan.* 427.
Suenon, *Norv.* 421.
Suercher I. *Sued.* 427.
Suercher II. *Sued.* 427.
Suintilia, *Got.* 412.
Sulp. Antoninus, *Emp.* 402.
Swartmannus, *Sued.* 490.
Sylvanus Tyran. 403.

T.

Tacite, *Emp.* 403.
Taius Lilla, *Calif.* 416.
Tamerlan, ou Timurlenck, *Perf.* 428.
Tancrede. *Napl.* 425.
M. Tegalliano. *Ven.* 413.
Teias, *Ital.* 404.
Tetriques Tyrans. 402.

Teu-

LISTE DES EMPEREURS, ROIS ET DUCS &c.

Teudolapius, *Spol.* 413.
Thamar, *Soph.* 428.
Theodat, *Ital.* 404.
Theodebaldus, *Ital.* 404.
Theodimirus, *Sued.* 406.
Theodomont, *Sued.* 406.
Theodora, *Or.* 416.
Theodore Lascar, *Or.* 422.
Theodore, *Exarq.* 413.
Theodore Ange. 422.
Theodoric, *Ital.* 404.
Theodoric, *Got.* 406.
Theodoric II. *Got.* 406.
Theodose le Grand, *Emp.* 404.
Theodose le jeune. *Or.* 404.
Theodose, *Or.* 410.
Theophilacte, *Exarq.* 413.
Theophile, *Or.* 416.
Theuda, *Got.* 406.
Theudegisille, *Got.* 406.
Thibault I. *Nav.* 426.
Thibaut II. *Nav.* 426.
Thibault, *Lor.* 425.
Thierry, *Fr.* 405.
Thierri II. *Fr.* 411.
Thierri III. *Fr.* 411.
Thierri, *Lor.* 425.
Thomas, *Sax.* 425.
Thomas Tyran. 416.
Thorismond, *Got.* 406.
Tibere *Emp.* 401.
Tibere II. *Or.* 410.
Tibere. 410.
Tibere Tyran. 410.
Jacq. Tiepolo, *Ven.* 425.
Laur. Tiepolo, *Ven.* 425.
Timolaus Tyran. 402.
Titus, *Emp.* 401.
T. Jul. Mar. Pacat, *Emp.* 402.

Tordo II. *Sued.* 409.
Tordo III. *Sued.* 415.
Tordus, *Sued.* 409.
Totila, ou Boduela, *Ital.* 404.
Toxis, ou Toxon. *Hong.* 420.
Trajan, *Emp.* 401.
Transemond I. *Spol.* 413.
Transemond II. *Spol.* 413.
Transemond. III. *Spol.* 413.
Trasamond, *Vand.* 406.
Trebellianus Tyran. 402.
M. A. Trévisan, *Ven.* 413.
Jo. Trizocope, *Exarq.* 413.
Tulga, *Got.* 412.
Tyridate, *Part.* 401.

V.

VALENS, *Emp.* 404.
Valens, ou Obalas, *Pers.* 404.
Valens Tyran. 402.
Valentinien I. *Emp.* 404.
Valentinien II. *Emp.* 404.
Valentinien III. *Occ.* 404.
S. Vallier, *Ven.* 431.
Varanès I. *Pers.* 403.
Varanès II. *Pers.* 403.
Varanès III. *Pers.* 403.
Varanès IV. *Pers.* 404.
Varanès V. *Pers.* 404.
Vardanès, ou Bardanès, *Part.* 401.
Vegec, *Hong.* 408.
Venceslas, *Occ.* 422-426.
Venceslas, *Hong.* 426.
Venceslas, *Boh.* 420.
Venceslas II. *Boh.* 426.
Venda, *Pol.* 414.
A. Vendrameno, *Ven.* 431.

A. Venier, *Ven.* 425.
F. Venier, *Ven.* 431.
S. Venier, *Ven.* 431.
Veremond I. *Leon.* 412.
Veremond II. *Leon.* 418.
Veremond III. *Leon.* 418.
Vespasien, *Emp.* 401.
Vetranion Tyran. 403.
Ussa, *Angl.* 411.
Victor-Amé I. *Sav.* 431.
Victor-Amé II. *Sav.* 431.
Victor Tyran. 404.
Victorina Tyran. 402.
Victorius Tyran. 402.
Vitalien Tyran. 404.
Vitellius, *Emp.* 401.
Vitiges, *Ital.* 404.
Vitiza, *Sued.* 412.
Vladislas, *Boh.* 426.
Vladislas, *Pol.* 426.
Vladislas II. *Pol.* 426.
Vladislas III. *Pol.* 426.
Vladislas *Pol.* 426-432.
Vladislas, *Lith.* 426.
Vladislas, ou Ladislas VI. *Pol.* 432.
Ulid, ou Valid. *Calif.* 410.
Ulric, *Boh.* 420-426.
Unisias, *Boh.* 414.
Vogen, *Boh.* 414.
Vologesés, *Part.* 401.
Vologesés II. *Part.* 401.
Vologesés III. *Part.* 401.
Volusien Tyran. 402.
Vononés I. *Part.* 401.
Vononés II. *Part.* 401.
Vortigerne, *Angl.* 405.
Vortimer, *Angl.* 405.
Usum-Cassan, *Pers.* 428.
Valdemar, *Sued.* 427.
Valdemar I. *Dan.* 427.
Valdemar II. *Dan.* 427.

500 LISTE DES EMPEREURS, ROIS ET DUCS &c.

Valdemar III. ou IV. Dan. 427.
Valid II. Calif. 410.
Vallia, Got. 406.
Vamba, Sued. 412.

W.

Wenceslas I. Boh. 426.
Wenceslas II. Boh. 426.
Wenceslas III. Boh. 426.
Wlademar, ou Vladiboius, Boh. 420.

Wladislas I. Boh. 426.
Wladislas II. Boh. 426.
Wladislas III. Boh. 432.
Wlodimir I. Ruf. 421.
Wlodimir II. Ruf. 421.
Wratislas I. Boh. 420.
Wratislas II. Boh. 420.
Wsewoldo, Ruf. 427.

Z.

Regn. Zeno, Ven. 425.
Zenobie Tyran. 402.
Zenon, Or. 404.
P. Ziani, Ven. 425.
Seb. Ziani, Ven. 425.
Ziemomislas, Pol. 420.
Ziemovite, Pol. 420.
Zingistam vient en Perse. 422.
Zotho, Spol. 413.
Zothus, Benev. 413.
Zultan, Hong. 414.

FIN DES TABLES ET DU II VOLUME.

AVER-

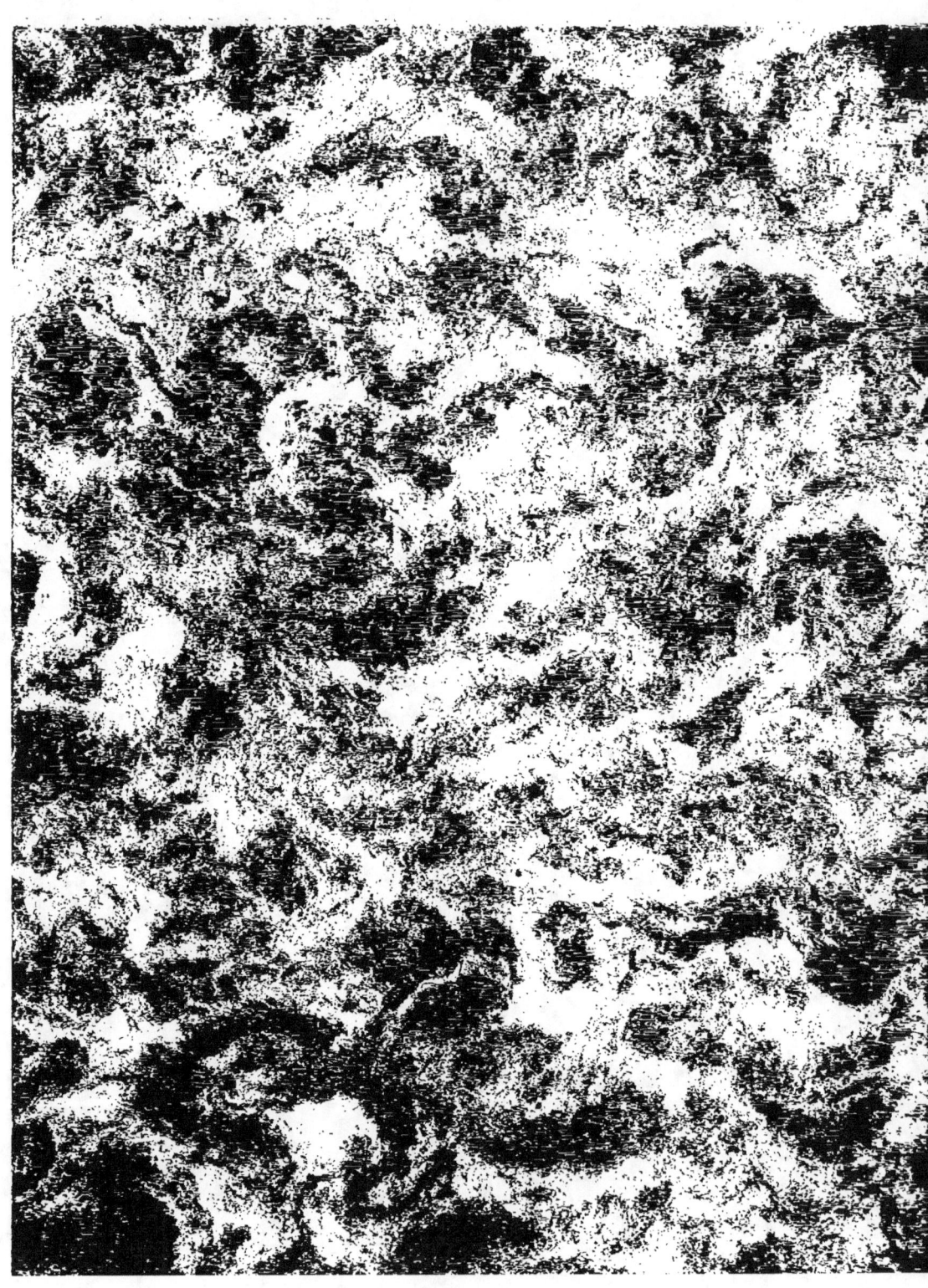

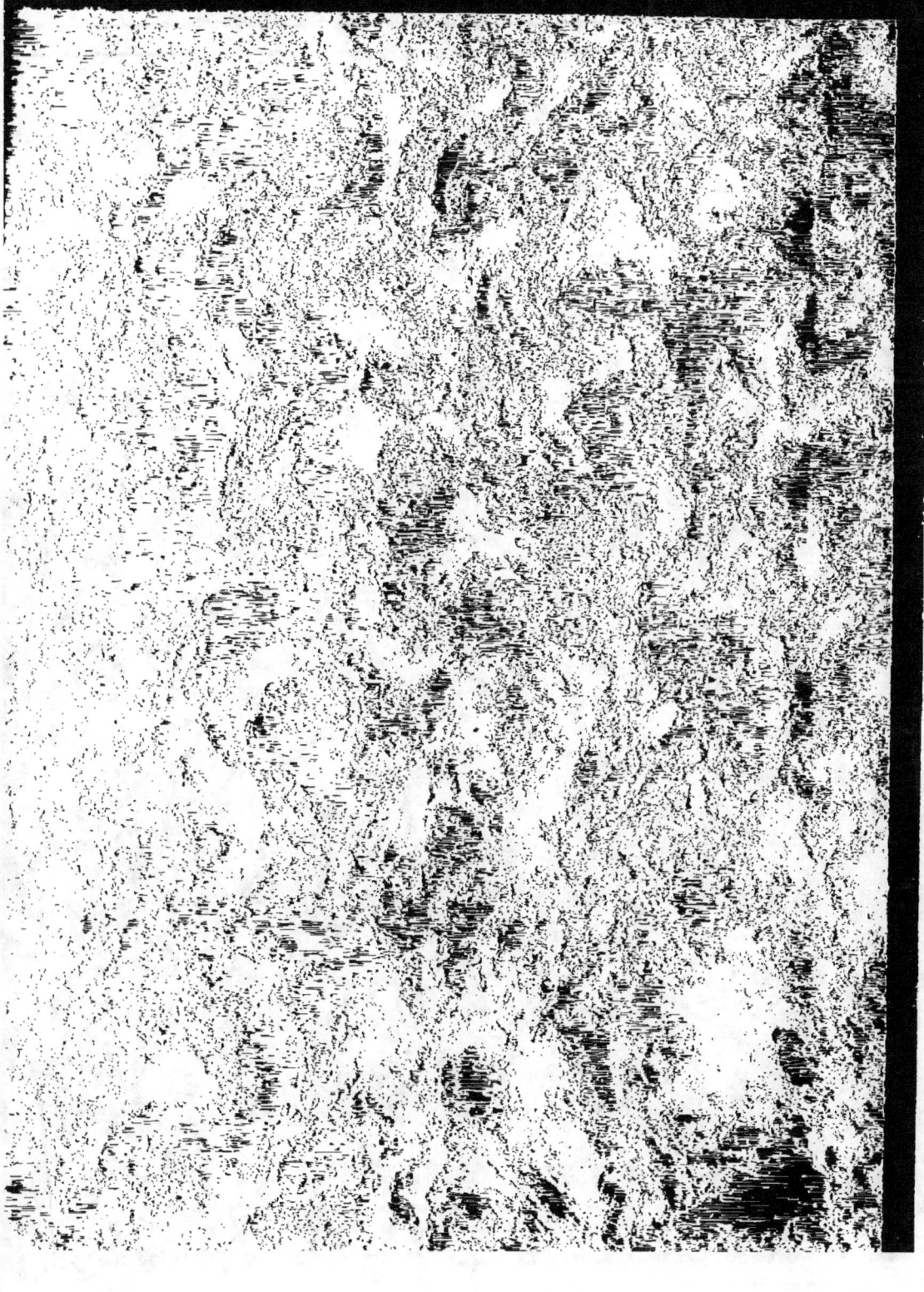

www.ingramcontent.com/pod-product-compliance
Lightning Source LLC
Chambersburg PA
CBHW060511230426
43665CB00013B/1473